現代日本語の複合語形成論

ひつじ研究叢書〈言語編〉

【第41巻】発話行為的引用論の試み‒引用されたダイクシスの考察　中園篤典 著
【第42巻】現代日本語文法　現象と理論のインタラクション
　　　　　　　　　　　　　　　　　　　　　　矢澤真人・橋本修 編
【第43巻】日本語の助詞と機能範疇　　　　　　　　　　　　青柳宏 著
【第44巻】日本語のアスペクト体系の研究　　　　　　　　副島健作 著
【第45巻】九州西部方言動詞テ形における形態音韻現象の研究　有元光彦 著
【第46巻】日本語における空間表現と移動表現の概念意味論的研究
　　　　　　　　　　　　　　　　　　　　　　　　　　上野誠司 著
【第47巻】日本語助詞シカに関わる構文構造史的研究‒文法史構築の一試論
　　　　　　　　　　　　　　　　　　　　　　　　　　宮地朝子 著
【第48巻】授与動詞の対照方言学的研究　　　　　　　　日高水穂 著
【第49巻】現代日本語の複合語形成論　　　　　　　　　石井正彦 著
【第50巻】言語科学の真髄を求めて‒中島平三教授還暦記念論文集
　　　　　　　　　　　　　　　鈴木右文・水野佳三・高見健一 編
【第51巻】日本語随筆テクストの諸相
　　　　　　　　　　　　　　高崎みどり・新屋映子・立川和美 著
【第52巻】発話者の言語ストラテジーとしてのネゴシエーション行為の研究
　　　　　　　　　　　　　　　　　　　　　（切りぬける・交渉・談判・掛け合い）
　　　　　　　　　　　　　　　　　　　　　　　　　クレア マリィ 著
【第53巻】主語と動詞の諸相‒認知文法・類型論的視点から　二枝美津子 著

ひつじ研究叢書〈言語編〉第49巻

現代日本語の複合語形成論

石井正彦 著

ひつじ書房

目　次

序　論　複合語形成論の対象と方法　　1

　　はじめに　　1
　1. 既成の複合語―「解釈」活動の場で―　　1
　2. 新造の複合語―命名活動の場で―　　8
　3. 臨時の複合語―構文活動の場で―　　14
　4. 本書の目標―複合動詞・複合名詞・臨時一語の形成―　　20

第1部　複合動詞の形成　　27

第1章　複合動詞形成の基本モデル　　29

　　はじめに　　29
　1. 造語成分の結合位置と「自他」の対応　　30
　2. 造語成分のくみあわせとアスペクト・ヴォイス　　33
　3. 複合動詞の語構造分析　　37
　　3.1　③主体動作(他)動詞×
　　　　　④主体動作客体変化動詞タイプ　　37
　　3.2　⑤主体変化動詞×⑤主体変化動詞タイプ　　38
　　3.3　④主体動作客体変化動詞×
　　　　　④主体動作客体変化動詞タイプ　　39

3.4　⑥再帰動詞×④主体動作客体変化動詞タイプ
　　　②主体動作（自）動詞×④主体動作客体変化動詞タイプ
　　　⑤主体変化動詞×④主体動作客体変化動詞タイプ　　41
　3.5　②主体動作（自）動詞×⑤主体変化動詞タイプ　　42
　3.6　③主体動作（他）動詞×⑤主体変化動詞タイプ
　　　④主体動作客体変化動詞×⑤主体変化動詞タイプ
　　　⑥再帰動詞×⑤主体変化動詞タイプ　　43
　3.7　③主体動作（他）動詞×⑥再帰動詞タイプ
　　　④主体動作客体変化動詞×⑥再帰動詞タイプ
　　　⑥再帰動詞×⑥再帰動詞タイプ　　46
　3.8　②主体動作（自）動詞×②主体動作（自）動詞タイプ
　　　③主体動作（他）動詞×③主体動作（他）動詞タイプ　　48
　3.9　その他のタイプ　　48
4.　複合動詞形成の《アスペクト・ヴォイス》モデルと
　　［過程結果構造］　　49

第2章　動詞の結果性と複合動詞　　55

はじめに　　55
1.　「他動詞＋他動詞」型複合動詞の基本的語構造　　55
2.　結果性をもつ無対他動詞の分布問題　　56
3.　複合動詞前項の「結果性」　　59
4.　複合動詞後項の「結果性」　　63
5.　《アスペクト・ヴォイス》モデルの妥当性　　66

第3章　派生的な複合動詞の形成　　71

はじめに　　71
1.　派生的な複合動詞の類型　　71

2. 語彙＝派生的な複合動詞　72
      2.1　語彙接頭辞構造　72
      2.2　語彙接尾辞構造　73
   3. 文法＝派生的な複合動詞　75
      3.1　文法接尾辞構造　75
      3.2　多義の複合動詞、両義の複合動詞　77
      3.3　［過程結果構造］から［文法接尾辞構造］への派生　79
         3.3.1　後項における《変化》の主体の「移行」　79
         3.3.2　後項の意味の変容　82
         3.3.3　前項の意味の関与　83
   4. 《アスペクト・ヴォイス》モデルと派生的な複合動詞の形成　86

第4章　複合動詞と複合名詞　89

   はじめに　89
   1. 問題のありか　89
   2. 考察の方法と対象　91
   3. CVの語構造　92
   4. CNの語構造　93
      4.1　造語成分となる動詞の分布　93
      4.2　［過程結果構造］のCN　98
      4.3　［非・過程結果構造］のCN　99
   5. CVとCNの語構造の相違　102
   6. 語構造からみた複合動詞の成立条件　103

第5章　複合動詞の語構造分類　107

   はじめに　107
   1. 複合構造　108

	1.1	過程結果構造		108
		1.1.1 他動的過程結果構造		108
		1.1.2 自動的過程結果構造		109
		1.1.3 再帰的過程結果構造		110
	1.2	非・過程結果構造		111
		1.2.1 限定構造		111
		1.2.2 並列構造		112
2.	派生構造			113
	2.1	語彙的派生構造		113
		2.1.1 語彙接頭辞構造		113
		2.1.2 語彙接尾辞構造		114
	2.2	文法的派生構造（文法接尾辞構造）		115
3.	熟合構造			117
	3.1	完全熟合構造		117
	3.2	不完全熟合構造		117
4.	意味論的な分析との関係			118

第6章 「既成」の複合動詞と「新造」の複合動詞　　123

はじめに	123
1. 語形成における「既成」と「新造」	123
2. 「現代」の複合動詞	126
3. 「語彙＝複合」的な複合動詞と「派生」的な複合動詞	128
4. 既成の複合動詞・新造の複合動詞のとりだし	132
5. 複合動詞の語構造型	136
6. 既成の複合動詞・新造の複合動詞の語構造型	138
7. 現代作家による「新造の複合動詞」形成の特徴	146

第2部　複合名詞の形成　　　155

第1章　複合名詞形成の4段階モデル　　　157

　はじめに　　　157
　1. 原概念の形成（原認識）　　　159
　2. 命名概念の形成（命名認識）　　　162
　3. 命名概念の複合名詞化（造語成分の選択と配列）　　　165
　4. 社会化と語義の確立　　　168
　5. 複合名詞形成の4段階モデル　　　169

第2章　複合名詞の語構造と命名概念構造　　　177

　はじめに　　　177
　1. 構造記述の方法と対象　　　177
　2. 補足成分の意味役割　　　180
　3. 補足成分の意味特徴　　　181
　4. 動詞成分の意味と結合特性　　　184
　5. 複合名詞の語構造記述　　　186
　6. 命名概念構造から複合名詞語構造への変換　　　190
　　　6.1　動詞成分の意味構造　　　190
　　　6.2　造語成分の選択・配列規則　　　193
　　　6.3　複合名詞のME構造　　　195

第3章　複合名詞の表現性と弁別性　　　199

　はじめに　　　199
　1. 学術用語の高次結合語　　　199
　2. 複合名詞における弁別的対立　　　200

3. 弁別的対立の抽出　　　　　　　　　　　　　　　　202
　　4. 補足成分（意味役割）の表現力と弁別力　　　　　　204
　　5. 弁別のパターン　　　　　　　　　　　　　　　　　211

第4章　造語成分の位相と機能　　　　　　　　　　　　　215

　はじめに　　　　　　　　　　　　　　　　　　　　　　215
　1. 造語力と造語機能　　　　　　　　　　　　　　　　　215
　2. 造語成分の位相と造語機能　　　　　　　　　　　　　221
　　2.1　「一般」の造語成分と「専門」の造語成分　　　　221
　　2.2　学術用語とその造語成分　　　　　　　　　　　　222
　　2.3　「一般」の造語成分の認定　　　　　　　　　　　225
　　2.4　「一般」の造語成分の割合　　　　　　　　　　　226
　　2.5　「一般」の造語成分の機能　　　　　　　　　　　227
　　2.6　「一般」の造語成分の意味分野　　　　　　　　　229
　　2.7　「一般」の造語成分を用いる意義　　　　　　　　232

第5章　複合名詞の語構造と語彙の生産性　　　　　　　235

　はじめに　　　　　　　　　　　　　　　　　　　　　　235
　1. 造語成分の生産性　　　　　　　　　　　　　　　　　235
　2. 一語の生産性・語彙の生産性　　　　　　　　　　　　235
　3. みかけの生産性　　　　　　　　　　　　　　　　　　236
　4. 語彙量の影響　　　　　　　　　　　　　　　　　　　237
　5. 生産性の比較　　　　　　　　　　　　　　　　　　　240
　6. 語形成の可能性　　　　　　　　　　　　　　　　　　241

第3部　臨時一語の形成　　　　　　　　　　　　　　　245

第1章　臨時一語と文章の凝縮　　　　　　　　　　　247

　はじめに　　　　　　　　　　　　　　　　　　　　247
　1. 凝縮的な文章と臨時一語　　　　　　　　　　　　247
　2. 各種文章の臨時一語　　　　　　　　　　　　　　249
　　　2.1　調査対象　　　　　　　　　　　　　　　　249
　　　2.2　臨時一語の認定　　　　　　　　　　　　　251
　　　2.3　調査結果　　　　　　　　　　　　　　　　253
　3. 凝縮的な文章の実現に果たす臨時一語の役割　　　256
　　　3.1　臨時一語と要約化・くりこみ　　　　　　　256
　　　3.2　凝縮的な文章における各作用の関係　　　　259
　4. 今後の課題―臨時一語の機能を明らかにするために―　263

第2章　文章顕現型の臨時一語化　　　　　　　　　267

　はじめに　　　　　　　　　　　　　　　　　　　　267
　1. 範列的・潜在的な臨時一語化　　　　　　　　　　267
　2. 継起的・顕在的な臨時一語化　　　　　　　　　　268
　3. 先行単語列と臨時一語との不対応　　　　　　　　269
　4. 文章顕現型の臨時一語化のスケール　　　　　　　271
　5. 連語の臨時一語化　　　　　　　　　　　　　　　272
　6. 句の臨時一語化　　　　　　　　　　　　　　　　274
　7. 節の臨時一語化　　　　　　　　　　　　　　　　275
　8. 文の臨時一語化　　　　　　　　　　　　　　　　276
　9. 連文の臨時一語化　　　　　　　　　　　　　　　278
　おわりに　　　　　　　　　　　　　　　　　　　　279

第3章 文章顕現型の脱臨時一語化　　281

はじめに　　281
1. 「文章顕現型の脱臨時一語化」とは何か　　281
2. 文章顕現型の脱臨時一語化の形式　　283
    - 2.1 臨時一語から単語列への形態変容　　283
    - 2.2 臨時一語と単語列との距離　　285
    - 2.3 臨時一語・単語列の位置　　286
    - 2.4 単語列の形式　　288
        - 2.4.1 連語　　288
        - 2.4.2 句　　290
        - 2.4.3 節　　290
        - 2.4.4 文　　291
3. まとめ　　292

第4章 新聞における文章顕現型の臨時一語化と脱臨時一語化　　295

はじめに　　295
1. 文章顕現型の(脱)臨時一語化の半自動抽出　　296
    - 1.1 基本的な考え方　　296
    - 1.2 半自動抽出プログラムの評価　　297
2. 新聞文章における文章顕現型の(脱)臨時一語化　　298
    - 2.1 調査対象　　298
    - 2.2 文章顕現型の(脱)臨時一語化の認定基準　　298
    - 2.3 文章顕現型の(脱)臨時一語化は新聞にどれほど現れるのか　　299
    - 2.4 文章顕現型の(脱)臨時一語化は新聞のどの紙面で多いのか　　300

    2.5 文章顕現型の（脱）臨時一語化は
        記事のどこに現れるのか　　　　　　　　302
    2.6 臨時一語化と脱臨時一語化のどちらが多いのか　303
    2.7 単語列の形式にはどのようなものがあるか　　304
  3. 成果と課題　　　　　　　　　　　　　　　　　306

第5章　文章顕現型の臨時一語化の基本類型　　307

  はじめに　　　　　　　　　　　　　　　　　　　307
  1. 目的　　　　　　　　　　　　　　　　　　　307
  2. 類型化の対象と方法　　　　　　　　　　　　310
  3. 基本類型　　　　　　　　　　　　　　　　　313
      第1類　関係保存型の臨時一語化　　　　　315
      第2類　関係還元型の臨時一語化　　　　　327
      第3類　関係再構型の臨時一語化　　　　　338
      第4類　関係創造型の臨時一語化　　　　　352
  4. 文章顕現型の臨時一語化の多様性　　　　　　354

資料1　「既成の複合動詞」造語成分の連接表　　　　　　363
資料2　「新造の複合動詞」一覧　　　　　　　　　　　　411
資料3　「和語他動詞成分を核とする学術用語複合名詞の語構造」一覧　441
参考文献　　　　　　　　　　　　　　　　　　　　　　471
あとがき　　　　　　　　　　　　　　　　　　　　　　479
索引　　　　　　　　　　　　　　　　　　　　　　　　483

序論　複合語形成論の対象と方法

はじめに

　「複合語形成論」とは、一般に、いわゆる「語構成論」の下位領域として、複合語の形成法（つくり方）を明らかにする分野であると規定できる。本書も、現代日本語の、とくに書きことばにおいて、どのような複合語がどのようなしくみでつくられているかを探ろうとするものであるから、複合語形成論の中に位置づけられる。ただし、本書の目標をより明確にするためには、対象とする複合語の範囲を前もって定めておくことが必要である。なぜなら、現代の日本語には、同じ「複合語」という用語で呼ばれるものにも性質の異なるものがいくつかあって、そのいずれを対象とするかによって、研究の様相がかなり違ってしまうからである。

　ところで、そうした「複合語」の違いは、そのそれぞれを、同じく「くみあわせ的な名づけの単位」といわれる「連語」[1]と比べたり、関係づけたりする際に、比較的はっきりとした形で浮かび上がってくるように思われる。そこで、以下では、連語との対比を通して少なくとも3種類の「複合語」が想定できることを述べ、それぞれを対象とする「複合語形成論」の課題と方法とを検討することによって、本書の目標と位置づけとを明確にしたい。

1.　既成の複合語——「解釈」活動の場で——

　単語と連語とは、ともに「名づけの単位」ではあるが、単語が構文活動に先立って話し手に与えられている（語彙の中に用意されている）のに対して、「単語のくみあわせ」である連語は話し手が構文活動の際に自分でつくるものである、という原則的な違いがある。このことから、単語としての複合語も「できあい（既成）」のものであり、その点で連語とは異なるという見方が、まずは成り立つ。このような見方からの複合語を、ここでは「既成の複合語」と呼んでおく。

（1）「あの本は本ばこにいれてあるよ」という文をとってみよう。ここで「本ば

こ」という複合語が、あらかじめ、はなし手にあたえられたものであることは、あきらかである。すなわち、それは「本」「はこ」という2つの要素からなるが、この場で、はなし手があたらしくつくったくみあわせではない。はなし手は、この文をつくるにあたって「あの」「本」「いれる」などの単語をえらびだすのと同様に、「本ばこ」を1つのまとまった単位としてえらびだしているのである。このことは、たとえば、ひっこしのときに、本をつめこんだはこをさして「あの本のはこをまずはこぼう」というのとくらべてみればわかる。「本のはこ」という連語は、はなし手の責任において、その場でつくられたものである。 　　　　　　　　　　　（宮島達夫 1983、宮島 1994: 98）

　既成の複合語は、過去につくられたものであり、現在の話し手にとっては、単純語と同様、与えられたものであるにすぎない。したがって、その要素のくみあわせもあらかじめ決まっており、結果として、連語のような自由度をもたない（しばられている）。

（2）　あわせ単語（＝複合語、石井注）の要素は、そのくみあわせあいてがかぎられていて、原則として、自由ではない。たとえば、「あさ」と「めし」「さけ」とのくみあわせはあっても、「あさ」と「もち」「うどん」「くだもの」「さしみ」etc あるいは「みそしる」「ビール」「紅茶」「ジュース」etc とのくみあわせはない。（略）要素のくみあわせが、おおかれすくなかれ、しばられているということは、単語のくみあわせ（＝連語、同）とくらべて、あわせ単語の決定的に重要な特徴になっている。そして、あわせ単語における要素のくみあわせが、しばられたものであるということは、あわせ単語が、要素からくみたてられるものとして存在しているのではなくて、くみたてられたもの、できあいのものとして存在していることを意味する。
　　　　　　　　　　　　　　　　　　（湯本昭南 1977、松本泰丈（編）1978: 78）

　既成の複合語が限られた要素のくみあわせしかもたず、かつ、そうしたくみあわせをもつ複合語があえて連語という形式と別に存在するのは、既成の複合語の表す意味が連語のそれとは異なる独自のものだからと考えられる。実際、既成の複合語には、連語のように要素の意味とその関係からくみたてられる「くみあわせ的な意味」（だけ）をもつものは少なく、要素のくみあわせからは導くことのできない「ひとまとまり的な意味」をもつものがほとんどであるといわれる。

（3）　たとえば、「ふる本」「本ばこ」「にわいし」「てらおとこ」「はなみ」「ながぐ

つ」etc のようなあわせ単語にあっては、全体の意味が、要素の意味からひきだせるようにみえるから、これらのあわせ単語の意味は、くみあわせ的である、といえそうである。しかしながら、すこし、くわしくみれば、要素の意味からひきだされるのは、あくまでも、だいたいの意味であることがわかる。たとえば「ふる本」は、「ふるい本」とまったくおなじではない、あるいは「本をいれるはこ」なら、すべて「本ばこ」とよべるというわけでもないし（運搬などのために「はこ」に「本」をつめたものなど）、逆に、「はこ」のかたちをとっていなくても「本ばこ」とよぶことがある、というように。したがって、これらのあわせ単語の意味は、全体の意味が、要素の意味から完全にはひきだせないというかぎりにおいて、ひとまとまり的な性質をももっているといわなければならない。　　（湯本 1977、松本（編）1978: 76-77）

(4) 複合語の「春風」と名詞句の「春に吹く風」の意味を比較してみよう。一見、この2つの表現は同義的であるように思え、実際、奥津（1975）は、後者から前者を派生することを提案した。しかし、両者の意味は厳密には等価ではない。「春に吹く風」は統語的な修飾関係で成り立ち、その意味は全く透明で合成的である。すなわち、春という季節に吹く風ならどのようなものでも指すことができる。これに対して、「春風」は単に「春に吹く風」を指すのではなく、春に吹く風の中でも我々が典型的に思い浮かべる暖かく快適な風を意味すると思われる。言い換えると、「春風」という複合語はそのような（かなり漠然とはしているけれど）特定の性質を持った風に対する呼び名である。この名づけ機能（naming function）は程度の差こそあれ、語彙部門で作られる名詞には共通して見られる。（中略）このように語の意味が特殊化すると、その語を辞書に登録し、意味を明示することが必要になる。語を辞書に登録することを語彙化（lexicalization）と呼ぶ。語彙化は語に特有な現象であり、通常、句には見られない。句が語彙化されるのは「赤い羽根、ガマの油、草の根（運動）」のような慣用句に限られる。　　（影山太郎 1993: 8）

既成の複合語の多くが「ひとまとまり的な意味」（特殊化された慣習的な意味）をもつことができるのは、複合語全体の意味を直接に担うのが（単語としての）複合語であって、その要素ではないからである。「短い長靴」とか「コンクリート製の枕木」などといえるのは、そのためである。そして、このことによって、既成の複合語は、その要素間の関係においても、必ずしも連語のように規則的である必要はないことになる。「石おの」が「石でできたおの」であるのに「石のみ」は「石を切るためののみ」であったり、「食べ物」が「食べる物」であるのに「買い物」は（「買

う物」ではなく)「物を買うこと」であるなどというのは、そのわかりやすい例である。

(5) あわせ単語の意味は、そのできあい性のおかげで、要素の関係によって、直接的にささえられる必要はない。したがって、あわせ単語の要素の関係そのものも、全体の意味を直接的にくみたてる任務をおわされているわけではないから、単語のくみあわせの構造ほど、法則的なもの、つまり、最高度に一般化された、適用範囲のひろいものであることはかならずしも必要ではない。
(湯本1977、松本(編)1978: 82)

以上のように、既成の複合語は、それが「できあいの単語」であるということにもとづいて、要素のくみあわせがしばられている、全体として「ひとまとまり的な意味」をもつ、要素間の関係が必ずしも規則的でないといった、連語とは異なる「ひとまとまり的(非分析的)な性質・側面」をもっている。

したがって、このような既成の複合語に対しては、まずは、材料たる単語から構築物たる複合語がどのようにしてつくられるか(くみたてられるか)という動的・形成論的な見方ではなく、複合語全体の意味を表すための不完全な表示者としてどのような要素のくみあわせがあるのか、要素とそのくみあわせは全体の意味をどのように部分的に動機づけているのか、といった静的・全体論的(holistic)な見方に立って、その「つくり(語構造)」を明らかにすることが重要だと考えられる。

(6) あわせ単語という構築物における、このような内部の構造は、あわせ単語それ自身のなかにしかもとめることができないものである。いいかえれば、あわせ単語の要素は、あわせ単語のなかにあってはじめて、あわせ単語の要素なのであって、そのそとにはない。したがって、あわせ単語の構造は、個々のあわせ単語の要素そのものを、あわせ単語のそとにとりだして、分析するのではなく、個々の要素が、どんなあいてと、どのようにくみあわさっているのかを具体的に分析するところから、分析を出発させなければならない。
(湯本1979: 367)

(7) 客観主義のパラダイムでは、全体の意味は部分の意味と部分間の統語論的な関係の関数として計算可能であると仮定する。これはともかくも誤りである。その理由はさまざまであるが、私にとっていちばん強調しておくべきと思われるものは、客観主義的な理論には動機づけという概念がないということである。全体の意味というものが部分の意味によって動機づけられている

ということもしばしばあるが、後者から予測できるようなものではない。必要なのは、動機づけについての理論である。このような理論は認知理論ということになろうし、如何なる形での客観主義的な理論の域を超えたものであろう。
(レイコフ 1987、池上・河上他訳: 184)

このような立場からの研究は、語構成論を「語構造論」と「語形成論（造語論）」とに区別する従来の枠組みでいえば、基本的には、語構造論ということになる。

（8）　**造語論と語構造論**　ひろく、語構成の問題として扱われるものには、二つの面がある。両者は、あとに述べるように、互に深く関連しあうのであるけれども、しかしやはり一応は区別して考えなければならない。すなわち、一つは「語をいかにして構成するか」についての問題を論じるものであり、いま一つは「語がいかに構成されているか」について論じるものである。前者は、一つの事物に命名する場合に、新しい言語記号を創造する、その新語形成に際しての造語論的な事実を、発生的な見地からとり扱おうとする。それに対して後者は、すでに形成されたものとして存在している言語単位が、どのような部分要素の結合からでき上っているかを調べて、その結合の型をあきらかにする語構造論的な事実をとり扱うものである。
(阪倉篤義 1957: 248)

既成の複合語は、ある共時態、たとえば現代語で使われていたとしても、その多くは現代以前の過去につくられた単語であるから、現代語の複合語形成を明らかにするための直接の資料にはならない。しかし、既成の複合語は、現代においてもなお「単語のつくり」（語構造）を表示しており、現代人は、その「つくり」を通して、それぞれの単語の意味や語彙体系中の位置（他の単語との関係）を知ることができる。

たとえば、「春風」という複合語は、すでに『万葉集』に例があり、上代以前につくられたものと考えられるから、現代語の複合語形成を特徴づけるものではない[2]。しかし、それは現代語でもなお使われており、しかも、われわれはその「つくり」を理解することができる。すなわち、「春風」は、「春」と「風」という二つの要素から成り、「春」が「風」を修飾・限定する関係をなしながら全体として「春に南や東から吹く暖かくて心地よい風」というひとまとまりの意味を表しているということ、さらに、それは、さまざまな「風」を表す語群の中で、たとえば「秋風」「北風」「海風」「向かい風」「そよ風」などと対立・関連し合う位置にあるということ、を理解している（一方で、「かぜ」がより小さい要素に分けることができない

単純語であると知ることも、単語の「つくり」を理解することである)。

このように、現代で使われる既成の複合語の「つくり」は、それがいつつくられたかということとは無関係に、現代人にとって有意味な情報であり、したがってまた、それを明らかにする独自の部門として、ひとまず、「(現代の)複合語構造論」なるものを設定することは妥当であると考えられる。

ただし、既成の複合語の「つくり」を理解するということは、実は、その「つくり方」を想定していることに等しい。

(9)　語構成とは「単語のつくりかた」のことであるが、「つくりかた」ということばの多義性が示すように、これには二つの側面がある。一つは、新しい単語はどのようにしてつくられるかという成立事情つまり造語的な側面で、もう一つは、ある単語がどのような構造をもっているかという語構造上の側面である。「大根」という単語が「おおね」という和語にあてた漢字の音読みによって生まれた、というのは前者の造語論的な見方、これが「大地」と同じ構造の、二つの漢語要素から成る語である、というのは後者の語構造論的な見方である。しかし、一般に構造は歴史の産物であり、たとえば、「ラジオ体操」という単語が一定の関係で結ばれた二つの要素から成るという構造をもっているのは、まさにこの単語が一定の方法でつくられたことの結果なのだから、これら二つの側面は原則として重なりあう。したがって、実際上は二種類の語構成論を区別するのはむずかしい。普通「語構成論」と呼ばれているのは、多くは語構造論的な研究である。　　　　　(宮島 1980: 423)

たしかに、既成の複合語は、過去につくられたものの集積であり、特定の共時態、たとえば現代語の複合語形成の実際を明らかにする資料には使えない。加えて、既成の複合語が「ひとまとまり的」であることを重視すれば、既成の複合語を対象とした複合語形成論というものは成立しないとも考えられる。

しかし、たとえば、現代日本語には、「春風」のほかに、その材料とわれわれが考える「春」と「風」という単語があり、われわれは、これらの存在および関係から、容易に、「春」と「風」とをくみあわせて「春風」という複合語をつくるという語形成を、想定・再構成することが可能である。そして、実は、このような「解釈」は、「春風」の「つくり」を理解することに等しいものである。もし、「春風」の外に「春」「風」という単語がなければ、われわれが「春風」の「つくり」を解釈することは難しくなる。「こち」とか「はやて」とかの単語の「つくり」がわからないのは、これらの外に、もはや「ち」や「て」といった単語が存在していない

からである。先に、既成の複合語の「つくり」を通して、複合語の意味の理解、複合語を中心とする部分的語彙体系の理解も可能になると述べたが、それは、既成の複合語がどのようにつくられているのかという解釈を通して、とも言い換えられるものである。

既成の複合語の「つくり方」についての解釈は、さらに、新しい複合語がつくられるときのモデルにもなる。

(10) あたらしい語の合成にあたってはたらくものは、つねに、既存の語に対する、言語主体（造語者）の主観的な分析意識なのである。それは、たとえば、カサ：アマガサ＝カッパ：x　x＝アマガッパ　のごとき、いわゆる「パウル (Paul) の比例式」なるものによって、類推による語形成の事情が説明され得ることによっても、あきらかであろう。たとえば、ここにアマガサという語によってしめされているものは、実は、その背後にある多数の「アマ〜」という同型の語よりなる連想群なのであって、アマガサは、かりにこれを代表するものであるにすぎない。あたらしい合成語の形成にあたっては、まずこれらの連想群との無意識の比較がさきだたねばならず、言語主体の意識に、これらの語の構造や、その構成要素が、意味あるものとして、生きていなければならない。アマガサを、アマ＋ガサと構造的に分析することがまず可能であってはじめて、これとカサとの対比がなされ得るのであり、またその関係をカッパに適用して、アマガッパという語を形成することも可能になるのである（ソシュール『一般言語学講義』）。すなわち、ここに、われわれは、さきにのべた、語形成論と語構造論との、本来きりはなすことのできない、ふかいつながりを見るのである。
　　　　　　　　　　　　　　　　　　　　　　　　　　（阪倉 1966b: 24-25）

以上のように、既成の複合語に対しても、材料となった（と考えられる）単語との関係から、それらが要素として結びつき複合語がつくられるという動的な関係が「解釈」されるのであり、そうした解釈が、複合語の語構造の把握を通して、複合語の意味の理解、複合語を含む部分的語彙体系の理解、新しい複合語のつくり方（複合法）の理解などをもたらしていると考えることができる。

では、そうした「解釈」において、既成の複合語における意味の「ひとまとまり性」は、どのように扱われることになるのか。複合語「春風」の、単に「春に吹く風」ではなく、「春に南や東から吹く暖かくて心地よい風」を表すという、その全体的・慣習的な意味は、われわれが、「春風」という複合語は「春」と「風」とを結びつけてつくられていると解釈することを、なんら妨げるものではない。われわれが、複合語の意味のひとまとまり性にもかかわらず、その「つくり方」を解釈す

ることが可能なのは、なぜなのか。

　それは、第一に、複合語においては、その意味における「くみあわせ性」と「ひとまとまり性」との「度合い」において、ひとまとまり性がくみあわせ性を圧倒するような関係にはないからだと考えられる。複合語がひとまとまり的な意味をもつといっても、それが複合語であるかぎり、語構成要素との関連をまったく失ってしまうことはない（完全に失ったものは単純語とみなされる）から、その語構成要素に対応する単語を複合語の材料と解釈することができるのである。

　第二に、われわれが複合語の「つくり方」を解釈するとき、そこで想定している複合語の意味は、必ずしも全体的・慣習的な意味ではなくて、語構成要素のくみあわせから想定できる「くみあわせ的な意味」ではないかと考えられるからである。ただし、このことは、そもそも、複合語はどのようにつくられるのか、われわれは複合語をどのようにつくっているのかという問題と密接に結びつくので、新しい複合語のつくり方をとりあげる次節において検討する。

　いずれにしても、既成の複合語に対してその「つくり」を考えることは妥当であり、それをひとまず「複合語構造論」とすることも可能である。しかし、既成の複合語の「つくり」を考えることは、その「つくり方」を共時的に解釈することに等しく、「複合語構造論」とは、そうした既成の複合語の「つくり方」を明らかにする「解釈（活動）的複合語形成論」と呼ぶことのできる側面を、同時にもっていると考えることができるのである。

2.　新造の複合語──命名活動の場で──

　単語と連語との間には、構文活動の場で、話し手にとって「できあい」のものであるか、話し手自らが「つくりだす」ものであるか、という原則的な違いがある。複合語も単語であるから、話し手にとってできあいのものであることが大原則である。ただし、そうした既成の複合語も、かつては誰かによって新しくつくられたはずであり、また、語彙の側から見れば、新しい複合語をつくることで既成の複合語を増やしていく「命名」（「造語」とも）という活動は、言語生活上の要求を満たす上でも必要なことである。

(11)　人間の記憶能力には限りがあるから、極端な数の単純語を記憶し、使いこなすことはできない。一方我々が伝達したい情報は無限にある。この有限と無限を結ぶのが文法である。文法もまた、人間の能力によって記憶し操作し得る有限個の規則の集合ではあるが、その運用によって、有限個の単純語から無限の数の句や文を生成し、自由な伝達を果たすことができる。

しかし、単純語は、その語形の短かさ、構造の単純さからして、或る意味では言語的伝達をきわめて能率的にする。例えば「犬」という概念を、「イヌ」という単純語を使わずに表現しようとしたらどうなるか。「足ガ４本アッテ、ワントナク動物」などと言っていたのでは、全く非能率的である。或る言語社会が有する概念の中で、頻度の高いもの、意味のより抽象的な概念は、単純語で表現するにしくはない。それ以外の、単純語による表現を持たない概念が、句とか文とかの形式で表現されることになる。ところが現代の言語社会では、次々に新しい概念が生じて来る。この需要に対して単純語はきわめて保守的であって、その数をふやそうとしない。また我々にとって新しい単純語を覚えることは容易ではなかろう。しかしまた文レベルの表現によったのでは、その非能率が円滑な伝達の妨げにもなろう。

複合語はこのような需要に応えて、文レベルと単純語レベルとの中間に位置して独特な領域をなすものである。すなわち複合語は、2つあるいはそれ以上の単純語を結合して新たな表現をつくるのであり、そうすれば単純語レキシコンを拡大する必要はないし、文レベルの表現よりも短く、構造が単純で、能率的でもある。この複合語の生成には一定の規則があり、それによってかなり自由に新しい複合語がつくり出される。この意味で複合語は語でありながら、むしろ無限の生成力を持つ文のレベルに似ている。

(奥津敬一郎 1975、斎藤・石井（編）1997: 158–159)

このように、複合語には、「できあいのもの」という側面のほかに、単純語にはほとんどない「新しくつく（られ）るもの」という（連語とも重なる）側面がある（もちろん、一人の話し手にとっては、新しい複合語を自らつくる機会は少ないが、一共時態の範囲で見れば、新しい複合語がつくられる機会は一般的なものである）。このような見方からの複合語を、ここでは、「新造の複合語」と呼んでおく。

特定共時態における既成の複合語、たとえば、現代語における既成の複合語が、現代以前の過去につくられた複合語の集積であるのに対し、新造の複合語は、現代の命名活動の中でつくられた新しい複合語であり、したがって、現代語における複合語の「つくり方」を明らかにする直接の資料となるものである。また、既成の複合語を対象とする「解釈的複合語形成論」が、複合語の共時的に解釈される「つくり方」を明らかにするのに対して、新造の複合語を対象とする語形成論は、その「つくり方」の実際面を命名活動におけるさまざまな角度から明らかにすることができる。それは、「命名（活動）的複合語形成論」と呼ぶべきものであり、従来の語構成論の枠組み (8) では、「語形成論」ということになる。

新造の複合語は、個人が、言語生活上の何らかの必要に応じて、意識的な命名活動の中でつくるものである。それは、新造の複合語が、現実の断片に対する名づけとして、基本的に、語彙に登録する（語彙化される）ことを前提につくられるからである。これに対して、連語は、構文活動の中でつくられ、また、同じく現実の断片に対する名づけではあっても、語彙に登録されることを前提としてはいない。
　ただし、語彙への登録を前提としてはいても、新造の複合語のすべてが実際に語彙に登録されるわけではない。個人的な単語としてつくられた新造の複合語が語彙に登録されるためには、その言語社会の他の多くの成員に認められ、使われることによって、社会的な単語として定着しなければならない[3]。
　この社会的な認知作用の結果が複合語としての「適格性」のみによって決まるならば、新造の複合語の範囲と既成の複合語の範囲とは結果的に一致することになる。つまり、社会的に認知されなかった新造の複合語とは、いわば非文のようなものであり、存在しなかったに等しいことになるからである。従来の語構成論における見方は、このようなものであったと思われる。

(12)　すなわち、その造語が、命名を待っている新しい概念内容を、どれほど適確にあらわし得るか、そしてまた、その語形において、どれほど安定性を保ち得るか、――概して言えば、それが、コミュニケーションにおいて、いかに適格性を保持し得るものであるか否かに、問題はかかっている。造語力というのは、結局は、やはり可能性の問題ではなくて、実際に、こういう適格性のある造語を成し得るか否かという、具体的な表現力の問題として論じられるべきものなのであった。先に、価値的なものが含まれるといったのも、その意味であって、そういう表現価値を有する造語であってこそ、はじめて、その言語における語彙体系に組み入れられて、安定性を保ち得るのである。さもないものは、たとえひとたび造語されても、文字通り「一時語」として、たちまち消え去ってしまう運命にある。　　　　　　　　（阪倉 1963: 141）

　しかし、社会的な認知は、複合語が成立する場合だけに行われるわけではない。それは、既存の単語の意味変化や外国語からの借用など、新しい単語（の用法）がつくられたとき、つねに発動されるものである。そして、その可否は、その新語の適格性だけではなく、それを受け入れる語彙の側の事情にもよるものである。「阻止」(blocking) という現象はその典型であり、たとえば、サッカーの「レッドカード」を「赤札」とか「赤紙」とかということは、これらの複合語がすでに別語として存在していることと、外来スポーツの用語に和語を用いることが不自然であるという制約とから、きわめて難しいはずである[4]。

このように、新造の複合語に対する社会的な認知の可否は、複合語としての適格性という条件のみによって決まるわけではない。したがって、語彙に登録されなかった、あるいは、登録されるに至っていない新造の複合語を、非文相当のものとみなし、無視することは正しくない。特定共時態における新造の複合語とは、語彙に登録されたか否かにかかわりなく、その共時態で新しくつくられた（「一時語」をも含む）すべての複合語をさすものと考えるべきである。新造の複合語を見出すためには、国語辞書の中にではなく、実際の言語生活における新語形成の現場に分け入る必要がある。

　新造の複合語が、連語と違って、語彙への登録を（少なくとも）前提としてつくられるのは、それが、連語と同様の「くみあわせ的な意味」以外に、既成の複合語と同様の「ひとまとまり的な意味」を表すものとしてつくられるからである。先に「ひとまとまり性」は、複合語の「できあい性」によるものと述べたが、それは、新造の複合語にも備わるべき性質である。「ひとまとまり的な意味」をも表すからこそ、語彙に登録する必要が生じるのである。
　しかし、「ひとまとまり的な意味」とは、複合語の要素のくみあわせによっては表しきれないものであった。ということは、逆にいえば、つくり手である個人は、そうした「ひとまとまり的な意味」（を含む複合語全体の意味）を表すものとして新造の複合語をつくっているのではない、ということになる。
　たとえば、つくり手が、もし、「春に吹く」「南や東から吹く」「おだやかに吹く」「暖かい」「心地よい」といった特徴をもつ、ある種の「風」を表す新造の複合語をつくろうとすれば、これらすべての意味（的な特徴）を一挙に表す複合語をつくることは不可能である。そこで、つくり手は、これらの意味の中から、これらを代表して表す一部の意味をとりたて、その部分的な意味のみを表すものとしての複合語をつくるのではないか。
　このように考えれば、複合語（の要素のくみあわせ）が全体の意味の不完全な表示者にすぎない、また、そうであってかまわない、ということの説明がつくように思われる。複合語が直接に表しているのは、その全体的・慣習的な意味ではなく、それを代表するものとしてとりたてられた部分的な意味なのである。この部分的な意味と要素のくみあわせとの間には、一定の規則性があり、つくり手は、そうした「造語法（複合法）」に従って新造の複合語をつくるものと考えられる。
　この種の造語法には、さまざまなものが考えられるが、たとえば、とりたてた部分的な意味を文や連語で表し、それをそのまま一語化して使うという方法がある。

(13)　語形成での複合現象は、すべて文形成的現象と見られる。複合形成は、すべ

て文形成と考えられる。
　文形成は文思考による。語形成での複合が文的形成であるならば、これは、文思考の所産とも言える。
　「ボロキテホーコ」〈ぼろを着て奉公〉(ふくろう)「ノリツケホーセ」〈糊をつけて干せ〉(ふくろう)などの特殊な長形名詞が、語の文的形成をあらわにしていることは、多言を要しまい。——文思考さながらに、長大な新語ができている。「無口な人」のことを「モノイワズ」(もの言わず)などとしているのも、文的形成をあらわに示す複合法である。私どもの郷里には、「クータラヨシノカゼヒカズ」〈食うたらよしのかぜひかず〉(徒食の人)という滑稽な大複合語ができている。
　　　　　　　　　　　　　　　　　　　　　　　　　　　　(藤原与一 1986: 319)

　また、そうした文や連語を「変形」して要素のくみあわせをつくる方法もある(奥津 1975)。従来、この方法は、文や連語の意味と複合語の(ひとまとまり的な)意味とが一致しないために除かれることも多かったが、文や連語を複合語の(全体的な意味ではなく)部分的な意味の直接的な表示者と考えればよいわけで、そうした表示者をさらに文法的な手段で変形し、新造の複合語としてつくること自体は否定されないと考えられる。たとえば、「春に南や東からおだやかに吹く暖かくて心地よい風」という全体的な意味から、その部分的な意味の表示者として、「春に吹く風」ないし「春の風」という連語(連体修飾構造)をとりたて、そこから「春風」という複合語が生成されると考えても矛盾はない。このような局面では、新造の複合語のつくりだしにも、連語と共通する側面を見出すことができる。
　このほかに、「類推」という方法もある。類推とは、複合語の全体的な意味を表すための「要素のくみあわせの型」がすでにできあがっている場合に、その一部に新たな要素をあてはめる形で、新造の複合語をつくるという方法である。たとえば、「朝日記(あさにっき)」「朝マック」などは、個人的な(社会的な認知度の低い)複合語であると考えられるが、これらは、「朝酒」や「朝風呂」と同様、「本来は朝にするものではないが、あえて(特別に)そうすること」といった意味を表す「朝～」(～は行為の対象)という構造型を利用してつくったものと考えられる。こう考える方が、「朝に(から)日記をつけること」「朝に(から)マック(＝ハンバーガー)を食べること」という連語からの変形がそれぞれ個別に起こったと考えるよりも、適当であろう(「朝マック」は、あるいは、「朝めし」「朝ごはん」など、「昼めし」「晩めし」などとの区別を表す別の構造型を使ってつくられたものかもしれない。その場合でも、類推による複合語形成であることに変わりはない)。
　いずれにしても、新造の複合語の「つくり方」は、連語のそれと違って、複合語が「ひとまとまり的な意味」を含む豊かな全体的意味をどのようにして表すことが

できるのか、という問いに解答を与えるものでなくてはならない。

　「類推」という造語法に見られるように、新造の複合語の形成には、既成の複合語の構造型が利用されることがある。前述したように、既成の複合語の「つくり」は、新造の複合語形成のモデルとなり、それ自身が「つくり方」としての側面をもつからである。
　しかし、ある共時態で分析（理解）可能な「つくり」のすべてが、新造の複合語のモデルになるわけではない。現代語についていえば、新造の複合語の「つくり方」というものは、既成の複合語の「つくり」の場合とは違って、「過去の集積」ではなく、現代に生きているものでなければならない。生きた「つくり方」であるか死んだ「つくり方」であるかは、既成の複合語の「つくり」をみてもわかるものではなく、実際にその「つくり」をモデルとして新造の複合語がつくられているか否かを確認するしか方法がない。

(14)　単語のつくり方をあつかうばあいに、その型が生産的であるかどうか、つまり、今でもその型による合成語がどんどんつくられているかどうか、ということは、きわめて大切なことである。「泣く泣く」「恐る恐る」のように、動詞の終止形をかさねるやり方は、現代語としては生産的ではない。この型の複合語はもう新しくつくられず、これらの複合語があるのは、ただ単にむかし生産的だった時代につくられたものが生きのびているにすぎない。現代語として生きているのは、「泣き泣き」のように、連用形をかさねる型であって、このほうは、たとえば、「アジる」という新しい動詞についても、「道みちアジりアジり行進した」のように複合語をつくることができる。接頭辞についても、「うい陣」の「うい」や「にいづま」の「にい」はほとんど生産力をもっていないが、「新」のほうは「新幹線」「新庁舎」など、いくらでも単語をつくることができる。
　　　　　　　　　　　　（教科研東京国語部会・言語教育研究サークル 1964: 144）

　また、新造の複合語は、既成の複合語の「つくり」をモデルとすることは間違いないが、複合語の「つくり方」というものは、それ以外にも多くの要素、側面からなる複雑な機構であって、モデルとなる複合語の「つくり」は、その一部にすぎない。
　現代語の「複合語のつくり方」は、過去につくられた既成の複合語ではなく、現代で新しくつくられた新造の複合語を調べることによって、明らかにするものであり、そのような研究の分野を、「複合語構造論」や「解釈的複合語形成論」とは区

別して、「命名的複合語形成論」とすることは妥当であると考えられる。「複合語構造論」が、ある特定の共時態で使われる既成の複合語を対象として、それがいつつくられたかには関係なく、その「つくり」(語構造)を明らかにする分野であり、また、「解釈的複合語形成論」が、そうした既成の複合語とその材料とみなされる単語との関係から解釈される(複合語の)「つくり方」を明らかにするものだとすれば、「命名的複合語形成論」とは、特定共時態で新しくつくられた新造の複合語を対象として、その実際の「つくり方」を明らかにする分野である、ということができる。新造の複合語とは、語彙に登録されたか否かにかかわらず、個人によって新しくつくられたすべての複合語を含むものだから、個人がどのような複合語をつくるかを広く観察することによって、その言語社会の「複合語のつくり方」を明らかにするというのが、「命名的複合語形成論」の主な内容となる。それは、「文法論」が個人の構文活動を観察することで、言語社会に共通する「文法」を明らかにしようとするのと、基本的に同じ図式である。

3. 臨時の複合語──構文活動の場で──

単語と連語との間には、構文活動以前に話し手に与えられている「できあい」のものであるか、構文活動の場で話し手自らが「つくりだす」ものであるかという原則的な違いがあることは、すでにくりかえし述べた。複合語は単語であるから、命名活動の場を除けば、話し手にとってできあいのものであることが大原則である。しかし、複合語の中にはこの原則から外れて、連語と同じように、話し手が文をつくる際にその場で(臨時的に)つくりだされるものがある。たとえば、新聞記事などでは、通常はいくつかの単語を連ねて表現するところを、臨時に、その場かぎりのものとして、一つの複合語にまとめる、という語形成が多用されている。

(15) 国会は31日午後、民主、共産、社民の野党3党が欠席したまま、衆院本会議で小渕恵三首相の施政方針演説に対する代表質問を行った。首相は衆院解散・総選挙の時期について、来年度予算案の早期成立を最優先すると前置きした上で「国民の信を問うべき事態に立ち至ったと判断される時には躊躇(ちゅうちょ)することなく、断行する」と述べた。予算成立後に自ら判断することを強調して、野党の「話し合い解散」路線に応じない考えを示したものとみられる。施政方針演説に対する代表質問が野党欠席のまま行われたのは憲政史上初めて。
(『毎日新聞』2000年2月1日付朝刊第一面トップ記事のリード)

(15)では、本来なら、「31日の午後(に)」「野党の3党(が)」「衆院の本会議(で)」「衆院の解散と総選挙」「来年度の予算案」「早期に成立させること」「予算が成立した後」「話し合い解散」の(という)路線」「野党が欠席したままで」「憲政史の上で」などと、いくつかの単語の結びつき(連語)として表すべきところを、「31日午後」「野党3党」「衆院本会議」「衆院解散・総選挙」「来年度予算案」「早期成立」「予算成立後」「『話し合い解散』路線」「野党欠席」「憲政史上」などと、一つの臨時的な複合語にまとめてしまっている(「予算成立後」「憲政史上」は派生語とも考えられる)。

このような複合語を、ここでは、「臨時の複合語」と呼んでおく。臨時の複合語は、既成の複合語のように語彙の中に用意されているものではなく、また、新造の複合語のように語彙に登録されることを前提として命名活動の場でつくられるものでもなく、構文活動の場で話し手がつくるものである。それは、要するに、形式的には複合語であるが、機能的には連語と同様の単位なのである。したがって、臨時の複合語は、単語と連語との間にあって、慣用句をつくる単語などと同様、「非典型的(周辺的)な単語」「単語性の低い単語」と位置づけられることになる。

(16) このように、単語と単語以外のものとを区別する基準はあるが、それがいつも役にたつというわけではない。単語の現象は単語の本質が要求するものではあるが、その要求がいくつかの側面にわかれてあらわれるために、それら側面のあいだでの現象がたがいに調和するとはかぎらない。意味的・文法的・音韻的にみて、たがいにむじゅんする基準があてはまるようにみえるとき、まさにそのような、1語とも2語ともいえるあいまいな姿で単語は存在する。これをそのままみとめるのが、ただしい態度である。たとえば、慣用句という現象は、たいていの言語にあるであろう。はなし手にとってできあいのもの、という観点からすれば、これは1つの単位であり、これを構成する単語は、すでに単語としての本質をうしなっている、ともいえる。しかし、現象的には、それらがまだかなりの自立性をもっていることもたしかであり、全体として、慣用句という集団は、単語と自由な連語との中間にある。

慣用句のばあいと逆に、本質的には連語と同様その場その場でくみたてられるものなのに、現象的には1つの合成語(複合語および派生語)だという例もある。(略)漢語がつぎつぎにつみかさねられてできた、ながい合成語も、おおくは、このようなものであろう。

A 近代的生活様式導入(にふみきった)
はその固定性において、

B　近代的な生活様式の導入

　というのと、ほとんどかわりない。しかし、Aを構成する単位は、文のなかで、Bの3単位ほど自由にふるまうことはできない。（略）要するに、ながい漢語連続は、合成語的なものから連語的なものまで、いろいろな段階のものがありうるのである。（略）

　このように、いくつかの基準がむじゅんするばあい、とりうる1つの態度は、だからこれこれの基準は役にたたない、もっとほかの基準をさがすべきだ、というものである。たとえば、慣用句がいくつかの単語からなりたっている以上、意味的な規定はダメだとして、これを単語認定の基準からはずすというやりかたである。しかし、じつは慣用句をつくっている単語は典型的な単語にくらべてきわめて単語性がひくいのだ、といえばよいのである。典型的な単語は、どのような基準をもってきても、だれがみても、まちがいなく単語とみとめられるようなものである。しかし、単語のなかには、周辺的なものもある。いくつかの基準をあてはめてみて、あわない点が多ければ多いほど、それは周辺的な単語だということになる。

　　　　　　　　　　　　　　　　　　　（宮島 1983、宮島 1994: 101–106）

(17) 本節では、語に共通して見られる幾つかの特徴を考察した。これらは普通、句には成立しないから、それらを備えた表現を「語」として認定することができる。ただ、あらゆる種類の語が上述の特徴の総てを具備しているわけではないことは注意しておきたい。上に述べたのは、語彙部門で派生され、辞書に登録されているような、典型的な語に当てはまる特徴である。従って、本書で主張するように、語彙部門ではなく統語部門で派生されるような語があるとすれば、それらが上述の特徴を総て備えていると保証することはできない。それどころか、辞書登録に伴う意味の慣習化や名付け機能などの特徴は統語的な語には見られないことが充分に予想される。実際、これらの特徴は第3、4、5章で提示する統語的な複合語（＝本書でいう「臨時の複合語」に重なるもの、石井注）には馴染まないことが判明する。しかし、統語部門で作られていても、語であることには間違いがないのであるから、上述の諸特徴の中でも、二又枝分かれ構造や格助詞・時制の排除といった、語形態に関する特徴は歴然として見られるのである。このように、上で語の一般的特徴として掲げたものにも、語という言語単位に還元されるべき形態的な特質と、辞書登録という概念に由来する特質があることを注意しておく必要がある。語の認定において真に重要なのは形態的な特質のほうである。

　　　　　　　　　　　　　　　　　　　　　　　（影山 1993: 12–13）

臨時の複合語も、非典型的（周辺的）ではあるものの「単語」であるから、語構成論の対象とすることに問題はなく、さらに、できあいのものではなく（臨時的とはいえ）新たにつくりだされるものであるという点を重視すれば、新造の複合語と同様、「複合語形成論」の対象として、その「つくり方」を明らかにしていくべきものであろう。

　しかし、同じく複合語形成論の対象であるといっても、新造の複合語の形成は命名活動であり、臨時の複合語の形成は構文活動の一環であるから、両者の「つくり方」には大きな違いがある。すでに述べたように、前者には、

○現実の断片に対する名づけである（ひとまとまり的な意味をもつ）
○（基本的に）語彙的な方法によってつくられる
○既成の複合語の供給源となり得る

という「語彙的な複合語形成」と呼ぶべき特徴があり、後者には、

○（名前ではなく）伝達上の一単位をつくることである（くみあわせ的な意味のみをもつ）
○文法的な方法のみによってつくられる
○その場限りのもので、既成の複合語の供給源とはならない

という「文法的な複合語形成」と呼べるような特徴がある。したがって、後者を対象とする複合語形成論は、「構文（活動）的複合語形成論」とでも呼ぶべきものである。

　臨時の複合語を対象とする構文的複合語形成論では、その要素のくみあわせが、一方では連語のそれと、また他方では、既成の複合語や新造の複合語と、それぞれ、どのように共通し、また、異なるかを検討することになる。

(18)　第4章では、名詞＋動詞型の複合語に見られる名詞要素の文法機能を検討し、S構造複合（≒臨時の複合語、石井注）の成立には「が、を、に」という構造格が重要であることを述べた。「レストランで」や「外国から」のような意味格はS構造複合を受ける資格がない（＝「レストランで食事する」や「外国から帰国する」という連語はあっても、「レストラン食事」や「外国帰国」という臨時の複合語は成立しない、同）。Baker (1988)流に言えば、これら意味格はNPではなくPPであるからバリアー (barrier) を形成し、最小性の条件によって編入を拒むことになる。この構造格という概念は統語構

造で成り立つ概念であるから、それが関与する S 構造複合は統語的であることになる。他方、語彙的複合語（≒既成ないし新造の複合語、同）は、なるほど直接目的語を含む例が多数を占めるものの、「鉄道輸送、外国帰り、ハワイ焼け、おむつかぶれ」等々のように、種々の副詞的要素もかなり自由に含むことが可能である。この自由さは、語彙的複合語の内部関係が文構造から直接に読み取られるのではなく、多分に語用論的な要素に依存する名付け機能によって作られることに求められる。 （影山 1993: 354）

　臨時の複合語は、要素のくみあわせが連語的であると同時に、それ自身が連語をくみたてる場合に、独自の「役割」を獲得していると考えられる。いわゆる「句の包摂」と呼ばれる現象はその一つで、「給水パイプの撤去工事」「共産党を除く野党統一要求案」「卒業に必要な単位取得」などでは、「給水パイプの撤去」「共産党を除く野党」「卒業に必要な単位」という連語の最終要素（かざられ）が、それぞれ、臨時の複合語の前要素となって、より大きな連語的単位をくみたてている[5]。また、ある種の連語の構造は、臨時の複合語を活発につくりだす場になってもいる。

(19)　特徴的な性質・状態を規定するノ格のかざり名詞に限定してかんがえれば、単純語が使用されるという例はすくなく、筆者の採集した資料の範囲内でも、複合語によるものがあっとう的に多い（「中央党出身のヴィルト首相」「友達思いの足立」「差出人無しの厚い手紙」など、石井注）。しかも、辞典に登録されていないような、臨時的な、その場かぎりの複合名詞がすくなくなく、その多様さにびっくりさせられるのである。もちろん、そのなかには、形容詞や動詞からの転成名詞といえるものもふくまれるのだが、そのばあいにおいても、複合語的なものがあっとう的におおいものである。

 （鈴木康之 1982: 247）

　構文的複合語形成論では、臨時の複合語自身の連語的な性質と、それが連語のくみたてに果たす独自の役割とを重視して、構文論とくに連語論とのかかわりを考慮した検討を行っていくことが必要になる。

(20)　複合語は、たしかに、単語のひとつのありかたである。しかし、単なる単語ではない。連語の素材となりえるはずの単語をふたつ（あるいは、それ以上）くみあわせてつくられた単語である。つまり、複合語という単語は、それ自身が連語の素材でありながら、同時に、それ自身が連語の素材となりえる要素によってつくりだされているという二面的な性格をもっているのである。

そういうことが、いくつかの単語をくみあわせてひとつの名づけ的な意味を実現させている連語の構造に一定の影響をおよぼすことは、当然すぎることといえるだろう。単に単純語をくみあわせてつくりだされる連語とは違って、複合語を内部構造としてもつ連語が、独自の領域をつくっているにちがいないといえるのは、いうまでもないことなのである。

　複合語のくみたての研究の中心的な課題は、もちろん、複合語をかたちづくる要素と要素との関係だとおもうのだが、そのばあい、たいせつなのは、自由な複合語（＝臨時の複合語、石井注）である。しばられた複合語（＝既成の複合語、同）であるならば、語原的な意味で、要素との関係を論じることができたとしても、関係そのものは、死んだものである。しかし、自由な複合語にあっては、要素と要素との関係が、複合語をつくりだす生産的なタイプとして生きていて、同時に、カテゴリカルな意味の存在に一定の役わりをもち、文法の分野に、特に連語の分野に、一定の影響をおよぼすものなのである。したがって、しばられた複合語と自由な複合語とを同一のレベルであつかうことはゆるされない。　　　　　　　　　　（鈴木1982: 248）

ただし、臨時の複合語も、新造の複合語と同様、既成の複合語に移行することがある。たとえば、表1は、『CD—毎日新聞　データ集』を用いて、「不良債権の処理」「不良債権を処理する」という連語と、「不良債権処理」という臨時の複合語とを検索し、その使用頻度の推移を調べたものである。

表1　連語と臨時の複合語との使用頻度の推移

	1991年	1992年	1995年	1999年	2003年
不良債権の処理	6	33	76	53	19
不良債権を処理する	0	6	35	41	17
不良債権処理	0	28	384	493	585

ここからは、

○まず「不良債権の処理」という連語が現れ、それに遅れて「不良債権処理」という臨時の複合語が現れる
○「不良債権の処理」「不良債権を処理する」という連語の使用頻度はいったん増加するものの減少に転じるが、「不良債権処理」という臨時の複合語は一貫して増え続ける

という結果が得られる。このことは、

　○はじめは臨時の複合語としてつくられた「不良債権処理」が、次第に既成の複
　　合語として使われるようになっている

ということを推測させるものである。連語の使用頻度が減少していくのは、臨時の複合語が既成の複合語として語彙に定着し、繰り返して（安定して）使われるようになったからだと考えられる。
　このように、臨時の複合語の形成も、新造の複合語の形成と同様に、既成の複合語の供給源になる場合があるのであり、両者の関連性・共通性を認めざるを得ない。臨時の複合語を、連語論ではなく、「複合語形成論」の対象とする所以である。

4. 本書の目標—複合動詞・複合名詞・臨時一語の形成—

　以上、同じ「複合語」と呼ばれるものの中にも、構文活動以前に話し手に与えられている（語彙に用意されている）「既成の複合語」、命名活動の場で個人が新たにつくりだす「新造の複合語」、構文活動の際に話し手が連語と同様につくりだす「臨時の複合語」の、少なくとも3種があることを確認し、それぞれを対象とする「複合語形成論」の観点や方法もまた異なる（べきである）ことを述べた。その結果として、本書が標榜する「現代日本語の複合語形成論」は、次のように、三つの領域に分けられることになる。

(21)　　既成の複合語を対象とする「解釈（活動）的複合語形成論」
　　　　新造の複合語を対象とする「命名（活動）的複合語形成論」
　　　　臨時の複合語を対象とする「構文（活動）的複合語形成論」

　従来の語構成論の枠組みでいえば、「解釈的複合語形成論」は「語構造論」、「命名的複合語形成論」は「語形成論」と、それぞれ、重なるところが大きいと考えられる。このうち、解釈的複合語形成論が、複合語の「つくり」（語構造）だけでなく、共時的に解釈されるその「つくり方」をも明らかにするものであることは、すでに述べた。同様に、命名的複合語形成論が、従来の語形成論で除かれることの多かった「たちまち消え去ってしまう一時語」(12)をも含む、個人的な新造の複合語を対象とすることも、すでに述べた。そして、構文的複合語形成論は、従来の語構成論の範囲には入らないものであるが、臨時の複合語が、周辺的ではあれ単語であり、また、既成の複合語に移行する場合もあることなどから、上の二つの複合語形成論

とともに、語構成論の下位領域としての「複合語形成論」を成すものと考え得ることも、また、すでに述べたところである。

　さて、本書は、以上に述べた「現代日本語の複合語形成論」の実践として、現代語のとくに書きことばにおいて、既成の複合語、新造の複合語、臨時の複合語が、それぞれ、どのようなしくみ（つくり方）でつくられているかを探ろうとするものである。具体的には、それぞれの複合語形成をよく特徴づけるものとして、複合動詞、複合名詞、臨時一語の3種をとりあげ、その特徴を記述すること、すなわち、それぞれの複合語形成において、どのような複合語がどのようにつくられているのかを、資料に即して具体的に明らかにすることを目的とする（複合動詞については、既成と新造の両方にかかわるものとしてとりあげる）。
　「どのような複合語がどのようにつくられているのか」ということをもう少し具体的にいえば、「どのような造語成分がどのように結びついてどのような語構造をもつ複合語がつくられているのか」を明らかにするということである。ここで、「造語成分」とは、新しくつくられる単語の「材料」の意であり、複合語の場合には、自立し得ない字音語基などを別にすれば、基本的には「単語」である。つまり、単語と単語とをくみあわせて新たな単語＝複合語をつくるのである。材料となった単語は、新たな単語＝複合語においてはすでに単語ではなく、その要素（形態素）に成り下がる。この考え方は伝統的なものであるが（橋本進吉1934）、斎藤倫明2004は、これを「語構成の常識的モデル」として、次のように批判する。

(22)　ごく素朴な意識に則って考えた場合、aという語とbという語とが結合し語abが出来るというのが、語構成の基本的な在り方ということになるであろう。すなわち、

　　　　　　a ＋ b → ab
という図式である。今、これを「語構成の常識的モデル」と呼ぼう。
　しかし、よく考えてみると、これでは不充分な点があることに気付く。たとえば、「綱引き」という語を考えてみた場合、この語は「綱」と「引き」という語から成り立っていると見られるが、その意味は単に「綱を引くこと」ではなく、「綱の両端を多人数で引き合って勝負を競う競技」（『新明解国語辞典』第五版）というものである。しかし、「綱引き」という語の成立を語構成の常識的モデルで考えたのでは、それが"多人数で勝負を競う特定の競技の一つ"であるという点はどこからも出てこない。　（斎藤2004: 3-4）

斎藤は、複合語の「ひとまとまり的な意味」の存在を根拠に、単語と単語とをく

みあわせて複合語をつくるという「常識的」な見方を否定する。しかし、前述したように、(既成・新造の) 複合語は、(連語とは違って) ひとまとまり的な意味を表すことを本来としつつも、(ひとまとまり的な意味を含む) 全体の意味の「不完全な表示者」にすぎず、また、直接にはその一部 (くみあわせ的な意味) を表示するものとして形成されるのだと考えるならば、「語構成の常識的モデル」は必ずしも否定されない。「綱引き」という複合語は、直接には、その全体の意味の中の「綱を引くこと」という (最も中核的な) 部分のみを表すものとして形成されると考えれば、それが「綱」と「引く」という単語からつくられるとしても矛盾はないからである。

　また、これも前述したように、そもそも、複合語形成が、文形成と同様、個人による言語活動であると考えれば、その材料もまた、文形成と同様に、単語であるとする方が自然であり、合理的である。「綱を引く」という文は「綱」「引く」という単語を材料に、「綱引き」という複合語は「綱」「引き」という形態素を材料に、それぞれ、つくられるとすると、われわれは、文形成のための単語 (の語彙) と、複合語形成のための形態素 (の語彙) とを、二重にもたなければならないということになる。それよりも、言語活動主体としてのわれわれに実際に与えられている材料は、文形成においても、複合語形成においても、同じ単語 (の語彙) であると考えた方が適当だろう。複合語形成を動的な言語活動と考えれば、「より大きい単位は、必ず、より小さい単位からつくられなければならない」という静的・構成論的な見方をとる必要はない。

　以上のような理由で、本書では、複合語形成の材料すなわち造語成分を、基本的には、単語と考えたいと思う。つまり、斎藤 2004 のいう「常識的モデル」を採用する、ということである。単語には、他の単語と結びついてある種の (語構造をもつ) 複合語をつくることができるという、造語成分としての能力があり、そうした造語成分どうしの結びつきがどのような語構造の複合語をつくっているのかを、既成および新造の複合動詞、新造の複合名詞、臨時の複合語たる臨時一語のそれぞれについて明らかにし、その類型を見出すことが、本書の目標である。

　加えて、本書では、「造語成分」というものを、複合語形成にあたって単語から形態素に不可避的に変容し (成り下がり) つつも、その本質的な同一性は維持される動的な単位ともみなしたい。つまり、(22) における「語 a」と「語 ab の要素 a」とを、また、「語 b」と「語 ab の要素 b」とを、それぞれ、単語と形態素という違いを除けば、基本的に同じものとみなすということである。そもそも、材料が材料たり得るのは、言語活動の主体において、それが構築物の要素として十全に機能することが知られている、すなわち、材料と要素との同一性が前提とされているからであろう。そうでなければ、複合語形成という言語活動自体が成り立たない。もち

ろん、材料と要素との違いやズレに注目することも重要ではある。しかし、複合語形成の基本的な方式をまずは明らかにしようとする本書においては、両者を一つの動的な単位の両面として扱った方がよい[6]。したがって、本書においては、「造語成分」という用語を、複合語形成の材料であり、形成された複合語の構成要素に成り下がることのできる動的な単位という意味合いで用いることにする。もちろん、材料と構成要素とを区別しなければならないような場合には、後者を表すのに「語構成要素」「要素」「語基」といった用語を使う場合もある。

以下、「本論」の概要を紹介する。
第1部では、解釈的複合語形成論の立場を中心に、命名的複合語形成論の見方も加えて、「複合動詞の形成」をとりあげ、既成の複合動詞において中心的であると解釈される語構造型と、新造の複合動詞の形成において中心的である語構造型とが一致しないことを、大量の複合動詞を対象とした計量的な調査によって明らかにし、その理由について「語彙の重層性」という観点から検討する。

まず、第1章および第2章では、「動詞＋動詞」型の既成の複合動詞を対象として、それがどのような「つくり方」によって形成されているかを、「複合動詞形成の《アスペクト・ヴォイス》モデル」として「解釈」し、それにもとづいて、複合動詞の基本的な語構造型を［過程結果構造］と定式化する。

第3章では、同じ「動詞＋動詞」型ではあっても、一方の構成要素が接辞化している派生語的な複合動詞について、その派生的な語構造が［過程結果構造］に由来することを明らかにし、複合動詞形成の《アスペクト・ヴォイス》モデルが、既成の複合動詞の形成だけでなく、派生的な複合動詞の形成（派生）をも説明し得るモデルであることを示す。

第4章では、同じ「動詞＋動詞」型である複合動詞と複合名詞（「立ち読み」「走り書き」など）との語構造の違いを、複合動詞形成の《アスペクト・ヴォイス》モデルの立場からより一般的に説明し、二つの動詞の結びつきが複合動詞として成立するための必要条件として、［過程結果構造］のもつ「実現性」と「時間性」という特徴を提示する。

第5章では、前章までの検討でその妥当性を確認した複合動詞形成の《アスペクト・ヴォイス》モデル、および、［過程結果構造］という基本的語構造の観点から、「動詞＋動詞」型の複合動詞の語構造型を包括的に分類することを試み、第6章で行う既成の複合動詞と新造の複合動詞との語構造の対照に備える。

第6章では、複合動詞形成の《アスペクト・ヴォイス》モデルにもとづく［過程結果構造］という基本的語構造が、現代語で実際につくられた／つくられている新造の複合動詞においては必ずしも生産的ではないことを、20世紀の小説類から採

集した多数の複合動詞を資料とする計量的な調査によって明らかにし、現代日本語の複合動詞形成における「既成」と「新造」との重層性について、全体的な見通しを示す。

　第2部では、命名的複合語形成の中心に位置する「複合名詞の形成」をとりあげ、とくに、現代における新造の複合名詞として自然科学系の学術用語に注目し、その語形成モデルの作成を試みる。

　第1章では、新造の複合名詞の形成について、「原概念」→「命名概念」→「個人的な複合名詞」→「社会的な複合名詞」という、「複合名詞形成の4段階モデル」というものを提案し、その全体的な流れを提示する。

　第2章では、「複合名詞形成の4段階モデル」の、命名概念から複合名詞が形成される第3段階のモデル化を進めるために、学術用語の和語他動詞成分を核とする複合名詞を例に、命名概念構造と複合名詞の語構造とをつなぐ記述法を検討し、主に結合価理論にもとづく記述法を提案する。

　第3章では、原概念から命名概念がとりたてられる第2段階ではたらく「表現と弁別の原理」について、同じく学術用語の和語他動詞成分を核とする複合名詞を例に、その補足成分の出現度数が弁別率と逆相関の関係にあることを見出し、表現と弁別とがジレンマ的関係に立つ場合のあることを明らかにする。

　第4章では、第3段階で作用する造語成分の造語力・造語機能が、造語成分の位相によっても異なることを、『学術用語集』23分野の用語を形成する［専門］の造語成分と［一般］の造語成分との比較・対照によって、示す。

　第5章では、「複合名詞形成の4段階モデル」の、第4段階で複合名詞が語彙化する際に、複合名詞の語構造が語彙の生産性に影響し、また、語彙の生産性が形成される複合名詞の語構造を規定する面のあることを、文部省編『学術用語集』23分野の用語を資料に、明らかにする。

　第3部では、構文的複合語形成論の立場から、新聞や専門書などの文章における「臨時一語の形成」をとりあげ、とくに、文章において継起的・顕在的につくられる臨時一語に注目し、その形成法の類型化を試みる。

　第1章では、臨時の複合語としての「臨時一語」の範囲を規定した上で、その形成を文章のレベルで検討することの必要性を確認するとともに、各種の文章における臨時一語の発生状況を計量的に調査することによって、文章の凝縮に果たす臨時一語の機能を明らかにする。

　第2章では、臨時一語が、文章の展開の中で、先行する単語列をもとにして形成される現象を見出し、それを「文章顕現型の臨時一語化」として定式化するととも

に、その特徴および類型を見出す。

　第3章では、逆に、臨時一語が、文章の中で、後続する単語列に展開（復元）されると解釈できる現象を、「文章顕現型の脱臨時一語化」として定式化し、同様に、その特徴および類型を見出す。

　第4章では、新聞の文章における文章顕現型の「臨時一語化」および「脱臨時一語化」の用例を、コンピュータを補助的に用いた半自動的な方法によってとりだし、それぞれの現れ方を計量的に分析することで、文章顕現型の(脱)臨時一語化と文章との関係を概括する。

　第5章では、「文章顕現型の臨時一語化」において、どのような単語列がどのような臨時一語となるのか、その形式面の類型を、先行する二字漢語の結びつきが四字漢語として臨時一語化するタイプに限定して、1年分の新聞記事を資料に、包括的に整理する。

　以上のように、本書で行う検討は、現代の複合語形成のごく一部を対象とするものにすぎないが、それらは、いずれも、現代語の書きことばにおける生産的かつ特徴的な複合語形成であり、また、それぞれに異なった性質をもつものであって、「現代日本語の複合語形成論」の中核に位置づけ得るものと考える。

　なお、本書では、全体を通して、計量的な調査にもとづく記述を採用しているが、その際に、用いたデータをできる限り提示することを心がけた。また、巻末にも、第1部に関するデータとして、

1. 「既成の複合動詞」造語成分の連接表
2. 「新造の複合動詞」一覧

を、第2部に関するデータとして、

3. 「和語他動詞成分を核とする学術用語複合名詞の語構造」一覧

を、それぞれ、付している（第3部についてのデータは、本論中に掲げた）。こうしたデータを掲げるのは、複合語形成というものが、文形成とは違って、本質的には規則よりも傾向が機能する領域であり[7]、本論中の計量的調査で得た量的な分布傾向の根拠を示すためにも、データとした複合語を示す必要があると考えるからである。もちろん、紙幅の都合もあり、すべてのデータを示すことはできないが、読者が本書の立論を批判的に検証するための、最低限のデータは提示できたものと考える。

注

1　ここでは、基本的に、言語学研究会(たとえば、鈴木重幸1972、言語学研究会(編)1983など)による「連語」を念頭においているが、他の研究者によって「句」と呼ばれているものも、適宜含めている。

2　佐藤武義2003は、「春風」を、上代に漢詩語の訓読によってつくられた歌語であるとする。とすれば、これが「春風」という複合語の実際のつくり方であり、現代語において解釈されるつくり方とは異なっていることになる。

3　アダムス1973も、その冒頭において、次のような表現で、「個人的な語形成」と「社会的な語定着」とを区別していると考えられる。「新しい単語が形成される方法、およびそれらの単語の言語の中への受け入れを支配する要因は、一般に、平均的な話者によって当然のことと考えられている。」(杉浦・岡村訳：1)

4　最近の、国立国語研究所による『『外来語』言い換え提案』なども、それ自体は「個人的な語形成」の段階にとどまるものであり、その提案が言語社会に受け入れられ、定着するかどうかは、今後の「社会的な認知」の可否にかかっているはずである。

5　これらの例は、林四郎1982による。ただし、林は「給水パイプの撤去工事」のような結びつきの全体を「臨時一語」(本書でいう臨時の複合語)としている。

6　沖久雄1983、小林英樹2004では、複合語における「くみあわせ性」と「ひとまとまり性」との共存を認めた上で、その「くみあわせ性」の記述に焦点を当てるという立場がとられている。本書も、複合語形成論における第一の課題は、くみあわせ性の解明であると考えたい。

7　湯川恭敏1999は、単語(以上)のレベルでは「規則」が適用され、単語より小さい要素のレベルでは「傾向」が機能すると述べる(：115–129)。

第1部

複合動詞の形成

第1章　複合動詞形成の基本モデル

はじめに

　本章では、現代語の「既成」の複合動詞、すなわち、現代語の語彙にできあいの単語として登録されている語彙的な複合動詞を対象に、「動詞＋動詞」型の複合動詞が形成されるそのしくみを、基本的なモデルとして「解釈」する。具体的には、どのような動詞と動詞とが結びついて、どのような語構造をもつ複合動詞が形成されるのかということを、できるだけ多くの複合動詞について説明し得る、より一般的なモデルの作成をめざす。

　そのために、まずは、造語成分としてどのような動詞と動詞とのくみあわせが多いのかを調べ、そうしたくみあわせが行われる要因ないし契機を探る。次いで、そのような造語成分のくみあわせの上にどのような語構造がつくりあげられているのかを、そのくみあわせをもたらす要因・契機と関係づけながら明らかにする。

　どのような動詞と動詞とのくみあわせが多いのかを調べる際には、動詞の「カテゴリカルな意味」を重視する。それは、動詞のカテゴリカルな意味が、複合動詞の形成に際して、その「連結器」としてはたらくと予想されるからである。

（1）　ある単語がほかの単語とどのようにむすびつくかということは、その単語にとっては形式的な特徴である。ところが、この形式的な特徴は、単語の内部にひそむ combinability によってつくりだされていて、その combinability をもとに表現している。（中略）単語の combinability は、語彙的な意味を他の単語のそれに結びつけていく、単語の文法的な能力であって、それは、おそらく、単語の categorical meaning の機能であるだろう。単語の語彙的な意味は、categorical meaning のところで、他の単語のそれと構造的にむすびつくのである。これを関節にたとえてみるとよい。骨は関節でべつの骨とむすびつくのだが、その関節はやはり骨の部分である。あるいは、核のそとがわにあって、共有結合をする電子にたとえることができるかもしれない。（中略）

> カテゴリカルな意味は、語彙的な意味の構造のなかで、そとがわにあって、核になる中心的な部分をとりまいている。このことは、**きりつける、ぬいつける、うちつける、むすびつける**のような動詞のつくり方のなかにやきつけられている。これらの動詞の combinability は「つける」のなかにある。そして、カテゴリカルな意味は、この中心的な部分を他の単語のそれとむすびつける連結器の役わりをはたしている。それゆえに、カテゴリカルな意味は、語彙的な意味の構造のなかで文法的な機能をはたしている部分であるといえるだろう。 （奥田靖雄 1974: 39–40）

ここで、「このことは、**きりつける、ぬいつける、うちつける、むすびつける**のような動詞のつくり方のなかにやきつけられている。これらの動詞の combinability は『つける』のなかにある」とは、「きりつける」等の格体制が後項「つける」によって支配されることとこれらの複合動詞の「つくり方」との関連性、すなわち、複合動詞が文中で他の単語と結びつく能力と、そうした複合動詞のつくり方との両方に、造語成分としての動詞のカテゴリカルな意味がかかわっていることを述べたものと理解できる。動詞と動詞との結びつきから複合動詞の語構造がつくられると考える語形成論的な分析においては、（材料としての）動詞と（それが「成り下がった」ものとしての）語構成要素との間の違い（変容の度合い）が（個別具体的な語彙的意味に比べて）少ないと考えられる「カテゴリカルな意味」にもとづくことで、より一般性の高い複合動詞形成のモデルをつくることができるものと期待されるのである。

1. 造語成分の結合位置と「自他」の対応

複合動詞においてどのような造語成分のくみあわせが多いかを検討するためには、造語成分の特徴づけにどのような観点を採用するかが問題となる。ここでは、そのような観点を見出すために、まず、複合動詞における造語成分の結合位置、すなわち、造語成分たる動詞が複合動詞を構成するときに、その前項になるか後項になるかという点に注目する。複合語にあっては、その内部構成要素の位置関係が要素間の関係表示の唯一の手段であるからである。こうした観点から造語成分を個別に見てゆくと、複合動詞の前項にしかならないもの、逆に後項にしかならないもの、また、前項にも後項にもなり得るもの、の3種を見出すことができる。

調査の対象とした「既成」の複合動詞は、現代語の辞書3種（『学研国語大辞典（初版）』『岩波国語辞典（第二版）』『新明解国語辞典（第三版）』）と『国立国語研究所資料集7　動詞・形容詞問題語用例集』の見出し語から、文語・俗語等を除き、また、

「突き放す」に対する「突っ放す」のように、前項が音便化していて元の複合動詞と並存しているものや、「しがみ付く」「出しゃばる」のように、前項あるいは後項が（現代語では）自立し得ないものを除いてとりだした2,494語（異なり）である。これらの複合動詞の中には、前項・後項のいずれかが接辞のようにはたらく「派生的な複合動詞」も含まれていると考えられるが、それらと語彙的な複合動詞との区別は必ずしも簡単ではなく（後述するように、連続的な面がある）、また、既成の複合動詞の基本的なつくり方は、それらが混じっていてもとりだせるものと考えら

表1 結合位置による造語成分の分類

前項動詞	両項動詞	後項動詞
318	212	272

表2 結合数上位の造語成分

前項動詞	両項動詞		後項動詞
①言う　　　（73）	①取る　　（84–36）	①込む　　（3–150）	①上げる（84）
②押す　　　（48）	②見る　　（79–5）	②出す　　（6–94）	②合う　　（67）
③書く　　　（43）	③引く（他）（71–2）	③付ける　（12–85）	③返す　　（38）
④突く　　　（42）	④打つ　　（65–4）	④付く　　（5–47）	④替える（34）
⑤思う　　　（37）	⑤切る　　（38–43）	⑤上がる　（1–46）	⑤直す　　（24）
⑥する　　　（29）	⑥立つ　　（37–29）	⑥立てる　（11–44）	⑥回す　　（23）
⑦食う　　　（26）	⑦聞く　　（35–2）	⑦合わせる（1–43）	⑦分ける（19）
⑧踏む　　　（25）	⑧掻く　　（33–1）	⑦切る　　（38–43）	⑧倒す　　（18）
⑨吹く（他）（21）	⑨振る　　（29–2）	⑨掛ける　（9–38）	⑨殺す　　（17）
⑩追う　　　（20）	⑩乗る　　（26–1）	⑩取る　　（84–36）	⑩散らす（16）
⑩買う　　　（20）	⑪飛ぶ　　（23–2）	⑪入れる　（5–31）	⑩通す　　（16）
⑩指す　　　（20）	⑫持つ　　（20–6）	⑫入る　　（7–30）	⑫起こす（14）
⑬申す　　　（17）	⑬泣く　　（19–3）	⑬落とす　（1–29）	⑫放す　　（14）
⑭寝る　　　（15）	⑭行く　　（18–5）	⑬立つ　　（37–29）	⑭合わす（13）
⑭待つ　　　（15）	⑮出る　　（17–20）	⑮掛かる　（2–24）	⑭越す　　（13）
⑭呼ぶ　　　（15）			⑭込める（13）
⑭読む　　　（15）			⑭飛ばす（13）
			⑭果てる（13）

（　）内は結合数。両項動詞の場合は、左の数字が前項となる場合の、右の数字が後項となる場合の、結合数。

れるから、ここでは、派生的な複合動詞をあらかじめ特定・除外することはしない。

これらの複合動詞を前項と後項とに分け、それらを、前項にしかならないもの(これを「前項動詞」と呼ぶ)、後項にしかならないもの(同様に「後項動詞」)、前項にも後項にもなるもの(同様に「両項動詞」)に分類すると、その内訳は表1のようになる[1]。なお、こうして得られる造語成分のほとんどは和語単純動詞であるが、「引っ掻き回す」「見つけ出す」のような和語複合動詞や、「感じ入る」「馳せ参じる」などの一字漢語サ変動詞が造語成分となる例も、少数ではあるが、含まれている。

さて、表1の量的分布はきわめて特異なものであって、造語成分となる動詞802語のうち、実に590語(73.6%)は、前項か後項かのいずれにしかならない。

また、表2のように、それぞれの造語成分を、結合数(一つの造語成分が構成する複合動詞の異なり語数)の上位15位までについてみても、複合動詞を数多くつくる造語成分には、前項あるいは後項にしかならないものが多い、ということがわかる。たとえば、「言う」は73種もの複合動詞の前項になるのに、後項になる例は一つもなく、逆に、「上げる」は84種もの複合動詞の後項になるのに、前項になる例は一つもない。両項動詞でも、前項としての結合数と後項としての結合数が拮抗しているものは少なく、前後いずれかに偏るものが多い。

以上のような結果は、前項動詞と後項動詞との間に、複合動詞の形成に関して、大きな違いがあることを示している。つまり、複合動詞を数多くつくる造語成分の多くが、さまざまな動詞とくみあわさるにもかかわらず、前項あるいは後項にしかならないという事実は、複合動詞の形成にあたって、その前後いずれの要素になる(なりやすい)かが、それがどのような動詞と組み合わさるかということとはある程度独立に、造語成分自体のなんらかの性質によって、あらかじめ決まっているのではないか、ということを推測させるものである。

このような前項動詞・後項動詞の性質の違いに関係するものとして注目されるのが、対応関係を有する自他の分布上の偏りである(表3)。すなわち、対応する他動詞をもつ「有対自動詞」(「上がる」「集まる」など)および対応する自動詞をもつ「有対他動詞」(「上げる」「集める」など)の造語成分に占める割合は、前項動詞に少なく、両項・後項動詞に多いのである[2]。とくに有対他動詞は、前項動詞から後項動詞にかけて、その割合を顕著に増加させている。ただし、造語成分を一律に自他で区別した分布(表4)がとくに偏りを見せないことから、対応関係にある自他の偏りは、動詞の自動性・他動性という側面では説明できない。

表3　自他対応と結合位置

		前項動詞	両項動詞	後項動詞
対応関係を有する	自動詞	44	69	63
	他動詞	29	49	109
	計	73	118	172

表4　動詞の自他と結合位置

	前項動詞	両項動詞	後項動詞
自動詞	123	100	109
他動詞	195	112	163
計	318	212	272

2. 造語成分のくみあわせとアスペクト・ヴォイス

　金田一春彦1950は、動詞の自他対応が、「瞬間動詞」「継続動詞」という、アスペクト的な意味（を実現するところの語彙的な意味）にもとづく動詞分類に対応する面があると述べる。

（2）　以上のようで、継続動詞には他動詞が多く、瞬間動詞には自動詞が多い、と見られるが、この傾向を反映してか、意義上密接な関係をもつ二つの動詞のうち、他動詞の方は継続動詞に属し、自動詞の方は瞬間動詞に属する、と見られるものが少なからず在ることは興味あることと思う。例えば「きめる」と「きまる」について考えるのに、（中略）「きめる」の方は継続動詞であるが、「きまる」の方は瞬間動詞だと見られるのである。（金田一編1976: 22）

　では、表3の対応関係を有する自動詞・他動詞の分布は、こうした瞬間動詞・継続動詞におきかえることによって説明できるだろうか。「瞬間」と「継続」とは、「～ている」という形でどのようなアスペクト的な意味を実現するかという点において対立する語彙的意味範疇である。このような対立する動詞分類が、その程度に差は見られても、ともに前項動詞に少なく両項・後項動詞に多いという傾向の契機になっているとは考えにくい。

一方、奥田靖雄 1977・78 は、金田一をはじめとした従来のアスペクト研究が、SITE-IRU のアスペクチュアルな意味とそれを実現する動詞の語彙的な意味の一般化にのみ目を向け、アスペクトにおいて SITE-IRU と対立する SURU をも考慮に入れた分析を行っていないことを指摘し、そうした前提に立って、SITE-IRU のアスペクト的な意味にも SURU のそれにもベースをつとめている動詞のカテゴリカルな語彙的意味として、「継続」「瞬間」というような「時間の長さ」ではなく、《動作》と《変化》という一般化を行い、継続動詞を《主体の動作をあらわす動詞》、瞬間動詞を《主体の変化をあらわす動詞》と規定しなおした。こうした奥田の《動作動詞》《変化動詞》という一般化は、対応する自他を単なる対立物にはしておかない。というのは、奥田も述べているように、有対他動詞は、自らのうちに《動作》だけでなく《変化》という特徴も有しているからである。

（3） たしかに（対応する―石井注）他動詞と自動詞とは、動作をめぐる主体と客体との関係において、つまり voice において対立をなしている。もし、おなじ現実があるとして、これを他動詞構造でとらえるとすれば、主語は動詞がさしだす動作の主体をしめして、主語にとっては動詞＝述語はたんに《主体の動作》をあらわすのみである。主体の《動作＝はたらきかけ》をうけて、変化をこうむる客体は対象語があらわす。したがって、対象語があらわす客体は、動詞＝述語との関係においては、《変化の主体》になっているし、動詞＝述語はその変化をあらわしている。（改行）たしかに、述語＝他動詞は、動作と変化とを同時に、統一的にあらわしているが、主語＝主体との関係では《動作》をあらわし、対象語＝客体との関係においては《変化》をあらわしている。　　　　　　　　　　　　　　　　　　　　（奥田 1978: 21）

すなわち、有対他動詞は、《主体の動作》の中に《客体の変化》を内包しているのである。そのことは、たとえば、「倒す」という他動詞を「倒れる　ようにする」と近似的に言い換えると[3]、わかりやすい。ここにおいて、「倒れる」は《客体変化》であり、「ようにする」は《主体動作》である。

（4） （太郎が次郎を）倒す　→

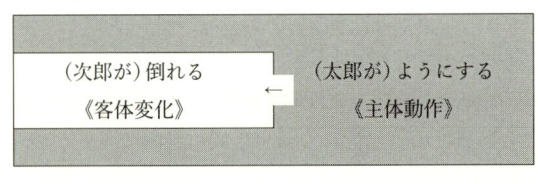

（次郎が）倒れる《客体変化》	←	（太郎が）ようにする《主体動作》

とすれば、有対他動詞の、《主体変化》を表す有対自動詞との関係は、《変化》を表すという点で共通し、《動作》をも表すという点でそれと異なっている、ということになる。

(5) 対応する $\begin{cases} 自動詞 = 《(主体の)変化》 \\ 他動詞 = 《(客体の)変化》 \times 《(主体の)動作》 \end{cases}$

以上から、対応する自他は、単なる対立物ではなく、《変化》という共通項を有しながら《動作》を表すかどうかという点で異なっている対立物であるとみなければならない。とすれば、先の表3の分布において、対応関係を有する自動詞・他動詞がともに両項・後項動詞に多かったということは、両者の共通項である《変化》に関係している、すなわち、主体であれ、客体であれ、その《変化》を表すがゆえに、両項・後項動詞に多く分布しているのではないか、と考えることができる。

そこで、あらためて造語成分となる動詞を、奥田の分類にもとづいて、そのアスペクトおよびヴォイスにかかわる語彙的意味の側面から表5のように分類し、その前項・両項・後項各動詞における分布を調べることにする。表5において、①は「状態動詞」、②は「主体動作(自)動詞」、③は「主体動作(他)動詞」、④は「主体動作客体変化動詞」、⑤は「主体変化動詞」、⑥は「再帰動詞」である[4]。

表5 アスペクト・ヴォイスにかかわる語彙的意味にもとづく造語成分の分類

「〜ている」という形をとらないか、とっても「状態」しか表せない	《主体の状態》を表す	「有る」「居る」…	自	①
「〜ている」という形で「動作の継続」を表す	《主体の動作》を表す	「歩く」「踊る」…	自	②
		「言う」「書く」…	他	③
	《主体の動作》と同時に《客体の変化》をも表す	「上げる」「集める」…	他	④
「〜ている」という形で「変化の結果の継続」を表す	《主体の変化》を表す	「固まる」「崩れる」…	自	⑤
	《主体の変化》が伴う《主体の動作》を表す	「着る」「かぶる」…	他(再帰)	⑥

なお、一つの動詞のとるアスペクト的な意味は、実際の文の中では固定的ではない。しかし、ここでは、そうしたアスペクト的な意味のもとになる語彙的な意味のカテゴリカルな側面を問題にしており、「～ている」という形式で「変化の結果の継続」を表すことが基本と考えられるものは《変化動詞》の類に、「～ている」で「動作の継続」を表すことが基本と考えられるものは《動作動詞》の類に、それぞれ、分類することにする。

さて、表5において①～⑥に分類された動詞の、前項・両項・後項各動詞における量的分布は、表6のようになる。これによれば、《主体の動作》を表す②や③は前項動詞に、《主体ないし客体の変化》を表し得る④や⑤は後項動詞に、それぞれ、多く分布していることがわかる（詳細は、巻末の「資料1」を参照のこと）。

表6　造語成分の分類と結合位置

	前項動詞	両項動詞	後項動詞	計
①状態動詞	2	0	0	2
②主体動作（自）動詞	55	8	21	84
③主体動作（他）動詞	147	51	44	242
④主体動作客体変化動詞	29	49	109	187
⑤主体変化動詞	66	92	88	246
⑥再帰動詞	19	12	10	41
計	318	212	272	802

表7　造語成分のくみあわせ

前項　＼　後項	①	②	③	④	⑤	⑥	計
①状態動詞	0	0	0	3	16	1	20
②主体動作（自）動詞	0	14	1	42	139	0	196
③主体動作（他）動詞	0	18	122	818	258	35	1251
④主体動作客体変化動詞	0	2	43	263	177	11	396
⑤主体変化動詞	0	14	16	72	366	3	471
⑥再帰動詞	0	0	7	97	41	15	160
計	0	48	189	1295	897	65	2494

また、①～⑥の動詞が、造語成分として、それぞれどのようなくみあわせのもと

に複合動詞を構成しているかを見ると、表7のようになる。これによれば、③×④、⑤×⑤、④×④、③×⑤の4つのタイプが他に比べてとくに多い。また、前項と後項とを切り離して考えれば、前項となる動詞としては③主体動作動詞が圧倒的に多く、次いで⑤主体変化動詞、④主体動作客体変化動詞が多い（ただし、⑤、④が前項となる場合は、その後項も⑤、④である場合が多い）。一方、後項となる動詞としては④主体動作客体変化動詞、⑤主体変化動詞の二つが圧倒的に多く、両者合わせて全体の87.9%を占めている。

　以上から、複合動詞においては、《主体の動作》を表す動詞を前項に、《主体ないし客体の変化》を表し得る動詞を後項にするくみあわせが代表的であることが明らかである。したがって、複合動詞の語構造も、このような（主体／客体の）《動作》と《変化》というもののくみあわせを土台とした上に形づくられていると予想される。それは、とりもなおさず、造語成分たる動詞の、アスペクトおよびヴォイスにかかわるカテゴリカルな語彙的意味が、複合動詞の形成および語構造を考える上で、重要なファクターであることを示すものである。

3. 複合動詞の語構造分析

　以上、複合動詞の造語成分のくみあわせには、（主体／客体の）《動作》《変化》という、動詞のアスペクトおよびヴォイスにかかわる語彙的な意味のカテゴリカルな側面が関与しているものと考えられた。そこで、以下では、この（主体／客体の）《動作》《変化》にもとづくくみあわせの上にどのような語構造がつくられているのかを、表7で語数の多かったくみあわせタイプから、順次検討していくことにする。

3.1　③主体動作（他）動詞×④主体動作客体変化動詞タイプ

　「打ち上げる」「噛み砕く」「吸い取る」「突き刺す」「握り潰す」「吹き飛ばす」「結び付ける」「呼び戻す」などの③×④タイプは、前項に無対他動詞である③主体動作動詞を、後項に有対他動詞である④主体動作客体変化動詞をもつくみあわせである。その語例数は818語を数え、「動詞＋動詞」型の複合動詞の中で最も多い。

　このタイプの後項は、先にも見たように、《主体動作》と同時に《客体変化》をも表しているが、この両者は、《主体動作》が《客体変化》を実現するという関係で結びついている[5]。ただし、《主体動作》は、「ようにする」という近似的な言い換えが示すように、その具体的な動作形態を表してはいない。一方、このタイプの前項は、《主体動作》を具体的に表しながらもそれがひきおこす《客体変化》は表現しない動詞である。そこで、③×④タイプの複合動詞では、前項の表す《主体動

作》と後項の表す《客体変化》とが結びついて新たな関係を構成しているものと予想できる。「押し倒す」を例に考えてみよう。

「(太郎が次郎を)押し倒す」は、「(太郎が次郎を)押し(次郎が)倒れるようにする」と近似的に言い換えられる。この場合、前項の「(太郎が次郎を)押し」という《主体動作》は、「(次郎が)倒れる」という《客体変化》をもたらすものとしてある。すなわち、「押し倒す」においては、前項「押し」が、後項「倒す」の(それだけでは具体的な動作形態を表し得ない)「ようにする」を補充(具体化)する形で、それとともに「倒れる」という《客体変化》を【実現】する《主体動作》として機能しているのである[6]。このことは、前項「押し」と後項「倒す」とが、独立した運動として継起的に結びついているということではない。「押し」と「倒す」とは、「押し倒す」というひとまとまりの運動の、一方は《主体動作》の側面を、一方は《客体変化》の側面を、それぞれ、分担して表しているということである。そして、同時に、「押し」という《主体動作》は、「押し倒す」という運動全体の〔過程〕の局面でもあり、「倒れる」という《客体変化》は、その〔結果〕の局面でもある。

(6) (太郎が次郎を)押し倒す →

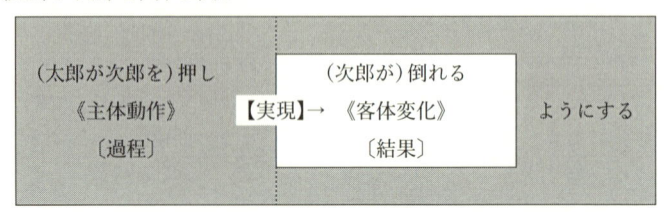

(太郎が次郎を)押し	(次郎が)倒れる	ようにする
《主体動作》	【実現】→ 《客体変化》	
〔過程〕	〔結果〕	

このように、③×④タイプの複合動詞は、主体動作動詞と主体動作客体変化動詞とのくみあわせの上に、前項の表す具体的な《主体動作》が、後項の形式的な《主体動作》を補充しながら、後項の表す《客体変化》を【実現】するという関係を構成し、同時に、複合動詞全体が表すひとまとまりの運動の、前項が〔過程〕面を、後項が〔結果〕面を表すという構造をつくりあげている。この語構造を、ここでは、〔他動的過程結果構造〕と表すことにする。

3.2 ⑤主体変化動詞×⑤主体変化動詞タイプ

次に、造語成分のくみあわせの中で③×④タイプに次いで多かった、「溢れ出る」「折れ曲がる」「絡み付く」「こぼれ落ちる」「反り返る」「乗り移る」「跳ね返る」「焼け焦げる」などの⑤×⑤タイプの複合動詞について検討する。このタイプは、前項・後項ともに、有対自動詞を中心とする⑤主体変化動詞のくみあわせ、すなわ

ち、《主体変化》を表す自動詞どうしのくみあわせである。しかし、複合動詞の語構造として見る時、これらにおいては、二つの《主体変化》が単に連続するような関係にあるわけではない。たとえば、「(魚が)浮き上がる」の場合、これは「(魚が)水中を上方に移動し、水面に現れる」というようなひとまとまりの「運動」を表しているが、そこにおいて、運動の最終的な〔結果〕の局面を表しているのは後項「上がる」であり、前項「浮き」はそこに至るまでの〔過程〕面を表している。つまり、「浮き」は「(魚が)水中から水面へと移動する」という《主体動作》の側面を表しているのであり、「上がる」はその《動作》が〔結果〕としてひきおこす(魚の)《主体変化》を表しているのである。こうしたことは、「浮かび上がる」「起き上がる」「立ち上がる」「伸び上がる」などと比較すればわかりやすい。「浮く」は、単独の動詞としては「〜ている」という形で「変化の結果の継続」を表す主体変化動詞であるが、「上がる」とくみあわさって複合動詞の前項となる時には、主体動作動詞と同じようなはたらきをしていると考えられる。

(7) (魚が)浮き上がる　→

(魚が)浮き《主体動作》〔過程〕	【実現】→	(魚が)上がる《主体変化》〔結果〕

　以上のように、⑤×⑤タイプは、造語成分のレベルでは《主体変化》×《主体変化》のくみあわせであるが、複合動詞の語構造としては、前項は《主体動作》すなわち運動全体の〔過程〕面を表し、後項の表す《(同じ)主体の変化》を〔結果〕として【実現】する関係にある。この語構造を、ここでは、[自動的過程結果構造]と表すことにする。
　《主体変化》を表す造語成分が、複合動詞の構成要素としては《主体動作》を表すことになるということは、それらがその能力として《変化》ばかりでなく《変化をともなう動作》をも表し得ることを示しているし[7]、一方では、複合動詞の語構造がそうした《主体変化》を表す要素にその《変化》の〔過程〕面である《動作》を表すようにさせる「条件」ないし「環境」として機能していることを示している。そうした複合動詞の語構造の中で、《主体変化》を表す造語成分のうちのどのようなものが《動作》をも表し得るのか(表し得ないのか)も問題となるが、いずれにせよ、ここに複合動詞語構造の独自性を見出すことができる。

3.3　④主体動作客体変化動詞×④主体動作客体変化動詞タイプ
　「開け広げる」「切り倒す」「刺し通す」「付け加える」「抜き出す」「焼き切る」な

どの④×④タイプの複合動詞は、前項・後項ともに、有対他動詞である④主体動作客体変化動詞どうしのくみあわせである。このタイプが、同じ他動詞どうしのくみあわせである③×④タイプと異なる点は、前項が《主体動作》だけでなく《客体変化》をも表すということである。したがって、この④×④タイプの語構造を考える上では、この前項のもつ二つの側面が語構造全体にどうかかわっているのかという点が問題となる。

たとえば、「(太郎が木を)切り倒す」のような場合、前項「切り」、後項「倒す」ともに、造語成分のレベルでは、《主体動作》と《客体変化》とを表すものとしてある。しかし、これらが複合して「切り倒す」となった時、前項「切り」は、客体(木)に最終的には「切れる」という《変化》ではなく「倒れる」という《変化》を生じさせる主体(太郎)の《動作》として機能している。すなわち、「切り倒す」においては、客体は「倒れる」という《変化》に至ることが問題なのであり、「切れる」ということに最終的な関心があるわけではない。「切り倒す」は、「切り」という《主体動作》が「倒れる」という《客体変化》と結びついたひとまとまりの運動であり、「切り」によって生ずる《客体変化》は「倒れる」なのである。造語成分「切る」のもつ《客体変化》を表すという側面は、複合動詞「切り倒す」の構造に直接にはかかわってこないのであり、前項「切り」はもっぱら《主体動作》を表すものとして複合動詞の中で機能していることになる。

(8) (太郎が木を)切り倒す →

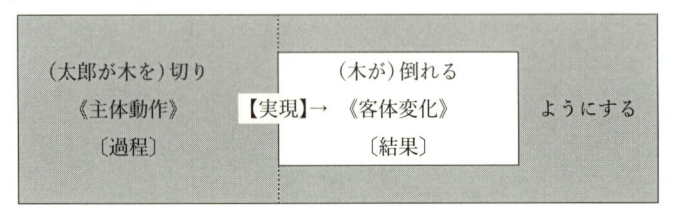

(太郎が木を)切り	(木が)倒れる	ようにする
《主体動作》	【実現】→ 《客体変化》	
〔過程〕	〔結果〕	

こうしたことは、「切り倒す」を、「押し倒す」「突き倒す」「引き倒す」など③×④タイプの複合動詞と比べてみるとわかりやすい。「切り」は、「押し」「突き」「引き」といった③の造語成分と変わるところがない。逆に言えば、この語構造の中にあっては、前項は、主体の客体に対する「はたらきかけ」の《動作》を表せばよいということになる。それによって客体がこうむる《変化》は、前項ではなく、後項が表すのである。

以上から、④×④タイプの複合動詞の語構造は、③×④タイプの〔他動的過程結果構造〕と同じであると言える。それは主体動作客体変化動詞どうしのくみあわせであるが、前項は《主体動作》を具体的に表すという側面において、後項は《客体

《変化》とそれをもたらす形式的な《主体動作》を表すという側面において、複合動詞の語構造にかかわっている。このことから、④主体動作客体変化動詞は、《主体動作》を表すという点では前項にもなり得るし、《客体変化》を表すという点では後項にもなり得るとも考えられるが、実際には、主体動作客体変化動詞のすべてが両項動詞であるわけではない。この問題については、第2章で検討する。

3.4　⑥再帰動詞×④主体動作客体変化動詞タイプ
　　　②主体動作（自）動詞×④主体動作客体変化動詞タイプ
　　　⑤主体変化動詞×④主体動作客体変化動詞タイプ

　「着崩す」「抱き起こす」「つかみ出す」「握りつぶす」などの⑥×④タイプの複合動詞も、④×④タイプと同様、［他動的過程結果構造］をつくりあげていると考えられる。⑥は主体の客体に対する《動作》がその主体自らの《変化》につながるといういわゆる「再帰動詞」の類であるが、それらが前項として④主体動作客体変化動詞と複合した場合に機能するのは、《主体変化》を表す側面ではなく、《主体動作》を表す側面である。

　たとえば、「（太郎が紙コップを）握りつぶす」のような場合、前項「握り」は、主体（太郎）の、客体（紙コップ）に「つぶれる」という《変化》を生じさせる《動作》としてあるという点で、［他動的過程結果構造］をもつ③×④、④×④タイプの前項と同様であり、「握る」主体自身の《変化》、すなわち「（太郎が）握った状態になる」という側面には目が向けられていない。

　同じく、「住み荒らす」「泣き落とす」「泣き腫らす」などの②×④タイプや、「勝ち取る」「寝違える」「寄り倒す」などの⑤×④タイプの一部も、［他動的過程結果構造］をつくりあげている。

　たとえば、「（太郎が）住み荒らした（家）」などというとき、「住み荒らす」というひとまとまりの運動において、主体は「太郎」、客体は「家」である。この時、前項「住み」は、主体たる「太郎」の《動作》ではあるが、客体たる「家」に直接はたらきかける《動作》ではない。しかし、それは、「住み荒らす」という運動の中にあって、客体「家」に「荒れる」という《変化》を生じさせるに至る主体「太郎」の《動作》である。「（太郎が）住み」という《動作》が「（家が）荒れる」という《変化》をもたらす関係にあるという点で、「住み荒らす」は、「切り倒す」や「握りつぶす」と同じ構造を有していると考えることができる。「住む」は客体に対する「はたらきかけ」の側面をそれ自身としては有していないが、主体が「住み」という《動作》を通して客体に《変化》をひきおこすその《動作》としてあるという点で、「切り」や「握り」と同様の機能を果たしている。

　このように考えると、［他動的過程結果構造］という語構造は、前項となる動詞

が客体に直接「はたらきかける」側面(他動性)を本来もっていなくとも、後項とのくみあわせにおいて、その《主体動作》が結果的に《客体変化》につながるような場合には、つくりだされることがあるということになる。「住む」「泣く」「寄る」といった本来他動性を有しない動詞も、《客体変化》を結果的にひきおこす《主体動作》としてはたらく場合には、[他動的過程結果構造]を構成し得るのである。

一方で、同じ②×④タイプや⑤×④タイプでも、「駆け付ける」「這い出す」(②×④)、「浮き出す」「乗り上げる」「引き返す」「抜け出す」(⑤×④)などは、[自動的過程結果構造]をつくりあげていると考えられる。これらは、後述する「押し込む」(他)などとは対照的に、後項が造語成分のレベルでは他動詞であるのに、複合動詞としては自動詞となっている例である。

「(太郎が部屋を)抜け出す」のような場合、後項「出す」は「(部屋から)出る」という主体(太郎)の《変化》を表しているのみで、そこに客体は関係してこない。それは、《主体動作》が《主体変化》に結びつく[自動的過程結果構造]をつくりあげている点で、「抜け出る」と変わるところがない[8]。

なお、⑤×④タイプには、「落ち着ける」「絡み付ける」「焼け焦がす」などもあり得るが、これらは、それぞれ、「落ち着く」「絡み着く」「焼け焦げる」などの複合動詞がそのまま他動詞化した派生動詞であり、複合動詞ではない。すなわち、「落ち着く」などの[自動的過程結果構造]をもつ複合動詞の表す《変化》を、《客体変化》として【実現】する《主体動作》が「落ち着ける」などなのであって、これらに複合動詞としての独自の語構造を見出すことはできない。これらは、自動詞と対応関係にある他動詞としての構造しかもっていないと考えられる。

(9) 太郎が　気持ちを　落ち着ける　→

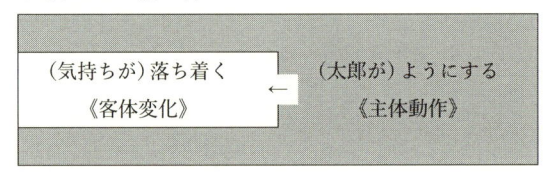

(気持ちが)落ち着く	(太郎が)ようにする
《客体変化》 ←	《主体動作》

3.5　②主体動作(自)動詞×⑤主体変化動詞タイプ

前項の《主体の動作》が後項の《同じ主体の変化》に「結びつく」という関係にある[自動的過程結果構造]については、すでに⑤×⑤を対象として検討したが、この語構造が最も典型的に、すなわち造語成分のくみあわせをそのまま生かした形で見られるのは、「駆け寄る」「這い出る」「馳せ集まる」「降り積もる」「燃え上がる」

といった②主体動作動詞×⑤主体変化動詞タイプの複合動詞である。

(10) (太郎が次郎に)駆け寄る　→

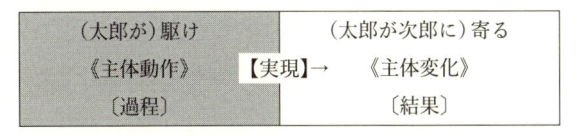

(太郎が)駆け	(太郎が次郎に)寄る
《主体動作》　【実現】→	《主体変化》
〔過程〕	〔結果〕

「あふれ出る」「浮き上がる」「折れ曲がる」などの⑤×⑤タイプの場合には、前項は、造語成分のレベルでは《主体変化》を表す主体変化動詞であるが、［自動的過程結果構造］の中では、《主体動作》を表すものとして機能していた。しかし、この②×⑤タイプの場合には、前項に、そうした《主体変化》を表すものから《主体動作》を表すものへの変容は認められない。それは、《主体動作》と《主体変化》とのくみあわせを土台とする複合動詞の語構造にそのままあてはまるタイプである。

　［自動的過程結果構造］においては、前項の《動作》の主体と後項の《変化》の主体とが同一であり、そのことが、［他動的過程結果構造］との大きな違いになっている。［他動的過程結果構造］の場合には、《動作》の主体と《変化》の主体とは主体＝客体関係として結びつけられ、したがって、当然両者は異なるものとしてあるが、［自動的過程結果構造］の場合には、両者は同一のものであり、主体の側から見れば、前項の《動作》を行うことが後項の表す自らの《変化》に結びつく。「(太郎が)駆け」ることが「(太郎が)寄る」ことに結びつくのである。

3.6　③主体動作(他)動詞×⑤主体変化動詞タイプ
　　　④主体動作客体変化動詞×⑤主体変化動詞タイプ
　　　⑥再帰動詞×⑤主体変化動詞タイプ

　［他動的過程結果構造］が《主体の客体に対する他動的な動作》によって《客体の変化》が【実現】されるという関係を表し、また、［自動的過程結果構造］が《主体の自動的な動作》によって《(同じ)主体の変化》が【実現】されるという関係を表しているのに対して、「討ち入る」「追い付く」「かじりつく」「飲みつぶれる」(③×⑤)、「切り掛かる」「切り抜ける」「取り付く」(④×⑤)、「着膨れる」「抱き付く」「つかみ掛かる」(⑥×⑤)などの複合動詞は、《主体の客体に対する他動的な動作》によって、《客体の変化》ではなく、《主体自身の変化》が【実現】されるという関係をつくりあげている。

　たとえば、「(太郎が次郎に)抱き付く」のような場合、前項の《動作》「抱き」は、その主体(太郎)の客体(次郎)に対する《動作》ではあるが、それは、③×④タイ

プなどとは違って《客体変化》には結びつかず、《主体変化》「付く」に結びつくものとしてある。つまり、「抱き」と「付く」は同一主体の《動作》と《変化》として結びつけられているのであり、したがって、「抱き」を中心としてある主体（太郎）と客体（次郎）との関係は、前項の《動作》と後項の《変化》との関係に直接にはかかわってこない[9]。

(11)　（太郎が次郎に）抱き付く　→

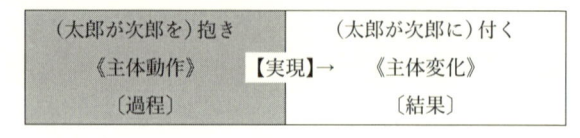

（太郎が次郎を）抱き《主体動作》〔過程〕	【実現】→	（太郎が次郎に）付く《主体変化》〔結果〕

　すなわち、こうした複合動詞にあっては、前項の《動作》の有する客体に対する「はたらきかけ」の側面（他動性）は問題とならず、それが主体自らの《変化》に結びつく《動作》であるという点が特立されるのである[10]。このような、客体に対するはたらきかけとしての《主体動作》が、《客体変化》ではなく《主体変化》を【実現】するという関係を、ここでは、［再帰的過程結果構造］と呼んで、［他動的過程結果構造］［自動的過程結果構造］と区別しておくことにする。

　これに対して、同じくみあわせタイプでも、「射込む」「押し込む」「買い込む」「葬り去る」（③×⑤）、「植え込む」「消し去る」「取り去る」「嵌め込む」（④×⑤）といった複合動詞は、［他動的過程結果構造］をつくりあげている。ただ、これらはその後項が「込む」「去る」といった「移動」に関するものに限られ（大部分は「込む」）、また、いずれも接尾辞的であるところに特徴がある。そして、これらの複合動詞が、自動詞的要素を後項にもちながらも他動詞として機能しているということに、「込む」や「去る」といった要素が形式的な意味しか担っていないことも、大きく関係していると考えられる。しかし、複合動詞の語構造としてより重要なことは、これらにおいては、前項の《動作》の主体と後項の《変化》の主体とが主体＝客体関係において結びつけられているという点である。「（太郎が手紙をポストに）押し込む」のような場合は、主体（太郎）が「押し」という《動作》を通して客体（手紙）に「込む」という《変化》[11]を生じさせている。

　ただし、「攻め込む」「殴り込む」（③×⑤）、「切り込む（自）」「割り込む」（④×⑤）などは、上述の［再帰的過程結果構造］をつくりあげており、同じ「他動詞＋込む」でも、その語構造は一様ではない。「（太郎が次郎の家に）押し込む」のような場合では、「押し」という《主体の動作》は《主体自身の変化》に結びついている。

前項の動詞が他動性を有していても、後項との関係で、単に《主体変化》に結びつく《主体動作》のみを表す場合があるということは、「擦り切れる」「突き刺さる」「引っ掛かる」(③×⑤)、「当て嵌まる」「付け加わる」「煮詰まる」「割り切れる」(④×⑤)、「着崩れる」「持ち上がる」(⑥×⑤)などの語構造を考える上でも重要なポイントになる。これらは、［他動的過程結果構造］をもつ複合動詞が自動詞化した派生動詞であり、本来の複合動詞ではない。したがって、これらにおける前項と後項との関係を考えることは、先に触れた「落ち着ける」などと同様、無意味であるとも考えられる。しかし、「otituk-u」が「otituk-er-u」となるのは、単純動詞における他動詞化と同様であるが、「突き刺す」の自動詞形「突き刺さる」は、全体が自動詞でありながら、前項は他動詞形を保持しているという特異な形であり、こうした複合動詞が少なからず存在し得る背景には、上で検討した、これらと同様のくみあわせをもつ「抱き付く」等の複合動詞の存在があると考えられる。したがって、「突き刺さる」等についても、本来は派生動詞であるが、その語構造、とくに、もともと《客体変化》をひきおこす《主体動作》として機能していた前項が、自動詞化の後、その語構造にどうかかわっているかを検討することが必要になる。

たしかに、「付け加える」が自動詞化した「付け加わる」などでは、前項「付け」はもはや客体に対する《主体動作》ではなく、(「単に加わる」というよりも)「同じものが存在しているところに、さらに同様のものが加わる」といったニュアンス的意味を担っているにすぎない。

(12) ある座標系からそれに対してある加速度で動いている他の座標系に移ることは、ある見かけ上の力が<u>付け加わる</u>ことを意味していた。
(湯川秀樹「物質世界の客観性について」)

しかし、「擦り切る」が自動詞化した「擦り切れる」などでは、前項「擦り」は、「擦れる」と同様の《主体動作》を表して、後項の《主体変化》「切れる」が〔結果〕として【実現】されるまでの〔過程〕面を表しているように感じられる。

(13) 洋服の袖は<u>すり切れ</u>、靴にはつぎが当ててある。　(石川達三「人間の壁」)

ほぼ同様のことが、「入れ代わる」「煮立つ」「焼き付く」などの前項にも看取される。これらも、「入り代わる」「煮え立つ」「焼き付く」などの前項と、ほぼ同様の機能を果たしていると考えられるからである。とすれば、これらの派生動詞は、《主体の動作》が《主体自らの変化》に結びつくという［自動的過程結果構造］をつくりあげているとも考えられる。

また、「染め上がる」「炊き上がる」「煮上がる」あるいは「売り切れる」など、前項が人間の「仕事や作業」の《動作》を表し、後項「上がる」「切れる」がその《動作》によって客体が「完成する」、「なくなる」という《変化》を表している場合[12]には、前項の《動作》における主体＝客体関係が語構造に潜在的にではあるがかかわっていると言うことができる。「（御飯が）炊き上がる」のような場合、前項「炊き」を「御飯」を主体にとる《動作》と考えることには無理がある。それは、明示はされないものの、何らかの主体（人間）が客体（御飯）に向けた《動作》であり、それによって客体（御飯）に「上がる」（完成する）という《変化》が生ずるという関係にあると言える。これらは、それ全体としては主体（たとえば「御飯」）の《変化》を表すのであるが、そこに他（人間）からのはたらきかけの《動作》が加わっていることを潜在的に表現している[13]。

　いずれにせよ、ここにあげたいわゆる「他動詞＋自動詞」タイプは、いわば［他動的過程結果構造］と［自動的過程結果構造］との境界近くにあって複雑な語構造をつくりあげており、逆にまた、そうした語構造によって、構成要素の語彙的意味が規定されていると考えられる。

3.7　③主体動作（他）動詞×⑥再帰動詞タイプ
　　　④主体動作客体変化動詞×⑥再帰動詞タイプ
　　　⑥再帰動詞×⑥再帰動詞タイプ

　前項の《主体の他動的な動作》が後項の（《客体の変化》ではなく）《同じ主体の変化》を【実現】するという［再帰的過程結果構造］が、最も典型的に、すなわち造語成分のくみあわせをそのまま生かした形で見られるのは、「振りかざす」「引き受ける」（③×⑥）、「取り持つ」「伝え受ける」（④×⑥）、「請け負う」「受け持つ」「差しかざす」（⑥×⑥）など、⑥再帰動詞を後項にもつタイプの複合動詞においてである。

　「（太郎が刀を）振りかざす」のような場合、前項「振り」は主体（太郎）の客体（刀）に対する《動作》であるが、その《動作》によってひきおこされる（と表現されている）のは、客体（刀）の《変化》ではなくて、主体（太郎）の《変化》「かざす＝手を頭上に上げた状態になる」である。造語成分のレベルにおいて、「かざす」は、客体に対してはたらきかける《主体動作》を表すという点では他動詞であるが、同時に主体自らの《変化》をも表すという点では自動詞的である。この特徴は「振りかざす」の語構造の中にあっても機能しており、「かざす」は、《主体の動作》「振り」によって生ずる《主体自身の変化》を表す要素としてはたらいている（⑥は、前項となった時には《主体動作》を表し、後項となった時には《主体変化》を表すと考

えられる)。

(14) (太郎が刀を)振りかざす　→

| (太郎が刀を)振り《主体動作》〔過程〕 | 【実現】→ | (太郎が刀を)かざす《主体変化》〔結果〕 |

「振りかざす」においては、前項「振り」、後項「かざす」ともに他動詞であり、複合動詞「振りかざす」も他動詞である。それは、運動全体として客体に向けられたものでありながら、その〔結果〕としては《客体の変化》ではなく《主体の変化》に注目する構造、すなわち、客体に対するはたらきかけとしての《主体動作》が、《客体変化》ではなく《主体変化》を【実現】するという［再帰的過程結果構造］をつくりあげている。

［再帰的過程結果構造］という語構造を認めることは、後項に有対他動詞としての再帰動詞が来る「受け入れる」「担ぎ上げる」「抱き留める」「持ち上げる」などを見ると、わかりやすくなる。これらの複合動詞は、後項が《主体変化》だけでなく《客体変化》をも表しているからである。たとえば、「(太郎がバーベルを)持ち上げる」のような場合、「持ち上げる」には、前項の《主体動作》「持ち」によって、客体(バーベル)に「上がる」という《変化》が生ずる関係と、主体自らに「上げる」という《変化》が生ずる関係とが、重ね合わされている。それは、ちょうど、［自動的過程結果構造］と［他動的過程結果構造］とが重なり合ったような語構造である。

(15) (太郎がバーベルを)持ち上げる　→

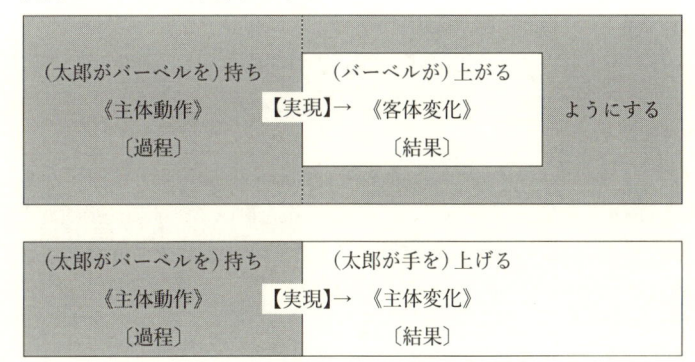

| (太郎がバーベルを)持ち《主体動作》〔過程〕 | 【実現】→ | (バーベルが)上がる《客体変化》〔結果〕 | ようにする |

| (太郎がバーベルを)持ち《主体動作》〔過程〕 | 【実現】→ | (太郎が手を)上げる《主体変化》〔結果〕 |

3.8 ②主体動作（自）動詞×②主体動作（自）動詞タイプ
③主体動作（他）動詞×③主体動作（他）動詞タイプ

　②、③という《主体動作》しか表し得ない造語成分を後項としてもつタイプの複合動詞は、これまでに検討したような［過程結果構造］をつくりあげることができない。たとえば、「泣き叫ぶ」「練り歩く」「喜び勇む」（②×②）、「言い囃す」「買い漁る」「恋い慕う」「待ち望む」（③×③）などにおいて、前項・後項はともに《主体動作》を表すだけで、〔過程〕→〔結果〕といういわば時間的な流れの中に位置づけられることはない。これらの複合動詞は、一つの運動を異なる《動作》の同時的なくみあわせとしてとらえたものと言うことができる。もちろん、そうした異なる《動作》のくみあわせのあり方には、「言い争う」「忍び泣く」「狙い打つ」「盗み見る」といった前項が後項を限定しているようなタイプや、「買い叩く」「書き殴る」「聞きかじる」といった逆に後項が前項を限定していると思われるようなタイプ、更には、「遊び戯れる」「なだめすかす」「耐え忍ぶ」といった前項と後項とが対等の関係で結びついているようなタイプなどが認められるが、そうした分類は、構成要素の具体的な語彙的意味の結びつき方の違いにすぎない[14]。

　しかし、一方で、「押し遣る」「切り払う」「取り押さえる」「取り除く」「踏み均す」のような複合動詞は、③を後項にもつくみあわせでありながら、［他動的過程結果構造］をつくりあげているのではないかと考えられる。たとえば、「（太郎がフェンスを）取り払う」のような複合動詞において、後項「払う」は、《主体動作》と同時に、客体（フェンス）の「払われる（取り除かれる）」という《変化》をも表しているのではないか。「払う」という無対他動詞は、本来、《主体動作》のみを表し、それによって客体にどのような《変化》が生ずるかには注目しない③主体動作動詞である。しかし、「払う」によって表される《主体動作》は、現実の動きの中で常に《客体変化》をひきおこすものとしてある。④の主体動作客体変化動詞と違って、《客体変化》を言語的には表さない③の主体動作動詞も、《客体変化》をひきおこす《動作》を表し、［他動的過程結果構造］を構成することがあるといえる。

3.9　その他のタイプ

　「泣き叫ぶ」などが《主体動作》の同時的くみあわせであったのに対し、「似通う」「似寄る」「曲りくねる」「回りくねる」などの複合動詞は、前項・後項ともに《主体の状態》を表しており、その間に過程的前後関係を見出すことはやはりできない。これらは、主体の一つの《状態》を、異なる《状態》を表す要素のくみあわせとして表したものである。先に［自動的過程結果構造］としてあげた「折れ曲がる」なども、次のような用例にあっては、単なる《状態》のくみあわせとしてある。

(16) 葉子は古藤を促して、急いで手欄の折れ曲がつた角に身を引いた。

(有島武郎「或る女」)

　「生き別れる」「乗り入れる」「乗り付ける」「持ち歩く」「持ち帰る」などの複合動詞は、前項が主体のある《状態》を表し、後項がそのもとで行われる主体あるいは客体の《変化》、主体の《動作》などを表している。たとえば、「(太郎が次郎の家に車を)乗り付ける」のような場合、「乗り付ける」は、「太郎」が「車」に「乗った」状態でその「車」を「次郎の家」に「付ける」ことを表す。すなわち、主体(太郎)が、「乗り」という《状態》のもとで、客体(車)に「付く」という《変化》をもたらすところの《動作》「付ける」を行う、という関係にあるわけである[15]。これらの複合動詞も、前項と後項との間に過程的前後関係を見出し得ないという点においては、「泣き叫ぶ」や「曲がりくねる」と共通している。

4. 複合動詞形成の《アスペクト・ヴォイス》モデルと［過程結果構造］

　以上、造語成分となる動詞の、アスペクトおよびヴォイスにかかわるカテゴリカルな語彙的意味という観点から、どのような動詞と動詞とのくみあわせの上にどのような語構造がつくられているかを、語例の多かったくみあわせのタイプから順次検討した。その結果、「既成」の(「動詞＋動詞」型)複合動詞の多くは、《主体の動作》を表す動詞を前項とし、《主体ないし客体の変化》を表す動詞を後項とするくみあわせを土台として、複合動詞が全体として表すひとまとまりの運動の、前項がその〔過程〕面を、後項がそれによって【実現】される〔結果〕面を、それぞれ、分担して表す、(他動的・自動的・再帰的な)［過程結果構造］というべき語構造をつくりあげていると解釈できた。また、必ずしも《主体の動作》を表す動詞と《主体／客体の変化》を表す動詞とのくみあわせでないものにも、［過程結果構造］をつくりあげているタイプを少なからず見ることができた。とくに、「浮き上がる」など、前項・後項とも《主体の変化》を表す動詞のくみあわせにおいて、前項の主体変化動詞が運動の〔過程〕面を表すようになるという現象は、注目される。

　いずれにしても、複合動詞の多くは、《主体動作》は表しても《主体／客体の変化》を表すことのない単純動詞と、同じく、《主体／客体の変化》は表してもそれを【実現】する《主体動作》を具体的には表さない単純動詞とをくみあわせることで、ひとまとまりの運動の〔過程〕面と〔結果〕面とを主体＝主体関係ないし主体＝客体関係のもとに表現するという、単純動詞にはない複雑な語構造を獲得しているといえる。この、複合動詞が、動詞のアスペクトおよびヴォイスにかかわるカテ

ゴリカルな語彙的意味のくみあわせを土台にして形成されるという見方を、本書では、「複合動詞形成の《アスペクト・ヴォイス》モデル」と呼ぶことにする。

　このように、複合動詞の基本的な語構造を、時間的な幅をもつひとまとまりの運動の〔過程〕面と〔結果〕面との分担[16]ととらえることが正しければ、運動のどの局面をとりだして表すかという（文法カテゴリーとしての）アスペクトにかかわるカテゴリカルな語彙的意味である《動作》《変化》が、複合動詞の語構造をつくりあげるための土台のはたらきもすることは、ごく自然なことである。《動作》《変化》というカテゴリカルな語彙的意味は、動詞のアスペクト的な意味の実現と、複合動詞の形成との両方ではたらくものと考えられる。

　もちろん、すべての複合動詞が、例外なく、［過程結果構造］という語構造をもっているわけではない。しかし、造語成分のくみあわせにおいて、《動作》×《変化》というくみあわせをもつ（あるいは含む）ものが全体の約70%を占め、また、後項に《変化》をもつくみあわせについては同じく約90%を占めるという量的な事実をふまえるなら、複合動詞を、基本的には、《アスペクト・ヴォイス》モデルにもとづいて［過程結果構造］をつくりあげているものととらえることは妥当であろう。そして、その上で、「泣きわめく」や「買い求める」のように、そうした語構造をもたない複合動詞をも位置づけることのできる、より統一的なモデルを求めていくことが必要であると考える。

　なお、複合動詞の［過程結果構造］において、前項が分担する〔過程〕面としての動作形態と、後項が分担する〔結果〕面としての変化内容とは、それぞれ、より具体的な語彙的意味のレベルで分類することができる。たとえば、奥田 1968-72 による「物にたいするはたらきかけをあらわす連語」の分析では、独自のタイプの連語をつくるものとしてとりだされた「もようがえ動詞」「とりつけ動詞」「とりはずし動詞」「うつしかえ動詞」「ふれあい動詞」「生産性の動詞」という動詞分類が、これらが相互に結びついてつくる「あわせ動詞」（複合動詞）のつくり方をも規定している様子が描かれているが、そこで提示されている結びつきのタイプは、［過程結果構造］という基本的な語構造のより具体的な分類といえるものである。

　既成の複合動詞の形成を《アスペクト・ヴォイス》モデルとして解釈することの妥当性は、上述した量的な事実のほかに、次のような点にも求められる。
　まず、複合動詞構成要素の接辞化という現象を、［過程結果構造］からの派生として説明できる可能性がある。複合動詞の中には、「打ち明ける」のようにいわゆる接頭辞的要素を含むものや、「暴き立てる」のように接尾辞的要素を含むもの、さらには、「書き直す」のように補助動詞的要素を含むものもある。これらも、《動

作》《変化》という観点から見ると、その多くが本章で検討した複合動詞と同じくみあわせタイプであり、それらの語構造は、複合動詞の基本的な語構造である［過程結果構造］からの派生構造として位置づけることができそうである。

　たとえば「売り尽くす」という複合動詞に関して、長嶋善郎 1976 は、これが「全部残らず売る」と言い換えられることから、「切り倒す」など前項が後項を修飾する類と違って、後項が前項を修飾するものであるとしている。しかし、これを《アスペクト・ヴォイス》モデルの観点からみると、「売り尽くす」は、④主体動作客体変化動詞×④主体動作客体変化動詞タイプであり、その語構造も次のように考えることができる。

(17)　（太郎が品物を）売り尽くす　→

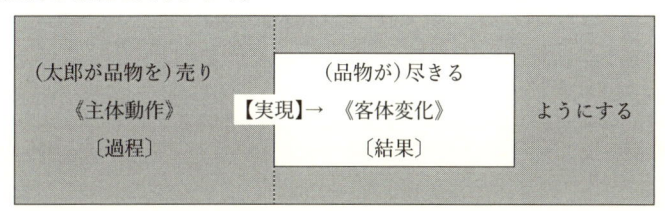

（太郎が品物を）売り	（品物が）尽きる	ようにする
《主体動作》	【実現】→　《客体変化》	
〔過程〕	〔結果〕	

　すなわち、「売り尽くす」は、「押し倒す」などと同様の［他動的過程結果構造］をもつとも考えられるのである。もちろん、前項と後項のどちらに意味の中心があるかという観点から見た場合、両者が全く同一であるかどうかは別の問題となろうが、《アスペクト・ヴォイス》モデルから見た場合には、これらの構造は少なくとも連続的なものと考えられる。すなわち、《アスペクト・ヴォイス》モデルから複合動詞を見ることによって、前項・後項どちらに意味の重心があるかというレベルでは対立する語構造を、統一的に処理することも可能であると考えられるのである。なお、この問題を含めて、複合動詞後項の文法的な接辞化については、第3章で検討する。

　また、複合動詞形成の《アスペクト・ヴォイス》モデルという考え方に立てば、二つの動詞の結びつき（動詞＋動詞）が、複合動詞として成立している場合と、複合名詞として成立している場合（「立ち読み」「走り書き」など）との違いが、より一般的に説明でき、複合動詞が成立するための必要条件を見出すことが可能になると考えられる。この点については、第4章で詳しく検討する。

　さらに、複合動詞の語構造を歴史的に追求していく場合にも、《アスペクト・ヴォイス》モデルという観点からの検討は、時代ごとの語構造の独自性、あるいは各時代を通しての共通性などを見る上で有効であると予想される。

注

1 この種の集計としては、森田良行 1978 が早い。森田は、2,644 の複合動詞について、上接部に立つことの多い動詞ベスト 25、下接部に立つことの多い動詞ベスト 25 を示して、「概して動作性動詞に複合動詞を造るものが多いが、語によって上接・下接の多寡に片寄りが見られるのである」と述べている。両項動詞という分類は設けていないが、その結果は、本章の結果（表 2）とおおむね一致する。

2 「有対〜」「無対〜」という用語は、早津恵美子 1989a による。

3 ここでは、「ようにする」を「倒す」の《形式的動作》を表示するメタ言語として用いている。宮島達夫 1985 がいうように、日常言語の「倒す」と「倒れるようにする」とは、その意味が異なる。

4 「似る」「生きる」などは、「〜ている」という形はとるが「状態」しか表せないという理由で「状態動詞」とされるが、複合動詞の造語成分としては、基本的に「運動動詞」としてはたらいており、ここでは「主体変化動詞」や「主体動作動詞」に分類した。

5 こうした《主体動作》が《客体変化》を実現するという関係は、自動詞と対応する他動詞の内部構造としてとらえなければならないものであり、別々の単語としての対応する自他の間にあるものではないと考えられる。これについては、鈴木重幸 1972: 278 参照。

6 これについては、すでに長嶋善郎 1976: 100 が、「倒す」などの動詞はその対象物が最終的に「倒れる」というような状態・結果になることだけに注目し、そうした結果を導く動作・手段・方法等を表してはいないために、複合動詞の後項としてしか用いられない、ということを指摘している。

7 《変化》を表す動詞が《変化をともなう動作》をも表すことについては、奥田 1978 参照。

8 一般に、「抜け出る」がカラ格を、「抜け出す」がヲ格をとることが多い、という違いはある。

9 この場合、前項の《動作》の客体は後項の《変化》の「目標」として機能している。

10 このタイプの複合動詞の後項に主体の「移動」を表すものが多く見られることを考えあわせれば、前項の《動作》は、そうした「移動」という《変化》に結びつく側面がとりだされていると言うこともできる。

11 この「-込む」は自立用法をもたないが、「内部への移動」という《変化》を表している。

12 これについては、姫野昌子 1976 に詳しい意味論的分析がある。姫野も、このタイプを複合動詞として、その語構造を分析している。

13 このタイプの複合動詞は、後述（第 3 章）する「文法＝派生的な複合動詞」と連続的ではないかと考えられる。

14 「買い叩く」「書き殴る」「聞きかじる」など後項が前項を限定していると思われるようなタイプは、第 3 章で（［過程結果構造］に由来しない）「語彙＝派生的な複合動詞」

と位置づけられる。
15 ただし、「漕ぎ着ける」の前項「漕ぎ」が《主体動作》を表していることに照らすと、「乗り付ける」の前項「乗り」にも、「客体(「車」)を操縦する」という他動詞の用法が隠れているのかもしれない。「乗りまわす」「乗りこなす」などの複合動詞の存在も、そうした可能性を示唆するように思われる。
16 〔過程結果構造〕における〔過程〕と〔結果〕との関係は、ひとまとまりの運動における二つの側面であり、異なる運動の間に見られる「原因と結果」というような(意味的な)関係(松本曜1998の注10を参照)とは異なる。

第2章　動詞の結果性と複合動詞

はじめに

　前章では、現代語の「既成」の複合動詞にあっては、造語成分となる動詞のアスペクトおよびヴォイスにかかわる語彙的意味のカテゴリカルな側面(カテゴリカルな語彙的意味)にもとづいて、《主体の動作》を表す動詞と《主体ないし客体の変化》を表す動詞とのくみあわせの上に、［過程結果構造］という語構造をつくりあげることが基本であると考え、これを「複合動詞形成の《アスペクト・ヴォイス》モデル」と呼んだ。このモデルにおいて造語成分のくみあわせの典型と考えられるのは、「他動詞＋他動詞」型の場合、無対他動詞(主体動作動詞)と有対他動詞(主体動作客体変化動詞)とのくみあわせであるが、このとき、後項となる有対他動詞がもつ「結果性」は、一部の無対他動詞にも認められるものである。そうした無対他動詞が、結果性をもつにもかかわらず、基本的に複合動詞の前項にはなっても後項にはならないということは、上記のモデルになんらかの修正を迫るものである。本章では、この問題について検討し、《アスペクト・ヴォイス》モデルの妥当性を吟味する。

1.　「他動詞＋他動詞」型複合動詞の基本的語構造

　一般に、はたらきかけを表す他動詞には、(客体に対する)《主体の動作》のみを表して、それがひきおこす《客体の変化》には無関心なものと、《主体動作》とともに、それによってひきおこされる《客体変化》までを表すものとがある。前者は、客体にはたらきかけてそれに変化をひきおこすという一連の運動の中から、はたらきかけの〔過程〕の局面だけを表し、後者は、そうした〔過程〕面と《客体変化》という〔結果〕面との両方を表す。運動における〔結果〕の局面を表すことができるという性質を動詞の「結果性」と呼ぶことにすれば、《主体動作》のみを表す他動詞は結果性をもたず、《客体変化》までを表す他動詞は結果性をもつということ

ができる。この違いは、対応する自動詞をもつかどうかという違いに典型的に反映する[1]。すなわち、「打つ」「押す」「たたく」「突く」「踏む」など、対応する自動詞をもたない無対他動詞は、運動の〔過程〕面としての《主体動作》のみを表し、「上げる」「落とす」「崩す」「倒す」「つぶす」など、対応する自動詞をもつ有対他動詞は、《主体動作》とともに、運動の〔結果〕面としての《客体変化》(「上がる」「落ちる」「崩れる」「倒れる」「つぶれる」)をも表すのである。

ところで、「他動詞+他動詞」型の複合動詞には、「打ち上げる」「押し倒す」「たたき落とす」「突き崩す」「踏みつぶす」のように、無対他動詞が前項に、有対他動詞が後項になっているものが少なくない。前章の調査では、「他動詞+他動詞」型の複合動詞1,411語のうち、半数以上の818語がそのようなくみあわせの複合動詞であり、また、次表に示すように、無対他動詞の多くは前項になり、有対他動詞の多くは後項になるという結果を得た[2]。

表1　無対／有対他動詞の結合位置

	前項のみ	前項・後項に	後項のみ
無対他動詞	147	51	44
有対他動詞	29	49	109
計	176	100	153

前章では、この結果をもとに、また、奥田靖雄1977・78、長嶋善郎1976などを参考にしつつ、「他動詞+他動詞」型の複合動詞の語構造を、次のように、アスペクトおよびヴォイスにかかわるカテゴリカルな語彙的意味のむすびつきとして把握した。すなわち、前項は、主体が客体にはたらきかけるその《動作》を表すことによって、複合動詞の運動の〔過程〕の局面を表し、後項は、前項が表す《主体の動作》によって【実現】されるところの《客体の変化》を、複合動詞の運動の〔結果〕の局面として表すという、[他動的過程結果構造]である。そして、この語構造をもつ複合動詞においては、結果性をもたない他動詞が前項に、結果性をもつ他動詞が後項になるというくみあわせが原則であることを示した。

2. 結果性をもつ無対他動詞の分布問題

このような語構造の把握と、造語成分となる動詞のくみあわせ原則の提示は、前述したように、他動詞における結果性の有無と自他対応の有無との平行的な関係に

もとづいている。しかし、対応する自動詞をもたない他動詞がすべて結果性をもたないというわけではない。

たとえば、「洗う」という他動詞は、対応する自動詞はもたないが、奥田1968-72や宮島達夫1985によれば、《主体動作》だけではなく、《客体変化》〈きれいになる、よごれがおちる〉をも表し、したがって、結果性をもつものとされている。

（1）　サルたちは、水ぎわにいって、ならんでイモを**洗って**、たべた。
（「高崎山」）[3]

また、「編む」という他動詞も対応する自動詞をもたない。しかし、それは、客体を結果としてつくりだすことを表しており、当然、運動の〔結果〕面を表すことになる。

（2）　右手には、自分で**編んだらしい**毛糸の手袋をはめたままでいた。
（「人間の壁」上）

工藤真由美1991も、《主体動作》とともに《客体変化》を表す他動詞に、次のように、対応する自動詞をもつものともたないものとをあげている。

○開ける―開く、止める―止まる、乾かす―乾く、埋める―埋まる、倒す―倒れる、染める―染まる、潰す―潰れる、汚す―汚れる、建てる―建つ、抜く―抜ける、外す―外れる、載せる―載る、掛ける―掛かる
○積む―＊、刻む―＊、飾る―＊、結ぶ―＊、包む―＊、置く―＊、磨く―＊、吊す―＊、掲げる―＊

このように、結果性をもつ他動詞にも、対応する自動詞のないものが少なからず存在する。しかし、これらも、また、結果性をもつがゆえに複合動詞の後項になるのであれば、前章での語構造把握と原則はその妥当性を保持することができる。しかしながら、「〜洗う」や「〜編む」という複合動詞は存在しない。「洗う」「編む」は、次のように、複合動詞の前項にしかならない。

洗う：洗い落とす、洗い清める、洗いさらす、洗い澄ます、洗い出す、洗い流す
編む：編み上げる、編み合わせる、編み入れる、編み下ろす、編み込む、編み出す、編みつなぐ、編み巻く

また、工藤1991 にあげられた「積む」以下の動詞について、その複合動詞における分布を野村雅昭・石井正彦1987『複合動詞資料集』[4]で調べても、次のように、いずれも前項になることの方が多い（"-"の前が前項になる場合の、後が後項になる場合の複合動詞の異なり語数。なお、「置く」が後項になる場合は、〈～ておく〉というアスペクト的意味を表している例）。

　積む(11-2)、刻む(5-4)、飾る(2-1)、結ぶ(12-2)、包む(7-4)、置く(10-21)、磨く(5-0)、吊す(3-0)、掲げる(2-0)

　対応する自動詞はもたないけれども結果性はもつという他動詞には、このほかにも、複合動詞の前項にはなっても後項にはならない（なりにくい）というものがかなりある。

　鋳る（鋳込む、鋳立てる、鋳つぶす）、**織る**（織り込む、織り成す、織り混ぜる）、**刈る**（刈り入れる、刈り倒す、刈り取る）、**食う**（食い荒らす、食い切る、食い殺す、食い裂く、食い散らす、食いつぶす、食い破る）、**汲む**（汲み上げる、汲み入れる、汲み込む、汲み出す、汲み取る）、**こそげる**（こそげ落とす）、**こねる**（こね合わす、こね返す）、**縛る**（縛り合わせる、縛り付ける[5]）、**吸う**（吸い上げる、吸い集める、吸い入れる、吸い込む、吸い出す、吸い付ける、吸い取る、吸い寄せる）、**鋤く**（鋤き起こす、鋤き返す）、**掬う**（掬い上げる、掬い入れる、掬い込む、掬い出す、掬い取る）、**救う**（救い上げる、救い出す）、**すする**（すすり上げる）、**刷る**（刷り込む）、**堰く**（堰き上げる、堰き返す、堰き止める）、**煎じる**（煎じ出す、煎じ詰める）、**剃る**（剃り落とす）、**作る**（作り出す、作り付ける、作り成す）、**つる**（つり上げる、つり下げる、つり出す）、**つるす**（つるし上げる）、**研ぐ**（研ぎ澄ます、研ぎ出す、研ぎ減らす）、**なう**（ない合わす、ない混ぜる）、**なぐ**（なぎ倒す、なぎ払う、なぎ伏せる）、**投げる**（投げ上げる、投げ入れる、投げ捨てる、投げ飛ばす）、**縫う**（縫い合わせる、縫い消す、縫い込む、縫い縮める、縫い付ける、縫いとめる、縫い並べる、）、**塗る**（塗り隠す、塗り固める、塗り消す、塗り込める、塗り付ける、塗りつぶす）、**練る**（練り合わせる、練り固める、練り込む、練り混ぜる）、**飲む**（飲み下す、飲み込む、飲みつぶす、飲み干す）、**吐く**（吐き落とす、吐き捨てる、吐き出す、吐き散らす）、**掃く**（掃き集める、掃き下ろす、掃き清める、掃き出す、掃き散らす）、**封ずる**（封じ込める）、**拭く**（拭き消す、拭き取る）、**篩う**（篩い落とす、篩い均す）、**放る**（放り上げる、放り落とす、放り込む、放り出す、放り投げる）、**ほじくる**（ほじくり返す、ほじくり出す）、**盛る**（盛り合わせる、盛り固める、盛り込む）、**結う**（結い付ける、結いめぐらす）、

結わえる（結わえ付ける）、**縒る**（縒り上げる、縒り合わせる、縒り継ぐ）

このようなことから、上述のくみあわせ原則に対して、次のような疑問が生じる。

(A) これらの他動詞は、結果性をもつのに、なぜ前項になるのか
(B) これらの他動詞は、結果性をもつのに、なぜ後項にならない（なりにくい）のか

このうち、(A)については、前章で検討したように、「切り倒す」「抜き出す」「焼き切る」など、前項に主体動作客体変化動詞が来る複合動詞においては、前項の《客体変化》を表す側面が後退して［他動的過程結果構造］に直接関与しなくなるという「結果性の後退」が、これら結果性をもつ無対他動詞にも起こっていると考えることができる[6]。しかし、(B)については、複合動詞形成の《アスペクト・ヴォイス》モデルに対する本質的な疑問であり、前章においても検討していない問題である。以下、この(B)の問題について検討するが、それに先立って、(A)の問題についても簡単に検討し、上述の説明が妥当であることを確認しておく。

3. 複合動詞前項の「結果性」

結果性をもつ無対他動詞が複合動詞の前項となった場合、その結果性はどのように機能しているのだろうか。語彙的にも文法的にも一つの統一体としてある複合動詞から、前項と後項それぞれの特徴を明確なかたちでとりだすことは簡単ではないが、複合動詞によっては、そうした手がかりを形式の上で示してくれるものもある。

(3) 何本目かで、私は漸くその甘味を感じ、窪地へ降りて、そこを流れる水を飲み、芋についた土を洗い落す余裕を持った。　　　　　　　　　　（「野火」）
(4) 屠者のあるものは残物の臓腑を取片付ける、あるものは手桶に足を突込んで牛の血潮を洗い落す、……　　　　　　　　　　　　　　　　　　（「破戒」）

「洗い落とす」は、〈もの〉（芋、足）にはたらきかけて、そこに付着している〈よごれ〉（土、血潮）をとりのぞくことを表す。ただ、「芋を洗い落とす」「足を洗い落とす」ということができないように、「洗い落とす」の直接の対象は〈もの〉ではなく〈よごれ〉であり、それは「落とす」の対象と一致する。一方、単純動詞「洗

う」は、「洗い落とす」と同様、〈もの〉にはたらきかけてその〈よごれ〉をとりのぞくことを表すが、その対象語には、〈よごれ〉ではなく、〈もの〉を表す名詞をとる[7]。

(5) おつぎはそうして置いて泥だらけの手足を洗ってやる。　　　　　(「土」)
(6) 私はその水道でまず犬の血のついた剣を洗った。　　　　　　　　(「野火」)

　他動詞が運動の〔結果〕面を表すのであれば、運動の〔結果〕面とは《客体変化》であるのだから、それは変化の主体たる客体と結びつくはずである。「洗い落とす」の対象語が前項「洗い」の対象ではなく、後項「落とす」の対象であるということは、「洗い落とす」において機能している結果性が、前項「洗い」の結果性ではなく、後項「落とす」の結果性であることを示している[8]。
　「洗い落とす」以外にも、はたらきかけの対象と変化の主体(としての客体)とが異なる(それらの多くは何らかのかたちで〈全体〉と〈部分〉との関係にある)以下のような複合動詞では、前項の結果性が機能していないことを比較的容易に確認することができる。

　　鋳込む、織り込む、織り混ぜる、刷り込む、煎じ出す、縫い消す、縫い込む、縫い付ける、縫いとめる、塗り隠す、塗り固める、塗り消す、塗り込める、塗りつぶす、練り込む、練り混ぜる、封じ込める

　しかし、多くの複合動詞は、前項の結果性の後退を形式的には示さない。それらは、はたらきかけの対象と変化の主体とが同一であるために、前項の結果性と複合動詞の結果性(＝後項の結果性)とが切り離しがたく結びついているからである。

(7) 家へ入ったら、急に、腹が空いてきた五百助は、パンにバタを、ムヤミに**塗りつけ**、冷たい肉と共に、頬張った。　　　　　　　　　　　　　(「自由学校」)
(8) ……その男を嘉門は相手にまたしばらく飲みはじめたが、見るうちに、売れのこった栄螺を七つばかり、**ほじくり出して**食って行った。　　(「冬の宿」)

　「塗り付ける」や「ほじくり出す」においては、前項「塗り」「ほじくり」の表す〔結果〕の段階は当然【実現】される。それが実現されないまま後項「付ける」「出す」の〔結果〕が実現されるという事態を想定することは難しい。つまり、前項「塗り」「ほじくり」の結果性は必然的に実現されるのであり、否定される余地のないものである。しかし、次のように、〈もの〉に対するはたらきかけを表す動詞が、

〈人〉や〈ことがら〉に対するはたらきかけを表す動詞に転じた場合、後項の結果性は保持されても、前項の表す《主体動作》の側面は抽象化され、その結果性は後退してしまう。

（9）　先生は令夫人を失った原因を或はあなた一人の上に**塗りつけよう**としているのではないかと疑われることがある位です。　　　　（「つゆのあとさき」）
（10）　はたせるかな、その返答の中に認識不足の点あるを**ほじくり出した**。
　　　　　　　　　　　　　　　　　　　　　　　　　　　　　（「総長就業と廃業」）

　このことは、前項の結果性が、後項の結果性と違って、複合動詞の語構造をつくりあげる上で必須の要素ではない、ということを示すものであろう。

　「洗い落とす」にみられるように、結果性をもつ無対他動詞が前項となっても、その結果性は積極的には機能していないと考えられる。機能しているのは、その《客体変化》の側面ではなく、はたらきかけの《主体動作》の側面である。それは、(3)において、「芋についた土を落とす」といった場合と「芋についた土を洗い落とす」といった場合とで、意味が異なることからも確認することができる。「洗い落とす」は、「〈もの〉を(に)水や湯に(を)つけて、こすったり、もんだり、たたいたりして〈よごれ〉を落とすこと」を意味するが、単なる「落とす」は、そのような方法的限定を加えない表現である。「洗い落とす」の方法的限定をになう、つまり、はたらきかけの《主体動作》を表しているのが、「洗い」という前項である。「洗い落とす」という複合動詞において、前項「洗い」は、〈もの〉に対するはたらきかけの《主体動作》を表し、後項「落とす」は、〈よごれ〉が「落ちる」という《客体変化》を〔結果〕として表しているのである。その点で、「洗い落とす」は、結果性をもたない他動詞を前項とする次のような複合動詞と同じ語構造をもっている。

　　打ち落とす、追い落とす、押し落とす、攻め落とす、叩き落とす、突き落とす、はたき落とす、吹き落とす、振り落とす

　このように、たとえ結果性をもつ無対他動詞が前項となっても、複合動詞は［他動的過程結果構造］をつくることができ、また、そこにおいて、前項はその結果性を後退させ、はたらきかけの《主体動作》を表す要素として機能するものと考えられる。この結果性後退の現象は、他動詞の単独用法においてもみることができる。

(11) 「このごろ山羊が変に臭いの。洗ってやったら、どうでしょう」(中略)「**洗ってもだめでしょう**」
　　　　　　　　　　　　　　　　　　　　　　　　　　　　　　（「暗夜行路」前）
(12) ガラスをふいてよごれた場合でも、セッケン水で**洗えば**至極簡単にきれいになります。
　　　　　　　　　　　　　　　　　　　　　　　　　　　　（「婦人朝日」1956–12）

　宮島1985によれば、(11)や(12)においては、「洗う」の結果性(対象が〈きれいになる〉こと)が後退して、その前の動作(〈水や湯につけて、もんだりたたいたりして〉)の部分に焦点がきているとする。同様の例は、ここで問題にしている他動詞に多くみることができる(以下では、結果性が機能している例をaに、後退していると思われる例をbにあげる)。

(13) a. 「夫人が大変よろこんで、わざわざ<u>毛糸で</u><u>編んだ</u>ものなどを贈ってくれました」　　　　　　　　　　　　　　　　　　　　　　　　　　（「伸子」上）
　　 b. 十三四の女の子が一人石垣にもたれて、<u>毛糸を</u><u>編ん</u>でいた。　（「雪国」）
(14) a. その島の平らないただきに、立派な眼もさめるような、白い十字架がたって、それはもう、凍った北極の<u>雲で</u><u>鋳た</u>といったらいいか、すきっとした金いろの円光をいただいて、しずかに永久に立っているのでした。
　　　　　　　　　　　　　　　　　　　　　　　　　　　　　（「銀河鉄道の夜」）
　　 b. 「<u>銅を</u><u>鋳る</u>工匠だ。」「<u>銅を</u><u>鋳る</u>。そして何をつくる。」　（「青銅の基督」）
(15) a. たとえば自動車などのタイヤにも、すだれのように<u>織った</u>織物をいれて補強する。　　　　　　　　　　　　　　　　　　　　　　　（「新しい繊維」）
　　 b. 月光を浴びて、房房した毛の大きな銀色の尨犬、その**織るような**早足、それが目まぐるしく彼の目に見える。　　　　　　　　　　（「田園の憂鬱」）
(16) a. みそ萩の側には茶碗へ一杯に水が<u>汲まれた</u>。　　　　　　　　　（「土」）
　　 b. 暫くたってからお品は庭でおつぎがざあと水を<u>汲んでは</u>又間を隔ててざあと水を<u>汲んで</u>居るのを聞いた。　　　　　　　　　　　　　　（「土」）
(17) a. 父は私の帯を解いて、私の両の手を後ろ手に<u>縛って</u>しまった。
　　　　　　　　　　　　　　　　　　　　　　　　　　　　　（「暗夜行路」前）
　　 b. 間にあわせの木造建築のがたがたを、柱を荒縄で**しばって補強する**というようなやり方でどこでもやっている。　　　　　　　　　（「むらぎも」）
(18) a. そして婚礼支度の自分の<u>衣裳</u>などを<u>縫いながら</u>、時々青柳の弟のことなどを、ぼんやり考えていた。　　　　　　　　　　　　　　　（「あらくれ」）
　　 b. お糸さんは引きつめた桃割れをかしげて、キュキュと糸をしごきながら、見た事もないようなきれいな<u>布を</u><u>縫って</u>いた。　　　　　（「放浪記」）

(19) a. 「私がここへ来たとき、この部屋は物置でした。(中略)それを、壁を**塗っ
たり**床を敷いたりして、ようやく研究ができるようにしてきました」

(「生命の暗号を解く」)

b. この頃は、そんなことを、平気で口に出すばかりでなく、駒子の手の甲
を、壁を**塗る**ように撫ぜ回し、後で、ホッペタに押しつけたりする。

(「自由学校」)

　これらは、宮島1985の指摘するように、本来は〔結果〕の局面までを表す無対
他動詞が、なんらかの条件(環境)によって結果性を後退させ、《主体動作》の側面
のみを表すようになる例であろう。[他動的過程結果構造]をもつ複合動詞の前項
とは、まさに、そうした条件(環境)の一つと考えることができる。そこにおいて、
結果性をもつ他動詞は、その《主体動作》を表すという側面が積極的に利用され、
《客体変化》を表す側面は後退させられてしまうのである。したがって、結果性を
もつ無対他動詞が複合動詞の前項になるとしても、そのこと自体は、「他動詞＋他
動詞」型の複合動詞が[他動的過程結果構造]をつくりあげることを妨げるもので
はない。

4. 複合動詞後項の「結果性」

　では、「洗う」などの無対他動詞は、結果性をもつにもかかわらず、なぜ複合動
詞の後項にならないのか。このことは、これらとは逆に複合動詞の後項にしかなら
ない動詞群と比較し、両者の間になんらかの対照性を見出すことによって、明らか
にできるものと考えられる。それについては、すでに長嶋1976に次のような指摘
がある。

　　「切る」のような動詞が前項にも後項にもなり得るのに、「倒す」等の動詞は、
　なぜ後項にはなっても前項としては使えないのだろうか。I類の複合動詞は、す
　でに述べたように、その前項が何らかの意味で後項動詞の意味を修飾・限定して
　おり、その二つの動詞がその行為・作用の時間的前後関係を表わしている場合が
　多い。ところで、「ある物を倒す」ということは、その物が結果として《倒れる》
　ことを意味する。同様に、「くずす」「くだく」「殺す」「こわす」「つぶす」等は、
　それぞれその特徴的な意味要素として、《くずれる》《くだける》《死ぬ》《こわれ
　る》《つぶれる》の意味を持っており、その対象物が最終的にそのような状態・
　結果になることだけに注目しているのであって、そのような結果を導く動作・手
　段・方法・原因には焦点をあてていない。つまり、動作・手段・方法等を表わす

ものとしては用いられず、また、時間的前後関係において、ある行為・作用に先行するものとはなりにくいのである。これに対し、「切る」のような動詞は、動作そのものをも表わし得るし、またその結果だけを表わすこともできるのであり、そのために、前項動詞にも後項動詞にも成り得るものと考えられる。したがって、一般に、ある行為・作用の最終的な状態や結果だけに注目するような動詞は、Ⅰ類の複合動詞の前項動詞にはなりにくいと言えよう。

(長嶋 1976: 100–101)

　これも、また、動詞の結果性の観点からの説明である。「倒す」「くずす」「くだく」「殺す」「こわす」「つぶす」などは、筆者の調査によっても、後項にしかならない動詞であるが、それは、これらの動詞が《客体変化》のみを具体的に表し、それをひきおこす《主体動作》については具体的に表さないからだということである。長嶋 1976 のⅠ類の複合動詞は本書でいう［過程結果構造］にほぼ重なるから、《主体動作》を具体的に表さない動詞が、前項になれずに後項にのみなるということは自然なことである。それに対して、「切る」は、《客体変化》だけではなく、《主体動作》をも具体的に表すことができるので前項にも後項にもなる、というわけである。本章で問題としている「洗う」などの無対他動詞も、「切る」と同様、《主体動作》と《客体変化》との両方を表すことができるから、すでに検討したように、前項として複合動詞の〔過程〕面を表すことができる。しかし、「切る」がその結果性をもとに後項にもなれるのに、「洗う」は、結果性をもつにもかかわらず、なぜ後項にはなれないのだろうか。このことについては、長嶋 1976 に説明はない。「洗う」と「切る」とは何が違うのだろうか。
　「倒す」をはじめとして、複合動詞の後項にのみなる他動詞には、対応する自動詞をもつもの（有対他動詞）が多い。他動詞―自動詞の対応関係は、《主体動作》と《客体変化》とを別個に把握することを可能にする。「倒す」という他動詞は、「倒れる」という自動詞と対応することによって、その《主体動作》の側面と《客体変化》との側面を明確に分析することができる。ただし、その《主体動作》は〈客体変化を【実現】する〉という内容しかもたず、具体性を欠いている。《主体動作》が具体性を欠いているからこそ、他の動詞の表す具体的な《主体動作》を自らが表す《客体変化》に結びつけることができるものと考えられる。「倒す」の場合なら、「倒す」自体は「倒れる」という《客体変化》をひきおこす《主体動作》を具体的には表さないから、他の動詞、たとえば、「押す」「突く」などが表す具体的な《主体動作》をそれにあてることが可能になる、というわけである。「切る」も、その《主体動作》と「切れる」という《客体変化》とを分析することができる。そして、「倒す」と同様に、その《客体変化》をひきおこすものとして、「押す」「突く」などが

表す《主体動作》を結びつけることが可能である。ただし、「切る」は、「倒す」と違ってその《主体動作》も具体的に表すから、他の動詞の表す《客体変化》をひきおこす《主体動作》として機能することもできる（「切り倒す」「切り崩す」など）。いずれにしても、複合動詞の後項になる他動詞には、内包する《客体変化》が自身の《主体動作》ときりはなしてとりだされ得る、という特徴があると考えられる。

(20) そして自分の机の上の鴨居にかけてある大宮から送ってくれたベートオフェンのマスクに気がつくと彼はいきなりそれをつかんで力まかせに<u>引っぱっ</u><u>て</u>、釣ってある糸を**きって**しまった。　　　　　　　（「友情」）
(21) すると軽部はまた私のその腕をもって背中へ捻じ上げ、窓の傍まで押して来ると私の頭を窓硝子へ<u>ぶちあてながら</u>顔をガラスの突片で**切ろう**とした。
　　　　　　　　　　　　　　　　　　　　　　　　　　　　（「機械」）

　これらの例における「切る」は、「倒す」と同様、〈「切れる」という客体変化を【実現】する〉という内容しかもっていない。その《主体動作》の側面は「引っぱる」「ぶちあてる」という動詞が表していると考えられる。このことは、「切る」の《客体変化》を分析的にとりだすことが、「切る—切れる」というパラディグマティックな関係においてだけではなく、シンタグマティックな関係においても可能であることを示している。
　それに対して、「洗う」の表す《客体変化》を分析的にとりだすことはむずかしい。それは、〈よごれが落ちる〉とか〈きれいになる〉とか表すことはできるが、形態論的な形式にも統語論的な形式にもささえられていない。

(22) 私は新らしいＫの墓へ水を<u>かけて</u>**洗って**遣りました。　　（「こころ」）
(23) 男と女とは〜、涼しい眼で互を愛のある心をこめてながめあい、汗ばんだ肌を流れか泉かで水を<u>浴びて</u>**あらおう**としているようにみえたのだった。
　　　　　　　　　　　　　　　　　　　　　　　　　　　　（「冬の宿」）

　これらの例において、「かける」「浴びる」は、それだけで、〈よごれが落ちる〉〈きれいになる〉という《客体変化》を【実現】する《主体動作》としてあるわけではない。「かける」「浴びる」とは別に洗うという《主体動作》が必要なのである。このことは、「洗う」からその《客体変化》の側面だけをとりだすことがむずかしいことを示すものであろう。
　「倒す」「切る」などは、《主体動作》と《客体変化》とが分析的に結びついていて、《客体変化》の側面だけをとりだすことが可能な他動詞、「洗う」などは、両者が融

合的に結びついていて、《客体変化》だけをとりだすことが容易にできない他動詞ということができよう。そのことが、複合動詞の後項になる・ならないということに反映しているものと考えられる[9]。つまり、「洗う」などは、《主体動作》と《客体変化》とを切り離せないので、別の動詞を前項としてとって、《主体動作》の側面をその前項にあずけ、自らは《客体変化》の側面だけを表すといういわば「分担」ができず、したがって、複合動詞の後項になりにくいのではないか、ということである。ここにおいて、自他対応の有無は、結果性の有無の指標というより、結果性のあり方の指標としてあるように思われる。

5. 《アスペクト・ヴォイス》モデルの妥当性

　これまでの検討から、2節であげた問題(A)(B)に対して、次のように答えることができるように思う。

① 結果性をもつ無対他動詞も前項になり得る。ただし、その場合には、その結果性は後退し、《主体動作》を表すという側面が積極的に機能する。
② 結果性をもつ無対他動詞は後項になり得ない。それは、その結果性(《客体変化》)を《主体動作》からきりはなしてとらえることができないからである。

　このことは、[他動的過程結果構造]という語構造が、結果性をもたない他動詞を前項に、結果性をもつ他動詞を後項にという型どおりのくみあわせだけではなく、他動詞のもつ結果性の違いに応じて、さまざまにつくられることを示すものであろう。造語成分となる他動詞の側からみれば、結果性をもつか、もたないかということだけではなく、その結果性のあり方、すなわち、《主体動作》と《客体変化》との関係が、複合動詞の前項になるのか後項になるのかということに影響しているものと考えられるのである。それは、次のようにまとめることができよう。

③ 結果性をもたない他動詞は、前項にはなっても後項にはならない。
④ 結果性をもつ他動詞でも、その《客体変化》の側面を分析的にとりだすことのできない他動詞は、やはり、前項にはなっても後項にはならない。
⑤ 《客体変化》の側面を分析的にとりだすことのできる他動詞は後項になることができる。
⑥ そのうち、《主体動作》を具体的に表す他動詞は前項にもなることができる。

⑦ 《主体動作》を具体的に表さない他動詞は、後項にはなっても前項にはならない。

これらは、また、表2のようにまとめることができる。

表2　動詞の結果性・自他対応と複合動詞の形成

動詞の結果性	主体動作を具体的に	表す	表す	表す	表さない
	客体変化を具体的に	表さない	表す	表す	表す
動詞の自他対応	主体動作と客体変化との関係が		融合的	分析的	
	（例）	打つ 押す たたく	洗う 編む 塗る	切る 取る 締める	倒す 出す 潰す[10]
複合動詞の形成	前項に	なる	なる	なる	ならない
	後項に	ならない	ならない	なる	なる

　はたらきかけを表す他動詞は、結果性の有無およびそのあり方（《主体動作》と《客体変化》との関係）と、［他動的過程結果構造］の複合動詞を構成する際のふるまいとの二つの特徴から、全部で4種類に、また、結果性をもつ他動詞に限れば3種類に分けることができる[11]。

　以上は、前章で示した、［他動的過程結果構造］をつくりあげる動詞のくみあわせ原則を修正したものだが、それはあくまで原則であって、絶対的な規則といえるものではない。なぜなら、この原則から逸脱するものも少なくないからである。たとえば、次にあげるような他動詞は、《客体変化》を分析的にとりだせるはずであるが、後項にならない（なりにくい）。

植える、生む、えぐる、染める、助ける、積む、煮る、ねじる、掘る、もぐ、焼く

　これらが複合動詞の後項になりにくい理由は、一様ではないと考えられる。「積む」のような場合には、「積む―積もる」という形態上の対応関係はみとめられる

ものの、意味的には対応していないために(「積もる」は「積む」によって【実現】される変化ではない)、その《客体変化》がとりだせないのかもしれない。「煮る」「焼く」などの場合には、対応する自動詞「煮える」「焼ける」も、また、複合動詞の後項にならないのであって(「～煮える」「～焼ける」という複合動詞はみつからない)、それらの表す変化が、本来的に、他の《主体動作》にひきつづく、あるいは、それにひきおこされるものとしてはとらえられにくいということがあるのかもしれない。同じことは、対応する自動詞「ねじれる」「掘れる」が複合動詞をつくらない「ねじる」「掘る」のような他動詞についてもいえる。「助ける」については、それと類義の、対応する自動詞をもたない「救う」が後項にならないということと関係しているのだろうか。とすれば、《主体動作》と《客体変化》との融合性は、自他対応の有無とは別に、その語彙的意味に規定されているとも考えることができよう。融合的と考えられる他動詞のいくつかが次のような意味グループにまとめられることも、そうしたことをうかがわせる[12]。

○生産……編む、鋳る、織る、築く、刷る、作る、なう、縫う、葺く、結ぶ、結う、結わえる、縒る
○除去……洗う、こそげる、剃る、掃く、拭く、篩う、撥ねる
○切断・切削……刈る、刻む、こじる、鋤く、断つ、貫く、薙ぐ、払う、ほじくる、むしる
○移動……汲む、掬う、堰く、注(つ)ぐ、つる、つるす、放る、置く、送る、投げる、運ぶ、撒く
○摂取……食う、吸う、すする、飲む、吐く
○強化・美化……飾る、鍛える、研ぐ、磨く
○形状変化……縛る、絞る、たたむ、巻く

原則からの逸脱は、また、結果性をとりだせないはずの動詞が後項になるというところにもみることができる。

刻む(切り刻む、裂き刻む)、**絞る**(引き絞る、振り絞る)、**捨てる**(切り捨てる、投げ捨てる、吐き捨てる、振り捨てる)、**たたむ**(折りたたむ)、**貫く**(うがち貫く、くり貫く、掘り貫く)、**投げる**(放り投げる)、**均す**(踏み均す)、**除く**(取り除く)、**払う**(売り払う、切り払う、薙ぎ払う、焼き払う)、**巻く**(編み巻く)、**撒く**(振り撒く)、**むしる**(掻きむしる、引きむしる)

ここにも、さまざまな要因がはたらいているものと考えられるが、ただ、これら

の例は、原則からの逸脱としてではなく、ある意味では、原則にそったものとしてとらえることもできるように思う。これらの他動詞は、対応する自動詞を欠いているために、その《客体変化》の側面をパラディグマティックにとりだすことができない。しかし、[他動的過程結果構造] という語構造を借りて、その結果性をシンタグマティックにとりだしているのかもしれないのである。先の (20) (21) は、そうしたシンタグマティックな構造が文において成立している例であった。そのようなシンタグマティックな構造を借りた結果性のとりだしは、複合動詞の後項にならない他動詞にもみることができる。

(24) 十日も前から、村の子供等は藁沓で雪を踏み固め、その雪の板を二尺平方ぐらいに切り起し、それを<u>積み重ねて</u>、雪の堂を**築く**。　　　(「雪国」)
(25) 言いかえると、彼等はいま、過去千年に亙って、自分たち自らの手で一つ一つの煉瓦を<u>積み上げて</u>**築いた**文化という建築物のてっぺんに足を据えて立っている、〜　　　　　　　　　　　　　(「ものの見方について」)

「築く」は複合動詞の前項にのみなるけれども、これらの例は、「〜築く」という複合動詞が成立する可能性を否定できないこと、つまり、原則からの逸脱が容易に起こり得ることを示しているだろう。このことは、《主体動作》と《客体変化》との関係が融合的なものと分析的なものとの境界は絶対的ではなく、両者は重なり合うものであるということを示している(循環論になるけれども、そうした境界領域にある他動詞の、複合動詞における分布は、そのような融合の度合いの指標になるかもしれない)。それは、また、複合動詞の語構造が素材(造語成分)となる動詞の性格をもとにつくられるということ、および、素材となる動詞が複合動詞の語構造に規定されてその性格を変えることがあるということの、すなわち、素材と構成体との相互作用の反映である。

注
1　宮島 1972: 684–685
2　前章の表6および表7を参照。
3　用例文は、国立国語研究所の『動詞の意味・用法の記述的研究』(宮島 1972) の用例カードを利用した。
4　注3の用例カードのほか、国語研究所の「総合雑誌」「雑誌90種」語彙調査の語彙表、および(石井が)国語辞書類4種から採集した複合動詞計7,432語を収める。科研費特

定研究(1)「言語データの収集と処理の研究」(研究代表者　野村雅昭)による。
5 「噛みしばる」「食いしばる」などは別。
6 複合動詞の前項における「結果性の後退」は、「浮き上がる」「折れ曲がる」など、「自動詞＋自動詞」型の主体変化動詞どうしのくみあわせにもみられる。
7 「洗う」は、以下のように、〈よごれ〉を対象語としてとることもある。ただし、このような場合、「洗い落とす」か「(洗って)落とす」を使う方が一般的であろう。

　○山羊は少しでも泥のついたものなぞは食べないので、八百屋が外へ置いといて行った青物も、一々雨の叩いた泥を洗って持ってっておやりにならなければならなかった。　　　　　　　　　　　　　　　　　　　　　　　　　　　　（「桑の実」）
　○大根の時節に、近郊を散歩すると、此等の細流のほとり、到る処で、農夫が大根の土を洗って居るのを見る。　　　　　　　　　　　　　　　　　　　（「武蔵野」）

8 影山1993は、「洗い落とす」「振り混ぜる」などで前項と後項が異なる目的語をとることを指摘し、これらの複合動詞が、並列関係ではなく、右側主要部の構造をもつことの証左としている(:104)。
9 「洗う」は複合名詞では後項になる(「もみ洗い」「つまみ洗い」など)。この場合には、「-洗い」の結果性が機能しているのか、なぜ複合動詞ではなく複合名詞の形をとるのか、などについての考察が必要である。これについては、第1部第4章を参照。
10 具体的にどのような動詞が複合動詞を構成するのか、また、それは、複合動詞の前項となるのか後項となるのかについては、巻末の「資料1」を参照されたい。
11 奥田1968–72の次のような指摘は、結果性をもつ他動詞のこのような違いが、連語を構成する動詞の移行関係の有無にも反映していることを示している(下線筆者)。

　　もようがえ動詞のうちのあるものは、動詞つけるとあわさって、あわせ動詞になると、くっつけ動詞に移行する(たとえば、**きりつける、ぬいつける**)。　(:29)
　　あらいおとす、きりおとす、ちぎりとるのように、二三のもようがえ動詞は単語つくりの手つづきをとおして、とりはずし動詞に移行している。　　　(:32)

12 工藤1990は、「客体を何かにくっつけたり、何かからとりはずしたりするような、外的変化(位置的変化)をとらえているものには、対応する自動詞がないものがかなりある」としている(:100)。

第3章　派生的な複合動詞の形成

はじめに

　本章では、同じ「動詞＋動詞」型ではあっても、一方の構成要素が接辞化している派生語的な複合動詞について、その派生的な語構造が、語彙的であるにせよ、文法的であるにせよ、既成の（語彙＝複合的な）複合動詞の基本的な語構造である［過程結果構造］に由来するものであることを示す。これによって、「複合動詞形成の《アスペクト・ヴォイス》モデル」は、既成の語彙＝複合的な複合動詞の形成だけでなく、語彙＝派生的な複合動詞と文法＝派生的な複合動詞の形成（派生）をも説明し得るモデルとして拡張されることになる。

1. 派生的な複合動詞の類型

　「動詞＋動詞」型の複合動詞のなかには、構成要素の一方の意味が形式化し、もう一方の要素に接辞のように従属しているタイプがある。この種の複合動詞は、複合語というより派生語に近いが、接辞的な構成要素の意味によって、さらに、語彙＝派生的なものと文法＝派生的なものとに分けることができる。
　「語彙＝派生的な複合動詞」には、「<u>打ち</u>消す」「<u>取り</u>決める」「<u>立ち</u>至る」のように、前項が語彙的な接頭辞として、後項の表す運動の様態面を形式的に限定する（強意等の意味を添える）ものと、「鍛え<u>上げる</u>」「沸き<u>返る</u>」「怒鳴り<u>付ける</u>」のように、後項が語彙的な接尾辞として、前項の表す運動の様態面を形式的に限定する（強意・方向性などの形式的な意味を添える）ものとがある。
　一方、「文法＝派生的な複合動詞」[1]には、接頭辞によるものはなく、「歩き<u>出す</u>」「消え<u>かかる</u>」「読み<u>通す</u>」「つかまえ<u>損ねる</u>」のように、後項が文法的な接尾辞として、前項の表す運動の時間的局面やその起こり方を限定するものがある。
　このように、派生語的な複合動詞は、大きくは、語彙＝派生的な複合動詞と文法＝派生的な複合動詞に二分され、前者には、語彙的な接頭辞によるものと語彙的な

接尾辞によるものとが、後者には、文法的な接尾辞によるものがあることになる。以下、それぞれのタイプが、複合動詞の基本的な語構造である［過程結果構造］から派生されたものであることを示す。

2. 語彙＝派生的な複合動詞

2.1 語彙接頭辞構造

　語彙＝派生的な複合動詞の、前項が語彙的な接頭辞として後項の表す運動の様態面を形式的に限定する（強意等の意味を添える）という構造を、ここでは、［語彙接頭辞構造］と呼ぶことにする。この語構造には、［他動的過程結果構造］から派生したと考えられるもの(a)と、［自動的過程結果構造］から派生したと考えられるもの(b)とがある（カッコ内は後項の代表例）。

(a) 打ち（消す）、押し（隠す）、掻き（集める）、差し（押さえる）、突き（返す）、たたき（起こす）、取り（決める）、引き（比べる）、ぶち（壊す）、踏ん（づかまえる）、…

(b) 立ち（-至る、-去る）、…

　［語彙接頭辞構造］は、以下の理由から、［過程結果構造］をもとに成立したと考えることができる。

　第一に、この種の語彙的接頭辞のほとんどは、造語成分としては、《客体の変化》を表さない主体動作動詞（無対他動詞）であり、［他動的過程結果構造］の前項と一致する。また、「立ち」は主体変化動詞であるが、これも［自動的過程結果構造］の（結果性が後退した）前項と矛盾しない。

　第二に、［過程結果構造］と［語彙接頭辞構造］とがともに認められる「多義」の複合動詞が存在する。たとえば、「たたき起こす（①戸などをたたいて眠っている家人を起こす。②眠っている人をむりに起こす。）」、「立ち去る（＝立ち上がってほかへ行く。また、単に、去る。）」（『学研国語大辞典』）などである。

　第三に、語彙的接頭辞の意味が、運動の〔過程〕面の形式化として無理なく説明できる複合動詞が存在する。たとえば、「押し隠す」の前項「押し」の表す「努力して／ひたすら」といった接辞的意味は、「隠れる」という《客体変化》をひきおこす《主体動作》「押し」（＝露見しようとするものを上から押さえつける）の形式化と考えることができる。

(太郎が秘密を)押し隠す →

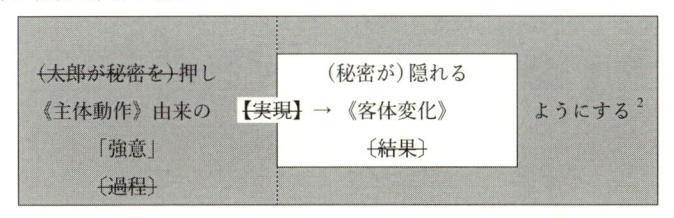

| (太郎が秘密を)押し《主体動作》由来の「強意」〔過程〕 | 【実現】→ | (秘密が)隠れる《客体変化》〔結果〕 | ようにする[2] |

2.2 語彙接尾辞構造

　語彙＝派生的な複合動詞の、後項が語彙的な接尾辞として前項の表す運動の様態面を形式的に限定する（強意・方向性などの形式的な意味を添える）という構造を、ここでは、［語彙接尾辞構造］と呼ぶことにする。［語彙接頭辞構造］と対称的な構造で、［他動的過程結果構造］から派生したと考えられるもの(c)、［自動的過程結果構造］から派生したと考えられるもの(d)とがある（カッコ内は前項の代表例）。

(c) (鍛え)上げる、(思い)入れる、(訴え)掛ける、(見)極める、(打ち)据える、(言い)捨てる、(行い)澄ます、(拝み)倒す、(責め)立てる、(ほめ)ちぎる、(喋り)散らかす、(書き)散らす、(言い)繕う、(怒鳴り)付ける、(塗り)潰す、(思い)詰める、(殴り)飛ばす、(聞き)流す、(言い)成す、(叩き)のめす、(言い)放つ、(売り)払う、(いじり)回す、(眺め)遣る、(見)渡す、…

(d) (腫れ)上がる、(吹き)荒れる、(恥じ)入る、(湧き)返る、(踊り)狂う、(咲き)こぼれる、(頼み-、走り-、冷え-)込む、(出)盛る、(吹き)すさぶ、(萌え)立つ、(凍り)付く、(遊び)ほうける、(言い)募る、(転げ)回る、(澄み)渡る、…

　［語彙接尾辞構造］は、［語彙接頭辞構造］と同様、以下の理由から、［過程結果構造］をもとに成立したと考えられる。

　第一に、これらの語彙的接尾辞の多くが、造語成分としては、［他動的過程結果構造］の後項と同じく主体動作客体変化動詞（有対他動詞）であり、また、［自動的過程結果構造］の後項と同じく（有対自動詞を中心とする）主体変化動詞である。

　第二に、［過程結果構造］と［語彙接尾辞構造］とがともに認められる「多義」の複合動詞が存在する。たとえば、「(ノートのあちこちに／気分に任せて)書き散らす」、「(ホームベースに／大会に備えて)走り込む」などである。

　第三に、これらの語彙的接尾辞の意味が、運動の〔結果〕面の形式化として無理なく説明できる複合動詞が存在する。たとえば、「拝み倒す」の後項「倒す」の表

す「(相手が承知するまで)何度も／無理やり」といった接尾辞的意味は、客体(相手)を「拝み」、その結果、客体が「倒れる」(＝承知する)という［他動的過程結果構造］から無理なく導くことができるし、「咲きこぼれる」の後項「こぼれる」の表す「(こぼれるほど)たくさん」という接尾辞的意味も、「咲き」に続く〔結果〕としての《主体変化》「こぼれる」が様態限定要素となったものと考えることができる（「こぼれる」が様態限定要素になることによって、「咲き」も《主体動作》から本来の《主体変化》に移行する）。

(太郎が次郎を)拝み倒す　→

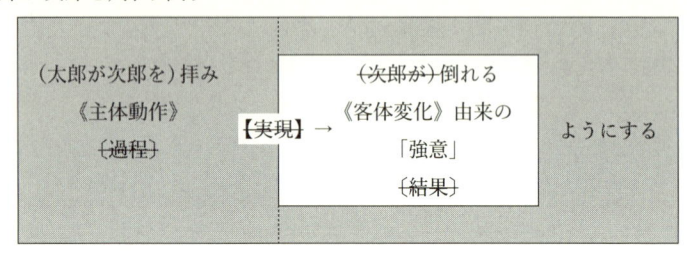

| (太郎が次郎を)拝み《主体動作》〔過程〕 | 【実現】→ | (次郎が)倒れる《客体変化》由来の「強意」〔結果〕 | ようにする |

(花が)咲きこぼれる　→

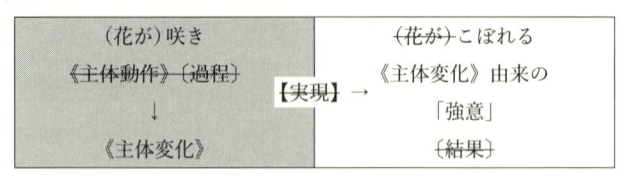

| (花が)咲き《主体動作》〔過程〕↓《主体変化》 | 【実現】→ | (花が)こぼれる《主体変化》由来の「強意」〔結果〕 |

　ただし、［語彙接尾辞構造］をもつ複合動詞には、［過程結果構造］に由来するとは考えることのできないもの(e)も存在する。

(e) (買い)煽る、(読み)あさる、(聞き)かじる、(塗り)たくる、(買い)叩く、(書き)殴る、(咲き)誇る、…

　これらは、前項と後項との同時的な結びつきにおいて、後項の表す運動が抽象化し、具体的な前項の運動の様態面を限定することになったものと考えられる。たとえば、「聞きかじる」の「かじる」、「買い叩く」の「叩く」、「書き殴る」の「殴る」などは、いずれも本来の具体的動作が抽象化して、前項の様態面（「上っ面だけをかじるように」「叩いたように法外に安く」「殴ったように乱暴に」）を限定している。

3. 文法＝派生的な複合動詞

3.1 文法接尾辞構造

　文法＝派生的な複合動詞の、後項が文法的な接尾辞（文法接尾辞）として前項の表す運動の時間的局面やその起こり方を限定するという構造を、ここでは、［文法接尾辞構造］と呼ぶことにする。以下では、［文法接尾辞構造］が［過程結果構造］から派生され得ることをやや詳しく検討するが、具体的な検討に入る前に、［文法接尾辞構造］の特徴をまとめておく。これらは、文法＝派生的な複合動詞の認定基準にもなるものである。

　まず、語彙＝複合的な複合動詞では、前項・後項とも和語単純動詞であることを原則とするが、文法＝派生的な複合動詞では、「ドキドキし過ぎる」「勉強し出す」「チェックし残す」など、前項に複合サ変動詞をもつことができる。

　また、語彙＝複合的な複合動詞の前項と後項との自他は、ほとんどの場合、一致するが、文法＝派生的な複合動詞には、そのような制限はない。たとえば、「切る」という動詞が、複合動詞後項として機能している場合には、前項には他動詞が立つ（「食い切る」「断ち切る」「ねじ切る」「焼き切る」など）。しかし、「完遂」や「極度」の意（姫野昌子 1980）を表す文法接尾辞として機能している場合には、他動詞だけでなく自動詞も前項に自由に立つことができる（「上がり切る」「歩み切る」「泳ぎ切る」「冷え切る」など）。

　さらに、文法＝派生的な複合動詞の場合には、前項がいわゆる基本形ばかりでなく、受身および使役の形をもとり得ることが指摘されている。たとえば、寺村秀夫 1969 は、

> 尚この～ダス（始動を表すダス―筆者注）は例えば「トリ出ス」「ツマミ出ス」などのダスとは違ったものである。（中略）この違いは例えば本項の～ダス（例、使イダス）は主部だけでも全体でも受身になり得る（→使ワレダス、使イダサレル）のに対し A-(A) のタイプ（～してそして出す、の意）の場合全体としてのみ受身化する（ツマミダサレル、＊ツママレダス）というような違いにも現れている。

と述べ、複合動詞後項と文法接尾辞との違いについて言及している。このことは、使役形の出現についても同様にあてはまる。

　意味的には、後項が前項を修飾しているととらえられる点が文法＝派生的な複合動詞の特徴である。長嶋善郎 1976 は、複合動詞を、

Ⅰ類 「Nが(を・に)V2」と言えるもの。たとえば、「(木を)切り倒す」、「(町内を)見廻る」、「(木に)よじのぼる」等。
Ⅱ類 「Nが(を・に)V1」とは言えるが「Nが(を・に)V2」とは言えないもの。たとえば、「(本を)読み通す」、「(犬が子供に)噛みつく」、「(インクが紙に)しみこむ」等。

に分類し、それらの構成要素間の関係を、

Ⅰ類 v1 + V2(修飾要素+被修飾要素)
Ⅱ類 V1 + v2(被修飾要素+修飾要素)

としている。本章で扱う語彙＝複合的な複合動詞はⅠ類、文法＝派生的な複合動詞はⅡ類の一部に、それぞれ対応すると言ってよい。
阪倉篤義1966bは、

一般に複合語では、後項に意味の中心があって、前項は意味的にこれにふくまれてしまうものであり、したがって、この複合語に対する修飾語は、直接に後項と意味的にむすびあい得るものにかぎられる　　　　　　　　　　(:128)

として、語彙＝複合的な複合動詞の構造を次のように図式化する。

○木を ┃ 切り 倒す ┃　　×腹を ┃ 切り 倒す ┃

阪倉は、一方で、

これに対して、たとえば「切りしぶる」の場合には、前項「切り」に修飾語「腹を」「指を」「木を」等を自由にくわえ得る。この場合は、「切り」の方に意味の具象性があって、「腹を切り」という関係がまず成立し、それ全体をさらに「しぶる」が包摂する関係にあって、「腹をしぶる」という関係が成立するのではないからである。　　　　　　　　　　　　　　　　　　　　(同上)

と述べ、「しぶる」のような後項動詞を補助動詞[3]とし、その構造を次のように図

示する。

```
┌─────────────────┐      ┌─────────────────┐
│ 腹を切り │ しぶる │      │ 木を切り │ しぶる │
└─────────────────┘      └─────────────────┘
```

　語彙＝複合的な複合動詞の構造を前項が後項を修飾する関係と規定することには、関一雄1977による批判もあるが、修飾語をともなう前項を後項がそのまま包摂する、逆に言えば、前接修飾語と後項とは意味的に結びつかない、という関係自体は、ここでいう文法＝派生的な複合動詞に特徴的なものである[4]。

3.2　多義の複合動詞、両義の複合動詞

　武部良明1953も指摘するように、複合動詞のなかには、文脈によって、語彙＝複合的な複合動詞であったり、文法＝派生的な複合動詞であったりするものがある。たとえば、「言い残す」という複合動詞の場合、次のaのような文脈では語彙＝複合的な複合動詞と考えられるのに、bのような文脈では文法＝派生的な複合動詞と考えられる。

a.　父は「みんな仲よくするように」と言い残して逝った。
b.　父は肝心なことを言い残して逝ってしまった。

　このほか、「（目の前を／倒れるほど）歩き過ぎる」「（歯車が／獣が）噛み合う」「（正しい記録を／時間がなくて）書き残す」「（模様を／急いで）編み出す」「（記録的な金額を／商品を残らず）売り上げる」なども同様である。このような複合動詞を、本章では、「多義の複合動詞」と呼ぶことにする。多義の複合動詞と考えられるものの例を以下にあげる。

　編み出す、歩き過ぎる、言い掛ける、言い残す、言い漏らす、打ち抜く、写し出す、押し切る、押し通す、落ち掛かる、書き出す、書き付ける、書き残す、聞き出す、汲み上げる、組み上げる、組み違える、蹴違える、漕ぎ出す、締め切る、し分ける、吸い付ける、擦り切る、立て直す、作り出す、貫き通す、問い掛ける、取り付ける、取り外す、逃げ出す、乗り掛かる、話し掛ける、振り切る、振り出す、掘り返す、見逃す、焼き切る、結い付ける、行き過ぎる、読み上げる

　多義の複合動詞は、文脈が定まれば、それが語彙＝複合的な複合動詞であるのか

文法＝派生的な複合動詞であるのかが明確に区別できる。しかし、複合動詞のなかには、同一の文脈において、その構造が語彙＝複合的な複合動詞とも文法＝派生的な複合動詞とも考えられるものがある。

たとえば、「売り尽くす」という複合動詞の場合、長嶋1976は、それが「全部残らず売る」と言い換えられることから、後項が前項を修飾する複合動詞、ここでいう文法＝派生的な複合動詞と規定している。しかし、「売り尽くす」は一方で「売ってなくなるようにする」とも言い換えられるのであり、したがって、前項が後項を修飾する語彙＝複合的な複合動詞と考えることもできる。

たしかに、「尽くす」という後項は、それ単独では「なくなるようにする」という意味では使われないが（「品物を尽くす」とはいえない）、対応する自動詞「尽きる」には「なくなる」という意味が保たれており（「品物が尽きる」といえる）、「尽きる／尽くす」の意味的な対応が現代語では形態素レベルで保持されている、と考えてもおかしくない。「売り尽くす」は、一般的には、文法＝派生的な複合動詞と考えられるようであるが、それが語彙＝複合的な複合動詞の語構造を有しているとも考えることができるという事実は重要である。このような複合動詞を、本章では、「両義の複合動詞」と呼ぶことにする。両義の複合動詞と考えられるものの例を以下に示す。

編み上げる、洗い上げる、言い尽くす、うずめ尽くす、打ち果たす、売り切る、売り払う、買い切る、書き上げる、書き改める、築き上げる、鍛え上げる、朽ち果てる、染み渡る、染め上げる、染め替える、絶え果てる、出し切る、使い果たす、出尽くす、濡れ通る、見尽くす、焼き払う、読み切る

多義および両義の複合動詞の後項から文法接尾辞をとりだすと、次のようになる。

上げる、改める、返す、替える、掛かる、掛ける、切る、過ぎる、出す、違える、尽くす、付ける、通す、通る、直す、抜く、逃す、残す、外す、果たす、払う、漏らす、分ける、渡る

興味深いことに、多義および両義の複合動詞のほとんどは、語彙＝複合的な複合動詞（の解釈）としては、［過程結果構造］という語構造を有している。つまり、これらの複合動詞にあっては、［過程結果構造］と［文法接尾辞構造］とが、多義ないし両義の関係で、「同居」しているのである。したがって、これらの複合動詞の語構造を検討すれば、［過程結果構造］から［文法接尾辞構造］が派生される過程

をたどることができるものと考えられる。以下、多義および両義の複合動詞を材料として、その具体的な派生過程を検討する。

3.3 ［過程結果構造］から［文法接尾辞構造］への派生
3.3.1 後項における《変化》の主体の「移行」

　多義の複合動詞「書き出す」を例に考える。「会員の名前を全部書き出す」（長嶋1976の例）の場合には、［過程結果構造］を有していると考えられるが、「小説を書き出す」の場合には、「書くことを始める」という意味の［文法接尾辞構造］になっていると考えられる。ここで注目されるのは、それぞれの語構造における後項の《変化》「出る」のはたらきである。

　［過程結果構造］の「（名前を全部）書き出す」においては、後項の《変化》「出る」は前項の《動作》「書き」の客体「名前」をその主体としてとる。［文法接尾辞構造］の「（小説を）書き出す」においては、後項「出す」は「始める」と同様の意味になっていると考えられるが、だとすれば、「出る」は「始まる」と同様の《変化》を表しているということになる。この場合、「始まる」のは「小説」ではなく「書き」という《動作》であるから、後項の《変化》「出る」は前項の《動作》「書き」と結びついていることになる。すなわち、［文法接尾辞構造］の「書き出す」においては、［過程結果構造］において本来「核」となるべき「出る」という《変化》の意味上の主体に変動が生じ、「出る」のは、「小説」という《もの》ではなくて、「書き」という前項によって表される《動作》そのものになってしまったと考えられる。つまり、"「書き」という《動作》が「出る」（始まる）"ことが《変化》ととらえられるわけであり、「（名前を全部）書き出す」においてみられた［過程結果構造］が成立していないのである。

　　（太郎が名前を全部）書き出す　→

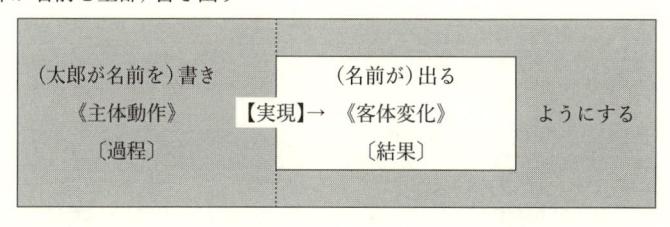

（太郎が名前を）書き《主体動作》〔過程〕	【実現】→	（名前が）出る《客体変化》〔結果〕	ようにする

(太郎が小説を)書き出す　→

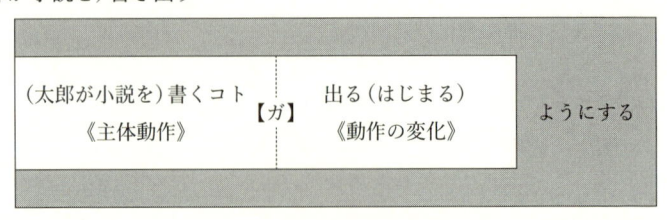

| (太郎が小説を)書くコト《主体動作》 | 【ガ】 | 出る(はじまる)《動作の変化》 | ようにする |

また、「歩き過ぎる」も、主体が「歩い」た結果ある基準点を「過ぎる」という［自動的過程結果構造］から、《主体の動作》「歩き」がある基準を「過ぎる(＝過剰に行われる)」という構造に移行していると考えられる。

(太郎が目の前を)歩き過ぎる　→

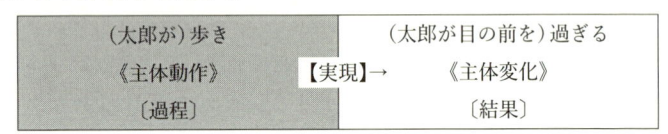

| (太郎が)歩き《主体動作》〔過程〕 | 【実現】→ | (太郎が目の前を)過ぎる《主体変化》〔結果〕 |

(太郎が)歩き過ぎる　→

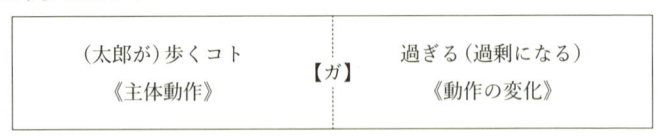

| (太郎が)歩くコト《主体動作》 | 【ガ】 | 過ぎる(過剰になる)《動作の変化》 |

両義の複合動詞でも、たとえば、「(燃料を)使い切る」の後項「切る」の表す「完全に／最後まで〜する」といった接尾辞的意味は、客体(燃料)を「使い」、その結果、客体が「切れる(＝なくなる)」という［他動的過程結果構造］から、《主体の動作》「使い」が「切れる(＝完遂される)」という構造に移行して成立したと考えることができる。

(太郎が燃料を)使い切る　→

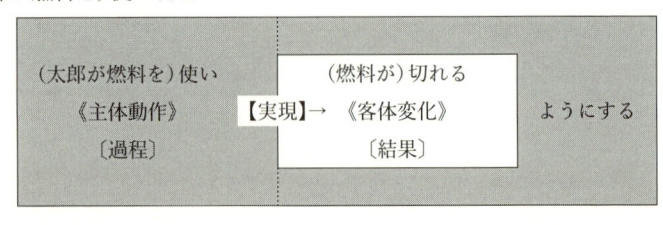

| (太郎が燃料を)使い《主体動作》〔過程〕 | 【実現】→ | (燃料が)切れる《客体変化》〔結果〕 | ようにする |

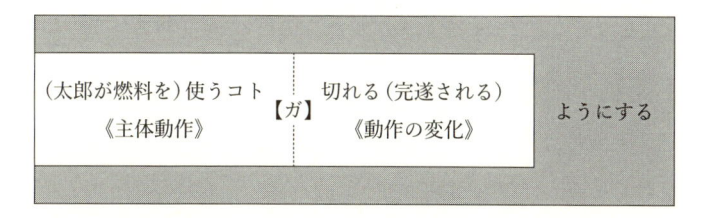

```
┌─────────────────────────────────────────────────────────┐
│ (太郎が燃料を)使うコト      切れる(完遂される)              │
│                    【ガ】                    ようにする │
│    《主体動作》            《動作の変化》                 │
└─────────────────────────────────────────────────────────┘
```

　語彙＝複合的な複合動詞は、主体の運動(この運動自体も全体として《動作》であったり《変化》であったりするが)を、《動作》面と《変化》面とに分析し、それを主体＝主体関係あるいは主体＝客体関係の中に位置づけた、いわばアスペクト・ヴォイス的側面における分析＝統一的表現形式であるといえる。すなわち、前項の《動作》と後項の《変化》とは、ひとまとまりの運動における〔過程〕の局面と〔結果〕の局面として相互に結びつけられているとともに、それぞれが主体あるいは客体と結びついているのである。

```
         主体1  客体   主体2
          └─┬─┘   →   │
          《動作》      《変化》
```
(「あふれ出る」などの場合は、主体1＝主体2かつ客体＝φ、
「押し倒す」などの場合には、客体＝主体2)

　ところが、文法＝派生的な複合動詞の場合には、前項の《動作》と後項の《変化》とは、ひとまとまりの運動における異なる局面としては位置づけられず、また、それぞれが主体あるいは客体と結びつくのでもない。主体あるいは客体と結びつくのは前項だけであり、後項の《変化》はその前項の《動作》と結びつくのである。それは、"前項の《動作》が《変化》する"ということである。

```
         主体1  客体
          └─┬─┘
          《動作》
            ↓
          《変化》
```

　文法＝派生的な複合動詞の語構造は、語彙＝複合的な複合動詞の語構造において、後項の表す《変化》の主体がモノからコトとしての《動作》へ「移行」することにより、成立すると考えられる。そのような「移行」は、前項の《動作》におけ

る、《動作》そのものとその動作関係者としての主体あるいは客体との結びつきが可能にしているといえる。

3.3.2 後項の意味の変容

「書き出す」においても見たように、複合動詞後項と文法接尾辞とでは、その意味が異なっている。それは、複合動詞後項の意味から文法接尾辞の意味への変容ととらえることができるが、どのような変容のタイプがあるのか、どのような複合動詞後項が文法接尾辞になり得るのか、また、なり得ないのか、という点について、明らかにする必要がある。

ところで、両義の複合動詞は、その構造が語彙＝複合的な複合動詞とも文法＝派生的な複合動詞とも考えられるものであるから、それぞれの構造における後項の意味も近接しているのではないかと想像される。その一例として、上でもみた両義の複合動詞「使い切る」について考えてみよう。

「燃料を使い切る」のような場合、後項の表す《変化》「切れる」の主体は、［過程結果構造］と考えれば、前項の《動作》「使い」の客体である「燃料」なのであるが、［文法接尾辞構造］ととらえれば、「使い」という《動作》そのものである。そのとき、［過程結果構造］の場合の「切れる」は「なくなる」という意味、［文法接尾辞構造］の場合の「切れる」は「《動作》が最後まで完全に行われる」という意味であると考えられる。動作と動作関係者という関係にある「使い」と「燃料」において、「燃料」が「なくなる」ということが「使い」という《動作》の「完遂」と不可分であることは当然である。この不可分の関係を、複合動詞後項から文法接尾辞への意味変容の過程として見れば、次のような過程が想定できる。

(燃料が) 切れる＝なくなる
　↓
(「使い」という《動作》が) 切れる＝なくなる
　↓
(「使い」という《動作》が) 切れる＝最後まで完全に行われる

つまり、「モノがなくなる」から「コトが最後まで完全に行われる」への変容である。「切る」を後項とする両義の複合動詞（「売り切る」「買い切る」「出し切る」「出切る」「読み切る」など）には、このような過程を想定することが可能である。複合動詞後項「切る」としては、「掻き切る」「かみ切る」「(指を)食い切る」「叩き切る」などにおける「切断」の意味が本来的なもの（原義）であろう。しかし、これら「切断」の意味をもつ「〜切る」に両義の複合動詞は存在せず、したがって、

上述の意味変容の過程も想定できない。「(食料を)食い切る」の[文法接尾辞構造]は、「切断」の「切る」からではなく、「(食料が)なくなる(＝切れる)」という《客体変化》を表す「切る」(＝「切れる」ようにする)からの変容により成立したと考えられる。

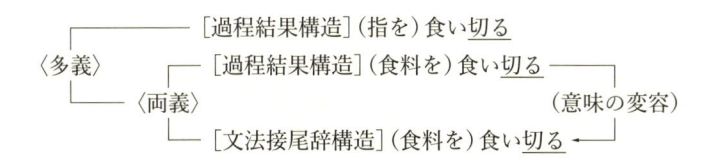

```
              ┌──── [過程結果構造](指を)食い切る
      〈多義〉┤   ┌ [過程結果構造](食料を)食い切る ───┐
              └〈両義〉                                (意味の変容)
                  └ [文法接尾辞構造](食料を)食い切る ←┘
```

これに対して、姫野1999は、「本動詞『切る』の意味で用いられる語彙的複合動詞」の一つに、「続き広がっていく行為や事柄にけりをつけ、打ち切る終結行為」を表す類(「振り切る」「思い切る」「踏み切る」など)を立て、「これらの語は、終結から完遂へ、意識上の連続性の中間に位置するように思える」として、「切断」→「終結」→「完遂」という変容過程を想定している(: 176–177)。「けりをつけ、打ち切る」と「最後まで完全に行う」とは相反する行為であり、これらの間に意味の変容を見ることはできないようにも思えるが、一方で、この解釈は、他動詞「切る」の意味変容として一貫した説明を可能にする利点がある。

こうしたことからも、現段階では、すべての文法接尾辞の意味が、上のような両義の複合動詞における[過程結果構造](の後項としての意味)から成立したと言い切ることはできない。そもそも、両義の複合動詞をつくっていない文法接尾辞の場合には、多義の関係にある複合動詞後項と文法接尾辞の間でその意味の変容過程が想定できるかどうかを検討しなければならないし、もちろん、単独用法における意味も視野に入れる必要がある。文法接尾辞の成立における意味変容過程のパターン化は、今後の課題である[5]。

3.3.3 前項の意味の関与

多義の複合動詞は、同じ造語成分の結びつきが、[過程結果構造]としても[文法接尾辞構造]としても機能すると考えられるものである。しかし、一般的には、複合動詞はどちらか一方の語構造しかもたない。[過程結果構造]における要素の結びつきがより語彙的、制限的であるのに対し、[文法接尾辞構造]の結びつきはより文法的であり、自由である。となれば、逆に、どのような結びつきが[過程結果構造]として成立し得るのかが問題となろう。つまり、文法接尾辞を後項にもつ複合動詞は、そのまま[文法接尾辞構造]をつくることができるが、そのうちのある結びつきだけが[過程結果構造]をもつくり得るのであり、それが多義の複合動

詞だと考えるわけである。いったい、どのような結びつきが［過程結果構造］をもつくることができるのだろうか。

関1977は、複合動詞の後項がどのような場合に「補助動詞的要素」すなわち文法接尾辞として機能するかは、法則的にはとらえられないとしている。

> これら（「ている」「てある」など）の意味は、先行する動詞が違えばそれに応じて変質するというものではない。それは、先行する動詞を、これらは包摂しているためである。さきの補助動詞的要素あるいは補助動詞の意味は、これと対照的に、前項の動詞が代われば、それに応じて変質する。（中略）
> 　(25)　「〜かける」
> 　　　　○読みかける・咲きかける・行きかける・死にかける
> 　　　　△追いかける・問いかける・切りかける・押しかける
> 　　　「〜出す」
> 　　　　○曇り出す・歩き出す・歌い出す・並べ出す・泣き出す
> 　　　　△聞き出す・吐き出す・引き出す・追い出す
> 　右の「〜かける」「〜出す」については、「開始」の意に関するもの（○印のもの）と、それ以外の意のもの（△印のもの）とが入り乱れて存在しており、いかなる動詞（前項）に「かける」や「出す」がつくと「開始」の意になるのか、法則めいたものは見出しがたいように思われる。やはり、個々の複合ごとに生ずる語彙的な事象として把握すべきものであろう。
> 　　　　　　　　　　　　　　　　　　　　　　　　　　　　（関1977: 50–51）

　［過程結果構造］と［文法接尾辞構造］との違いは、単純化していえば、後項の《変化》の主体に、モノ（前接修飾語）が立つか、前項の《動作》が立つかという点にある。同じ《変化》を表す後項でありながら、［過程結果構造］の場合には、なぜその主体にモノが立ち、［文法接尾辞構造］の場合には立てないのか。それは、前項の表す《動作》の語彙的意味の側面にかかわるものと考えられる。つまり、前項の《動作》が後項の表す《変化》を［結果］として【実現】させるような意味内容を有する場合には、《変化》の主体はモノとなって両者の結びつきは［過程結果構造］を形成し、逆に、前項の意味が後項の《変化》を［結果］としてひきおこすことに無縁の場合には、《変化》の主体は《動作》となって両者の結びつきは［文法接尾辞構造］となるのではないか、ということである。

　このような観点から、あらためて関1977における例を見てみるならば、「〜かける」の場合、△印においては、後項の表す《変化》、すなわち「かかる」を［結果］として【実現】する関係に立ち得るような意味内容のものが来ていることがわかる。すなわち、「追う」「問う」「切る」「押す」いずれも相手（対象）に向かって及

ぼされる《動作》を表しているのであり、その「対象に向かう」という側面が、「対象がかかる」という《変化》を〔結果〕として【実現】する「能力」として機能したと考えられるのである。それに対し、○印においては、「読む」「咲く」「行く」「死ぬ」いずれも「かかる」という《変化》を【実現】する語彙的意味を有しているとは考えにくい。これらの動詞は、対象に向かって及ぼされる《動作》を表しているとは考えられないから、対象は後項の《変化》と結びつかない。したがって、これらが「かける」と結びついても、［過程結果構造］をつくりあげることはできないのであろう。

　このような違いは、「～出す」においても明確に認められる。△印において前項となる「聞く」「吐く」「引く」「追う」は、いずれも、その対象が内部から外部へ「出る」というような語彙的意味（姫野 1999 のいう「方向性」）を有していると考えることができよう。「聞く」は、この場合「尋ねる」のような意味であり、相手の口からあることがらがことばとして「出る」ようにする、というような意味であると考えられるし、「吐く」は自らの口からものが「出る」ようにすることである。また、「引く」と「追う」は、方向は逆であるが、対象が移動するのにつながる《動作》を表しているといえよう。ところが、○印の「曇る」「歩く」「歌う」「並べる」「泣く」などの中には、そのような語彙的な意味、すなわち、対象を移動させるような《動作》を見出すことはできない。このような相違が、一方は対象が後項の《変化》と結びつく［過程結果構造］を、もう一方は、対象ではなく、それに向けられた《動作》が後項の《変化》と結びつく［文法接尾辞構造］を形成する一つの条件として作用していると考えられるのである。

　また、前項が同一であっても、前接修飾語によって前項の意味が変われば、それに応じて、［過程結果構造］になったり［文法接尾辞構造］になったりする場合がある。たとえば、「掻き出す」という複合動詞は、「頭を掻き出す」という場合には［文法接尾辞構造］を、「土を掻き出す」という場合には、（［文法接尾辞構造］の可能性もあるが）［過程結果構造］をつくる。これは、前項「掻き」の意味が、「頭を掻く」と「土を掻く」とでは異なり、前者は「掻き」の対象が「出る」という《変化》に結びつかず、後者は結びつくという結果になったものと考えられる。

　以上の検討から、［文法接尾辞構造］も、［過程結果構造］をもとに成立したと考えられる。この構造をもつ文法＝派生的な複合動詞には、［他動的過程結果構造］から派生したと考えられるもの (f)、［自動的過程結果構造］から派生したと考えられるもの (g) とがある（カッコ内は前項の代表例）。

(f) （染め）上げる、（書き）改める、（読み）終える、（契り）置く、（説き）起こす、（舞い）納める、（聞き）落とす、（殴り）返す、（忘れ）掛ける、（鳴き）交わす、（使い）切る、（乗り）こなす、（言い）過ごす、（し）済ます、（逃げ）損なう、（会い）損ねる、（書き）損じる、（苦しみ）出す、（聞き）違える、（汲み）尽くす、（使い）付ける、（断り）続ける、（通い）詰める、（立て）貫く、（抜き）連ねる、（働き）通す、（やり）遂げる、（見）届ける、（洗い）直す、（呼び）習わす、（戦い）抜く、（見）逃す、（塗り）残す、（作り）始める、（聞き）外す、（使い）果たす、（勝ち）放す、（開け）払う、（打ち）まくる、（切り）結ぶ、（書き）漏らす、（話し）やめる、（描き）分ける、…

(g) （知らせ）合う、（煮え）上がる、（遊び）飽きる、（乗り）遅れる、（歌い）終わる、（消え）掛かる、（述べ）来たる、（忘れ）去る、（食べ）過ぎる、（遊び）足りる、（燃え）尽きる、（揺れ）続く、（呼び）慣れる、（食い）はぐれる、（荒れ）果てる、（降り）やむ、（深まり）行く、（言い）淀む、（消し）忘れる、（知れ）渡る、…

これらの文法接尾辞の多くが、［他動的過程結果構造］の後項と同じく主体動作客体変化動詞（有対他動詞）であり、また、［自動的過程結果構造］の後項と同じく（有対自動詞を中心とする）主体変化動詞であることは、重要である。

ただし、［文法接尾辞構造］をもつ文法＝派生的な複合動詞にも、次のように、［過程結果構造］からの派生関係を想定できないもの(h)も存在する。これらの文法接尾辞は、単独の動詞としても同様の機能をもっている（「売り急ぐ」＝「売ることを急ぐ」）から、［過程結果構造］と関係せずに、［文法接尾辞構造］をつくりあげていると考えられる。

(h) （売り）急ぐ、（答え）得る、（付け）怠る、（出し）惜しむ、（決め）兼ねる、（眺め）親しむ、（出し）渋る、（待ち）楽しむ、（伸び）悩む、（押し）間違える、（選び）迷う、…

4.《アスペクト・ヴォイス》モデルと派生的な複合動詞の形成

第1章で検討したように、現代語の既成の（語彙＝複合的な）複合動詞の多くは、造語成分となる動詞のアスペクトおよびヴォイスにかかわるカテゴリカルな語彙的意味にもとづいて、《主体動作》を表す動詞を前項とし、《主体ないし客体の変化》を表す動詞を後項とするくみあわせの上に、複合動詞が全体として表すひとまとまりの運動の、前項がその〔過程〕面を、後項がそれによって【実現】される〔結果〕面を、それぞれ、分担して表す［過程結果構造］をつくりあげていると解釈できる。

本書では、この解釈を「複合動詞形成の《アスペクト・ヴォイス》モデル」と呼んでいる。

　本章では、さらに、この語彙＝複合的な複合動詞の基本的な語構造である［過程結果構造］から、語彙＝派生的な複合動詞、文法＝派生的な複合動詞、それぞれの語構造が派生されると解釈した。すなわち、［語彙接頭辞構造］は、前項の《主体動作》の形式化として、［語彙接尾辞構造］は、後項の《主体変化》の形式化として、［文法接尾辞構造］は、後項の《変化》主体の、前項の《動作》の主体ないし客体から、その《動作》そのものへの移行として、それぞれ、［過程結果構造］から派生的に形成された語構造であると解釈したのである。このことは、複合動詞形成の《アスペクト・ヴォイス》モデルが、語彙＝複合的な複合動詞の形成だけではなく、派生的な複合動詞の形成をも説明できる、基本的な解釈であることを主張するものである。

注

1　ここでいう「文法＝派生的な複合動詞」には、いわゆる「補文構造」をつくる「補助動詞的な後項」をもつ複合動詞を広く含めており、影山太郎1993の「統語的複合動詞」よりもその範囲が広い。本章では、「語彙的／統語的」という分け方よりも、「複合的／派生的」という分け方を優先しているからである。影山は、補文構造をもつということだけでは、その複合動詞を文法的とする根拠にはならないとし、「前項と後項とがD構造においては別々の語としてあること」を統語的な複合動詞の条件としている。なお、三宅知宏2005は、本章でいう文法＝派生的な複合動詞の形成を、現代日本語における文法化現象の一つにあげている。

2　後項「倒す」も、《客体の変化》「倒れる」とともに、それを【実現】する《主体の動作》を表すが、その《動作》の具体的な形態は特定しない。「ようにする」はそのような形式的な《主体動作》をわかりやすくするためのメタ的な表現である。

3　武部良明1953は、補助動詞的要素を、強意的意味を添えるもの（呆れかえる、投げつける）、動作の方向を示すもの（積み込む、逃げ出す）、動作の起り方を示すもの（読み切る、飛びそこなう、思いそめる、乗りつづける）に三分類している。

4　ここであげた［文法接尾辞構造］の特徴は、「語彙（論）的複合動詞」に対する「統語（論）的複合動詞」の特徴として、森山卓郎1988、影山1993でも指摘されている。

5　この問題については、渡辺義夫・陳軍1991に詳しい記述・分析がある。また、斎藤倫明1992は、「返す」を例に、単独用法の意味と複合動詞後項の意味との対応関係を整理し、「返す」の接辞化の過程と接辞性の大小について論じている（第3部第1章）。その中で指摘されている、①「（相手に返事を）返す」のような「行為を表す名詞を目的語としてとる」単独用法から、②「前項で表される動作、行為そのものを相手に返

す」意の「(相手に)言い返す／聞き返す」などを経て、③「相手に」というような方向性が捨象され、同一の行為が繰り返されることを表す「(もう一度)言い返す／聞き返す」などに至るという系列は、文法接尾辞の成立における意味変容過程のパターン化として注目される。このうち、②の段階で、後項の対象が、前項の《動作》の客体から《動作》そのものに移行すると考えれば、本章でいう［過程結果構造］から［文法接尾辞構造］への派生ということになる。「(敵に矢を)射返す」「(相手に悪口を)言い返す」などの例は、そうした可能性を示唆するものと考えられる。

第4章　複合動詞と複合名詞

はじめに

　本章では、「複合動詞形成の《アスペクト・ヴォイス》モデル」の立場から、二つの動詞の結びつき（動詞＋動詞）が、複合動詞として成立している場合と、複合名詞として成立している場合（「立ち読み」「走り書き」など）との違いを、両者の語構造の違いとしてより一般的に説明し、二つの動詞の結びつきが複合動詞として成立するための必要条件として、複合動詞の基本的な語構造である［過程結果構造］のもつ「実現性」と「時間性」という特徴を提示する。この作業を通して、既成の複合動詞の形成を《アスペクト・ヴォイス》モデルとして解釈することの妥当性を確認することができる。

1. 問題のありか

　動詞が主としてものの「運動」（動作・作用的な属性）を叙述するものとすれば、そこから派生した名詞形（転成名詞）は、その運動にもとづいた様々な意味を表している。それは単純語のみならず複合語においても同様であり、構成要素がともに動詞を素材（造語成分）としている、いわゆる「動詞＋動詞」型の複合動詞から派生した名詞形にも、もとになった複合動詞の表す運動を「ことがら」として表したり（追い越し、飛び込み、…）、その運動の結果としての「もの」（切り抜き、積み残し、…）や「ありさま」（落ち着き、仕上がり、…）を表したり、さらにはその運動に関係する「もの」としての「主体」（付き添い、見習い、…）、「道具」（切り出し、突っ掛け、…）、「場所」（受け付け、突き当たり、…）、「時」（締め切り、…）などを表したりするものを見出すことができる。

　一方、このような「運動」にもとづく様々な意味は、「複合」という語形成様式によって成立した名詞、すなわち複合名詞によっても表されるものである。「動詞＋動詞」型の複合名詞はそのうちの一つのタイプであるが、転成名詞と同様、運動

にもとづいた「ことがら」（立ち読み、走り書き、…）や「ありさま」（売れ行き、離れ離れ、…）、「もの」（飛び入り、書き置き、…）などを表している。

　ところで、このような複合名詞は、連用形転成名詞（いわゆる居体言）どうしが結合したものではない。それは、まず、二つの動詞が結合して、全体としてひとまとまりの「運動」をつくりあげ、次いで、その「運動」が上に述べた名詞としての意味（「ことがら」「もの」「ありさま」など）に転化したものと考えることができる。すなわち、複合名詞においても、転成名詞のもとになった複合動詞に相当する「運動」を仮定することができるわけである。しかし、実際には、そのような「運動」を表す動詞形は、サ変動詞として存在する場合はあっても、「立ち読む」「走り書く」などの複合動詞としては存在していない。転成名詞と複合名詞とは、それらの表す名詞としての意味が「運動」にもとづいている点において共通しているのであり、その違いは、そのもとになった「運動」を表す複合動詞が存在するか否かという点にあるといえる。

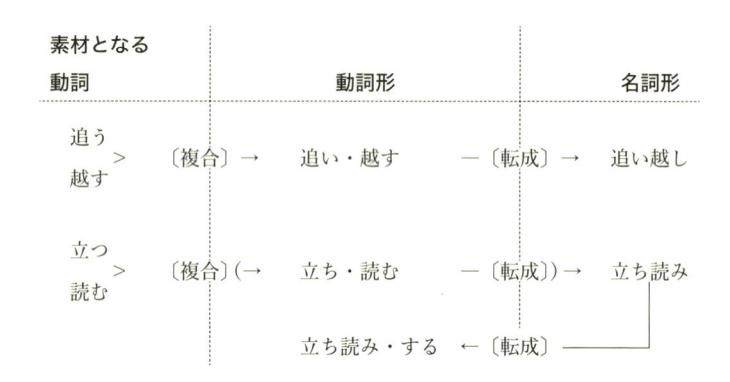

素材となる動詞		動詞形		名詞形
追う ＞ 越す	〔複合〕→	追い・越す	－〔転成〕→	追い越し
立つ ＞ 読む	〔複合〕（→	立ち・読む	－〔転成〕）→	立ち読み
		立ち読み・する	←〔転成〕	

　では、「立ち読む」「走り書く」など、本来成立可能であるはずの複合動詞が存在しないのはなぜか。これは、すでに長嶋善郎 1976 によって提起されている問題である。

　　冒頭に、「暮れ残る」という複合動詞を用いた芥川の「辞世」の句を挙げた。この複合動詞からは、「暮れ残り」という名詞形を作ることはできない。同様に、「焼け残る」にも「焼け残り」という名詞形はない。しかし、同じ「残る」を後項動詞とする複合動詞、たとえば「居残る」「売れ残る」「勝ち残る」「生き残る」等からは、それぞれ、「居残り」「売れ残り」、「勝ち残り」「生き残り」等の名詞形を作ることができる。（中略）また、反対に、名詞形はあってもそれに対応する動詞形がないものもある。たとえば、「立ち食い」とは言うが、「立

ち食う」とは言わない。また、「立ち読み」はあるが、「立ち読む」という形はない。

　これらの例において、我々は直観的に言うか言わないかの判断ができる。そこには何らかの規則が働いているのであろうが、今の所わからない。

(長嶋 1976: 102–103)

　ここで、「暮れ残る」以下に指摘された問題は、複合動詞の「転成」の問題であり、単純動詞の名詞化の問題と同様に扱うことができる。一方、「立ち食う」「立ち読む」の問題は、「立ち食い」「立ち読み」から動詞形が派生されないという問題ではなくて（これらは対応するサ変動詞をもっている）、このような動詞のくみあわせが複合動詞として成立し得ないのはなぜかという問題である。それはまた、現実に複合動詞として成立しているのはどのようなくみあわせであるのか、を検討することにつながる問題でもある。本章の目的は、以上のような複合動詞の成立にかかわる問題について、一般的な側面を見出すことにある。

2. 考察の方法と対象

　本来成立可能であるはずの単語がなぜ存在しないのか、逆に、現に存在している単語はいかなる理由によって語彙体系の中にその位置を占めているのか、という問題を検討するには、一般的に、その単語をとりまく語彙の体系や構文的な条件、さらには、歴史的、言語外的な事情といった側面をも考えなければならない。しかし、複合語の場合には、その構成要素がとりむすぶ関係、すなわち複合語の内部構造にも目を向ける必要がある。ここで扱おうとする問題に即していうならば、ある「動詞＋動詞」(以下「V + V」)のくみあわせが複合動詞として成立しうるか否かを、その語構造からも検討する必要があるということである。もちろん、最終的には、語彙体系などの全般的な視野からの検討が欠かせないわけであるが、ここでは、その第一歩として、複合動詞の語構造が、その成立にどのようにかかわっているのかを考えてみる。具体的には、実際に複合動詞として成立している「V + V」と、複合名詞として成立している、すなわち(現在のところ)複合動詞として成立していない「V + V」とを整理し、その上で両者の間にどのような語構造上の相違があるのかを検討し、何らかの相違があるとすれば、それが複合動詞の成立にどのようにかかわっているのかを考える。

　考察の対象となるのは、「V + V」型の複合動詞と複合名詞であるが、以下、本文中においては、それぞれを、CV (Compound Verb)、CN (Compound Noun) と略記する。このうち、CN については、CV からの転成名詞との区別が問題となる。

そこで、現代語の辞書3種(『学研国語大辞典』『岩波国語辞典　第二版』『新明解国語辞典　第三版』)から機械的に「V + V」型の名詞をとりだし、それがこの辞書3種の範囲内で対応する動詞形をもっていれば転成名詞とし、もっていなければCNとすることにした。なお、造語成分がすでに名詞になっていると思われるもの(痛み止め、染み抜き、別れ話、…)や接辞化していると考えられるもの(書き振り、食い掛け、隠し立て、借りっ放し、…)は除き、また現代語としてすでにその語構造が分析できなくなっていると考えられるもの(掻い巻き、踏み継ぎ、…)も対象から除外した。その結果、CNとして461語(転成名詞としては816語)を得ることができた。このような方法は、CNの抽出の仕方として完全ではない(辞書が対応するCVを載せていなければCNと認定されてしまう)が、CVとCNとの相違を概略的に把握することはできるものと思われる。一方、CVについては、第1章と同様に、CNと同じ辞書3種と『国立国語研究所資料集7　動詞・形容詞問題語用例集』とからとった2,494語を対象とすることにした。

　以上のようにしてとりだしたCVとCNの間に、CV、すなわち複合動詞の成立にかかわるような語構成上の相違があるのかどうかを追求するわけである。そのためには様々な観点からの語構造の検討が可能であろうが、本章では、「複合動詞形成の《アスペクト・ヴォイス》モデル」にもとづく［過程結果構造］という観点から、両者の相違を見出していく。

3.　CVの語構造

　ここで、「複合動詞形成の《アスペクト・ヴォイス》モデル」にもとづく［過程結果構造］について、CNと比較する上で必要な程度に、あらためて確認しておこう。

　CVの構成要素となる動詞(造語成分)に注目すると、前項となる動詞(前項動詞)には「言う」「押す」「吹く」などの《主体の動作》を表す動詞が多く、後項となる動詞(後項動詞)には「合う」「上がる」「立つ」「付く」などの《主体の変化》を表す動詞や「上げる」「返す」「替える」「出す」などの《客体の変化》をもたらす《主体の動作》を表す動詞が多い、という傾向が顕著に見られる(《動作》《変化》とは、動詞のアスペクトにかかわるカテゴリカルな意味として、奥田靖雄1977・78によって示されたものである)。このことから、CVは、《主体の動作》を表すことのできる動詞と、《主体あるい客体の変化》を表すことのできる動詞とのくみあわせの上に、その語構造をつくりあげることが基本であると考えられる。

　たとえば、「(aがbを)押し倒す」というCVにおいては、前項「押し」が主体aの客体bに対する《動作》を表し、後項「倒す」が、「押し」という《動作》によっ

て客体bにもたらされる「倒れる」という《変化》を表している。このとき、前項の《主体動作》はひとまとまりの運動の〔過程〕面を、後項の《客体変化》は同じくその〔結果〕面を表して、全体として、［過程結果構造］という語構造をつくりあげているといえる。

この「押し倒す」や「叩き出す」「突き通す」「抜き出す」「呼び集める」…などは、前項の《主体動作》が後項の《客体変化》をもたらす［他動的過程結果構造］、「駆け寄る」「這い出る」「降り積もる」「あふれ出る」…などは、前項の《主体動作》が後項の《同一主体の変化》に結びつく［自動的過程結果構造］、「振りかざす」「引き受ける」「請け負う」「持ち上げる」…などは、前項の（客体に向けられた）《主体動作》が後項の（客体のではなく）《同一主体の変化》に結びつく［再帰的過程結果構造］を、それぞれ、成している。しかし、いずれも［過程結果構造］という語構造をつくりあげていることに変わりはない。

もちろんCVのすべてがこのような構造をつくりあげているわけではなく、他にも、「言い争う」「買い叩く」「泣き叫ぶ」などのように異なる《動作》の同時的なくみあわせによって主体のひとまとまりの《動作》を表していると考えられるもの、「似通う」「曲がりくねる」のように主体の一つの状態を異なる状態を表す要素のくみあわせとして表しているもの、「乗り入れる」「持ち歩く」「持ち帰る」のように主体のある《状態》（前項）の下での主体あるいは客体の《動作》や《変化》（後項）を表しているもの、などがある。

しかし、現代語の（既成の）CVの多くは、ひとまとまりの運動を《動作》面と《変化》面とに分析し、それらを主体＝客体あるいは主体＝主体関係の中に位置づけながら〔過程〕→〔結果〕という関係で再統一する、分析＝統一的表現形式であることを基本としていると考えられるのである。本書では、既成の複合動詞の形成に対するこうした解釈を、「《アスペクト・ヴォイス》モデル」と呼んでいる。

4. CNの語構造

4.1 造語成分となる動詞の分布

CVの語構造を以上のような《アスペクト・ヴォイス》モデルとして見ることを可能にしたのは、造語成分となる動詞の、CVにおける前項、後項への分布の傾向を手掛かりにしたことであった。したがって、CNの語構造を分析するにあたっても、まず、この造語成分となる動詞の分布という観点から見ることにする。

いま、①〜⑥は、動詞をそのアスペクトおよびヴォイスにかかわる語彙的意味のカテゴリカルな側面から分類したものである。①は「状態動詞」、②は「主体動作（自）動詞」、③は「主体動作（他）動詞」、④は「主体動作客体変化動詞」、⑤は「主

体変化動詞」、⑥は「再帰動詞」である。

「〜ている」という形をとらないか、とっても「状態」しか表せない	《主体の状態》を表す	「有る」「居る」…	自	①
「〜ている」という形で「動作の継続」を表す	《主体の動作》を表す	「歩く」「踊る」…	自	②
		「言う」「書く」…	他	③
	《主体の動作》と同時に《客体の変化》をも表す	「上げる」「集める」…	他	④
「〜ている」という形で「変化の結果の継続」を表す	《主体の変化》を表す	「固まる」「崩れる」…	自	⑤
	《主体の変化》が伴う《主体の動作》を表す	「着る」「かぶる」…	他（再帰）	⑥

　これらが、それぞれ、CV において前項と後項のどちらになっているかを見たのが表 1a である。なお、両項動詞とは前項、後項どちらにもなりうる動詞をいう。また、CN について同様の観点から調べたものが表 1b である（表 1b においては、①〜⑥において 2 つ以上に重複して分類される 7 語を除いている）。CV の場合は、特に、《主体の動作》を表す②、③が前項動詞に、《主体ないし客体の変化》を表しうる④、⑤が後項動詞になる傾向が見られるのに対して、CN の場合には、③は前項動詞に多く見られるものの、それ以外の動詞については偏った分布を見ることができない。

表1a　CVの造語成分の結合位置

	前項動詞	両項動詞	後項動詞	計
①状態動詞	2	0	0	2
②主体動作(自)動詞	55	8	21	84
③主体動作(他)動詞	147	51	44	242
④主体動作客体変化動詞	29	49	109	187
⑤主体変化動詞	66	92	88	246
⑥再帰動詞	19	12	10	41
計	318	212	272	802

表1b　CNの造語成分の結合位置

	前項動詞	両項動詞	後項動詞	計
①状態動詞	1	1	0	2
②主体動作(自)動詞	11	4	9	24
③主体動作(他)動詞	51	24	23	98
④主体動作客体変化動詞	22	30	30	82
⑤主体変化動詞	40	25	42	107
⑥再帰動詞	9	6	3	18
計	134	90	107	331

　このような違いは、これらがそれぞれどのようなくみあわせのもとにCVおよびCNを構成しているかを見ることによって、より明らかなものとなる。表2aはCVについて、また表2bはCNについて、縦に前項をとり、横に後項をとって、そのくみあわせを見たものである（表2bにおいては、2つ以上のくみあわせに重複して分類される6語を除いている）。CVにおいては、②、③は前項として、④、⑤は後項としてCVの構成に参加する場合の多いことを明確に示しているが、CNにおいてはそうした傾向をまったくみることができない。

表 2a　CV における造語成分のくみあわせ

前項　＼　後項	①	②	③	④	⑤	⑥	計
①状態動詞	0	0	0	3	16	1	20
②主体動作(自)動詞	0	14	1	42	139	0	196
③主体動作(他)動詞	0	18	122	818	258	35	1251
④主体動作客体変化動詞	0	2	43	263	177	11	396
⑤主体変化動詞	0	14	16	72	366	3	471
⑥再帰動詞	0	0	7	97	41	15	160
計	0	48	189	1295	897	65	2494

表 2b　CN における造語成分のくみあわせ

前項　＼　後項	①	②	③	④	⑤	⑥	計
①状態動詞	0	1	1	2	2	0	6
②主体動作(自)動詞	0	6	6	1	12	0	25
③主体動作(他)動詞	0	2	44	60	24	6	136
④主体動作客体変化動詞	0	0	41	72	10	4	127
⑤主体変化動詞	1	7	29	22	64	4	127
⑥再帰動詞	0	3	11	8	10	2	34
計	1	19	132	165	122	16	455

　さらに、表 3a は、CV の造語成分となる動詞を、表 3b は、CN の造語成分となる動詞を、ともに、前項、両項、後項動詞それぞれにおける結合数上位 10 位まで示したものである（いずれも、（　）内は結合数。両項動詞の場合は、左の数字が前項となる場合の、右の数字が後項となる場合の、結合数）。CV において、前項にのみなっていた、あるいはなることが圧倒的に多かった「書く」「食う」「打つ」など《主体の動作》を表しうる動詞が、CN においては、後項としても用いられていることがわかる。逆に、CV においては後項になることの多かった「掛ける」「出る」「立つ」など、《主体あるいは客体の変化》を表しうる動詞が、CN においては前項にもなっている。

第4章 複合動詞と複合名詞 97

表3a CVにおける結合数上位の造語成分

前項動詞		両項動詞		後項動詞	
①言う	(73)	①取る	(84–36)	①込む	(3–150)	①上げる	(84)

前項動詞		両項動詞		後項動詞	
①言う	(73)	①取る	(84–36)	①込む	(3–150)
②押す	(48)	②見る	(79– 5)	②出す	(6– 94)
③書く	(43)	③引く(他)	(71– 2)	③付ける	(12– 85)
④突く	(42)	④打つ	(65– 4)	④付く	(5– 47)
⑤思う	(37)	⑤切る	(38–43)	⑤上がる	(1– 46)
⑥する	(29)	⑥立つ	(37–29)	⑥立てる	(11– 44)
⑦食う	(26)	⑦聞く	(35– 2)	⑦合わせる	(1– 43)
⑧踏む	(25)	⑧掻く	(33– 1)	⑦切る	(38– 43)
⑨吹く(他)	(21)	⑨振る	(29– 2)	⑨掛ける	(9– 38)
⑩追う	(20)	⑩乗る	(26– 1)	⑩取る	(84– 36)
⑩買う	(20)				
⑩指す	(20)				

後項動詞:
①上げる (84)
②合う (67)
③返す (38)
④替える (34)
⑤直す (24)
⑥回す (23)
⑦分ける (19)
⑧倒す (18)
⑨殺す (17)
⑩散らす (16)
⑩通す (16)

表3b CNにおける結合数上位の造語成分

前項動詞		両項動詞		両項動詞		後項動詞	
①浮く	(5)	①掛ける	(13– 6)	①売る	(5–18)	①死ぬ	(13)
①受ける	(5)	②出る	(12– 1)	②書く	(2–16)	②笑う	(7)
③生きる	(4)	②立つ	(12– 2)	③打つ	(1–11)	③合せる	(6)
③思う	(4)	②切る	(12– 9)	④食う	(6–10)	③逃げる	(6)
③勝つ	(4)	⑤引く	(11– 4)	⑤切る	(12– 9)	⑤織る	(5)
③盗む	(4)	⑥煮る	(10– 1)	⑥縫う	(1– 7)	⑤倒れる	(5)
③吹く	(4)	⑦寝る	(9– 7)	⑥寝る	(9– 7)	⑦染める	(4)
③もらう	(4)	⑧見る	(7– 3)	⑧取る	(2– 6)	⑦干す	(4)
⑨追う	(3)	⑧抜く	(7– 4)	⑧掛ける	(13– 6)	⑨明ける	(3)
⑨忍ぶ	(3)	⑩食う	(6–10)	⑩上げる	(3– 5)	⑨歩く	(3)

　以上のように、CNにおいては、CVに見られた、《主体の動作》を表しうる動詞は前項に、《主体あるいは客体の変化》を表しうる動詞は後項になるという傾向を見出すことはできない。では、CNは、具体的にはどのような語構造をつくりあげているのであろうか。

4.2 ［過程結果構造］のCN

　CVに比べてその比重をかなり下げているとはいえ、CNにおいても［過程結果構造］という語構造をつくりあげているものが存在する。それらは大きく二つのタイプに分けることができる。一つは、「あぶり出し」「押し入れ」「引き落とし」「切り欠き」「張り混ぜ」「吹き溜まり」「落ちこぼれ」「飛び入り」「飢え死に」…のように、前項が《主体の動作》を表し、後項がそれによって実現される結果としての《主体あるいは客体の変化》を表すという構造をもっているものである。ただ、これらのうちのいくつかは、CNであるよりも転成名詞である可能性が高いようである。それらは、対応するCVがたまたま資料とした辞書類に収載されていなかったため、CNとして処理された可能性が高いと考えられるから、このようなCVと同じ構造をもつCNの比率は実際にはさらに低下するものと考えられる。

　いま一つは、「隠し縫い」「崩し書き」「添え書き」「透かし織り」「ぼかし染め」「寄せ植え」…のようなタイプである。これらは、第一のタイプおよび［過程結果構造］をつくりあげているCVとは逆に、後項が《主体の客体に対する動作》を表し、前項がそれによって実現される結果としての《客体の変化》を表すという構造をもっているものである。

　たとえば、「崩し書き」は「（字・字体などが）崩れるように書くこと（書いたもの）」であり、「添え書き」は「（字句・ことばなどが）添うように書くこと（書いたもの）」である。すなわち、「崩れる」「添う」という《客体の変化》は、「書き」という《主体の動作》によって実現される［結果］なのである。これを図示すれば、次のようになる（「ようにする」は、前項「崩し」の形式的な《主体動作》をメタ的に表現したものである）。

崩し書き　→

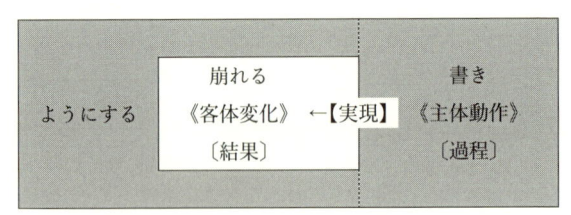

| ようにする | 崩れる《客体変化》〔結果〕 | ←【実現】 | 書き《主体動作》〔過程〕 |

　一方、この「崩し書き」「添え書き」に対しては、その構成要素の結合順序が逆になっている「書き崩す」「書き添える」というCVが存在する。それは、たとえば、次のように図示することができる。

書き崩す　→

| 書き《主体動作》〔過程〕 | 崩れる【実現】→《客体変化》〔結果〕 | ようにする |

　［過程結果構造］という語構造をもちながら CV として成立しえないこれら CN の存在は、CV の成立条件を考える上で重要な意味をもってくるであろう。特に、構成要素の結合順序が CV と逆になっている後者のタイプ、とりわけ「崩し書き」―「書き崩す」などの対は示唆的である。

4.3　［非・過程結果構造］の CN

　表 2b からもわかるように、CN においては、CV の場合に中心的な位置を占めていた③×④、④×④、③×⑤、⑤×⑤といったタイプの占める割合が相対的に低下し、その分、CV においては周辺的であるとみられた③×③、④×③、⑤×③の占める割合が高まっている。これら③を後項にもつタイプは、後項が《主体の動作》のみを表す主体動作動詞であるから、［過程結果構造］という語構造をつくりあげにくく、逆にいえば、意味的には多様な語構造をつくりあげていることが予想される。また、③×④、④×④、③×⑤、⑤×⑤などのタイプにおいても、CV と異なった語構造をつくりあげているものがあるようである。以下では、そのような CN の語構造のありさまを、特に CV との対比上特徴的なものについて、概略的にまとめてみる。

　ここに属する CN は、構成要素間の意味関係という点から見れば、大きく、前項が後項を意味的に限定しているタイプと、前項と後項とが並立関係にあるタイプとに分けることができる。前者は、さらに、次に示すようないくつかのタイプに下位区分される。

　A　前項が、後項のうごきの主体の「状態」を表す
　B　前項が、後項のうごきの「様態」を表す
　C　前項が、後項のうごきの「目的」を表す
　D　前項が、後項のうごきの「原因」を表す
　E　前項が、後項に先行する「うごき」を表す
　F　前項が、後項のうごきの客体の「うごき」や「状態」を表す

Aは、長嶋1976においても取り上げられた「立ち食い」「立ち読み」の類(その他、「寝撃ち」「出稼ぎ」「添い寝」…など)であり、⑤×③、⑤×⑤、などのタイプに多く見られる。これらは、造語成分となる動詞のくみあわせとしては、前項に《主体の変化》を表す動詞の来るタイプであるが、CNの構造としては、前項が《主体の変化》を表しているとは言えない。それは、これらが「立った状態で…を食うこと」「寝た状態で…を撃つこと」のように解釈できることから、《主体の状態》を表しているのであり、後項はそのような状態の下で行われる同一主体の《動作》や《変化》を表していると考えることができる。先に見た「崩し書き」などの類も、同じように《変化》を表す動詞が前項に位置するくみあわせであったが、この「立ち食い」などの類においては、前項が後項の《動作》によって【実現】される〔結果〕としての《変化》を表してはいない。主体は「立っ」ている状態において客体を「食う」のであり、客体を「食う」ことによって主体あるいは客体がすわった状態から「立っ」た状態へと《変化》するのではないからである。

　Bは、②×②、③×③、③×④、④×④など、前項、後項ともに《主体の動作》を表すことのできる動詞のくみあわせを中心に見られるタイプである。これらにおいて、前項と後項とはひとまとまりの「運動」の異なる形態面を表していると考えられるが、その「運動」を代表する形態面は後項によって表されているのであり、前項は後項の表す形態のさらに一側面を限定して表す関係にあるといえる。ここに属する語例としては「しゃくり泣き」「追い打ち」「吸い飲み」「弾き語り」「のぞき見」「つかみ洗い」…などのように前項、後項がともに具体的な《動作》を表しているものと、「走り書き」「走り読み」「殴り書き」「盗み聞き」…のように前項が後項の《動作》の様態を比喩的に表しているものとがある。

　またBには、「騙し打ち」「焼き打ち」「寝押し」「触れ売り」…など、「～することによって～する」と言い換えることができるものも見られる。これらは、前項の表す《動作》が後項の《動作》の「手段」としての側面を表していると考えられるが、語例もさほど多くなく、また様態との区別も明確ではないことから、ここではBに含めておく。

　C、DはA、Bに比べて語例も少なく、CNにおいては周辺的なタイプであると考えられる。Cは「食い置き」「覚え書き」「試し切り」…などに見られるタイプであり、「～するために～する」と言い換えることができるものである。同様にDは、「聞き怖じ」「酔い泣き」「移り替え」「痛み分け」…などに見られるタイプであり、「～したために～する」と言い換えることができるものである。これらは、前項と後項とがひとまとまりの「運動」を構成するものとして結びついているA、Bと違って、前項が目的、原因といった、後項のうごきの「背景」にあるものを表しているところに特徴がある。なお、Dは、前項と後項とが「原因→結果」の関係に

あり、CVの［過程結果構造］の関係に近いと考えられる。しかし、CVの前項と後項とが、あくまでひとまとまりの運動の異なる側面として結びついているのに対し、Dの前項と後項とは、連続的ではありながらも、それぞれが別個の運動として成立した上で結びついている点に違いがある。

　EもDと同様に、前項のうごきと後項のうごきとがその生起する順序において結びついているもので、「洗い張り」「買い食い」「書き置き」「勝ち逃げ」「出戻り」「解き洗い」「轢き逃げ」…などがある。しかし、これらは、「〜してから〜する」と言い換えられるように、主体が前項のうごきを行った後に後項のうごきを行うという関係にあるのみで（その点で、並立関係と考えてもよいと思われる語例もある）、前項が後項の原因になっているとは考えにくい。また、CVのように［過程結果構造］をつくりあげてもいない。CVも、表面的に見れば、前項と後項とは主体の連続するうごきを表しているのであるが、その連続性はあくまでひとまとまりの「運動」における連続性であり、また、それと同時に、そのような連続的なうごきに伴って行われる主体あるいは客体の《変化》の実現が表されているのであり、それは、単に独立するうごきをつらねただけのCNとは本質的に異なっていると言わなければならない。逆に言えば、そのようなEの存在は、すでに述べた「崩し書き」などのタイプと同様、CVの成立条件を考える上で示唆的である。

　Fは、前項、後項がともに同一の主体をとるA〜Eと異なり、前項が後項の表す客体の《動作》や《状態》（「踊り食い」「忍び返し」…）などを表すタイプである。すなわち、「踊っているものを食うこと」「生きているものを埋めること」のように考えられるものである。CVにおいては、このような前項と後項とが異なる主体をとるというタイプを見ることはできない。それは、たとえ後項が《客体の変化》を表すタイプにしても、直接的には、前項と後項とはあくまで同一主体のうごきを表しているのである。

　一方、前項と後項とが並立関係にあるCNは、「照り降り」「好き嫌い」「送り迎え」「売り買い」「積み降ろし」「上げ下げ」「出し入れ」「生き死に」…などのように前項と後項とが対立する《動作》や《変化》を表しているタイプ、「飲み食い」「読み書き」「煮炊き」「当たり障り」…などのように関連のある《動作》や《変化》を並べたタイプ、「這い這い」「切れ切れ」「千切れ千切れ」「散り散り」…などのように《動作》の反復や《変化》の広がり・断続を表しているタイプに分けることができる。このような並立関係にある「V＋V」は、CNにおいては多数みとめられるが、CVにおいては周辺的な位置を占めているにすぎない。

5. CVとCNの語構造の相違

　以上、CVおよびCNの語構造を概観した。CNについては、先にあげたタイプにおさまらないものも多数あり、なお類型化の必要があるが、一応、両者の間にある程度の傾向差を見出すことができたように思われる。

　そのような傾向差の第一は、両者がつくりあげているいくつかの語構造タイプにおける［過程結果構造］の占める位置である。CVにおいては、前項の素材として《主体の動作》を表すことのできる動詞、後項の素材として《主体あるいは客体の変化》を表すことのできる動詞をくみあわせ、［過程結果構造］という語構造をつくりあげているものが多数を占めているが、CNにおいては、それは他のタイプを圧するほどの勢力をもってはいない。逆に、CNは、素材となる動詞の多様なくみあわせの下に、CVにおいては周辺的であった、あるいはCVには見られなかった、［過程結果構造］以外の語構造をつくりあげているタイプを発達させているといえる。

　しかし、CNにも［過程結果構造］をもつものが存在する。それらは、CVと同様の構造をもつものと、構成要素の結合順序がCVとは逆になっているものとの、二つのタイプに分けることができる。前者のなかには転成名詞であるものも含まれていると考えられるが、それでもCVと同じ構造をもつCNが存在することは間違いないのであって、これらがなぜCVとして成立しえないのかについては、さらに別の観点から考えなければならないであろう。一方、後者のタイプは、CVとは逆に、後項が《主体の動作》を表し、前項がそれによって実現される結果としての《客体の変化》を表しているものである。なかでも、「崩し書き」などのCNは、その構成要素の結合順序が逆になっている「書き崩す」などというCVをもっている注目すべき例である。

　動詞として「運動」を表すCV、および名詞としての意味のもとになる「運動」を仮定することができるCNにおいて、構成要素は、一つの「運動」の異なる側面をきりとって表していると考えられる。「書き崩す」も「崩し書き」も、そのきりとり方においては同じである。すなわち、「書き（書く）」が〔過程〕としての《主体の動作》を表し、「崩し（崩す）」が「崩れる」という〔結果〕としての《客体の変化》を表しているのである。しかし、両者は構成要素の結びつき方において異なっている。「書き崩す」の場合には、「書き」が「崩す」に前接しており、それは、〔過程〕は〔結果〕に先行するという現実の「運動のあり方（時間的展開の相）」に平行しているものということができる。一方、「崩し書き」の場合には、そのような現実のあり方とは別に、〔過程〕を表す要素（「書き」）が〔結果〕を表す要素（「崩し」）に後接しているのである。それは、「崩し書き」が名詞として「書くこと」あ

るいは「書いたもの」の一種を表しており、そのような名詞としての意味のもととなる「うごき」もまた、「書き」という《主体動作》を中心としたもの（（字・字体などが）崩れるように書く）になっているからだと考えられる。すなわち、「書き崩す」も「崩し書き」も、現実の「運動」としては同様のものを表していると考えられるのであるが、前者は、《主体動作》を表す要素と《客体変化》を表す要素とを時間的な前後関係に沿って結びつけることによって、その「運動」をまるごと表すのに対し、後者はその「運動」の一側面である《主体動作》にのみ注目し、そのような《主体動作》を意味的に特徴づけるものとして《客体変化》を表す要素を前接させている、と考えられるのである[1]。

　以上から、CVとCNとの語構造にみられる傾向差として、前項と後項とが時間的な前後関係に沿って結びついているか否かという点をも、指摘しなければならないであろう。「崩し書き」などのCNは、［過程結果構造］をつくりあげながらも、構成要素が時間的な前後関係において結びついていないタイプであり、4.3節で検討した［非・過程結果構造］をつくりあげているCNの多くは、そもそも、前項と後項とが時間的な関係において結びつき得ないタイプである。ただ、「洗い張り」「食い逃げ」のようなCN（E）においては、前項と後項とが時間的な関係において結びついているといえる。しかし、これらもCVとして成立してはいない。それは、これらが、構成要素は時間的な関係の下に結合してはいても、一方で［過程結果構造］をつくりあげていないことによるものと考えられるのである。

6. 語構造からみた複合動詞の成立条件

　以上のように、CVとして成立している「V＋V」の多くは、［過程結果構造］という語構造をつくりあげ、かつ、前項と後項とが現実の運動における時間的展開の相を反映した関係において結びついていると考えられる。仮に、前者を「実現性」、後者を「時間性」ということにすると、CNとして成立している（CVとして成立していない）「V＋V」は、この二つの特徴のどちらか、あるいは両方を欠いていることが多いと考えられる。そして、このような違いは、CVがひとまとまりの「運動」をまるごと表すものであるのに対し、CNは、そのようなひとまとまりの「運動」の一側面である、「動作形態」あるいは「変化内容」にのみ注目したものである、という違いにもとづくものと考えられるのである。

　ところで、「V＋V」がこの二つを獲得するためには、原則として、前項の素材に《主体の動作》を表すことのできる動詞をもち、後項の素材には《主体あるいは客体の変化》を表す動詞をもつことが必要になる。それは長嶋1976、奥田1977・78において指摘されているように、造語成分となる動詞の次のような性格にもと

づいていると考えられる。すなわち、《主体の動作》を表しうる動詞の多くは、「運動」の形態面を表してはいるものの、それがひきおこす《変化》すなわち「運動」の内容面については語らない。一方、《主体あるいは客体の変化》を表しうる動詞の多くは、「運動」の内容面は表していても、それに至るまでの形態面は表していない。CV の語構造における「実現性」および「時間性」は、このような「運動」の異なる側面をきりとって表している動詞が、相補う形で結びつくことによってつくりあげられているのである。

　それはすなわち、CV の成立において、動詞の《動作》《変化》というカテゴリカルな側面が、前項と後項とを結びつける「連結器」(奥田 1974 による。奥田は、単語の語彙的意味のカテゴリカルな側面(カテゴリカルな意味)の機能として、単語の結合能力、すなわちある単語が他の単語とどのように結びつくかにかかわる文法的な能力をあげているが、そのような能力のある部分は語形成にもかかわっていると考えられる)としてはたらいているということであろう。CV の多くは、造語成分となる動詞がこのような《動作》《変化》という連結器によって結合し、それぞれの語彙的意味の中心部分が結びついて成立すると考えられるのである。

　したがって、造語成分のくみあわせというレベルでいうならば、CV としての成立条件は、まず、前項としては《主体の動作》を表すことのできる動詞、後項としては《主体あるいは客体の変化》を表すことのできる動詞のくみあわせである必要がある、ということである。先に、本来成立可能であるはずの複合動詞形が存在しないのはなぜか、ということを述べたが、そのような例として上げられた「V + V」、すなわち CN として成立している「V + V」の多くはこのようなくみあわせではないと考えられる。長嶋 1976 が例とした「立ち食う」「立ち読む」などは、造語成分のくみあわせという点に限るならば、まさに逆のくみあわせである。CV として成立している「V + V」の多くは、以上のような造語成分のくみあわせの条件を満足し、その上、構成要素の語彙的な結びつきが、［過程結果構造］としての「実現性」および「時間性」をつくりあげていると考えられるのである。このような解釈は、複合動詞形成の《アスペクト・ヴォイス》モデルの妥当性を示すものである。

　ただし、「動詞＋動詞」型の CV の成立には、このほかにも、様々な要因がかかわっているものと予想される。本章で提示した、CV の［過程結果構造］という語構造における「実現性」、「時間性」という側面も、「V + V」が CV として成立するための必要条件の一つにすぎないと考えられるのであって、決して十分条件ではない。また、それらを必要条件の一つと認めるにしても、なぜそうでなければならないのか、という検討が必要になるであろう。今後、CV の成立にかかわる条件を

全体的にとらえるためには、先にも述べたように、全般的な視野からの追求がなされねばならない[2]。特に、語彙体系における他の単語（たとえば漢語の動詞や名詞）とのはりあい関係が及ぼす影響[3]や、文や連語の中においてCVやCN（の構成要素）が他の成分ととりむすぶ関係が及ぼすとみられる影響などについて考察することは重要である。

注

1　影山太郎・由本陽子 1997 は、語彙的複合動詞における前項（V1）と後項（V2）との順序関係は「図像的」であるとして、次のように述べる。

> 語彙的複合動詞を構成する V1 と V2 がそれぞれある事象を表すとすると、まずそれらの事象間の時間的な前後関係が問題になる。複合動詞の内部には時間関係を表す接続詞のようなものは存在しないから、実際の出来事の発生とそれを表現するV1 と V2 の順序は、発話の順序通りに事象の時間関係が解釈されるという図像的（iconic）な関係になる。したがって、可能性としては、V1 の事象と V2 の事象が同時進行するか、あるいは V1 の事象が V2 の事象より先行するかのいずれかである。たとえば「切り倒す」なら、切った結果として倒すという時間関係になり、その逆の順序はあり得ない。
> 　　　　　　　　　　　　　　　　　　　　　　　　（影山・由本 1997: 73）

2　この問題を、複合名詞における意味の特殊化の側面から論じたものに、嶋田裕司 1989 がある。嶋田は、二つの動詞からなる複合語を、全体の意味と構成素の意味との関係によって、「特殊」「合成的」「不透明」の三種類に分類し、さらに、「合成的」については「一体化した意味」をもつものともたないものとに分類したうえで、「(a) 不透明な意味をもつもの、または、(b) 合成的でしかも一体化した意味をもつものは（複合）動詞になり、(c) その他（一体化していないものと特殊なもの）は（複合）名詞になる」という原則を提示している (: 206)。これは、複合語の意味の「ひとまとまり性」と「くみあわせ性」（湯本昭南 1977）が、複合語が形成される際の品詞選択に関係する、との指摘であると了解され、注目される。

3　「解き放す―解放する」のような和語複合動詞と漢語サ変動詞との比較については、石井 1987c を参照されたい。

第5章　複合動詞の語構造分類

はじめに

　前章までの検討で、現代語の「既成」の複合動詞の形成は、基本的に、《アスペクト・ヴォイス》モデルとして解釈することができ、複合動詞の多くが［過程結果構造］という基本的な語構造をもつと考えられた。また、そうした解釈を採用することによって、派生的な複合動詞の形成や、二つの動詞の結びつきが（複合名詞としてではなく）複合動詞として成立するための必要条件などについても、一定の統一的な解釈を行うことができるものと考えられた。本章では、これらの結果をふまえて、「動詞＋動詞」型の複合動詞の語構造を包括的に分類することを試み、次章で行う「既成」の複合動詞と「新造」の複合動詞との語構造の対照に備える。

　なお、複合動詞の語構造については、姫野昌子1999がこれまでの諸研究を踏まえて提示した意味論的な分類がある。本章の分類は、主に動詞のアスペクトおよびヴォイスにかかわる範疇的な意味を手がかりとするものであり、姫野の分類とは語構造の類型化の観点（レベル）が異なるが、姫野の意味構成を重視した分類と矛盾するものではなく、恐らく、その基底レベルに位置づけられるものと考える。これについては、本章の最後で、簡単に触れる。

　以下、語構造分類の全体図を代表語例とともに示し、順次、その内容を詳述する。

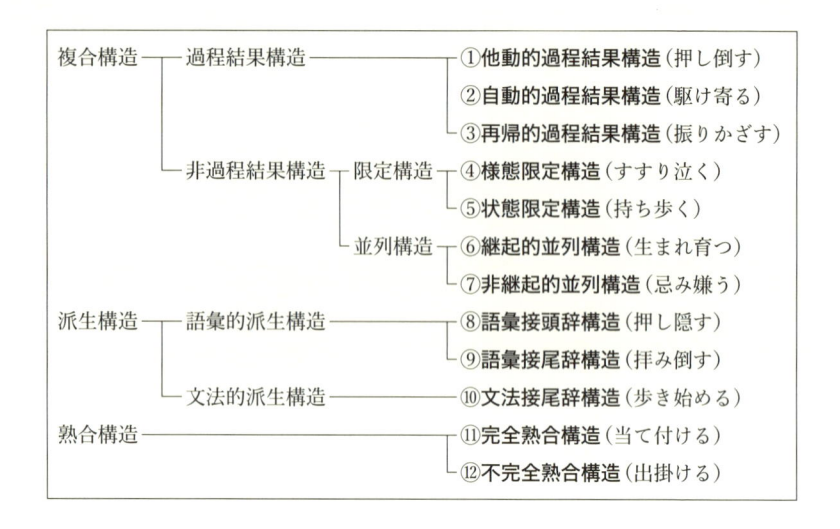

```
複合構造 ─┬─ 過程結果構造 ─────┬─ ①他動的過程結果構造（押し倒す）
         │                      ├─ ②自動的過程結果構造（駆け寄る）
         │                      └─ ③再帰的過程結果構造（振りかざす）
         └─ 非過程結果構造 ─┬─ 限定構造 ─┬─ ④様態限定構造（すすり泣く）
                            │            └─ ⑤状態限定構造（持ち歩く）
                            └─ 並列構造 ─┬─ ⑥継起的並列構造（生まれ育つ）
                                         └─ ⑦非継起的並列構造（忌み嫌う）
派生構造 ─┬─ 語彙的派生構造 ─┬─ ⑧語彙接頭辞構造（押し隠す）
         │                  └─ ⑨語彙接尾辞構造（拝み倒す）
         └─ 文法的派生構造 ──── ⑩文法接尾辞構造（歩き始める）
熟合構造 ─┬─ ⑪完全熟合構造（当て付ける）
         └─ ⑫不完全熟合構造（出掛ける）
```

　自立する動詞どうしが結びついた複合動詞は、形態論的には複合語なのであるが、構成要素（前項と後項）間の意味的な関係をみると、複合語的な関係（複合構造）、派生語的な関係（派生構造）、単純語的な関係（熟合構造）の3類に大別できる。

1. 複合構造

　前項と後項とがいずれも明確な語彙的意味をもって結びついているもので、形態・意味の両面において「複合語」と呼べるものである。前項と後項とは、それぞれの辞書的意味にもとづいて、複合動詞が全体として表す運動の局面を分担しており、それぞれの局面を［過程結果構造］のもとに結びつけているものと、そうでないものとに大別される。

1.1 過程結果構造

　複合動詞の表すひとまとまりの運動を二つの局面に分割し、時間的に先行する〔過程〕の局面を前項が、それに後続する〔結果〕の局面を後項が表す構造である。これは、前項の動作主体と後項の変化主体とのヴォイス的な関係から、他動的、自動的、再帰的の3類に分類できる。

1.1.1 他動的過程結果構造

　前項が主体の客体に対するはたらきかけの《動作》を表し、後項がそれによってひきおこされる《客体の変化》を表すことで、前項が複合動詞全体の運動の〔過程〕

面を、後項が同じくその〔結果〕面を分担して表すという構造をもつ。たとえば、「(太郎が次郎を)押し倒す」では、「太郎」が「次郎」を「押し」、その結果「次郎」が「倒れる」という変化がひきおこされる。《主体の動作》が《客体の変化》をひきおこすという点で、他動的な関係である。

このタイプでは、前項が「押す」のような主体動作動詞(無対他動詞)、後項が「倒す」のような主体動作客体変化動詞(有対他動詞)というくみあわせ(A)が典型である。前項に主体動作客体変化動詞が来たり(B)、主体動作主体変化動詞(再帰動詞)が来たり(C)することもあるが、それらの場合には、前項の表す《客体変化》(B)や《主体変化》(C)は語構造に関与せず、客体に対する《主体動作》の側面だけが機能する。逆に、自動詞が前項に来て、本来有しない他動性を発揮する場合(D)もある。また、後項には、《客体変化》を含意している一部の主体動作動詞(無対他動詞)が来たり(E)、自動詞(「込む」「去る」)が来たり(F)することもある。

(A) 洗い流す、打ち落とす、押し倒す、思い浮かべる、語り伝える、感じ取る、誘い出す、突き通す、投げ入れる、引き下ろす、呼び集める、…
(B) 開け広げる、折り曲げる、切り倒す、消し止める、刺し通す、助け上げる、付け加える、つなぎ合わせる、煮含める、抜き出す、焼き切る、…
(C) 受け止める、抱き寄せる、つかみ出す、握りつぶす、脱ぎ散らす、拾い集める、…
(D) 笑み皺める、勝ち取る、住み荒らす、戦い取る、泣き落とす、泣き腫らす、乗り潰す、寝違える、寄り倒す、…
(E) 洗いさらす、言い懲らしめる、撃ち殺す、押し遣る、折りたたむ、切り払う、取り押さえる、取り除く、脱ぎ捨てる、引きむしる、踏み均す、…
(F) 植え込む、吸い込む、はめ込む、…／消し去る、取り去る、葬り去る、…

1.1.2 自動的過程結果構造

前項が《主体の動作》を表し、後項がそれによって実現される《同じ主体の変化》を表すことで、前項が複合動詞全体の運動の〔過程〕面を、後項が同じくその〔結果〕面を分担して表すという構造である。たとえば、「(太郎が次郎に)駆け寄る」では、「太郎」が「駆け」(動作)、その結果「太郎」が「(次郎に)寄る」という変化が実現する。「(魚が)浮き上がる」では、「魚」が「浮き」(動作)、その結果「魚」が「上がる」という変化が実現する。《主体の動作》が《主体自身の変化》に結びつくという点で、自動的な関係である。

このタイプでは、前項が「駆ける」のような主体動作動詞か「浮く」のような主体変化動詞、後項が「寄る」「上がる」のような主体変化動詞というくみあわせ(G・

H)が典型である。前項に主体変化動詞が来るくみあわせ(H)の場合には、前項は、本来の《主体変化》ではなく、《主体動作》すなわち運動全体の〔過程〕面を表すことになる。また、後項に主体動作客体変化動詞が来る場合(I)もあるが、そこでは後項の《客体変化》の側面は機能していない。

(G) 泳ぎ渡る、踊り疲れる、駆け寄る、流れ出る、這い上がる、走り過ぎる、馳せ集まる、降り積もる、舞い降りる、燃え移る、…

(H) あふれ出る、浮き上がる、生まれ落ちる、溺れ死ぬ、折れ曲がる、砕け散る、溶け去る、煮えこぼれる、混ざり合う、漏れ伝わる、…

(I) 浮き出す、駆け付ける、抜け出す、乗り上げる、引き返す、踏み出す、…

1.1.3 再帰的過程結果構造

前項が主体の客体に対するはたらきかけの《動作》を表し、後項がそれによりひきおこされる(客体ではなく)《主体の変化》を表すことで、前項が複合動詞全体の運動の〔過程〕面を、後項が同じくその〔結果〕面を分担して表すという構造をもつ。たとえば、「(太郎が刀を)振りかざす」では、「太郎」が「刀」を「振り」、その結果「太郎」が「(刀を)かざす」という変化がひきおこされる。主体の客体に向けられた《動作》が、《客体の変化》ではなく、《主体自身の変化》をひきおこすという点で、再帰的な関係である。

このタイプでは、後項に主体変化動詞が来るくみあわせと、再帰動詞が来るくみあわせとが典型である。後項が主体変化動詞の場合には、前項に、主体動作(他)動詞が来る場合(J)、主体動作客体変化動詞が来る場合(K)、再帰動詞が来る場合(L)がある。後項が再帰動詞(「覚える」「知る」などの心理的な《主体変化》を表す動詞を含む)の場合には、前項に、主体動作(他)動詞(数は少ないが主体動作客体変化動詞も)が来る場合(M)と、再帰動詞が来る場合(N)とがある。前項が再帰動詞、後項が主体動作客体変化動詞というくみあわせ(O)では、後項が《主体変化》と同時に《客体変化》をも表している(「(太郎がバーベルを)持ち上げる」では、後項は「(バーベルが)上がる」という《客体変化》を表すと同時に「(太郎の手が)上がる」という《主体変化》をも表している)。また、〔他動的過程結果構造〕と同じくみあわせ(P)で、後項が《主体変化》を表しているものもある(「(太郎が胸を)撫で下ろす」で、「下りる」のは「胸」ではなく「太郎(の手)」である)。

(J) 言い逃れる、追い付く、思い至る、かじり付く、聞き惚れる、漕ぎ別れる、攻め込む、説き及ぶ、殴り込む、願い出る、飲みつぶれる、…

(K) 切り掛かる、切り込む(自)、切り抜ける、取り付く、割り込む、…

（L） 着膨れる、抱き付く、つかみ掛かる、…
（M） （手を）突き伸ばす、振り仰ぐ、振りかざす／思い知る、聞き覚える／取り持つ、伝え受ける、…
（N） 受け入れる、請け負う、受け持つ、着飾る、ささげ持つ、差しかざす、抱きかかえる、…
（O） 担ぎ上げる、抱きとめる、振り下ろす、持ち上げる、…
（P） 追い回す、さすり上げる、撫で下ろす、舐め回す、見上げる、…

1.2 非・過程結果構造

1.2.1 限定構造

　複合動詞の表すひとまとまりの運動を、時間的には同時的な関係にある二つの側面に分割し、前項が後項を意味的に限定する関係をつくりあげる構造である。前項が後項のどのような側面を限定するかで、［様態限定構造］と［状態限定構造］の2類に分類できる。

1.2.1.1 様態限定構造

　前項が後項の表す動作の様態面を限定する構造である。したがって、前項は後項の動作がどのように行われるかを表す。たとえば、「すすり泣く」では「すすりあげて泣く」、「盗み見る」では「盗むように見る」という関係になる。このタイプでは、前項・後項とも主体動作動詞となるくみあわせが典型である（（Q）は自動詞、（R）は他動詞の例）。

（Q） あさり歩く、すすり泣く、飛び走る、泣き叫ぶ、鳴りはためく、罵り騒ぐ、這いずる、吠え猛る、笑い輝く、…
（R） 争い読む、合わせ考える、言い争う、思い悩む、捜し求める、盗み見る、狙い打つ、覗き見る、待ち望む、見比べる、呼び叫ぶ、…

1.2.1.2 状態限定構造

　前項が《（主体の）状態》を表し、後項がそのもとで行われる《主体の動作》(S)、《主体の変化》(T)、《客体の変化》(U)、再帰的な《主体の変化》(V) などを表すという構造である。たとえば、「（太郎がピストルを）持ち歩く」では、「太郎」が「（ピストルを）持った」状態で「歩く」、「（太郎が次郎と）生き別れる」では、「太郎（と次郎）」が「生きている」状態で「（次郎と）別れる」、「（太郎が次郎を）抱き下ろす」では「太郎」が「（次郎を）抱いた」状態で「（次郎を）下ろす＝（次郎が）下りる」、「（太郎が車を玄関先まで）乗り入れる」では、「太郎」が「（車に）乗った」状態で「（車

を玄関先まで）入れる＝（車が玄関先まで）入る＝（太郎が玄関先まで）入る」という関係になっている。

- （S）　浮き進む、おぶり歩く、たたずみ眺める、立ちほほえむ、持ち歩く、…
- （T）　生き残る、生き別れる、立ち枯れる、乗り過ごす、持ち帰る、…
- （U）　きめ出す（相撲）、敷き写す、抱き下ろす、つかみ出す、…
- （V）　出迎える、乗り入れる、乗り付ける、持ち出す、…

1.2.2　並列構造

複合動詞の表す運動を、互いに独立した二つの運動の結びつきとしてとらえ、それぞれを前項と後項とが表すという構造である。前項と後項との時間的な前後関係から、［継起的並列構造］と［非継起的（同時的）並列構造］との2類に分類できる。

1.2.2.1　継起的並列構造

時間的に先行する運動を前項が、それに後続する運動を後項が表す構造である。たとえば、「生まれ育つ」では「生まれ」が「育つ」に、「悔い改める」では「悔い」が「改める」に先行する。前項が後項に先行するという点で、これらは［過程結果構造］に近いが、これらの前項と後項とは別個に独立した運動であり、両者の間にひとまとまりの運動の〔過程〕面と〔結果〕面という分担はない。

このタイプでは、主体動作動詞どうしあるいは主体動作客体変化動詞どうしのくみあわせ（W）が典型であり、したがって、別個に独立した運動ではあっても、前項と後項の主体は同じである。

- （W）　生まれ育つ、生み育てる、折り敷く、傾き倒れる、刈り干す、悔い改める、請い受ける、使い捨てる、濡れ輝く、湧き流れる、…

「明け残る、暮れ残る、吹き散る」などは、前項と後項の主体が異なるくみあわせであるが（たとえば、「明け残る」では、「明ける」の主体は「夜」であり、「残る」の主体は「月」や「星」である）、これらは、［自動的過程結果構造］の変種と考えるべきであろう。また、「（太郎が身代を）飲みつぶす」では、前項「飲み」の客体「酒」と後項「つぶす」の客体（＝変化主体）「身代」とが一致しないが、これも、「（酒を）飲み」が「（身代が）つぶれる」をひきおこす〔過程〕ととらえられており（(D)に近い）、［他動的過程結果構造］の変種と考えた方がよい。

1.2.2.2　非継起的並列構造

　前項・後項の表す二つの運動の間に時間的な前後関係がない構造である。同時的であるから、現実には一つの運動でありながら、それを前項の表す運動とも後項の表す運動とも解釈できるという関係にあるものが多く、当然、両者は類義的になる。前項・後項とも主体動作動詞であるくみあわせ(X)を典型とするが、主体変化動詞どうしのくみあわせ(Y)や、状態を表すものどうしのくみあわせ(Z)もある。

（X）　遊び戯れる、忌み嫌う、おごりたかぶる、恐れおののく、駆け走る、恋い慕う、こびへつらう、好き好む、責め苛む、耐え忍ぶ、嘆き悲しむ、なだめすかす、撫でさする、ほめそやす、よりすぐる、…
（Y）　飢え乾く、疲れ傷つく、富み栄える、のたくりからまる、腫れ膨らむ、…
（Z）　うねり曲がる、似通う、似寄る、曲がりくねる、回りくねる、…

2.　派生構造

　構成要素の一方の意味が形式化（接辞化）し、もう一方の要素に接辞のように従属しているもので、意味的には「派生語」と言えるものである。また、その接辞化が主として［過程結果構造］を基底として生じたものと考えられることから、語形成的にも派生語である。［語彙的派生構造］と［文法的派生構造］に分けられる。

2.1　語彙的派生構造

　前項、後項のどちらが接辞化するかによって、［語彙接頭辞構造］、［語彙接尾辞構造］の2類に分類できる。

2.1.1　語彙接頭辞構造

　前項が語彙的な接頭辞として、後項の表す運動の様態面を形式的に限定する（強意等の意味を添える）構造である。［他動的過程結果構造］から派生したもの(a)と、［自動的過程結果構造］から派生したもの(b)とがある（カッコ内は後項の代表例）。なお、語例には派生源の構造を想起しやすいものを掲げるが、いったん確立した接辞的要素が、派生源の構造に束縛されることなく、さまざまな動詞と結びつくことは言うまでもない。これは、後述の［語彙接尾辞構造］についても同様である。

(a) 打ち(消す)、押し(隠す)、掻き(集める)、差し(押さえる)、突き(返す)、たたき(起こす)、取り(決める)、引き(比べる)、ぶち(壊す)、踏ん(づか

まえる)、…
(b) 立ち(-至る、-去る)、…

　これらの接頭辞的要素は、以下の理由から、〔過程結果構造〕をもとに成立した
と考えられる。
　第一に、接頭辞的要素のほとんどは、《客体の変化》を表さない主体動作動詞(無
対他動詞)であり、〔他動的過程結果構造〕の前項と一致する。また、「立ち」は主
体変化動詞であるが、これも〔自動的過程結果構造〕の(結果性が後退した)前項
と矛盾しない。
　第二に、〔過程結果構造〕と〔語彙接頭辞構造〕がともに認められる語例が存在
する。たとえば、「たたき起こす(①戸などをたたいて眠っている家人を起こす。
②眠っている人をむりに起こす。)」、「立ち去る(=立ち上がってほかへ行く。また、
単に、去る。)」(『学研国語大辞典』)などである。
　第三に、接頭辞的要素の意味が、運動の〔過程〕面の形式化として無理なく説明
できる語例が存在する。たとえば、「押し隠す」の前項「押し」の表す「努力して
／ひたすら」といった接辞的意味は、「隠れる」という《客体変化》をひきおこす《主
体動作》「押し」(=露見しようとするものを上から押さえつける)の形式化と考え
ることができる。

2.1.2　語彙接尾辞構造
　後項が語彙的な接尾辞として、前項の表す運動の様態面を形式的に限定する(強
意・方向性などの形式的な意味を添える)構造である。〔語彙接頭辞構造〕と対称
的な構造で、〔他動的過程結果構造〕から派生したもの(c)、〔自動的過程結果構造〕
から派生したもの(d)、〔様態限定構造〕から派生したもの(e)とがある(カッコ内
は前項の代表例)。

(c) (鍛え)上げる、(思い)入れる、(訴え)掛ける、(見)極める、(打ち)据える、
(言い)捨てる、(行い)澄ます、(拝み)倒す、(責め)立てる、(ほめ)ちぎる、
(喋り)散らかす、(書き)散らす、(言い)繕う、(怒鳴り)付ける、(塗り)潰す、
(思い)詰める、(殴り)飛ばす、(聞き)流す、(言い)成す、(叩き)のめす、(言
い)放つ、(売り)払う、(いじり)回す、(眺め)遣る、(見)渡す、…
(d) (腫れ)上がる、(吹き)荒れる、(恥じ)入る、(湧き)返る、(踊り)狂う、(咲
き)こぼれる、(頼み-、走り-、冷え-)込む、(出)盛る、(吹き)すさぶ、(萌
え)立つ、(凍り)付く、(遊び)ほうける、(言い)募る、(転げ)回る、(澄み)
渡る、…

(e) (買い)煽る、(読み)あさる、(聞き)かじる、(塗り)たくる、(買い)叩く、(書き)殴る、(咲き)誇る、…

(c)および(d)の接尾辞的要素は、[語彙接頭辞構造]と同様、以下の理由から、[過程結果構造]をもとに成立したと考えられる。

第一に、これらの接尾辞的要素の多くが、[他動的過程結果構造]の後項と同じく主体動作客体変化動詞（有対他動詞）であり、また、[自動的過程結果構造]の後項と同じく（有対自動詞を中心とする）主体変化動詞である。

第二に、[過程結果構造]と[語彙接尾辞構造]とがともに認められる語例が存在する。たとえば、「（ノートのあちこちに／気分に任せて）書き散らす」、「（ホームベースに／大会に備えて）走り込む」などである。

第三に、これらの接尾辞的要素の意味が、運動の〔結果〕面の形式化として無理なく説明できる語例が存在する。たとえば、「拝み倒す」の後項「倒す」の表す「（相手が承知するまで）何度も／無理やり」といった接尾辞的意味は、客体（相手）を「拝み」、その結果、客体が「倒れる」（＝承知する）という[他動的過程結果構造]から無理なく導くことができるし、「咲きこぼれる」の後項「こぼれる」の表す「（こぼれるほど）たくさん」という接尾辞的意味も、「咲き」に続く〔結果〕としての《主体変化》「こぼれる」が様態限定要素となったものと考えることができる。

また、[語彙接頭辞構造]には見られなかった[様態限定構造]からの派生(e)については、前項と後項との同時的な結びつきにおいて、後項の表す運動が抽象化し、具体的な前項の運動の様態面を限定することになったものと考えられる。たとえば、「聞きかじる」の「かじる」、「買い叩く」の「叩く」、「書き殴る」の「殴る」などは、いずれも本来の具体的動作が抽象化して、前項の様態面（「上っ面だけをかじるように」「叩いたように法外に安く」「殴ったように乱暴に」）を限定している。

2.2 文法的派生構造（文法接尾辞構造）

後項が文法的な接尾辞として、前項の表す運動の時間的局面やその起こり方を限定する構造である。[他動的過程結果構造]から派生したもの(f)と、[自動的過程結果構造]から派生したもの(g)とが認められる（カッコ内は前項の代表例）。

(f) (染め)上げる、(書き)改める、(読み)終える、(契り)置く、(説き)起こす、(舞い)納める、(聞き)落とす、(殴り)返す、(忘れ)掛ける、(鳴き)交わす、(使い)切る、(乗り)こなす、(言い)過ごす、(し)済ます、(逃げ)損なう、(会い)損ねる、(書き)損じる、(苦しみ)出す、(聞き)違える、(汲み)尽くす、

(使い)付ける、(断り)続ける、(通い)詰める、(立て)貫く、(抜き)連ねる、(働き)通す、(やり)遂げる、(見)届ける、(洗い)直す、(呼び)習わす、(戦い)抜く、(見)逃す、(塗り)残す、(作り)始める、(聞き)外す、(使い)果たす、(勝ち)放す、(開け)払う、(打ち)まくる、(切り)結ぶ、(書き)漏らす、(話し)やめる、(描き)分ける、…

(g) (知らせ)合う、(煮え)上がる、(遊び)飽きる、(乗り)遅れる、(歌い)終わる、(消え)掛かる、(述べ)来たる、(忘れ)去る、(食べ)過ぎる、(遊び)足りる、(燃え)尽きる、(揺れ)続く、(呼び)慣れる、(食い)はぐれる、(荒れ)果てる、(降り)やむ、(深まり)行く、(言い)淀む、(消し)忘れる、(知れ)渡る、…

これらは、前項と後項との間にいわゆる補文関係を想定できること(「歩き始める」=「歩くことを始める」、「遊び飽きる」=「遊ぶことに飽きる」、「揺れ続く」=「揺れることが続く」など)、前項に使役、受身などの形が立ち得ること(「闘わせ合う」「働かせ過ぎる」「持たせ続ける」／「殺され掛かる」「ぶたれ足りる」「叱られ付ける」など)、前項に自動詞・他動詞の両方が立ち得ること(「食べ切る」「使い切る」／「泳ぎ切る」「冷え切る」など)、前項に(二字漢語・和語・外来語の)サ変動詞が立ち得ること(「点検し終わる」「声変わりし掛ける」「そわそわし出す」「敬礼し直す」「スカウトし始める」など)といった特徴をもつ。

(f)および(g)の接尾辞的要素は、［語彙接尾辞構造］と同様、以下の理由から、［過程結果構造］をもとに成立したと考えられる。

第一に、これらの接尾辞的要素の多くが、［他動的過程結果構造］の後項と同じく主体動作客体変化動詞(有対他動詞)であり、また、［自動的過程結果構造］の後項と同じく(有対自動詞を中心とする)主体変化動詞である。

第二に、［過程結果構造］と［文法接尾辞構造］とがともに認められる語例が存在する。たとえば、「(目の前を／倒れるほど)歩き過ぎる」、「(歯車が／獣が)噛み合う」「(正しい記録を／時間がなくて)書き残す」「(模様を／急いで)編み出す」「(記録的な金額を／商品を残らず)売り上げる」などである。

第三に、これらの接尾辞的要素の意味、いいかえれば、前項と後項との関係が、［過程結果構造］からの派生として無理なく説明できる語例が存在する。たとえば、「(燃料を)使い切る」の後項「切る」の表す「完全に／最後まで～する」といった接尾辞的意味は、客体(燃料)を「使い」、その結果、客体が「切れる(=なくなる)」という［他動的過程結果構造］から、《主体の動作》「使い」が「切れる(=完遂される)」という構造に移行して成立したと考えることができる。また、「歩き過ぎる」も、主体が「歩い」た結果ある基準点を「過ぎる」という［自動的過程結果構造］から、《主体の動作》「歩き」がある基準を「過ぎる(=過剰に行われる)」という

構造に移行していると考えられる。
　なお、同様の接尾辞的要素には、次のように、［過程結果構造］からの派生関係を想定できないものも存在する。今のところ、［様態限定構造］との派生関係も想定しにくいことから、［文法接尾辞構造］の専用形式と考えておく。

　(h) (売り)急ぐ、(答え)得る、(付け)怠る、(出し)惜しむ、(決め)兼ねる、(眺め)親しむ、(出し)渋る、(待ち)楽しむ、(伸び)悩む、(押し)間違える、(選び)迷う、…

3. 熟合構造

　構成要素の意味が明確に取り出せない、いいかえれば、複合動詞の意味を構成要素に分担させることができないもので、意味的には「単純語」に相当するものである。本来はそれぞれに意味を分担していた構成要素が、歴史的にいわゆる「無意味形態素化」(宮島達夫 1973) したものと考えられる。その意味では、他の語構造 (たとえば、［過程結果構造］) からの派生関係も想定できるが、今のところ、明確なことは言えない。［完全熟合構造］と［不完全熟合構造］とに分類できる。

3.1　完全熟合構造
　複合動詞の意味に照らして、前項・後項ともにその意味的分担が不明確なものである。

　(i) 当て付ける、入れ上げる、入れ込む(自動詞)、掛け合う(自動詞)、立て替える、立て引く、出し抜く、付き合う、突き止める、取り越す、取り詰める、成り立つ、遣り込める、…

3.2　不完全熟合構造
　複合動詞の意味にどちらか一方の構成要素の意味がかかわっていることは認められるが、もう一方の構成要素の意味的分担が不明確なものである。前項の意味が不明確なもの (j) と、後項の意味が不明確なもの (k) とに分けることができる。

　(j) 有り付く、落ち合う、込み上げる、し入れる、し送る、し切る、し組む、し止める、たたみ掛ける、立て込む、付け上がる、付け入る、付け込む、似合う、開き直る、渡り合う、…
　(k) 有り触れる、言い開く、請け合う、受け付ける、思い余る、買い被る、掻っ

払う、駆り催す、出掛ける、取り成す、見受ける、見掛ける、見くびる、見せ掛ける、見立てる、見積る、申し開く、…

4. 意味論的な分析との関係

　以上、複合動詞の語構造を、《アスペクト・ヴォイス》モデルの観点から、［過程結果構造］を中心として整理した。はじめにも述べたように、こうした分類は、個々の複合動詞ないし構成要素の具体的な語彙的意味を対象とした意味論的な分析の基底にあるものと考えられる。その一例として、姫野1999における「～あげる」の意味的な分類をとりあげてみよう。

　姫野は、複合動詞「～あげる」類の後項「あげる」の「意味特徴」を、大きく、「1. 上昇」「2. 上位者または下位者に対する社会的行為」「3. 体内の上昇」「4. 完了・完成」「5. 強調」「6. その他」の6類に分ける。このうち、「1. 上昇」は、以下のように下位分類される。

　　1.1　全体的な上昇
　　　（a）空間的上昇
　　　　　①対象の上昇（「ふきあげる」「打ちあげる」「投げあげる」など）
　　　　　②主体と対象の同時的上昇（「運びあげる」「担ぎあげる」「追いあげる」など）
　　　　　③主体の動作のみ上方指向（「なであげる」「さすりあげる」「こすりあげる」など）
　　　（b）序列の上昇（「繰りあげる」「切りあげる」「競りあげる」など）
　　1.2　部分的な上昇
　　　（a）形の伸長（①「重ねあげる」「積みあげる」「盛りあげる」など）
　　　（b）形の縮小（①「巻きあげる」など、②「折りあげる」「くくりあげる」「たくしあげる」など）
　　　（c）量の減少による形の縮小（①「刈りあげる」「剃りあげる」など、②「切れあげる」など）

　これらの複合動詞は、後項「あげる」が、「全体的」であれ「部分的」であれ、(前項の《主体動作》によって【実現】される)「上昇」という《客体変化》を表しており、基本的には［他動的過程結果構造］をなしているといえる。ただし、「(a)空間的な上昇」のうちの、「②主体と対象の同時的上昇」の複合動詞と「③主体の動作のみ上方指向」の複合動詞とは、前項の《主体動作》によって、《客体変化》

と同時に、あるいは、《客体変化》には無頓着に、《主体変化》が【実現】される［再帰的過程結果構造］をつくりあげている。

次に、「2. 上位者または下位者に対する社会的行為」は、

2.1 下位者から上位者に対する行為（「申し上げる」「願いあげる」「さしあげる」など）
2.2 上位者から下位者に対する行為（「買いあげる」「借りあげる」「召しあげる」など）

に下位分類される。これらの複合動詞では、いずれも、後項「あげる」が、前項の《主体動作》によって【実現】される「客体の所属が下位者から上位者へと移動する」という《客体変化》を表しており、したがって、［他動的過程結果構造］をなしていると考えられる。そのことは、具体物を客体にとる「2.2」では明確だが、「2.1」の「申しあげる」や「願いあげる」ではわかりにくい。ただし、これらも、「（申し上げる／願い上げる）ことがら」を客体として、それらが下位者から上位者に移動する（伝達される）と考えれば、［他動的過程結果構造］とみなすことができる（「さしあげる」は具体物を客体にとるのでわかりやすい）。姫野は、「これらの語における『あげる』は、『上方への移動』という要素が対人関係（力関係）の方向性に転用されたものと考えられる」とするが、これらの複合動詞には、「客体が上方に移動する」という《客体変化》の側面が残存しており、後項「あげる」が文法接尾辞化しているわけではない。

「3. 体内の上昇」には、「むせびあげる」「しゃくりあげる」「せぐりあげる」「すすりあげる」などの複合動詞が分類される。これらは、前項の《主体動作》が、姫野もいうように、「体内を『鼻水、咳、感情』等が上昇する（イメージを伴う）」という《動作主体自身の変化》を【実現】しており、「むせぶ」のような自動詞が前項となる場合は［自動的過程結果構造］、「すする」のように他動詞が前項となる場合は［再帰的過程結果構造］をなすと考えられる（ただし、「そばをすすりあげる」のような場合には［他動的過程結果構造］）。「しゃくる」のように自他両用の場合にはいずれとも考えられ、［自動的過程結果構造］と［再帰的過程結果構造］との連続性を示している。なお、「せぐる」は、現代語では自立しない。

「4. 完了・完成」は、

4.1 完成品を伴う作業活動の完了（「焼きあげる」「炒りあげる」「炊きあげる」など）
4.2 作業活動の完了（「調べあげる」「数えあげる」「並べあげる」／「勤めあ

げる」／「売りあげる」など）

に下位区分される。姫野は、生産動詞を中心として「完成品や仕上り品の予想される動詞」を前項にとるタイプを「4.1」に、それ以外を「4.2」に分類する。このうち、「4.1」は［文法的派生構造（文法接尾辞構造）］であるが、「4.2」は、基本的に、［語彙的派生構造（語彙接尾辞構造）］と考えられる。いずれも、［他動的過程結果構造］から派生した構造であるが、「4.2」のうち、「調べあげる」「数えあげる」「並べあげる」などでは、「あげる」が、前項の《主体動作》によって【実現】される「客体が提示・列挙される」という《客体変化》をもとに、姫野も指摘する「あるひとまとまりの対象物を『調べ／数え／並べ』尽くすという感じ」、すなわち、「片っぱしから」「徹底的に」「次々と」「一つ残らず」等の修飾句と共起するような「強調」という、語彙接尾辞的な意味をつくりあげていると考えられる。「勤めあげる」や「売りあげる」も、「（勤めた）年月」や「（売った）総額」を対象語としてとることから、［他動的過程結果構造］をもとにして、同様の［語彙接尾辞構造］をつくりあげていると考えられる。

「5. 強調」には、「おだてあげる」「おどしあげる」「どなりあげる」「縛りあげる」「つねりあげる」などの複合動詞が分類される。これらも、「4.2」と同様、［他動的過程結果構造］から派生した［語彙接尾辞構造］と考えられる。

「6. その他」には、以上のどの分類にも属さない「読みあげる／（声を）張りあげる／（声を）絞りあげる」「（高らかに）歌いあげる／描きあげる」「（軍隊が／を）引きあげる」「（仕事を）切りあげる」「入れあげる」などが分類される。しかし、これらも、「読みあげる」は「読む」客体の「提示・列挙される」という《客体変化》を表しているから［他動的過程結果構造］、「（声を）張りあげる／（声を）絞りあげる」は「声があがる（出る）」という《主体変化》を表しているから［再帰的過程結果構造］、「（高らかに）歌いあげる／描きあげる」は、「数えあげる」等と同様の［語彙接尾辞構造］、「（軍隊が／を）引きあげる」「（仕事を）切りあげる」「入れあげる」は［熟合構造］としてよいのではないかと考えられる。

以上のように、姫野1999の、意味論的な分析による複合動詞「〜あげる」の分類は、すべて、本章における語構造分類に対応させることができる。両者の対応関係をまとめると、次のようになる。

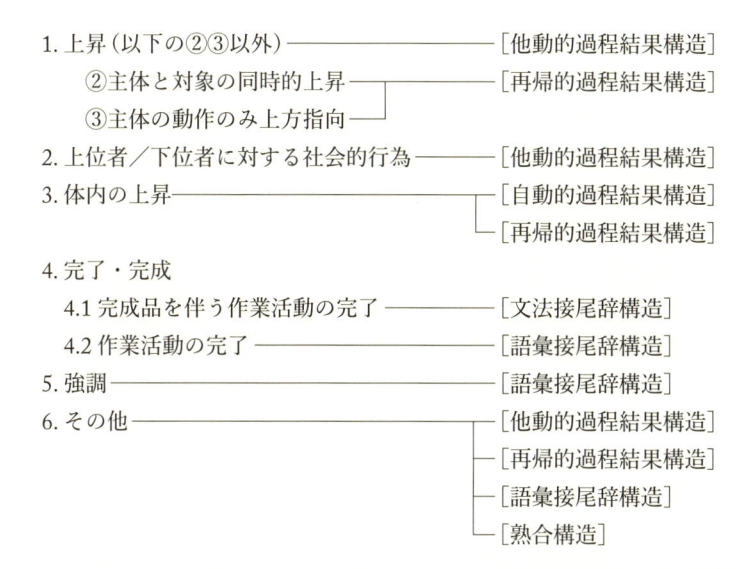

1. 上昇（以下の②③以外）――――――――［他動的過程結果構造］
　　　②主体と対象の同時的上昇―――――［再帰的過程結果構造］
　　　③主体の動作のみ上方指向―――――
2. 上位者／下位者に対する社会的行為―――［他動的過程結果構造］
3. 体内の上昇――――――――――――――［自動的過程結果構造］
　　　　　　　　　　　　　　　　　　　　　［再帰的過程結果構造］
4. 完了・完成
　　4.1 完成品を伴う作業活動の完了―――――［文法接尾辞構造］
　　4.2 作業活動の完了―――――――――――［語彙接尾辞構造］
5. 強調――――――――――――――――――［語彙接尾辞構造］
6. その他―――――――――――――――――［他動的過程結果構造］
　　　　　　　　　　　　　　　　　　　　　［再帰的過程結果構造］
　　　　　　　　　　　　　　　　　　　　　［語彙接尾辞構造］
　　　　　　　　　　　　　　　　　　　　　［熟合構造］

　ここで注目されるのは、姫野の（それ以上、下位分類されない）終端分類のそれぞれは、「6. その他」を除いて、本章の語構造分類のいずれか一つと対応し、終端分類内部でいくつかの語構造が混在することがないという点である。「3. 体内の上昇」のみ、［自動的過程結果構造］と［再帰的過程結果構造］とが並存しているが、これらは連続的であり、対立する語構造ではない。こうしたことから、姫野の意味論的なレベルでの分類は、主に動詞のアスペクトおよびヴォイスにかかわる範疇的な意味のレベルでの本章での分類と矛盾するものではなく、それを基底として設定し得るものと考える。前項と後項とがつくりあげる語彙的意味レベルの語構造は、カテゴリカルな意味のレベルの語構造の上につくりあげられるものと考えられるのである[1]。

注
1　動詞のカテゴリカルな意味が、複合動詞の形成に際して、その「連結器」としてはたらくことについては、奥田靖雄 1974（本書第 1 章の引用 (1)）を参照のこと。

第6章 「既成」の複合動詞と「新造」の複合動詞

はじめに

　前章までは、「解釈的複合語形成論」の立場から、「既成」の複合動詞をとりあげ、その形成（つくり方）を《アスペクト・ヴォイス》モデルとして「解釈」し、また、その基本的な語構造型を［過程結果構造］と見定めた。そこで、本章では、「命名的複合語形成論」の見方も加えて、現代で新しくつくられた「新造」の複合動詞を広く採集し、その語構造型を、既成の複合動詞のそれと比較することによって、過去の集積である既成の複合動詞の語構造型が、現代における新造の複合動詞の形成においても生産的であるのかどうかを検証する。この作業によって、既成の複合動詞の形成と、新造の複合動詞の形成とを総合した、現代日本語の、より立体的・重層的な複合動詞形成論が可能となる。

1. 語形成における「既成」と「新造」

　言語活動の基本は、単語を材料として文をつくるという行為、すなわち「文形成」である。われわれは、単語を文法に従ってくみあわせ、その場その場の必要に応じた文を（原理的には無限に）つくることで、伝達、表現、思考などの諸活動を営むことができる。一方、文の材料となる単語は、われわれにとってできあいのもの、言語によってあらかじめ与えられたものである。われわれは、言語活動のその場でいちいち単語からつくりはじめるということをしない。言語活動とは基本的に文形成であり、そこに、単語をつくるという行為、すなわち「語形成」は含まれない。

　とはいえ、言語はわれわれの言語活動に必要なすべての単語を用意しているわけではないから、時には、文をつくる際に適当な単語が見つからないということが起こり得る。そのようなとき、われわれは、いくつかの単語をくみあわせた代替の表現を工夫することで問題を解決するが、場合によっては、その場で自ら新たな単語をつくることもある。もちろん、新たにつくるといっても、まったく新規の単純語

をつくること(語根創造)は少なく、たいていは、既存の造語成分をくみあわせた合成語(複合語・派生語)をつくるのであるが、いずれにしても、このような場合には、語形成が(文形成の中で)言語活動として行われているといえる。

ところで、小説や随筆を書くという行為も言語活動であるから、その基本が文形成であることに変わりはない。作家も、われわれと同じように、できあいの単語をくみあわせて文をつくるのであって、いちいちの単語からつくりはじめることはしない。作家の独創性は、どのような文をつくり、それをどのように連ねたかという点において問われるのであり、どのような単語をつくったかなどということは(そもそもつくらないのであるから)問題とならない。

しかし、作家の場合も、求める単語が存在しない場合には、文形成のその場で自ら新たな単語をつくることがある。たとえば、次のようなものである。

① K町の人たちは水練が達者である。まず泳げない人はないと言っていい。嘘のような話だが、K町出身のある米屋が、東京の芝に出した店をつぶしてしまい、夜逃げをする羽目になった。彼は残った全財産の風呂敷包を頭に<u>結びつけ</u>、東京湾を<u>突っ切って</u>K町へ<u>泳ぎかえった</u>ということだ。
　　　　　　　　　　　　　　　　　　　　　　　　(三島由紀夫「青の時代」)

② 家へ帰って濃い熱い茶に<u>有付きたい</u>と思いながら、元来た道を<u>引返そう</u>とした。斜めに射して来た日光は黄を帯びて、何となく遠近の眺望が改まった。丘の向うの方には数十羽の雀が<u>飛び集った</u>かと思うと、やがてまたパッと<u>散り隠れた</u>。　　　　　　　　　　　　　(島崎藤村「千曲川のスケッチ」)

③ 私はどぎまぎしながら、何か不得要領なことを言って、それから本を両手で捧げて口の高さまでもってくると、そっと、妻には内緒で、はかなく枯れたその花びらに一つ接吻した。それは私の唇に<u>吸われ寄った</u>。…窓の下には、どこから来ていたものか、一羽の大きな立派な雄鶏がいて、何か落ちてきたと見ると大股で、急いでその方へ<u>歩み寄った</u>。
　　　　　　　　　　　　　　　　　　　　　　　(佐藤春夫「薔薇を恋する話」)

上の例において下線を施した部分は、いずれも、「動詞＋動詞」型の複合動詞である。このうち、┈┈線の複合動詞(「結びつける」「突っ切る」「有り付く」「引き返す」「歩み寄る」)は、作家が使用する以前から日本語に存在するできあいの単語であり、作家は単にそれらを使ったにすぎない。その証拠に、これらの複合動詞は、他の多くの作家にも使用例があり、また、ほとんどの国語辞書にも登録されている。それに対して、───線の複合動詞(「泳ぎ帰る」「飛び集まる」「散り隠れる」「吸われ寄る」)は、それぞれの作家がこの文章を綴るその場で自ら創作した単語で

ある可能性が高い。なぜなら、これらはすべて、筆者の知り得るかぎりではあるが、他の小説・随筆等で使われた例がなく、また、国語辞書や語彙表の類にも見出すことができない、おそらくはほとんどの読者にとって初めて目にする複合動詞だと考えられるからである。

このような、動詞と動詞とを直接に結びつけて一つの動詞をつくるという造語法は日本語に一般的なものであるから、作家に限らず、誰もがこの種の複合動詞を容易につくることができる。事実、これらの複合動詞を初めて目にした読者も、多少の違和感はもつとしても、その意味するところを十分に理解できるはずである。しかし、実際に新たな複合動詞をつくりつつ綴られる文章や談話は多くない（たとえば、新聞記事などで新たな複合動詞がつくられることはほとんどない）。筆者の見るところでは、新たな複合動詞の形成は、作家が好んでする語形成であり、小説や随筆にはそのようにしてつくられた複合動詞を少なからず見出すことができるように思う。

こうした見方が正しければ、小説や随筆には、作家ができあいの単語として所有し、使用している「既成」の複合動詞と、作家が文章を綴る際にその場でつくった「新造」の複合動詞とがあることになる[1]。両者は、（言語活動としての）語形成の主体である作家にとって、異なる意味をもつ。前者は、作家の時代以前につくられた複合動詞のうち、作家の時代においてもなお複合語としてその構成が理解されるものであり、作家が後者すなわち新造の複合動詞をつくる際に、その構成の型を「モデル」として利用・参照するものである。作家は、多くの場合、そのようなモデルに従って新造の複合動詞をつくるが、場合によっては、それを変更したり無視したりして、今までになかった型の複合動詞をつくることもあり得るだろう。

そこで、ここでは、現代の小説や随筆に用いられた複合動詞を既成のものと新造のものとに区分し、両者の関係、具体的には、両者の語構造の型（タイプ）の異同を見出すことによって、語形成の主体たる作家が、既成の複合動詞をどのように踏まえながら、どのような新造の複合動詞をつくっているのかを明らかにしたいと思う。この方法は、従来の（現代語の）複合動詞研究に比べて、二つの利点を有するものと考える。第一は、現代においてつくられたことが確実である新造の複合動詞を対象とすることで、もっぱら既成の複合動詞のみを扱ってきたこれまでの複合動詞研究とは異なり、現代語の語形成を的確にとらえることができるという点である。既成の複合動詞は現代以前につくられた複合動詞の集積であるから、その分析は実際には非共時論的・汎時論的なものであり、現代の（言語活動としての）複合動詞形成を直接に扱っているとは言いがたいからである。第二に、既成の複合動詞と新造の複合動詞とを比較・対照することで、新しい複合動詞をつくる際に活発に利用される生産的な語構造の型と、あまり利用されない非生産的な型とを見出すこ

とができ、さらには、今後生産力を獲得するかもしれない新たな型を発見する可能性があるという点である。これまでのように、既成の複合動詞のみを対象とし、そこに認められる型を分類・整理するだけでは、そのうちのどれが生産力をもっているか確実に知ることはできないし、その時点で存在しない新たな型を見出すことなどもできないからである。

2.「現代」の複合動詞

　上述の問題設定にもとづいて、現代の作家における既成の複合動詞と新造の複合動詞とをとりだし、両者の語構造型の異同を明らかにすることを試みる。そのためには、一人一人の作家について、彼（女）が所有する既成の複合動詞と、彼（女）がその小説や随筆の中でつくった新造の複合動詞とを特定し、両者の関係を導くという作業を積み重ねた上で、そこから現代の作家に共通する特徴を帰納するという方法が考えられる。しかし、この方法は、個人が所有する既成の複合動詞を調査することの難しさと、一個人のつくる新造の複合動詞が必ずしも多くはないという事情によって、ただちには採用することができない。今の段階で可能な方法としては、個々の作家に注目するのではなく、それらの総体としての「現代の作家」なるものを仮設し、その「現代の作家」にとっての既成の複合動詞、新造の複合動詞を想定することが考えられる。すなわち、具体的には、現代の小説や随筆で使用された複合動詞を大量に採集し、それらを「現代」という時点からみて既成のものと新造のものとに判別・区分し、語構造から見た両者の異同を明らかにするという方法である。

　そこで、ここでは、「現代」の範囲を20世紀のほぼ全般と考え、その範囲における代表的な作家約200人の、短・中・長編とりまぜた小説・随筆の類約500編を資料として[2]、「動詞＋動詞」型の複合動詞を採集し、それらを一定の基準により既成の複合動詞と新造の複合動詞とに判別した上で、新造の複合動詞が既成の複合動詞と比べてどのような語構造型の特徴をもつのかを全体的に探ることとする。20世紀全般を「現代」という共時態とし、そこに行われる語形成を等質のものとみなすことについては議論の余地があるし、作家・作品の選択が恣意的であること、資料とする複合動詞の数が十分でないことも問題である。したがって、ここでの試みは、今後、時代範囲、作家・作品の選定などを的確に行った上で行うべき大規模調査のための、予備調査にとどまるといわざるを得ない。そのような限定の中で、既成の複合動詞と新造の複合動詞との対照が複合語形成の研究にとって必要かつ有意義であることを示すことが、ここでのさしあたっての目的である。個別の複合動詞の成立事情、すなわち、その作家がなぜそこでそのような複合動詞をつくったか（な

ぜ「泳いで帰る」ではなく「泳ぎ帰る」としたのか、なぜ「吸い寄せられる」ではなく「吸われ寄る」としたのか、等々）という問題はきわめて興味深いが、このような問題を扱うためにも、今はまず、現代作家の複合動詞形成に見られる全般的な特徴を見出すことが先決である。

　採集作業の結果、資料とした約 500 編の小説・随筆類からは、「動詞＋動詞」型の複合動詞を異なりで約 6,000 語とりだすことができた。「動詞＋動詞」型の複合動詞とは、前後いずれの構成要素も「現代」において自立する（単独で動詞として用いられる）用法をもっているものとした。自立するか否かの判別は、『学研国語大辞典』（第二版）の立項状況および（「多く動詞の連用形につけて使う」等の）記述内容を参考にして行った。以下に、自立しないと認めた構成要素をあげる（カッコ内は結びつく動詞の例）。資料の範囲内で認められたこれらを含む結びつき約 460 語は、ここでいう複合動詞からは除かれている。

○自立しない前項要素
　あざみ（笑う）、居（並ぶ）（「居」は「すわる」の意）、勢い（立つ）、生け（取る）、入り（乱れる）、選り（出す）、生い（茂る）、仰せ（付ける）、おめき（叫ぶ）、かち（合う）、かなぐり（捨てる）、かぶり（付く）、蹴（散らす）、こじ（空ける）、こびり（付く）、さらけ（出す）、しがみ（付く）、しじま（凝る）、せぐり（上げる）、そそり（立つ）、反っくり（返る）、たくし（上げる）、熟え（過ぎる）、つづくり（出す）、でんぐり（返る）、並み（立つ）、睨め（付ける）、捩じ（伏せる）、ねび（勝る）、はみ（出る）、引っくり（返る）、へし（折る）、へばり（付く）、ほき（出す）、まかり（出る）、まくし（立てる）

○自立しない後項要素
　（とどめ）あえる、（捜し）あぐねる、（攻め）あぐむ、（見）いだす、（現われ）出でる、（消え）入る、（かくれ）おおす、（そだて）おおせる、（泣き）おめく、（飛び）交う、（突っ）かえる、（出）くわす、（黙り）こくる、（眠り）こける、（切り）こまざく、（売り）込む、（言い）さす、（痩せ）さらばえる、（鳴き）しきる、（踏み）しだく、（出）しゃばる、（酔い）痴れる、（言い）そびれる、（寝）そべる、（濡れ）そぼつ、（明け）初める、（塗り）たくる、（流れ）滅つ、（満ち）足らえる、（剥げ）ちょろける、（見）とれる、（住み）ならえる、（突ん）のめる、（見）はるかす、（見せ）びらかす、（あわて）ふためく、（言い）触らす、（着）古す、（おち）ぶれる、（老い）ぼれる、（ぶち）まける、（叫び）よばる、（見え）分く

　これらの非自立的要素は、「あざみ（笑う）」「（泣き）おめく」のように、「無意味形態素」（宮島達夫 1973）に近づいて生産力を失っているものもあれば、「〜そびれ

る」「〜込む」のようにかなりの生産力をもったものもあり、さまざまである（「込む」は「中に入る／入れる」の意味では自立しない）。生産力をもつ非自立的要素は、新しい結びつきをつくることにも使われており、その意味では対象に含めることも考えられるが、生産力の有無ないし大小をきちんと測ることが難しいことから、本章では対象外としておく。

　また、前後いずれの構成要素も自立する（動詞を想定できる）が、複合動詞全体の意味に照らしてそれぞれの要素の意味がとりだせない「熟合した結びつき」も、意味的には単純語に相当するものとして、「動詞＋動詞」型の複合動詞とは認めなかった。熟合した結びつきには、前項・後項ともに複合動詞におけるその意味的分担が不明確なもの（完全熟合）と、複合動詞の意味にどちらか一方の構成要素の意味がかかわっていることは認められるが、もう一方の構成要素の意味的分担が不明確なもの（不完全熟合）とがある。以下に、それぞれの代表例をあげる。資料の範囲内で認められた熟合した結びつき約80語も、ここでの複合動詞からは除かれている。

○完全熟合
　当て付ける、入れ上げる、入れ込む（自動詞）、掛け合う（自動詞）、立て替える、立て引く、出し抜く、付き合う、突き止める、取り越す、取り詰める、成り立つ、遣り込める、…
○不完全熟合（前項の意味が不明確）
　有り付く、落ち合う、込み上げる、し入れる、し送る、し切る、し組む、し止める、たたみ掛ける、立て込む、付け上がる、付け入る、付け込む、似合う、開き直る、渡り合う、…
○不完全熟合（後項の意味が不明確）
　有り触れる、言い開く、請け合う、受け付ける、思い余る、買い被る、掻っ払う、駆り催す、出掛ける、取り成す、見受ける、見掛ける、見くびる、見せ掛ける、見立てる、見積る、申し開く、…

3.「語彙＝複合」的な複合動詞と「派生」的な複合動詞

　日本語の動詞をその語形成の様式から分類すれば、まず、大きく「単純（語の）動詞」と「合成（語の）動詞」とに分けられる。後者は、さらに、「春‐めく」「さびし‐がる」「ほの‐見える」のように単語（語基）に接辞が付いた「派生動詞」と、単語どうしが結びついた「複合動詞」とに分けられる。複合動詞には、本章で扱う「動詞＋動詞」型のほかに、「名詞＋動詞」型（目覚める、泡立つ、習慣付ける、勉

強する、…)、「形容(動)詞＋動詞」型(近寄る、若返る、元気付く、…)、「副詞＋動詞」型(ぼんやりする、ぶら下がる、ピカピカする、…)がある。なお、「切り替わる」「落ち着ける」などは、それぞれ、もとの複合動詞「切り替える」「落ち着く」が対応する自動詞ないし他動詞に派生したもので、見かけ上は複合動詞であるが派生動詞である。

　このように、「動詞＋動詞」型の複合動詞は、前後の要素がともに単語(単独の動詞)として自立できるものであり、したがって、両者がそれぞれの語彙的な意味を保持しつつ結びつくものを典型とする。しかし、これとは別に、語構成論(形態論)的には語基どうしの結びつきでありながら、前後いずれか一方の語基が「接辞化」して派生動詞に近づいた非典型的な複合動詞が存在する。本章では、前者を「語彙＝複合」的な複合動詞、後者を「派生」的な複合動詞と呼び分ける。

　派生とは、基本的に、一つの単語(語基)を(それに接辞を付けて)別の関連ある単語につくりかえる規則的・生産的な方式であり、日本語があらかじめ用意している、すなわち、できあいの造語法である。つくり手としての作家はこの既成の造語法を利用して派生的な複合動詞をつくるに過ぎず、そこに作家がその個性や独創性を発揮する余地は、語彙的な意味を保持した単語どうしの結びつきである典型的な複合と比べれば、少ない。したがって、作家による新造の複合動詞の形成を見ようとする場合には、このような派生的な複合動詞をあらかじめ対象から除いておく必要がある。

　派生的な複合動詞は、その「派生」の内容が語彙的であるか文法的(形態論的)であるかによって、さらに、「語彙＝派生」的な複合動詞と「文法＝派生」的な複合動詞とに分けられる[3]。

　語彙＝派生的な複合動詞とは、単語(語基)に、その語彙的な意味を強めたり、ぞんざいさを付け加えたり、語調を整えたりする接辞的な要素を付加し、単語の語彙的な意味をニュアンスの範囲で変更するというタイプの派生によるもので、「接頭辞＋語基」型のものと、「語基＋接尾辞」型のものとがある。これらは、いわば語彙的なレベルでの派生であるから、後述する文法＝派生的な複合動詞に比べれば必ずしも生産的でなく、辞書に登録されるものも多い。また、文法＝派生的な複合動詞にはない「接頭辞＋語基」という型ももち、さらに、文法＝派生的な複合動詞をつくる接尾辞的要素とも結びつき得る、などの特徴をもつ。以下に、語彙＝派生的な複合動詞を構成する接辞的要素をあげる(カッコ内は結びつく動詞の代表例)。

○語彙＝派生的な複合動詞をつくる接頭辞的要素
　打ち(消す、解ける)、押し(隠す、黙る)／押っ(被せる、放り出す)、掻き(曇る、消す)／掻い(つまむ、撫でる)／掻っ(飛ばす)、差し(迫る、止める)／差っ

（引く）、叩き（売る、返す）、立ち（至る、働く）、突き（返す、進む）／突っ（切る、走る）、取り（決める、紛れる）／取っ（つかまえる）、引き（締める、続く）／引っ（掻き回す、つかまえる）／引ん（曲げる）、ぶち（あける、壊す）／ぶっ（殺す、つける）／ぶん（殴る、投げる）

○語彙＝派生的な複合動詞をつくる接尾辞的要素

（思い、縮み）上がる、（縛り、ほめ）上げる、（言い、殴り）返す、（呆れ、湧き）返る、（襲い、飛び）掛かる、（誘い、笑い）掛ける、（聞き、読み）噛る、（あわて、いばり）腐る、（荒れ、踊り）狂う、（出、燃え）さかる、（噛み、食い）縛る、（睨み、見）据える、（言い、聞き）捨てる、（聞き、見）澄ます、（拝み、値切り）倒す、（買い）叩く、（気負い、煮え）立つ、（騒ぎ、塗り）立てる、（誉め）ちぎる、（し、喋り）散らかす、（怒鳴り、飲み）散らす、（言い、見）繕う、（叱り、見せ）付ける、（言い、吹き）募る、（思い、問い）詰める、（叱り、ぶっ）飛ばす、（聞き、着）流す、（書き）殴る、（言い、思い）成す、（打ち、叩き）のめす、（開け）放す、（言い、抜き）放つ、（落ち着き、酔っ）払う、（考え、読み）耽る、（遊び、伸び）ほうける、（咲き、鳴き）誇る、（いじり、乗り）回す、（歩き、のたうち）回る、（咲き、寝）乱れる、（思い、待ち）設ける、（眺め、見）遣る、（眺め、見）渡す、（冴え、晴れ）渡る

　文法＝派生的な複合動詞とは、単語（語基）に付く接辞的要素が、基本的には単語の語彙的な意味を変更することなく、単語の表す動作や変化の「起こり方」を、「開始」「継続」「完了」「可能」などといった文法的（形態論的）な意味のレベルで限定するタイプの派生によるもので、「語基＋接尾辞」型のみをもつ。これらの複合動詞は、単語（語基）と接尾辞的要素との関係が文法的であるので、語彙＝派生的な複合動詞に比べて生産的であり（前要素となる動詞をとりかえる自由度が大きい）、したがって、辞書に登録されるものも多くない。以下に、資料の範囲で得られた文法＝派生的な複合動詞を構成する接尾辞的要素をあげる（カッコ内は結びつく動詞の代表例）。

○文法＝派生的な複合動詞をつくる接尾辞的要素
　始動：（書き）起こす、（はげ）掛かる、（溺れ）掛ける、（怒り）出す、（散り）始める
　継続：（語り）居る、（隠し）置く、（述べ）来たる、（書き）進める、（降り）続く、（歌い）続ける、（泳ぎ）まくる、（深まり）行く
　完了：（茹で）上がる、（染め）上げる、（読み）終える、（縫い）終わる、（登り）切る、（崩れ）去る、（話し）足りる、（燃え）尽きる、（絞り）尽くす、（歩

き)通す、(やり)遂げる、(守り)抜く、(使い)果たす、(忘れ)果てる、(鳴り)止む、(書き)やめる
未遂：(飲み)余す、(見)誤る、(乗り)遅れる、(付け)怠る、(出し)惜しむ、(見)落とす、(決め)兼ねる、(出し)渋る、(会い)損う、(し)損じる、(死に)損ねる、(聞き)違える、(延び)悩む、(聞き)のがす、(やり)残す、(聞き)はぐれる、(聞き)外す、(聞き)間違う、(押し)間違える、(選び)迷う、(聞き)漏らす、(置き)忘れる
過剰：(甘やかし)過ぎる、(食べ)過ごす
再試行：(言い)改める、(読み)返す、(作り)替える、(締め)直す
習慣：(見)飽きる、(待ち)くたびれる、(泣き)疲れる、(やり)付ける、(書き)習う、(呼び)習わす、(飲み)慣れる
相互：(いたわり)合う、(言い)合わせる、(囁き)交わす
可能：(成し)能う、(ごまかし)得る、(使い)こなす、(使い)分ける

　この分類は、影山太郎1993および姫野昌子1999によるものである。＿＿＿線部の要素は影山1993にあるもの、＿＿＿線部の要素は姫野1999がそれに付け加えたもので、それ以外は、本章で新たに加えたものである[4]。なお、影山は「未遂」に「〜そびれる」「〜あぐねる」もあげているが、本章ではこれらを非自立的な要素としてすでに除いている。
　資料から得られた約6,000の複合動詞のうち、語彙＝派生的とのみ考えられる複合動詞は600語余り、文法＝派生的とのみ考えられる複合動詞は3,100語余り認められた。本章では、これらを派生的な複合動詞として検討の対象から除く。
　ただし、実際の作業では、語彙＝複合的であるか派生的であるかの判別に迷う場合も少なくない。語彙＝派生的な複合動詞では、一方の要素が本来の語彙的な意味を失ってニュアンス付加的な接辞になっていることを判断の基準としたが、たとえば、「押し隠す」における「押し〜」を「努力して／ひたすら」という接辞的意味にとるか、「(露見しようとするものを)上から押さえつける」という語基的な意味にとるかの判断は微妙である。「聞きかじる」における「〜かじる」の「上っ面だけをかじるように」といった意味も、接辞的であるか語基的であるか単純には割り切れない。また、「(落ち葉を／預貯金を)掻き集める」、「(ノートのあちこちに／気分に任せて)書き散らす」などでは、一つの複合動詞が語彙＝複合的な複合動詞（／の前の補語と結びついた場合）と語彙＝派生的な複合動詞との両方の用法を実現させている。
　文法＝派生的な複合動詞でも、たとえば、「(燃料を)使い切る」の「切る」を、「(使い)終える」「完全に(使う)」のように接辞化したものとしてとらえるか、「(燃料を)

なくす(なくなるようにする)」のように実質的な意味を保持した語基としてとらえるか(「燃料が切れる」という言い方は可能)、微妙なところであろう。また、「言い切る」などでは、文法＝派生的な複合動詞の用法(「最後まで言う」)と語彙＝派生的な複合動詞の用法(「きっぱりと言う」)とが両方見られる。さらに、「(名前を全部／小説を)書き出す」「(模様を／急いで)編み上げる」「(記録的な金額を／商品を残らず)売り上げる」「(正しい記録を／時間がなくて)書き残す」「(目の前を／倒れるほど)歩き過ぎる」「(歯車が／獣どうしが)噛み合う」のように、語彙＝複合的な複合動詞の用法(／の前の補語と結びついた場合)と文法＝派生的な複合動詞との両方の用法をあわせもつものもある[5]。

このように、語彙＝複合的な複合動詞と(語彙・文法＝)派生的な複合動詞との判別は必ずしも単純ではないが、本章では、明らかに語彙＝複合的であると考えられる複合動詞のみを対象とし、少しでも派生的な複合動詞の「疑い」があるものは対象から除いた。それは、先に述べたように、できあいの規則的・生産的な造語法に従ってつくられた複合動詞ではなく、作家が自らの個性や独創性を発揮してつくった(側面の強い)複合動詞を対象としたいからである。なお、「掻き集める」「書き出す」のように、両方の用法をもつことが確実である多義的な複合動詞の場合には、語彙＝複合的な複合動詞に含めて扱い、対象とした。

4. 既成の複合動詞・新造の複合動詞のとりだし

ここまで、前後いずれの要素も自立し、かつ、両者がそれぞれの語彙的な意味を保持しつつ結びついた「語彙＝複合」的な複合動詞として、2,261語を得た。次に、これらを既成の複合動詞と新造の複合動詞とに区分するのだが、そのためには以下の三つの方法が考えられる。

第一の方法は、問題となる複合動詞の一つ一つについて、それがいつつくられたかを調べ、作家の使用に先立って存在していることが確かなものを既成の複合動詞とし、それ以外を新造の複合動詞とする、という方法である。たとえば、「伝え聞く」「聞き伝える」などは、すでに平安時代に用例があり、現代の作家が使用する以前から日本語の語彙にあったことが明らかであるから(関一雄1977)、これらを新造の複合動詞とすることはできない。ただし、2千以上の複合動詞についてその語誌を明らかにするには多くの時間を費やさねばならないし、とりわけ、現代の作家以前に使用例がないことを確定することは容易ではない。

第二の方法は、十分な数の現代日本語話者に対して、問題となる複合動詞の一つ一つを知っているかと問い、多くのインフォーマントが知っていると答えたものを既成の複合動詞とし、逆に、多くが知らないと答えたものを新造の複合動詞とす

る、という方法である。既成の複合動詞は、それがいつつくられたかにかかわらず、共時的には、現代の日本語の「語彙」に登録されている単語である。現代日本語の語彙は、実体としては、日本語話者の頭の中に存在するのであるから、多くの日本語話者が知っている複合動詞は日本語の語彙に登録された既成の複合動詞であり、多くが知らない複合動詞は未登録の新造の複合動詞であると考えられる。ただし、この方法も、日本語話者の選定や調査方法の最適化、結果の解釈などに難しい問題をはらんでおり、簡単に行えるものではない。

　第三の方法は、現代に編まれた十分な数の国語辞書を用意して、問題となる複合動詞の一つ一つの収載状況を調べ、多くの辞書に立項されているものを既成の複合動詞とし、逆に多くの辞書が立項していないものを新造の複合動詞とする、という方法である。現代日本語の語彙は、もう一つの実体としては、「辞書」という目に見える形で存在している。もちろん、現代日本語の語彙を完璧に写し取った辞書というものは存在しないし、ほとんどの辞書はいわゆる商業出版によるものであるから、それによる制約をかかえてもいる。したがって、特定の、あるいは、数少ない辞書によるだけでは日本語の語彙を見たことにはならないが、十分に多くの辞書に載っているものを既成の複合動詞とし、多くの辞書にないものを新造の複合動詞と考えることは妥当であろう。この方法は、国語辞書という二次資料を用いる点で問題を残すものの、実行が最も容易である。そこで、本章では、この第三の方法を採用することにした。使用した辞書は、以下の27種である。

○選定に用いた国語辞書（出版社、刊行年は省略）
　（小型辞書）
　　岩波国語辞典（3版）、旺文社国語辞典（8版）、学研現代新国語辞典（初版）、角川国語辞典（新版）、現代国語例解辞典（2版）、講談社国語辞典（2版）、三省堂現代国語辞典（2版）、三省堂国語辞典（4版）、集英社国語辞典、新明解国語辞典（4版）、新選国語辞典（7版）、新潮国語辞典（新装改訂版）、新潮現代国語辞典（初版）、福武国語辞典（初版）
　（中型辞書）
　　学研国語大辞典（初版）、角川国語大辞典、言泉、広辞苑（4版）、広辞林（6版）、講談社日本語大辞典（2版）、新編大言海、大辞林（初版）
　（大型辞書）
　　日本国語大辞典（初版）、平凡社大辞典、辞海、修訂大日本国語辞典、新辞源

　対象とした語彙＝複合的な複合動詞のすべてについて、これら27種の国語辞書に（見出し・小見出し、あるいは、派生語・関連語等として）立項されているか否

か（用例における使用は除く）を調べた。図1は何種類の辞書に載っている複合動詞が何語あったかを示すグラフであるが、これによれば、複合動詞の数は、27種すべての辞書に載っていない640語を頂点として、収載辞書数が増えるに従って急減するが、おおよそ6種から21種あたりまでは30語前後で横ばいに推移し、その後、今度は収載辞書数が増えるに従って増加するという、逆J字型の分布を描いている[6]。

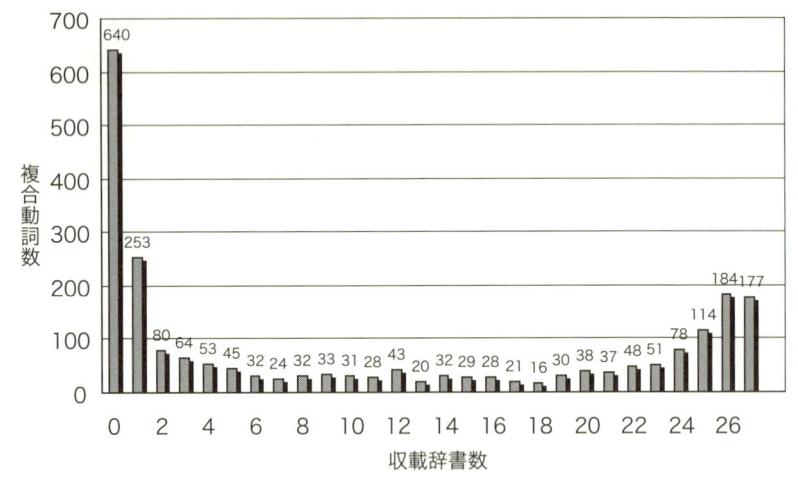

図1　語彙＝複合的な複合動詞の国語辞書収載状況

　この分布の形は、語彙＝複合的な複合動詞を以下の4群に区分することを可能にする。すなわち、グラフの左から、

　第1群：収載辞書数0、すべての辞書に載っていない複合動詞（640語）
　第2群：収載辞書数1〜5、わずかの辞書にしか載っていない複合動詞（495語）
　第3群：収載辞書数6〜21、ある程度の数の辞書に載っている複合動詞（474語）
　第4群：収載辞書数22以上、多くの辞書に載っている複合動詞（652語）

である。これらのうちのどれを既成の複合動詞とし、どれを新造の複合動詞とするかについてはいくつかの考え方があり得るが、ここでは、既成の複合動詞の典型として第4群を、新造の複合動詞の典型として第1群をとりだすことにしたい。その理由は、先に述べたように、ここでの調査が予備的な段階にあることから、対象を典型的なものに絞り込むことが必要と考えたからである。

なお、第1群を新造の複合動詞とすることについては、若干の検討がさらに必要である。それは、この群の中に、たとえば、「かすめ過ぎる」「投げ与える」のように、複数の作家によって使われているものが見出されるからである。

④ …なんとなく、その快さに溺れ切れないような、中途半端な感じは、確かに心のうちを掠めすぎたのだ。　　　　　　　　　　（里見弴「多情仏心」）
⑤ 新治の心に、このときケビンに掛けた上着の内かくしに残してきた初江の写真のことがかすめ過ぎた。　　　　　　　　　（三島由紀夫「潮騒」）
⑥ ときおり冷たい風がバルコンの上をなんの音も立てずに掠めすぎた。
　　　　　　　　　　　　　　　　　　　　　　　　　　（堀辰雄「風立ちぬ」）
⑦ と、それは救いの綱を投げ与えるように、津上は始めて自分より年下の青年に対して余裕を取戻して言った。　　　　　　（井上靖「闘牛」）
⑧ そう思う間もあらせず、今度は親類の人達が五六人ずつ、口々に小やかましく何か言って、憐れむような妬むような眼つきを投げ与えながら、幻影のように葉子の眼と記憶とから消えて行った。　　　　　　（有島武郎「或る女」）

これらは、既成の複合動詞でありながら、（その語構造が透明であるなど）なんらかの理由で辞書に立項されなかったものであろう。本章では、これらを新造の複合動詞から除くことにする。この種の複合動詞には、他に以下のようなものがあった。

溢れ落ちる、歩み去る、映り輝く、選び抜く、教え導く、押し落とす、驚き呆れる、思い諦める、折れ崩れる、帰り行く、考え迷う、こすり合わせる、転がり出る、叱り励ます、せり下がる、脱ぎ落とす、濡れ輝く、濡れ光る、捩り合わせる、覗き出る、跳ね下りる、踏み下ろす、干し並べる、迸り出る、掘り進む、導き出す、むくれ上がる、燃え輝く、破り捨てる

このほか、辞書には立項されていないが、一人の作家が複数回使用しているものを新造の複合動詞と考えてよいか、という点にも検討の余地があるが、ここでは新造の複合動詞に含めることにした。

以上の検討によって、既成の複合動詞として、22種以上の国語辞書に立項されているもの652語を、新造の複合動詞として、27種すべての辞書に立項されておらず、かつ、複数の作家によって使われていないもの606語を得た。これらが、ここでその語構造型を比較・対照するところの直接の対象である。

5. 複合動詞の語構造型

　本章では、語彙＝複合的な複合動詞の語構造型を、前後の構成要素が（もとになる動詞の意味にもとづいて）つくりあげる意味的な関係を類型化したもの、と考える。この「意味的な関係」における「意味」としては、この場合、もとになる動詞のアスペクトおよびヴォイスにかかわる範疇的な意味が想定できる。この想定の根拠は、複合動詞の構成要素となる動詞の次のような制限的な分布である。

　いま、本章で得た 2,261 語の語彙＝複合的な複合動詞について、その前項および後項となる動詞を、自動詞・他動詞の別に、構成する複合動詞数の多い順に上位各 10 位までとりだすと、次のようになる（カッコ内は構成する複合動詞の数）。

　○語彙＝複合的な複合動詞の前項となることが多い動詞
　　（自動詞）飛ぶ(28)、吹く(19)、泣く(16)、駆ける(16)、立つ(16)、流れる(15)、笑う(13)、乗る(12)、走る(12)、逃げる(12)
　　（他動詞）引く(53)、押す(42)、見る(35)、思う(35)、突く(33)、言う(32)、踏む(32)、振る(28)、掻く(28)、切る(25)

　○語彙＝複合的な複合動詞の後項となることが多い動詞
　　（自動詞）付く(56)、出る(44)、上がる(33)、歩く(31)、落ちる(30)、寄る(27)、去る(20)、行く(19)、立つ(18)、抜ける(17)
　　（他動詞）出す(123)、上げる(75)、取る(58)、付ける(35)、入れる(31)、落とす(28)、下ろす(26)、合わせる(25)、捨てる(22)、寄せる(19)、殺す(19)

　自動詞の場合、「前項となることが多い動詞」には、「飛ぶ」「吹く」「泣く」「駆ける」など、「～ている」という形で「動作の継続」を表す主体動作動詞（＿＿＿線部）[7]が多く、「後項となることが多い動詞」には、「付く」「出る」「上がる」「落ちる」など、「～ている」という形で「変化の結果の継続」を表す主体変化動詞（＿＿＿線部）が多い、という傾向が顕著にみられる。このことから、「自動詞＋自動詞」型の語彙＝複合的な複合動詞の場合、その語構造は、前項の主体動作（自）動詞と後項の主体変化動詞とのくみあわせにもとづいてつくられることが基本と考えられる。たとえば、「駆け寄る」という複合動詞は、《主体の動作》を具体的に表す（主体動作（自）動詞の）「駆ける」と、「何かに近づく」という《主体の変化》を表す（主体変化動詞）の「寄る」とをくみあわせて、複合動詞全体として、「主体が駆け、その結果主体自身が（何かに）寄る」という動きをひとまとまりのものとして表しているといえる。このとき、「駆け」は動きの〔過程〕の局面を、「寄る」は動きの〔結

果〕の局面を表しているが、このような語構造は、主体動作（自）動詞と主体変化動詞という、動詞のアスペクトおよびヴォイスにかかわる範疇的な意味を基礎にしてつくられている。

　　駆ける：　《主体の動作》
　　寄る：　　《主体の変化》
　　駆け寄る：《主体の動作》（駆け-）→《主体の変化》（-寄る）
　　　　　　　　〔過程〕　　　　　　　　〔結果〕

　一方、他動詞の場合は、一見して、「前項となることが多い動詞」には自他の対応をもたない無対他動詞（＿＿線部）が多く、逆に、「後項となることが多い動詞」には自他の対応をもつ有対他動詞（＿＿線部）が多い、という顕著な傾向がみられる。無対他動詞とは、基本的に、《主体の動作》を具体的に表しながらもそれがひきおこす《客体の変化》には無頓着な「主体動作動詞」であり、有対他動詞は、《客体の変化》をもたらす《主体の動作》を（必ずしも具体的にではなく）表す「主体動作客体変化動詞」である。したがって、「他動詞＋他動詞」型の語彙＝複合的な複合動詞の語構造は、前項の主体動作（他）動詞と後項の主体動作客体変化動詞とのくみあわせにもとづいてつくられることが基本と考えられる。たとえば、「押し出す」という複合動詞は、主体の客体に対するはたらきかけの《動作》を具体的に表す（主体動作（他）動詞の）「押す」と、「出る」という《客体の変化》をひきおこす《主体の動作》を（具体的な動作を指定することなく）表す（主体動作客体変化動詞）の「出す」とをくみあわせて、複合動詞全体として、「主体が押し、その結果客体が出る」という動きを内包するひとまとまりの主体動作として表しているといえる。このとき、「押し」は動きの〔過程〕の局面を、「出る」は動きの〔結果〕の局面を表しているが、このような語構造は、主体動作（他）動詞と主体動作客体変化動詞という、動詞のアスペクトおよびヴォイスにかかわる範疇的な意味を基礎にしてつくられている。

　　押す：　　《主体の動作》
　　出す：　　《主体の動作》　→　《客体の変化》（出る）
　　押し出す：《主体の動作》（押し-）→《客体の変化》（-出る）
　　　　　　　　〔過程〕　　　　　　〔結果〕

　以上のように、語彙＝複合的な複合動詞は、基本的に、アスペクトおよびヴォイスにかかわる範疇的な意味において異なる単純動詞をくみあわせて、すなわち、「自

動詞+自動詞」型の場合は「主体動作(自)動詞+主体変化動詞」、「他動詞+他動詞」型の場合は「主体動作(他)動詞+主体動作客体変化動詞」というくみあわせをもとにして、ひとまとまりの動きの〔過程〕面と〔結果〕面とをともに表すという、単純動詞のみでは表し得ない分析=総合的な語構造をつくりあげていると考えられる。ここでは、この語構造を「過程結果構造」と呼び、これを基本型として[8]、語彙=複合的な複合動詞の語構造型を次の2種7類に整理したい。

過程結果構造………… (1)他動的過程結果構造、(2)自動的過程結果構造、
　　　　　　　　　　 (3)再帰的過程結果構造
非・過程結果構造…… (4)様態限定構造、(5)状態限定構造、(6)継起的並列構造、
　　　　　　　　　　 (7)非継起的並列構造

　以下、各構造型の説明とともに、それぞれに所属する既成の複合動詞および新造の複合動詞を列挙する。新造の複合動詞については、複合動詞を掲げただけではその意味をとりだせない場合が多いので、巻末の「資料2」に、最小限の用例文を示した。参照されたい。なお、ここでとりだす語構造とは、語彙=複合的な複合動詞の基本義に対してのものであり、派生義にはかかわらない。たとえば、「押し付ける」の場合なら、「太郎が次郎を壁に押し付ける」のような物理的な動作を基本義として語構造分析の対象とし、「太郎が次郎に責任を押し付ける」のような抽象的な行動を表す派生義は、行動のどの側面が「押し」でどの側面が「付ける」であるかがもはや分析できなくなっており、対象としないということである。また、「打ち砕く」の場合なら、「太郎が次郎の夢を打ち砕く」のような、語彙=派生的な複合動詞としての解釈は対象としないということである。

6. 既成の複合動詞・新造の複合動詞の語構造型

(1) 他動的過程結果構造

　前項が客体に対する《主体のはたらきかけの動作》を表し、後項がそれによってひきおこされる《客体の変化》を表すという、「他動詞+他動詞」型の最も基本的な語構造である。「押し出す」のように、前項が主体動作動詞(無対他動詞)、後項が主体動作客体変化動詞(有対他動詞)というくみあわせが典型である。「切り落とす」のように、前項に主体動作客体変化動詞が来ることもあるが、その場合には、前項の表す《客体変化》(「切る」の場合は「切れる」)は語構造に関与せず、客体に対する《主体動作》の側面だけが機能する。「泣き腫らす」のように、前項に自動詞が来て、本来有しない他動性を発揮する場合もある。「追い払う」「取り除く」「投

第6章 「既成」の複合動詞と「新造」の複合動詞　139

げ捨てる」のように、《客体変化》を含意している一部の主体動作動詞（無対他動詞）が後項に来ることもある。以下に、この語構造型をもつと考えられる既成および新造の複合動詞をあげる。

【既成】明け渡す、当て嵌める、言い表す、言い聞かせる、言いくるめる、言い伝える、言い残す、言い含める、言い負かす、言い紛らす、言い渡す、植え付ける、請け出す、受け止める、打ち上げる、打ち落とす、打ち切る、打ち砕く、打ち出す、打ち付ける、打ち止める、打ち取る、打ち抜く、打ち果たす、打ち払う、打ち破る、生み落とす、生み出す、生み付ける、埋め立てる、売り捌く、売り出す、売り飛ばす、売り渡す、追い返す、追い出す、追い立てる、追い払う、追い遣る、押し返す、押し込める、押し出す、押し立てる、押し付ける、押し詰める、押し通す、押し退ける、押し遣る、押し分ける、落とし入れる、おびき出す、おびき寄せる、思い起こす、思い出す、思い残す、折り返す、織り成す、買い上げる、買い占める、買い取る、買い戻す、書き上げる、掻き上げる、掻き集める、書き表す、掻き合わせる、書き入れる、書き添える、書き出す、掻き出す、嗅ぎ出す、書き散らす、書き付ける、書き止める、書き取る、掻き鳴らす、書き抜く、書き残す、掻き混ぜる、掻き回す、掻き乱す、掻きむしる、掻き寄せる、掻き分ける、飾り付ける、数え上げる、噛み切る、噛み砕く、噛み殺す、噛み潰す、駆り集める、駆り出す、駆り立てる、刈り取る、聞き入れる、聞き出す、聞きただす、聞き届ける、聞き取る、聞き分ける、刻み付ける、切り上げる、切り落とす、切り崩す、切り裂く、切り捨てる、切り出す、切り詰める、切り取る、切り抜く、切り放す、切り払う、切り開く、切り伏せる、食い荒らす、食い切る、食い散らす、食い潰す、汲み上げる、組み入れる、汲み出す、組み立てる、汲み取る、組み伏せる、繰り上げる、繰り合わせる、繰り入れる、繰り越す、繰り出す、繰り延べる、繰り広げる、扱き下ろす、漕ぎ付ける、こすり付ける、こね返す、捜し当てる、探り当てる、下げ渡す、差し入れる、刺し殺す、差し出す、差し伸べる、差し挟む、誘い出す、縛り付ける、絞め殺す、吸い上げる、吸い出す、吸い取る、吸い寄せる、据え付ける、啜り上げる、擦り付ける、擦り潰す、擦り減らす、堰き止める、攻め落とす、競り上げる、せり出す、染め抜く、染め分ける、抱きすくめる、焚き付ける、抱き止める、叩き起こす、断ち切る、断ち割る、立て掛ける、立て直す、突き上げる、突き合わせる、継ぎ合わせる、突き落とす、突き崩す、突き刺す、突き出す、継ぎ足す、突き立てる、突き通す、突き飛ばす、突き退ける、突き放す、突っぱねる、

突き戻す、突き破る、作り出す、付け加える、つまみ出す、積み上げる、積み重ねる、積み立てる、吊り上げる、吊り下げる、連れ出す、照らし合わせる、問いただす、説き明かす、解き放す、説き伏せる、閉じ込める、取り上げる、取り集める、取り返す、取り殺す、取り下げる、取り出す、取り立てる、取り退ける、取り除く、取り外す、取り払う、取りひしぐ、取り戻す、取り寄せる、取り分ける、薙ぎ倒す、泣き腫らす、投げ打つ、投げ捨てる、投げ出す、投げ飛ばす、撫で付ける、握り潰す、煮出す、抜き出す、抜き取る、塗り付ける、塗り潰す、練り合わせる、飲み干す、吐き出す、剥ぎ取る、弾き出す、跳ね返す、撥ね除ける、払い下げる、払い除ける、張り上げる、張り倒す、張り出す、張り付ける、張り飛ばす、張り巡らす、引き上げる、引き合わせる、引き入れる、引き起こす、引っ込める、引き裂く、引き下げる、引き締める、引き出す、引き立てる、引き付ける、引き止める、引き抜く、引き退ける、引き延ばす、引き放す、引き戻す、引き寄せる、引き分ける、引き渡す、ひねり出す、吹き返す、吹き掛ける、吹き出す、吹き付ける、吹き飛ばす、吹き払う、踏み切る、踏み締める、踏み倒す、踏み鳴らす、踏み分ける、振り掛ける、振り切る、振り捨てる、振り出す、振り立てる、振り放す、振りほどく、振り撒く、振り回す、振り向ける、振り分ける、放り出す、掘り起こす、掘り下げる、掘り出す、巻き上げる、撒き散らす、混ぜ返す、祭り上げる、見下ろす、見極める、見下す、見下げる、見透かす、見捨てる、見抜く、見のがす、見放す、見破る、見分ける、剥き出す、結び付ける、召し上げる、申し入れる、申し渡す、もぎ取る、もたせ掛ける、揉み消す、盛り上げる、もり立てる、盛り潰す、焼き付ける、遣り過ごす、結い上げる、譲り渡す、揺り動かす、揺り起こす、寄せ集める、寄せ掛ける、寄せ付ける、呼び上げる、呼び入れる、呼び起こす、呼び出す、呼び止める、呼び戻す、呼び寄せる、読み上げる、読み下す、読み取る、割り当てる、割り出す、割り振る

【新造】あけ開く、言い懲らしめる、祈り歌い明かす、植え継ぐ、植え連ねる、植え交じえる、穿ち貫く、穿ち抜く、移し写す、奪い上げる、生み揃える、笑み皺める、選び抜く、押し縮める、押しふさぐ、思い広める、飼い太らせる、掻き並べる、掻き広げる、稼ぎ溜める、語り広める、噛み取る、刻み抜く、組み渡す、繰り当てる、くるみ取る、こすり消す、こすり取る、こそぎ取る、こそげ取る、小突き合わせる、裂き殺す、裂き捨てる、裂き取る、裂き離す、裂き開く、囁き聞かす、差し照らす、誘い寄せる、諭し聞かせる、しごき上げる、絞り落とす、吸い集める、吸い殺す、ずらし上

げる、抱き暖める、抱き伏せる、助け上げる、助け下ろす、助け乗せる、叩き捨てる、叩き均す、たたみ合わせる、立てかけ合わす、ちぎり取る、ついばみ落とす、突きあける、突き下ろす、突き分ける、作り溜める、伝え広げる、呟き聞かせる、つまみ捨てる、摘み集める、積み移す、摘み添える、紡ぎ出す、つるし殺す、連れ下ろす、解き捨てる、解き外す、閉じ合わせる、どやし倒す、ない合わす、流し倒す、投げ被せる、投げ絡む、投げ皺める、舐め減らす、並べ上げる、にじり消す、縫い並べる、脱ぎ散らかす、塗り重ねる、捩り取る、練り栄える、飲み隠す、掃き下ろす、吐き飛ばす、運び下ろす、弾き切る、話し聞かせる、話し加える、張り重ねる、引っ張り起こす、引っ張り寄せる、吹き裂く、吹き散らかす、吹き曲げる、踏み下げる、踏み和らげる、降り埋める、振り捌く、振り外す、篩い均す、放り落とす、ほっぽり投げる、掘り下ろす、掘り窪める、掘り貫く、掘り取る、巻き締める、混ぜ加える、まぶし付ける、見詰め伏せる、剥き取る、剥き開く、貪り集める、むしり捨てる、申し授ける、揉み下ろす、盛り重ねる、焼き割る、破り取る、ゆすぶり起こす、より揃える、笑い捨てる

(2) 自動的過程結果構造

　前項が《主体の動作》を表し、後項がそれによって実現される《同じ主体の変化》を表すという、「自動詞＋自動詞」型の最も基本的な語構造である。「歩み寄る」のように、前項が主体動作（自）動詞、後項が主体変化動詞というくみあわせが典型である。「浮き上がる」のように、前項に主体変化動詞が来る場合でも、前項は、《主体変化》ではなく、《主体動作》すなわち運動全体の〔過程〕面を表し、後項の表す《(同じ)主体の変化》を〔結果〕として【実現】する関係に立つ。「飛び出す」「乗り上げる」のように、後項に主体動作客体変化動詞が来る場合もあるが、そこでは後項の《客体変化》の側面は機能しない

【既成】歩み寄る、浮かび上がる、浮き上がる、浮き出す、浮き出る、移り変わる、生まれ落ちる、笑み割れる、起き上がる、押し寄せる、落ち着く、落ち延びる、踊り上がる、降り立つ、駆け出す、駆け抜ける、駆け巡る、駆け寄る、絡み付く、消え失せる、組み付く、焦げ付く、凝り固まる、死に絶える、死に別れる、染み付く、染み通る、透き通る、住み着く、擦り抜ける、擦れ合う、擦れ違う、せり出す、反り返る、絶え果てる、立ち上がる、立ち止まる、立ち直る、立ち上る、立ちはだかる、散り敷く、付き添う、詰め寄る、出会う、出揃う、出張る、照り映える、通り越す、飛び上がる、飛

び下りる、飛び越える、飛び越す、飛び出す、飛び立つ、飛び違う、飛び散る、飛び付く、飛び出る、飛びのく、飛び乗る、飛び離れる、泣き崩れる、泣き沈む、泣き付く、泣き伏す、成り上がる、成り下がる、逃げ失せる、逃げ出す、にじり寄る、抜け出す、抜け出る、寝転ぶ、寝静まる、寝とぼける、寝ぼける、のし上がる、のし掛かる、伸び上がる、乗り上げる、乗り移る、乗り組む、乗り越える、乗り出す、馳せ参じる、跳ね上がる、跳ね起きる、跳ね返る、張り裂ける、張り出す、干上がる、干からびる、引きこもる、引き下がる、干反る、吹き荒れる、吹き荒ぶ、吹き出す、降り掛かる、降り敷く、舞い上がる、舞い戻る、巡り会う、燃え上がる、燃え付く、萌え出る、もたれ掛かる、痩せこける、痩せ細る、病みほうける、行き会う、行き当たる、行き暮れる、行き着く、行き詰まる、行き届く、行き渡る、酔い潰れる、よじ登る、寄り掛かる、寄り添う、寄り付く、湧き上がる

【新造】集まり来る、跡づけ行く、溢れにじみ出す、甘え寄る、歩み過ぎる、歩き過ぎる、歩き進む、歩き抜ける、いざり離れる、浮かび現れる、浮かび来たる、移り過ぎる、押し溢れる、落ちそそぐ、落ち溜まる、落ち散らばる、泳ぎ帰る、泳ぎ抜ける、泳ぎ戻る、折れ欠ける、折れ重なる、折れたわむ、駆け集まる、駆け帰る、駆け来る、駆け去る、被さり掛かる、枯れ萎れる、枯れ尽きる、消え落ちる、腐り落ちる、くずおれ倒れる、崩れ伏す、こぼれ出る、転がり下りる、転び倒れる、咲き溢れる、咲き戻る、裂け広がる、錆び朽ちる、さ迷い辿る、さ迷い出る、さ迷い寄る、滴りこぼれる、疾走し去る、忍び上がる、染み広がる、滑り抜ける、滑りはいる、擦れ落ちる、吸われ寄る、迫り来る、添い加わる、注ぎ集まる、注ぎ落ちる、漂い行く、辿り来る、辿り来たる、近づき迫る、近づき行く、ちぎれ落ちる、散り隠れる、散りそそぐ、散り溜まる、疲れ枯れる、伝い流れる、伝わり落ちる、集い来る、積み溢れる、積もり重なる、遠ざかり行く、通り去る、飛び集まる、流れ褪せる、流れ下りる、流れ来る、流れ伝わる、泣きふくれる、なだれ掛かる、逃げ戻る、にじみ広がる、にじり下りる、にじりしりぞく、脱げ落ちる、抜け去る、ねじれ上がる、眠り過ごす、逃げ帰る、逃れ出す、這い転ぶ、這いずり上がる、生え詰まる、弾け返る、弾け散る、走り越す、跳ね越える、はらばい去る、潜みわだかまる、ひょろけ出る、広がり散る、吹きにじむ、降り下ろす、降り散らばる、触れ暖まる、経来たる、舞い出る、巻き上る、まくれ返る、跨ぎ越える、跨ぎ越す、まつわり下がる、群がり起こる、もがき寄る、戻り来る、戻り着く、漏れ出る、焼け崩れる、焼け損なわれる、焼け流れる、焼けやつれる、病みぼける、揺れ上がる、

よじり登る、寄り固まる、よろぼい出る、別れ去る、湧き溢れる、湧きこぼれる、沸き立ち溢れる、湧き流れる、渡り付く、渡り行く

(3) 再帰的過程結果構造

　前項が主体の客体に対するはたらきかけの《動作》を表し、後項がそれによりひきおこされる（客体ではなく）《主体の変化》を表すという語構造である。「かじり付く」「切り抜ける」「着膨れる」のように、前項に主体動作（他）動詞、主体動作客体変化動詞、再帰動詞が来て、後項に主体変化動詞が来るというくみあわせと、「着飾る」「振りかざす」のように、前項・後項とも再帰的な動詞（「覚える」「知る」などの心理的な主体変化を表す動詞を含む）というくみあわせを典型とする。前者の場合は、前項の客体に対するはたらきかけの側面（他動性）は語構造に関与せず、《主体自らの変化》に結びつく《主体動作》の側面だけが機能する。「見上げる」「撫で下ろす」などでは、後項の表す変化の主体は前項の動作主体（のからだの一部）である。

【既成】言い寄る、受け入れる、請け負う、受け継ぐ、受け取る、受け持つ、打ち勝つ、追い越す、追い付く、追い抜く、思い当たる、思い知る、思い立つ、思いとどまる、買い入れる、噛り付く、噛み合う、噛み締める、噛み付く、借り受ける、着飾る、聞き及ぶ、聞き過ごす、聞き惚れる、着膨れる、切り抜ける、食い下がる、食い違う、食い付く、しゃくり上げる、吸い付く、咳き上げる、攻め寄せる、抱き抱える、抱き締める、抱き付く、届け出る、取り入れる、取り持つ、撫で上げる、握り締める、引き受ける、引き継ぐ、引き取る、踏み出す、踏みとどまる、踏み外す、踏み迷う、踏ん張る、振り上げる、振りかざす、振り被る、振り乱す、振り向く、見上げる、見当たる、見失う、見下ろす、見知る、見開く、見惚れる、見向く、召し抱える、申し受ける、申し出る、持ち上げる

【新造】穿ち進む、受け支える、襲い迫る、抱え持つ、嗅ぎ覚える、掻き分け進む、噛み寄せる、考え至る、繰り抜ける、漕ぎ上がる、さすり下ろす、攻め進む、食べ進む、突き延ばす、覗き上げる、引きずり行く、守りやつれる、迎え寄る、読み辿る

(4) 様態限定構造

　前項が後項の表す動作の様態面を限定する語構造であり、前項は後項の動作がどのように行われるかを表していて、両者の間に〔過程〕と〔結果〕という関係はない。前項・後項とも主体動作動詞となるくみあわせが典型である。

【既成】言い争う、書き記す、語り継ぐ、切り刻む、切り苛む、啜り泣く、付け狙う、飛び歩く、取り扱う、泣きじゃくる、逃げ惑う、練り歩く、引き絞る、引きずる、踏みこたえる、踏みにじる、振り絞る、見送る、見比べる、見習う、見計らう、見守る、見回る、申し送る、持ち扱う、持ちこたえる、渡り歩く

【新造】喘ぎ求める、あせり求める、遊び騒ぐ、溢れ輝く、誤り虐げる、争い読む、合わせ与える、泡立ち騒ぐ、言いけなす、言いすがる、言い説く、言い吃る、言い慰める、急ぎ走る、いたわり起こす、いたわり包む、偽り売る、植えしりぞく、動き現われる、渦巻き流れる、歌い騒ぐ、写し描く、呻き倒れる、呻き泣く、呻き悩む、うろつき歩く、えぐり刻む、覆い包む、押し抑える、押しひしめく、押しゆすぶる、落ち着き澄ます、踊り喜ぶ、思いあせる、思い痛む、思い選ぶ、輝き溢れる、輝き流れる、掻きあさる、嗅ぎ捜す、語り描く、考え悶える、考え求める、狂い怒る、狂いうなる、恋い求める、裂き刻む、慕い求める、忍び受ける、迫り問う、責め歩く、責め縊る、助け押す、助け運ぶ、尋ね捜す、問い慰める、飛び踊る、流し見る、流れ動く、泣き悔む、鳴き回る、泣き咽ぶ、嘆き惑う、投げ配る、宥さする、撫で計る、波打ち騒ぐ、舐め味わう、願い求める、狙い求める、望み求める、登り歩く、挟み刻む、走り読む、潜み出る、引っ越し歩く、踏み蹴る、踏み試す、震え動く、舞い飛ぶ、舞い回る、見迷う、貪り食べる、巡り踊る、燃え照る、もがき争う、もだえ泣く、求め捜す、揉み絞る、揺れ漂う、揺れ通る、揺れ上る、装い示す、呼び騒ぐ、よろめき歩む、よろめき走る、分ち考える、分けよじる、渡り改める、喚き騒ぐ、笑い輝く、笑いとぼける、笑い行き交う

(5) 状態限定構造

前項が《主体の状態》を表し、後項がそのもとで行われる《主体の動作》(「浮き進む」など)、《主体の変化》(「生き残る」など)、《客体の変化》(「抱き渡す」など)を表すという語構造である。これも、様態限定構造と同様、前項と後項との間に〔過程〕と〔結果〕という関係はない。

【既成】生き残る、組み敷く、立ち騒ぐ、立ちすくむ、立ち並ぶ、出迎える、乗り越す、持ち運ぶ、持ち寄る
【新造】浮かび流れる、浮き進む、生まれ持つ、おぶり歩く、兼ね仕える、抱き渡す、たたずみ眺める、立ち読む、連れ舞う、伴われ行く、並び存する、慣れ用いる、握り回す、待ち眺める

(6) 継起的並列構造

　時間的に先行する運動を前項が、それに後続する運動を後項が表すという語構造である。前項が後項に先行するという点で〔過程結果構造〕に近いが、これらの前項と後項とは別個に独立した運動であり、両者の間にひとまとまりの運動の〔過程〕面と〔結果〕面という分担はない。並列構造であるから、主体動作動詞どうし（「呼びいましめる」など）、主体変化動詞どうし（「集まり散る」など）、主体動作客体変化動詞どうし（「乾し砕く」など）のくみあわせが多い。

【既成】受け流す、勝ち誇る、聞き咎める、悔い改める、積み出す、出歩く、乗り捨てる、見咎める、見忘れる

【新造】集まり散る、溢れ流れる、受け味わう、うずくまりうごめく、移し考える、生み生かす、起き坐る、押さえくわえ込む、落ち朽ちる、書き届ける、傾き倒れる、刻み叩く、崩れ腐る、汲み注ぐ、くもり傷つく、裂き与える、裂き食う、滴り湧く、知り悩む、尋ね試みる、つかみ散らす、貫きとめる、宥め帰す、乾し砕く、結び垂れ下げる、燃え燻る、盛り固める、行き着き泊る、ゆだね祈る、呼びいましめる

(7) 非継起的並列構造

　前項・後項の表す二つの運動の間に時間的な前後関係がない語構造である。非継起的（同時的）であるから、現実には一つの運動でありながら、それを前項の表す運動とも後項の表す運動とも解釈できるという関係にあるものが多く、当然、両者は類義的になる。「恋い慕う」のように前項・後項とも主体動作動詞であるくみあわせを典型とするが、「飢え乾く」のように主体変化動詞どうしのくみあわせや、「曲がりくねる」のように状態を表すものどうしのくみあわせもある。

【既成】思い煩う、恋い慕う、咲き匂う、好き好む、責め苛む、耐え忍ぶ、似通う、ほめそやす、ほめたたえる、曲がりくねる

【新造】愛し慈しむ、愛し育てる、崇め奉る、崇め祭る、嘲り呟く、暖め潤す、暴れもがく、あやし楽しませる、憐れみいたわる、憐れみ笑う、案じ求める、痛み惜しむ、痛み疲れる、いたわり慰める、厭い避ける、いましめ責める、飢え乾く、飢え凍える、動き歌う、疑い怪しむ、うねり曲がる、熟みただれる、呻きもがく、恨み憤る、うるみ霞む、覆い欺く、教えいたわる、教え育てる、恐れ嫌う、恐れつつしむ、おどみうるむ、驚き悲しむ、驚き恥じる、驚き喜ぶ、戦き震える、溺れ浸る、輝ききらめく、重なり高ぶる、重なりたかる、かすれ戦く、考え悩む、来たり迫る、気取りすます、朽ち

衰える、朽ち枯れる、朽ち腐る、朽ち古びる、苦しみ悩む、黒ずみ萎れる、こけまろぶ、冴え輝く、冴え静まる、叱り責める、茂り栄える、慕い望む、親しみ慣れる、示し与える、透かし宥める、責めいじめる、猛り気負う、たしなめ諭す、漂い浮かぶ、漂い流れる、疲れ傷つく、培い育てる、永らえ生きる、嘆き悲しむ、なじり責める、悩み苦しむ、悩み煩う、鳴りきしめく、憎み厭う、憎み恨む、憎み恐れる、のたくり絡まる、罵り喚く、育み暖める、恥じ悲しむ、腫れふくらむ、ひねくれ曲がる、震え戦く、誇り喜ぶ、ぼやけ薄れる、祭り崇める、守り育てる、蒸し煙る、もがき逆らう、痩せ青ざめる、痩せ干からびる、揺れどよめく、喜び戦く、喜び戯れる、弱り疲れる、笑い喚く

7. 現代作家による「新造の複合動詞」形成の特徴

　以上、2種7類の語構造型に既成および新造の複合動詞を分類した。分類を確定できたものは、既成の複合動詞が652語中582語、新造の複合動詞が606語中519語であった。分類を保留したものの多くは、複数の型に所属する可能性を残したものであり、新しい語構造型をもつ複合動詞をまとまって認めることはできなかった。先に③の用例で示した「吸われ寄る」や、次の⑨の「疾走し去る」などは、語彙＝複合的な複合動詞の前項に受身形や二字漢語サ変動詞が来るという、通常は（文法＝派生的な複合動詞にしか）見ることのできない例であるが、他に類例を見出すことはできなかった。現代の作家は、基本的には、既成の複合動詞にはない新しい語構造型の複合動詞をつくりだすには至っていないといえよう。

　⑨　で、そのまま、後につづいて疾走し去った威勢のよい乗物とは反対の方向
　　　へ、俄かに暗ずみかけた道を少年の如く駆けて行った。
　　　　　　　　　　　　　　　　　　　　　　　　（野上弥生子「真知子」）

　しかし、各語構造型の「勢力関係」は、既成の複合動詞と新造の複合動詞とで大きく異なっている。いま、分類を確定することのできた複合動詞を全体として、各語構造型の複合動詞数を百分率で比較すると図2のようになる。

第6章 「既成」の複合動詞と「新造」の複合動詞　147

	他動的過程結果構造	自動的過程結果構造	再帰的過程結果構造	様態限定構造	状態限定構造	継起的並列構造	非継起的並列構造
既成	338	123	66	27	9	9	10
新造	127	132	19	103	14	30	94

凡例（左から）：■他動的過程結果構造　□自動的過程結果構造　□再帰的過程結果構造　■様態限定構造　□状態限定構造　□継起的並列構造　■非継起的並列構造

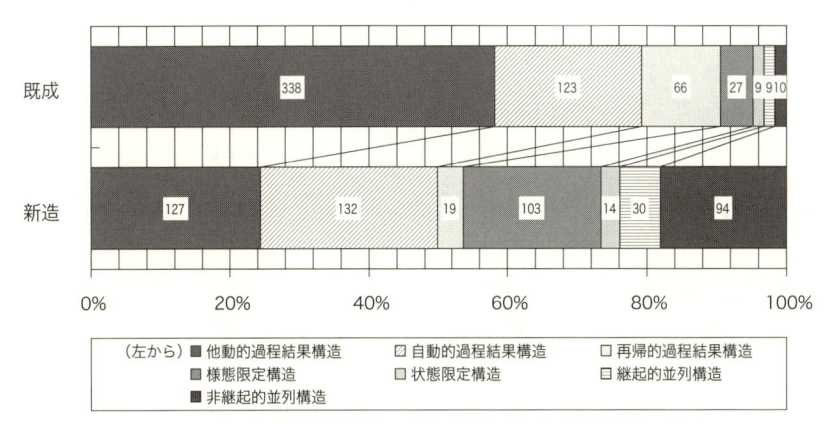

図2　既成の複合動詞と新造の複合動詞における語構造型の比率

　これによれば、既成の複合動詞の半数以上（338語）を占めた他動的過程結果構造は、新造の複合動詞では全体の4分の1弱（127語）にすぎなくなっている。同様に、再帰的過程結果構造もその割合は小さくなっている（66語→19語）。逆に、既成の複合動詞では少なかった様態限定構造（27語）、状態限定構造（9語）、継起的並列構造（9語）、非継起的並列構造（10語）の4類が、いずれも、新造の複合動詞でその割合を大きくしており、とくに、様態限定構造（103語）と非継起的並列構造（94語）は、他動的過程結果構造、自動的過程結果構造（132語）と肩を並べる勢いである。要するに、既成の複合動詞では［過程結果構造］が圧倒的に優勢であるのに、新造の複合動詞では［非・過程結果構造］が［過程結果構造］にほぼ拮抗する勢いを得ているのである。既成の複合動詞と新造の複合動詞との間には、その語構造型の勢力関係において、明らかな「ずれ」のあることがわかる。
　すでに述べたように、新造の複合語をつくる際には、つくり手は既成の複合語の語構造をモデルにすると考えられている。しかし、図2の結果は、現代の作家による新造の複合動詞が、既成の複合動詞において優勢な［過程結果構造］だけでなく、きわめて劣勢の［非・過程結果構造］をもつものとしても、数多くつくられていることを示している。つまり、現代の作家は、既成の複合動詞を使うことはもちろん、既成の複合動詞で有力なタイプ（語構造型）をモデルとするだけでなく、有力でないタイプをも利用して、新造の複合動詞を活発につくりだしているのである。
　この現象は、現代作家の文学的な言語創造性を理由に説明することも可能だが、複合語形成論の立場からは、「複合動詞語彙の二重構造」と「語構造型の特徴」との関係という面から、以下のように説明することができる。

樺島忠夫1980は、「語彙は中心が密で確定しており、周辺に行くほど粗で動いている球にたとえることができる」とし、たとえば、基本語彙は球の中心部にあり、新語や流行語などは球の周辺部で現れたり消えたりしているとする。このたとえに従えば、複合動詞語彙の中心部にあるのが既成の複合動詞であり、周辺部にあるのが新造の複合動詞ということになる。それは、既成・新造それぞれの定義にも合致するものである。
　では、新造の複合動詞に、既成の複合動詞に比べて、［過程結果構造］が少なく、［非・過程結果構造］が多いのはなぜか。これは、構成要素となる動詞の「くみあわせ制限の有無（強さ）」によるものと考えられる。他動的過程結果構造においては、原則として、前項には《主体動作》を表す他動詞が、後項にはそれによってひきおこされる《客体変化》を表す有対他動詞が来なければならない。意味的にも整合するこの種のくみあわせは限られており、その多くがすでに既成の複合動詞としてつくられてしまっている可能性がある。したがって、この語構造型の複合動詞を新たにつくることは、他の語構造型に比べれば、難しいものと推測される。それに対して、［非・過程結果構造］の、とくに様態限定構造や非継起的並列構造では、要素となる動詞のくみあわせにこの種の制限はなく、意味的に整合しさえすれば、まだまだ多くの複合動詞をつくることができるものと予想できる。また、同じ［過程結果構造］でありながら、自動的過程結果構造の割合が新造の複合動詞において減っていないのは、この語構造型が、後項動詞の結果性を利用する他動的過程結果構造と違って、前項の《動作》と後項の《変化》とのくみあわせの上に結果性の意味（過程結果構造）をつくりあげることから、《主体変化》を表す動詞であれば後項動詞になり得るということ、また、同じ主体の《動作》と《変化》とをくみあわせればよく、異なる主体と客体の《動作》と《変化》とをくみあわせなければならない他動的過程結果構造に比べて、運動の関与者が少なくてよいこと、という二つの理由で、構成要素となる動詞のくみあわせ制限がより緩やかになっているからだと考えられる。
　では、既成の複合動詞に［過程結果構造］が圧倒的に多いのはなぜか。これは、語構造としての「必然性」ないし「普遍性」の違いによるものと考えられる[9]。まず、［非・過程結果構造］は、構成要素となる動詞のくみあわせに制限がなく（緩く）、意味的に整合しさえすれば、自由につくることができる。自由につくることができるということは、そこに、つくり手の個性や独創性が入り込む余地が大きいということである。個性的・独創的な複合動詞は、作家のめざす個性的・独創的な文体には貢献するが、一般性・普遍性が低いために多くの人に用いられることはなく、特殊な単語として語彙の周辺部にとどまることが多くなるのではないかと考えられる。一方、［過程結果構造］は、動詞のくみあわせに制限があって、そこにつ

くり手の個性や独創性を介入させる余地は相対的に少ないが、その分、くみあわせが必然的で、一般性・普遍性が高いために多くの人に用いられ、一般的・基本的な単語として語彙の中心部に入っていくことが多くなるのではないかと考えられる。とすれば、新造の複合動詞の多くが［非・過程結果構造］をもつものであっても、既成の複合動詞の多くは［過程結果構造］をもつもので占められ続ける、ということになる。

　以上は、共時的な解釈であるが、これとは別に、既成の複合動詞と新造の複合動詞との語構造型の「ずれ」は、複合動詞における語構造型の勢力が歴史的に変化していることの反映である、という通時的な説明も成り立ち得る。つまり、複合動詞の語構造型として、過去においては［過程結果構造］が優勢であったが、現代においては［非・過程結果構造］が次第に優勢になりつつある、ということである。

　しかし、『平安時代複合動詞索引』（東辻保和他 2003）などをみると、平安時代の複合動詞にも［非・過程結果構造］と思われるものは多い。たとえば、「思う」という動詞は、現代では、複合動詞の前項にしかならない主体動作（他）動詞（認識や思考も動作とみなす）であるが（『複合動詞資料集』では、前項 78 例、後項 0 例）、『平安時代複合動詞索引』では、前項 288 例、後項 78 例（「おぼす」は前項 235 例、後項 56 例）と、後項動詞としても用いられており、それらの多くは、「怪しみ思ふ」「急ぎ思ふ」「恐れ思ふ」のような様態限定構造、「聞き思ふ」のような継起的並列構造、「言ひ思ふ」のような非継起的並列構造という、［非・過程結果構造］のものが多いように思われる。同じ「複合動詞」といっても、現代と平安時代とを単純に比較することはできないが、もし平安時代の複合動詞にも［非・過程結果構造］のものが多ければ、この時代の複合動詞語彙には、すでに、中心部にある「既成」の複合動詞と周辺部にある「新造」の複合動詞という二重構造があって、前者の多くは［過程結果構造］をもち、後者には［非・過程結果構造］の複合動詞も多いという違いがあったのではないか、と想像される（先に述べた通時的な説明を検証するためには、少なくとも、平安より前にさかのぼらなければならないのではないか）。とすれば、複合動詞の歴史的な研究では、各時代における既成の複合動詞と新造の複合動詞とを区別しながら、複合動詞語彙の二重構造の変遷を明らかにする必要があるのかもしれない。

　以上、本章では、現代作家の複合動詞形成において、既成の複合動詞に照らして、［非・過程結果構造］、とくに、様態限定構造と非継起的並列構造をもつ新造の複合動詞が、他の語構造型に比べて、より盛んにつくられている傾向のあることを指摘した。現代の作家は、既成の複合動詞における語構造型の範囲内で新造の複合動詞をつくってはいるが、その勢力関係には影響されない、すなわち、既成の複合

動詞においてより優勢な語構造型をより多くモデルにしているわけではないということが明らかになった。これを複合語形成論の知見として位置づけるなら、既成の複合動詞における語構造型の勢力関係は、それをそのまま、新造の複合動詞を形成する際の生産力（造語力）とみなしてはならない、ということである。

しかし、このことは、「動詞＋動詞」型の複合動詞に特有の事情であって、複合名詞などにはあてはまらないと考えられる。複合名詞については、次の、西尾寅弥1988に示されているような見方が有力である。

> 複合語が新たに形成されるのは、既存の複合語の実例が作り出している「型」をモデルとして類推的創造（analogical creation）が行われるためである。したがって、ある「型」が有力であるかどうか、生産的な語形成様式であるかどうかは、その型に属する実例数の大小によるところが大きいであろう。〔名詞＋動詞連用形〕の④の形式に属する実例が相当に多いということは、複合名詞の諸様式の中で有力なものの一つであることを示している。そして、新たな語を形成する様式としても活発に生きているのではないかと推測される。事実、この様式で、比較的新しく形成されたとみられる例を列挙することは容易である。たまたま筆者の目にふれたものを、順序もなく少しあげてみよう。
> 14　ハワイ焼け　ゴルフ焼け　バカンス焼け　スト破り　スト慣れ　秒よみ　核抜き　信号待ち　バナナ狩り　スプーン曲げ　放射線もれ　ロッキードがくし　ロッキードがくれ
> こういう類の中には、一時的な、あるいはその場限りの複合語に終わるものも多く、社会慣用の語として定着するものはそれらの一部分にすぎないであろうが、かなり自由な語形成の可能性をもっていることは注目される。
> （西尾 1988: 109–110）

複合動詞と複合名詞とでこうした違いが生じるのは、前者が、《アスペクト・ヴォイス》モデルによって形成されることを基本とし、そのために、造語成分となる動詞のくみあわせに制限が加えられるからだと考えられる。

先に述べたように、本章での調査はいまだ予備的な段階にあり、得られた傾向は、今後の本格的な調査のための仮説にすぎないと言わざるをえない。また、とくに継起的・非継起的を問わず、並列構造の複合動詞は、実は二語の動詞連続であり、そのために国語辞書に立項されず、したがって、新造の複合動詞に多いように見えただけではないか、という疑問も残る。たとえば、次の例などは、「（生活に）疲れ荒む」なのか、「（生活に）疲れ、荒む」なのか、必ずしもはっきりしない[10]。

⑩　朝の掃除がすんで、じっと鏡を見ていると、蒼くむくんだ顔は、生活に<u>疲れ荒ん</u>で、私はああと長い溜息をついた。　　　　　　　　（林芙美子「放浪記」）

　この問題は、古代語に複合動詞を認めるか否かという議論（関 1977）とも関係して、本質的な検討を待たなければならないが、本章では、現代語の常識的な一語意識に従って、これらを複合動詞と認めておこうと思う。このほか、複合動詞の国語辞書における収載状況の調査や、各語構造型への複合動詞の分類などに、誤りや不十分でない点が残されているものと思う。今後の課題としたい。

注
1　作家が小説や随筆を書く中でつくる複合動詞が「新造の複合語」であるか、「臨時の複合語」であるかについては、序論における検討を参照のこと。
2　宮島達夫 1972 で資料となった文学作品 52 編と、筆者が調査した（中短編を中心とする）小説・随筆類約 450 編を資料とした。ただし、前者には科学説明文・論説文 24 編が含まれているから、本章の資料を「小説・随筆類」とし、そこに現れている複合動詞の使い手・つくり手を「（現代の）作家」と呼ぶことは正確ではないが、量的に見て、小説・随筆類が大部分を占めることは間違いない。なお、筆者の資料には翻訳小説も含んでいるが、これも、多様な複合動詞を採集するため、あえて除かなかった。
3　「派生」的な複合動詞を構成する接尾辞的要素については、武部良明 1953 による分類・整理が有名である。武部は、それまでの研究史をまとめた上で、この種の接辞的要素を「強意的意味を添えるもの（呆れかえる、投げつける）」「動作の方向を示すもの（積みこむ、逃げだす）」「動作の起こり方を示すもの（読みきる、飛びそこなう、思いそめる、乗りつづける）」の 3 種に分類している。前二者はここでいう「語彙＝派生」的なものに対応し、後者は「文法＝派生」的なものにおおよそ対応している。
4　影山太郎 1993 では、前項と後項とが「D構造において別々の語としてあること」が「統語的複合動詞」の条件とされているので、すでに語彙化していると考えられる複合動詞を構成する非生産的な接尾辞的要素はあげられていない。しかし、本章では、いわゆる「補文構造」をつくる複合動詞を文法＝派生的な複合動詞と認めているので、それを構成する接尾辞的要素を広くあげている。
5　文法＝派生的な複合動詞では、語基と接尾辞的要素との関係が文法的であるため、複合動詞の補語は前項の語基のみと結びつき、したがって、補語と語基とが構成する補文に後項の接尾辞的要素が結びついた構造（〜することを／が／に〜する）として解釈できる（阪倉篤義 1966a・b）。

「(数学を)勉強し始める」=「(数学を)勉強することを始める」
「食べかける」=「食べることをしかける」
「(雨が)降り続く」=「(雨が)降ることが続く」
「しゃべり疲れる」=「しゃべることに疲れる」

そして、このような補文構造を構成していることの証左として、次のようなテスト・フレームが考え出されている(森山卓郎 1988、影山 1993)。

①複合が二回以上起こる(複合の連続)
　「書き続けそこなう」「書き忘れかける」
　　　⇔　×「ぶんどる」「とりあげる」→「ぶんどりあげる」
②前項を「そうする」「そうなる」で置き換えられる
　「私が飲み始める」→「彼もそうし始める」
　　　⇔　×「私が飲み歩く」→「彼もそうし歩く」
③前項に(実質的な意味のない=語彙的意味の極めて希薄な)「やる」「する」が来る
　「し始める」「やり始める」　⇔　×「しつぶす」「やりつぶす」
④前項にサ変動詞が来る(漢語サ変動詞語幹の場合は2字以上)
　「吸引し始める」　⇔　×「吸引し取る」(cf.「吸い取る」)
⑤前項を「お〜になる」形式(主語尊敬表現)に置き換えられる
　「お飲みになり始める」　⇔　×「お飲みになり歩く」
⑥前項を受身・使役の形式(態形式)に置き換えられる
　「書かれ始める」　⇔　×「書かれ込む」
　「書かせ始める」　⇔　×「書かせ込む」
⑦前項を重複構文(「飲みに飲む」など)の形式に置き換えられる
　「鍛えに鍛えぬく」　⇔　×「書きに書き込む」

　ただし、これらのテストに対する可否にも微妙な場合があって、判断に迷うことも少なくない。たとえば、森山 1988 では、「??使わせきる」「??焼かれきる」などが考えにくいことから、「〜切る」は⑥の「られ」「させ」介入テストには通りにくいという判断がなされているが、野村・石井 1987 には「追われ切る」「殺され切る」の存在が報告されている。本章では、この7種のテストのうち、とくに③④⑥の実例が存在するものを中心に、文法=派生的な複合動詞の接尾辞的要素をとりだした。

6　一般に、収載辞書数が増えるに従って複合動詞数は減るものと考えられるが、この分布はそうなっていない。収載辞書数22以上となって複合動詞が増え始めるのは、これらの複合動詞(第4群)がどの辞書でも立項する「基本語」であるからだと考えられる。基本語であれば使用される頻度も多く、したがって、作家が既成の複合動詞として参照する可能性も高くなると考えられる。

7　本節の記述における「主体動作動詞」「主体変化動詞」「主体動作客体変化動詞」とい

う用語は奥田靖雄 1977・78 に、「有対他動詞」「無対他動詞」という用語は早津恵美子 1989a によっている。
8 　語彙＝複合的な複合動詞の語構造の基本型を［過程結果構造］とすることには、語彙・文法＝派生的な複合動詞の語構造をも含めて、複合動詞の語構造を全体的にとらえることができるという利点がある。
9 　語構造としての「必然性」ないし「普遍性」については、レイコフ 1987 の「因果関係のプロトタイプ」（池上・川上他訳：63–65）も参照のこと。
10 　次例のように、「(泥んこの道に) 降り、歩いた」という 2 語の連続であることが明らかな場合は、複合動詞とは認めなかった。

「コッケイな男の顔を自動車に振り捨てたまま、私は泥んこの道に降り歩いた。」
　　　　　　　　　　　　　　　　　　　　　　　　　　　　　　（林芙美子「放浪記」）

第 2 部

複合名詞の形成

第1章　複合名詞形成の4段階モデル

はじめに

　われわれにとって「単語」とは、あらかじめ存在するもの、つまり、できあいのものである。それは誰かがつくったには違いないが、一々の単語はそのつくり手を示してはいない。そうした単語を無条件に受け入れ、あるいは、こばみながら、われわれは言語生活をいとなんでいる。

　しかし、ときとして、われわれは自ら新しい単語をつくることができる。あるいはまた、必要に迫られてつくらねばならないことがある。そのような機会は、われわれの生活のさまざまな領域にみられるものである。「朝溜めかつぎ」「燈明消え」、「背中当て」「恥かき子」、「穴掘り競争」「小便調べ」「水屋さんごっこ」、「すえ付け高さ」「深絞り加工」「目通しする」などの単語[1]をみれば、日常生活の世界で、こどもの世界で、専門家の世界で、自由に、あるいは、必要に迫られて、さまざまな「命名的語形成」すなわち「造語」が行われていることを知ることができる。

　われわれは、みな、単語をつくる能力（＝造語力）をもっており、それを使って現実世界・想像世界のさまざまな事物・事象を表現することができる。と同時に、われわれは、造語によって表現された世界の断片を、造語以前にくらべてはっきりと認識することができる。次の例は、造語が人々の認識を明確にし、行動を喚起する力をもつことを示している。造語は、表現活動であると同時に、認識活動でもあるといえよう。

（1）　銀行や公衆電話で一列に並び、機械や電話が空いたら先着順に使う合理的な行列の仕方。「この並び方が定着しなかったのは、公平さへの意識の薄さがあるが、いい名前がなかったのも理由の一つ」と、冗談法人・東京やじ馬連盟（伊藤敏男代表幹事）が「フォーク並び」と命名。
　　　　　　　　　　　　　　（朝日新聞1991年11月29日「天声人語」）

しかし、われわれは、いったい自分がなぜ、どのようにして単語をつくることができるのか、そのしくみを容易に説明することができない。それは、われわれのもつ造語の機構や、造語という行動が、おそらくは他の言語機構や言語行動と同様に、きわめて複雑なものであるからだと考えられる。その究明には、さまざまな造語の事実に対する分析を数多くつみあげていくことが求められる。このことは、いうまでもない。しかし一方では、造語というものをできるだけ広くみわたす努力、たとえば造語の諸側面を統一的に説明できるモデルをつくる試みも、また、必要であり、有効であろう。これまでに個別に行われてきた研究の知見を相対化し、有機的に関連づけたモデルをつくることで、造語の全体像をみわたすことができれば、現時点でそのどこがなぜ不完全であるのかを知ることができ、今後の研究課題を明確にすることができると考えられるからである。

　そこで、本章では、そうした「造語モデル」構築の第一歩として、命名的語形成の中心に位置すると考えられる「複合名詞の形成モデル」について検討し、「複合名詞形成の4段階モデル」というものを提案する。したがって、以下で説明の便のために用いる「造語」という（伝統的な）術語は、直接には「複合名詞の形成」を意味することになる。
　モデルの作成にあたっては、複合名詞の中でも、とくに自然科学を中心とした「学術用語」を主な材料とする。その理由は、第一に、学術用語の多くが現代でつくられたことが明らかな複合名詞であること、第二に、各学問分野の用語（語彙）は、一般語（日常語）の語彙に比べて、体系性が高く、用語間の異同や関係についてとらえやすいこと、第三に、学術用語には、一般語の複合名詞よりも長い複合名詞が多い、つまり、構成要素の数が多い分、造語の過程をとらえる手がかりが多いこと、などを考慮・重視したためである。総じて、学術用語の形成は、一般語の複合名詞の形成よりも、その過程面が把握しやすく、造語モデルのひながたを考えるには都合がよいと考えられる。
　もちろん、ここで提案する複合名詞形成モデルは、きわめて素朴なものであって、ごく典型的な複合名詞の形成のみを想定したものである。また、こうしたモデルは、本来、言語の生成モデルの一環として、他の言語表現の生成のしくみと関連づけられるべきであろうが、ここでは、複合名詞以外の言語表現が生成される可能性や道すじを盛り込むことはできない。さらに、たとえば、方言語彙（生活語彙）の研究が明らかにしてきたような造語の社会言語学・文化言語学的な側面（藤原与一 1961・1986、室山敏昭 1987・1998 など）をもりこむこともできない。現在のところは、ごく素朴な複合名詞形成の骨組みというべきものであって、それは、筆者の語形成研究の現在のレベルを反映したものにならざるを得ない。

1. 原概念の形成（原認識）

　個人の表現＝認識活動としての造語は、まず、単語の意味的側面、つまり、われわれが単語によって表そうとする意味内容を表現の対象として認識するところからはじまるものと考えられる。表現の対象には、現実世界の事物・事象からわれわれの思考内容まで、さまざまなものがなり得るが、それらは表現の対象として前もって存在するというより、われわれが、造語の意志のもとに、われわれの意識のうちにつくりあげる認識ではないかと考えられる。それは、われわれが造語しようという意志をもってみるときにはじめて得られるものであり、造語しようと思わなければ、客観的には存在したとしても、表現の対象として明確に認識されることはないものであろう。

　われわれはこうした認識を、連続する世界の中から表現の対象となるべき断片を切りとる「分節（選択）」の作用によってつくりあげる。これには、たとえば、新しく発明された機械のように、目の前にあって認識しやすく、また、人による認識の仕方の違いなどほとんどない場合もあるが、一方では、人によって、言語社会によって、何をどのように選択して切り取るかということ自体が違っている場合もある。言語によって意味分野ごとの語彙量が異なるということ[2]、たとえば、日本語には自然現象や自然物に関する語彙が豊富にある[3]などということには、日本人の分節のし方、世界に対する目の付けどころの独自性も反映しているはずである。また、たとえば、方言の性向語彙には「ほめるよりもあしざまに言う方向」の造語が多いとか[4]、夫を表すことばよりも妻をあらわすことばの方が多いなどという現象をみれば、ある社会の中で造語の対象として注目・選択されやすいものとされにくいものとがあるようにも思われる。表現対象の選択は、個人の自由にまかされている面もあるが、一方で、言語社会での必要性など、なんらかの条件に規定されている面もある。

　われわれは、また、分節してとりだした世界の断片の一つ一つを「抽象（一般化）」して、表現の対象を「概念」として認識する。個別の機械が実際に何万台あろうと、それらがみな同じ機能を担う機械としてあるならば、それは一つの「機械」概念として認識されるはずである。次の記述は、語選択についてのものであるが、造語の対象をどのような抽象レベルでつくりあげるのかについてもあてはまるように思われる。

（２）　大人はしばしば具体的な用語を使うが、大半は中程度の抽象レベルの用語を使う。子供に対して中位のレベルの用語を自然選択して使うことは、ロッ

シュ、メルヴィス、グレイ、ジョンソンおよびボーイズ＝ブレームの最近の研究とよく一致する。これらの研究者たちは、中位の抽象レベルの用語は成人が使う基本的カテゴリーであることを示した。なぜなら、それは、最も多く情報を担い、カテゴリーの手掛かりの信頼性が高く、より抽象的なカテゴリーやより特定的なカテゴリーの名前よりも、互いによく弁別される形態を備えているからである。[5]

　概念は、また、抽象の結果として得られるとはいっても、決して、漠然としたものではない。それは、われわれが概念を「構造化」するからだと考えられる。つまり、概念をいくつかの部分要素とその関係とからなる構成体としてとらえることによって、その内容を具体的に理解するのである。同時に、われわれは、「位置づけ」とでもいうべき認識の作用によって、構造化された概念が概念世界全体の中でどのような位置にあるかを明確にしようとする。われわれは、概念あるいはそれを構成する要素を、われわれ自身の記憶や概念体系と照らし合わせ（カテゴリーマッチング）、すでにある概念と同じか、どのような範疇に属するのか、それを同類の概念から区別する特徴は何であるのか、といったいろいろな下位の認識作用を経て、表現の対象としてつくりあげるものと考えられる。

　この、造語の過程の初発で形成される、新たな単語によって表される対象としての認識を、ここでは「原概念」と呼び、また、原概念をかたちづくること（原概念の形成）を「原認識」と呼ぶことにしたい[6]。原概念は、われわれにおいては固定的なものではなく、つねに変動し得るものである。われわれは、対象のもつすべての情報を認識できるとはかぎらない。しかも、その認識は、われわれ自身の学習によって豊かにもなり、また、誤解や忘却などによって間違ったり貧弱にもなったりするものである。それは、自らの思考活動や他人との会話の中でさえ、さまざまに変容し得るものと考えられる。

　原概念は、造語主体の頭の中にしかないものであり、その実体をじかに観察することはできないが、個人的なものであるにせよ「概念」である以上、当然、言語によって支えられていると考えるべきである。たとえば、機械工学に「灰上げ機」という用語があるが、この用語の原概念（の基本的な部分）は、次のような文章表現を借りて想定することができる。

（３）　船のボイラ室から灰を上甲板まで持上げ、灰すて管にすてる捲上げ機械であって、蒸気機関によって駆動されることが多い。

　　　　　　　　　　　　　　　　　　　　　　（『機械工学辞典』、技報堂、1958）

もちろん、これは専門用語辞典の解説文であって、想定される原概念の近似的なすがたにすぎないが、ここから原概念を構成する要素とその関係とをとりだして、原概念の構造（「原概念構造」）をとらえることも可能である。まず、この解説文で、「船の」という部分は、「ボイラ室」だけにかかっているものの、その後の「上甲板」「灰すて管」「捲上げ機械」はもちろん、「持上げ」「すてる」という《動作》にまで、それらの存在や動作の行われる《場所》あるいは《空間》という関係で、意味的にむすびついていると考えることができる。一方、「捲上げ機械」の「捲上げ」という部分は、「持上げ」の具体的なありさまであると考えられるから、別の要素とした方がよい。また、「すてる」という《動作》については、この解説文から、その《対象》が「灰」であること、その《起点》が「上甲板」であることが明らかである。さらに、「蒸気機関」は「持ち上げ」てから「すてる」までの一連の《動作》の《手段》であり、「機械」は同じくその《主体》と考えられる。

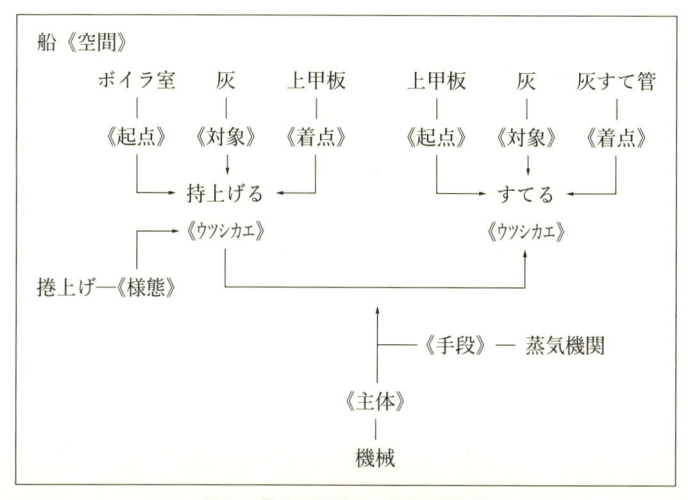

```
船《空間》
  ボイラ室    灰    上甲板      上甲板    灰    灰すて管
    │       │      │          │      │      │
  《起点》  《対象》 《着点》    《起点》《対象》《着点》
    │       │      │          │      │      │
    └───→ 持上げる ←┘          └───→ すてる ←┘
              │                          │
           《ウツシカエ》              《ウツシカエ》
              │                          │
  捲上げ─《様態》                        
                     │
                  《手段》─ 蒸気機関
                     │
                  《主体》
                     │
                   機械
```

図1　「灰上げ機」の原概念構造

　このようにして、これらの要素間の関係を過程的に表現すると、「灰上げ機」の原概念は、図1のような構造であると仮定することができる。ここで、矢印の方向は、《動作》以外の要素が《動作》に依存的に結びつく関係と、《動作》間の継起的な関係とを示している。この表示法はきわめて素朴なものであるが、原概念を構成する要素とそれらの関係をおさえることで、おおよその原概念構造を把握することができる。

2. 命名概念の形成（命名認識）

　原概念を複合という造語法によって説明的に表現しようとしても、ただちに複合名詞をつくることができるわけではない。それは、多くの場合、原概念の内容が豊かすぎて、そのすべてを複合名詞という短い形式によって表すことができないからである。

　そこで、われわれは、原概念を代表して説明するような、もう一つ別の認識（概念）をつくりあげるのではないかと考えられる。そのようなもう一つの認識は、多くの場合、われわれが原概念のある側面に着目し、そこだけをとりたててつくるものである。(1) の「フォーク並び」であれば、その原概念には、「銀行や公衆電話で一列に並び、機械や電話が空いたら先着順に使う合理的な行列の仕方」というもの以外にも、多くの側面があるものと考えられ、その中の一つである「フォークのような形の並び方」という側面が、原概念を表すためのもう一つの認識としてとりたてられたものと考えられる。

　また、たとえば、ここに新しい装置が発明されたとする。われわれは、その装置を対象として、自分なりの原概念をつくりあげる。その内容は、おそらく、ある時点でその装置に関してわれわれが知り得ることすべてである。たとえば、それが装置であるということ、その発明者、形状、機構、機能、性能、操作法、耐久性、ランニングコスト、価格、……。これらのすべてを一語によって表すことは、通常、不可能である。そこで、われわれは、原概念のある部分に注目し、それを別の認識としてとりだし、それをもとにして複合名詞をつくるのである。このような原概念と複合名詞とをつなぐ認識を、ここでは、命名的複合語形成のためにあえてつくられる概念という意味で、「命名概念」と呼び、また、原概念から命名概念をとりたててかたちづくること（命名概念の形成）を「命名認識」と呼ぶことにしたい。「ダルソンバール検流計」などという複合名詞がつくられる過程においては、この装置の《発明者》《機能》《装置》という側面が命名概念としてとりだされているものと考えられる。

　命名概念は原概念の部分概念であり、したがって、当然、言語によって支えられていると考えられる。また、原概念と同様に、それを構成する要素とそれらの間の関係からなる構造（「命名概念構造」）をもっている。図1は「灰上げ機」の原概念構造として想定したものであったが、このような構造図を利用すると、原概念のどの部分が命名概念としてとりたてられているかがわかりやすい。この場合は、「灰上げ機」という複合名詞からさかのぼって想定すると、図2のように、──線で囲んだ「灰《対象》を　持ち上げる《動作》　機械《主体》」という部分（側面）だけ

が命名概念としてとりたてられたものと考えられる。「灰上げ機」の原概念には、「ボイラ室から灰を上甲板まで上げる」「灰を上甲板から灰すて管に捨てる」という二つの「イベント」(石綿 1999: 154)が含まれているが、命名概念としてとりたてられたのは前者のイベント(の一部)だけであるということになる。

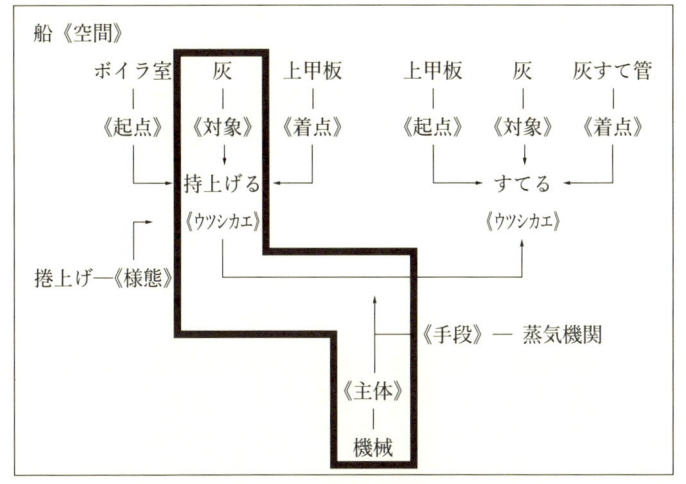

図2 「灰上げ機」の命名概念構造(☐内)

このように、命名概念は、原概念を構成する要素をバラバラにとりたてるのではなく、原概念においてすでに、たとえば一つのイベントのように、有意味なまとまりとなっている部分(側面)をとりたてることによって、つくられるものと考えられる。

命名概念は、われわれにとって、表現の直接的な対象であり、原概念を複合名詞という形式によって表さなければならないとき、造語の主体がつくりあげるものである。それは、原概念を最もよく表すものとして、造語主体が注目した側面である。つまり、命名概念の形成は、原概念の形成と同様、個人的な操作であると考えられる。個人的な操作であるから、たとえ同一の原概念があったとしても、人によって違う命名概念がつくられる可能性がある。同じ事物が異なる言語(方言)において異なる観点から名づけられているということなどは、この可能性を強く支持するものであろう。このことは、同一の言語においても起こり得ることである。上の「ダルソンバール検流計」は、また、「可動コイル検流計」[7]とも呼ばれるが、この二つの名称の存在は、それぞれの命名概念の違いを表すものであろう。また、あ

る人の命名概念が別の人によって理解され、共感されるともかぎらない。このことは、ある複合名詞をみてもその原概念が正しく推定できないことがあることなどから予想することができる。

　われわれが原概念の一部に注目し、命名概念をつくりあげる過程は、きわめて複雑なものであると考えられるが、基本的には、「表現」と「弁別」との二つの原理[8]がはたらいているように思われる。

　たとえば、原概念の中にカテゴリーマッチングの結果得られた認識が含まれているとすれば、そのような情報が命名概念の形成に役立てられるなどということは十分に考えられよう。つまり、対象が何の一種であり、それを同類のものから区別する特徴は何であるのかといった認識が、命名概念としてとりたてられる可能性がある、ということである。「種差＋類概念」という形式の複合名詞が多いことは、このようなやり方で命名概念がつくられることを示唆するものだろう。

　このうちの「種差」の部分には、その対象の最も典型的な特徴がとりたてられることが多いのではないかと考えられる。たとえば、「ねずみ取り」は「ねずみを取る」という本来的・典型的な《機能》を命名概念とする名づけであって[9]、「屋根裏に置かれる」とか「（場合によっては）人を傷つける道具になる」といった非典型的・臨時的な《機能》にもとづくものではない。われわれは複合名詞を必然的な名づけのように考えがちであるが、それは、多くの場合、複合名詞の名づけが、原概念から本来的・典型的な側面としてとりたてられた命名概念に対して行われるからである。

　しかし、もちろん、命名概念をつくりあげる方法はこれだけではない。「召集令状」と「赤紙」とをくらべれば、前者が本来的な《機能》を命名概念としてとりたてているのに対して、後者は、その《色》と《材質》という本来的ではない側面を命名概念としてとりたてることによって、より象徴的な効果をもつ複合名詞がつくられているといえる。命名概念の形成には、われわれがもつ造語の目的、それにもとづく造語の態度（まじめ、あそび、皮肉、……）、われわれをとりまく状況など、さまざまな条件が関与してくるだろう。われわれの注意力・想像力・空想力などというものもかかわってくるかもしれない。比喩とか類推とかも、命名概念をつくる有力な方法（作用）であるといえる。

　原概念から命名概念をとりたてる際には、「弁別の必要性」ということもかかわってくる。一つの例として、「穀物乾燥機」という複合名詞をとりあげよう。これに対する『機械工学辞典』の説明は、以下のとおりである。

（4）　穀物の貯蔵、販売には、その含有水分を 14〜16% にしなければならぬ。刈取直後の 25% の穀物を乾燥するのに用いる（機械）。

　ここに書かれていることを原概念（の基本部分）とみなすと、命名概念としてとりたてられているのは、「穀物《対象》を　乾燥する《動作》　機械《主体》」という部分（要素）であり、「穀物の貯蔵、販売のために」《目的》や「穀物の含有水分を 14〜16% にする」《結果の状態》などは選択されていない。選択されなかった要素は、この機械を表すのに不必要な要素であると考えられる。では、なぜ不必要なのだろうか。このことを考えるには、逆に、これらの要素が必要である場合を考えてみるとよい。「含有水分が 14〜16% になる」という要素《結果の状態》が選択される必要のある場合とは、「含有水分を 14〜16% 以外」にする機械が他に存在し、それと区別する必要があるときであろう。「穀物の販売、貯蔵」という要素《目的》が選択される必要のある場合とは、「穀物を販売、貯蔵する」以外の目的で乾燥する機械が存在し、それと区別する必要があるときであろう。しかし、そうした必要がなかったから、これらは選択されなかったと考えられるのである。

　逆に考えれば、命名概念として選択された要素（側面）も、このような類の必要性があったからこそ選択されたと考えることができる。「穀物」《対象》も「穀物」以外を乾燥する機械と区別するために選択されているのであり、「乾燥」《動作》も「乾燥」とは異なる動作を行う機械と区別するために選択されているのである。事実、「穀物乾燥機」以外に「繭乾燥機」「野菜果実乾燥機」という複合名詞が存在するし、もちろん、「乾燥機」以外の「〜機」も存在する。このようなことから、原概念のうち、表現の対象を他の単語（用語）から「弁別」するのに必要な要素が、命名概念を構成するものとして選択される、ということが、まずは、考えられる。

　もちろん、とりたてられる命名概念（の要素）は、一方で、原概念を適切に「表現」するものであることが求められるはずである。命名概念は、原概念を部分的ではあるにせよ表現している。このことは、命名概念が原概念から「とりたてられる（選択される）」という考え方が基本的な前提としているところである。弁別のためだけに複合名詞がつくられるのなら、「本来的・典型的な側面」などというものを造語主体が考慮する必要はまったくないのである。命名概念（の要素）のとりたては表現と弁別の原理によって規定され、結果として、そこからつくられる複合名詞も、また、両者の均衡の上に成立しているものと考えられる。

3.　命名概念の複合名詞化（造語成分の選択と配列）

　原概念から命名概念がとりたてられると、命名概念を表す複合名詞をつくること

になる。命名概念は、原概念の一部であり、当然、言語によって支えられているから、複合名詞は命名概念を構成する要素を利用してつくることができる。しかし、命名概念は、明確に定まった一つの形をとっているわけではなく、おそらく、原概念と同様、いろいろな「言い方」が可能なゆるやかな表現として、造語主体の頭の中に存在するものと考えられる。したがって、この段階では、そうした命名概念を最もよく表す複合名詞を、試行錯誤的につくりあげることになるものと考えられる。

「灰上げ機」の場合も、命名概念は「灰《対象》を　持ち上げる《動作》　機械《主体》」という表現をとっているが、これも想定される一つの形であって、決して確定的・固定的なものではない。ただ、もしこのような命名概念がありえたとすれば、それを構成する三つの要素を造語成分として使って、「灰持ち上げ機械」という複合名詞をつくることが可能である。この際、三つの要素は、類概念である「機械」は最終要素に、動詞成分である「持ち上げる」は連用形（と同じ形）にして《主体》である「機械」の直前に、動詞成分の《対象》「灰」は動詞成分の直前にそれぞれ配置する、といった日本語の複合法にしたがって配列・結合されることになる。

しかし、この「灰持ち上げ機械」という複合名詞になんらかの不都合があったり、あるいは、他によりよい複合名詞があり得たりという場合には、命名概念の内容は同じでも、別の造語成分を使った複合名詞がつくられることになる。実際、この例では、この種の類概念を表す要素としては「機械」より接辞的な要素「機」の方が適切であるとか、「持ち上げる」という複合動詞よりも「上げる」という単純動詞の方が短くてよいとか、といった理由で、「灰上げ機」という用語が選ばれたのではないかと考えられる。また、可能性としては、このほかにも、漢語や外来語の造語成分を使って、「昇灰機」とか「アッシュホイスター」などという複合名詞がつくられたかもしれない。

命名概念から複合名詞をつくる際に、命名概念を構成する要素は複合名詞の造語成分として利用されることになるが、そのすべての要素がそのまま使われるとはかぎらないようである。たとえば、「ねずみ取り」は、「ねずみを　取る　道具」というような命名概念からつくられたと考えられるが、「道具」にあたる要素は複合名詞の造語成分に使われていない。これは、「名詞＋和語動詞連用形」の複合名詞が「道具」を表すという造語法があるからで、もし漢語サ変動詞語幹を使えば「ねずみ捕獲器」のように、「道具」を表す造語成分（「器」）を使わなければならなくなる。このことは、はじめから「ねずみ取り」の命名概念に「道具」を表す要素が欠けていたと考えるよりも、命名概念を構成する要素の中には複合名詞の造語成分として

使われないものもあると考えるべきことを示すものである。小林隆1980によれば、「鳥もち(鳥黐)」は、はじめ「もち」といったが、「もちいひ(餅飯)」が縮約して生じた「もち(餅)」と同音衝突を起こして「鳥取りもち」となり、後に「鳥もち」となったという。この、(「もち」→)「鳥取りもち」→「鳥もち」という変化は複合名詞の変化であって、命名概念が変わったわけではない。このことも、命名概念の要素に複合名詞の造語成分になるものとならないものとがあるということを支持するものだろう。上の「灰上げ機」の場合も、「灰上げ」「灰機」などであった可能性もあるということである。なお、「釣り竿」の場合には、「竿で釣る」《対象》は「魚」に決まっているので、先に述べた「前提となる要素は命名概念に選択されない」という原則によって、はじめから造語成分にとりたてられていないものと考えられる。

　命名概念から複合名詞をつくるときに、複数の要素が一つの造語成分に「統合」される場合もあるのではないかと考えられる。たとえば、「茶仕上げ機」という複合名詞の命名概念を、『機械工学辞典』によって、「中揉茶の形状を整え、香味を増すための操作を行う機械」と想定すると、下線部分は「仕上げ」という《動作》として統合されているように見える。つまり、われわれ造語主体は、命名概念を構成するいくつかの要素を手持ちの造語成分一つにまとめて複合名詞をつくることがある、ということである。逆に、「たて編機」の場合には、『機械工学辞典』によれば「たてメリヤスを編成する機械」という命名概念が想定できるが、そうすると、「たてメリヤス」という要素の「たて」の部分のみが(《動作の方向》を表す)造語成分になっているように見える。この場合は、命名概念の要素が分割されて、その一部だけが造語成分となって複合名詞づくりに使われている、と考えることができる。もちろん、こうしたことは、命名概念というものをどのように想定するかで変わってくるものであるが、命名概念から複合名詞が形成される過程を動的かつ柔軟なものと考えるならば、こうした操作を想定・用意しておくことも必要だろう。

　いずれにしても、命名概念からつくられる複合名詞は、一つだけではなく、さまざまなものがあり、その中から、造語主体の判断で最適とされるものが、最終的な複合名詞として選択され、形成されるのではないかと考えられる。そのようにしてつくられた複合名詞は、語構成要素間の関係としての構造(「語構造」)をつくりあげている。それは、命名概念の構造にもとづくものではあるが、日本語が用意している複合法という造語法に規定されたものでもある。原概念構造、命名概念構造と違って、複合名詞の語構造はわれわれが直接に把握できるものであり、後述するように、造語モデルの構築作業の出発点になるものである。

4. 社会化と語義の確立

　以上のようにしてつくられた複合名詞は、そのままではまだ「個人的な複合語」の地位にとどまるものであって、一人前の単語として、言語社会に認知され、その語彙に登録されるためには、さらに「社会化」という段階を経る必要がある。
　社会化は、個人による造語を言語社会の他の成員が認知する過程である。その過程も、また、複雑であり、独立した研究領域として成立するだろう。それは、つくられた単語が流通するようになるというだけでなく、単語に備わるべきさまざまな属性・価値などが定められ、単語の語彙的な位置づけが確定する過程としてもとらえられるように思う。場合によっては、社会化の過程で、個人の造語によってつくられた複合名詞が、その語形および語義の面で、修正されることもあると考えられる。とくに、語義については、複合名詞が社会化される過程を通して確立していくものと考えられる。

　個人的な複合名詞は、直接には命名概念を表しているが、その背後には、命名概念を含むより豊かな意味内容としての原概念を表していることになる。「灰上げ機」は、直接には「灰《対象》を　持上げる《動作》　機械《主体》」という命名概念を表しているが、「灰上げ機」の意味内容はそれにとどまらず、少なくとも図1に示したような（実際には、もっと豊かな）原概念を表しているのである。このように考えれば、複合名詞の単語としての意味（語義）とはすなわち原概念である、ということになろう。命名概念は、複合名詞をつくるためにつくられる概念であって、語義の一部でしかない。
　ただし、原概念は、前述したように、造語主体としてのわれわれの個人的な認識であり、また、つねに変容し得るものであって、それがそのまま語義として安定する保証はない。語義を「単語の使用を規定するような日常的な概念」[10]とすれば、それは「できたての単語」にはおそらく希薄であろう。原概念は、単語が社会化の洗礼を受ける中で、つまり、さまざまな文脈において使われることを通して、語義として安定し、確立するものと考えられる。

　複合名詞の形成・成立には、個人による造語の段階と言語社会（の他の成員）による社会化の段階とがあるといえる。この二つの段階は、基本的に、個人による造語は社会化を前提として行われ、社会化によって規定されるという関係において結びついている。造語の主体たる個人は、言語社会に受け入れられるような造語を行うだろうし、受け入れられなければ造語をやりなおすこともある。個人による造語は、社会化によって、その個人的な発想を社会的なものにすることができるのであ

る。もちろん、場合によっては、個人の造語がそれ以後の社会化の基準を変更させる場合もあろう。その意味では、社会化も、また、個人による造語によって規定されているといえる。

しかし、個人による造語のすべてが社会化をめざして行われるわけではない。われわれは、日常のコミュニケーションの中で、あるいは、思考活動の中で、社会化などには無頓着に造語することがある。自分の造語がその場だけで相手に理解されたり、自分の考えをまとめるのに都合が良かったりするだけで十分ということがよくある。われわれは、このような態度で、結構多くの単語をつくっているのではないかと思われる。その多くは、われわれ自身の記憶にも残らないような造語であろう。そして、そのうちのある単語が、われわれの意志と離れたところで社会化されてしまうことも、また、よくあることであろう。

5. 複合名詞形成の4段階モデル

以上、現時点で筆者が考える、複合名詞の形成モデル（の骨組み）について述べた。その流れを示せば、図3のようになる。

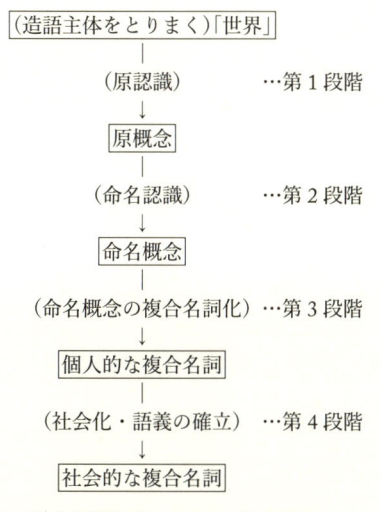

```
        (造語主体をとりまく)「世界」
                │
             (原認識)        …第1段階
                ↓
              原概念
                │
             (命名認識)      …第2段階
                ↓
              命名概念
                │
        (命名概念の複合名詞化) …第3段階
                ↓
           個人的な複合名詞
                │
        (社会化・語義の確立)  …第4段階
                ↓
           社会的な複合名詞
```

図3　複合名詞形成のモデル（流れ図）

この図のように、複合名詞の形成は、大きく四つの段階を経て行われると考えられる。なお、序論にも述べたように、複合名詞形成論の一次的な対象を「個人的な複合名詞」と考えれば、複合名詞の形成は、まず原概念がつくられ（第1段階）、

次いで原概念から命名概念がとりたてられ（第2段階）、最後に命名概念を表すものとして複合名詞がつくられる（第3段階）、という三つの段階からなるものと考えることができる。その場合には、「（個人的な）複合名詞形成の3段階モデル」と呼ぶことになろう[11]。

この4段階モデルは、「既成の複合名詞」の形成について行われる「解釈」、すなわち、「解釈的複合名詞形成」にも、適用できるものである。たとえば、「春風」という複合名詞の形成は、このモデルを使って、次のように解釈することができる。

いま、われわれをとりまく「世界」からある種の「風」を分節し、それを複合名詞によって表現しようとして、第1段階で、次のような原概念をつくったとする。

```
春に吹く       ⎫
南や東から吹く   ⎪
おだやかに吹く   ⎬ 風
暖かい         ⎪
心地よい……    ⎭
```

すると、第2段階では、この原概念から、直接、複合名詞として表される部分として、たとえば、「春に吹く風」という側面だけを命名概念としてとりたてる。

そして、第3段階では、この命名概念から、その要素である「春」と「風」とを造語成分として使って、たとえば「春風（はるかぜ）」という複合名詞をつくり、また、漢語の造語成分を使えば「春風（しゅんぷう）」という複合名詞をつくる、と考えるわけである。

「春風（はるかぜ）」は、直接には命名概念からつくられるが、このモデルによれば、一連の流れの中で、原概念を表すものとしてつくられていることがわかる。したがって、複合名詞「春風」は、表面的には「春に吹く風」しか表していないが、その意味としては、上に示したような原概念を表すことになるわけである。

なお、命名概念から適当な複合名詞をつくることができないといった場合には、かわりに連語がつくられることもあり得ると考えてもよいのではないか。この場合なら、たとえば「春の風」という連語がつくられるということである。そのようにしてつくられた連語は、複合名詞と同様、原概念を背負っているから、「春の風」の意味も、単に「春に吹く風」ではなく、上に示したような原概念ということになる。そのことは、たとえば、「駒の尾に春の風吹く牧場哉」（正岡子規）などというときの「春の風」が、単に「春に吹く風」ではなく、複合名詞「春風」と同じ意味を表していると考えられることからも了解できる。

このようなモデルをより高度なものにしていくためには、それぞれの段階で行われることがらを、さらに詳しいモデルにしていかなければならない。とくに、モデルの中核である、第2段階の、原概念から命名概念がとりたてられるしくみ、第3段階の、命名概念から複合名詞をつくりだすしくみについて、より詳細なモデル化が必要である。

このうち、第2段階については、まず、原概念から命名概念をとりたてる際に主としてはたらく「表現と弁別の原理」について、その具体的な機構の解明とモデル化が必要である。これについては、第3章で、学術用語を対象とした予備的な調査を行うが、そのほかにも、「スキーマ」ないし「理想認知モデル」(ICM)といった認知意味論的な枠組みを利用する可能性も検討する必要があろう[12]。

また、第2段階で、比喩や類推などの作用が扱えるようにモデル化することも必要である。そのためには、モデルの各段階の独立性や、段階間の相互関係・依存関係といったことを見定めていく必要も生じる。このうち、類推的創造(西尾 1988: 109)は、第3段階で行われる命名概念の複合名詞化においてすでに一定の「型」ができている場合、その利用を前提として第2段階で命名概念をつくるという方法である。たとえば、「朝〜」(〜は行為の対象)という複合名詞は、「朝酒」や「朝風呂」のように、「本来は朝にするものではないが、あえて(特別に)朝に〜すること」といった命名概念を表すものとして、一定の型になっている。そこで、「朝日記(あさにっき)」という複合名詞は、まだ社会化されていない個人的な複合語であるが、この型を利用して、その「〜する」の部分に「日記を書く」をあてはめて命名概念をつくり、それを「朝〜」という複合名詞にしたものと考えられる(「朝めし」は「昼めし」「晩めし」などとの区別を表す別の構造)。こう考える方が、「朝に(から)日記をつけること」という命名概念からの複合名詞化が、「朝酒」や「朝風呂」とまったく無関係に、個別に起こったと考えるよりも、適当であろう。この類推のように、先の段階を見越してそれ以前の段階の内容を決定するということを認めるとすれば、それは、モデルの各段階間の相互関係・依存関係を想定する必要性をも示すものである。その点で、「一つのレベルの構造を完全に形成してから次のレベルでの形成にとりかかる、とする必要はない」[13]という意見は示唆的である。むずかしいことではあるが、柔軟なモデルの構築が必要であろう。

また、このことに関連して、複合名詞形成にかぎらず、言語の生成機構が本質的に備えているであろうフィードバックの機構をどのように組み込んでいくか、という問題もある。どのような場合に、造語の過程のどこからどこにフィードバックするのかといった具体的なみちすじを考えることが必要であろう。

複合名詞形成の4段階モデルでは、複合名詞は直接には命名概念を表すが、単語

の意味としては原概念を表すと考える。湯本昭南 1977 は、複合名詞の意味に「く
みあわせ性」と「ひとまとまり性」とをみとめているが、造語成分のくみあわせか
ら直接にとりだせる「くみあわせ的な意味」とはここでいう命名概念であり、造語
成分のくみあわせからはひきだすことのできない「ひとまとまり的な意味」とはこ
こでいう原概念（の命名概念以外の部分）である、と考えることができる。また、
影山太郎 1982 のいう「迂言的な表現における中立的な意味」と「語彙的表現にお
ける慣習的・典型的な意味」との違いも、同様に、命名概念と原概念との違いに対
応させて解釈することができる。複合名詞形成の 4 段階モデルは、複合名詞の意味
におけるこうした「二重性」をうまく説明してくれるように思われる。

　複合名詞の意味における二重性は、複合名詞の「形態的な有縁性」（ウルマン
1969）にも二つの側面をもたらすことになる。すなわち、第一に、原概念から命名
概念がとりたてられるときの、原概念と命名概念との間の有縁性であり、第二に、
命名概念を表すものとして複合名詞をつくるときの、命名概念と複合名詞の語構造
（造語成分の意味とそれらの間の関係）との有縁性である。

　第一の有縁性についていえば、基本的に、命名概念が原概念の本来的・典型的な
側面であるほど、原概念と命名概念との間の有縁性は高まるものと考えられる。「兵
士を（あるいは、兵士として）招集する令状である」という本来的・典型的な側面
を命名概念とする「召集令状」の方が、「赤色の紙である」という周辺的な側面を
命名概念とした「赤紙」より、この種の有縁性は高い。

　第二の有縁性についていえば、基本的に、命名概念を構成する要素をできるだけ
多く造語成分として使った方が、命名概念と複合名詞の語構造との間の有縁性は高
まるものと考えられる。「ねずみを取る道具」という命名概念を表すものとして、
もし「ねずみ捕獲器」という複合名詞があったとすれば、それは命名概念の「ねず
み」「取る」「道具」というすべての要素に対応する造語成分をもっており、「ねず
み」「取る」に対応する造語成分しかもたない「ねずみ取り」よりも、命名概念を
よく表す、つまり、有縁性が高いといえよう。さらに、もし、この命名概念を単に
「ねずみ」とのみいったとすれば、その有縁性は、「ねずみ取り」よりもさらに低く
なるだろう。

　複合名詞形成の 4 段階モデルでは、この第一の有縁性は第 2 段階の、第二の有縁
性は第 3 段階の作用として、動的に位置づけられることになる。

　複合名詞形成の 4 段階モデルは、原概念を複合名詞の語義と考える点で、造語成
分の意味をくみあわせて複合名詞の意味を新たにくみたてるという構成論的・還元
論的な見方ではなく[14]、表現対象である豊かな意味を表すための不完全な表示者と
して複合名詞がつくられるという全体論的（holistic）な見方に立つモデルである

と、基本的にはいえる[15]。

　複合名詞が原概念の不完全な表示者であるというのは、それが原概念の一部に過ぎない命名概念を表しているからである。このことを無視して、複合名詞と原概念とを直接に関係づけようとすると、つまり、複合名詞を原概念の直接の表示者と考えてしまうと、確かに、複合名詞の語構造は原概念に対して規則的につくられているようには見えない[16]。

　しかし、命名概念の表示者としての複合語は、その十分な表示者たるべくつくられる。そのため、命名概念から複合名詞をつくる第3段階は、ある程度規則的なものが作用する段階であると考えられる。それは、第3段階で命名概念を複合語化する際に、命名概念を構成するどの要素をとりだし、それをどのような造語成分として表し、どのように結びつけるか、ということについて、言語社会が定めている方式であり、「複合名詞の造語法」と呼ぶべきものである。そうした造語法は、命名概念を、文や句ではなく、単語である複合名詞として表さなければならないというところで、構文法とは異なっている。

　したがって、第3段階の詳細なモデル化のためには、この複合名詞の造語法を明らかにすることが必要である。その場合、重要なことは、「命名概念を複合名詞化する」という生成的な観点をもつことである。具体的には、命名概念の構造と、そこから生成される複合名詞がもつ語構造（造語成分とその関係）とを、生成的に関係づけることのできる道具立てによって記述することである。第2章では、この点について、予備的な検討を行うことにする。

注

1　それぞれ、藤原与一 1986、国立国語研究所 1989b、国立国語研究所 1989a、国立国語研究所 1981 による。
2　村木新次郎 1981 は、日独の基本語彙について、その意味分野別の語彙量を比較している。
3　金田一春彦 1988: 161、室山 1998: 364 など。
4　藤原与一 1986: 343
5　パラモ 1978: 259
6　認知心理学の枠組みによれば、ここでいう「原概念」は造語主体が自らの経験にもとづいてつくりあげる抽象的・一般的な知識の総体としての「概念スキーマ」であり、その形成すなわち「原認識」は「スキーマ化」（大堀壽夫 2002）の作用であると考えることができる。
7　ともに、『電気工学用語辞典』（技報堂出版、1962）より。

8 森岡健二 1977 は、「名」の「他と区別する働きを表示力（示差性）、人々に理解される働きを表現力（表意性）」と呼んでいるが、本書でいう「表現」と「弁別」の原理とは、この「表現（表意性）」と「表示（示差性）」に等しいものである。

9 単語の意味や語形成における《機能》の役割・特徴などについては、ミラー 1991: 168-171 参照。

10 国立国語研究所 1981: 20

11 斎藤倫明 2004 も、「造語が行われる場合、最初の段階においてどのような意味がその語に担わせられるのかがほぼ決められ、その後造語の観点等によってその一部に焦点が当てられ、それが語構成要素とそのくみあわせによって最終的に表示される、という流れ」(: 58) の「語形成論的モデル」を提示している。ただし、斎藤のモデルは、この3番目の段階が「語構成論的プロセス」と呼ばれ、そこに「単語化」という「その語形に本来託された豊かな意味と語構成要素という材料で作られたその語の原型（直接構成要素）の有する意味との落差（=《+α》）をうめる作用」が想定されているところに大きな特徴がある。斎藤においては、語構成要素と単語とが厳格に区別され、前者はきわめて簡素な意味しかもてない単位であり、したがって、その連結形式は、単語化という作用を経ない限り、単語（たとえば複合名詞）になることができないとされる。それに対して、本書の「複合名詞形成の4段階モデル」では、造語成分は、基本的に命名概念の要素に対応するものであり、単語であってよいと考えている。単語は、文の材料にもなるし、単語の材料（=造語成分）にもなると考えるのである。もちろん、ひとたび形成された複合名詞の要素は、単語ではなく、単語の要素としての形態素である。以上の議論については、本書の序論第4節を参照。

12 「topless bar（トップレスのウェートレスのいるバー）とか electric engineer（電気技師）とかいう上で挙げた例は、その多くのものが言語学者の「複合語句」と呼んでいるところのものである。よくあることであるが、複合語句の意味は構成的なものではない、つまり、全体の意味を構成部分の意味とその結合のされ方から予測することはできないのである。構成部分は表現全体の意味の決定に何らかの役割を果たすことは果たす。それらは全体の意味に動機づけを与える。しかし、それ以上のものが必要とされる。つまり、それと関連する ICM があって、その中のなんらかの要素に複合語句の各部分が適合するということである。」（レイコフ 1987: 183-184）

13 スタインバーグ 1988: 148

14 構成論的・還元論的な見方では、複合語の全体的な意味は、要素が結びつく際に新たに加えられるものと解釈される。「意味に於ても、複合語の意味は、もとの語の意味が加はつただけでなく、それが結合して新な意味が加はつて全体として一つの意味を表はす。「あまがさ」は「雨」と「傘」だけでなく「雨のふる時用ゐる傘」の義であり、……」（橋本進吉 1934）。ここで、「雨のふる時用ゐる傘」は命名概念であり、「雨傘」という複合語はそれを表すためにつくられるのであって、その逆ではないと考えるのが、本書の立場（全体論的な見方）である。

15 「客観主義のパラダイムでは、全体の意味は部分の意味と部分間の統語論的な関係の

関数として計算可能であると仮定する。これはともかくも誤りである。その理由はさまざまであるが、私にとっていちばん強調しておくべきと思われるものは、客観主義的な理論には動機づけという概念がないということである。全体の意味というものが部分の意味によって動機づけられているということもしばしばあるが、後者から予測できるようなものではない。必要なのは、動機づけについての理論である。このような理論は認知理論ということになろうし、如何なる形での客観主義的な理論の域を超えたものであろう。」(レイコフ1987、池上・河上他訳:184)

16 「あわせ単語の意味は、そのできあい性のおかげで、要素の関係によって、直接的にささえられる必要はない。したがって、あわせ単語の要素の関係そのものも、全体の意味を直接的にくみたてる任務をおわされているわけではないから、単語のくみあわせの構造ほど、法則的なもの、つまり、最高度に一般化された、適用範囲のひろいものであることはかならずしも必要ではない。」(湯本1977、松本(編)1978:82)

第2章　複合名詞の語構造と命名概念構造

はじめに

　複合名詞形成の4段階モデルでは、その第3段階で、(原概念からとりたてられた)命名概念をもとに(個人的な)複合名詞をつくりだすが、それは、命名概念の構造を複合名詞の線状的な語構造に変換することだと考え得る。この変換過程のモデル化のためには、命名概念構造と複合名詞語構造との両方を統一的に記述できる方法を採用する必要がある。もちろん、われわれに直接与えられているのは実在する複合名詞だけであるから、複合名詞の語構造を記述する方法の中で、命名概念構造およびそこからの変換過程を適切に想定できる枠組みは何か、ということを考えていくことになる。本章では、学術用語の複合名詞を例に、命名概念構造と複合名詞語構造とを統一的に記述できる枠組みを探り、複合名詞形成の第3段階のモデル化に見通しを得ることを目指す。

1.　構造記述の方法と対象

　命名概念構造からの変換をも視野に入れた複合名詞語構造の記述法としては、たとえば、奥津敬一郎 1975 による「連体修飾構造から複合名詞への変形規則」を考えることができる。ただし、この場合には、連体修飾構造を、造語とかかわりのない独立した言語形式ないし言語単位ではなく、原概念からとりたてられた命名概念のすがたであると考えなければならない。そうすれば、この場合の連体修飾構造は、すでに原概念ではなく、そこからとりたてられた命名概念であるから、複合名詞の単語としての意味(語義)をすべて表していなくてもよいことになる。これによって、連体修飾構造から複合名詞への変形(凝縮)というきわめて自然な造語法を否定しないで済む。

　ただし、奥津によって提案された変形規則は、主に形式の変換に作用する規則であって、前章で検討したような造語に関与するさまざまの側面をとりこむことは想

定されていないし、また、一つの連体修飾構造から変形される複合名詞は一つに決まることが原則で、造語主体の試行錯誤としてさまざまの複合名詞が形成されるような余地も与えられていない。モデル化には、生成ないし変形の考え方に立ちつつも、もう少し柔軟な(幅を持たせた)記述法が望ましいように思われる。

そこで、ここでは、結合価理論にもとづく「ME構造」(石綿敏雄1999)という考え方を参考に、ごく一部の複合名詞を例に、命名概念構造から複合名詞語構造への変換過程をモデル化する可能性を探ってみたい。結合価理論は、「ことがら」(ディクトゥム)の構造の表現を得意としており、命名概念構造や複合名詞語構造といった「ことがら」の構造を記述するのにも適しているのではないかと予想されるし、石綿の「ME構造」という考え方は、そのような結合価理論に生成的な考え方を融合させるものになっていると考えられるからである。

検討の方法は、次のとおりである。まず、複合名詞のうち、動詞の造語成分(動詞成分)を(語構造の核として)含み、それに他の造語成分(補足成分)が結びついているタイプを対象として、その語構造を、以下のような結合価理論の道具立てによって記述する。

1. 補足成分の「意味役割」(動詞成分に対する意味的なかかわり方)
2. 補足成分の「意味特徴」(補足成分自身がもつ意味のカテゴリー)
3. 動詞成分の「意味」と「結合特性」(補足成分との共起関係)

次いで、そのようにして記述した複合名詞の語構造をもとに、

4. 動詞成分の「意味構造」

を導く。ここでいう動詞成分の意味構造とは、それぞれの動詞成分が、どのような意味において、どのような意味役割・意味特徴をもつ補足成分と結びつくことができるかを示す枠組みであり、命名概念構造の基本型として想定し得るものである。

そして、最後に、これも実際の複合名詞における造語成分の配列の型をもとに、

5. 造語成分の選択・配列規則

を導き、動詞成分の意味構造としての命名概念構造から、複合名詞を構成する造語成分が選択され、線状的に配列される過程のモデル化を試みる。このような部分的・限定的な範囲内での検討ではあるものの、命名概念から複合名詞がつくられる

第 2 章 複合名詞の語構造と命名概念構造　179

過程をモデル化するための確たる見通しを得ることが本章の目的である。

　検討の対象としたのは、1954年から1981年にかけて発行された文部省編『学術用語集』23編の見出し語のうちの、和語他動詞を中核的造語成分（以下「動詞成分」または「他動詞成分」と略記する）として形成された複合名詞の一部（「編み針」「くず入れ」「くぎ打ち機」など）である。その選定にあたっては、まず、10語以上の複合名詞（動詞成分どうしが結合した、いわゆる"V＋V"タイプは除く）を構成する動詞成分を抜き出し、次いでそれらが構成する複合名詞をその意味によりモノ・コト・サマに分類し、モノ（具体物）を表す複合名詞のみをとりだした。モノを表す複合名詞に限定したのは、コトやサマを表す複合名詞が、「陸揚げ」「コンクリート打ち」「横送り」「アニリン染め」[1]のように、名詞成分（名詞の造語成分）に動詞成分が結びついた"N＋V"タイプか、それら、あるいは、動詞成分に漢語名詞成分のついた「受入れ作業」「送出し効率」「つち打ち試験」「橋掛け密度」「フラップ下げ速度」のような特定のタイプに集中する傾向が見られたためである。

　単位分割にあたっては、動詞成分と意味的に直接結びつく造語成分（以下「補足成分」とする）を構成単位として分割した。したがって、構成単位は必ずしも単一の造語成分と対応するわけではなく、「みぞ／切り／のこ盤」の「のこ-盤」のように、複合した造語成分である場合もある。また、「甲板付き止め金物」（甲板上に取り付けられた、鎖などを止める金物）のように、「止め」という動詞成分と直接には結びつかない「甲板付き」が無視されて、「止め／金物」の部分のみが対象となった場合もある。このような単位分割の方法をとるのは、動詞成分が関与しないレベルで行われた造語成分間の結びつきを排除するためである。なお、「舵取り」「面取り」などの熟合度の高い結びつきを含む複合名詞は、動詞成分（「取り」など）を含むといっても、対象から除外した。

表1　対象とする複合名詞の所属分野

分野			分野			分野		
機械工学	592	483	計測工学	28	17	動物学	2	2
船舶工学	377	343	物理学	27	17	分光学	1	0
建築学	354	269	地震学	10	5	遺伝学	0	0
土木工学	190	135	海洋学	8	7	気象学	0	0
電気工学	131	92	原子力工学	6	2	歯学	0	0
化学	124	85	地理学	6	4	数学	0	0
図書館学	112	69	植物学	4	4	論理学	0	0
航空工学	74	37	天文学	3	2			

以上のような手続きのもとにとりだした複合名詞(のべ 2049 語、異なり 1681 語)の所属分野と語数は表 1(左列の数字)のようになる。和語の他動詞成分を核とする複合名詞ということから、工学系の分野の用語が多くなっている。

2. 補足成分の意味役割

はじめに、動詞成分と結びつく個々の補足成分に、動詞成分との意味的な関係のあり方として、《主体》《対象》《手段》《場所》などの「意味役割」[2] をわりあてる。意味役割は、異なり 1681 語中 1245 語の複合名詞の一つ一つの補足成分にわりあてることができた。表 1(右列の数字)はそれらの複合名詞の分野ごとの語数を示したものである。全体の分析率はおよそ 74% である。意味役割をわりあてることができなかった複合名詞のうち、193 語(11.5%)は専門用語辞典等に収載されていなかったために全体の意味が確定できなかったものであり、残りの 243 語(14.5%)は、たとえば「引上げ／ぜき」(引上げゲートを取付けたせき(土木用語辞典))のように、動詞成分と補足成分との意味的関係をとりだせなかったものである。表 2 に、わりあてることのできた 15 種の意味役割とそれを含む複合名詞の例を示す[3]。

表 2 意味役割の種類(語例の下線部が当該の意味役割)

意味役割	語例
対　　　象(O):	折りたたみ／いす、チェーン／止め、ビルジ／吸込み／装置
結果対象(OE):	あわ／立て／剤、みぞ／切り／のこ、組み／わく
対象動作(OV):	すべり／止め／タイヤ、分配／扱い／者、送受／切換え／器
手　　　段(I):	モンキー／くい／打ち／機、チーズ／削り／器、荷／止め／板
主　　　体(A):	灰／捨て／装置、荒／引き／圧延機、石／切り／機
目標・着点(G):	布／巻き／ホース、壁／掛け／放熱器、胸／当て／ぎり
源泉・起点(S):	つや／消し／面、板／くせ／取り／機、板紙／抜き／表紙
通　過　点(P):	水／抜き／穴、石炭／落とし／口、引込み／ゲート
場　　　所(L):	足／洗い／場、坑内／巻き上げ／機、仕上げ／工場
結　　　果(E):	削り／くず、節／抜き／きず、のり／付け／むら
様　　　態(M):	自動／ねじ／切り／盤、中／練り／ペイント　深／掘り／すき
方　　　向(D):	横／送り／ジャッキ、下／押し／プレス、斜め／引張り／鉄筋
時　　　(T):	熱間／引抜き／管、負荷時／タップ／切換え／装置
目　　　的(PU):	安全／止め、対氷／二重／張り

ここで、《結果対象》とは、物理的なはたらきかけをうける《対象》とは異なっ

て、他動詞成分の表す動作によって結果としてつくりだされるものを言う[4]。また、《主体》は動詞成分の主体を表すが、そこには、「機」「機械」「装置」など動力を備えた機械類を表す補足成分も含まれている。これらは、一般的には《手段》と考えられることが多いようであるが、たとえば「モンキー／くい／打ち／機」（モンキーハンマーを使ってくいを打つ機械）のような複合名詞の場合には、「モンキー」に《手段》という意味役割をわりあてざるを得ないから、「機」はそのような《手段》を使って「打ち」という《動作》を行う《主体》を表していると考えるべきだと思われる（「一文一格の原則」と同様、複合語においては「一語一格」という原則がはたらくものと考えられる）。

ところで、補足成分に意味役割をわりあてるという作業は、造語成分のとりだし、すなわち構成単位の認定と重なり合うものである。つまり、複合名詞を構成単位としての造語成分に分割するということは、その造語成分にどのような意味役割をわりあてるかということを考慮しながら進められるわけである。そこで、先に述べた「動詞成分と意味的に直接結びつく」造語成分とは、意味役割をわりあてることのできる造語成分、と言い換えることもできる。したがって、たとえば「板／くせ／取り／機」のような場合、「板」という造語成分も「取り」という他動詞成分と《起点》—《動作》という意味的関係に立つことができると考え、一つの構成単位としてとりだし、「板くせ」とまとめることはしなかった。また、動詞成分と直接に結びつく造語成分を、直接構成要素分析の観点からただ一つに限定することも可能であるが、ここではそのような方法はとらなかった。

3. 補足成分の意味特徴

次に、意味役割をわりあてた補足成分に、より具体的な「意味特徴」を付与する。

1245語の複合名詞は、延べ1870、異なり727の補足成分（動詞成分を除く）から構成されているが、それらを林大1964や大野晋・浜西正人1981を参考にして意味的なカテゴリーに分類し、それらと意味役割との間に対応関係があるかどうかを見た（表3）。

表3 補足成分の意味分類と意味役割との対応関係

(数字は対応関係の見られる語例数)

	O	OE	I	A	G	S	P	L	E	M	D	T	PU
自然物(石、土、水、ガス、電気、…)	145	6	11				1		4				
動植物(芋、い、わら、果実、…)	24	1	5			1							
物品(物、荷、本、新聞、図書、…)	30	10	2			2							
食品(パン、菓子、チーズ、茶、…)	4	6	1										
道具(器、のこ、きり、ハンマ、…)	34	2	63			1				1			
薬品(剤、くすり、ワニス、…)	6		11										
力(水圧、水力、…)	1		3										
人間(人、者、工、…)				7									
機械(機、機械、装置、プレス、…)	32	8	10	226	5			2					
衣料(布、絹、服、糸、織物、…)	26	9	4		7					1			
部分(手、足、歯、つば、羽根、…)	41	11	17		11								
家具(家具、いす、洗面台、…)	3	2			2								
資材(板、管、金、油、ねじ、…)	277	54	163	1	31	7		1	4				1
地類(水路、橋、堤、港、…)	7	3	4		4		2	1					
容器(コップ、なべ、びん、皿、…)	12		6		4			2					
建物(屋根、むね、はり、柱、…)	45	13	30	2	27		1	16					
空間(場、場所、上、内、奥、…)	9	5			37	2		10		2	8		
形状(みぞ、つや、曲線、口、…)	28	34	8		2		11		3	5			
数量(二重、三つ、半、距離、…)	3	3								8			
動き(連続、自動、回転、…)			1	7						7			1
状態(平、深、薄、速、ばら、…)									1	33	5		1
時間(熱間、冷間、負荷時、…)												7	

　表3を見ると、おおまかな傾向として、自然物・動植物はO《対象》と、物品・食品はOおよびOE《結果対象》と、道具・薬品・力はI《手段》と、人間・機械はA《主体》と、数量・動き・状態はM《様態》と、時間はT《時》と対応することが多い。また、その他のカテゴリーは、O、OE、Iと対応するほかに、G《着点》との対応が目立ち、さらに、資材がS《起点》、建物・空間がL《場所》、空間がD《方向》、形状がP《通過点》と対応していることが目立つ。これらは、補足成分の意味特徴がその意味役割とゆるやかな相関関係にあることを示している。たとえば、自然物・動植物がO《対象》に比べてOE《結果対象》と対応しにくいのは、それらが「生産物」という意味特徴をもっていないからだと考えられ、一方で、

物品・食品がOと対応しているのは、それらが自然物・動植物と同様「もの」という意味特徴を有しているからであり、さらにOEと対応しているのは、それらが同時に「生産物」という意味特徴をも有しているからだと考えられる。したがって、表3において、Oと対応しているカテゴリーのほとんどには「もの」性が見られるだろうし、OEと対応しているカテゴリーのほとんどには「生産物(つくりだされたもの)」という性格があるものと考えられる。同様に、人間・機械はともに「自律性」とでも言うべき意味特徴を有しているからこそ、Aと対応し得るのだと考えられる。表3のカテゴリーは、いわゆるシソーラスの意味分類カテゴリーを援用したものであるが、その意味的な体系性を利用すれば、補足成分の「意味特徴」を求める上でも、有効であると思われる。

　ただし、意味特徴を設定する上で、既存のシソーラスを利用する方法はその出発点となるという意味である程度の有効性をもつものと評価できるが、決して十分なものではない。たとえば、「板」という補足成分は、表3では資材というカテゴリーに収められているが、これは実際の複合名詞の中では、O(「敷き／板」)、I(「雨／よけ／板」)、G(「ダイヤル／取りつけ／板」)、S(「板／くせ／取り／機」)という意味役割に、それぞれ対応している。これらのうち、O《対象》、I《手段》との対応については、シソーラスにおける資材の上位概念である「物品(生産物)」および「用具」という意味特徴が機能していると考えることも可能であるが、G《着点》、S《起点》との対応については、「板」という補足成分に「(とりつけ先の)空間」や「(形状や部分の)所属先」といった意味特徴をみとめる必要があるだろう。このような意味特徴は、シソーラスに依存する限り、見出すことのできないものと考えられる。すなわち、「機」「器」「剤」「材」「人」などの一字漢語の補足成分が特定の意味役割と対応するのを除けば、多くの場合、一つの補足成分はいくつかの意味特徴をあわせもっているのであり、そのうちのいずれか(複数の場合も考えられる)が意味役割との対応にあたって機能するものと考えられる。そして、どの意味特徴が機能するかは、それがどのような動詞成分と結びつくかということ、すなわち、造語成分間の結合関係に規定されているのである。意味特徴は、そのような、結合関係に規定された、また、結合関係をつくりあげる上で機能する、補足成分の一般化された意味的側面である。したがって、意味特徴は、最終的には、実際の複合名詞における造語成分の結びつきを通して、設定していく必要があるものと考えられる。

　以上のように、意味特徴の設定にはなお詳細な検討が必要であるが、ここでは、表3にあげた意味分類のカテゴリーを暫定的な意味特徴として、それぞれの補足成分に付与しておくことにする[5]。

4. 動詞成分の意味と結合特性

次に、動詞成分をその意味において分類し、補足成分の意味役割との共起関係を整理する。

動詞成分は異なりで105種得られたが、それらを、その意味と補足成分との関係から7種の動詞成分に分類した(表4)。動詞成分の分類および用語は、奥田靖雄1960・1968-72を参考にしている[6]。また、動詞成分は、奥田の分類に従えば、「モノに対するはたらきかけを表す」ものと「ヒト・コトに対するはたらきかけを表す」ものとに分けられたが、後者は数の上からまとまったタイプに分類することができなかったため、ここでは前者のみを対象としている。

表4 モノに対するはたらきかけを表す動詞成分の分類

モヨウガエ……	切り、消し、削り、曲げ、焼き、割り、など
フレアイ………	打ち、押さえ、押し、突き、吊り、踏み、など
トリツケ………	当て、入れ、掛け、込め、付け、塗り、など
トリハズシ……	取り、抜き、引き抜き、落とし、など
ウツシカエ……	上げ、送り、出し、流し、巻き上げ、寄せ、など
クミアワセ……	合わせ、重ね、組み、組み合わせ、つなぎ、など
ツクリダシ……	編み、織り、仕上げ、刷り、造り、など

その上で、各動詞成分と補足成分の意味役割との共起関係を見た(表5)。ここで、「主要成分」[7]とは、複合名詞の主要部となるものであり、「限定成分」[8]とは、主要成分を意味的に修飾・限定するものである。

第2章 複合名詞の語構造と命名概念構造

表5 動詞成分と補足成分（意味役割）との共起関係

	O	OE	I	A	G	S	P	L	E	M	D	T	PU
モヨウガエ	◎		◎	◎				△	△	□		□	□
フレアイ	◎		◎	△				◎		□		□	□
トリツケ	◎		◎	△	◎		◎		△	□		□	□
トリハズシ	□		◎	△		◎	△		△	□		□	□
ウツシカエ	◎		◎				◎	△		□		□	□
クミアワセ	◎	△	◎	△				◎		□		□	□
ツクリダシ		◎	◎	△	□			△		□		□	□

（□は限定成分に、△は主要成分に、◎はその両方になる）

対象にはたらきかけて結果物をつくりあげるツクリダシはOEと共起し（例：「くつ下／編／機」「真綿／造り／器」）、対象をくみあわせて構成物をつくりあげるクミアワセは、OとOEの両方と共起している（例：「まくら木／つなぎ／材」「組み／ひも」）。それ以外の動詞成分はOと共起する。また、何らかのかたちで場所にかかわる意味役割であるG、S、P、Lに関しては、《通過点》を表すPが対象を移動させる動作を表すことにおいて共通しているトリツケ、トリハズシ、ウツシカエと共起し（例：「空気／吸込み／口」「水／抜き／穴」「湯／出し／口」）、《着点》を表すGはトリツケと（例：「のど／当て／マイクロホン」）、《起点》を表すSはトリハズシと結びついている（例：「線／くせ／取り／機」）。Gがツクリダシと結びつくのは、「つや／出し／皮」のような場合であり、この「出し」はツクリダシとトリツケとの両方の側面を有していると考えられる。《場所》を表すLはトリツケ、トリハズシを除く動詞成分と共起している。一方、Iはすべての動詞成分と共起している。Aもすべての動詞成分と共起しているが、Iに比べて限定成分になることは少ないようである。Eも限定成分になることは少ない。逆に、M、D、T、PUは、モノを表す複合名詞が対象であるため、必然的に主要成分とはならない。

以上のように、複合名詞においても、動詞成分の違いによって、それと結びつく意味役割の範囲が異なっていることがわかる。もちろん、動詞成分と補足成分の意味役割との間の結びつきには、強い共起制約のもとにあるものから自由な結びつきが可能なものまで、種々の場合がみとめられる。しかし、動詞成分の動作のあり方が、それを核として含む複合名詞の、造語成分間の結合関係を規定する側面のある

ことは事実であろう。それは、動詞成分がそれと結びつく補足成分（意味役割）を要求する、と言い換えてもよいものと考えられる。

5. 複合名詞の語構造記述

　以上の結果をもとに、対象とした複合名詞がどのような造語成分によって構成されているかを、補足成分の意味役割・意味特徴と、動詞成分の意味・結合特性による分類とを重ね合わせるかたちで整理し、複合名詞の語構造記述とする。

　まず、対象とした複合名詞における造語成分の配列の型を整理する。表6は、動詞成分（V）の位置と成分の数、およびどの意味役割が主要成分（主）であるかという観点から分類したものである。

　これを見ると、動詞成分を核とする複合名詞は、大きく、主要成分が一番後ろの要素となるタイプ（内心構造）と、主要成分が複合名詞の上に現れず、動詞成分でおわっているタイプ（外心構造）とに分けられる（ここでは、モノを表す複合名詞を対象としているため、主要成分は必然的にモノを表す名詞成分である）。

　たとえば、「さび／落し／棒」のような場合には、「さび」にO、「落し」にV、「棒」にIという意味役割をあて、動詞成分に対してIという関係にある「棒」が「さび／落し／棒」全体の意味の中心としての主要成分であると考える（「棒」を「落し」との関係からIととらえることと、全体の意味との関係から主要成分ととらえることとは、別のレベルのものである）。したがって、「さび／落し／棒」における意味役割の結びつきのタイプである"O／V／I"は、表6では、主要成分がIの段の左から2列目の欄に位置づけられる。表6は、このような"O／V／I"というタイプをもつ複合名詞が121例あったことを示している。

第2章 複合名詞の語構造と命名概念構造　187

表6　和語他動詞成分を核とする複合名詞における造語成分の配列

主要成分	最終要素が主要成分（非動作成分）			最終要素が動作成分	
	2 単 位	3 単 位	4 単 位	2 単 位	3 単 位
O	V／O (150)	A／V／O (1) D／V／O (5) G／V／O (35) I／V／O (21) L／V／O (2) M／V／O (17) V／G／O (1)		G／V (12)	G／M／V (1)
OE	V／OE (57)	A／V／OE (2) I／V／OE (7) L／V／OE (3) M／V／OE (6) T／V／OE (3)		I／V (25) M／V (1) E／V (1) G／V (8) PU／V (3)	PU／M／V (1)
I	V／I (121)	D／V／I (4) M／V／I (3) O／V／I (121) OE／V／I (23) OV／V／I (18) V／O／I (1)		M／V (1) O／V (129) OE／V (2) OV／V (15) PU／V (1)	
A	V／A (36)	D／V／A (3) G／V／A (4) I／V／A (1) L／V／A (2) M／V／A (14) O／V／A (88) OE／V／A (48) OV／V／A (6) P／V／A (1) V／O／A (4) V／OE／A (1)	I／G／V／A (1) D／M／V／A (1) I／M／V／A (1) M／M／V／A (1) O／M／V／A (1) M／M／O／A (1) G／O／V／A (2) I／O／V／A (11) S／O／V／A (7) T／O／V／A (2) O／V／I／A (1) G／OE／V／A (1) I／OE／V／A (3) M／OE／V／A (2) T／OE／V／A (2) M／OV／V／A (1)	O／V (3)	I／O／V (1)
G	V／G (13)	I／V／G (1) O／V／G (37) OE／V／G (6) V／O／G (5)	M／O／V／G (4)	O／V (54) M／V (2)	G／O／V (1)
S		O／V／S (6)		O／V (1)	
P	V／P (6)	O／V／P (8)		O／V (2)	
L	V／L (11)	I／V／L (1) O／V／L (11) OE／V／L (3) V／O／L (1)		O／V (1)	
E	V／E (5)	M／V／E (1) O／V／E (5)		O／V (2)	

一方、「ねじ／回し」のような場合には、意味役割の結びつきとしてのタイプは"O／V"であるが、全体の意味は「ねじを回す《手段》」と考えられるから、主要成分にIを仮定する[9]。したがって、「ねじ／回し」は、表6では、同様に、主要成分がIの段の右から2列目の欄に"O／V"(129例)として位置づけられるわけである。なお、ここでは、「押し／ボタン」が「押すボタン」を意味し、「曲げ／木」が「曲げた木」を意味する、というような相違は考慮していない。以下に、最終要素が主要成分である3単位語について、その代表例をあげる。

"A／V／O"	機械／練り／せっけん		"L／V／A"	坑内／巻上げ／機
"D／V／O"	斜め／引張り／鉄筋		"M／V／A"	自動／送り／かんな盤
"G／V／O"	壁／掛け／電話機		"O／V／A"	荷／送り／人
"I／V／O"	足／踏み／スイッチ		"OE／V／A"	むしろ／織り／機
"L／V／O"	中継ぎ／表		"OV／V／A"	分配／扱い／者
"M／V／O"	ばら／積み／貨物		"P／V／A"	湯／通し／機
"V／G／O"	塗り／壁／材料		"V／O／A"	引き／なわ／漁船
"A／V／OE"	カレンダー／仕上げ／紙		"V／OE／A"	組み／ひも／機
"I／V／OE"	ハンマ／仕上げ／リベット		"I／V／G"	手／書き／カード
"L／V／OE"	現場／打ち／コンクリート		"O／V／G"	ロープ／巻き／胴
"M／V／OE"	並／焼き／れんが		"OE／V／G"	つや／出し／背
"T／V／OE"	熱間／引抜き／管		"V／O／G"	張り／芝／水路
"D／V／I"	横／送り／ジャッキ		"O／V／S"	板紙／抜き／表紙
"M／V／I"	深／掘り／すき		"O／V／P"	水／抜き／トンネル
"O／V／I"	くぎ／抜き／ハンマ		"I／V／L"	酸／洗い／タンク
"OE／V／I"	ジュース／絞り／器		"O／V／L"	足／洗い／場
"OV／V／I"	滑り／止め／塗料		"OE／V／L"	パン／焼き／室
"V／O／I"	張り／線／万力		"V／O／L"	積み／荷／港
"D／V／A"	逆／送り／装置		"M／V／E"	平／削り／きず
"G／V／A"	びん／詰め／機		"O／V／E"	のり／付け／むら
"I／V／A"	おさ／打ち／装置			

　次に、この配列の型に、動詞の意味と補足成分の意味特徴とを加える。表7-1は主要成分でおわる2単位語の語構造、表7-2は動詞成分でおわる2単位語の語構造、表7-3は主要成分でおわる3単位語の語構造を、それぞれ上位10位まで掲げたものである。全体としては514の語構造をとりだすことができたが、意味特徴の再設定により、かなり減らすことができるものと思われる。

第2章 複合名詞の語構造と命名概念構造　189

表7-1　主要成分でおわる2単位語の語構造タイプ

フ／I 〈資材〉→ I	(押し／棒)	34
ﾄﾂ／O 〈資材〉→ O	(取付け／板)	23
フ／O 〈資材〉→ O	(引き／綱)	21
ﾄﾂ／I 〈資材〉→ I	(止め／ナット)	19
モ／I 〈資材〉→ I	(絞り／ノズル)	18
ﾂ／OE 〈資材〉→ OE	(焼き／レンガ)	18
モ／O 〈資材〉→ O	(切り／丸太)	12
モ／A 〈機械〉→ A	(折りたたみ／機)	11
ウ／I 〈資材〉→ I	(送り／軸)	10
フ／I 〈道具〉→ I	(くり／小刀)	8

表7-2　動詞成分でおわる2単位語の語構造タイプ

O 〈資材〉／フ → I	(ばね／つり)	29
O 〈自然物〉／モ → I	(雪／止め)	24
I 〈資材〉／モ → OE	(かわら／葺き)	20
O 〈自然物〉／ﾄﾂ → G	(水／入れ)	20
OV 〈動き〉／＊ → I	(もどり／止め)	14
O 〈資材〉／モ → I	(くぎ／締め)	13
O 〈資材〉／ﾄﾂ → G	(ホース／掛け)	12
G 〈空間〉／ﾄﾂ → O	(内／張り)	8
O 〈自然物〉／フ → I	(灰／掻き)	8
O 〈建物〉／フ → I	(たな／受け)	6

表7-3　主要成分でおわる3単位語の語構造タイプ

OE 〈形状〉／ﾂ／A 〈機械〉→ A	(模様／出し／旋盤)	14
OV 〈動き〉／＊／I 〈資材〉→ I	(すべり／止め／タイヤ)	11
O 〈資材〉／モ／A 〈機械〉→ A	(板／曲げ／ロール)	11
O 〈自然物〉／モ／I 〈建物〉→ I	(チリ／止め／隔壁)	11
OE 〈資材〉／ﾂ／A 〈機械〉→ A	(ひも／織り／機)	10
M 〈状態〉／モ／O 〈資材〉→ O	(軟／練り／モルタル)	9
G 〈空間〉／ﾄﾂ／O 〈資材〉→ O	(裏／当て／輪)	9
O 〈資材〉／ウ／A 〈機械〉→ A	(紙／送り／機構)	7
O 〈資材〉／ﾄﾂ／A 〈機械〉→ A	(ボルト／押込み／機)	7
O 〈植物〉／モ／A 〈機械〉→ A	(芋／洗い／機)	6

モ＝モヨウガエ、フ＝フレアイ、ﾄﾂ＝トリツケ、ウ＝ウツシカエ、
ﾂ＝ツクリダシ、＊＝コトに対するはたらきかけの動作
〈　〉は意味特徴、→の右は主要成分、(　)は語例、数字は語例数

6. 命名概念構造から複合名詞語構造への変換

6.1 動詞成分の意味構造

　巻末の「資料3」には、対象とした複合名詞について、以上の方法で記述した語構造の一覧を、動詞成分ごとに整理して掲げた。ここで、各動詞成分の意味と結合特性（結びつく補足成分の意味役割と意味特徴）とは、当該動詞成分の意味構造として解釈することができる。すなわち、それぞれの動詞成分が、どのような意味ごとに、どのような意味特徴をもつ造語成分と、どのような関係（意味役割）のもとに結びつくかをまとめたものである。以下、「切る」という動詞成分を例に、その意味構造を設定してみる。

　「切る」は、大きく、ツクリダシ（16語）とモヨウガエ（28語）の二つの意味（動作）を表すが[10]、それぞれの動作において、結びつく補足成分の意味役割と意味特徴に違いが見られる。表8は、そのような違いをまとめたものである。なお、「切る」は、このほかにも、M、D、Eなどとも結びついているが、ここでは、数の上からまとまっている、O、OE、A、Iについて考えることにする。

　まず、ツクリダシの場合、OEとしてとる造語成分は「みぞ」「歯」「ねじ」などの形状を表すものに限られていることがわかる。表3の意味分類では、「歯」には部分、「ねじ」には資材というカテゴリーがあてられていたが、これらは、ツクリダシの「切る」との結びつきにおいては、ともに〈形状〉[11]と考えた方が適切であると思われる。一方、モヨウガエの「切る」の場合には、いずれも〈もの〉性をもつ造語成分がOとして結びついているが、それらが、さらに、「石」「管」「金」「棒」などの〈固体〉か、「風」「水」などの〈流体〉か、「油」「泡」などの〈液体〉かによって、三つの「動作内容」に分けることができる（「泡」は液体相当のものと考えておく）。すなわち、「固体を【切断】する」「流体を分ける（【分流】）」「液体を【除去】する」の三つである。ツクリダシの「切る」とモヨウガエの「切る」とは、結びつく補足成分の意味役割においてOE―Oという対立をなしているが、具体的な意味特徴というレベルにおいては〈形状〉―〈もの〉という対立を構成しているわけである。さらに、モヨウガエの「切る」のOには、〈固体〉―〈流体〉―〈液体〉という意味特徴の対立が見られるのである。

第 2 章　複合名詞の語構造と命名概念構造　191

表 8　「切る」を核とする複合名詞における動作内容と意味役割・意味特徴との関係

動詞成分	意味	動作内容	意味役割			
			《対象》O	《結果対象》OE	《主体》A	《手段》I
切る	ツクリダシ	【切削】みぞ切りフライス 歯切り盤 ねじ切り旋盤 など		〈形状〉みぞ 歯 荒歯 ねじ 管ねじ	〈動力有〉装置 盤 〈刃物〉旋盤 フライス（盤）のこ盤 カッタ	〈動力無〉バイト のこ
	モヨウガエ	【切断】石切りのこ わら切り機 金切りはさみ など	〈固体〉石、管、金、ガラス、肉、わら、棒		のこ（ぎり）機盤	長のこ はさみ
		【分流】風切り 水切り板 など	〈流体〉風 水			部、板 ステム
		【除去】油切り 泡切り剤	〈液体〉油 泡			剤 〈非刃物〉

　以上のような意味特徴の対立は、AやIとしての補足成分の結びつきにも影響を与える。AやIという意味役割は、ツクリダシ・モヨウガエという動詞成分にとっては、いわば任意成分であって、そこに共起制約の違いは見られないはずであるが、ここでは〈流体〉や〈液体〉をOとしてとる「切る」とAとの結びつきは見られない。また、補足成分の意味特徴というレベルでも、次のような対立が見られる。まず、Aとしての補足成分とIとしての補足成分の間には、ツクリダシとモヨウガエの区別に関係なく、〈動力（あるいは自律性）の有無〉についての対立がみと

められる。Aに対応する補足成分はすべて動力を備えた機械類であり、Iに対応する補足成分はすべて動力を有しない道具の類である。また、A、Iについては、ツクリダシおよび【切断】を表す「切る」と、【分流】【除去】を表す「切る」との間に、総称としての機械類を表す補足成分を除けば、〈刃物〉―〈非刃物〉という対立を見ることができる。この対立は、モヨウガエの「切る」においては、Oとしての補足成分の意味特徴の対立に対応するものである。【切断】とツクリダシとの間に、A、Iにおける対立が見られないのは、ツクリダシの「切る」の動作の向けられる対象もやはり〈固体〉であることに起因しているものと考えられる。ツクリダシの「切る」は、実際の複合名詞においてはOEとしての〈形状〉と結びついているが、そのような〈形状〉を結果としてつくりだすにあたって直接にはたらきかける対象は、やはり固体物であると考えられるからである。したがって、ツクリダシの「切る」の動作内容は、「固体を【切削】して形状をつくりだす」ととらえることができる。

　以上のように、動詞成分は、その意味（動作内容）ごとに、結びつく補足成分の意味役割と意味特徴とが定まった「意味構造」をつくりあげている。ただし、動作内容と意味役割、意味特徴との関係は単純ではなく、一つの補足成分が並列的（〈動力無〉と〈非刃物〉）あるいは階層的（〈もの〉と〈固体〉）な関係にある意味特徴を通して、動詞成分と結びついていると考えられる場合もある。

　さて、前章でも述べたように、複合名詞形成の第2段階で、命名概念は、原概念を構成する要素をバラバラにとりたてるのではなく、原概念においてすでに、たとえば一つのイベントのように、有意味なまとまりとなっている部分（側面）をとりたてることによって、つくられるものと考えられる。ここで対象としている複合名詞の場合には、他動詞成分を中核とするイベントが命名概念としてとりたてられるものと考えられるが、その際、命名概念の構造は、中核となる動詞成分の意味構造にもとづいてくみたてられるのではないかと考えられる。

　たとえば、ある種の機械を表す原概念から、「固体を【切削】して形状をつくりだす」という機能の側面が命名概念としてとりたてられ、かつ、その命名概念が動詞成分「切る」を中核としてつくられるという場合には、表8にも示したように、まずは、以下のような意味構造を土台として、命名概念の構造がつくられるものと考えることができる。

　　動詞成分　：（【切削】の）「切る」
　　補足成分1：意味役割＝OE《結果対象》、意味特徴＝〈形状〉
　　補足成分2：意味役割＝A《主体》、意味特徴＝〈動力を有する（刃物をもつ）機械〉

補足成分3：意味役割＝Ⅰ《手段》、意味特徴＝〈動力を有しない刃物〉

ただし、補足成分2と3とは排他的であり、この場合のように、原概念の段階ですでに「機械」であることが指定されている場合には、補足成分3は選択されない。さらに、表5にもあるように、ツクリダシの動詞成分は、OE《結果対象》、A《主体》、Ⅰ《手段》以外にも、G《着点》、L《場所》、E《結果》、M《様態》、T《時》、PU《目的》と結びつき得るから、これらに対応する補足成分をオプショナルにもつことができるはずである。実際の命名概念構造が、こうした意味構造のうち、どの造語成分を使って構成されるかは、前章で触れた「表現と弁別の原理」にもとづくものと考えられる。いま、仮に、上の動詞成分と補足成分1・2に、M《様態》を表す補足成分をも加えた意味構造が選択され、それぞれに具体的な造語成分がわりあてられたとすると、たとえば、次のような命名概念構造がつくられる。

```
動詞成分              :「切る」
OE《結果対象》〈形状〉 :「歯」
A《主体》〈機械〉     :「盤」
M《様態》             :「自動」
```

6.2 造語成分の選択・配列規則

はじめに述べたように、複合名詞形成の第3段階では、命名概念から複合名詞がつくりだされる。その具体的な様子は、命名概念構造が複合名詞の線状的な語構造に変換される過程と考えることができる。

ここで対象としている複合名詞の線状的な語構造は、先に、表6および表7-1～3において示した。このうち、とくに表6からは、意味役割レベルでの造語成分の線状的な構造すなわち配列について、次のような傾向が観察される。

まず、最終要素が主要成分であるタイプ（内心構造）の場合には、"V／主"という2単位語（例：「絞り／ノズル」「敷き／砂」）と、それに主要成分とは異なった意味役割すなわち限定成分限を前接させて、複合名詞全体の意味内容をより明確にしている3単位語"限／V／主"が中心であり、同じ3単位語でも"V／限／主"というタイプは少ない（このタイプには、「押し／麦／機」「積み／荷／港」のようにV／限がすでに1単位として結びついていると考えた方が良いと思われる例もある）。最終要素が動詞成分であるタイプ（外心構造）の場合には、"限／V"という2単位語（例：「新聞／掛け」「管／押さえ」）がほとんどで（この場合も、限定成分は仮定された主要成分とは異なる）、そこに限定成分を前接させた"限／限／V"タイプ（例：「遠心／油／抜き」「スミ／二重／張り」）はまれ

なようである。また、4単位語のほとんどが、Aすなわち《主体》(特に、「機」「装置」などの機械類を表す造語成分)が主要成分であるタイプに見られ(例:「たて糸／のり／付け／機」「水圧／つば／出し／プレス」)、逆に、主要成分にAを仮定できる"限／V"タイプ(例:「石炭／送り」「空気／抜き」「管／曲げ」)は少ない。

このほか、補足成分の意味役割間にも共起制約は見られるようである。表6を見ると、OとOEとが同一のタイプの中に現れることはない。G、S、P、Lも互いに共起することはないようであるが、この場合の共超制約は必然的なものではなく、造語成分を無条件に連ねることのできない複合名詞という環境に制約されたものと考えられる。他の成分については、さらに語例をふやさないとはっきりしたことはいえないが、Mの中でも「自動」「連続」などの造語成分はAとのみ共起するというような傾向は見られるようである。

以上のような傾向から、意味役割の配列に関しては、次のような原則を導くことができる。

1. 主要成分が最終要素となることが基本であるが、それは省略可能である
2. 主要成分の直前に動詞成分が位置する
3. 動詞成分の前に主要成分とは異なった限定成分が位置するが、これも省略可能である
4. 主要成分がAである場合には、限定成分が二つ前接し得る
5. 一つの複合名詞に同一の意味役割が共起することはない(表6の"M／M／V／A"は「回転／平／削り／盤」であるが、この場合には「回転」が「動作の様態」、「平」が「結果の状態」を表しており性格が異なるものと考えられる)

したがって、命名概念構造が複合名詞の線状的な語構造に変換されるとき、造語成分は上のような原則に従って配列されると考えられる。先に例とした命名概念構造の場合、それは、A《主体》を主要成分とするものであるから、次のような配列になると考えられる。

1. A《主体》を主要成分とする場合、動詞成分で終わる配列はほとんど利用されず、上の原則1に従って、A《主体》を最終要素とすることになる。
2. また、【切削】の「切る」も、最終要素を省略することはほとんどない。
3. 最終要素を主要成分のA《主体》とした場合、原則2に従って、動詞成分は主要成分の直前に来るから、V／Aという配列になる。
4. 原則3に従って動詞成分の直前に限定成分を置くことになり、また、主要成

分がAであるから、原則4に従って限定成分を二つ置くことができる。MとOEとでは、M／OEの順序になるから、M／OE／V／Aという配列になる。

以上により、先の命名概念構造は、複合名詞においてM／OE／V／Aという配列に変換され、具体的には、「自動／歯／切り／盤」として形成されることになる。

6.3　複合名詞のME構造

石綿1999の「ME構造」は、以下のように、動詞の意味構造を"M"（意味あるいは深層格）とし、それが表層の表現として形成されるときにとる格助詞が"E"（言語表現）として対応づけられたものである。

（1）　動詞の意味と用法を記述するにあたって、この本では意味あるいは深層格とそれにあたる表層の表現をたとえば次のように書きあらわすことにした。
　　　　　おれる
　　　　　M　O（con）
　　　　　E　が
これは「枝が折れる」などの表現を記述したものである。意味あるいは深層格のがわMでは対象格であり、具体物という意味特徴をもつ名詞が使われる。それに対応する表現のがわEでは、そのターミナルシンボルである名詞に「が」という助詞がついて表層に実現することを示す。その名詞はMで示された意味特徴をもつものであることはいうまでもない。「が」はデフォールトの「が」といわれるもので、たとえば「は」などになることもある。うえの表示はこのようなことをさしている。この表示をMEということにする。　　　　　　　　　　　　　　　　　　　（石綿1999: 155-156）

（2）　母が毛糸でセーターを編む
　　　この表現の基盤になっているのは「編む」という動詞である。この動詞は動詞の分類表のなかでは人間の動作をあらわすグループにはいっており、生産活動を表すものの一つである。この表層文をMEスキームを利用しながら解析すると

　　　　　人間の生産活動　　　　「編む」
　　　　　動作主　　　　　　　　母
　　　　　対象（生産物）　　　　セーター
　　　　　材料　　　　　　　　　毛糸

のような結果が得られる。さきの表層文からこの ME スキームを獲得するのが言語理解である。いっぽう、この ME スキームを利用しながらさきのような表層文を得るのが言語表現である、と考えることができる。

(同上:263)

　複合名詞の場合も、"M" には、動詞成分の意味構造としての命名概念構造をもってくることができる。ただし、"E" には、格助詞ではなく、造語成分の選択と配列の規則が必要である。このような複合名詞の ME 構造を利用すれば、複合名詞形成の第 3 段階である、命名概念から複合名詞をつくりだす過程をモデル化することが、少なくとも動詞成分を中核とする命名概念構造の場合には、可能なのではないか、というのが本章の主旨である。

注
1　語例の表記については、読み誤りをなくすために適宜修正している。
2　「意味役割」は、「意味格」「深層格」ともいうが、ここでは格以外の成分(たとえば、仁田義雄 1974 で示された状況成分や付加成分に相当するもの)も含めており、「意味役割」という用語を用いることにする。
3　ここで設定した意味役割のうち、《結果対象》《対象動作》《結果》《様態》は、石綿 1999 にはないものである。《結果対象》《対象動作》はともに「対象(O)」にまとめられている。《結果》《様態》は、格成分ではないためにないのであろう。逆に、石綿 1999 にあってここにない意味役割は、経験者(E)、相手(P)、引用(Cit)、範囲(Ra)、原因(Cause)、根拠(Fonda)、材料・原料(Mat)、限度・基準(Lim)、比較の相手(Comp)、時の起点(Gtim)、数量(Q)、状態(St) である。これらの欠如は、本章で対象とした複合名詞がモノ名詞に限定されていることによるものと考えられる。なお、本章の《主体》《通過点》は、石綿 1999 では、それぞれ、動作主(A)、経過域(Path) である。
4　奥田 1968–72(言語学研究会(編) 1983: 40)参照。
5　石綿 1999 では、意味特徴として、[+hum](ひと)、[+ani](動物)、[+con](具体物)、[+loc](ところ)、[+abs](抽象物)、[+act](行動)、[+phen](現象)、[+qua](量)、[+tim](とき)を設定している(カッコ内は、説明の便宜上、石井が補ったもの)。また、情報処理振興事業協会技術センター 1996 は、「名詞の意味素性」として 58 の意味特徴を設定している。
6　石綿 1999 では、動詞を「動態述語動詞(V)」と「状態述語動詞(S)」とに大別し、前者を「人間活動動詞(V1)」「移動動詞(V2)」「接着動詞(V3)」「状態変化動詞(V4)」「抽象関係動詞(V5)」「自然現象動詞(V6)」に分類する。「人間活動動詞(V1)」は、さら

に、「人の物理的行為(V1.11)」と「生活・職業・生産的行為(V1.12)」に分けられる。動詞成分の分類には、このほかに、森田 1982 の動詞分類も参考になる。

7 「主要成分」という考え方は、ブルームフィールド 1933 の "head members" や森岡 1959 の「類概念」に等しいものである。

8 正確には動詞成分も限定成分であるが、ここでは、動詞成分以外の修飾要素を「限定成分」と呼ぶことにする。

9 ここでは、「ねじ／回し」などの "N + V" タイプをはじめとして、最終要素が動詞成分であるタイプの場合には、主要成分が省略されていると考えた。このような考え方は、森岡 1959、奥津 1975 などに示されている。また、影山 1982 は、後項の動詞連用形も一種の名詞とし、それを「主要部」と認定している。

10 このような多義的な動詞成分は数多く見られる。たとえば、「打ち」は、「くい打ち機」においてはフレアイの、「くい打ち基礎」においてはトリツケの、「現場打ちコンクリート」においてはツクリダシの動作を表す。

11 この〈形状〉というカテゴリーは、「すじ／付け／機」「紋／彫り／機」「曲線／引き／カラス口」などの複合名詞の OE 成分にもみとめることができるものである。

第3章　複合名詞の表現性と弁別性

はじめに

　複合名詞形成の4段階モデルでは、その第2段階で、原概念から命名概念がとりたてられる。原概念のどこに注目し、どのような命名概念をとりたてるかについては、さまざまな仕組みがはたらくものと考えられるが、その基本には「表現と弁別の原理」があるものと考えられる。すなわち、その原概念が何であるかをよく表す側面がとりたてられ、また、その原概念を他の単語から区別する側面がとりたてられるのである。命名概念は、基本的には、この両者の均衡の上に形成され、続く第3段階で、複合名詞として表されることになる。複合名詞に使われている造語成分は、多くの場合、そのようにして成立した命名概念の要素に対応しているから、それ自身も、表現と弁別の原理を反映するものである。とくに、学術用語の場合は、科学的な概念を正確に表そうとするため、一般語に比べて、命名概念を構成する要素をそのまま造語成分として利用する傾向が強い。そこで、本章では、前章で資料とした、和語他動詞を中核的造語成分として形成されたモノ複合名詞のうち、3単位以上の長い複合名詞を対象に、それを構成する造語成分がどのような表現と弁別の機能を発揮しているかを調べることによって、原概念から命名概念がとりたてられる際にはたらく「表現と弁別の原理」の具体的な様相に接近することを試みる。

1. 学術用語の高次結合語

　学術用語も含めて、専門用語は、一般語との隔たりが大きく難解であるといわれる。そのような印象を深めているものの一つに、語の長さがある。専門用語は、確かに、一般語に比べて長い傾向にあるが、長くなるのには理由がある。それは、科学技術の分野をはじめとして、専門の世界においては、用語によって表される概念が不明確であったり、概念間に混同が生じたりしてはならないからである（多義および類義の排除）。専門用語は、曖昧さを排し、他の語との紛れを避けるために、

どうしても長くなりがちである。それは、すなわち、専門用語が分析的な表現性と用語間の弁別性を重視していることの結果である。

　ここで、学術用語を対象としたのは、それらのほとんどが複合名詞であり、しかも、それらが、上述のように、表現性だけでなく、弁別性をも重視しているからである。実際に、前章で対象としたような動詞成分を核とする複合名詞の場合、一般語においては、"□／V" や "V／□" という2単位語が多いが、学術用語においては、"□／V／□" や "□／□／V／□" という3、4単位語（高次結合語）の割合がかなり高くなっている。このような事情は、学術用語の表現性・弁別性重視の結果であると予想されるが、それを実際に確かめる上でも、ここでは、特に、3、4単位語の高次結合語を対象として、その表現と弁別の様相を観察することにする。以下、前章で資料とした、和語他動詞を中核的造語成分として形成されたモノ複合名詞から、弁別的な対立をなす高次結合語をとりだし、そこにおいて、どのような表現性を有する造語成分がどのような弁別機能を担っているかについて、主として計量的な検討を加える。

2. 複合名詞における弁別的対立

　「弁別的対立」とは、本来、音韻論の用語であるが、ここでは、「春風―秋風」のように、造語成分の違いがそれを含む複合名詞の意味を区別する役割を担っているとき、複合名詞（「春風―秋風」）は弁別的対立をなし、また、造語成分（「春―」「秋―」）は複合名詞を弁別しているといい、そのような造語成分には弁別機能がある、ということにする。

　造語成分が複合名詞を弁別しているというとき、その造語成分（弁別要素）は、基本的には、対立する複合名詞において「同一の環境」に現れていることが必要である。同一の環境とは、同じ結合相手と同じ結合順序で結びついていることであり、また、対立する複合名詞の意味が同じ範疇に属していることである。

① <u>春</u>風―<u>秋</u>風　　　　北風―南風
② 春<u>風</u>―北<u>風</u>　　　　秋風―南風
③ <u>朝霞</u>―朝もや　　　秋風―秋祭り
④ 波<u>音</u>―波<u>立つ</u>　　手足―手近
⑤ 春風―<u>風車</u>　　　　草花―若草
⑥ 春風―秋祭り　　　空色―手近
⑦ 春　―春風　　　　＿色―空色

複合名詞のほとんどは、"限定成分＋主要（被限定）成分"という意味関係にあるものである。そこで、複合名詞が概念を弁別しているというとき、まず考えつくのは、①、②のように、限定成分（種差）の違いが主要成分（類概念）を特徴づけ、それが複合名詞の意味の区別に結びついている場合である。①は、造語成分「春―」「秋―」、「北―」「南―」が、それぞれ同じ結合相手「―風」と同じ結合順序で結びつき、それらを含む複合名詞も、全体として〈風〉という同一の意味範疇の中で対立している。さらに、「春―」と「秋―」、「北―」と「南―」とが、それぞれ同一の意味範疇（〈季節〉、〈方向〉）に属し、かつ、同じ意味的な関係において後項「―風」と結びついており、最も典型的な弁別的対立の例ということができるであろう。②は、①とほとんど同じであるが、①と違って、対立する複合名詞における前項と後項との意味的な関係（弁別の仕方）までが同一であるわけではない。③は、造語成分「―霞」「―もや」、「―風」「―祭り」が、それぞれの対立において、同じ結合相手と同じ結合順序で結びついているものの、それらが後項、すなわち主要成分（類概念）であることから、必然的に複合名詞全体の意味範疇が同一とはいえない、あるいは、少なくとも①、②に比べてその隔たりが大きいと考えられるものである。「朝霞―朝もや」は、「秋風―秋祭り」の対立に比べて、複合名詞の意味範疇が近いと考えられ、したがって、「―霞」と「―もや」の弁別機能の方が「―風」と「―祭り」のそれよりも意識されやすいかもしれない。④は、対立する複合名詞の意味範疇が③よりもさらに隔たっており、また、異なる品詞に属するものである。⑤は、造語成分の結合順序が同じでなく、複合名詞の区別に、単なる造語成分の違いばかりではなく、結合順序の違いまでがかかわっており、「春―」と「―車」、「―花」と「若―」に純粋な弁別機能は認めにくいように思われる。⑥は、それぞれの複合名詞に共通する要素を見ることができず、したがって、弁別的対立とは認めることができないものである。⑦は、一方の複合名詞にある要素が他方にないということによって、対立が構成されているものである。

このように、複合名詞の対立にもいくつかの場合があり、どこまでを弁別的対立と認めるかが問題となるところである。弁別要素の出現環境のうち、結合相手と結合順序は完全に同一でなければならないだろう。したがって、⑤や⑥のような対立は除外される。とすれば、問題は、対立する複合名詞が同じ意味範疇に属するという条件の範囲をどのように考えるかにかかってくる。弁別的対立というものを、主要成分（類概念）を同じくし、限定成分（種差）を別にする複合名詞の対立と考えれば、ここでは、①および②のみが該当することになろう。限定成分（種差）の有無が主要成分（類概念）の区別につながっていると考えれば、⑦のうちの「色―空色」のような対立も含まれる。では、限定成分（種差）を共有し、主要成分（類概念）を別にする対立については、どう考えればよいだろうか。「蒸し器―蒸しなべ」「管理

人—管理者」のような対立を考えると、このタイプを弁別的対立でないといいきることにも抵抗がある。そこで、ここでは、あくまでも便宜的ではあるが、「同一の意味範疇」というものの範囲を同一品詞の範囲として広くとらえることにし、①〜③および⑦を弁別的対立と考え、それらの対立を成立させている（共通要素以外の）要素に弁別機能を認めることにしたい。

3. 弁別的対立の抽出

　弁別的対立とは、上述のように、同一の環境に現れる造語成分の違いが、複合名詞の意味の区別を成立せしめているような複合名詞の対立である。同一の環境とは、異なる弁別要素が、同一の結合相手と同一の結合順序で結びつき、かつ、複合名詞全体の意味が同じ範疇に属していることとした。同じ意味範疇としては、便宜的に同一品詞の範囲をとった。ここでは、モノ名詞という、より限定された範囲を定め、さらに、複合名詞の要素間の結合関係のレベルも考慮に入れて、弁別的対立をとりだすことにする。結合関係は、動詞成分と、（表1に示す）補足成分の意味役割とのつらなりとして表す（なお、ここでは、意味役割のうち、《結果対象》を《対象》にまとめている。《対象動作》は、限定成分とのみ対応することから単独の意味役割として立てている）。

表1　補足成分の意味役割

対　　　象　(O)：	折りたたみ／いす、チェーン／止め、ビルジ／吸込み／装置
結果対象　(OE)：	あわ／立て／剤、みぞ／切り／のこ、組み／わく
対象動作　(OV)：	すべり／止め／タイヤ、分配／扱い／者、送受／切換え／器
手　　　段　(I)：	モンキー／くい／打ち／機、チーズ／削り／器、荷／止め／板
主　　　体　(A)：	灰／捨て／装置、荒／引き／圧延機、石／切り／機
目標・着点　(G)：	布／巻き／ホース、壁／掛け／放熱器、胸／当て／ぎり
源泉・起点　(S)：	つや／消し／面／板／くせ／取り／機、板紙／抜き／表紙
通 過 点　(P)：	水／抜き／穴、石炭／落とし／口、引込み／ゲート
場　　　所　(L)：	足／洗い／場、坑内／巻き上げ／機、仕上げ／工場
結　　　果　(E)：	削り／くず、節／抜き／きず、のり／付け／むら
様　　　態　(M)：	自動／ねじ／切り／盤、中／練り／ペイント、深／掘り／すき
方　　　向　(D)：	横／送り／ジャッキ、下／押し／プレス、斜／引張り／鉄筋
時　　　　　(T)：	熱間／引抜き／管、負荷時／タップ／切換え／装置
目　　　的　(PU)：	安全／止め、対氷／二重／張り

第 3 章　複合名詞の表現性と弁別性　203

　前章では、機械工学をはじめとして 18 の分野から 1681 語の複合名詞を抽出したが、個々の補足成分に「意味役割」をわりあてることができたのは、そのうちの 1245 語である。それらのうち、以下にあげるような対立が弁別的対立と認められるものである。なお、ここでは、動詞成分以外の補足成分に注目しており、動詞成分が弁別要素になっている対立はとりあげていない。また、2 単位語どうしの対立（「受け／石」―「受け／台」、「押し／棒」―「突き／棒」など）も扱っていない。

$$
\begin{cases}
\underline{空気}／吸込み／管（"\underline{O}／V／I"）\\
\underline{ビルジ}／吸込み／管（"\underline{O}／V／I"）
\end{cases}
$$

$$
\begin{cases}
灰／上げ／機　　（"O／V／\underline{A}"）\\
灰／上げ／装置（"O／V／\underline{A}"）
\end{cases}
$$

$$
\begin{cases}
\underline{\quad}　止め／板（"\underline{\quad}／V／I"）\\
\underline{荷}／止め／板（"\underline{O}／V／I"）
\end{cases}
$$

$$
\begin{cases}
壁／掛け　\underline{\quad\quad}　（"G／V　\underline{\quad}"）\\
壁／掛け／\underline{電話機}（"G／V／\underline{O}"）
\end{cases}
$$

$$
\begin{cases}
くい／打ち／\underline{機}　（"O／V／\underline{A}"）\\
くい／打ち／\underline{基礎}（"O／V／\underline{G}"）
\end{cases}
$$

　最初の例では、弁別要素「空気―」「ビルジ―」が同一の結合相手「―吸込み／管」に前接している。「―吸込み／管」が同一の結合相手であることは、その意味役割の結びつきがともに "V／I《手段》" であることからわかる。「押し／車（"＿　V／I《手段》"）」―「手／押し／車（"I《手段》／V／O《対象》"）」のような場合には、「―押し／車」の結合関係が異なっているために、弁別的対立とは認められない。最後の例は、弁別要素の動詞成分に対する関係が異なっているが、上述したように、このような場合も弁別的対立と認めた。なお、ここでは、動詞成分に対して同じ結合位置にある補足成分について弁別要素としており、「つや／出し／剤」―「糸／つや／出し／機」のような場合の「―剤」と「糸―機」を弁別要素とはしていない。また、動詞成分と意味的に直接結びつかない要素に関する対立（「手／洗い／器」―「外科用／／手／洗い／器」など）は扱っていない。
　以上のような弁別的対立に関与している複合名詞 (b) は、異なりで 528 語あった。それらを構成単位数別に、意味役割をわりあてることのできた 1245 語の複合名詞 (a) と比較しながら見ると、表 2 のようになる。

表2　構成単位数別にみた弁別的対立の割合

	(a)	(b)	(b／a)
2単位語	662	84	.127
3単位語	541	404	.747
4単位語	42	40	.952

　(b)の(a)に対する比率をみると、3単位語では74.7%、4単位語では95.2%の複合名詞が、弁別的対立をなしていることになる（2単位語の(b)は、弁別要素がないということによって3単位語と対立を構成しているものである）。とくに、4単位語はそのほとんどが弁別的対立をなしており、このことからも、語形の長くなる高次結合語の存在が、概念の弁別という理由に支えられていることが推測できる。

4. 補足成分（意味役割）の表現力と弁別力

　造語成分の表現と弁別とにかかわる特徴を見出すために、以下、補足成分の意味役割が複合名詞の弁別にどのようにかかわっているかに注目する。すなわち、意味役割ごとの弁別機能を考えるわけである。

　いま、補足成分に意味役割を割り当てることのできた複合名詞のうち、3単位語および4単位語に、先の13種の意味役割が何回出現するか（出現度数）を度数順に見たのが表3である（弁別要素がないことによって3単位語と対立する2単位語の意味役割は数えていない）。

表3　意味役割の出現と弁別

意味役割		出現度数	弁別度数	弁別率
O	《対象》	511	223	.436
I	《手段》	227	120	.529
A	《主体》	219	53	.242
G	《着点》	99	36	.363
M	《様態》	55	25	.455
OV	《対象動作》	25	17	.680
L	《場所》	23	14	.609
S	《起点》	13	10	.769
D	《方向》	13	10	.769
P	《通過点》	9	3	.333
T	《時》	7	5	.714
E	《結果》	6	2	.333
PU	《目的》	1	1	1.000

　弁別度数とは、その意味役割をもつ補足成分が、弁別的対立を構成する複合名詞に弁別要素として何回現れたかを示すものである。ここでは、三つ以上の複合名詞からなる弁別的対立においてはそれぞれの複合名詞を1回しか数えていない。すなわち、

$$\left\{\begin{array}{l}\underline{坑内}／巻き上げ／機（"\underline{L}／V／A"）\\ \underline{電気}／巻き上げ／機（"\underline{I}／V／A"）\\ \underline{はえなわ}／巻き上げ／機（"\underline{O}／V／A"）\end{array}\right.$$

のような対立においては、それぞれの複合名詞は他の複合名詞から弁別されていると考え、

$$\left\{\begin{array}{l}\underline{坑内}／巻き上げ／機\\ \underline{電気}／巻き上げ／機\end{array}\right.$$
$$\left\{\begin{array}{l}\underline{電気}／巻き上げ／機\\ \underline{はえなわ}／巻き上げ／機\end{array}\right.$$
$$\left\{\begin{array}{l}\underline{坑内}／巻き上げ／機\\ \underline{はえなわ}／巻き上げ／機\end{array}\right.$$

のような、一対ごとの対立を考えることはしなかった。したがって、この場合には、弁別要素として、"L《場所》"が1回、"I《手段》"が1回、"O《対象》"が1回数えられている。また、同一の複合名詞が異なる弁別的対立を構成している場合には、それぞれの対立について弁別要素を数えている。たとえば、

$$
\begin{cases}
\underline{灰}／上げ／装置（"\underline{O}／V／A"）\\
\underline{弁}／上げ／装置（"\underline{O}／V／A"）
\end{cases}
$$
$$
\begin{cases}
灰／上げ／\underline{装置}（"O／V／\underline{A}"）\\
灰／上げ／\underline{機}（"O／V／\underline{A}"）
\end{cases}
$$

のような場合には、「灰／上げ／装置」における「灰(O)」「装置(A)」とも1回ずつ数えられている。

　弁別度数を出現度数で除したものが「弁別率」として導かれる。すなわち、その意味役割が複合名詞の弁別にどの程度かかわっているのかを、意味役割ごとに見たものである。

　表3によれば、出現度数の多い意味役割ほど弁別度数も多くなっていることがわかる。当然のことではあるが、よく現れる意味役割ほど複合名詞の弁別に役立っているということである。

　しかし、弁別率をみると、弁別の様相は決して一様であるわけではない。弁別率の高い意味役割もあれば、低い意味役割もある。どのような意味役割の弁別率が高くなり、どのような意味役割の弁別率が低くなるのかを説明できれば、複合名詞の弁別性や造語成分の弁別機能についてある程度の部分が明らかになるものと思われる。

　複合名詞の弁別には、さまざまな側面がその要因としてかかわっているものと考えられるが、複合名詞自体の性格はもちろん、それがくみいれられている語彙体系の性格にも注目する必要があろう。ここで対象としている複合名詞は、学術用語である、モノ名詞である、他動詞成分を中核とする、という性格をあわせもっている。これらの側面が、意味役割の弁別に影響していることが、まず、考えられる。たとえば、O《対象》の出現度数・弁別度数がともに多くなっているということには、他動詞成分を中核とする複合名詞であるという側面が効いていることは容易に推測されるし、また、I《手段》の出現度数・弁別度数の多さにも、学術用語を対象としたために、道具類を表す複合名詞が多いという側面が影響しているものと考えられる。

　しかし、一方で、意味役割そのものの性格が影響していることも考えられる。そのような「性格」を明らかにすることはむずかしいが、たとえば、それぞれの意味

役割が、複合名詞の主要成分(要素)および限定成分(要素)のどちらになりやすいか、というような点から検討することも可能であろう。そこで、3、4単位語における各意味役割(補足成分)の出現度数を限定成分、主要成分それぞれに求め、弁別率順に配列してみる(表4)。

表4　限定成分・主要成分ごとにみた意味役割の出現と弁別

（　）内は、それぞれにおける弁別度数

意 味 役 割		限定成分	主要成分	弁別率
PU	《目的》	1（　1）	―	1.000
S	《起点》	7（　6）	6（　4）	.769
D	《方向》	13（ 10）	―	.769
T	《時》	7（　5）	―	.714
OV	《対象動作》	25（ 17）	―	.680
L	《場所》	7（　5）	16（　9）	.609
I	《手段》	57（ 28）	170（ 92）	.529
M	《様態》	55（ 25）	―	.455
O	《対象》	408（185）	103（ 38）	.436
G	《着点》	46（ 16）	53（ 20）	.363
P	《通過点》	1（　0）	8（　3）	.333
E	《結果》	―	6（　2）	.333
A	《主体》	3（　2）	216（ 51）	.242

　弁別率の高い意味役割のうち、PU《目的》、D《方向》、T《時》、OV《対象動作》は限定成分にしかなり得ない意味役割であることがわかる(これらおよびM《様態》は、モノを表す複合名詞を対象としているために、必然的に主要成分とはなり得ない)。逆に、弁別率の低いA《主体》、E《結果》、P《通過点》は、主要成分として機能することがほとんどであることがわかる。このことから、限定成分になりやすい意味役割は弁別率が高く、主要成分になりやすい意味役割は弁別率が低いということが、まず、考えられる。確かに、限定成分による弁別と主要成分による弁別とでは性格が異なるものと考えられる。限定成分とはいわゆる種差であり、それは類概念を特徴づけるものとして機能する。そのようなシンタグマティックな特徴づけの機能が、パラディグマティックには弁別の機能としてはたらいているわけである。それに対して、類概念としての主要成分は、複合名詞の意味の基幹的な部分を担うものとして、特徴づけられることが主たる機能であると考えられるから、その

分、限定成分に比べて弁別機能に劣るとも考えられる。実際、主要成分による厳密な弁別の例はそれほど多くない。それは、主要成分の対立が、多くの場合、二つの複合名詞を異なる意味範疇に置いてしまうことによるものと考えられる。たとえば、

$$\begin{cases} タップ／切換え／器 \\ タップ／切換え／装置 \end{cases}$$

のような対立は、道具・機械類という共通の意味範疇のなかにあって、そのうえで、動力の有無や機構の複雑さなどによる弁別的対立を構成していると考えられる例であるが、多くの場合、主要成分の対立は、

$$\begin{cases} 館外／貸出し／部 \\ 館外／貸出し／係 \end{cases}$$

のような上位概念─下位概念の対立か、

$$\begin{cases} 玉／突き／室 \\ 玉／突き／台 \end{cases}$$

のような、共通の意味範疇とはいえない（意味の隔たりが大きい）複合名詞の対立を構成するのである（この分析では、共通の意味範疇の範囲を同一品詞の範囲としているが、意味論的な検討の上に立って、より明確な範囲を設定する必要がある）。

　また、表3をみると、出現度数の少ない意味役割の弁別率が高く、逆に、出現度数の多い意味役割の弁別率が低い、という傾向があるように思われる。いま、各意味役割の出現度数と弁別率との関係をみると、図1のようになる。

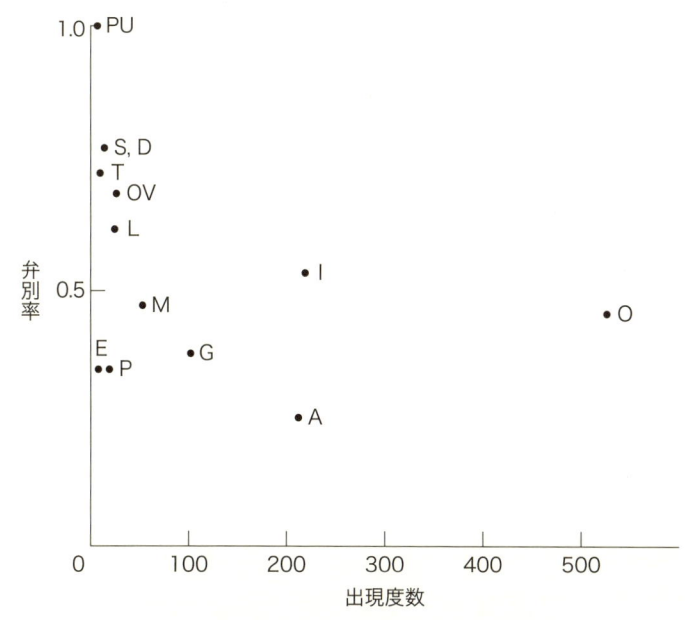

図1 意味役割の出現度数と弁別率との関係

　PU《目的》、S《起点》、D《方向》、T《時》、OV《対象動作》、L《場所》は、出現度数は少ないものの弁別率が高く、逆に、A《主体》は出現度数が多いわりに弁別率が低い。M《様態》とG《着点》は両者の中間に位置する。一方、I《手段》、O《対象》は出現度数も多く弁別率も5割程度であり、逆にP《通過点》、E《結果》は出現度数も少なく弁別率も低い。このように、出現度数と弁別率との関係は一様ではないが、この図からは、総じて、複合名詞の構成にあまり参加しない意味役割ほど弁別率が高い、ということがいえそうである（もっとも、出現度数が小さければ弁別率の精度も粗くなるから、対象の範囲をさらに拡大する必要はあるが）。

（例）　PU《目的》を弁別要素とする対立
　　　対氷／二重／張り（"PU／M／V"）
　　　スミ／二重／張り（"G／M／V"）
（例）　S《起点》を弁別要素とする対立
　　　線／くせ／取り／機（"S／O／V／A"）
　　　棒／くせ／取り／機（"S／O／V／A"）
（例）　D《方向》を弁別要素とする対立
　　　横／送り／台（"D／V／I"）

　　　　　　工具／送り／台（"O／V／I"）
（例）T《時》を弁別要素とする対立
　　　　　　熱間／引き抜き／管（"T／V／O"）
　　　　　　冷間／引き抜き／管（"T／V／O"）
（例）L《場所》を弁別要素とする対立
　　　　　　荷／造り／室（"O／V／L"）
　　　　　　荷／造り／機（"O／V／A"）
（例）P《通過点》を弁別要素とする対立
　　　　　　水／抜き／穴　　（"O／V／P"）
　　　　　　水／抜き／トンネル（"O／V／P"）
（例）E《結果》を弁別要素とする対立
　　　　　　のり／付け／むら（"O／V／E"）
　　　　　　のり／付け／機　（"O／V／A"）

　表3からは、O《対象》、I《手段》、A《主体》、G《着点》などよく現れる意味役割ほど弁別に役立っているという傾向をみることができたが、これは全体をみてのことであって、個々の意味役割ごとにみれば、必ずしもよく現れる意味役割の弁別率が高いわけではない。複合名詞が表現と弁別という二つの契機からつくりあげられているものとすれば、よく現れる意味役割は複合名詞の「対象的意味」を表現する要素として、あまり使われない意味役割は複合名詞の「区別的意味」を表す要素として、それぞれ、用いられる、という傾向があるのかもしれない[1]。すなわち、よく現れる意味役割とは、複合名詞の意味を表す基本的な要素であり、複合名詞にとっては基幹的な要素である。それに対して、あまり使われない意味役割は、複合名詞にとっては基本的な要素ではないが、それらが使われれば、それはあまり使われないということによってむしろその複合名詞を他から区別するものとしてはたらくことが予想される、ということである。あまり使われない意味役割ほど、いったん使われればその複合名詞を他と弁別するのに効果的であり、また、そのような意味役割を使って複合名詞をつくりあげるということ自体が、その複合名詞を他から弁別する必要性に迫られてのことであると考えられるのである。
　複合名詞の構成にとって基本的な要素であるかそうでないかということは、その意味役割が動詞成分ととりむすぶ関係のあり方と無関係ではないだろう。どのような関係が基本的で、どのような関係が基本的でないのかは、ここでの結果ばかりでなく、「必須成分」「任意成分」あるいは「格成分」「状況成分」「付加成分」などといった分類をも参考にしながら、検討しなければならない。
　以上から、ここで対象とした複合名詞においては、補足成分の弁別率の高低に、

第 3 章　複合名詞の表現性と弁別性　211

限定成分か主要成分か、出現度数が多いか少ないか（複合名詞の構成にとって基本的であるかどうか）、という二つの側面がかかわっていると考えられそうである（このような傾向が、複合名詞全般にわたってみられるかどうかは問題である。3、4単位語という高次結合語にみられた傾向がそのまま2単位語などにもみられるとは限らない）。表面的には、A《主体》、P《通過点》、E《結果》などの弁別率の低さは前者、S《起点》、L《場所》などの弁別率の高さは後者から説明できそうである。PU《目的》、D《方向》、T《時》、OV《対象動作》などの弁別率の高さには両方の側面が効いていると考えられる。I《手段》の弁別率の高さには、前述したように、学術用語という性格が関係しているのかもしれない。しかし、これらのことを明確にするためには、より大きなデータを対象とした分析が必要である。

5. 弁別のパターン

最後に、実際の弁別的対立においては、どのような弁別のパターンが見られるのかをまとめる。以下に、弁別的対立において、どのような弁別要素の対立がどのような被弁別要素としての意味役割のつらなりに前接あるいは後接しているかをパターン化したもの（度数20以上）を示す（（　）内は度数）。なお、ここでは、弁別的対立を一対ごとに数えている。

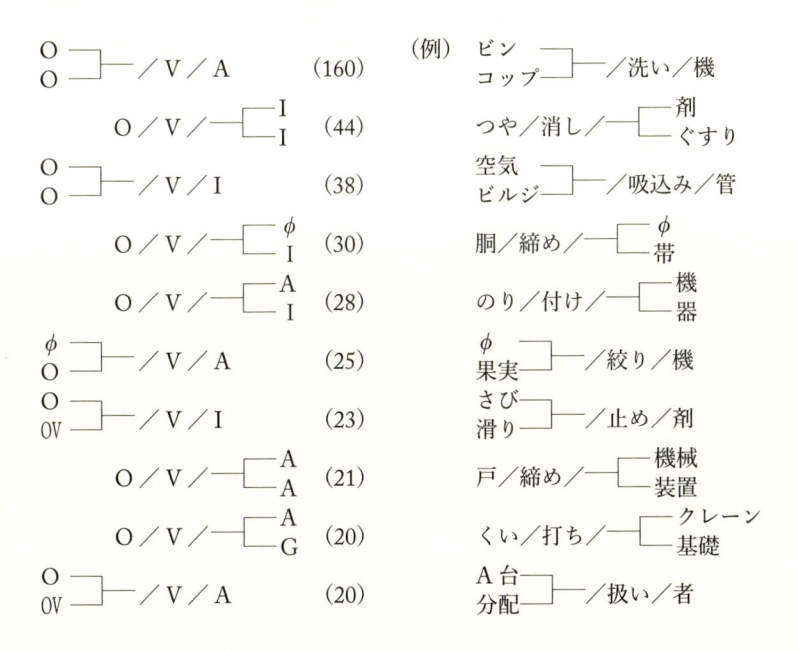

```
O  ┐                            (例) ビン  ┐
O  ┴ /V/A           (160)          コップ ┴ /洗い/機

      O/V/ ┬ I     (44)          つや/消し ┬ 剤
           ┴ I                            ┴ ぐすり

O  ┐                                空気   ┐
O  ┴ /V/I            (38)          ビルジ ┴ /吸込み/管

      O/V/ ┬ φ     (30)          胴/締め ┬ φ
           ┴ I                            ┴ 帯

      O/V/ ┬ A     (28)          のり/付け ┬ 機
           ┴ I                             ┴ 器

φ ┐                               φ    ┐
O ┴ /V/A             (25)          果実  ┴ /絞り/機

O  ┐                               さび  ┐
OV ┴ /V/I            (23)          滑り  ┴ /止め/剤

      O/V/ ┬ A     (21)          戸/締め ┬ 機械
           ┴ A                            ┴ 装置

      O/V/ ┬ A     (20)          くい/打ち ┬ クレーン
           ┴ G                              ┴ 基礎

O  ┐                              A台   ┐
OV ┴ /V/A            (20)         分配  ┴ /扱い/者
```

全体としては、異なりで110、のべで758の弁別パターンがみられた。最も多かったのは、"V／A《主体》"に異なるO《対象》が前接することによって弁別するパターンで、これ一つで全体の5分の1を占める。そのほか、上位6位までは、O《対象》、A《主体》、I《手段》およびφ（空白）によって弁別的対立が構成され、これらが、量的には、ここで対象とした複合名詞の弁別を構成する基本的な意味役割であると考えられる。弁別の内容では、弁別要素が限定成分である場合が、主要成分である場合よりも、パターンの種類および数の両面にわたって多い。具体的には、動作を同じくする機械・道具類を、その動作の対象としての要素によって弁別しているパターンが多く、それに比べれば、動作とその対象を同じくする機械・道具類を、機械・道具類自身を表す要素によって弁別しているパターンは少ない。これについては、限定成分の方が主要成分よりも弁別機能を発揮しやすいことによるものと考えられる。

　弁別要素としての意味役割の対立については表5のようにまとめられた。表の解釈、たとえば空白の欄をaccidental gapとしてよいのかどうかなど、は今後の課題である。

第3章 複合名詞の表現性と弁別性 213

表5 弁別要素としての意味役割の対立
(上段の数字は限定成分としての、下段の数字は主要成分としての対立)

	φ	O	I	A	G	OV	M	S	L	D	T	P	E	PU
O	52/6	216/26												
I	22/39	19	14/61											
A	5		28	1/27										
G	5/7	1/2	12	20	8/14									
OV	8	43			15									
M	12	13	1		2	1	6							
S	6			4			7/2							
L	3/1	1	2/7	2				1/1						
D	5	6	1			2			3					
T	5								2					
P	2		2								1			
E			1	4										
PU					1									

注

1 宮島1973には、Ginzburg他 "A Course in Modern English Lexicology" からの引用として、次のようにある。
　すなわち、著者たちによれば、単語にはなくて形態素だけに特徴的な型の意味の

1つに「区別的意味（differential meaning）」がある。「区別的意味というのは、ある単語を、同じ形態素をふくむほかのすべての単語から区別するのに役だつ意味的成分である。」たとえば、「本だな」という単語における形態素「だな」は、この単語を、「本ばこ」「本立て」など形態素「本」をふくむ他の単語から区別し、逆に「本」は「本だな」を「神だな」「ちがいだな」などから区別する。おおくのばあい、語構成要素は対象的意味（denotational meaning）と区別的意味とをあわせもっている。

第4章　造語成分の位相と機能

はじめに

　複合名詞形成の4段階モデルでは、その第3段階で、命名概念を複合名詞化する。その際、具体的にどのような複合名詞をつくるかということには、（前章で検討したように）第2段階でどのような命名概念を（表現と弁別の原理によって）つくるか、また、（第2章で検討したように）第3段階で命名概念から造語成分をどのように選択・配列するのか、ということがかかわってくる。しかし、一方では、複合名詞の材料となる（造語主体にとって「手持ち」の）造語成分それ自体の性格もまた、どのような複合語をつくるかということに少なからずかかわっているはずである。本章では、そのようなかかわりの一端として、造語成分の造語力や造語機能というものが、その位相（一般か専門か）によって異なっている、ということを報告するが、それに先立って、「造語力」という概念についての予備的な考察も行う。

1. 造語力と造語機能

　はじめに、造語力というものを「新しい単語をつくるにあたって、ある造語成分や造語法が用いられる可能性」と考えてみよう。造語力に限らず、可能性というものを直接に測ることはなかなか難しいから、多くの場合、その可能性が実現した結果を測ることによって、可能性の度合いを推定するという方法がとられる。ジャンプ力を測るためにジャンプの結果としての飛距離を測る、というようなものである。造語力を測る場合に注目されることが多いのは、ある造語成分がどれほどの結合力（他の造語成分と結びついて単語を構成する力）をもっているか、という点である。

　斎賀秀夫1957は、「和語と漢語とでは、漢語の結合力のほうがはるかに優勢である」「現代の日本語において、結合の要素として最も生産的な力を持っているの

は、漢語である。それに比べて和語の結合力は、実際にはかなり貧弱である」（: 223–226）と述べる。斎賀のいう「結合力」は、「……総合雑誌の調査における標本度数十以上の語（延べ八万三千語）について、それが単独に用いられた場合と、結合の部分として用いられた場合との、それぞれの延べ語数」のうち、結合の部分として用いられた場合の延べ語数をさしている。これは、語彙調査でいうところの単位語のレベルで造語成分の結合力をみようとしたものである。ただ、この場合には、たとえ1種類の単語しか構成しない（＝1種類の造語成分としか結合しない）造語成分であっても、その単語が数多く使われれば、当然、造語成分の延べ語数も多いということになり、結果として、その造語成分は結合力が大きいとされてしまう、という問題がある。造語成分の集合としての和語・漢語・外来語などの結合力を概観するためにはこのような「結合力」も有効であろうし、また斎賀の目的もそこにあったわけだが、個々の造語成分の結合力を測るためには、見出し語のレベルでいくつの単語を構成するか（＝いくつの異なった造語成分と結合するか）を問題とすべきであろう。また、この「結合力」が「現代の日本語において生産的な力」であるかどうかも慎重に検討しなければならない。なぜなら、「総合雑誌の語彙調査」によって得られた単語が、すべて現代の日本語においてつくられた単語であるというわけではないからである。斎賀のいう「生産的な力」とは、厳密にいえば、過去のものであり、現代日本語において実際に生産的かどうかの保証はないということにもなる。

　樺島忠夫1977は、田中章夫1975によって提示された「漢字のカバー率」を利用して、造語成分としての個々の漢字の結合力を測ろうとしている。すなわち、高校教科書（3教科）から選んだ基礎語彙に含まれる漢語を範囲として、それらを構成する個々の漢字ごとに、異なりでいくつの漢語の構成にかかわっているかを「カバー度数」として求めたのである。漢字のカバー率とは、「ある漢字で表記される語の量が、語彙の総体に対して、どれだけの比率になるか、を表すもの」であり、「それぞれの漢字の影響が、その語彙集団の、どれだけの範囲に及ぶか、影響の広さをはかる尺度」（田中1975: 2）であって、直接には、漢字の結合力を測る尺度として設定されたものではない。しかし、漢字による単語の表記という現象を、漢字で表される造語成分（いわゆる字音形態素）による単語の構成と読みかえれば、漢字のカバー率は字音形態素の結合力として扱うことができるわけである。樺島は、カバー度数（＝結合力）の大きい漢字を造語力をもつ漢字とみなし、具体的には、「的」「国」「地」「大」「小」のような接尾辞的、接頭辞的なもの、「自（みずから）」「農（農業にかかわること）」「政（政治にかかわること）」のように、意味がはっきりしており、生活的にかかわりが広い範囲に及ぶ漢字に造語力をみることができる

としている(樺島1977: 34-35)。樺島においては、個々の造語成分としての漢字の結合力が見出し語のレベルで扱われており、また、樺島自身が述べているように、カバー度数という考え方が「現在使われている漢字の過去における造語力」(同:33)を調べるための尺度であるという前提が立てられている点で、結合力がより明確なかたちでとりだされているといえる。

鈴木英夫1978・80は、幕末明治期の新漢語の造出と享受とを論じる上で、「軸字」という概念を設定した。それは、「二字漢語において、一定の位置を占め、同じような意味内容で他の漢字(付加字)と結び付いて、一群の漢語を構成する漢字」であり、「たとえば、『校長』『校舎』『校庭』『校門』という類(グループ)は、『校─』という軸字を持っていると考える」(鈴木1980: 52)というものである。鈴木は、また、軸字が「付加字と結合する力」を「軸度」と呼び、「新漢語を造出する生産性」ととらえている。ここで重要なことは、軸字として設定されるのが、「校」という造語成分ではなく、「校─」という「造語の型」であるという点である。このことは、「告─」と「─告」とが「二つの軸字」とされている(同:53)ことからも明らかである。結合力を造語の型に認めることによって、同じ「告」という造語成分でも、「告─」と「─告」との結合力が異なることを示すことができるわけである。結合力を造語成分にではなく、造語成分のもつ造語の型に認めることは、その意味が造語の型によって違っているような造語成分の分析においては、とくに有効であろう。同時に、鈴木の方法は、造語された単語が新語(新漢語)であるかどうかを吟味するので、みかけの結合力が同じでも、本当の意味で造語力の反映と認め得るような結合力を導くことができる。「告─」という軸字をもつ類が「告条」「告知」「告白」であり、「─告」という軸字をもつ類が「布告」「報告」「稟告」とあっても、鈴木は「─告」の結合力(軸度)の方が高いとする。その理由は、これらのうち、「新漢語であるのは、『─告』という軸字を持つ『稟告』だけである」からである。

造語力を測る尺度として「結合力」をみる場合には、造語成分あるいは造語の型が、見出し語のレベルでいくつの新語を構成しているかを調べることが必要である。しかし、それだけでは十分ではない。たとえば、そのような結合力が特定の分野の造語においてのみ発揮される造語成分と、多くの分野にわたって発揮される造語成分とがあれば、後者の造語成分により大きな造語力があると考えるべきであろうから、さまざまな分野ごとに結合力をみていくということが必要になる。また、複合・派生・転成・省略などといった造語法ごとに、どのような造語成分が結合力を発揮しているか、ということも検討しなければならない。水谷静夫1978、野村雅昭1984などでは、こうした考慮がなされているが、結合力を測るといっても、

ことは単純ではないことがわかる。

　しかし、そのような困難を克服して、なんとか結合力を測ることができたとしても、はたして、それで本当に造語力というものを測ったことになるだろうか。結合力というのは、造語力が実現した結果であると考えた。その結果を測ることによって、可能性としての造語力を測るということであった。しかし、この方法では、可能性はつねに結果によって跡づけられるだけである。上では、その結果の把握自体の困難なことを述べたが、そのような結果を実現する造語力とは何であるかの検討がなされるべきであろう。結果から可能性を推定するだけではなく、可能性の把握から結果を解釈することが必要である。可能性としての造語力そのものを明らかにしていくことによって、ある造語において、ある造語成分の結合力がなぜ発揮されたのか、されなかったのかを説明することもできるし、それを実現した造語力が、将来どうなっていくのかを見通すこともできる。そのためには、造語力を結合力におきかえてとらえるのではなく、造語力を造語力としてそのままとらえていこうとする努力が必要であろう。そして、造語という表現活動において、造語力というものがどのように生み出されてくるのかを考えることが必要である。冒頭の比喩に対応させていうならば、ジャンプ力というものが、ジャンプという運動の中でどのようなメカニズムのもと生ずるのかを探ることによって、その結果としての飛距離が説明でき、また、ジャンプ力の増減をもたらす要因を見通すことができる、というようなものである。

　ここで、造語力というものを「ある<u>造語者</u>としての人間が、ある<u>状況</u>において、ある<u>新しい概念や事物</u>を、ある<u>新しい単語</u>によって表そうとする場合に、ある<u>造語の材料や方法</u>が選択される、その潜在的な可能性である」と考えてみよう。造語力には、すくなくとも、下線を施したそれぞれのことがらがかかわってくるものと考えられる。

　水谷静夫1978は、**造語者**の造語力を「造語能力」と呼んで、「ことばの力」としての「造語力」と区別している。造語能力が造語力にどのように関係しているか、その一つのあり方を樺島1977は示している。樺島は、今後漢字の造語力が低下すると予想する、その根拠として、「造語にあたっては、そのもの（対象）の特徴を和語で考え、それに漢字をあてて漢語を作る」という態度を日本人が失いつつあり、また、「その漢字としては、一般に親しまれている漢字で、音訓の関係の密接な漢字が語基として選ばれる」が、それに必要な漢字の知識も限られつつあるということをあげた上で、次のように述べる。すなわち、「造語力は文字体系だけが持

つのでなく、それを使用する人間の態度、能力によって定まるのである。」(: 38)

　文や文章を産み出す表現活動とは違って、造語の場合には、ことばの造語力だけが前面に出て、人間の造語能力は問題にならないようにみえる。それは、単語というものが固定的・社会的であるということ、そのために、単語は文や文章よりもつくり手の個性を反映しにくい、いいかえれば、単語は個人がつくるものではないという認識がかたちづくられているからではないかと思う。このような認識が、ことば、とくに単語が、まるで人間のあずかり知らないところでつくられるかのようなイメージをつくりだしているように思える。しかし、単語は、確実に、人間がつくるのである。方言や幼児語の造語、あるいは新語や流行語を、方言話者やこどもの、あるいはその時代に生きる人間の豊かな造語能力を抜きにしてとらえることはできない[1]。

　造語をとりまく**状況**も、また、造語力を規定するものと考えられる。それは、造語の必要性の度合いといいかえることもできる。明治以降、西洋からの事物・概念を大量にとりいれなければならなかった状況が数多くの訳語をつくりだしたことは、その代表的な例であろう。松本泰丈1970は、単語つくりの「生産性―非生産性を条件づけるもの」の一つとして、「社会の発達による条件づけ」をあげている(「たとえば、〈生存権〉〈団結権〉〈選挙権〉などにおける接尾辞の〈―権〉は、社会が発達して、人民の権利ということがいわれだしてからの産物にちがいない」(: 154))が、これも、状況が造語力を規定しているということの指摘であろう。状況は、造語者にはたらきかけて、造語者のもつ造語能力を活性化させるように思われる。

　状況が造語力を規定する度合いは、それがどのような状況であるかによって異なってくるだろう。状況というものをどうとらえるかは難しい問題だが、分野や場面というものは、状況の一つのあり方としてとらえることができる。玉村文郎1975は、和語がよく使われる分野や場面として、短歌や俳句などの文学、宗教、進歩的な立場の人々(の言論)、株式関係、労働の現場、相撲や柔道、農山漁村、週刊誌・ちらし・新聞などの見出しや看板などをあげ、「和語がよく使われるのは、伝統性・閉鎖性・平明さ・審美性・簡潔さなどによる」(: 133)としている。このような特徴をもつ分野や場面が、和語による造語を促すと考えることは間違いではないだろう。

　状況と区別することが困難な場合もあるが、新しい単語によって表されることになる**概念**や**事物**も、造語力を規定しているといってよいだろう。「〈巡洋艦〉〈潜水艦〉の〈―艦〉は、あたらしい艦種があらわれないとつかえない。こういうのは非

生産的でなく、潜在的な生産性をたもっているのである。その点、あたらしい性質・状態にふれてももはや、形容詞がつくれないのとちがっている」という松本 1970 の指摘 (: 154) は、概念・事物の発生が造語力を高める場合とそうでない場合とがあることを示している。

　造語によってつくられる**新しい単語**の性格が造語力を規定する、ということも考えなければならない。樺島 1977 や玉村 1975 が指摘する「語感」もその一つである。漢語には古めかしい感じが、また、和語には俗っぽい感じがつきまとうということが、漢語や和語を造語する力を低くしているという指摘である。また、阪倉篤義 1963 が「その造語が、命名を待っている新しい概念内容を、どれほど適確にあらわし得るか、そして、また、その語形において、どれほど安定性を保ち得るか、……造語力というのは、結局は、やはり可能性の問題ではなくて、実際に、こういう適格性のある造語を成し得るか否かという、具体的な表現力の問題として論じられるべき」(: 141) であるとするのも、造語力の中身は別にしても、つくられた新語の性格が造語力を規定することを述べたものとして理解してよいだろう。語彙体系の中で安定して存在する単語をつくる力と、いわゆる臨時一語のようにすぐに消えていってしまうような単語をつくる力との間に差を認めるとすれば、水谷 1978 のいうように、見出し語レベルだけではなく、単位語レベルでも造語力を考えることが必要になるだろう。

　造語成分あるいは**造語の型**が造語力を規定することは、前述した「結合力」においてもみたとおりである。結合力が大きい造語成分は、それによる造語の可能性、すなわち、造語力を高めることにつながるであろう。もちろん、造語成分や造語の型が造語力を規定するのは、結合力においてだけではない。新語の問題としてふれた語感や、概念や事物を「適格」に表し得るかといった点が問題になることは、造語成分についても同様にいえることである。また、中村洋子・関谷暁子 1956 や樺島 1977 が指摘するように、造語成分の意味の広さが造語力を高めることがある、ということにも注目する必要があろう。

　造語成分が単語の中でどのような機能を担うかが造語力を規定することもあるように思われる。前章では、学術用語を構成する造語成分の「弁別機能」に注目し、複合名詞の構成に用いられにくい造語成分ほど、ひとたび用いられれば、複合名詞を弁別する機能を豊かに発揮する傾向のあることを指摘した。たとえば、「横送り台」という用語において、造語成分「横」は、「送り」に対してその《方向》を表している。このような動作の《方向》を表す造語成分は、動作の《対象》や《手段》などを表す造語成分に比べればはるかに少ないものの、そのうちの 7 割以上は、複

合語を弁別する要素として機能しているのである（「横送り台」は、「横」という造語成分によって、「工具送り台」「刃物送り台」から弁別されている）。このことは、単語を弁別するという造語成分の機能が、ある場合には、その造語成分にかかわる造語力を抑えることのあることを示すものかもしれない。造語力を抑制する方向で規定するもののあることも忘れてはならないであろう。

　造語力を規定するものがこれまでに述べたことで尽きているとは思われないが、造語力を測るというのであれば、それぞれの規定力のようなものを測ることが不可欠であろう。たとえば、造語者の造語能力、ある分野における新語の必要性や、新しい概念・事物の発生する可能性、単語や造語成分の語感や意味の広狭、などなどである。もちろん、どれ一つをとっても容易なことではないだろう。すでに述べたように、可能性を可能性としてとらえることは困難であり、だからこそ、その現れとしての結合力などを造語力としてみたてることが行われるのであり、また、必要なのである。ここでは、そのような造語力のとらえ方を無意味だといっているのではない。ただ、可能性としての造語力を本当に測るためには、造語力を規定するさまざまなことがらを整理し、それをもとに、造語力そのものを分明なかたちで（分析的に）とらえていく努力が必要である。玉村1975のいうように、「造語力については、軽々しくその有無や強弱を云々することはできない……ことばづくりに関しては、新語が求められる場面、品詞、成分組み合わせの型、結合力など、さまざまな事項について、立体的・力学的な考察を徹底することが先決問題」(: 140)であろう。

2. 造語成分の位相と造語機能
2.1 「一般」の造語成分と「専門」の造語成分
　たとえば、物理学の「弾性余効」とか「プラズマ集束」といった用語は、「弾性／余効」「プラズマ／集束」というぐあいに、それぞれの構成要素（造語成分）に分けることができる。そして、この「弾性」「余効」「プラズマ」「集束」という造語成分は、いずれも、それ自身が物理学の用語でもあるから、「弾性余効」「プラズマ集束」という用語は、「専門」の造語成分をくみあわせてつくった専門用語、ということになる。

　一方、同じ物理学には、たとえば、「二本づり」という用語がある。これは、「二本の平行な糸やワイヤーによって物体を支持する方式」の意で、「二本／づり」と分けられるが、その造語成分「二本」「つり」は、物理学で定義されているわけではない、ごく普通の一般語（日常語）である。また、「すりこぎ運動」という用語で

は、「運動」は物理学で定義されているが、それと結びつく「すりこぎ」は一般語でしかない(物理学の概念としての「すりこぎ」があるわけではない)。つまり、これらは、物理学の専門用語でありながら、全体あるいはその一部に、物理学とは本来無関係な「一般」の造語成分を使って、つくられているのである。

このように、専門用語は、かならずしも、「専門」の造語成分だけでつくられるのではない。専門用語といえば、一般語とは別のもの、異なるものという印象が強いが、その語構成には、「一般」の造語成分が深くかかわっているものと考えられる。

そこで、ここでは、自然科学系を中心とする学術用語を対象に、その語構成(組み立て)に「一般」の造語成分がどれほど使われ、また、どのような役割を果たしているのかを、おもに量的な側面から調べることによって、専門用語形成の一端を探ってみようと思う。

2.2 学術用語とその造語成分

用いるデータは、野村雅昭氏と筆者とが作成した『学術用語語基連接表』(科研費報告書、1988)に収めた、延べ87,588、異なり65,576の学術用語である。これらは、文部省編『学術用語集』シリーズのうち、1981年までに刊行されていた23分野の用語から、句の形式や動詞の用語などを除いて得たものである[2]。各分野の用語数は表1のA欄のとおりである。

表1 『学術用語集』23分野

(刊行順。化学と電気工学は増訂版、他は初版)

分野	A.用語数	B-1.造語成分(延べ)	B-2.「一般」の造語成分	B-3.割合(%)	C-1.造語成分(異なり)	C-2.「一般」の造語成分	C-3.割合(%)
土木工学	5,642	11,858	8,521	71.9	3,373	1,877	55.6
数学	1,593	3,020	2,205	73.0	963	530	55.0
動物学	2,076	3,585	2,265	63.2	1,676	778	46.4
物理学	3,568	7,371	5,375	72.9	2,099	1,160	55.3
機械工学	8,885	19,445	14,648	75.3	3,897	2,143	55.0
建築学	6,228	12,426	9,402	75.7	3,974	2,329	58.6
船舶工学	8,586	19,120	13,607	71.2	4,247	2,204	51.9
植物学	2,505	4,720	2,999	63.5	1,768	788	44.6
図書館学	3,512	7,959	6,660	83.7	2,249	1,618	71.9
論理学	643	1,265	1,064	84.1	390	285	73.1
航空工学	3,059	7,258	5,573	76.8	1,926	1,211	62.9
計測工学	2,394	5,476	3,980	72.7	1,582	898	56.8
天文学	2,137	4,281	3,156	73.7	1,444	838	58.0
地震学	2,324	4,639	3,357	72.4	1,631	930	57.0
化学	10,067	20,499	13,138	64.1	5,342	1,899	35.5
遺伝学	1,926	4,468	3,495	78.2	1,123	667	59.4
分光学	2,112	4,887	3,510	71.8	1,140	645	56.6
歯学	699	1,502	701	46.7	560	228	40.7
気象学	1,728	3,741	2,877	46.9	1,268	816	64.4
原子力工学	3,706	8,776	6,284	71.6	2,203	1,099	49.9
電気工学	9,819	23,132	15,763	68.1	3,993	1,962	49.1
海洋学	2,389	4,986	3,443	69.1	1,851	978	52.8
地理学	1,990	3,867	2,986	77.2	1,490	922	61.9

　野村氏と筆者は、これらの用語のすべてを、以下のような基準を立てて、造語成分に分割した。語構成を論じるときに、造語成分をどのように設定するかは非常に重要なことなので、少し細かくなるが、記すことにする[3]。これにより、異なり65,576の学術用語は、延べで147,822、異なりで19,853の造語成分に分割された。

（1）本則
　①和語および外来語については、現代日本語の語構成意識に照らして、意味を担う最小の語彙的単位を造語成分とする。
　　　（例）
　　　　和　語：手、ねじ、型、縦、回り、曲げ、大（おお）、長（なが）
　　　　外来語：ガス、ウラン、プロペラ、ダンプ、ハード、スーパー、マイクロ、コンデンサー、トラッピング、エンドレス
　②漢語については、二字漢語をもって一つの造語成分とする。一字の漢語は、他の造語成分と結合する場合にかぎって、造語成分と認める[4]。
　　　（例）　亜／音速、周波／数、歯槽／膿漏、図書／館／員、さび／胞子、小／イオン

（2）補則
　①和語で、いわゆる語基に接辞のついた「速さ」「重み」などは、全体を一つの造語成分とする。
　②複合動詞およびその転成名詞（「うけおい」「くみたて」「横切り」など）は、全体を一つの造語成分とする。ただし、転成名詞ではない複合名詞（「焼き／入れ」「揺れ／止め」など）については、それぞれの要素を一つの造語成分とする。
　③「ときどき」「とびとび」など畳語起源の形式も、全体を一つの造語成分とする。
　④本来並列の構造にある要素どうしが融合したもの（「手小荷物」「給排水」「経緯度」「送受信」「入出力」「青少年」「単複相」「暴風雨」「海陸風」など）は、全体を一つの造語成分とする[5]。
　⑤英文字・ギリシア文字・記号など、また、漢数字をはじめとする数字については、一文字を一つの造語成分とする。ただし、これらが連続したものはそれ全体を一つの造語成分とする。
　⑥句の形式が単語相当になっているもの（「蛇の目」「はちの巣」「火の粉」など）は全体を一つの造語成分とする。
　⑦二つの造語成分の融合形は一つの造語成分とし、分割しない。
　　　（例）　「メトキシル」は「メト／オキシル」とはしない
　⑧星座を表す「○○座」という用語においては、「○○」にあたる形式全体を一つの造語成分とする。
　　　（例）　「こぎつね座」は「こぎつね／座」とし「こ／きつね／座」とはしない

⑨語源的には二つ以上の造語成分からなるものでも、すでに原義による構成が明確でなくなっているものは、全体を一つの造語成分とみなす。
  （例）　いおう、メッキ、るつぼ、はんだ、井戸、屋根、のこぎり、はしご、くちびる、あぶみ

2.3　「一般」の造語成分の認定

　とりだされた、およそ２万の造語成分のうち、どれほどが「一般」の造語成分であるのかを、まず、みることにしよう。
　そのためには、一つ一つの造語成分について、それが一般語なのかそうでないのかを判別しなければならない。「一般人の多くが知っていて、日常生活でよく使われることば」を一般語と考えるにしても、判別にはなんらかの基準が必要である。そこで、ここでは、国立国語研究所(林大 1964)『分類語彙表』を一般語のリストと考え、それにあれば一般語とみなす、という方法をとることにした。
　『分類語彙表』とは、３万２千余りの単語を、その意味によって分類・配列したリストである。収められている単語は、国語研究所の「雑誌九十種の語彙調査」で得られた高使用率の単語およそ１万２千語と、それに、主として阪本一郎『教育基本語彙』(牧書店、1958)から増補したもので、日常生活でよく使われる基本的な単語がほぼ網羅されているといわれている。真田信治 1994 は、『分類語彙表』収載の単語を対象として、一個人の語彙獲得の様子を経年的に調査したものだが、それによれば、被調査者が 18 歳時点での理解語数は『分類語彙表』全体の 98.8% に及んでいる。『分類語彙表』にあるほとんどの単語が一般人の知っている単語であることを示す事例であろう。なお、『分類語彙表』を用いる利点は、収められた単語の長さ(単位)がここでの造語成分にほぼ対応している、というところにもある。
　ところで、学術用語の造語成分が『分類語彙表』にあるという場合でも、それらが一般語としての意味において用語を構成しているとはかぎらない。たとえば、機械工学に「案内棒」という用語がある。これを構成する造語成分「案内」「棒」は、ともに『分類語彙表』にあるから、一般語とみなしてよい。しかし、「案内」は機械工学で「ある機械部分を、それに沿ってすべらせ、特定の方向に導く棒やみぞなどのこと」(『機械工学用語辞典』技報堂、1958)と定義される専門用語であり、この「案内棒」においてもその意味(概念)で用いられている。つまり、「案内棒」の「案内」は、『分類語彙表』で「道案内」「水先案内」などと並べられている「案内」と、語形は同じでも意味が異なる(ずれている)のである(先にあげた「すりこぎ運動」の「運動」についても同様)。ここでいう「一般」の造語成分には、この「案内」や「運動」のように、一般語と共通するが、しかし、専門分野の概念を表している、というものが含まれていることに注意しなければならない。

2.4 「一般」の造語成分の割合

対照の結果は表2のとおりである。異なりでは、全体のほぼ3分の1が「一般」の造語成分ということになる。しかし、延べでは、この数値はずっと大きくなる。各分野の用語数を単純に合計した場合(延べ①)でも、また、複数の分野で重複する用語を一つと数えた場合(延べ②)でも、それらを構成する造語成分全体のおよそ7割が「一般」のものということになる。一般人が『学術用語集』23冊を頭から終わりまで読んだ場合、各用語を構成する造語成分の7割までは知っているということである。

表2 「一般」の造語成分の割合

	全体	「一般」（『分類語彙表』にある）	割合(%)
異なり	19,853	6,833	34.4
延べ①	188,281	135,009	71.7
延べ②	147,822	105,582	71.4

分野別にみた「一般」の造語成分の数と割合は、それぞれ、表1のB-2・3欄(延べ)、C-2・3欄(異なり)のとおりである。

延べでは、論理学・図書館学で「一般」の割合が8割を超えている。理学系では遺伝学の割合が最も高く、工学系では航空工学の割合が最も高い。逆に、「一般」の割合が最も低いのは歯学で5割に満たない。他はすべて6割を超えているが、理学系では動物学・植物学の割合が低く、工学系では電気工学が低い。

異なりでも、論理学・図書館学が高く、7割を超えている。理学系では気象学が最も高く、工学系では、延べと同様、航空工学が最も高い。異なりで最も低いのは理学系の化学で、4割に満たない。歯学も、延べと同様、低く、工学系でも電気工学が、これも延べと同様、最も低い。なお、これら「一般」の造語成分の割合と、各用語集の成立時期、用語数などとの相関は認められなかった。

表3は、各分野ごとに、「一般」の造語成分を、それらが組み立てに参加する学術用語の数の多い順に、10例ずつ示したものである。

表3 構成する用語数が多い「一般」の造語成分（漢字で読みのないものは漢語）

土木工学：機、線、式、曲線、継ぎ、コンクリート、量、法、荷重、管
数　　学：関数、式、体、群、二、積分、線、点、数、面
動 物 学：細胞、性、体、神経、学、染色、管、生殖、膜、系
物 理 学：計、線、性、率、放射、体、熱、電子、法、度
機械工学：機、装置、盤、溶接、車(くるま)、弁、手(て)、計、試験、空気
建　築　学：室、板(いた)、図、式、試験、コンクリート、率、木(き)、石(いし)、かわら
船舶工学：機、船、弁、溶接、試験、装置、機関、空気、ポンプ、室
植 物 学：植物、細胞、性、体、組織、胞子、二、類、子、花
図書館学：図書、館、目録、カード、者、フィルム、版、紙、法、貸出(かしだし)
論 理 学：的、論理、概念、命題、性、学、法、判断、式、三
航空工学：機、装置、飛行、計、速度、航空、翼、着陸、灯、発動
計測工学：計、温度、線、試験、管、機、放射、制御、抵抗、はかり
天 文 学：座、星、線、型(かた)、学、星雲、太陽、天文、鏡、運動
地 震 学：地震、計、線、岩、火山、振動、法、磁気、角、点
化　　学：酸、剤、性、化、油、物、塩、反応、試験、ガス
遺 伝 学：体、遺伝、性、染色、子、変異、細胞、突然、型(かた)、二
分 光 学：線、振動、スペクトル、法、放射、重、電子、回線、計、性
歯　　学：質、症、義歯、術、象牙、歯牙、法、固定、エナメル、炎
気 象 学：計、気候、気圧、気象、温度、学、線、放射、大気、安定
原子力工学：炉、放射、原子、核、子、中性、線、性、燃料、石
電気工学：機、線、管、回路、電圧、電流、周波、計、信号、数
海 洋 学：類、性、プランクトン、計、生物、海洋、物、学、線、度
地 理 学：気候、学、地形、都市、線、地、地理、工業、土、図

2.5 「一般」の造語成分の機能

「専門」の造語成分と「一般」の造語成分とでは、学術用語の構成に果たす役割が違う。

表4(1)は、一つの造語成分が、平均して、いくつの用語の構成に使われているかを調べた数値である。「一般」の造語成分は、「専門」の造語成分に比べて、より多くの用語をつくるのに役立っていることがわかる。

表4(2)は、一つの造語成分が、平均して、いくつの分野で使われているかを調べた数値である。「一般」の造語成分の方が、より多くの分野で使われていること

表 4　造語成分の比較

(1) 構成する用語数(平均)
　　[一般]　　15.45
　　[専門]　　 3.24

(2) 分野数(平均)
　　[一般]　　 3.92
　　[専門]　　 1.80

(3) 語種(異なり、カッコ内は百分率)

	和語	漢語	外来語	混種語
[一般]	1,557	4,666	567	43
	(22.8)	(68.3)	(8.3)	(0.6)
[専門]	421	7,168	5,399	32
	(3.2)	(55.1)	(41.5)	(0.2)

(4) 結合位置(延べ、カッコ内は百分率)

	単独	前	中	後
[一般]	3,476	37,431	21,185	43,490
	(3.3)	(35.5)	(20.1)	(41.2)
[専門]	6,737	17,932	5,698	11,873
	(15.9)	(42.5)	(13.5)	(28.1)

(5) 学術用語の組み立て(異なり、カッコ内は全体(65,576語)に対する百分率)

	単純語	合成語	計
[一般のみ]	3,476	27,340	30,816
	(5.3)	(41.7)	(47.0)
[専門のみ]	6,737	3,777	10,514
	(10.3)	(5.8)	(16.0)
[一部が一般]		24,246	24,246
		(37.0)	(37.0)

がわかる。

　表4(3)は、造語成分の語種比率の比較である。どちらも漢語が最も多いが、それを別にすれば、「一般」の造語成分には和語が多く、「専門」の造語成分には外来語が多いことがわかる。

表4(4)は、造語成分が用語のどの位置の構成要素になっているかを調べた数値（延べ）である[6]。「専門」は「一般」に比べて単独と前要素が多く、「一般」は「専門」に比べて後要素が多い。合成語の構成についていえば、「専門」の造語成分は前要素として種差を表すことが多く、「一般」の造語成分は後要素として類概念を表すことが多い、ということである。

表4(5)は、学術用語の組み立てをみたものである。全体の半数近いおよそ3万語が「一般」の造語成分のみで組み立てられ、「専門」の造語成分のみで組み立てられている用語のほぼ3倍あることがわかる。また、合成語にかぎれば、ほぼ半数が「一般」の造語成分のみで構成され、一部の構成要素に「一般」の造語成分を用いているものを加えると、合成語全体（55,363語）の9割以上（51,586語、93.2%）になる。

2.6 「一般」の造語成分の意味分野

『分類語彙表』では、単語の表す意味の世界を、まず、

1. 体の類（名詞）
2. 用の類（動詞）
3. 相の類（形容詞・形容動詞・連体詞・副詞）
4. その他の類（接続詞・感動詞・陳述副詞など）

に品詞分類した上で、それぞれを、次のような「意味範囲」の5部門に分類する（ただし、「用の類」「相の類」には、「人間活動の主体」と「生産物」はなく、また、「その他の類」はいずれの部門にも分類されない）。

体の類	用の類	相の類	
1・1	2・1	3・1	抽象的関係（人間や自然のあり方のわく組み）
1・2	—	—	人間活動の主体
1・3	2・3	3・3	人間活動—精神および行為
1・4	—	—	人間活動の生産物—結果および用具
1・5	2・5	3・5	自然—自然物および自然現象

そして、それぞれの部門は、さらに、全体で798の項目に分けられ、一つ一つの項目には「分類番号」と「見出し」とが与えられている。

この分類番号を利用して、学術用語を構成する「一般」の造語成分がどのような意味分野にあるのかをみることができる。表5は、意味範囲の5部門のレベルで、

造語成分の分布をみたものである。

表5 「一般」の造語成分の意味範囲（異なり、カッコ内は『分類語彙表』でその意味範囲に収められている語数に対する百分率）

	.1 抽象的関係	.2 主体	.3 人間活動	.4 生産物	.5 自然	計
1. 体の類	2,166 (31.9)	379 (11.6)	1,572 (15.8)	951 (29.0)	1,129 (30.2)	6,197
2. 用の類	229 (10.6)	—	65 (3.0)	—	34 (7.3)	328
3. 相の類	213 (9.6)	—	60 (3.4)	—	35 (5.4)	308
4. その他	—	—	—	—	—	0

　体の類が多いのは、学術用語のほとんどが名詞であること、サ変動詞語幹の造語成分を用語中にあって動詞的に機能していても体の類に分類したこと、などによる。体の類の中では、語数は「抽象的関係」「人間活動」「自然」の順に多いが、『分類語彙表』の収載語数に対する割合では、「抽象的関係」「自然」「生産物」の3類がほぼ肩を並べ、「人間活動」はそれらの半分程度になる。

　ただし、造語成分の意味分野は、上のように学術用語の全体についてみようとすると、用語数の多い分野の傾向が反映されやすいから、むしろ、個別の分野ごとにみる方が適当かもしれない。表6は、工学系の分野のうち、「一般」の造語成分の割合が最も高かった航空工学について、その分布の一部をみたものである。用語の構成にどのような意味分野の造語成分を利用するかは、専門分野によって異なるはずである。

表6 航空工学用語を構成する「一般」の造語成分の意味分野（所属語数10以上）

分類番号	項目の見出し	造語成分
1.104	本体	仮（かり）、機体、補助、正、体、主、補、模型、亜、副
1.1101	等級・系列	基準、系、系統、高等、上級、初等、水準、層、標準、中、上
1.1522	通行	運航、えい航、寄航、航行、巡航、対流、だ行、飛行、進行、還流
1.1530	出入り	ジェット、進入、脱出、突入、排気、排出、噴射、放出、流出、流入、排水、出し、入り、入れ、押し出し
1.1540	上がり・下がり	アップ、下降、降下、昇降、上昇、ダウン、低下、投下、落下、引き上げ、上下、下げ
1.1720	範囲・席・跡	域、区域、区画、区間、圏、航跡、座席、視界、視野、帯、範囲、ベース、領域
1.1730	方向・たてよこ	傾斜、こう配、指向、縦横、縦（たて）、斜め、はす（斜）、方向、横（よこ）、向い、向き
1.1741	上下	上（うえ）、下（か）、下部、下（した）、水上、地上、宙、陸上、路上、水中、空中
1.183	玉・凹凸・うず・しわなど	うず、円すい、支、しわ、玉（たま）、ひずみ、フレア、らせん、管、揚げ、そり（反）、より
1.192	長短・広狭	厚さ、雲量、海抜、間隔、喫水、距離、ゲージ、高度、寸法、体積、直径、長さ、幅（はば）、半径、面積、容積
1.193	角度・軽重・寒暖など	緯度、温度、角度、荷重、感度、経度、高温、光度、湿度、重量、強さ、低温、比重、密度
1.1960	単位	回、次、第、単元、度、枚、名、重
1.3850	設備・作業・手当て・処理	外装、換気、作業、施設、修理、処理、整備、設備、操作、操縦、装てん、装備、暖房、内装、配管、冷房、装置、照明、取り付け
1.4150	輪・車・棒・管など	脚、管（くだ）、けた、鋼管、軸、車輪、棒、輪、リング、輪（わ）、盤、パイプ、車（くるま）
1.510	自然・物体・物質	液、液体、音波、気体、固体、磁気、周波、電気、電子、電波、熱線、放電、陽極、流体

2.7 「一般」の造語成分を用いる意義

　以上のような簡単な調査からも、学術用語の構成において、「一般」の造語成分が大きな、そして、重要な位置を占めていることがうかがえるように思う。23分野全体では、延べで7割以上の造語成分が一般語か、少なくとも一般語と共通の造語成分であり、また、異なりの用語数全体の半数近いおよそ3万の学術用語が、そのような「一般」の造語成分のみで構成されているのである。さらに、合成語にかぎれば、その9割以上が、すべて、あるいは、一部の構成要素に「一般」の造語成分を用いて組み立てられており、しかも、「一般」の造語成分は、用語の核となる後要素となって、類概念を表すことが多いのである。もちろん、これらの数値は、「一般」の造語成分をどう認定するかによって、容易に変わり得るものであるが、全体の傾向に大きな変更を加えるものではないと思う。

　学術用語の構成に「一般」の造語成分が積極的に用いられているのは、「難解で多様な学術用語を整理統一し、平易簡明なものにすること」を目的とする『学術用語集』の用語としては、ある意味では、当然のことなのかもしれない。冒頭にあげた「すりこぎ運動」は、別に「歳差運動」ともいうようであるが、「一般」の造語成分を使った前者の方が、少なくとも一般人には、わかりやすい。つまり、「すりこぎ運動」は「歳差運動」に比べて、「意味づけ（motivation）」[7]の機能においてすぐれているのである。専門用語に「一般」の造語成分を使う意義も、また、そこにあるといえよう。

　専門用語は、専門家がつくり、使う単語である。したがって、専門用語は、第一義的には、専門家のもの、専門家のためのものである。しかし、専門用語は、素人である一般人にも、わかりやすいものでなければならない。なぜなら、社会が進歩・発展・複雑化するとともに、日常生活の中に様々な専門分野の事物・概念が入り込み、それらを表す専門用語が、否応なく、一般人に突きつけられるからである。また、すべての専門家がかつてそうであったように、専門家を志し、その専門分野の知識や技術を学ぶのは一般人だからである。そして、現代の社会では、すべての分野に通じる専門家などというものは存在せず、誰もが、何らかの、そして、きわめて多くの専門分野について、素人だからである。

　専門家にとって、専門的な概念を表す用語を「一般」の造語成分を使ってつくりあげることは、それ自体容易なことではないし、ある意味では、めんどうなこと、よけいなことなのかもしれない。しかし、だからこそ、『学術用語集』のような試みと、その作成に携わった関係者の努力は、その用語に対する吟味はなお続けなければならないとしても、大いに評価されなければならないだろう。

注

1 柳田国男 1952、都竹通年雄 1959、藤原与一 1961、大橋勝男 1971、渡辺武 1975、種田政明 1976 などを参照。
2 このデータについては、野村雅昭・石井正彦 1989a も参照されたい。
3 『学術用語語基連接表』では、ここでいう「造語成分」を「語基」と呼んでいる。
4 二字漢語を一つの造語成分とみるか二つの造語成分とみるかは、本来、個別に検討し判断しなければならないが、そのような判断を、多数の二字漢語について、しかも、ゆれることなく行うことは困難であるから、ここでは、やむを得ず、操作的な認め方をとっている。
5 玉村文郎 1986・2005 は、この種の複合語を「略熟語」と呼び、その語構造を詳しく分析・整理している。
6 「結合位置」の「中」とは、本来、「前」か「後」に分類されるべきものであるが、現時点では、すべての用語における要素間の結合関係の分析を終えることができていないため、やむをえず、「中」のままとした。
7 国立国語研究所 1981 の「第 2 章　学術用語の国際比較」を参照。

第5章　複合名詞の語構造と語彙の生産性

はじめに

　複合名詞形成の4段階モデルでは、その第4段階で、個人的な複合名詞が社会化され、語彙に登録(語彙化)される。そこでは、どのような複合名詞であれば、そして、どのような語彙であれば、その複合名詞はその語彙に受け入れられたり、あるいは、拒否されたりするのか、という点について、一般的な側面を見出すことが課題となる。本章では、そのような検討の一環として、複合名詞の語構造と語彙の生産性という側面とが、新しい単語の形成にどのようなかかわりをもつか、という点について、一つの学問分野の語彙とみなし得る『学術用語集』を例に、簡単な検討を試みる。同時に、生産性と「表現と弁別の原理」との関係についても考察する。

1. 造語成分の生産性

　経済学では「生産過程に投入されるさまざまな生産要素が生産物の産出に貢献する程度をそれらの要素の生産性という」(『岩波経済学辞典』)ようである。語形成とは単語の生産過程にほかならないから、そこに投入される生産要素とは、いうまでもなく、(造語の型を含めた)造語成分である。したがって、語形成における生産性というとき、まず考えられるのは、造語成分の生産性である。生産物の産出に貢献する、つまり、数多くの単語をつくることのできる造語成分こそ生産性が高い。日本語の語形成研究(造語論)では、そのような造語成分には「造語力がある」といい、前章でも検討したように、すでに多くの研究がなされている。

2. 一語の生産性・語彙の生産性

　生産性には「投下された生産諸要素の量と産出生産量の比率をもって生産性と解する通俗的見解」(前掲書)もあるようである。より少ない生産要素からより多くの

産出量が得られるほど、生産性が高いということである。これを語形成にあてはめれば、その生産性とは、単語をつくる造語成分の数（C）とつくられた単語の数（W）との比率（W／C）であるということになろう。たとえば、1つの造語成分を使って1つの単語をつくると（C＝1、W＝1）、その生産性は1となり、2つの造語成分を使って1つの単語をつくれば（C＝2、W＝1）、その生産性は1／2となる。3つの造語成分を使えばその生産性はさらに低くなって、1／3である。このことは、単純語よりも合成語、合成語の中では1次結合語よりも複次結合語（長い合成語）をつくる方が生産性が低いということを意味する。

　1つの単語をつくるというかぎりでは、たしかに、単純語や短い合成語の方が生産性が高い。しかし、単語の集合のレベルで考えると事情は違ってくる。たとえば、ここに、a、b、c、dという4つの造語成分がある（C＝4）。もし、これらをすべて単純語とすれば、つくることのできる単語はA、B、C、Dの4つであり（W1＝4）、その生産性（W1／C）は1となる。一方、4つの造語成分を使って1次結合語をつくれば、畳語を除いて、原理的には12の単語（AB、AC、AD、BA、BC、BD、……）をつくることができ（W2＝12）、その生産性（W2／C）は3となる。さらに、2次結合語をつくれば、同じ造語成分を2つ以上含む単語を除いて、同じく24の単語（ABC、ABD、ACB、ACD、ADB、ADC、……）をつくることが可能であり（W3＝24）、その生産性（W3／C）は6となる。このことは、長い合成語をつくればつくるほど、語彙全体としてみた生産性は高くなるということを示している。造語成分の数とつくられた単語の数との比率を生産性とするといっても、一語のレベルで考えるか、語彙のレベルで考えるかによって、異なった生産性が得られるのである。

3. みかけの生産性

　一つの語彙において、それをなす個々の単語が実際につくられた時期はかならずしも同じではない。したがって、ある語彙における生産性は、ある時間的な範囲を設定し、その範囲の中でつくられた単語とそれをつくった造語成分との比率として求めなければならない。歴史的にみれば、同じ語彙でも、生産性の高い時期と低い時期とがありうる。しかし、単語がいつつくられたのかは簡単にはわからないし、また、単語がつくられた時点を、個人がつくりだしたときとするのか、あるいは、社会に定着したときとするのかといった問題もあって、その生産性を求めることは容易ではない。

文形成の場合には、その文がいつつくられたかを特定することは比較的容易であり、また、たとえ時期の特定はむずかしくとも、異なる文が同じ時期（もちろん一定の幅はある）につくられたかどうかを判定することは容易であるので、ある時点での生産性を、文の数（S）とそれを構成する単語の異なり（W）との比率（S／W）として求めることが可能である。ひとまとまりの文章、たとえば、教科書の文章をなす個々の文は同じ時期につくられたと考えてよいだろうから、それを対象として文形成の生産性を求めることができる。『高校教科書の語彙調査Ⅰ・Ⅱ』（国立国語研究所 1983・84）によれば、「物理」は、異なり 4,058 の単語（W 単位）によって 1,735 の文をつくっており（Wa＝4058、Sa＝1735）、その生産性（Sa／Wa）は 0.43 であるが、「生物」は、異なり 4,519 の単語によって 1,540 の文をつくり（Wb＝4519、Sb＝1540）、その生産性（Sb／Wb）は 0.34 である。このことから、「物理」の方が「生物」よりも、より少ない単語でより多くの文を効率的につくっているといえる。文形成は語形成に比べてはるかに活発な生産過程であり、そのことが生産性の把握を容易にしている。

現にある語彙について、そこに含まれる単語の数とそれを構成する造語成分の数との比率を求めても、真の意味での生産性と考えることはできない。しかし、その値は、その語彙が過去において発揮した生産性をひとまとめにして（単純化して）とらえたものと考えることができる。歴史的な側面を捨象したこの「みかけの生産性」を求めることは、生産性の概念をゆがめるだけだとの批判も予想されるが、みかけの生産性がその語彙の将来の生産性に影響を与えることは十分に予想される。また、たとえば、教育や放送、専門分野などの世界で「用語の改善」が図られるような場合、ある用語から別の用語への言い換えが、みかけの生産性を高めるかどうかという点から、肯定されたり否定されたりすることも考えられる。みかけの生産性は、語構造のあり方（単語と造語成分との比率）をもとに、語形成のあり方（生産性）を想定するものである。

4. 語彙量の影響

ある語彙のみかけの生産性は、そこに含まれる単語の異なり（w）とそれらを構成している造語成分の異なり（c）との比率（w／c）で表すことができる。ただし、その値は、w の大きさに左右されるから、用語数が異なる語彙を比較する場合には注意が必要である。

いま、専門分野の用語として文部省『学術用語集』の各編を一つの語彙と考える

と、たとえば、電気工学には9,819の用語(用語集であるから、当然、異なりである)があり、また、それを構成する造語成分が異なりで3,993あることから、w／cは9819／3993＝2.46、つまり、造語成分1に対してその2.46倍の用語が形成されているということになる。一方、遺伝学は、1,926の用語に対して異なりで1,123の造語成分があるから、w／cは1.72ということになって、このかぎりでは、電気工学の方が遺伝学よりみかけの生産性が高いようにみえる。

表1 「みかけの生産性」と用語数との関係

分野	a. 用語数	b. 造語成分 (異なり)	c. 生産性 (a/b)
電気工学	9819	3993	2.46
機械工学	8885	3897	2.28
船舶工学	8586	4247	2.02
化学	10067	5342	1.88
分光学	2112	1140	1.85
遺伝学	1926	1123	1.72
物理学	3568	2099	1.70
原子力工学	3706	2203	1.68
土木工学	5642	3373	1.67
数学	1593	963	1.65
論理学	643	390	1.65
航空工学	3059	1926	1.58
建築学	6228	3974	1.57
図書館学	3512	2249	1.56
計測工学	2394	1582	1.51
天文学	2137	1444	1.48
地震学	2324	1631	1.42
植物学	2505	1768	1.42
気象学	1728	1268	1.36
地理学	1990	1490	1.34
海洋学	2389	1851	1.29
歯学	699	560	1.25
動物学	2076	1676	1.24

しかし、『学術用語集』23分野を対象として同様の調査を行うと、w／cはwときわめてよく相関する(相関係数は＋0.782)。つまり、用語の多い分野ほどみかけの生産性が高くなってしまうのである(表1)。

これは、簡単にいえば、用語の異なりが2倍になってもその造語成分の異なり

は、くりかえし使われる造語成分があるために、2倍にはならないからである。したがって、電気工学のみかけの生産性が遺伝学より高いといっても、それは、その用語数が遺伝学の5倍もあるからであって、語形成のあり方がより生産的である保証はない。

といって、対象とする用語の数をそろえればよいかというと、そうでもない。たとえば、電気工学から1,000語をランダムにとりだし、同様に、遺伝学からも1,000語とりだして、そこにある造語成分の異なりを求めると、電気工学には1,174、遺伝学には727の造語成分があったから、w／cの値は、電気工学が0.85、遺伝学が1.38となって、さきほどとは逆の結果となる。しかし、ここで求めたw／cも、表2に示すように(用語数が少ない論理学・歯学を除く)、やはり、その分野の全用語数wと負の相関にある(同様に、相関係数は－0.705)。

表2 1,000語中のみかけの生産性と用語数との関係

分　野	a. 造語成分 （異なり）	b. 生産性 （1000/a）
数学	702	1.42
遺伝学	727	1.38
分光学	789	1.27
気象学	911	1.10
地理学	925	1.08
天文学	942	1.06
計測工学	951	1.05
植物学	977	1.02
地震学	982	1.02
動物学	1016	0.98
物理学	1016	0.98
原子力工学	1038	0.96
海洋学	1053	0.95
図書館学	1088	0.92
航空工学	1095	0.91
電気工学	1174	0.85
機械工学	1212	0.83
化学	1238	0.81
土木工学	1241	0.81
建築学	1243	0.80
船舶工学	1263	0.79

これには、とりだされたサンプルが語彙全体に占める割合の違いが関係している。つまり、1,000 語が全体の 1/10 程度にすぎない電気工学と、全体の半数をこえる遺伝学とでは、同じ 1,000 語でもその意味合いが違う。大きな語彙から 1/10 の割合でとったサンプルと、小さな語彙から 1/2 の割合でとったサンプルとでは、サンプル間のばらつきに大きな差が生じるだろう。ばらついたサンプルには共通する造語成分が少なくなるだろうから、大きい語彙からとられたサンプルほど造語成分の異なり (c) は増えるはずである。その結果、w を一定にすれば、大きい語彙ほど w／c の値は小さくなると考えられるのである。したがって、遺伝学の方が電気工学よりもみかけの生産性が高いということもできない（石井 1987a の分析はこの点で不適切である）。

5. 生産性の比較

そこで、用語の数がほぼ同じ動物学と分光学とで、そのみかけの生産性を比べてみる。表 3 によれば、分光学の方が動物学よりもみかけの生産性が高い。この結果に用語数の影響はほとんどないと考えられるから、両者の違いは、それぞれの語形成のあり方の違いに求められるものと考えられる。前述したように、語彙レベルの生産性は、単純語よりも合成語、とくに長い合成語が多いほど、よく使われる造語成分が多くなって高くなると考えられたが、逆にいえば、単純語が多いほど生産性は低くなるわけである。

表 3 みかけの生産性と単純語の割合

	動物学	分光学
用語の数	2076	2112
造語成分の数	1676	1140
みかけの生産性	1.24	1.85
単純語の割合(%)	40.9	12.7

表 3 は、たしかに、動物学には単純語が多く、逆に、分光学には少ないことを示している。動物学には、次のように、この用語集の中で単純語の例しかないものが数多くあり、これらがそのみかけの生産性を低くしている（前章で述べたように、二字漢語は 1 つの造語成分からなる単純語としている）。

アロイオゲネシス、眼胞、けいつい、耳かく、導出、分封、ルシフェリン、……

一方、分光学には、次のように、造語成分を共有する長い合成語が数多くみられる。

スペクトル解析、回転スペクトル解析、振動回転スペクトル、回転ラマンスペクトル、対称回転子、逆対称回転準位、きんかん形対称回転、全対称振動、……

合成語は、単純語に比べて、その意味をよく「表現」するから、はじめてきいた単語や、むずかしい専門用語でも、その造語成分の意味がわかれば、全体の意味をある程度おしはかることができる。たとえば、「イディオソーム」と「透明小体」とを比べれば、後者の方がその造語成分をてがかりに意味を推定ないし解釈できる度合いが高い。合成語は、また、用語間の関係をもよく「表示」する(「表現」と「表示」とは、森岡健二 1977 による)。たとえば、「ビン洗い機」と「コップ洗い機」とは、同じ「洗い機」の一種であって、その対象が「ビン」であるか「コップ」であるかという点において異なっているのだと推定することができる。ここには、合成語の後要素が類概念を、前要素が種差を表すという一般的な様式が役立っている。みかけの生産性を高めることは、用語および用語間の関係の理解可能性を高めることにつながるのである。

しかし、合成語によって意味を弁別することがさかんに行われると、一つひとつの合成語は弁別のための造語成分を多くもたざるをえず、いきおい、長い単語ができてしまう。つまり、語彙レベルの生産性を高くすることは、一語レベルの生産性を低くすることにつながるのである。長すぎる単語は実際の言語活動において使いにくい。略語はこのような問題を解決する手段だが、臨時的・俗語的な印象がつきまとうために、その適用にも限界がある。

6. 語形成の可能性

みかけの生産性は、その語彙の過去における生産性をひとまとめにしてとらえるものであった。と同時に、将来の語形成における真の生産性に影響を与えるものとも考えられた。この、みかけの生産性に内在する力は、一つの語彙が、新しい単語をつくる(加える)必要性に迫られたときどのようにふるまうのか、つまり、新しい造語成分を外からとりいれて語をつくろうとするのか、それとも、手持ちの造語成分でまかなおうとするのか、という可能性としてとらえることができる。その際に、みかけの生産性が高い語彙ほど手持ちの造語成分を使う可能性が強く、みかけの生産性が低い語彙ほど新たな造語成分をとりいれて表そうとする可能性が強いも

のと考えられる。では、仮に新しい語を 100 語つくるものとして、動物学と分光学とでは、それぞれ、どのようなふるまいをすると予想できるだろうか。

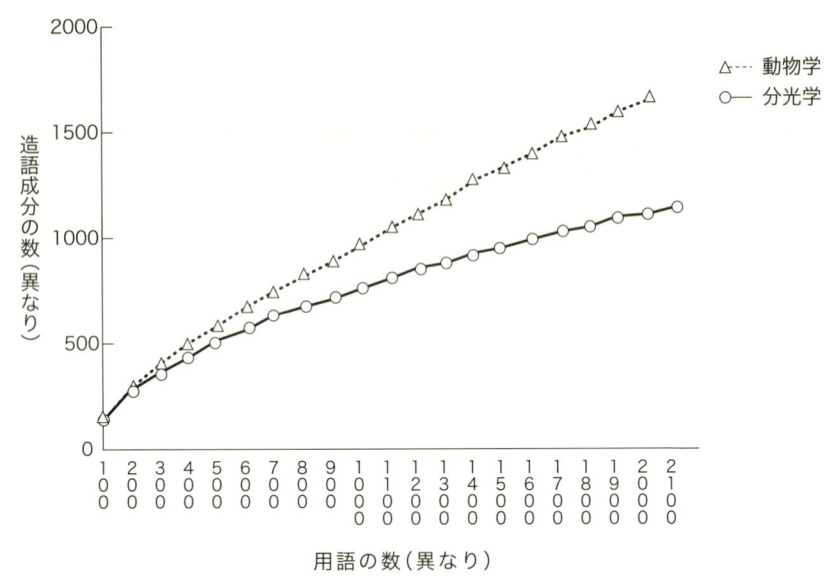

図1 用語の拡大に伴う造語成分数の変化

図1は、動物学、分光学のそれぞれからランダムにとりだす語を 100 語ずつふやしていって、それらを構成する造語成分の異なりがどのように変動するかをみたものである[1]。これによれば、動物学における造語成分の増加の度合いは、分光学よりもかなり高い。このことは、動物学では、用語をふやすために造語成分もまたふやさなければならない、つまり、手持ちの造語成分を効率よく使いまわすことが、分光学に比べて、できていないということを示している。また、それぞれのグラフの傾き具合をみると、動物学がなお上昇する方向にあるのに比べて、分光学はより水平に近づきつつある。このことは、この二つの分野が今後さらに用語をふやす場合に、動物学ではなお新しい造語成分が必要であるのに対して、分光学ではさほど必要ではなく、手持ちの造語成分でまかなえる可能性の高いことを示すものであろう。それぞれのグラフをさらに右に 100 語分伸ばしてみると、動物学の造語成分の数はさらに 60 程度ふえるのに対して、分光学では 30 程度しかふえない。1語あたりの造語成分の数は、動物学が平均で 1.73、分光学が同じく 2.31 であるから、それが変動しないとすれば、新たな 100 語をつくるために、動物学は手持ちの造語成分を 110 程度使い、新しい造語成分を 60 程度とりいれて使うものと考え

られる。一方、分光学は、新しい造語成分を 30 程度とりいれて使うものの、手持ちの造語成分も 200 程度使うものと考えられるのである。

　しかし、いかに生産性が高くても、手持ちの造語成分だけで用語数をふやしていくことは、用語数がふえればふえるほどできにくくなる。つまり、現在の生産性を維持したままで用語数をふやすことには限界があるのである。そこで、どうしても、新しい造語成分をとりいれることが必要になる。それによって生産性は低下するが、新しい造語成分が加わったために、新たな語形成の可能性がひろがり、ふたたび、生産性が向上する可能性が高い。また、長い合成語をふやしていけば、合成語どうしを弁別するために、造語力のあまりない造語成分を使わなければならなくなる。たとえば、「青方偏移」と「赤方偏移」とを弁別している「青方」と「赤方」とは、分光学ではこの弁別のためにしか使われておらず、それ自体は、生産性を低くしている（石井 1987b）。しかし、これらがあるために、「偏移」といった造語力のあるものがさらに使われることになり、結果として、全体の生産性は高まっているものと考えられる。生産性は、造語力のある造語成分だけでは向上しない。そこに、造語力のない造語成分がうまくくみあわせられることによって高まるのではないかと考えられる。一つの語彙において、造語力のある造語成分がその中心付近に、造語力のあまりない造語成分が周辺にあるという構造を考えれば、その中心と周辺の微妙なバランスが、語形成における生産性を高くもし、また、低くもするものと考えられるのである。

注
1　この実験（シミュレーション）を厳密に行うためには、動物学、分光学のそれぞれにおいてランダムな用語抽出を十分な回数だけ繰り返し、その平均値を変動曲線に描く必要がある。この手法は「モンテカルロ・シミュレーション」と呼ばれており、言語研究に本格的に利用したものとしては、影浦峡 2000 がある。

第3部

臨時一語の形成

第1章　臨時一語と文章の凝縮

はじめに

　第3部では、構文的複合語形成論の立場から、新聞や専門書などの文章における「臨時一語の形成」をとりあげる。本章では、臨時の複合語としての「臨時一語」の範囲を規定した上で、その形成を文章のレベルで検討することの必要性を確認するとともに、各種の文章における臨時一語の発生状況を計量的に調査することによって、文章の凝縮に果たす臨時一語の機能を明らかにする。

1.　凝縮的な文章と臨時一語

　情報化社会といわれる現代では、生活のさまざまな領域で情報伝達の効率化が追求されている。文章に効率的な情報伝達にふさわしいスタイルを求めるのも、その一つであろう。ハンス・エガース 1973 は、新聞に代表される現代ドイツの文章語について、次のように述べる。

（1）　多くの語を費やすことは、われわれの時代の文体観念とは一致しない。表現の簡潔さ、あるいは別の言い方をすれば、できるかぎりわずかの語によって、できるかぎり多くの情報を与えることが、明らかに今日の文章語の文体の努力の目標なのである。一般的に語数の豊富なテキストのほうが、凝縮された簡潔な表現よりも、たしかに理解しやすい。しかし、精神的な対決をこととする言語は、たいていの場合あまりこの点を顧慮しない。読者から高度の受け入れ準備の姿勢と知的な協力とを要求するのである。凝縮度の高い情報への努力ということが、現代の文章語のもっとも顕著な特徴と考えられる。
　　　　　　　　　　　　　　　　　　　　　　　　（岩崎訳：71–72）

　より少ないことばでより多くの情報を伝えることのできる「凝縮的な文章」を実

現するために、ドイツ語では、「数個の、ときには多数の名詞が結合して1個の文成分を作り上げる」"Blockbildung"（ブロック構成）や"Augenblickskompositum"（即席合成語）といった表現手段がとられていると、エガースはいう。

（２）　最近の新聞の読者は、Siebzig-Prozent-Kurzung der Investitionsmittel〈投資資金の70パーセント削減〉（『シュトゥットガルト新聞』1971年11月19日号）のような言い回しを別に何とも思わないであろう。これまた形式から言えば合成語である。しかし、Siebzig-Prozent-Kurzungは《未定着の語結合》であり、いわゆる《即席合成語》（Augenblickskompositum）であって、この記事が書かれたさいにその場ではじめて作られたものにちがいない。（中略）上に引用した例は、これを分解すれば、die Kurzung der zur Investition vorgesehenen Mittel um siebzig Prozent〈投資のために予定された資金の70パーセントの削減〉とでもいうことになろう。それゆえ即席の合成語とは、このような語構成手段がなければ語の複雑な結合の形でしか表現しえないものを、《見せかけの語》（Scheinwort）の形にまとめたものである。

(同上：37-39)

興味深いことに、まったく同様のことが日本語にもあてはまる。「即席合成語」や「見せかけの語」といわれるものは日本の新聞にもふんだんに見られるのである[1]。

（３）　政府税制調査会は、相続税を税率区分の手直しなどで減税し、地価税導入に合わせた路線価評価の引き上げで起こる土地に関する「増税分」を相殺する方針を固めた。実施されると、小規模土地の相続税が課税対象外になるケースが一部に生じ、預貯金や有価証券についての相続税も減税になる。地価税収入の使途などと合わせ、四日開く総会で審議を開始、九二年度税制改正に盛り込む。　　　　　　　　　　　　（『朝日新聞』1991年6月3日付朝刊）

林四郎1982は、これら（下線部）を「臨時一語」と呼び[2]、エガースと同様、それが新聞の文章に多いことに触れて次のように述べる。

（４）　長い臨時一語を作って名詞的なかたまりを大きくし、それを運用する文法は、なるべく簡単なルールですまそうとする志向が、大量生産的な文章では、多く働くのではあるまいか。その結果、新聞の文章に、臨時一語が多く生まれることになるのだろうと思う。新聞の記事に、文章のきめ細かさなど

は必要でない。早く、たくさんの情報を流してくれることを、私たちは、新聞に期待しているのだから、臨時一語の構造に多少無理なところがあろうと、意味がわかりさえすれば、いいのだし、それが一目見て早くとらえられれば、なおいいのである。そうすると、どうしても、漢字をたくさん使って、手っ取り早く意味を合成し、各要素の間の論理関係は深く追究しないというタイプの文章ができて来る。現代新聞と臨時一語との深い縁が、こうして保たれるのである。　　　　　　　　　　　　　　　　　　　　　　　　　　　(: 22)

「できるかぎりわずかの語によって、できるかぎり多くの情報を与える」、「早く、たくさんの情報を流してくれる」文章を、即席合成語や臨時一語(以下、「臨時一語」で代表させる)が特徴づけている。このような指摘が、ドイツおよび日本において、ともに現代語研究にコンピュータを導入しつつ新聞を対象とした大量調査を先駆的に行った、ハンス・エガースと林四郎によってなされたのは興味深い。エガースと林のそれぞれにおいて、新聞の文章と臨時一語との関係は象徴的である。臨時一語が言語表現の成立するまさにそのとき・その場においてつくられるものである以上、それを含みもつ文章のあり方がその発生を左右することは容易に想像される。ここに、臨時一語を文章の性格と結びつけて考える必然性がある。しかし、臨時一語と凝縮的な文章との関係は計量的な調査によって確かめられているわけではない。エガースおよび林の指摘を確認するためにも、まずは、各種の文章を対象とした調査の必要があろう。その上で、凝縮的な文章の実現に果たす臨時一語の機能をより具体的に把握しなければならない。そのためには、凝縮的な文章がどのような作用によって実現されるのか、そこにおいて、臨時一語はどのような役割を担っているのかを検討することが必要である。

2. 各種文章の臨時一語

2.1 調査対象

　凝縮的と考えられる文章からそうでないものまでいくつかの文章を選び、そこに臨時一語がどの程度見られるのかを調査する。具体的には、以下に示す13種の文章[3]からそれぞれ200文を無作為に抽出し、そこに含まれるすべての単語について臨時一語かどうかを判定する。なお、引用や箇条書きを含む文はあらかじめ除き、文中に（　）等による注釈などがある場合にはその部分を削除する。

(a)　新聞第一面トップ記事のリード
(b)　新聞社会面の記事

(c)　社説
(d)　番組（ドラマ・映画）案内

　(a)～(c)は『朝日新聞』89年2月分と『毎日新聞』89年5月分から各100文。(d)は同じ資料から、それぞれ、ドラマ50文・映画50文の各100文。

(e)　テレビニュース

　1989年8月21日～26日、9月4日～9日の12日分のNHK「夜7時のニュース」から「スポーツ」と「天気予報」を除く各16～17文。

(f)　雑誌（週刊誌）

　『週刊新潮』『週刊文春』の89年8月10日号と9月7日号の無署名記事から各50文。

(g)　科学技術抄録文

　JICST『科学技術文献速報（エネルギー編）』(12–5、1989年8月)収載の記事2000件から200件を抽出し、各1文。

(h)　高校教科書「世界史」
(i)　高校教科書「物理」
(j)　中学校教科書「歴史」

　(h)～(j)は国立国語研究所「高校・中学校教科書の語彙調査」の対象から各200文。

(k)　俳句

　『現代俳句年鑑'87』(現代俳句協会)から200句。

(l)　小説・随筆の地の文

　現代の作家20人の小説・随筆（石川達三「一家創立」、井上ひさし「ブンとフン」、

井上靖「あすなろ物語」、井伏鱒二「女人来訪」、落合恵子「パラレル」、片岡義男「サマータイム・ブルー」、川端康成「古都」、北杜夫「谿間にて」、椎名桜子「家族輪舞曲」、志賀直哉「たき火」、司馬遼太郎「新選組血風録」、曽野綾子「火と夕陽」、筒井康隆「農協月へ行く」、永井路子「この世をば」、深沢七郎「楢山節考」、星新一「元禄お犬さわぎ」、向田邦子「父の詫び状」、村上春樹「かいつぶり」、安岡章太郎「もぐらの手袋」、連城三紀彦「恋文」）から各10文。

(m) 日常談話

『言語生活』「録音器」欄（1973〜1980年）から20編を抽出し、各10文。

2.2 臨時一語の認定

臨時一語とできあいの単語との間には、その臨時性（できあい性）の程度によって、さまざまな段階がある。したがって、一つ一つの単語が臨時一語であるかどうかを厳密に判断することは容易ではない。アクセントによる判別も考えられるが、必ずしもすべてを処理することはできない[4]。しかし、調査に先立っては、その認定基準を設定することが不可欠である。ここでは、臨時一語は次の要件を満たすものと考える。

[1] 複数の単語が臨時的に結びついたものである

臨時的であるかどうかは、その結びつきが辞書類に立項されていないということで間接的に判断するほかない。どの辞書によるかは調査対象によって変わり得る。今回の調査で採用した辞書類は次のとおり[5]。

『日本国語大辞典』（初版）、『学研国語大辞典』（第二版）、『マグローヒル科学技術用語辞典』、『歳時記』、各教科書の巻末索引

[2-1] 複合語である

臨時一語では、臨時的に結びついた単語（造語成分）が、その結合部に助詞・助動詞を介入させず、全体として一つの語の形式をとることを原則とする。語の形式として、ここでは、複合語の範囲を考え、派生語は次項 [2-2] に該当しない限り除くことにする。複数の単語を一語化したといえるのは、その要素がいずれも自立可能な複合語であり、自立し得ない接辞をもつ派生語ではない。また、生産力のある接辞によってつくられた派生語は、たとえ固定的であっても派生語なるがゆえに

辞書類に立項されることが少なく、[1]の方法では、複合語に比べて、臨時的であることの認定が困難でもある。ただし、臨時的な複合語と接辞とが結びついた合成語を除くことはしない(例：[強度＝評価＝試験]＝用)。

[2-2] 複数の文節連続をその内部要素にもつことがある

臨時一語は、ときに、複数の文節の結びつきをそのままその内部要素としてもつこともある。「リクルート事件の発覚直後」という結びつきは、「リクルート事件の発覚」という二文節全体を「直後」が受けていると解釈できる。このような場合には、「発覚直後」という複合語が臨時的かどうかにかかわりなく、「リクルート事件の発覚直後」全体を臨時一語と考えることにする。

[3] もとの単語列に復元することができる

複数の単語が臨時的に結びついた臨時一語は、当然、もとの単語列に復元できるはずである。復元の原則・方法を次のように設定する。

①復元は臨時一語を構成する要素のみによって行う。ただし、助詞・助動詞、サ変動詞「する」、接辞「的」、いわゆる後置詞的な要素「(に)ついて」、形式名詞「ため」を補うことを認める。
②漢語サ変動詞の語幹を含む臨時一語は、できるかぎり、サ変動詞を含む表現に復元する。その際、文中の他の単語あるいは臨時一語内の他の要素の文法的な形式を変更することを認める。(例：国民年金法の改正案→国民年金法を改正する案)
③臨時一語が居体言の場合には、形式名詞「こと」を補って復元することを認める。(例：態勢づくり→態勢をつくること)
④結合形式の語基および前項[2-2]の規定でとられた接辞を、それに意味的・形式的に対応する自立形式の要素に置き換えて復元することを認める。ただし、対応の有無の判断は、便宜的に、音訓関係の有無にもとづく。(例：海外事務所数→海外の事務所の数、～の発覚後→～が発覚した後)

ただし、復元が可能であっても、単語列の形で用いることが不自然であると考えられる以下のものについては、復元しない(臨時一語とは認めない)。

①固有名(例：イギリス革命、江戸城、独立宣言、ロチェスター家)

②組織名・役職名(例：ロス市警アジア特捜隊、政府税調特別委員、青山高校三年)
③ときの表現(例：元禄十四年三月、五年前、7世紀後半以後)
④地名(例：埼玉県羽生市、中米エルサルバドル／例外：アメリカ合衆国南部→アメリカ合衆国の南部、インド各地→インドの各地)
⑤数量に関する表現(例：二十九銘柄、四野党)

　以上の認定基準は、今回の調査に限って便宜的に設定したものであり、完全なものとはいえない。とくに、臨時的な派生語を除くことには異論も予想される。また、もとの単語列に復元できるかどうかを主観的な判断にまかせている点にも問題が多い。実際、今回の調査でも復元できるかどうか迷うものが少なくなく、後に示すように、その数は調査結果を左右するほどである。しかし、このことは臨時一語の本質にねざす問題であり、現段階では、迷うものは迷うとしてとらえるしか方法がない。調査対象とした各文章の間に処理の差が生じないよう配慮することが、ここでの、最大の留意点である。

2.3　調査結果

　一つの文章における臨時一語の多寡は「文」と「語」との両方のレベルで測ることができる。一単語とはいいながらも、臨時一語は、文を組み立てる際に臨時につくられる(文の)成分であり、文構成と切り離して考えることはできない。したがって、臨時一語を用いて組み立てられた文がいくつあるかを数えることが、まず、必要である。しかし、一方では、臨時一語が語としての体裁を備えているのに違いはないから、一つの文章の総語数に対する臨時一語の割合をもって、その多寡を測ることも必要である。それぞれの結果を表1のAとBに示す。これによれば、各文章の順位に若干の違いは見られるものの、文のレベルの結果と語のレベルの結果とは、おおむね、同様の傾向を示している。

　臨時一語とするかどうか迷ったもの(表1B)の多いことを考慮すれば、個々の数値や文章の厳密な順位についてはある程度の幅をもたせて見る必要があるが、表1は、おおよそのところ、許された分量に対してそこに盛り込まれる情報の量[6]が相対的に多い「凝縮的な文章」ほど臨時一語を多く含む、という傾向を示しているといえよう。

表1A　各種文章の臨時一語〈文のレベル〉

	臨時一語を含む文の数と割合		一文あたりの臨時一語数			
		(%)	全ての文で		臨時一語を含む文で	
			平均	標準偏差	平均	標準偏差
(a) リード	153	76.5	1.68	1.57	2.20	1.45
(g) 科学技術抄録文	145	72.0	1.46	1.43	2.01	1.30
(b) 社会面記事	120	60.0	1.01	1.12	1.68	0.99
(h) 高校「世界史」	111	55.5	0.88	1.02	1.58	0.88
(c) 社説	107	53.5	0.89	1.07	1.65	0.94
(e) テレビニュース	106	53.0	0.87	1.08	1.64	0.97
(f) 雑誌	77	38.5	0.46	0.67	1.20	0.54
(d) 番組案内	70	35.0	0.46	0.71	1.30	0.57
(j) 中学「歴史」	41	20.5	0.25	0.52	1.20	0.45
(i) 高校「物理」	31	15.5	0.21	0.56	1.32	0.74
(m) 日常談話	14	7.0	0.08	0.10	1.14	0.52
(k) 俳句	8	4.0	0.04	0.20	1.00	0.00
(l) 小説・随筆の地の文	7	3.5	0.05	0.28	1.43	0.50

表1B　各種文章の臨時一語〈語のレベル〉

	総語数に対する臨時一語の数と割合						臨時一語かどうか迷いつつも、臨時一語とはしなかったもの	
	延べ			異なり				
	全体	臨時一語	(%)	全体	臨時一語	(%)	延べ	(%)
(g) 科学技術抄録文	2467	292	11.8	1673	288	17.2	325	13.2
(a) リード	3211	336	10.5	1881	294	15.6	283	8.8
(c) 社説	2193	177	8.1	1360	169	12.4	69	3.1
(b) 社会面記事	2534	201	7.9	1795	197	11.0	108	4.3
(h) 高校「世界史」	2832	175	6.2	1667	170	10.2	87	3.1
(e) テレビニュース	3450	174	5.0	1812	154	8.5	103	3.0
(f) 雑誌	1828	92	5.0	1296	89	6.9	44	2.4
(d) 番組案内	2018	91	4.5	1382	89	6.4	81	4.0
(j) 中学「歴史」	2403	49	2.0	1241	46	3.7	23	1.0
(i) 高校「物理」	2617	41	1.6	935	29	3.1	45	1.7
(m) 日常談話	1400	16	1.1	749	13	1.7	13	0.9
(k) 俳句	963	8	0.8	779	8	1.0	48	5.0
(l) 小説・随筆の地の文	1980	10	0.5	1188	10	0.8	31	1.6

臨時一語のとくに多いリードと科学技術抄録文は、ニュース、論文の概要を述べる文章であり、凝縮的な文章の典型であるといえる。リードに加え、社会面記事、社説、テレビニュースなど報道の文章に臨時一語が多いことは、エガースと林の指摘を裏付けるものといえる。さらに、同じ歴史教科書でありながら中学「歴史」より高校「世界史」に臨時一語が多いことも、凝縮的な文章への移行と臨時一語の増加とが対応することを示している。

　一方で、これらの対極にある日常談話や小説・随筆の地の文には臨時一語がほとんど見られない。俳句に臨時一語が少ないのは、それが「文章」としては最もコンパクトであっても、文の長さが短かすぎるために、伝える情報の量が極端に制約されるからであろう。さらに、韻文であるという特殊性によって、長い複合語の形をとる臨時一語を受け入れる余地がないともいえる（ただし、俳句には「臨時一語かどうか迷いつつも臨時一語とはしなかったもの」が多いことに注意）。以下に、それぞれの文章に見られた臨時一語の例（下線部、以下同様）を示す。

（5）　リード
　　　中曽根前首相は二十七日午後、都内の中曽根派事務所で中曽根派担当記者と会見し、昨年夏のリクルート疑惑発覚以来初めて、秘書らへのリクルートコスモス未公開株譲渡や米国製スーパーコンピューター購入問題などについて見解を明らかにした。

（6）　科学技術抄録文
　　　天然ガス減圧時の温度降下による凝縮水、水和物、凍結に起因する、プラントと供給網の故障を避けるための減圧前予熱プラントについて下記事項を報告した。

（7）　社会面記事
　　　七日午前五時五十分ごろ、愛知県知多郡南知多町師崎明神山八、名鉄海上観光船本社一階事務所で、大型金庫がこじ開けられ、現金など約三千七百六十余万円が盗まれているのを出勤してきた従業員が見つけ、半田署に届けた。

（8）　高校「世界史」
　　　他方、日本はドイツの勝利を利用して、1940年9月、フランス領インドシナ北部に派兵し、アメリカを仮想敵国とする日独伊三国軍事同盟を結び、独ソ戦開始直後にインドシナ南部に軍隊を進駐させた。

（9）　社説
　　　わが国もこうした外交努力を側面から支援するとともに、難民救済や国土再建のため、経済的な協力をする必要がある。

(10) テレビニュース
防衛庁は、この概算要求案について、来年度が当面の防衛力整備の指針としている中期防衛力整備計画の最終年度に当たるため、基準枠一杯の要求をしてその仕上げを図ることに重点を置いたとしています。

(11) 雑誌
土井委員長は、都議選につづく参院選大勝利の余勢をかってきたるべき衆院選で大きく"翔ぶ"おつもりらしい。

(12) 番組案内
日系三世でロス市警アジア特捜隊の中心的存在のマイケルは、日本の不動産会社の支店長、野崎の失跡事件を担当した。

(13) 中学「歴史」
しかし、占領した地域でも、義兵とよばれる朝鮮民衆の武装抵抗にあって、しだいに戦いは不利になり、そのうえ、秀吉が病死したので、兵を引きあげた。

(14) 高校「物理」
この写真は $1/20s$ ごとにストロボを発光させ、フィルムを動かしながら撮影したので、瞬間写真が撮影時刻の順に上から下に並んだことになる。

(15) 日常談話
地下鉄丸ノ内線御利用の方は、この放送車をはさんで、左と右の入口からおはいりください。階段付近の方、押しあわないでください。

(16) 俳句
梅雨晴間　寮歌に離る　霊柩車

(17) 小説・随筆の地の文
登場人物は男の子が三人だけれど、ひとりぐらい好奇心旺盛な女の子を登場させて洋服のままプールに入らせたって本筋からはずれることはないだろう。

3. 凝縮的な文章の実現に果たす臨時一語の役割

3.1 臨時一語と要約化・くりこみ

　臨時一語が、報道の文章や科学技術抄録文など、凝縮的と考えられる文章に多いことは確かめられた。それは、臨時一語が凝縮的な文章の成立に貢献することを示すものであろう。たしかに、臨時一語は、複数の単語列を一語化するものであり、直感的には、文章全体をコンパクトにする上で役立つように思われる。しかし、その機能は、凝縮的な文章をつくり上げる他の作用と比較するとき、より具体的にと

らえることができる。

　樺島忠夫1979は、「できるだけ少しの言葉数で多くの内容を述べようとする凝縮的な文章」をつくる方策として「くりこみ」[7]をあげる。くりこみとは、文章の中で「意味的に重複する部分をくりこんで、複雑な構造の文を作る」作用である。これによって、たとえば、

(18)　大蔵大臣は、今日午後、大蔵省に経済企画庁長官を招いて会談する。会談では、反対の多い消費税を見直すかどうかという問題がとりあげられることになっている。なお、会談には、それぞれの幹部クラスも加わることになっている。

という文章は、

(19)　大蔵大臣は、今日午後、大蔵省に経済企画庁長官を招き、反対の多い消費税を見直すかどうかという問題について、それぞれの幹部クラスもまじえて、会談する。

となり、もとの文章の内容（情報）が損われることなく、ことば数が減らされる。その結果つくられた凝縮的な文章は、「文の構造が複雑で、文の長さが長い」という性格をもつと樺島は指摘する。樺島は、また、文章からよけいな要素を省いて骨組みだけにする「要約化」[8]という作用をあげる。要約化とは、たとえば、(19)を、

(20)　大蔵大臣は、今日、大蔵省で、消費税を見直す問題について、経済企画庁長官と会談する。

のようにする作用である。これによって、骨組みだけを述べようとする「要約的な文章」が実現される。文章の骨組みとは、何が、いつ、どこで、何を、などという情報であり、それは名詞によって表される。したがって、「要約的な文章では名詞の比率が高くなる」と樺島は指摘する。

　くりこみと要約化とは、すでにある文章を凝縮的・要約的なものに書き換える作用としてだけではなく、臨時一語とともに、一つの文章を凝縮的なものとしてつくり出す文章作成上の方策としてもとらえることができよう。凝縮的な文章をつくり出すためには、第一に、ことば数をできるだけ抑えなければならない。重要度の低い要素を省こうとする要約化は、また、文章のことば数を抑える方策としても有効であろう。重複する要素を削るくりこみも、同様に、ことば数を抑えることに貢献

する。しかし、臨時一語はあまり役に立たない。(20)と(21)とを比較すれば、臨時一語がことば数の抑制にほとんど貢献しないことがわかる。

(21) 大蔵大臣は、今日、大蔵省で、<u>消費税見直し問題</u>について、経済企画庁長官と会談する。

　凝縮的な文章にするには、第二に、そこにできるだけ多くの情報を盛り込まなければならない。しかし、このことはことば数を抑えることと矛盾する。とくに、要約化は文章に盛り込む情報をその骨組みとなるものに制限しようとする作用であり、多くの情報を盛り込むことには適さない。くりこみは、重複することばを抑えることによって無駄な情報を減らそうとするが、必要な情報は盛り込むことができる。臨時一語は、ことば数を抑えることには貢献しない反面、「消費税を見直す問題」を「消費税見直し問題」としても損われる情報がないように、情報を盛り込むという志向には矛盾しない。それどころか、臨時一語は、とくにくりこみと比較した場合、文章により多くの情報を盛り込むことを可能にするきわめて有効な方策であると考えられる。
　臨時一語の特徴は、複数の単語(文節)を一語化して文の構造を単純にし、結果として、一文を構成する語数を減らす(文を短くする)ところにある。これは、くりこみが文の構造を複雑にする(文を長くする)のとまったく対照的な作用である。多くの情報を盛り込もうとするときにもし臨時一語が許されないとすれば、凝縮的な文章は、もっぱらくりこみによって情報を保持しようとし、長くて構造の複雑な文を多くもたざるを得ない。その複雑さ・長さが一文としての限界に近づけば、それ以上の情報を盛り込むことはむずかしくなる。その限界点を引き上げるのが臨時一語である。臨時一語によって構造が単純になった文には、たとえば、(22)の波線部のような修飾表現を付加することもより容易になる。

(22) 大蔵大臣は、今日、大蔵省で、<u>今国会の焦点となっている</u><u>消費税見直し問題</u>について、経済企画庁長官と会談する。

　凝縮的な文章を実現するためには、まず、ことば数を抑えなければならない。これに役立つのが要約化である。しかし、ことば数を抑えると盛り込む情報まで減らさなければならない。この矛盾を解決するのがくりこみである。しかし、くりこみだけでは文章が複雑になり、盛り込む情報が限界に達してしまう。この矛盾を解決するのが臨時一語である。臨時一語は、構造の単純な短い文をつくって文章を簡潔にすることにより、文章がより多くの情報を担うことを可能にするのである(文章

凝縮的な文章の実現に果たす各作用の機能と効果

作 用	機 能	効 果		
		ことば数を	情報を	文章を
要約化	重要度の低い単語の出現を抑える	かなり少なくできる	あまり盛り込めない	簡潔にする
くりこみ	重複する単語の出現を抑える	少なくできる	盛り込める	複雑にする
臨時一語	複数の単語を一語化する	あまり少なくできない	盛り込める・さらに盛り込める可能性を広げる	簡潔にする

3.2 凝縮的な文章における各作用の関係

　では、現実の各種の文章において、要約化・くりこみ・臨時一語の各作用が、それぞれ、どのように働いているのかを、2節のデータを用いて調べてみよう。樺島1979を参考に、要約化の指標には「名詞の比率」を、また、くりこみの指標には「文の長さ（一文中の文節数）」をとりあげ[9]、その数値の大小によって、それぞれの作用が働いている度合いとみなす。ただし、ここで注意しなければならないのは、要約化の作用を受けた文章では名詞の比率が高くなり、くりこみの作用を受けた文章では文が長くなるとはいっても、その逆はかならずしも成り立たないということである。名詞の比率を高める要因は要約化ばかりではないし、文を長くする要因もくりこみだけではない。しかし、文章そのものに、要約化・くりこみの度合いを直接に表す指標を求めることが、臨時一語とは違って、困難である以上、樺島1979の調査結果が示すように、ある程度凝縮的な文章に限るならば、名詞の比率をもって要約化の度合いを、文の長さをもってくりこみの度合いをうかがうことも、また、妥当であると考える。表2・表3に、それぞれの結果を示す。

表2 名詞の比率（%）

(b)	社会面記事	66.5
(k)	俳句	64.8
(d)	番組案内	64.6
(g)	科学技術抄録文	63.2
(a)	リード	62.9
(h)	高校「世界史」	62.6
(e)	テレビニュース	61.8
(j)	中学「歴史」	59.9
(f)	雑誌	57.5
(i)	高校「物理」	57.1
(c)	社説	56.3
(l)	小説・随筆の地の文	51.3
(m)	日常談話	44.9

表3 文の長さ（平均）

(e)	テレビニュース	17.3
(a)	リード	16.1
(h)	高校「世界史」	14.2
(i)	高校「物理」	13.1
(b)	社会面記事	12.7
(g)	科学技術抄録文	12.4
(j)	中学「歴史」	12.0
(c)	社説	11.0
(d)	番組案内	10.1
(l)	小説・随筆の地の文	9.9
(f)	雑誌	9.1
(m)	日常談話	7.0
(k)	俳句	4.8

　臨時一語の指標には、表1Aの「臨時一語を含む文の割合」を用いる。表4は、名詞の比率、文の長さ、臨時一語のそれぞれを平均0、標準偏差1の分布に換算し、各文章について得られたz評点を7段階に区分された評定尺度に位置づけたものである（値の高い段階から順に7〜1の数字を付与する）[10]。これによって、尺度の異なる三つの指標を直接に比較することが可能となる。

第1章 臨時一語と文章の凝縮　261

表4　文章における各作用の働き具合
（丸囲みの数字は各指標内の順位、カッコ内の数字はz評点）

	名詞の比率 （要約化）	文の長さ （くりこみ）	臨時一語
(a) リード	5 ⑤ (0.58)	6 ② (1.39)	6 ① (1.55)
(g) 科学技術抄録文	5 ④ (0.63)	4 ⑥ (0.27)	6 ② (1.37)
(e) テレビニュース	4 ⑦ (0.39)	6 ① (1.75)	5 ⑥ (0.60)
(h) 高校「世界史」	5 ⑥ (0.53)	5 ③ (0.81)	5 ④ (0.70)
(b) 社会面記事	6 ① (1.20)	4 ⑤ (0.36)	5 ③ (0.89)
(c) 社説	3 ⑪ (-0.55)	4 ⑧ (-0.15)	5 ⑤ (0.62)
(d) 番組案内	5 ③ (0.87)	3 ⑨ (-0.42)	4 ⑧ (-0.12)
(f) 雑誌	4 ⑨ (-0.34)	3 ⑪ (-0.72)	4 ⑦ (0.02)
(i) 高校「物理」	3 ⑩ (-0.41)	5 ④ (0.48)	3 ⑩ (-0.91)
(j) 中学「歴史」	4 ⑧ (0.07)	4 ⑦ (0.15)	3 ⑨ (-0.70)
(l) 小説・随筆の地の文	2 ⑫ (-1.40)	3 ⑩ (-0.48)	2 ⑬ (-1.39)
(m) 日常談話	1 ⑬ (-2.50)	2 ⑫ (-1.36)	2 ⑪ (-1.25)
(k) 俳句	5 ② (0.91)	1 ⑬ (-2.02)	2 ⑫ (-1.37)

　表4によれば、凝縮的と考えられる文章でも、要約化・くりこみ・臨時一語の働き方は一様ではない。リードは、要約化の作用がやや弱いものの、くりこみ・臨時一語とも積極的に機能していて、最も凝縮的な文章といってよいだろう。テレビニュースも、くりこみと臨時一語が強く、それに比べれば、要約化が弱い。リードもテレビニュースも、ことば数を抑えつつも、骨組みだけを述べるのではなく、より多くの情報を盛り込むことを志向する文章であると考えられる。くりこみと臨時一語とがともによく働いている文章としては、ほかに、高校「世界史」もある。実際のところ、リード、テレビニュース、高校「世界史」には、(23)～(25)のように、くりこみと臨時一語とが強く働いている文を数多く見ることができる。

(23)　リード
　　東南アジア諸国連合各国歴訪を終えた竹下首相は七日朝、帰国に先立って、フィリピンのマニラ市内のホテルで同行記者団と懇談、竹下内閣退陣にともなう後継人事や政治改革[11]などについて所信を明らかにした。
(24)　テレビニュース
　　ソウルの井上特派員によりますと、韓国の第一野党平民党のキムデジュン総

裁は、所属議員のスパイ容疑に関連した検察当局の取り調べに対しまして、一万ドル工作資金の授受などの容疑事実をすべて否認しています。

(25) 高校「世界史」
20世紀はじめに労働者階級の国際的連帯の立場から戦争反対の決議をした、第二インターナショナル加盟のヨーロッパの多くの社会主義政党までが、大戦が始まると、少数のグループのほかは、自国を擁護して戦争に協力し、第二インターナショナルは崩壊した。

　科学技術抄録文は、リードやテレビニュースに比べて、くりこみの作用が弱いという点に特徴がある。これは、科学技術抄録文が、多くの情報を盛り込もうとしながらも、一方では、より簡潔な文章を志向していることを示している。社会面記事と社説とは、要約化のみが異なる。事実を報道する前者が骨組みだけの簡潔な文章を志向しているのに対し、論説としての後者においては骨組みを述べるだけでは済まないことを示していて興味深い[12]。番組案内は、社会面記事よりも各作用の働き方は弱いが、その関係はほとんど同じである。高校「物理」はくりこみが強く、俳句は要約化がきわだって強い。俳句については、ことば数を抑えて骨組みだけにする文章であることが裏付けられているといえよう。
　これらの結果が各種の文章をその凝縮という点において的確にとらえているかどうかは、なお検証していく必要がある。たとえば、リードと科学技術抄録文とにおけるくりこみの働き方の違いには、二つの文章が想定する読者の違いが関係していると考えることもできる。つまり、予備知識をもたない一般読者を想定するリードでは、説明的な修飾成分を多くもつ長い文と、それらを関係づける表現とが必要であるのに対して、専門的知識を共有する専門家を対象とする科学技術抄録文では、互いに既知の説明は不必要であり、また、文と文との関係づけも専門家たる読者にゆだねることができ、その分、短い文で済むという事情があるのかもしれない。次の例はその典型であるが、文と文との関係づけを示す表現はまったく見当たらない。

(26) 科学技術抄録文
　　　高温ガス原子炉及び水蒸気ガス改質に基づく統合エネルギーセンターの概念について述べた。全エネルギー需要は水素及び電気によって満たされる。ピックデマンドは水素の前駆物質としての液体COによって得られる。CO_2及び低熱量はファイトトロンを通じて利用される。統合エネルギーセンターの概念の実現によって、今後における電気エンジニアリングの開発と近い将来における自然の保全との間の矛盾は取り除かれる。

また、同じ報道の文章でも、テレビニュースと社会面記事とでは、要約化とくりこみの関係が逆になっているが、これについても、前者には、音声言語としての特性があると同時に、リードと同様、予備知識をもたない一般視聴者を想定する側面が強く、後者には、第一面の記事によって予備知識をもった読者を想定する記事も含まれているという違いがかかわっているのかもしれない。
　一つの凝縮的な文章は、要約化・くりこみ・臨時一語という三つの作用が複合的に働いた結果として実現されるものと考えられる。その際に、これらがどのような関係を構成するのか、いいかえれば、どのように案配されるのかは、さまざまであると考えられる。臨時一語は文章を簡潔にする作用として働くが、それがくりこみを活性化させ、実現した文章に長い文が多くなるということも十分に考えられる。また、要約化は文章中の名詞の比率を高めるが、そのことが、名詞どうしの結びつきであることが多い臨時一語を増やすこともあるであろう。文章のどのような性格が各作用のいずれを活性化させるのか、あるいは、各作用のバランスがどうなればどのような性格の文章ができあがるのか、その有機的な関係を明らかにすることができれば、これまで「凝縮的」として一括されてきた各種の文章をより具体的に特徴づけ、ひいては、文章をその凝縮という観点から類型化することも可能になるであろう。

4. 今後の課題—臨時一語の機能を明らかにするために—

　エガースおよび林は臨時一語に凝縮的な文章を実現する機能のあることを明らかにし、樺島は文章を凝縮的にする作用としてくりこみのあることを、要約的にする作用として要約化のあることを指摘した。本章では、この二つの知見を結びつけ、凝縮的な文章を実現する作用として臨時一語とくりこみ・要約化とがどのような関係にあるのか、それは、また、実際の凝縮的な文章にどのように反映しているのかについて検討した。ただし、その検討の水準は、いまだ、そのような関係の存在を認識したという域にとどまっている。
　臨時一語が現れやすい文章には、「凝縮的」という特徴のほかにも、いくつかの特徴を見出すことができる。たとえば、林が臨時一語を「発見」した新聞の文章は、凝縮的であると同時に、林が述べているように(4)、「早く」「手っ取り早く」つくる「大量生産的な」文章という側面をもっている。臨時一語は、この「凝縮的」で「大量生産的」という二つの側面を兼ね備えた文章で最も活発につくられるのだろう。リードのほかに、社会面記事やテレビニュースなどもそうである。
　臨時一語は、また、科学技術抄録文のように、専門的・学術的な内容を表す文章に多い。エガース1973が指摘するように、概念を分析的に表そうとする専門語の

多くが、臨時一語から移行したものである。同じ抄録的な文章ではあっても、日常的なことがらが描かれる番組案内には臨時一語が少なかった。手っ取り早くつくるのでもなく、狭いスペースに詰め込むタイプの文章でもない高校「世界史」に臨時一語が多かったのも、その内容が専門的であったからと考えられる。

　ただし、同じ専門的な文章であっても、高校の「物理」教科書などには臨時一語が多くない。臨時一語は、できごとやうごきを概略的・抽象的に記述する文章、つまり、「世界史」の文章のように、歴史的な事実を概略的に記述する文章に適しており、逆に、短い単語を連ねる表現（単語列）は、できごとやうごきを具体的に描写する文章、つまり、物理の文章(27)のように、物体の運動や物質の変化などを具体的に描写し、また、細かく説明する文章に適しているように思われる。たとえ同じことがらであっても、抽象的・概略的に記述するか、具体的に描写するかという、情報の伝え方の違いが、臨時一語の発生にかかわってくるということであろう[13]。

(27)　高校「物理」
　　　このため空気中には、圧縮されて密度が平均より大きい部分と、逆に膨張しきって、平均より密度が小さい部分とが生じ、このような疎密の変化が波動として伝わっていく。

　臨時一語は、また、文章の文体的な側面とも関係している。(28)(29)の下線部は、ほぼ同様の内容を述べた部分であるが、高校教科書(28)では「海外渡航」「在外日本人」という臨時一語となり、中学教科書(29)では「海外に行くこと」「海外に住む日本人」という単語列となっている。同じ内容をどう表現するか（やさしく、あるいは、むずかしく）という文体的な側面と臨時一語の使用とが関係する例である。臨時一語は、内容をやさしく伝える文章よりも、硬く（難しく）伝える文章に多いようである[14]。

(28)　ついで1633（寛永10）年には、日本人が渡航するのは奉書船に限ることとし、1635（寛永12）年には、日本人の海外渡航と在外日本人の帰国を禁止した。　　　　　　　　　　　　　　（山川出版社『詳説日本史（再訂版）』1974: 173）
(29)　将軍徳川家光のときになると、日本船が海外に行くことも、海外に住む日本人が帰国することも禁止した。
　　　　　　　　　　　　　　　　　　（東京書籍『新しい社会［歴史］』1980: 145）

　このように、臨時一語の現れやすい文章は、凝縮的（情報の密度）であるほかに、

大量生産的（文章のつくり方）、専門的（情報の内容）、概略的（情報の述べ方）、硬い・難しい（文体）といった特徴（のいくつか）をあわせもっているものと考えられる。学術論文の概要を速報する科学技術抄録文(6)は、これらの特徴をすべて備えた文章であり、臨時一語の使用もとくに多い。一方で、このような文章の対極にある日常談話や小説の文章には、臨時一語はほとんど見られない。

　ある文章になぜ臨時一語が存在するのか、あるいは、しないのか、その理由を明らかにするためには、これらの観点にもとづく分析をも取り入れ、臨時一語の文章論的な機能を包括的にとらえていくことが必要である[15]。

注

1　英語にも、"nonce word"、"nonce formation" などと呼ばれる同様の表現があるが、その機能はドイツ語や日本語とはやや異なるようである。Bauer1983 参照。

2　林 1982 は「臨時一語」を、その発生事情から、大きく「A. 生活場面の中で発生する臨時一語」「B. 文章の中の特別な位置による臨時一語」「C.『文』の中に生ずる臨時一語」に分類し、また、C の臨時一語については、その内部構造から、「a. 固い名詞の臨時一語」と「b. ルーズな名詞の臨時一語」とに分類している。なお、臨時一語と同様ないし類似の現象が、鈴木康之 1982 の「自由な複合語」、窪薗晴夫 1987 の「非複合化複合語」、影山太郎・柴谷方良 1989 の「統語論的複合語」、影山太郎 1993 の「S 構造複合語」などとして指摘され、その構文的機能、意味とアクセントとのかかわりなどが注目されている。また、宮島達夫 1983 にも、臨時的な合成語の「単語らしさ」に関する言及がある。

3　データとする文章の選定は、樺島忠夫 1979 を参考とした。

4　窪薗晴夫 1987 は、「慣用度」の低い複合語ほど複合語アクセント規則の適用を受けにくい「印象」のあることを述べているが、それにあてはまらない非複合化複合語（本章の「臨時一語」）の多いことも指摘している。

5　『イミダス』『現代用語の基礎知識』などは、臨時一語を立項する可能性があるので利用しない。

6　伝えるべき内容の豊かさという程度の意味。情報理論でいう「情報量」ではない。

7　樺島 1979 では「凝縮化」という用語が用いられているが、本章でいう「凝縮(的)」とまぎれる恐れがあり、また、臨時一語も「凝縮化」の一作用であると考えられるので、ここでは「くりこみ」と呼ぶことにする。

8　樺島のいう「要約化」は、あくまでも、文章からよけいな要素を省くという作用であり、創作活動としての「要約」を行うための一方策と考えるべきであろう。

9　くりこみの指標としては、述語に対する修飾語のかかり方の階層性（かかりの次数）も

考えられるが、文の長さとの相関が高いと考えられるので、省略する。
10 ある集団内でのデータについて、集団の平均値を$\bar{x}$、標準偏差をSとすると、xのz評点(z-score)は$z = \dfrac{x - \bar{x}}{S}$である。また、7段階の評定尺度は、-2.5から+2.5までの評点を0.7きざみに区分したものである。z評点については、松原望1996がわかりやすい。
11 「政治改革」が臨時一語であることについては、異論があるだろう。それは、臨時一語と恒常的な単語との境界線がはっきりしないからである。加えて、臨時一語の中には恒常的な単語へと移行＝定着するものがある。「政治改革」という単語も、おそらく、臨時一語として発生し、新聞やテレビなどで繰り返し使用されることによって、安定した恒常的な単語へと移行しつつあるのだろう。その移行過程のどの段階にあるかの判断が、人によって分かれるのである。本章で資料としたような準専門的な文章にも、そのような、「専門用語予備軍」とでもいうべき臨時一語が多い。
12 社説の文章の特徴（社会面記事・レポートとの違い）については、小宮千鶴子1985を参照されたい。なお、本章で得た社説の文の長さ(11.0)は、樺島1979: 220の数値(15.4)に比べてかなり短く、今後の検討を要する。
13 このことと、臨時一語の多くが漢語であることとは無関係ではない。「教科書の語彙調査」によれば、M単位の延べ語数における漢語の比率では、物理45.81%に対して、世界史は54.23%である。
14 村木新次郎1989は、「名詞表現」（臨時一語も含まれる）について、「ジャーナリストや評論家、科学文献や公的な文書をかくひとたちはこのんでこうしたいいまわしをつかうようである。（中略）小説や詩などの文芸作品と対比すれば、あきらかに、味気なく硬直した印象をあたえるものである。」(: 48)と述べる。
15 臨時一語には、このほかにも、概念を固定化する、先行表現を指示し、とらえなおす（焦点化する）などの機能もあると考えられる。それらを明らかにすることも今後の課題である。

第2章　文章顕現型の臨時一語化

はじめに

　本章では、林四郎 1982 のいう「文の中に生ずる臨時一語」[1]について、それが、文章の展開の中で、先行する単語列をもとに継起的・顕在的につくられる場合のあること、すなわち、「文章顕現型の臨時一語化」[2]と呼ぶべき現象があることを述べる。その上で、臨時一語化の対象となる先行単語列にどのようなものがあり、それらから臨時一語がどのようにつくられているかを、形式面を中心として概観する。

1.　範列的・潜在的な臨時一語化

　文の中に生ずる臨時一語とは、下例＿＿線部のように、文を組み立てるとき、本来なら複数の単語の連なり（単語列）として表すところを、その場で臨時的に、複合語の形式にまとめたものと規定できる。

（1）　中曽根前首相は二十七日午後、都内の中曽根派事務所で中曽根派担当記者と会見し、昨年夏のリクルート疑惑発覚以来[3]初めて、秘書らへのリクルートコスモス未公開株譲渡や米国製スーパーコンピューター購入問題などについて見解を明らかにした。　　　　　　　　　　　　　　〈新聞リード〉
（2）　天然ガス減圧時の温度降下による凝縮水、水和物、凍結に起因する、プラントと供給網の故障を避けるための減圧前予熱プラントについて下記事項を報告した。　　　　　　　　　　　　　　　　　　　　　〈科学技術抄録文〉
（3）　他方、日本はドイツの勝利を利用して、1940年9月、フランス領インドシナ北部に派兵し、アメリカを仮想敵国とする日独伊三国軍事同盟を結び、独ソ戦開始直後にインドシナ南部に軍隊を進駐させた。　　〈高校「世界史」〉
（4）　防衛庁は、この概算要求案について、来年度が当面の防衛力整備の指針としている中期防衛力整備計画の最終年度に当たるため、基準枠一杯の要求をし

てその仕上げを図ることに重点を置いたとしています。　〈テレビニュース〉
（5）　土井委員長は、都議選につづく参院選大勝利の余勢をかってきたるべき衆院選で大きく"翔ぶ"おつもりらしい。　〈週刊誌〉
（6）　登場人物は男の子が三人だけれど、ひとりぐらい好奇心旺盛な女の子を登場させて洋服のままプールに入らせたって本筋からはずれることはないだろう。　〈小説〉
（7）　地下鉄丸ノ内線御利用の方は、この放送車をはさんで、左と右の入口からおはいりください。階段付近の方、押しあわないでください。

〈駅でのアナウンス〉

　臨時一語は、辞書に見出し語として登録されるような複合語とは違って、同一の意味内容を表す単語列を容易に想定・復元できる。上例____線部でも、臨時一語はそれに対応する単語列と交換可能である（たとえば「中曽根派事務所」に対する「中曽根派の事務所」、「リクルート疑惑発覚以来」に対する「（昨年夏に）リクルートについての疑惑が発覚して以来」）。つまり、両者（臨時一語とそれに対応する単語列）は範列的な関係にある。そして、臨時一語は、それと範列的な関係にある単語列を一語化したものであるから、両者の間には、臨時一語化の対象と結果という、過程的な関係をも認めることができる。ただし、臨時一語化の対象であった単語列は、臨時一語にその跡を残すだけで、言語表現の上にそれとして現れてこない。臨時一語化は、連続する単語列を一語化するという点ではシンタグマティックな操作なのだが、そうした操作の対象と結果という関係においては、範列的・潜在的な過程なのである。

2. 継起的・顕在的な臨時一語化

　しかし、ある種の文章、たとえば、学術的・専門的なことがらを一般向けに解説するような文章には、臨時一語化の対象であった単語列と、その結果としての臨時一語とが、継起的に顕現している例を見ることができる。たとえば、次のようなものである（〈　〉内は出典の略号と所在ページ）。

（8）　アレルギーが、初期の免疫学から見ても意外な現象であったことは次のようなエピソードからも知られる。一九〇二年にフランスの医師ポルチェとリシェは、モナコ国王の招きでクラゲの毒の研究をしていた。観光の国モナコで、クラゲの刺傷は重大問題である。ポルチェとリシェは、クラゲ毒に対する免疫を作る目的で、犬に少量ずつのクラゲ毒の注射を行なった。〈免・152〉

(9) 一九九四年は「イジメ」の問題が、世間の話題をさらいました。そして、年が明けて、九五年になりますと、突如襲った阪神大地震で、イジメという活字がいっせいに新聞紙上から消えてしまいました。もちろん、このイジメ問題が解決されたわけではなく、学校で、職場で、地域で、このいまわしい現象は依然として行われ、その犠牲者になっている人も少なくないと考えられます。　　　　　　　　　　　　　　　　　　　　　　　〈哲・8〉

　上の2例は、いずれも、はじめに単語列（＿＿＿線部、以下同様）が現れ、1文おいて、それに対応する臨時一語（＿＿＿線部、以下同様）が現れている。「対応する」とは、臨時一語が、単語列と同じ要素を使って、同じ内容を表し、先行する単語列を指示しているということである。そのことは、臨時一語に前接する指示語「この」の付いた例(9)によって、なお、明らかである。そして、重要なことは、ここでは、先行する単語列を対象として臨時一語化が生じ、その結果である臨時一語が後続する文中に現れている、ということである。少なくとも、そう考えるのが自然である。

　もちろん、臨時一語である以上、それは常に単語列と範列的な関係にある。例(8)(9)の＿＿＿線部でも、「クラゲ毒」「イジメ問題」という臨時一語は、それぞれ、「クラゲの毒」「イジメの問題」という単語列と交換可能である。そして、ここでの臨時一語化を、先行する文と切り離してこの1文の中に限定し、範列的・潜在的な過程と考えることも、また、可能である。しかし、例(8)(9)の当該箇所で、結果として、単語列ではなく臨時一語が選ばれたことに、つまり、そこで臨時一語がつくられたということに、それらに先立って同じ単語列が現れていることがかかわっていることは間違いない。つまり、先行する単語列と後続の臨時一語との間の継起的な関係が、臨時一語の出現を直接に規定していると考えられるのである。そのような意味で、例(8)(9)に見るような臨時一語化を、「文章顕現型の臨時一語化」と考えておきたい。

3. 先行単語列と臨時一語との不対応

　上では、先行単語列と臨時一語との対応を、「同じ要素を使って、同じ内容を表」す点に求めた。しかし、そのような意味での対応は、必ずしも、厳密なものではない。

(10) 第5章で述べた大浦と波多野の実験結果も、このチィのものとよく似ている。ピアノの学習経験のある小学生、同じく学習経験のある大学生、学習経

験のない大学生の三群を比較したことはすでに述べた。そしてピアノで練習しているのと同じ様式の簡単な旋律を覚えることに関しては、ピアノ経験のある二群がともに優れた成績を示したのに、詩を記憶させたときには、逆に大学生の二群が優れた成績を示したことも述べた通りである。　〈人・141〉

(11) 本来、局の制作の中核として制作力を保持し育成していかなければならないはずのドラマやドキュメンタリーなどの制作は、次第に下火になったり、事実上、撤退してしまうケースも出ている。このような番組こそ、一度中断すると、なかなか回復は困難であるにもかかわらず、局内制作はワイドショーやスタジオ公開ものに移っていくとなると、制作全体の関心が、どうしても、その方向に引っ張られていくことになりやすい。　〈明・166〉

(12) 今日、これから使います資料は、一七六二─三年度つまりスミスのグラスゴウ時代のさいごの講義を学生がとったもので、その内容は、すぐれた聴講者ミラーの要約によると、グラスゴウ大学のさいしょの講義「論理学」と重なるところが多い。そして、その「論理学」講義は、─準備時間からみて─直前の「エディンバラ公開講義」の文学の部分を活用したものであろうとロージアンは考証しております。　〈作・106〉

(13) 生殖細胞は、動物の場合精子と卵。これが合体して受精卵となり、次の世代の個体を創出することになる。ここで、親のゲノムの半分づつを合体させて生じた新しいゲノムを持った新しい個体が生れるのである。もちろん、この新個体は、親の性質を受け継いでいる。　〈自・98〉

(14) ざっとこんな理由をのべて、彼は脱獄の申し出をことわり、死の道を選んでいったのでした。しかし、わたしたちが心に留めておくべきことは、彼の脱獄拒否の真意が「悪法もまた法なり」という消極的理由にあったのではないということです。　〈哲・38〉

　例(10)では、先行単語列中の「学習」という部分は臨時一語に現れないし(省略)、例(11)では、逆に、先行単語列にはなかった「内」という要素が臨時一語に現れている(付加)。例(12)では、先行単語列における単語の順序と臨時一語における要素の順序とが逆になっている(倒置)。例(13)では、先行単語列中の「新しい」という単語が臨時一語では漢語の「新」という要素に変わっている(語種の変更)。例(14)は、先行単語列中の「申し出」という単語が臨時一語では「省略」され、また、「ことわる」が「拒否」という漢語要素に変わり、動詞句としての単語列が名詞として臨時一語化されている例である。これらの「不対応」には、臨時一語化にあたって必然的・不可避的に生じるものと、任意のものとがあるようである。

4. 文章顕現型の臨時一語化のスケール

　文章顕現型の臨時一語化には、先行単語列と臨時一語との間の距離という意味で、さまざまなスケールのものがある。

(15) しかしこの信号も最終的に相手の細胞に伝わるところでは、神経伝達物質を出して相手細胞の受容体を刺激することになる。　　　　　　〈自・128〉

(16) 発病していない感染者、つまりエイズウィルスのキャリアの数は、その十倍以上すなわち一千万人以上にのぼると考えられる。西暦二千年までに世界のエイズウィルスキャリアは四千万人にのぼるだろうとされている。
　　　　　　　　　　　　　　　　　　　　　　　　　　〈免・130〉

(17) 無知なるがゆえに、アテネの市民は、「ただ生きる」ことだけを考えて、いかに「よく生きるか」ということに関心をはらわない。だから、まず相手を無知の自覚に追いこんでいって、真の知恵を自ら求めようという意欲をもたせようというのです。「汝自身を知れ」―こう呼びかけながら、アテネ市民をめざめさせようと努力したのでした。その意味で、彼は教育者だったのでしょう。　　　　　　　　　　　　　　　　　　　　〈哲・33〉

(18) このように怨霊信仰が9世紀を通して生成・発達してきた上に、道真の配流と死という事件が起こるのです。道真が配流先の太宰府で醍醐帝と時平以下の廷臣をどれだけ怨んだかを、具体的に明らかにすることはできません。しかし、彼の死の直後から、道真の遺族・共鳴する没落貴族・恐れを抱く加害者などが彼の霊魂を怨霊に仕立て上げ、疫病や落雷などの天災をその仕業と喧伝し、未曾有の規模と質をもったものにしていったことは事実です。
　　道真配流の黒幕の一人藤原菅根がその怨霊の祟りを受けて病没した翌909年、ついに張本人時平が祟りの病を受けます。道真の風下にあって常に不満を抱き、道真配流の企てで狂言回しの役を買って出たと考えられる三善清行は、……　　　　　　　　　　　　　　　　　　　　〈知・33〉

(19) 番組制作の状況を大きく変えることになるかもしれない一つの要素は、多メディア・多チャンネルの時代が本格的に始動すればするほど、膨大な量のソフトが必要になってくるといわれていることだ。(3文略)
　　(19段落略)
　　　いずれにしても、多メディア・多チャンネル時代は、「編成の時代」である。チャンネルの編成コンセプトが、しっかりしているか、どうかが問われる時代である。そのコンセプトは総合性・一般性のあるものでもよいし、専門性・個別性の強いものでもよい。どちらでなければならないということは

ないが、いずれかを選択しなければならないのは確かだ。そして、それをどう具体的に肉づけするか、それを番組制作の中でどう現実化するかが、これからの課題である。　　　　　　　　　　　　　　　　　　　　　　〈明・176〉

　上の各例は、先行単語列と臨時一語とがどのような位置関係にあるかを、先行単語列が「AのB」という形式で、臨時一語「AB」に指示語が前接していない場合について、見たものである。例(15)は両者が同一文内にある場合であり、以下、例(16)は連続する文に、例(17)は同一段落内に、例(18)は連続する段落に、例(19)は離れた段落に、それぞれ、先行単語列と臨時一語とが位置する場合である。文章顕現型の臨時一語化は、1文内はもちろん、かなりの数の段落を隔てても起こり得るようである。
　ところで、例(18)(19)のように、異なる段落間で臨時一語化が起こっている場合、先行単語列と臨時一語とは、ともに、それぞれの段落の冒頭の文あるいは末尾の文のいずれかにあることが多いようである。とくに、臨時一語が冒頭の文にあるという例が目立つ。いま、このことを計量的に確認することはできないが、文章顕現型の臨時一語化の、文章における役割というものを考える上で、興味深い現象である。

5. 連語の臨時一語化

　臨時一語の多くは、2要素からなる複合名詞(AB)である。そして、その先行単語列には、Aを修飾語、Bを被修飾語とする2語の連なりとしての「連語」が多い。中でも、これまでにあげた諸例に見るように、「AのB」という形式の連語が多い。
　被修飾語が名詞である連語には、このほかにも、いろいろなタイプがある。以下に、資料の範囲内で見出し得たもののみを示す((　)内"→"の左側が先行単語列、右側が臨時一語)。

〈名詞＋名詞〉
　AからのB(外部からの圧力→外部圧力〈明・51〉)
　AへのB(隣人への愛→隣人愛〈哲・74〉)
　AでのB(ローカル・レベルでのニュース専門局→ローカル・ニュース専門局
　　〈テ・66〉)
　AのようなB(多細胞生物のような性質→多細胞生物的性質〈自・159〉)
　AというB(免疫という超システム→免疫超システム〈免・128〉)
　AについてのB(アダム・スミスについての研究→スミス研究〈作・84〉)

Aに対するB（自己に対する免疫→自己免疫〈免・187〉）
　AによるB（擬人化による類推→擬人的類推〈人・148〉）
　AをめぐるB（テレビをめぐる技術→テレビ技術〈明・214〉）
　AとB（新局と新ネットワーク→新局・新ネットワーク〈明・128〉）
〈動詞＋名詞〉
　（常在する細菌→常在細菌〈免・168〉／進行したガン→進行ガン〈失・109〉）
〈形容詞＋名詞〉
　（新しい個体→新個体〈自・98〉）
〈形容動詞＋名詞〉
　（伝統的な学習観→伝統的学習観〈人・7〉）

　先行単語列には、被修飾語が動詞である連語もある。とくに「AをBする」というタイプが多い。Bがサ変動詞の場合はその語幹が、和語動詞の場合にはその転成用の形（連用形）が、臨時一語の要素となる。

(20)　また、"伝わる"ということは、コンテキストを共有しているから可能になることである。遊びに入る際の行動の誇張やプレイフェイスは、コンテキスト共有の合図またはキイみたいなもので、"通じ合う"仲であればそれも必要ないと考えてよい。　　　　　　　　　　　　　　　　　　〈科・71〉
(21)　まず混群をつくるサルの特徴をさがしてみましょう。典型的な霊長類の混群は、アフリカと南アメリカのサルたちに見つかります。アフリカのサルではグエノンが混群づくりの主役です。　　　　　　　　　　　　　　　〈サ・91〉

　被修飾語が動詞である連語には、このほかにも、いろいろなタイプがある。

〈名詞＋動詞〉
　AでBする（テレビで中継される→テレビ中継される〈記・162〉／ガンで死んでいる→ガン死〈失・106〉）
　AにBする（コンテキストに依存している→コンテキスト依存〈記・93〉）
　AからBする（群れから離れてゆきます→群れ離脱〈サ・68〉）
〈動詞＋動詞〉
　Aし、Bする（情報が…流入し、流出したこと→情報の流入・流出〈明・6〉）
〈形容動詞＋動詞〉
　AにBする（大幅に緩和された→大幅緩和〈理・199〉）
　A的にBする（徹底的に管理された→徹底管理〈明・36〉）

6. 句の臨時一語化

　先行単語列は、3語以上の連なりとしての連語や「句」であることもある。その場合、下例(22)のように、先行単語列の自立的な単語のすべてが臨時一語の要素になる、ということは少ないようで、例(23)のように、一部（「覆っている」）が省略されるか、例(24)のように、一部（「人間の」）が臨時一語（複合語部分）には収まらないか、することが多いようである。

(22) それだけではなくて、この点こそむしろ私は強調したいのですけれども、眼を、社会全体から、社会を構成する一人一人の人間に狭めていうと、社会科学という学問は、一個の人間が自分の眼で社会を科学的に認識してゆく上の有効な迂回的手段になっていないどころか、自分の眼で対象を見るかわりに「社会科学というもの」でものを見ることを慣習づけ、結果として社会科学的認識の眼が育つのを阻止する役割りをすら果しております。　〈作・49〉

(23) 粘膜を覆っている上皮細胞は著しく弱い細胞である。(2文略)強い酸や強いアルカリの消化液、そこに雑多な異物を浮かべた汚物の流れに洗われながら外界と内部の正確な障壁となることができるのは、実はこの弱い粘膜上皮細胞がしょっちゅう崩壊し、迅速に再生して修復を行っているからなのである。　〈免・169〉

(24) まさにその理由から、ホッブスは国家の創立者であり素材でもあるところの人間の情念の研究から始めた。国家の前にある人間ですから当然に自然人です。自然人が何故いかにして国家を作り出さざるを得ないかということですね。その人間＝自然人の研究の正確さを保証する方法として、彼がとったのが人間の情念研究についての幾何学的方法で、それが、彼の国家論全体を支える第一部「人間について」であったわけですね。　〈作・138〉

　さらに長い句では、例(25)のように、先行単語列の一部だけが臨時一語の要素となることの方が普通のようである。また、例(26)のように、臨時一語化にあたって、その単語に対応しない別の要素に変更されることも多い（「アブラヤシ種子叩き割り」にはなっていない）。

(25) 核分裂のときに放出されるばく大なエネルギーを使って爆弾をつくろうと熱心だったのは、アメリカに亡命してきたヨーロッパの物理学者たちだった。アメリカ政府もアメリカ人科学者も、戦争下で、レーダーなどの急を要する研究に力をそそいでいたのである。(改行)ハンガリーからの三人の亡命物

理学者の強い要請で、アインシュタインは、ルーズベルト大統領へ手紙をかくが、大統領はすぐには動き出さなかった。二年近くもして、やっと原爆をつくることが決まり、極秘の計画として"マンハッタン計画"の名で動き出したのは一九四二年九月のことであった。　　　　　　　　〈理・102〉
(26)　ギニアのボッソウには、一組の石をハンマーと台石にしてアブラヤシの硬い種子を叩き割り、中の胚を食べるチンパンジーがいます。(改行)ヤシの実割りについてくわしく述べましょう。　　　　　　　　　〈サ・188〉

7.　節の臨時一語化

　先行単語列には、句よりも長い「節」ないし「節構造」を構成しているものもある。

(27)　メディアの特性を考えるとき、そのメディアがもっている普遍的な特性と、メディアが個々の文化のなかでもつ特性とを区別する必要がある。(2段落略)メディアの普遍的特性と個別文化内特性とは相対的なものであるが、メディアの具体的な働きを考慮する場合、この二つを十分に認識しておく必要がある。　　　　　　　　　　　　　　　　　　　　　　　　〈記・98〉
(28)　民放ローカル・テレビ局は、エネルギー革命とともに廃屋と化した"炭焼小屋"のようになるという話が、放送業界のなかで語られている。(1文略)(改行)民放"炭焼き小屋"論は、実は、今に始まったことではない。
　　　　　　　　　　　　　　　　　　　　　　　　　　　　〈明・111〉
(29)　それ以前では、人間をも含めて動物は、空腹や苦痛を避けるといった必要にせまられない限り行動しようとしない怠け者である、という見方が強かったのである。この怠け者説が、学び手はみずから知識を構成しようとするよりは、他の人から伝達されたものを受身的に吸収しようとするという見方の根底にあるにちがいない。　　　　　　　　　　　　　　　　　　〈人・9〉
(30)　かつて、スポーツ会場に出かける人は、通(ツウ)とはいわないまでも、かなりの理解者であったことは疑いない。しかし、テレビがそれを中継すると、いままでそのスポーツを見たこともない人をも視聴者にしなければならない。そのための手段として、テレビは番組に解説者を登場させた。(1文略)現在でも、たまにしか中継されない、いわゆるマイナー・スポーツがテレビ中継されるときには、アナウンサーまでが解説者の領域に入り込んでくる。
　　　　　　　　　　　　　　　　　　　　　　　　　　　　〈記・141〉
(31)　原始人や野生の動物が食塩としての摂取はゼロで生きている事実からみて

も、自分の天寿にすこしでも近づきたいという人は、理想としては<u>食塩ゼロ</u>を心掛けるべきである。　　　　　　　　　　　　　　　　　　　〈寿・91〉

　上例(27)は、先行単語列が連体修飾節構造をなす例であるが、その主語にあたる単語(「メディア」)は臨時一語(複合語部分)に収まっていない。例(28)(29)は、ともに、先行単語列が引用節を含む連体修飾節構造をなしているが、例(28)ではその主語にあたる単語(「民放ローカル・テレビ局」)が臨時一語の要素(「民放」)になり、例(29)ではそうなっていない(「動物」)。例(30)(31)は、いずれも従属節で、例(30)ではその主語にあたる単語(「テレビ」)が、例(31)では主語ではなくその修飾語にあたる単語(「食塩」)が、臨時一語の要素になっている。

8. 文の臨時一語化

　先行単語列が一つの文であると考えられる場合もある。

(32) 　かつて、<u>ハレは長いケのあとにつくられる特殊な時・空間であった</u>。(3文略)(1段落略)祭では、庶民が羽目をはずした。酒を飲み、歌をうたい、踊りそして日常の規範さえも破ることが許された。そこから、さまざまな芸能が誕生した。芸能の誕生・発展は<u>ハレ的時・空間</u>と密接に結びついている。
　　　　　　　　　　　　　　　　　　　　　　　　　　　　　　　〈記・130〉

(33) 　<u>向こうからやってくるものを、視覚的・受容的に受け入れること</u>がテレビを見る態度である。日本のテレビの送り内容は、こうした<u>受容的態度</u>に合わせたサービスに徹している。　　　　　　　　　　　　　　　　　　　〈記・184〉

(34) 　一般に<u>免疫力は老化とともに確実に低下していく</u>。(2文略)(1段落略)ガンになった年齢はもっと若いことや、早期発見で助かった人のことを考えれば、平均ガン発症年齢はこれよりずっと若いはずである。ガン発症の原因には加齢による<u>免疫力低下</u>以外の何かがありそうである。　　　〈失・105〉

　例(32)は、先行する有題の名詞文の主題(A)と名詞述語(B)とを結びつけて、「A的B」という形式の臨時一語をつくっている。例(33)は、先行する無題の名詞文の、主部を構成する形式名詞句の一部(A)と名詞述語(B)とを結びつけて、同じく「A的B」という臨時一語をつくっている例である。また、例(34)は、有題の動詞述語文で、主題(A)と動詞述語(の語幹)(B)とを結びつけて「AB」という臨時一語をつくっている。

(35) さしあたって一人で、といいました。言葉の問題だけではなく、今日の話はすべて、さしあたって一人でやるべきことを中心にしております。社会的条件は手がつかんから、その条件はうけいれながらさしあたってその条件のなかでという、妥協的な考えからではありません。解決はすべて総体的・社会的でなければならない。しかし、「さしあたって一人で」という面を欠くかぎり、すべての社会的解決は、上すべりで不毛に終ると思うからです。

〈作・37〉

(36) ハッブルはさらに、島宇宙の視線速度の分析を行い、すべての島宇宙は地球から遠ざかっており、その速さは地球からの距離に比例すると結論した。つまり、宇宙はかぎりなく膨張をつづけているのである。(1段落略)ハッブルによる膨張宇宙の発見はのちに、ルメートルやガモフによる、宇宙誕生の"ビッグバン説"をうみ出すもとになった。

〈理・69〉

　上の例(35)(36)も有題文であるが、その主題(A)と述語(B)とは、臨時一語において、「AB」ではなく、「BA」となっている(例(36)のBにあたる単語「膨張」は、厳密には述語ではないが、述部の基幹的な単語ではある)。

　文の臨時一語化には、次の例(37)のように、主題・主部(の一部)や述語ではない単語の部分的な連なりが臨時一語の要素となっている例や、例(38)のように、文中のいくつかの単語によってつくられる表現(「ときどき~することがある」)が臨時一語の要素(「例」)となっていると考えられる例などもある。

(37) どんなにあまい計算をしても、年間五〇〇〇頭以上の捕獲がニホンザルを絶滅への道に導いていることは確かです。全国平均でこれだけの値なら、とうぜん地域的な絶滅はあちこちで、すでに起きているはずです。(改行)では、こんなに大量に捕獲しているのに、どうして猿害が減らないのでしょう。第一に考えられることは、食物のない山の上からどんどん下に押し出されてくるので、山の上は空っぽになり、「猿害ザル」を捕りつくしたときが、少なくともその地方のニホンザル絶滅のときだということです。　〈サ・238〉

(38) サルがある行動を相手に向けたとき、相手が反応しないことがある。たとえば、ニホンザルは相手に近寄るとき"グ"と鳴くことがあり、このとき相手は毛づくろいしてもらう姿勢をとる。つまり"グ"は"毛づくろいさせて"の合図なのだが、ときどきこれに相手が何らの反応も示さないように見えることがある。(3文略)これらの無反応例は、信号志向では発信者側の何らかの信号の不備や不適切さで説明しなければならないが、そんなことよりも"無視"という拒絶反応と解釈したほうがはるかにわかりやすく観察事実に

適合している。　　　　　　　　　　　　　　　　　　　　　　　　　〈科・67〉

9. 連文の臨時一語化

　臨時一語の要素に対応する先行単語列中の単語が、一つの文にではなく、連続する複数の文（連文）に別々に現れている場合がある。

(39)　<u>専門部会</u>を作るかどうかが問題となりました<u>。が、これを中心にすえることは否定されます</u>。というのは、ドイツの学界は個別的にはすでに相当に高度なレベルに達している。むしろ、それが一つに結集してこないというか、複数に結集してきながら正にそれによって全体としての響きを発するということにはならないことが問題なので、それには<u>専門部会中心</u>では駄目だ。
　　　　　　　　　　　　　　　　　　　　　　　　　　　　　　　　〈作・97〉

(40)　NHK・民放併立という<u>放送制度</u>は、イギリスのような強力な公共放送をもつ一方で、アメリカのような活気のある商業放送をあわせ持つ、世界に冠たる<u>放送制度</u>であるといわれてきた。しかし、その実態は、NHKと民放の、みせかけは競争だが、<u>もたれ合い</u>の無責任体制であったとはいえないか。(改行)テレビが急成長する普及期には、このような<u>もたれ合い</u>制度は都合が良い。　　　　　　　　　　　　　　　　　　　　　　　　　　　　〈明・31〉

(41)　一九五三年九月、前年に餌づけされた宮崎県幸島のニホンザルの中に、<u>与えられたサツマイモを小川の水で洗って食べる</u>一歳半の子どもが現れました。芋についた泥や砂が落ちて食べやすくなったのか、<u>この行動</u>はいつも近くにいる母やきょうだい、同年齢の遊びなかまに広まり、さらにその家族に広まりました。こうして雌や子どもの行動などには目もくれないおとな雄をのぞいて、<u>芋洗い行動</u>は群れの全員に広まり、新しく生まれてきた赤ん坊は当然のことのように芋を洗って食べました。　　　　　　　　　　〈サ・191〉

　上例(39)は、二つの連続する文の、前の文から臨時一語の前要素（「専門部会」）を、後ろの文から後要素（「中心」）をとっている場合であり、例(40)は、逆に、前の文から後要素（「制度」）を、後ろの文から前要素（「もたれ合い」）をとっている場合である。例(41)は、第1文の先行単語列が動詞句（「～食べる」）で表され、それを第2文で名詞（「行動」）として範疇化し、第3文で、第2文の名詞を主たる要素としそれに第1文の一部（「「(サツマ)イモを洗って」」）を前接させて臨時一語（「芋洗い行動」）をつくりあげている例である。

おわりに

　本章では、本来潜在的・範列的な過程である臨時一語化が文章に顕現する場合のあること、それは1文内から数多くの段落を隔てた範囲までさまざまなスケールで生じること、臨時一語化の対象となる先行単語列にも、連語から連文に至るまで、さまざまなものがあるということ、それらの先行単語列を臨時一語にまとめる方法にもさまざまなものがあるということ、を報告した。

　臨時一語化が、基本的には、範列的な関係にある単語列を「圧縮」する過程であるとすれば、文章顕現型の臨時一語化は、先行単語列の「圧縮」であると同時に、その「反復」(広い意味での)でもあるという特徴をもつ。「圧縮」という過程は、語構成や文法のレベルの問題と考えることもできるが、「反復」という側面は、文を超えて、連文さらには文章というレベルの問題としてとらえる必要があろう[4]。文章顕現型の臨時一語化は、それがどのようなタイプの文章に現れることが多いのかという検討をも含めて、本質的に、文章論の問題として扱われなければならないと考える。

[用例の出典]
〈作〉内田義彦『作品としての社会科学』(岩波書店、1981.2)
〈記〉北村日出夫『テレビ・メディアの記号学』(有信堂高文社、1985.6)
〈理〉山口幸夫『20世紀理科年表』(岩波書店、1986.5)
〈科〉浅田彰他『科学的方法とは何か』(中公新書、1986.9)
〈人〉稲垣佳世子・波多野誼余夫『人はいかに学ぶか』(中公新書、1989.1)
〈寿〉西丸震也『41歳寿命説』(情報センター出版局、1990.8)
〈サ〉京都大学霊長類研究所編『サル学なんでも小事典』(講談社、1992.5)
〈免〉多田富雄『免疫の意味論』(青土社、1993.4)
〈明〉岡村黎明『テレビの明日』(岩波新書、1993.5)
〈自〉中村桂子『自己創出する生命』(哲学書房、1993.8)
〈失〉熊井三治・藤井真一『失感情症の時代を生きる』(朝日新聞社、1993.12)
〈知〉小林康夫・船曳建夫編『知の技法』(東京大学出版会、1994.4)
〈哲〉御厨良一『哲学が好きになる本 '95年版』(エール出版、1995.3)

注
1　林1982は「臨時一語」を、その発生事情から、大きく「A. 生活場面の中で発生する

臨時一語」「B. 文章の中の特別な位置による臨時一語」「C.『文』の中に生ずる臨時一語」に分類し、とくに、Cの臨時一語については、その内部構造から、「a. 固い名詞の臨時一語」と「b. ルーズな名詞の臨時一語」とに分類している。前者は合成語の形式をとるものであり（例「戒厳令施行当時」「お粗末体制」「同島グリトビケン港制圧」）、後者は、末尾の合成語が前接する文節をかかえこんだ句の形式をとるもの（例「対米、対ソ政策の根本的見直し機運」「共産党を除く野党統一要求案」「初期消火や避難誘導訓練」）や、名詞を用言としてはたらかせた形式（例「(都心を)核燃料輸送」）である。このように、林の「臨時一語」には、臨時的な複合語のほかにも、派生語や句の形式をとるものが含まれており、臨時一語の柔軟性・融通性が幅広くとらえられている。「単語の結びつき（単語列）が臨時に複合語となったもの」という本章での規定は、本来の「臨時一語」の一部にすぎないことに注意されたい。

2　「文章顕現型の臨時一語化」という用語は、石井正彦 1997a で「Syntagmatic な臨時一語化」、石井正彦 1999・2001a で「文章における臨時一語化」などと呼んでいたものを改めたものである。

3　林 1982 の規定では、「昨年夏のリクルート疑惑発覚以来」全体で臨時一語であるが、本章では、その複合語部分のみに注目する。

4　高崎みどり 1988 は、「指示語句の後要素」（「その三社料金」など）に複合語（本章の臨時一語）が現れる場合、そのような指示語句には、先行単語列の単なる繰り返しではなく、それを一個の名詞に集約化し、次の叙述の題目として焦点化する、という機能があると指摘する。

第3章　文章顕現型の脱臨時一語化

はじめに

　臨時一語は形式上は複合語であるから、そのような複合語がなぜ形成されるのかを、語形成論(語構成論)の立場から検討することができる。また、臨時一語は文構成上の単位でもあるから、一文において複数の単語を(付属語の助けを借りず)直接に結びつける単位構成がなぜ可能であるのかを、構文論の観点から論じることもできる。さらに、臨時一語は、前々章で紹介・指摘したように、新聞記事に代表される「大量生産的な文章」(林四郎 1982)、許された分量に対してそこに盛り込まれる情報の量が相対的に多い「凝縮的な文章」に数多く見られることから、その発生を文章論の問題として追究することも可能である。

　本章では、前章で検討した「文章顕現型の臨時一語化」とは逆に、臨時一語が、文章の中で、後続する単語列に展開(復元)される(と解釈できる)現象のあることを述べ、それを「文章顕現型の脱臨時一語化」と呼んで、前章と同様に、その特徴および類型について概観する。当然、文章論的観点からのアプローチということになるが、今は、それらの形式面の特徴を整理する段階にあり、文章の構造や展開などを視野に入れた機能論的な分析は今後の課題である。

1.　「文章顕現型の脱臨時一語化」とは何か

　臨時一語は単語列をもとにしてつくられるものであり、文章顕現型の臨時一語化は、(1)(2)のように、その過程が文章上に現れたものである(〈　〉内は出典の略号と所在ページ、以下同様)。

(1)　アレルギーが、初期の免疫学から見ても意外な現象であったことは次のようなエピソードからも知られる。一九〇二年にフランスの医師ポルチェとリシェは、モナコ国王の招きでクラゲの毒の研究をしていた。観光の国モナコ

　　　　で、クラゲの刺傷は重大問題である。ボルチェとリシェは、クラゲ毒に対
　　　　する免疫を作る目的で、犬に少量ずつのクラゲ毒の注射を行なった。
　　　　　　　　　　　　　　　　　　　　　　　　　　　　　〈免疫・152〉
（２）　一九九四年は「イジメ」の問題が、世間の話題をさらいました。そして、年
　　　　が明けて、九五年になりますと、突如襲った阪神大地震で、イジメという活
　　　　字がいっせいに新聞紙上から消えてしまいました。もちろん、このイジメ問
　　　　題が解決されたわけではなく、学校で、職場で、地域で、このいまわしい現
　　　　象は依然として行われ、その犠牲者になっている人も少なくないと考えられ
　　　　ます。　　　　　　　　　　　　　　　　　　　　　　〈哲学・8〉

　これらは、いずれも、はじめに単語列（＿＿線部、以下同様）が現れ、1文おいて、それをもとにしてつくられた臨時一語（＿＿線部、以下同様）が現れている。後続の臨時一語が先行する単語列をもとにしてつくられたことは、両者の間に観察される、形態上の同一性（同じ単語（語基）を要素とする）と文脈上の結束性（意味的な承接関係にある）とから明らかである（(2)では、臨時一語に先行の単語列を指示する「この」が前接していることによって、両者の結束性を確認することができる）。これは、単語列から臨時一語をつくる過程が、書き手の頭の中だけにとどまらず、一つの文章の上に顕現したものとみてよい。
　一方で、臨時一語は、その臨時性のゆえに、いつでも単語列に戻すことが可能である。実際、臨時一語に出会った読み手は、頭の中でそのような復元作業を行っているはずである。そして、ときには、そうした復元の過程が文章の上に現れることがある。たとえば、次のようなものである。

（３）　長い戦争時代の終り、敗戦は、日本人全体にとって普遍的な転向体験をもた
　　　　らした。この体験を思想の中に自覚的にくみあげなかった人は、（サルトル
　　　　の用語を用いるならば）、ぎまん的な人間であろう。じじつ、転向の体験を
　　　　とおりぬけながら、その体験に関して一言半句ものべずに通りすぎてゆく多
　　　　くの政治家、実業家、官僚、新聞記者、学者、作家などがいた。
　　　　　　　　　　　　　　　　　　　　　　　　　　　　　〈思想・185〉
（４）　しかし、この研究は、日本の教育の内発的な問題に対応して子どもの言語使
　　　　用の問題に取り組んだというよりも、著者自身が認めているように、イギリ
　　　　スの研究を「念頭におきつつ、日本語において階層と言語の間に同様の関係
　　　　があるといえるか、あるいは日本語の表現にのみ特有な関係があるといえる
　　　　のか」を検討する目的の試験的研究であった。実際に、分析の枠組みも、イ
　　　　ギリスの研究を若干手直しした応用的なものにとどまった。そして、調査の

結果、たしかに日本でも子どもの出身階層によって、<u>言語の使用</u>に若干の違いが発見された。　　　　　　　　　　　　　　　　　　　　〈大衆・52〉

　これらは、いずれも、(1)(2)とは逆に、はじめに臨時一語が現れ、1文おいて、それを復元した単語列が現れている例である。臨時一語と単語列との間に形態上の同一性と文脈上の結束性とがあることは、(1)(2)と同様である。(1)(2)が、先行する単語列をもとに臨時一語をつくる「文章顕現型の臨時一語化」であるとすれば、これらは、先行する臨時一語をもとの単語列に戻す「文章顕現型の脱臨時一語化」とでも呼ぶべき現象である。

2. 文章顕現型の脱臨時一語化の形式

　文章顕現型の臨時一語化と脱臨時一語化とに注目することは、臨時一語の発生を文章の構造や展開と関連づけて説明することにつながるであろう。ただし、現段階では、臨時一語化、脱臨時一語化それぞれの形式上の特徴を整理することが先決であり、機能論的な分析はそれを踏まえた上で行うべきものと考える。本章では、文章顕現型の臨時一語化についての報告(前章)に続いて、文章顕現型の脱臨時一語化の形式上の特徴を、①臨時一語から単語列への形態変容、②臨時一語と単語列との距離、③臨時一語・単語列の位置、④単語列の形式、の4点から整理する。用例は、前章と同様、学術的・専門的なことがらを一般向けに解説した文章から採集した。

2.1　臨時一語から単語列への形態変容

　文章顕現型の脱臨時一語化において、後続する単語列は、先行する臨時一語の要素と同じ単語を使って組み立てられるが、要素の省略、付加、倒置、語種の変更、類義要素への変更などの手段によって、臨時一語の要素とは異なった単語から構成されることも少なくない。

(5)　特定の<u>私立六年制一貫校</u>には、裕福な家庭の子どもたちが多数入学している。そのような私立校から、有力大学への入学者の数を「制限」しなければ、大都市部の富裕な階層が特権的な階層として固定されかねない。なぜなら、<u>私立の一貫校</u>に入学するには、公立高校よりも高額な授業料を支払えるというだけではなく、小学校のころから有名進学塾に子どもを通わせるための教育費をも負担できる「財力」がものをいうからである。　　〈大衆・61〉

(6)　村上春樹の『ダンス・ダンス・ダンス』では"高度資本主義"という言葉が

使われていたが、まさに私たちの内部の〈アメリカ〉とは、<u>高度資本主義社会</u>の代名詞にほかならない。とすると、私たちにとっての〈アメリカ〉、すなわち<u>高度な資本主義の経済社会</u>の行方を問うことが、八〇年代、九〇年代の次に来る時代の問題に対する答えとならざるをえない。　〈文学・185〉

（7）　篭山は、このように児童の家庭的背景による成績の差異が生まれる原因として、児童の欠席状況と、<u>教師・生徒関係</u>とに着目した。第一に、貧しい家庭の児童ほど長期欠席をする場合が多かった。(3文略)

　　　第二に、篭山は学業成績の差を生み出すもうひとつの原因として、<u>生徒と教師</u>との関係に目を向けた。　〈大衆・35〉

（8）　放送衛星（BS）や通信衛星（CS）を利用した衛星放送の<u>新チャンネル</u>の多くは、アメリカの例をみても、専門チャンネルが占める割合が間違いなく多くなるであろう。

　　(3段落略)

　　　現状に対する自己評価・自己批判のないところに<u>新しいチャンネル</u>の免許など考えるべきではないし、そんなことは許されないことだ。　〈明日・174〉

（9）　その二つの方法というのは、<u>ソクラテス的方法</u>とアリストテレス的方法です。(2文略)

　　　この二つの方法について、スミスは、当面のイッシューに対する聴衆の意見と論者の意見が同じであることが解っている場合には後の方法が、これに対して、聴衆が論者とはちがう意見をもっている場合には、前の<u>ソクラテス的なやり方</u>が効果的だといっています。　〈作品・122〉

　(5)では、臨時一語中の「六年制」という要素は単語列に現れないし（省略）、(6)では、逆に、臨時一語にはなかった「経済」という要素が単語列に現れている（付加）。(7)では、臨時一語における要素の順序（「教師・生徒」）と単語列におけるその順序（「生徒と教師」）とが逆になっている（倒置）。(8)では、臨時一語中の漢語要素「新」が単語列では「新しい」という和語に変わっているし（語種の変更）、(9)では、それに加えて、臨時一語中の「方法」という要素が単語列では「やり方」という類義の単語に変わっている（類義要素への変更）。

　このほか、後述するように、臨時一語が（複合）名詞であって、単語列が非名詞的な連語や句、節（節構造）であったり、文や連文であったりすれば、両者の形態上の同一性は一層保ちにくい。このことは、同時に、臨時一語と単語列とはその意味内容において必ずしも（正確に）同一ではないこと、あるいは、両者は必ずしも（つねに）交換可能ではないということを意味してもいる[1]。

2.2 臨時一語と単語列との距離

　文章顕現型の脱臨時一語化において、先行する臨時一語と後続する単語列とは、さまざまな距離を隔てて現れる。

　(10)～(15)は、臨時一語「AB」が（指示語の前接しない）単語列「AのB」に脱臨時一語化されるタイプに限って、両者の距離を見たものである。(10)は両者が同一文内にある場合であり、以下、(11)は同一段落内の連続する文に、(12)は異なる段落にわたって連続する文に、(13)は同一段落内で連続しない文に、(14)は連続する段落に、(15)は間に6段落隔てた段落に、それぞれ、臨時一語と単語列とが位置する場合である。文章顕現型の脱臨時一語化は、近くは同一文内から、遠くはかなりの数の段落を隔てた距離でも起こり得るのである。

(10)　野生下では厳しい環境のために、平均寿命は短く老齢個体は早目に淘汰されますが、飼育下では十分な健康管理ができるので、老齢の個体でもかなり長生きができます。　　　　　　　　　　　　　　　　　　　　〈サル・247〉

(11)　欧米では、女性の社会進出が進むとともに、それに伴ってストレスも増大し、これにうまく対処できないことが摂食障害の誘因の一つになっているといわれている。日本でも男女雇用機会均等法の施行によって、女性の社会への進出はさらに進むであろう。　　　　　　　　　　　　　　　　〈失感・45〉

(12)　前項で、自然からの復讐を、現在人間は受けているのではないかと述べましたから、この項ではいじめ問題を一時離れ、自然災害の問題を取り上げていくことにしましょう。

　　　自然の災害といったとき、私のような戦前に教育を受けたものには、忘れられない国語の文章を思い出します。　　　　　　　　　　〈哲学・20〉

(13)　現在でもやはりそうであるように、日本人にとって中国語の発音は、なかなか厄介なものである。音韻体系の相違ということもその大きな一因であるが、音節構造のあり方が根本的に違っている。すなわち、一つ一つの漢字で表わされるのが原則として一つの語であり、それらがいずれも一つの音節として発音されるというところに最大の問題がある。たがいに一つの音節どうしで意味を識別しようとすると、いきおい、音節の構造が複雑にならざるをえない。　　　　　　　　　　　　　　　　　　　　　　　〈いろ・115〉

(14)　伊藤は、国会、特に衆議院を大政翼賛システムの機関に仕たて、輔弼の機関たる内閣と、車の両輪の役割をはたさせようとして、異常な努力をかたむけた。しかし衆議院を翼賛システムの中にすっぽりはめこむことは、どうしてもできなかった。衆議院の持つ、下の国民からの代表機能だけは、これを上からの支配機構に完全にかえてしまうことは、ありとあらゆる手段の使用に

もかかわらず、成功をみなかった。
　かえって大正期に入るとともに、政党内閣の成立と普選の実行を通じて、逆に衆議院は、翼賛のシステムをはみ出し、国政の中心を占めるにいたる。
〈思想・134〉

(15)　法律を犯す性犯罪は、もちろん、エロスの逸脱の極悪形である。しかし、人間が人間として生きる上で、逸脱か否かが大きく問われ、しかも心の微妙な問題を含んでいるのは、法律よりも慣習や常識といった規範の上でのことであろう。ところが、慣習や常識は、それこそ法律のように条文があるわけではない。また時代や地域、さらには年齢や主義・主張によってかなりの幅がある。とりわけ、自由を御旗に掲げたフリー・セックス時代の今日では、そうあることに肯定的か否定的かによっても、逸脱か否かの見解は大きく分かれてしまう。
　(6段落略)
　ところで、フリー・セックスの時代では「逸脱」という言葉はすでに死語になってしまったのであろうか。そうではない、と私は思う。
〈逸脱・11-13〉

2.3　臨時一語・単語列の位置

　文章顕現型の脱臨時一語化において、先行する臨時一語と後続する単語列とは、そのいずれか、あるいは、いずれもが、段落の冒頭の文ないし末尾の文にあることが多い。
　(16)～(18)は、臨時一語「AB」が(指示語の前接しない)単語列「AのB」に脱臨時一語化されるタイプに限って、両者の位置を見たものである。(16)は、同一段落の冒頭文に臨時一語が、末尾文に単語列が現れている例である。(17)では、臨時一語と単語列とが、ともに、隣接する段落の冒頭文に現れている。(18)では、先行段落の末尾文に臨時一語が、それに後続する段落の冒頭文に単語列が現れている。

(16)　一九八五年の臨時教育審議会以降、教育改革の方向として出されてきたキーワードには、「教育における個性重視」「教育の自由化」「学歴社会の是正」などがある。「学校教育の画一性」を打破し、「形式的平等主義」を廃する。受験競争のくびきから教育を解き放す。変わるべき方向として、個性や創造性の伸長をめざす教育の改革が提唱されてきた。　〈大衆・205-206〉

(17)　日共は、革命必然という観念にとりつかれてしまった結果、革命の理論がテスタビリティー・ゾーン(検証可能の領域)をうしない、革命の神話に変質

し、しかもこの神話に酔いつづけるという現象がおこった。情勢が変化すれば、この変化の中にただちに革命の爆発力をみつけ、希望のほのおをもやす日共の態度は、情勢の変化の中に、いつも革命の妖怪をみつけ、恐怖の反応にかられる天皇中心の支配層の態度と、方向は逆であるが、不思議にも共通な心理構造をしめしていた。
　革命に一切をかけた日共は、戦争の防止よりも、革命の必然のみを重視する結果をもたらし、戦争に直面して、唯物観念論の本領を実にあざやかに発揮する。〈思想・172〉

(18) さて、日本のニュース戦争の結果は、また、放送記者やテレビ報道番組のプロデューサーやディレクターに、ジャーナリストとしての自信や自覚を呼び起こすことにもつながった。テレビニュースは、新聞のニュースにくらべて薄っぺらい二流のニュースであり、テレビ・ジャーナリズムは二流のジャーナリズムである、とされる傾向があったが、テレビ・ジャーナリストにとっては、そんな比較はどうでもよくなってきたのである。
　テレビのジャーナリズムは、確かに、先発の新聞ジャーナリズムから多くのものを学んできた。〈明日・67〉

　(19)は、(17)と逆に、臨時一語と単語列とがともに段落の末尾文に現れている例である。ただし、単語列は「A的にBする」という動詞連語であり、また、文章顕現型の脱臨時一語化に先立って文章顕現型の臨時一語化が起こっている点で、(16)〜(18)と同列には扱えないが、参考までにあげておく。

(19) ……多国籍軍側の取材は、戦場取材のプール取材(代表取材)、エスコート取材(情報将校の同行)などによって、徹底的に管理されたものであった。特にテレビ取材については、カメラ位置、カメラアングル、背景にまで、厳しい規制が行われた。多国籍軍、アメリカ軍が取材を許可した映像もまた、情報管理、情報操作されたあとのものであり、自由な取材によるものではなかったのである。このような戦争報道の軍・政府側による徹底管理は、フォークランド紛争の時にイギリスによって、また、グアテマラやパナマ侵攻作戦でアメリカによって、実験ずみであることはすでにのべた。
(1段落略)
　戦争のオモテの姿だけが、極端なまでに一方的に伝えられたのだといえる。ベトナム戦争で、軍事作戦のオモテの部分と同時に、ベトナムの民衆や兵士、そして、肉体的また精神的に深く傷ついた兵士たちについてのテレビ報道やドキュメンタリーがブラウン管に描き出されたこととは、まさに対照

的であった。比較的自由な取材が許されていたベトナム戦争と、取材が徹底的に管理されていた戦争との違いが、そこにあった。　　　〈明日・36–37〉

　このほかにも、臨時一語、単語列のいずれかだけが、段落の冒頭文ないし末尾文に現れることは多い。臨時一語および単語列の位置に関するこれらの現象は、文章顕現型の脱臨時一語化が、文章顕現型の臨時一語化と同様、文章の構造・展開と密接に関係していることを示している。

2.4　単語列の形式
　文章顕現型の脱臨時一語化において、臨時一語に後続して現れる単語列は、連語から文まで、さまざまな形式をとる。

2.4.1　連語
　臨時一語が２つの要素（語基）からなる複合名詞（AB）であるとき、それに後続する単語列は、Aを修飾語、Bを被修飾語とする２語の連なり（連語）となることが多い。中でも、これまでにあげた諸例に見るように、「AのB」という形式の連語が圧倒的に多い。これは、臨時一語化の場合とまったく同様である。名詞連語としての単語列には、このほかにも、いくつかのタイプが見られる。以下に、資料の範囲内で見出し得た代表例を示す（（　）内 "→" の左側が臨時一語、右側が単語列）。

〈名詞＋名詞〉
　AへのB（教育信仰→教育への信仰〈大衆・27〉／社会進出→社会への進出〈失感・45〉／定時制進学者→定時制への進学者〈大衆・94〉）
　AというB（コミュニケーション概念→コミュニケーションという概念〈記号・17〉／「記号」概念→「記号」という概念〈記号・58〉）
　AとしてのB（平均寿命→平均値としての寿命〈寿命・83〉）
　AとなるB（標的細胞→標的となる癌細胞〈免疫・210〉）
　AによるB（本質的把握→本質による把握〈思想・210〉／「学歴差別」→学歴による「差別」〈大衆・129〉）
〈動詞＋名詞〉
　（離合集散型社会→離合集散する社会〈サル・71〉／成立時期→成立した時期〈いろ・19〉／投入エネルギー→投入されるエネルギー〈寿命・56〉／飼育ザル→飼育されているサルたち〈サル・247〉）
〈形容詞＋名詞〉
　（新チャンネル→新しいチャンネル〈明日・174〉）

〈形容動詞＋名詞〉
（日常的生活感覚→日常的な生活感覚〈科学・171〉／抽象的読者→抽象的な読者〈作品・101〉／近代的職業→近代的な職業〈大衆・151〉／精神的緊張→精神的な緊張〈逸脱・190〉／国際衛星放送→国際的な衛星放送〈明日・225〉／民族的アイデンティティー→民族的なアイデンティティー〈文学・216〉）

　単語列は、また、動詞連語（被修飾語が動詞である連語）となることもある。その多くは「AをBする」というタイプである。

(20)　行った研究は、<u>乳糖分解</u>に関与する遺伝子に関するものである。<u>乳糖を分解して</u>、利用できるようにするためには、三つの遺伝子が関与している。
〈生命・52〉

(21)　映画を視聴者の「イマ」の「コンテキスト」に引き入れるのが解説者の役割である。（改行）放送記者が、話題になっている建物をバックにレポートするのもこのことに関係がある。首相官邸や裁判所などの建物は、映像としては「イマ」に必ずしも関係はない。これは解説の補助としての映像ではあるが、解説（レポート）自体の<u>「コンテキスト」</u>作りに役立っており、解説の「イマ」性を強化していると考えられる。いまだに、映像と音とのテレビとしての「コード化」がテレビ・メディアの課題であることを物語っている例である。このように、解説が「イマ」の<u>「コンテキスト」</u>を作る役割を負わされている。
〈記号・146〉

　動詞連語である単語列には、このほかにも、AでBする（母音終り→母音で終る〈いろ・72〉）、AにBする（治安維持法反対→治安維持法に反対する〈思想・168〉／東大入学→東大に入学する〈大衆・66〉）などのタイプが、資料の範囲内では見られた。
　なお、(22)は、先行する臨時一語が複合名詞ではなく、複合動詞である例である。

(22)　現在の夏の高校野球は、一九一五年に「全国中等学校優勝野球大会」としてスタートした。この中等野球が<u>ラジオ中継される</u>ようになったのは、一九二七年八月一三日の開会式からで、大阪中央放送局が行なったものである。
（2段落略）
　　　すでにかなりの評判を得ていた中等野球は、<u>ラジオで中継される</u>ことに

よって、人びとの話題となり、ますます人気を高めていく。　〈記号・160〉

2.4.2　句

臨時一語は、脱臨時一語化されて、3語以上の連なりとしての連語や「句」になることもある。文章顕現型の臨時一語化の場合には、先行する単語列が句であるとき、その自立的な単語のすべてが臨時一語の要素になることは少ないのだが、文章顕現型の脱臨時一語化の場合には、それと逆の方向性で、先行する臨時一語にない要素を補って単語列がつくられることが多い。

(23)　このように考えると、メリトクラシーの大衆化状況を生み出すうえで、先に見た教育の大衆的な規模での拡大が重要な条件であったといえるのではないか。教育を重要だと見なし、教育を求める意識が、社会のすみずみにまで浸透する―大衆レベルでの教育への参加があってはじめて、メリトクラシーが大衆的に拡大していったと考えられるのである。
　　　しかも、メリトクラシーの大衆化した状況は、メリトクラシーが大衆にまで広がったという量的な側面だけを意味しない。　〈大衆・19〉

(24)　「テレビは一つの情報媒体である」というとき、伝える内容を情報とみて、テレビはそのような情報をもたらす媒体（メディア）であるという考え方にもとづいている。　〈記号・21〉

(25)　たとえば、自己犠牲による神や隣人に示す宗教的愛（アガペー）は、対象愛の完成された形とされている。しかし、他者のために自己のすべてを犠牲にしても、そうすることに自己存在の意義を見出すとすれば、それもまた自己愛である。　〈逸脱・59〉

(23)は、臨時一語（これは「メリトクラシーの」をも含む連語形式の臨時一語である）と同じ要素を使って単語列を組み立てた例であるが、(24)では「もたらす」、(25)では「すべて」といった、臨時一語にはない要素が補われている。

2.4.3　節

臨時一語は、脱臨時一語化されて、そこに主述の関係を含む「節」ないし「節構造」になることもある。ここでも、句の場合と同様、臨時一語にはない要素が補われることが多い。

(26)　だが一九九〇年代に入り、株価暴落、不動産価格下落、設備投資や個人消費の低迷、証券・銀行不祥事の続発、企業のリストラ、営業店閉鎖、給与カッ

ト、人員削減、自宅待機、新規採用内定取消等々、暗いニュースが次々にでてくる中で「巨大銀行倒産」の悪夢がいやでもちらつくようになってきた。(2段落略)
　(2文略) そして、不動産価格の下落に伴う貸出先倒産とか、住宅専門金融機関の兆円単位の不良債権問題などの影響を受けて、明日にでも銀行が倒産するのではないかという噂までが流れたりしている。　〈銀行・11-12〉

(27) しかし、さすがの佐藤政権もこのころは落日を迎えていた。まず、日米繊維問題があった。日本の繊維輸出に押しまくられていた米国が輸出規制を望んだ問題で、六九年の沖縄返還交渉に当たり、佐藤は「核抜き」の保証とひきかえに規制に応じた形跡がある。　〈政治・121〉

　(26) は、臨時一語にはあった「巨大」という要素が引用節では省略された例であるが、(27)では、臨時一語中の「日米」という要素が、脱臨時一語化された連体修飾節構造の中で「日本」および「米国」となっているほか、さまざまな要素が補われている。

2.4.4　文
　臨時一語は、脱臨時一語化されて、文となることもある。

(28) 近年の急速な開発の波は熱帯林に代表されるサルの生息環境を急激な勢いで破壊しており、地域を問わず深刻化しています。このため、調査地を維持するにはサルとそれをとりまく生態系全体を保護するための活動も重要です。生息頭数の変化を調べ、生存を保証する環境の質と量を推定し、保護区づくりのための研究・調査をする背景はこうしたところにあります。さらに言えば、研究だけでは保護区はすぐにできません。政府に働きかけること、住民の理解を得ること、そして莫大な建設資金が必要です。　〈サル・251-252〉

(29) こうしたクルマの中の"密戯"が『夕暮まで』には繰り返し描かれているのだが、街の中を高速度で移動してゆく"密室空間"としてのクルマと、〈杉子〉の口にする「家」とはここでは二律背反的なものとしてとらえられていることに気がつかざるをえない。(4文略)〈佐々〉の運転するクルマの中の"密室"は、本質的には人目を忍ぶ連れこみ宿の四畳半的な空間と同じものなのであり、それは世間の良俗と背馳し、「家」や「家庭」の平穏な生活とは鋭く敵対するような場所にほかならないのである。　〈文学・143-144〉

(30) 「水戸黄門」には助さん・格さんだけではなく、風車の弥七や八兵衛などが、たえず集団を形成している。「遠山の金さん」にも取巻きがいるし、「暴れん

坊将軍」も居候先の〈め組〉一家、〈じい〉、大岡越前、警護のお庭番などが<u>主人公（レギュラー）集団</u>である。「必殺シリーズ」は、いうまでもなく仕事人の集団がドラマを展開させる。いずれも、<u>レギュラーの登場人物が集団を形作っている</u>。　　　　　　　　　　　　　　　　　　　　　　　　〈記号・10〉

(31)　分裂を重ねる度に、次はどのような役割を持つ細胞を産み出すかということを知ってそれに見合った変化をしたゲノムを作り出しているのである。では、次に何を作るべきかはどのようにして知るのか。今のところは「<u>位置情報</u>」というあいまいな言い方しかできない。分裂してでき上っていくたくさんの細胞仲間の中でどの<u>位置</u>に置かれるか、それが重要な<u>情報</u>になっているのである。　　　　　　　　　　　　　　　　　　　　　　　　〈生命・95〉

　(28)は、臨時一語を構成する要素が、文章顕現型の脱臨時一語化によって、有題文の主題と述語とになった例である（臨時一語の「づくり」と単語列の「でき（ません）」とを類義と考える）。(29)も、意味的には主題と述語（「密室は空間」）といってさしつかえない例であろう。(30)は、臨時一語を構成する要素が文の（主語・述語などではなく）修飾語や補語になっている例である。(31)は、臨時一語の前部要素（「位置」）が従属節に現れ、後部要素（「情報」）が主節に現れている例である。

3.　まとめ

　以上、文章顕現型の脱臨時一語化の形式を4つの観点から整理した。結果として、文章顕現型の脱臨時一語化は、文章顕現型の臨時一語化と同様の特徴をもつといってよい。脱臨時一語化にあたって、要素の省略、付加、倒置、語種の変更、類義要素への変更などが生ずること、脱臨時一語化が、近くは同一文内から、遠くはかなりの数の段落を隔てた距離でも起こり得ること、臨時一語と単語列とのいずれか、あるいは、いずれもが、段落の冒頭文ないし末尾文に現れやすいこと、脱臨時一語化されて生ずる単語列が連語から文までさまざまな形式をとることなど、その特徴は、臨時一語化について観察したこととほとんど一致する（単語列の形式におけるバラエティーが臨時一語化に比べて少ないこと、連文の形式をとる単語列が見出せなかったことなど、若干の違いがあるが、資料上の制約、あるいは、用例採集の精度の問題などもあり、明確な相違とは言えない）。

　ところで、「文章顕現型の脱臨時一語化」という名づけは、これが「文章顕現型の臨時一語化」を前提としていることを含意しているわけだが、このことは、脱臨時一語化が具体的な文章の上でも臨時一語化を前提とする、ということを意味するわけではない。

(32) こうした条件以外に、現代の若者のあいだで、骨そのものをもろくさせる事態が進んでいる。骨をつくる<u>カルシウムの摂取量</u>が減っているのだ。
　　カルシウムの摂取基準量は一日当たり〇・六グラムであるが、最低でも、〇・四グラムを下回ってはならない。ところが、栄養学についての専門教育をうけ、その仕事をしている若い男女の<u>カルシウム摂取量</u>を調べてみたところ、〇・二グラムに達していなかった人が七割もいた。
　　なぜ、これほど<u>カルシウムの摂取量</u>が少ないかといえば、まず第一に、……
　　　　　　　　　　　　　　　　　　　　　　　　　　　　　〈寿命・92〉

　(32)では、はじめに臨時一語化(「カルシウムの摂取量」→「カルシウム摂取量」)が起こり、それに続いて脱臨時一語化(「カルシウム摂取量」→「カルシウムの摂取量」)が起こっている。この脱臨時一語化は、まさに、臨時一語を単語列に「復元」しているのだが、収集した用例の範囲では、このような例はむしろ少数派であり、臨時一語がいきなり現れる、すなわち、臨時一語化を前提としない例の方が多かった。脱臨時一語化は、臨時一語化の単なる裏返しや反作用ではないと考えられる。なお、以上の記述では、(19)を除いて、臨時一語化を前提としない脱臨時一語化のみを扱った。臨時一語化に後続して起こる脱臨時一語化については、それらを一体のものとして別に検討することにしたい。

[用例の出典]
〈思想〉久野収・鶴見俊輔『現代日本の思想』(岩波新書、1956.11)
〈いろ〉小松英雄『いろはうた』(中公新書、1979.11)
〈作品〉内田義彦『作品としての社会科学』(岩波書店、1981.2)
〈記号〉北村日出夫『テレビ・メディアの記号学』(有信堂高文社、1985.6)
〈科学〉浅田彰他『科学的方法とは何か』(中公新書、1986.9)
〈学ぶ〉稲垣佳世子・波多野誼余夫『人はいかに学ぶか』(中公新書、1989.1)
〈寿命〉西丸震也『41歳寿命説』(情報センター出版局、1990.8)
〈逸脱〉森省二『逸脱するエロス』(講談社現代新書、1990.8)
〈サル〉京都大学霊長類研究所編『サル学なんでも小事典』(講談社、1992.5)
〈免疫〉多田富雄『免疫の意味論』(青土社、1993.4)
〈明日〉岡村黎明『テレビの明日』(岩波新書、1993.5)
〈銀行〉津田和夫『巨大銀行の構造』(講談社現代新書、1993.7)
〈生命〉中村桂子『自己創出する生命』(哲学書房、1993.8)
〈失感〉熊井三治・藤井真一『失感情症の時代を生きる』(朝日新聞社、1993.12)
〈政治〉石川真澄『戦後政治史』(岩波新書、1995.1)

〈文学〉川村湊『戦後文学を問う』(岩波新書、1995.1)
〈哲学〉御厨良一『哲学が好きになる本'95年版』(エール出版、1995.3)
〈大衆〉苅谷剛彦『大衆教育社会のゆくえ』(中公新書、1995.6)

注

1 次例では、後続する単語列のうち、その前要素(「文法を」)のみがその前の修飾語句を受けているので、臨時一語との交換は不可能である。このような場合は、構文が脱臨時一語化を強制的にひきおこしたと考えられる。

> およそ人間の学習のなかで、文法獲得ほどのすばらしい成功例は、稀だといってよい。母語に関しては、ほとんど例外なしに、われわれは複雑な形式的規則の体系としての文法を獲得しているからだ。　　　　　　　　　　〈学ぶ・69〉

第4章　新聞における文章顕現型の臨時一語化と脱臨時一語化

はじめに

　文章顕現型の臨時一語化・脱臨時一語化（以下、両者を一括して「文章顕現型の（脱）臨時一語化」と記すことがある）に注目することは、臨時一語の、文章を凝縮する（文の構造を単純にして、その分、より多くの情報を盛り込めるようにする）という機能をより具体的に把握することにつながるのではないか、あるいはまた、文章の凝縮化とは異なる機能を見出すことにもつながるのではないか、と考えられる。いずれにしても、それは、個々の具体的な文章の中で、なぜその場所に臨時一語がつくられねばならなかったのかを問う、地道な作業になるであろう。

　そのような作業において、まず、問題となるのが、文章顕現型の（脱）臨時一語化の用例採集である。前2章では、自然科学、社会科学の一般向け啓蒙書を対象として、文章顕現型の（脱）臨時一語化の用例を採集したが、そこでは、臨時一語化の場合で、先行する単語列と最高19段落を隔てて現れる臨時一語の例が、また、脱臨時一語化の場合で、先行する臨時一語と後続の単語列とが6段落を隔てて現れる例が報告されている。こうなると、対応する単語列と臨時一語とを的確に発見することは、文章をかなり注意深く読まないとできないことである。とくに、臨時一語化の例と脱臨時一語化の例とを同時に採集しようとすることは、作業者にとってかなりの負担となる。

　そこで、本章では、まず、新聞の文章を対象として、文章顕現型の（脱）臨時一語化を半自動的に抽出することを試みる。「半自動的な抽出」とは、一つの文章に距離を置いて現れる単語列と臨時一語（とおぼしきもの）との対を、コンピュータ・プログラムによって機械的に抽出し、次いで、その中から人間が正しい対をとりだすという、コンピュータによる自動処理と人手による処理との、2段階の作業を考えているからである。その基本的な考え方と結果の評価については、1節で述べる。

　本章のもう一つの目的は、そのようにして抽出された文章顕現型の（脱）臨時一

語化について、新聞の文章における現れ方を、計量的に分析することである。上述したように、文章顕現型の（脱）臨時一語化の研究は、個々の用例とそれを産み出した文章との関係を具体的に検討していかなければならないが、そのような作業に一定の見通しを与えるためにも、文章顕現型の（脱）臨時一語化と文章——とくに、臨時一語を活発に生産する新聞の文章——との関係を概括しておくことが必要である。この結果については、2節に報告する。

1. 文章顕現型の（脱）臨時一語化の半自動抽出

1.1 基本的な考え方

　半自動抽出は、一つの文章（記事）の範囲で行う。まず、ある一つの文に注目し、それを構成する単語をとりだす。次に、それらの単語の、あり得るすべての組み合わせを作り、これを臨時一語の候補とする。そして、この臨時一語（候補）を、前方あるいは後方の文で検索するのである（前方にあれば脱臨時一語化、後方にあれば臨時一語化）。臨時一語が検索されれば、それと、その臨時一語のもとになった単語の組み合わせ（単語列）とが、対応していることになる。『CD―毎日新聞'95データ集』（毎日新聞社）を使用した場合、出力は、次のようになる。

　　＼C0＼950101041＼AD＼07
　　《単語列》1: ベルスコーニ首相の辞任で一気に火を噴いたイタリアの政治危機は年越しが確実になったが、政治腐敗捜査をめぐる「政治圧力」に抗議辞任したディピエトロ検事を首相にする●会が発足●した。
　　《臨時一語》6: このような人物こそイタリアの指導者に必要だと思ったので」と、●会発足●の意義を力説する。

　1レコード目に、記事番号と記事掲載面の種別、2レコード目に、臨時一語化の場合は先行する単語列、脱臨時一語化の場合には先行する臨時一語を含む文、3レコード目に、臨時一語化の場合は臨時一語、脱臨時一語化の場合には単語列を含む文を、それぞれ、示す。対応する単語列と臨時一語とは、"●"に挟まれて表示される。文の直前の数字（上の例では、"1:"や"6:"）は、その文が記事内で何番目に現れたかを示すものである。なお、この例の3レコード目は、「　」で囲まれた引用部の最後の文と主部（の述語部分）とからなるもので、本来、一つの文とはいえないものであるが、今回の処理では機械的に文を切り出しているため、一つの文とみなされている。

　以下、いくつかの補足を述べる。

文章顕現型の(脱)臨時一語化に対応する単語列では、それを構成している単語が必ずしも連続しているとは限らない。一文内で間に他の単語を置くこともあれば、場合によっては、それぞれの単語が別々の文に離れて存在していることもある。しかし、ここでは、単語列は、少なくとも、同一文内にある(この場合が最も多い)と考えることにする。

　文からの単語の切り出しには、そのための専用のプログラム(形態素解析プログラム)もあろうが、新聞文章の場合、臨時一語の大部分は、漢語および外来語、あるいはそれらの混種語であって、和語だけによる臨時一語はきわめて少ないといってよいから、文字種の情報を利用した単純な切り出しが可能である。つまり、ひらがなおよび記号類をデリミターとして、それに挟まれている(漢字あるいはカタカナからなる)文字列を単語(自立語あるいはその語幹)とみなすのである。

　切り出した単語を組み合わせて臨時一語(の候補)を作る際には、単語二つを使ったすべての組み合わせを作る。たとえば、上の例では、この記事の第1文から、「ベルルスコーニ首相」「辞任」「一気」「火」「噴」「イタリア」「政治危機」「年越」「確実」「政治腐敗捜査」「政治圧力」「抗議辞任」「ディピエトロ検事」「首相」「会」「発足」という16の「単語」が切り出され、2単語の組み合わせとして、「ベルルスコーニ首相辞任」「ベルルスコーニ首相一気」「ベルルスコーニ首相火」「ベルルスコーニ首相噴」「ベルルスコーニ首相イタリア」……「発足政治圧力」「発足抗議辞任」「発足ディピエトロ検事」「発足首相」「発足会」のように、計240通り(同じ単語の組み合わせは考えない)が作られ、前方あるいは後方(この場合は、第1文なので、後方検索のみ)に検索されるのである。この記事では、第6文に「会発足」という文字列があったので、第1文における「会が発足した」に対応する、文章顕現型の臨時一語化の例が見つかったわけである。また、中には、3単語以上からなる臨時一語もあり得るが、その場合も、そのうちの2単語部分が検索されるので問題はない。

1.2　半自動抽出プログラムの評価

　単語列として結びつく二つの単語がいずれも数字である場合は抽出しない、句点や"」"で終わっていないレコードは検索しないなどの条件を付けたが、抽出の精度はあまり良くなかった。今回の調査に用いたデータでいえば、候補として抽出されたレコード数は7114件、うち、文章顕現型の(脱)臨時一語化と認められたものは1400件で、ほぼ2割であった。つまり、8割は「ゴミ」であったわけである。ただ、人手のみによる処理に比べれば、抽出のための作業量は大幅に減らすことができたと考えられる。また、後述するように、今回の認定基準はかなり限定されたものであるので、基準をゆるめれば、精度はもう少し上がるものと思われる。いず

れにしても、抽出の精度(効率)を上げるためには、文章顕現型の(脱)臨時一語化の、このような処理に役立つ諸特徴を明らかにすることが、不可欠であろう。

2. 新聞文章における文章顕現型の(脱)臨時一語化

2.1 調査対象

2か月分の新聞の文章、具体的には、1995年1〜2月の『毎日新聞』を調査対象とした。

なお、直接には『CD―毎日新聞'95 データ集』を、毎日新聞社の許諾を得て購入・使用したが、同データ集には、まったく同じか、ほとんど同じといってよい記事が、異なる記事番号のもとに重出している例が、少なからず、あった。以下の集計においては、これら重出したデータは除外したが、もしそのまま使えば、計量的な分析には何らかの影響を与える危険性がある。他の新聞のデータについては知らないが、注意を要するものと思われる。

2.2 文章顕現型の(脱)臨時一語化の認定基準

いずれも、臨時一語化の例で説明するが、脱臨時一語化についても同様の基準が適用される。なお、以下の各例では、●┄┄┄●内が単語列、●＿＿●内が臨時一語(ないし、臨時一語とは認定できなかったもの)を表す。

(1) 単語列は、構文上、主語と述語、修飾語と被修飾語のように、直接の関係をなして結びついているものに限る。したがって、次のような例では、「国連は」と「平和維持活動の」とが構文上直接的な関係にはないと考え、対象としない。

(例1)元来、●国連は平和維持活動の●ための機関ではなく、経済社会問題こそがその主要課題だ。……●国連平和維持活動●は今後、どうなるのか。

(2) 単語列と臨時一語とは、その要素において、完全に一致するものとする。したがって、次のような例は、対象としない。

(例2)●一葉の作品●をえらんだのは、文学にしばられることで、かえって自由な世界がくると信じたからであろう。……東京放送劇団に入団、声優・女優として活躍する一方、20年前から●樋口一葉作品●の朗読を始めた。

(例3)戦後になって木村名人の提案により、名人を除く全棋士に順位をつける順位戦の制度が発足、その一位が一年に一回、●名人に挑戦する●

第 4 章　新聞における文章顕現型の臨時一語化と脱臨時一語化　299

　　　　　ことになった。……戦後最初の●名人挑戦者●には塚田正夫が名乗り
　　　　　を上げ、不敗と言われた木村に勝って名人位を奪取した。
　　　(例4) それはやむを得ないとして、問題はこれに代わって●<u>新しい産業</u>●が
　　　　　生まれてくるかどうか。……小倉氏が投じた一石はやがて巨大な●<u>新</u>
　　　　　<u>産業</u>●を生むが、同時に各業界を規制する「事業法」の在り方を見直
　　　　　す論議に火をつけた。
　　　(例5) 新理事長らは、毎日新聞社の取材に、「ゲートボールの●<u>全国大会を</u>
　　　　　<u>開く</u>●ために財団を買った」と証言。……●<u>全国大会開催</u>●など無理」
　　　　　と述べ、福田事務所も関係を否定。
（3）　単語列と臨時一語とは、その要素の順序においても、一致するものとする。
　　　したがって、次のような例は、対象としない。
　　　(例6)「ナチ『ガス室』はなかった」とナチスによるユダヤ人大量虐殺を否
　　　　　定する●<u>記事を掲載し</u>●、国際的な批判にさらされた月刊誌「マルコ
　　　　　ポーロ」を発行する文芸春秋は、同誌を直ちに廃刊し、同時に編集責
　　　　　任者を解任すると発表した。外交問題にも発展しかねなかった一件に
　　　　　素早い対応で処理したともいえるが、「●<u>掲載記事</u>●に事実誤認が
　　　　　あったから」という説明だけでは、ジャーナリズムとしての責任を果
　　　　　たしたとは言い難い。
（4）　一つの臨時一語に対して同じ単語列が複数対応する場合、あるいはまた、一
　　　つの単語列に対して同じ臨時一語が複数対応する場合は、いずれも、二文間
　　　の距離が最短のもののみを採り、その他は対象としない。たとえば、上の例
　　　6の記事では、第1文の単語列「記事を掲載し」に対して、「記事掲載」と
　　　いう臨時一語が、後続の第10文、第13文、第20文に現れるが、用例とし
　　　ては、第10文との対応のみを採り、他は対象としない。
（5）　恒常的な単語は、臨時一語とは認めない。
　　　(例7) 何の予告もなく急に襲った直下型地震の前に、何の備えが●<u>役に立っ</u>
　　　　　<u>た</u>●だろうか。……災害に必ずしも、ふろの残り湯やヤカン一杯の水
　　　　　が●<u>役立つ</u>●とは限らないと思っていたが、それによって一命をとり
　　　　　とめたとか、ボヤを消し止めたなどという話を聞くと、手軽でだれに
　　　　　でもできる災害の予防として、先人の知恵を高く評価し、披露いたし
　　　　　ます。

2.3　文章顕現型の（脱）臨時一語化は新聞にどれほど現れるのか

　調査対象から、上記コンピュータ・プログラムによる仮抽出、および、人手による最終的な抽出を経て、臨時一語化823件、脱臨時一語化577件、計1400件の例

を得た。2か月分の記事の総数は 18,198 であったから、ほぼ 13 記事に 1 件の割合で文章顕現型の(脱)臨時一語化の用例が現れる、ということである。

2.4 文章顕現型の(脱)臨時一語化は新聞のどの紙面で多いのか

毎日新聞があらかじめ分類した「掲載面種別」ごとに、文章顕現型の(脱)臨時一語化の生起率を比較する。ただし、掲載面種別によってサイズ(記事件数)が異なり、したがって、言語量も違うので、(脱)臨時一語化の件数を単純に比較するわけにはいかない。そこで、全記事数に対する各掲載面種別の記事数の比率を期待値として、臨時一語化・脱臨時一語化それぞれの総件数に対する各掲載面種別の臨時一語化・脱臨時一語化それぞれの件数の比率が、期待値の何倍であるかを示す「特化係数」を求め、それを生起率として比較する。(脱)臨時一語化の件数の比率が期待値と同じであれば、特化係数は "1" となる。(脱)臨時一語化が期待値を上回って生起していれば、特化係数は "1" より大きくなり、下回っていれば "1" より小さくなる(まったく生起していなければ "0" になる)。

結果は、表 1・表 2 のようになった。掲載面種別は、それぞれの特化係数の大きい順に示した(「掲載面種別」の直前の数字は分類コード)。臨時一語化、脱臨時一語化とも、大きな違いはない。いずれも、「科学」「社説」「解説」「1〜3面」で、文章顕現型の(脱)臨時一語化の生起率が大きい。これらは、「科学」「社説」「解説」など、専門的で硬い内容の解説型の文章であり、第1章での調査結果からもわかるように臨時一語が現れやすく、(脱)臨時一語化も生起しやすいと考えられる。「1面」はスペース上の制約も大きく、政治・経済などを中心とした話題を概略的に書かなければならない。また、「2面」「3面」には「1面」の解説記事が多い。これらも、上とほぼ同様の理由で、(脱)臨時一語化が生起しやすいのだろう。逆に、「読書」「スポーツ」「芸能」「家庭」「文化」「社会」などでの生起率は大きくない。「芸能」や「家庭」は、専門的で硬い文章とはいえない。「スポーツ」や「社会」に少ないのは、スペースの制約はあるものの、競技や事件・事故などの模様を描写的に伝える文章をも含むからだと考えられる。

第4章　新聞における文章顕現型の臨時一語化と脱臨時一語化　　301

表1　掲載面種別の臨時一語化の生起率

掲載面種別		記事数(%)	臨時一語化(%)	特化係数
16	科学	30(0.2)	8(1.0)	5.00
05	社説	498(2.7)	60(7.3)	2.70
04	解説	291(1.6)	23(2.8)	1.75
02	2面	989(5.4)	76(9.2)	1.70
03	3面	958(5.3)	70(8.5)	1.60
01	1面	1197(6.6)	75(9.1)	1.38
08	経済	1379(7.6)	75(9.1)	1.20
07	国際	1090(6.0)	55(6.7)	1.12
12	総合	3000(16.5)	136(16.5)	1.00
10	特集	1607(8.8)	66(8.0)	0.91
41	社会	4059(22.3)	126(15.3)	0.69
14	文化	452(2.5)	14(1.7)	0.68
13	家庭	533(2.9)	13(1.6)	0.55
35	スポーツ	1673(9.2)	25(3.0)	0.33
15	読書	172(0.9)	1(0.1)	0.11
18	芸能	270(1.5)	0(0.0)	0.00

表2　掲載面種別の脱臨時一語化の生起率

掲載面種別		記事数(%)	脱臨時一語化(%)	特化係数
16	科学	30(0.2)	5(0.9)	4.50
05	社説	498(2.7)	28(4.9)	1.81
02	2面	989(5.4)	54(9.4)	1.74
03	3面	958(5.3)	51(8.8)	1.66
01	1面	1197(6.6)	57(9.9)	1.50
04	解説	291(1.6)	14(2.4)	1.50
08	経済	1379(7.6)	48(8.3)	1.09
10	特集	1607(8.8)	55(9.5)	1.08
07	国際	1090(6.0)	35(6.1)	1.02
12	総合	3000(16.5)	90(15.6)	0.95
14	文化	452(2.5)	12(2.1)	0.84
41	社会	4059(22.3)	102(17.7)	0.79
18	芸能	270(1.5)	5(0.9)	0.60
13	家庭	533(2.9)	7(1.2)	0.41
35	スポーツ	1673(9.2)	13(2.3)	0.25
15	読書	172(0.9)	1(0.2)	0.22

2.5 文章顕現型の(脱)臨時一語化は記事のどこに現れるのか

臨時一語化、脱臨時一語化、それぞれで、先行する単語列(臨時一語化の場合)または臨時一語(脱臨時一語化の場合)が、一つの記事の何番目の文に現れるかを調べた(表3)。大きな差はなく、どちらも、記事の最初の文に現れることが最も多く、後の文になるほど現れにくくなっている。

表3 (脱)臨時一語化の位置

文番号	臨時一語化(%)	脱臨時一語化(%)
1	169(20.5)	101(17.5)
2	107(13.0)	90(15.6)
3	73(8.9)	61(10.6)
4	54(6.6)	43(7.5)
5	48(5.8)	31(5.4)
6	35(4.3)	27(4.7)
7	37(4.5)	23(4.0)
8	28(3.4)	17(2.9)
9	26(3.2)	25(4.3)
(10～	246(29.9)	159(27.6))
計	823(100.0)	577(100.0)

表4 (脱)臨時一語化の距離

距離	臨時一語化(%)	脱臨時一語化(%)
0	0(0.0)	21(3.6)
1	183(22.2)	94(16.3)
2	138(16.8)	84(14.6)
3	75(9.1)	59(10.2)
4	69(8.4)	47(8.1)
5	69(8.4)	40(6.9)
6	40(4.9)	32(5.5)
7	36(4.4)	27(4.7)
8	22(2.7)	25(4.3)
9	30(3.6)	13(2.3)
(10～	161(19.6)	135(23.4))
計	823(100.0)	577(100.0)

また、これら先行する単語列あるいは臨時一語と、後続する臨時一語あるいは単語列とが、記事内でどれほど隔たった文に現れているのかを調べた。表4の「距離」とは、先行する文の何文後に後続する文が現れているかを示す。距離0とは同一の文に現れた場合である。臨時一語化、脱臨時一語化とも、距離1、つまり、隣り合った文で、単語列と臨時一語、ないし、臨時一語と単語列とが現れることが、最も多い。ただし、距離0、つまり、同一文での出現が、臨時一語化よりも脱臨時一語化に多いことが注目される。

2.6 臨時一語化と脱臨時一語化のどちらが多いのか

調査対象全体における、臨時一語化と脱臨時一語化との比率は、おおよそ、10:7であった。

臨時一語化および脱臨時一語化の件数と比率を、掲載面種別ごとにみると、表5のようになる。カッコ内の数字は、掲載面種別ごとの臨時一語化と脱臨時一語化との比率を百分率で示したものである。また、掲載面種別の提示順序は、臨時一語化の比率の大きい順である。

表5 掲載面種別の臨時一語化と脱臨時一語化との比率

掲載面種別		臨時一語化	脱臨時一語化	計
05	社説	60(68.2)	28(31.8)	88(100.0)
35	スポーツ	25(65.8)	13(34.2)	38(100.0)
13	家庭	13(65.0)	7(35.0)	20(100.0)
04	解説	23(62.2)	14(37.8)	37(100.0)
16	科学	8(61.5)	5(38.5)	13(100.0)
07	国際	55(61.1)	35(38.9)	90(100.0)
08	経済	75(61.0)	48(39.0)	123(100.0)
12	総合	136(60.2)	90(39.8)	226(100.0)
02	2面	76(58.5)	54(41.5)	130(100.0)
03	3面	70(57.9)	51(42.1)	121(100.0)
01	1面	75(56.8)	57(43.2)	132(100.0)
41	社会	126(55.3)	102(44.7)	228(100.0)
10	特集	66(54.5)	55(45.5)	121(100.0)
14	文化	14(53.8)	12(46.2)	26(100.0)
15	読書	1(50.0)	1(50.0)	2(100.0)
18	芸能	0(0.0)	5(100.0)	5(100.0)

（脱）臨時一語化の用例数が少ない「芸能」「読書」以外の掲載面種別では、臨時一語化が脱臨時一語化よりも多い。ただし、2.4 で（脱）臨時一語化の生起率を掲載面種別ごとに比較した際、生起率の大きかった掲載面のうち、「社説」「解説」「科学」は臨時一語化の比率がより大きい方に、「1〜3 面」はより小さい（脱臨時一語化の比率がより大きい）方に分かれて分布していることが注目される。同様に、2.4 で（脱）臨時一語化の生起率が大きくなかった掲載面でも、「スポーツ」「家庭」は臨時一語化の比率がより大きい方に、「社会」はより小さい方に、これも分かれて分布している。ただし、大きな差ではないので、明確なことは言いにくい。

2.7　単語列の形式にはどのようなものがあるか

　文章顕現型の（脱）臨時一語化では、臨時一語が、それに先行あるいは後続する単語列と対応しているので、臨時一語における構成要素間の関係を、対応する単語列における単語間の関係と関連づけて把握することができる。表 6 には、そうした単語列における単語間の関係を見出す前段階の整理として、臨時一語化、脱臨時一語化、それぞれについて、臨時一語を"AB"としたときの、それに対応する単語列の形式を、件数の多いものから示した。ここでの単語列の形式は、いわば表層的なものであり、たとえば、同じ「AにBする」であっても、「新会派に参加する」のようなものと「社会的に認知する」のようなものとが区別されていない。

　臨時一語化、脱臨時一語化とも、得られた形式と、その量的な大小関係は、ほとんど同じである。どちらも、「AのB」「AをBする」が他を圧して多く、この二つのタイプで、臨時一語化全体の 67.0%、脱臨時一語化全体の 73.8% を占める。

表6 （脱）臨時一語化における単語列の形式

臨時一語化（件数）	脱臨時一語化（件数）
AのB（342）	AのB（260）
AをBする（209）	AをBする（166）
AがBする（48）	AがBする（35）
AでBする（31）	AにBする（25）
AにBする（30）	AでBする（15）
AなB（23）	AがBされる（13）
AがBされる（22）	AなB（12）
AしたB（20）	AするB（8）
AするB（19）	AしたB（5）
AはB（9）	AはB（5）
AをBされる（8）	AでのB（4）
AでのB（5）	AというB（4）
AにBされる（5）	AによるB（3）
AによるB（5）	AされるB（2）
AへのB（4）	AにBさせる（2）
AからB（3）	AへBする（2）
AというB（3）	AへのB（2）
AをBさせる（3）	AをBさせる（2）
AからのB（2）	AからのB（1）
AされるB（2）	AされたB（1）
AするというB（2）	AしBする（1）
AとB（2）	AしてBする（1）
AにおけるB（2）	AするというB（1）
Aに関するB（2）	AでB（1）
Aに対するB（2）	AでBさせる（1）
AのようなB（2）	AとB（1）
AへBする（2）	AとしてBする（1）
AからBする（1）	AにB（1）
AがB（1）	AにBされる（1）
AしてBされる（1）	Aに関するB（1）
AしようとBする（1）	
AすることをBする（1）	
AだけのB（1）	
AでB（1）	
AでBさせる（1）	
AでBされる（1）	
AとBされる（1）	
AとBする（1）	
AとしてBする（1）	
AとしてのB（1）	
AにBさせる（1）	
AのごとくBする（1）	
AまでにBする（1）	

このほか、各文の文長、臨時一語に後接する付属語などについても調べたが、臨時一語化と脱臨時一語化との間に目立った違いはみられなかった。

3. 成果と課題

　くりかえし述べるが、文章顕現型の(脱)臨時一語化の研究では、個々の用例とそれを産み出した文章との関係を、具体的に検討していくことが不可欠である。本章では、今後、臨時一語を活発に生産する新聞の文章を対象としてそのような検討を行うために、その前段階の作業として、計量的な調査と分析を行ったものである。これによって、文章顕現型の(脱)臨時一語化が、新聞の文章にどれほど現れるのか、どの紙面に多いのか、記事のどのあたりに現れることが多いのか、臨時一語はどのような形式の単語列と対応しているのか、などといったことについて、臨時一語化、脱臨時一語化のそれぞれに、おおよその傾向をつかむことができたと考える。

　今後は、半自動抽出の精度も向上させながら、信頼に足る、より大量の用例を対象に、そこになぜ文章顕現型の(脱)臨時一語化が行われたのか、その要因、機構などを具体的に説明できるような研究を目指すべきであろう。それによって、臨時一語化と脱臨時一語化との、文章の構成や展開における機能的な違いを追求することも、また、可能になると思われる。

第 5 章　文章顕現型の臨時一語化の基本類型

はじめに

　本章では、「文章顕現型の臨時一語化」を、先行単語列を臨時一語に「変形」する書き手の操作とみなし、どのような単語列をどのような臨時一語に変形するのか、その形式面の類型を、先行する二字漢語の結びつきを四字漢語として臨時一語化するタイプに限定して、1 年分の新聞記事を資料に、包括的に整理することを試みる。

　臨時一語に対応する単語列の形式は、第 2 章および第 4 章において、表層の形式にとどまる形で部分的に整理した。本章では、それにとどまらず、単語列における単語間の構文的な関係が、臨時一語における要素間の構文的な関係にどのように変容されるのか、という観点から、文章顕現型の臨時一語化の基本類型を見出すことをめざす。

1.　目的

　「文章顕現型の臨時一語化」とは、次のような現象をさす（用例は後述する『CD―毎日新聞 91 年版』から）。

（1）　川崎市で教師に体罰を受けた子供の親が、学校が作成した事故報告書の訂正を求めて一部を拒否され不服を申し立てていた問題で、市教育委員会（佐近賢一委員長）は二十九日、市個人情報保護審査会（会長・兼子仁都立大教授）の答申に基づき、不服申立書など親の言い分を載せた文書三点も報告書に添付し、公文書とすることを決めた。学校作成の事故報告書だけでは事実関係の把握に不備がある、と判断したもの。

（2）　大学入試――受験生にとって大きな悩みだが、十八歳人口が来年から減るため、大学側にもどうしたら学生を確保できるかが大問題。そこで受験生の便

宜と<u>学生確保</u>を同時に達成しようと、地方都市で入試を行う大学が増えている。
（３）　政府・自民党筋は五日、宮沢内閣組閣後、同日中に行われる見通しの初閣議で、閣僚の<u>派閥からの離脱</u>を申し合わせることを明らかにした。副総理兼外相で入閣が内定している渡辺美智雄元政調会長の<u>派閥離脱</u>についても、宮沢総裁と渡辺氏の間で調整がついた。
（４）　三十年に及ぶエチオピア内戦終結を目指すエチオピア政府と反政府勢力の交渉を仲介しているコーエン米国務次官補（アフリカ問題担当）は、二十七日午後、政府側と反政府側が<u>停戦に合意した</u>と語った。同次官補は政府代表と反政府勢力三団体と個別に協議した後、この<u>停戦合意</u>を発表した。

　これらの例において、臨時一語（＿＿＿線部）は、それに先行する単語列（＿＿＿線部）と照応的な関係にあるのだが、文章の流れに即していえば、先行する単語列は後続の文において臨時一語化されているといえる。ふつう、臨時一語は書き手が頭の中で単語列を圧縮してつくるのだが、これらの場合には、書き手が単語列から臨時一語をつくるその過程が文章の中に顕現しているわけである。本書では、このような現象を「文章顕現型の臨時一語化」と呼んでいる。
　文章顕現型の臨時一語化は、書き手が文章を組み立てる中で行うものであり、したがって、そこには文章の構成・展開にかかわるさまざまの側面が影響してくる。そのことを次の例で確認しよう（引用文の下線と記号は石井による）。

（５）　一つ二つ補足をして、話を終えます。
　　　（ａ）<u>都留重人</u>という口の悪い人が、<u>日本の経済学者は「経済学者」ではなくて「経済学学者」だという批判</u>をあびせました。たしかに日本でも自然科学の方をみると、自然現象それ自体を勉強している。むろん本も読む。本も読むんだが、自分で実験や観測をして自然現象それ自体を勉強する。それが本旨だという常識はちゃんと守られている。ところが経済学の方では、あの人は経済学を勉強しているという場合、経済学の本をよんでいるという意味であって、だからつまり、経済学ではなくて経済学学でしかないというんですね。痛烈な指摘でよく覚えています。
　　　ところで、きょう私は、作品としての社会科学というようなことをいい、社会科学の本をどう読むかにかなりの力点をおいて話を進めてきました。それで、その辺のずれについて説明をしておいた方が、話の趣旨を理解していただくのに便利かと思います。
　　　（ｂ）<u>都留さんの発言</u>は、日本の経済学者に向けられたものですが、広く日

本の社会科学批判としても、大すじではやはり正しい。大すじの正しさを認めた上で、もっとつきつめて考えてみなければならんと私が思うことは、そういうことが社会科学の作り手だけに言われたんでは、まだ駄目なんじゃないかということです。むしろ、力点を、社会科学の作り手ではなく、ふつうの人間が社会科学を学ぶ学び方に力点をおいて、問題を考えなければならない、そうすると、本を読むかそれとも実態研究かという二者択一的なことではなくて、本の読み方の問題、本をどう読めば読者の一人一人が自分の眼で自分の頭を使って社会現象をとらえられるようになるかという、私がいままでお話してきた問題側面がクローズ・アップされざるを得ない。そういう問題局面にいきている、とおもうんです。

　というのは、(c)都留発言がなされた頃とちがって、今日では、日本ではいろいろな側面での実態研究が、現実の日本について行われるようになりました。経済学学だとか、法学学ではなくて都留さんのいう経済学になり法学になってきましたし、さらに綜合の試みも活発に行われるようになりましたので、日本の社会科学も、作り手に関するかぎり、社会科学学ではなくて社会科学に大分なってきております。……

（内田義彦『作品としての社会科学』岩波書店、1981）

　ここで、(c)の臨時一語「都留発言」は、先行する(b)の単語列「都留さんの発言」を圧縮してつくられたものであるが、この単語列(b)は、さらに先行する(a)の文を名詞句化したものであることは明らかである。つまり、ここには文→名詞句→臨時一語という過程があるのであり、単語列から臨時一語への過程はその一部にすぎない。また、これらの文、名詞句、臨時一語がいずれも段落の冒頭文に置かれていること、さらに、最初の文が無題文で、二番目の名詞句が提題の「は」によって受けられ、最後の臨時一語が連体修飾節の中に現れていることなども、ここでの臨時一語化に無関係ではないと思われる。そして、最初の文では「批判をあびせた」とあったのが、次の名詞句および最後の臨時一語では「発言」となっていること、つまり、この文脈では「都留批判」という臨時一語が成立しにくいことなども、なぜ「都留発言」と臨時一語化されたのかを理解する上で無視できない側面である。

　このように、文章顕現型の臨時一語化には、文章の構成・展開にかかわるさまざまな側面が影響しているのであるが、それらの諸側面を一挙に類型化することは困難である。現段階では、文章顕現型の臨時一語化のそのような複雑さを認めた上で、形式に裏付けられた類型化を、できるところから始めていかなければならないだろう。

　そこで、本章では、どのような単語列からどのような臨時一語がつくられるか（上

の例でいえば、(b) から (c) への過程) に注目し、その形式面での類型化を目指す。より具体的には、文章顕現型の臨時一語化を、先行単語列を後続の臨時一語に「変形」する書き手の操作とみなし、どのような単語列をどのような臨時一語に変形することが行われているのか、その形式面の類型を、可能な限り包括的に整理することを試みる。もちろん、ここでいう「変形」とは、書き手が文章構成の中で現実に行う言語活動の一つであり、生成文法でいう(いわれた)ような「変形」ではない[1]。

どのような単語列からどのような臨時一語がつくられるかという問題は、文章顕現型の臨時一語化を類型化するにあたって最も基本的な部分であり、それを実際の言語使用にもとづいて明らかにすることは、同時に、複合語の語構造に相当する単語列を内省によって復元するなど、分析者の直観に依存せざるをえない複合語形成の研究に、より確実な知見を加えることにもつながるものと考えられる。

2. 類型化の対象と方法

調査は、1991 年の『毎日新聞』の全記事を対象に行った。ただし、後述するように、文章顕現型の臨時一語化の発見にコンピュータを(補助的に)使わねばならず、そのために『毎日新聞全文記事データベース CD―毎日新聞 91 年版』を毎日新聞社の許諾を得購入、使用した。新聞記事を資料としたのは、「臨時一語」を提唱した林四郎 1982 もいうように、最も活発に臨時一語を生産している文章だからである。

文章顕現型の臨時一語化は、一つの記事の範囲内で認めることとした。具体的には、先行する単語列として二字漢語の結びつきがあり、それが後続する文において四字漢語として臨時一語化しているものに限ることにした。臨時一語を四字漢語に限定したのは、臨時一語で最も生産的であるのが四字漢語の複合語であり(三字漢語の場合は派生語になりやすく、二字漢語の場合には臨時的であるものが少ない)、また、その語構造(要素間の構文的な関係)が比較的とらえやすいと考えたからである。第 2 章でも指摘したように、文章顕現型の臨時一語化にはさまざまなタイプがあるが、ここでは、その最も典型的なタイプに限定することになる。

文章顕現型の臨時一語化の発見にはコンピュータを補助的に用いた。対応する単語列と臨時一語とを正確に発見するには、文章を注意深く読まなければならないが、そのような正確さを大量の文章について期待することは困難である。そこで、ここでは、その発見の第 1 段階にコンピュータによる半自動抽出を用い、得られた候補の中から、文章顕現型の臨時一語化の実例を人間の判断によってとりだすことにした。半自動抽出の要領は次のとおりである。

全体で n 文から成る記事があったとする。まず、その第 1 文に注目し、そこに

含まれる二字漢字列をすべてとりだす。次に、それらの二字漢字列の、あり得るすべてのくみあわせ（四字漢字列）を作り、これを臨時一語（の候補）と仮定する。そして、この四字漢字列を第2文以降で検索し、いずれかの文（たとえば第5文）で同じ四字漢字列が検索されれば、第1文と第5文とを、それぞれ、二字漢字列のくみあわせ（単語列の候補）と臨時一語（の候補）とにマークを付けた上で、別ファイルに書き出す。第1文のすべての四字漢字列について検索が終了したら、同様の処理を第2文について行い、以降、第n-1文まで繰り返す。なお、同一記事内で、一つの単語列に対して同じ臨時一語が複数対応する場合、あるいは、また、一つの臨時一語に対して同じ単語列が複数対応する場合は、いずれも、二文間の距離が最短のもののみを採り、その他は対象としない。

このようにしてとりだした単語列（の候補）と臨時一語（の候補）との対から、以下の基準に従って、文章顕現型の臨時一語化に該当するものをとりだした。

①四字漢語が臨時一語（臨時的な複合語）であること。ただし、今回の調査では、臨時一語の範囲をかなり広くとることにした。
②単語列は、同一文中にあるものとする。今回の調査では、上述したように、2文以上に分かれて存在する単語が臨時一語化される場合は、対象としない。
③単語列と臨時一語とは、それぞれの要素の並びが一致するものとする。たとえば、「原油が流出した」という先行単語列に対して、「原油流出」という臨時一語が後出した場合には対象とするが、「流出原油」という臨時一語が後出した場合には、今回の調査では対象としない。本来、要素の並びが一致しないものを除く理由はないが、その場合、単語列と臨時一語との意味範疇の隔たりが大きくなり（「原油が流出する→原油流出」は同じコトからコトへ、「原油が流出する→流出原油」はコトからモノへ）、類型化にあたって、より複雑な分析・分類が必要になるからである。この問題については、今後の課題としたい。ただし、「訪日を年内に（実現する）→年内訪日」のように、同一の動詞にかかる複数の格成分や副詞的成分が臨時一語化される場合には、それらの順序と臨時一語における要素の順序は一致しなくてもよいものとする。
④単語列の要素が複合語であり、その一部（構成要素）のみが臨時一語の要素と対応する場合は、対象としない。
　（例）四十年の歴史を持つ<u>比米相互防衛条約を破棄し</u>ようという動きが、フィリピン上院の中で起きている。（中略）シャハニ上院外務委員長がこのほど明らかにしたところでは、<u>条約破棄</u>の決議案を提出したのは、上院外務委員で元国防相のエンリレ議員。
⑤単語列の要素と臨時一語の要素とで意味が異なる場合は対象としない。下例の

場合、単語列の「問題」は「難点」の意であり、臨時一語の「問題」は「(注目すべき)話題・事柄」の意である。
(例)日本銀行の本間忠世信用機構局長も記者会見で「全信連への預け金や有価証券など資産が多く、<u>経営に問題はない</u>」と述べた。(中略)金融筋は十三日、東洋信用金庫の<u>経営問題</u>として「いずれは救済合併のような手段による経営立て直しが必要になるだろう」との判断を示した。

　類型の整理にあたって、本章では、単語列における単語(二字漢語)間の構文的な関係と臨時一語における要素間の構文的な関係(語構造)との異同に注目する(ここでは、文における単語間の文法的な関係も臨時一語における要素間の文法的な関係も、ともに「構文的関係」と呼ぶことにする)。すなわち、書き手がどのような構文的関係をもつ単語列をどのような構文的関係をもつ臨時一語に「変形」しているのか、ということを類型整理の観点とするわけである。
　この方法によって、文章顕現型の臨時一語化には、後述するように、単語列の構文的関係を保持したまま臨時一語としたり、ほかにも、より基本的な関係に還元したり、別な関係に再構成したり、新たな関係を創造したりして、臨時一語に「変形」する類型のあることがわかる。
　なお、ここでいう構文的関係には、係助詞や副助詞、テンス・アスペクト・ムード・可能などにかかわる諸要素は含めない。また、臨時一語における構文的関係の表示には、要素間の構文的関係を最も的確かつ最も基本的な形で表すものを採用する。たとえば、次の例(6)で、臨時一語「遺体確認」における(要素間の)構文的関係は、「遺体ガ確認サレル」「遺体ヲ確認スル」「遺体ノ確認」などと、いく通りかに想定される。

(6)　<u>遺体が確認された</u> K さん(18)は、愛媛県立宇和島東高を卒業後、今春、日本海洋技術専門学校に入学したばかり。(1文略)改めて学校側から「<u>遺体確認</u>」の連絡を受け、ロビーで泣き崩れた。

　このような場合、本章では、「遺体ヲ確認スル」を臨時一語の最も基本的な構文的関係の表示として採用する。「遺体ガ確認サレル」はこの基本的な関係を受動化したもの、「遺体ノ確認」は名詞句化したもので、ともに派生的な関係の表示であり、採用しない。「AノB」などの表示は、臨時一語の後要素が名詞性の二字漢語である場合(「外国企業」「調停内容」など)にのみ採用する。前後の文脈には「遺体ガ確認サレル(タ)」「遺体ノ確認」の方が適合するが、ここでは、文脈に適合することよりも構文的関係の基本的な表示であることを重視する。したがって、例

(6)では、「遺体が確認される」という構文的関係をもつ単語列が、「遺体ヲ確認スル」という構文的関係をもつ臨時一語「遺体確認」になっている、とみなすことになる。

3. 基本類型

　上の方法により、文章顕現型の臨時一語化は、書き手の変形操作という観点から、次の4つの類型に分類・整理することができる。
　第1類は、単語列の構文的関係と臨時一語における構文的関係とが一致するもので、単語列をその構文的関係を保ったまま臨時一語化したといえるものである。ここでは、この類を「関係保存型の臨時一語化」と仮称する。
　第2類は、派生的な構文的関係をもつ単語列が臨時一語化するものである。前述のように、臨時一語には基本的な構文的関係が想定されるから、これは、その構文的関係を派生から基本へと戻すような臨時一語化といえる。ここでは、この類を「関係還元型の臨時一語化」と仮称する。
　第3類は、他の単語が介在するため構文的には間接的な関係にしかない単語列が、その間接的な構文的関係を基本的な構文的関係に組み直して臨時一語化するといえるものである。ここでは、この類を「関係再構型の臨時一語化」と仮称する。
　第4類は、形式上は直接的にも間接的にも構文的な関係にはない単語列が、新たな構文的関係をつくりあげて臨時一語化するといえるものである。ここでは、この類を「関係創造型の臨時一語化」と仮称する。
　概して、第1類から第4類へと、「変形」の度合いが大きくなる。以下、これら4類のうち、関係創造型を除く3類について、それぞれに所属する臨時一語化のタイプを、以下のように示しながら、解説する。関係創造型に所属するタイプの整理は今後の課題としなければならないが、その理由については後述する。
　最初に、各類の中での大分類を、先行単語列の形式で、〔　〕に通し番号を入れて示す。

　(例)〔1〕名詞と動詞との結びつき

　次に、大分類の下の中分類を、同様に先行単語列の形式で、〈　〉に通し番号を入れて示す。単語列において、Aは臨時一語の前項、Bは後項に対応する単語であることを示し、全体でその構文的な関係を表示する。

　(例)〈1〉AがBする

続いて、中分類の下の小分類を、"→"の左に先行単語列、右側に臨時一語を配する形で、〈 〉に通し番号を入れて示す。単語列は、中分類と同様、Aを臨時一語の前項に、Bを後項に対応する単語とし、A・B以外の単語によっても構成される場合は、それらをXやYで示しながら(XやYで示された単語は、臨時一語の要素にはならない)、全体でその構文的な関係を表示する。臨時一語は、単語列のA・Bに対応する要素を、それぞれ、a・bとし、X・Yに対応する要素をx・yとして、上述したように、それら要素間の構文的関係を最も的確かつ基本的な形で表す[2]。右端のカッコ内には、その小分類に分類された用例数を示す。

(例)〈003〉AがXにB(自)する→aがxにb(自)する(10例)

なお、AないしBが動詞の場合には、自他の別を( )に入れて示す。そのほか、同じ中分類内で、同じ形式ではあっても構文的に異なる小分類を区別する場合には、適宜、そのための補足的な情報を( )や(=)に入れて示す。

(例)〈143〉AにBがXする
　　　〈144〉A(副詞的)にB(他サ変)がXする
(例)〈056〉XをA(他)するB(=BがXをA(他)する)
　　　〈057〉XをA(他)するB(=BにXをA(他)する)
　　　〈058〉XをA(他)するB(=B(とき)にXをA(他)する)
　　　〈059〉XをA(他)するB(=BでXをA(他)する)

また、同じ小分類ではあっても、A・aないしB・bがサ変動詞語幹の例もある場合には、小分類の通し番号にダッシュ(')を添えて、その直後に並べた。

(例)〈007〉AをB(他)する→aをb(他)する
　　　〈007'〉A(サ変)をB(他)する→a(サ変)をb(他)する

最後に、その小分類に所属する代表例を、"→"の左に先行単語列を含む文、右側に臨時一語を含む文を配する形で示す。それぞれの文で、対応する単語列のA・Bと臨時一語のa・bとは"●"に挟まれて表示される。文の直前の数字は、その文が記事内で何番目に現れたかを示すものである。

(例)8:軍部は組織の統一を守るために連邦制を支持するのではないかと見られたが、●連邦はすでに崩壊●しているという現実を無視することはできな

かった。→ 9: その意味では、●連邦崩壊●を前提として、新しい道を探る作業が水面下で進行していた、ともいえるのである。

第 1 類　関係保存型の臨時一語化

　先行単語列における単語間の構文的関係を変えずに、そのまま臨時一語化するもので、「変形」操作としては、最も単純な類である。この類の臨時一語化には、次のようなタイプがある（単語列の形式によって示す）。

〔1〕名詞と動詞との結びつき
〔2〕動詞と動詞との結びつき
〔3〕形容動詞と動詞との結びつき
〔4〕名詞と形容動詞との結びつき
〔5〕名詞と名詞との結びつき
〔6〕動詞と名詞との結びつき
〔7〕形容動詞と名詞との結びつき

　〔1〕～〔3〕は名詞・動詞・形容動詞のそれぞれと動詞との結びつき、〔4〕は名詞と形容動詞との結びつき、〔5〕～〔7〕は名詞・動詞・形容動詞のそれぞれと名詞との結びつきが、それぞれ、単語列を構成し、それらが、その構文的関係を保持したまま、臨時一語化するタイプである。〔1〕では、名詞が動詞に対して格関係や（副詞的）修飾関係に、〔2〕〔3〕では、動詞および形容動詞が動詞に対して（副詞的）修飾関係に、〔4〕では、名詞と形容動詞が主述関係に立っている。〔5〕～〔7〕では、連体修飾関係がそのまま臨時一語化される。

〔1〕　名詞と動詞との結びつき
〈1〉　AがBする
〈001〉AがB(自)する→aがb(自)する（61例）
　　　8: 軍部は組織の統一を守るために連邦制を支持するのではないかと見られたが、●連邦はすでに崩壊●しているという現実を無視することはできなかった。→ 9: その意味では、●連邦崩壊●を前提として、新しい道を探る作業が水面下で進行していた、ともいえるのである。

〈002〉AがXをB(自)する→aがxをb(自)する（2例）
　　　2: ●前線が通過●する同日夕にかけて突風や雷の恐れがあるという。→ 3: 大阪管区気象台によると、●前線通過●に伴い大気が不安定になっているため、通過後は冬型の気圧配置が強まり、十一日夜から十二日にかけて、この冬一番の冷え込みと

なりそう。

〈003〉AがXにB(自)する→aがxにb(自)する (10例)
　　1: フィリピン・ルソン島中西部のピナツボ火山(一、四六二メートル)は十三日朝も上空二万五千メートルに達する噴煙を上げる大規模噴火を起こしたが、山ろくのクラーク米空軍基地への被害が予想される事態になったことから当地の反核市民団体が「●溶岩が基地に流入●すればクラーク基地の核兵器から放射能汚染が起きる」と警告を発し、住民が市外に逃げ出すなどパニックが起こっている。→ 4: とくに●溶岩流入●の危険性もあるクラーク基地では、十日以来これまでに米兵とその家族一万五千人以上が基地外に避難し、残留部隊は九百人だけになった。

〈004〉AがXとB(自)する→aがxとb(自)する (5例)
　　26: 出席した吹田自治相らが「この際、政治改革を争点に衆院を解散すべきだ」と迫り、●首相も「重大な決意を持っている」と発言●。→ 29: 三十日夜の●首相発言●で党内は一時色めきたったが、すぐに冷ややかな見方が広まったのは、首相を支える竹下派のオーナー、竹下元首相と側近の小渕氏が解散に反対、という情報が各派に伝わったせいもあった。

〈005〉AがXをB(他)する→aがxをb(他)する (7例)
　　6: ●野党は今国会を「証券国会」と位置付け、代表質問の多くの時間をこの問題にあて、政府を追及●した。→ 12: しかし、予算委では不正融資の全容解明と併せ、蔵相の進退問題が、●野党追及●のポイントになりそうだ。

〈2〉 AをBする

〈006〉AをB(自)する→aをb(自)する (16例)
　　2: ユーゴスラビアのスロベニア、クロアチア両共和国が二十五日夜から相次いで●連邦を離脱●、「独立主権国家宣言」を行うが、これにより民族抗争に拍車がかかり、ユーゴ情勢は緊迫感を一気に高めそうだ。→ 5: 逆にソ連・東欧諸国へ民族紛争をさらに拡大させかねない動きとして、欧米諸国からは、今後も一方的な●連邦離脱●を思いとどまるよう、外交圧力がかかるのは必至だ。

〈007〉AをB(他)する→aをb(他)する (177例)
　　1: ユーゴスラビアの五回目の六共和国首脳会談は二十九日、モンテネグロ共和国で開かれたが、連邦解体の●危機を打開●するための具体的な合意に達しないまま閉幕した。→ 2: 一方、クロアチア共和国に出動した連邦軍の戦車部隊は「民族衝突の危険がなくなるまで駐留を続ける」(軍声明)として長期出動態勢の構えを見せており、ユーゴ情勢は●危機打開●の糸口が見いだせないまま、ますます混迷を深めている。

〈007'〉A(サ変)をB(他)する→a(サ変)をb(他)する (100例)
　　1: 国営イラク放送は二十七日、イラク軍は同日朝、クウェートからの●撤退を完了

第5章　文章顕現型の臨時一語化の基本類型　317

●した、と伝えた。→ 3: フセイン大統領は二十六日、「イラク国民の勝利」を強調したが、●撤退完了●の発表は事実上の敗北宣言である。

〈008〉AをXにB(他)する→aをxにb(他)する(71例)
　3: 北朝鮮は、昨年五柱の米兵の●遺骨を返還●、これで二回目。→ 4: 米国は北朝鮮との関係改善の条件として核査察受け入れが最も重要としながらも、●遺骨返還●と南北対話継続なども求めていた。

〈008'〉A(サ変)をXにB(他)する→a(サ変)をxにb(他)する(21例)
　1: 日鉄鉱業松尾採石所(東京都西多摩郡日の出町)で働き、じん肺にかかった元作業員三人が同社などに損害賠償を求めた「東京じん肺訴訟」の控訴審第八回口頭弁論が二十五日午前、東京高裁民事三部で開かれ、山下薫裁判長は原告、被告双方に●和解を勧告●した。→ 2: 全国で係争中の三十件のじん肺訴訟のうち、仙台高裁(九月十日)、福岡地裁飯塚支部(十八日)に続く三件目の●和解勧告●となった。

〈009〉AをXからB(他)する→aをxからb(他)する(16例)
　1: 茨城県笠間市のゴルフ場「笠間東洋ゴルフ倶楽部」を経営している「東洋グリーン開発」が、農薬を含んだ雨水や人工池の水から●農薬を活性炭や木炭で除去●し、人工池の汚泥も取り除いてきれいな水を場外に排出する農薬除去装置と人工池浄化装置を開発、実用化した。→ 5: ●農薬除去●に積極的に取り組むシステムとしてはこれが初めてで、農薬除去装置の段階で八割方除去できる。

〈010〉AをXとB(他)する→aをxとb(他)する(3例)
　10: さらに「将来は電話回線とテレビ受像機がコンピューターネットワークを作る」と●未来を予測●。→ 23: 日本でのニューメディア論議は、とかく「バラ色の●未来予測●」や、社会との接点が希薄な技術論になりがち。

〈3〉　AにBする

〈011〉AにB(自)する→aにb(自)する(46例)
　1: 韓国国内の合弁会社が大規模なマルチ商法被害を引き起こし、貿易摩擦から製品の禁輸措置を受けている寝具製造販売会社「ジャパンライフ」の●役員に、今年四月、中尾栄一通産相の元第二秘書が就任●していることが十八日、毎日新聞の調べで分かった。→ 3: マルチ商法規制や通商問題を主管する通産相の関係者の●役員就任●は韓国国内にも微妙な反応を呼び起こしそうだ。

〈011'〉A(サ変)にB(自)する→a(サ変)にb(自)する(7例)
　28: 救援団体の多くが、●和解に反対●して改めて訴訟を起こした。→ 29: 八九年にガンジー政権を倒し、野党連合政権を発足させたシン首相は●和解反対●を支持する一方で、昨年五月から政府の財源で月額二百ルピーの暫定救援金を配布し始めた。

〈012〉A（とき）にB（自）する→aにb（自）する（3例）
　　　1: 三和総合研究所は二十二日、湾岸戦争が三カ月以内の●早期に終結●するケースと長期化するケースに分け、来年度の日本経済に与える影響を試算した。→3: ●早期終結●のケースでは、原油価格の低下による効果で、経済成長が加速、実質成長率は三・六％に上方修正される。

〈013〉XをAにB（他）する→xをaにb（他）する（17例）
　　　1: 昨年二月の衆院選では大阪二区と六区に分割された大阪市中央区を●六区に編入●することが、二十八日決まった。→6: 大阪市選管は今月初め、国勢調査（昨年十月）の速報値による人口などをもとに、「●六区編入●が妥当」とする意見書を自治省に提出していた。

〈014〉XをA（とき）にB（他）する→xをaにb（他）する（7例）
　　　7: しかし、大蔵省は、証券不祥事などによる株式市場の低迷で●年内に株式を売却●するかどうか結論を出していなかった。→8: 大蔵省が●年内売却●することを決めたのは、今年度の税収がバブルの崩壊で予算割れすることが確実視されることから来年度予算で財源不足がより深刻になるため。

〈4〉 **AでBする**

〈015〉AでB（自）する→aでb（自）する（5例）
　　　76: アメリカの著名な女性建築家、S・モホリーナギは「●都市で生活●するということは、自然の与える資源、防御、待避路から離れることを意味する」と指摘している。→78: ●都市生活●の利便性ばかりを追求し、制約を嫌うことで、事故の誘因を作ったり、被害を広げている側面があるのではないか。

〈016〉A（副詞的）でB（自）する→aでb（自）する（4例）
　　　2: 一匹で越冬するといわれていた女王スズメバチが、都市部では●複数で越冬●しているとの研究報告が五日、静岡大で開かれる日本応用動物昆虫学会で発表される。→3: ●複数越冬●が確認されたのは初めてで、朽ち木や倒木などの越冬場所が少なくなった"住宅難"の結果という。

〈017〉AでXとB（自）する→aでxとb（自）する（2例）
　　　1: 海部首相は二十一日、コール独、アンドレオッチ伊両首相と相次いで●電話で会談●し、ソ連情勢について意見交換した。→3: 首相はすでにブッシュ米大統領、メージャー英、マルルーニー加両首相とも●電話会談●しており、先進七カ国（G7）協調の一翼を担う姿勢を明確にした。

〈018〉AでXをB（他）する→aでxをb（他）する（1例）
　　　5: また、昨年八月から今年二月までに大阪支店などで二回、大阪府内の主婦、B子さん（47）に香港砂糖相場が変動し損をすることもあるなど、同法で定めた重要事項を知らせず、売買を●電話で勧誘●した疑い。→7: 無差別に●電話勧誘●した後、

営業社員が自宅を訪問し「一口七十万円が正月までに二百万円になる」などと甘い言葉で契約を迫っていた。

〈019〉A（とき）でXをB（他）する→aでxをb（他）する（10例）
31: ●春闘では九二年に二日の休日増を要求●した。→ 32: しかし経営側は百時間カットを決めたことなどから単年度の時短に難色を示し、時短の●春闘要求●はゼロ回答になった。

〈020〉A（副詞的）でXをB（他）する→aでxをb（他）する（9例）
1: 昭和34年4月4日夜、ドイツ・ドルトムント市のホテルで、日本女子主将の江口冨士枝は高熱でうなされている日本チーム最年少20歳の松崎キミ代を●徹夜で看病●していた。→ 7: ●徹夜看病●となると自分のコンディションも最悪となる。

〈021〉AでXをYにB（他）する→aでxをyにb（他）する（1例）
1: 米ホワイトハウスは二十四日早朝、チェイニー国防長官がブッシュ大統領に「地上戦は非常に順調に進行している」と●電話で報告●したと発表した。→ 2: 同日午前五時半（日本時間二十四日午後七時半）ごろ、ブッシュ大統領は家族とともに教会で「多国籍軍とイラク国民のために」祈りをささげたあと、ホワイトハウスでチェイニー長官から●電話報告●を受けた。

〈022〉A（副詞的）でXをYにB（他）する→aでxをyにb（他）する（3例）
9: 秘密訪中の目的は、韓国が●単独でも秋の国連総会に加盟を申請●するという決意を中国の首脳に伝えること、それに対する中国首脳の反応を探ることだった、とされる。→ 27: しばらく黙ってから、その人物は「韓国が●単独申請●に踏み切るまで、まだ時間があるでしょう」と答えた。

〈5〉 **AからBする**

〈023〉AからB（自）する→aからb（自）する（2例）
8: 山腹に亀裂がはいると、●山腹から噴火●する可能性が高くなるという。→ 9: ●山腹噴火●の場合、噴き出すエネルギーが強く大規模な火砕流を伴うことが予想される。

〈024〉AからXにB（自）する→aからxにb（自）する（1例）
10: ●会社から出向●してきた人の給料は、私が払ったものと、会社が払ったものがあった。→ 12: 秘書八人のうち●会社出向●の四人は出向の形をやめたい。

〈025〉AからXをB（他）する→aからxをb（他）する（1例）
3: 七月十九日、島原市上木場地区の住民代表約百人が自衛隊のヘリ四機に分乗して、一カ月半ぶりにふるさとを●上空から視察●した。→ 8: ●上空視察●は、集団移転を前に「最後に一目でも」という住民の願いで実現した。

〈6〉 AとBする

〈026〉XをAとB(他)する→xをaとb(他)する（2例）
　　3: 立件のカギを握る金板経について、美術専門家が贋（がん）作の疑いを指摘しているが、特捜部は今後、五種について初の科学鑑定を行い、「●贋作」と断定●するとみられる。→ 9: しかし、観察しただけでの判定のため、●贋作断定●は困難として、特捜部は、独自の科学鑑定実施のために、今回の強制捜査に踏み切った模様だ。

〈7〉 AとしてBする

〈027〉XをAとしてB(他)する→xをaとしてb(他)する（6例）
　　11: これは既に国籍条項を撤廃し、「●教諭」として採用●してきた大阪、東京、神奈川、三重の四都府県と二政令都市（大阪市、名古屋市）にとっては「後退」となる内容。→ 13: 特に、約十九万人の在日韓国・朝鮮人が住む大阪府では、府教委、大阪市教委合わせて十九人の外国人を●教諭採用●してきており、対応に苦慮。

〈8〉 AのためにBする

〈028〉AのためにB(自)する→aのためにb(自)する（1例）
　　3: 法案は民間企業の男女の労働者が子供が満一歳になるまでの間、●育児のために休業●できるとしている。→ 4: ●育児休業●の取得を理由とした解雇を禁止しているほか、休業後の円滑な職場復帰、勤務時間短縮など子育てがしやすい環境整備など事業主に対する努力規定を盛り込んでいる。

〈9〉 A、Bする

〈029〉A、XとB(自)する→a、xとb(自)する（2例）
　　10: ●当初、関電は午後二時二十五分に加圧器逃がし弁が二系統とも作動しなかった、と発表●していたが、実際にはその十五分前に逃がし弁のスイッチを入れたが作動しなかった、とこの日明らかにした。→ 14: 減圧までの時間が●当初発表●よりも二十分以上長引いていたことになる。

〔2〕 動詞と動詞との結びつき

〈10〉 AしてBする

〈030〉AしてXをB(他)する→aしてxをb(他)する（4例）
　　23: 自民党がぐすぐずしているのなら社会党はじめ野党が、なぜ●率先して実行●しないのか、との疑問は今も続いている。→ 24: 自民党ばかりでなく、野党も含めた政界全体が資産公開などしたくないのではないかと、これ以上勘ぐられないためには●率先実行●しかない。

〈031〉AしてXをYにB(他)する→aしてxをyにb(他)する（2例）
　　6: 一方、同生協を立ち入り調査した住宅金融公庫大阪支店は、住宅によっては同公

庫の住宅宅地債券積立満了者の応募があったのに、生協加盟団体の労組員らに●優先して分譲●していた疑いを深め、十七日も立ち入り調査を行う。→ 7: 同公庫は、同生協幹部の説明に、矛盾があることなどから、同公庫は労働組合員らへの●優先分譲●が組織的に行われ、積立者の応募を無視するなど悪質なものだったとの見方を強めた。

〔3〕 形容動詞と動詞との結びつき

〈11〉 A に B する

〈032〉 A(形動)に X に B(自)する→a(形動)に x に b(自)する（10例）
3: 同調査が、地方自治体の六割以上が「国は補助金や地方債の起債許可権などを通じて、地方に●過剰に介入●している」と考えていることを明らかにし、自治体が自立するには権限移譲と適切な財源配分しかないと、中央の行政改革を強く求めているのがその理由である。→ 9: その「●過剰介入●」は「個別的補助金」「起債の許可」「国の行政指導」「機関委任事務」の順で行われているという。

〈033〉 A(形動)に X と B(自)する→a(形動)に x と b(自)する（1例）
3: 来月初めに●正式に契約●する。→ 7: 二十七日の「財産価格審議会」の答申を待ち事業団との●正式契約●に臨む。

〈034〉 A(形動)に X を B(他)する→a(形動)に x を b(他)する（17例）
3: 直接の逮捕容疑は、生野支店係長だった今年八月ごろ、大阪市内の労組から入金された約四千百万円のうち三百五十万円をオンラインシステムの預金端末機を●不正に操作●して解約。→ 5:K元係長は一九八八年六月ごろから、支店のコンピューター端末機の●不正操作●を繰り返し、顧客からの預金を勝手に解約する方法で約六千三百万円▽架空の定期預金を開設し、利息を自分と家族名義の口座に振り込む手口で約千七百万円を詐取した疑いが持たれている。

〈035〉 A(形動)に X を Y に B(他)する→a(形動)に x を y に b(他)する（2例）
1: 東京都足立区内の業者が集めた建設廃材を茨城県内の休耕田に●不法に投棄●していたとして警視庁生活経済課は七日、同県猿島郡総和町の運転手(43)の自宅と、産業廃棄物処理会社など、計十四カ所を廃棄物処理法違反容疑で家宅捜索した。→ 4: 処理会社は運転手が●不法投棄●をしていると知りながら、処理を委託した疑い。

〔4〕 名詞と形容動詞との結びつき

〈12〉 A が B だ

〈036〉 A が B だ→a が b だ（10例）
1: 中国残留孤児の肉親捜しで厚生省は、体の障害などで●来日が困難●な孤児のために手掛かりを捜す初の訪中調査団を十八日、現地に派遣する。→ 2: 中国政府から

連絡があった●来日困難●な孤児はこれまで二十四人。

〔5〕 名詞と名詞との結びつき
〈13〉 AのB
〈037〉 AのB→aのb（159例）
1: 千葉県鎌ケ谷市で昨年末「●市外の業者●ばかり受注するのはおかしい」と地元建設業者が一斉に反発した。→ 2: 過去四年間で大型事業（九千万円以上）八件中、十一億円余の総合福祉保健センターなど五件が●市外業者●と随意契約で結ばれた。

〈14〉 AでのB
〈038〉 AでのB→aでのb（3例）
32: そこへ起きたのが●湾岸での危機●だった。→ 38: ●湾岸危機●は中東以外の地域にも大きなツメ跡を残してやっと終結しようとしているが、スイスにおいては思わぬ"収穫"があったと言えなくもない。

〈15〉 AからのB
〈039〉 AからのB→aからのb（1例）
2: ●現地からの情報●ではソ連軍の発砲で二人が負傷した。→ 10: ●現地情報●では、軍は突入前に建物のガラスを割り、ガス弾を撃ち込んだという。

〈16〉 AとのB
〈040〉 AとのB→aとのb（1例）
9: 学校へ行きしぶる（不適応）きっかけは「●友人との関係●」が四七・五％とトップ。→ 14: この原因について母親はクラスや●友人関係●に問題があり「担任の指導が適切でなかった」と思っている。

〈17〉 AのためのB
〈041〉 AのためのB→aのためのb（2例）
1: 民社党は三日、●女性と青年のための初めての総合的な政策●を発表した。→ 2: ●女性政策●では男女の実質的平等の実現のためには男性の意識変革、生活変革が必要だと強調。

〈18〉 AについてのB
〈042〉 AについてのB→aについてのb（1例）
2: 静岡大学人文学部の諸井克英助教授（社会心理学）の調査・研究で、おもちゃを通して母親が持つ●性別についての意識●の差が浮き彫りになった。→ 8: その結果、

●性別意識●を表す項目については、男尊女卑的態度の強い女性は三・六三点、男女平等的態度の強い女性は三・〇七点。

〈043〉Aに関するB→aに関するb（5例）
1: 人口百人から生まれる赤ちゃんが、年間たった一人という超「低出生率」のご託宣で明けた九一年、発表元の厚生省には●人口に関する資料●の引き合いが殺到している。→16: 基幹産業の鉄鋼連盟も「人手不足、労働力不足が確実なら、将来の社会保険や従業員福利厚生のあり方を探るためにも、バックデータを知らなければ」と、厚生省に●人口資料●を求める。

〈044〉AをめぐるB→aをめぐるb（1例）
6: 医師は●医療をめぐる情報●を患者に提供して、患者の同意を得ないと治療できないし患者には情報を知ること、治療を拒否することが権利として認められている」→16:「女性の健康ネットワーク」運動を展開しているジュディ・ノーシジアンさんは、女性、消費者の視点から●医療情報●の提供や中絶、出産の問題を語った。

〈19〉 Aに対するB
〈045〉Aに対するB→aに対するb（2例）
18: と言っても、例によって曲がりくねったストーリーになってしまう（笑い）のですが、モチーフになっているのは、現代の●言語に対する不信●の問題です。→19: 二十年ほど前、●言語不信●が社会的に話題になった時には、そう言う人々には言葉に対する知識、蓄積があった。

〈20〉 AというB
〈046〉AというB→aというb（3例）
7: いじめをなくすことは学校教育の理想ではあるが、その実現は至難のことであり、子供は、家庭に次ぐ●学校という社会●で他者とめぐりあい、そこでの体験を通して社会の価値や規範を体得し、社会化を遂げていくものであるから、学校教育の課題は、むしろ生徒らがいじめの克服を通して主体的に自我を確立し、他者に対する思いやりの精神等を身につけていくことに向けられるべきものであり、また、生徒の親としても、巷間（こうかん）にいわゆる「子供のけんかに口を出す」べきではないとして子供の自律にゆだねてしかるべき領域が存在する。→9: ●学校社会●においておよそいじめを根絶できず、また、親としてこれを阻止できなかったからといって、それだけで直ちに学校当局者に安全保持義務違反があったとか、親が監督義務を怠ったものということはできない。

〈21〉 AとB
〈047〉AとB→aとb（2例）

19: ●患者と家族●、そして医師との十分な話し合いがなければ、悲劇は増す一方」と発言。→ 25: ●患者家族●が独自に活動している例もある。

〔6〕 動詞と名詞との結びつき
〈22〉 AするB
〈048〉 A(自)するB → a(自)するb(8例)
　　7: ●死亡した女性●を除く五人(四十三─五十五歳)は富山町の二軒の民宿に今月二十三日から二十五日にかけ泊まった。→ 9: ●死亡女性●は民宿に泊まってはおらず、二十三日に下痢症状を訴え、近くの病院に入院していた。

〈049〉 XがA(自)するB(=XがBにA(自)する) → xがa(自)するb(1例)
　　10: ●所属する団体●についても、健常者に対しては行政が聞くわけがない。→ 14: ただ、●所属団体●や病名の記入は補助金支出を含め政策立案のためにどうしても必要だ。

〈050〉 XがA(自)するB(=XがBでA(自)する) → xがa(自)するb(2例)
　　13: なにしろ、ここに写っている工事現場は東京都大田区田園調布で東横線と、目黒─蒲田間を走る目蒲線が●合流する地点●。→ 26: 東急の複々線化工事は、最大のネックである東横、目蒲両線の●合流地点●から慶応大学のある日吉までを複々線にし、ベッドタウン側から流れてくる大量の乗客を田園調布で目黒方面と渋谷方面に二分しようという構想だ。

〈051〉 XがA(自)するB → xがa(自)するb(2例)
　　4: 調査は文部省の委託で、同会が全国の小、中、高校約千校を対象に十一、十二月のうちの一週間に●来室した子どもの数、理由●などを調べた。→ 11: ●来室理由●は、けがや病気の手当てなどのほか「なんとなく」「おしゃべり」「困ったことがあり、聞いてほしい」など、情緒の安定を求めていると思われるケースが、小学校で五・二％、中学校は一二・四％、高校は九・四％に上った。

〈052〉 XがYをA(自)するB → xがyをa(自)するb(1例)
　　1: 大阪市営地下鉄で今月十四日、地質調査のボーリング用鉄製パイプが地下鉄トンネルの上壁を突き抜けて電車と接触する事故があったが、昨年一月にも千日前線で地盤補強剤注入のためのパイプが上盤を●貫通する事故●が起きていたことが分かり、同市は十九日、同種事故を防止するため「市設建築物建設に伴う敷地関連連絡会」を発足した。→ 2: ●貫通事故●があったのは昨年一月十九日午後二時過ぎ。

〈053〉 XにA(自)するB(=BがXにA(自)する) → xにa(自)するb(13例)
　　1: 和歌山県有田郡湯浅町が、町の山田山開発事業に伴い建設した農業用水タンクの水を、中心事業のゴルフ場建設に●反対する住民●には利用させない、と決めていたことが二十六日わかった。→ 5: 長谷川徹・町企画部長らが「タンク建設はゴルフ場開発業者の事業で、●反対住民●には配管できない」との考えを明らかにした。

〈054〉XにA(自)するB→xにa(自)するb(6例)
　1: 滋賀弁護士会は十八日、訪問販売法の指定商品に新聞を含める政令改正に●反対する声明●を発表、同日付で海部首相らに送った。→ 2: 都道府県レベルの弁護士会が●反対声明●を出すのは初めて。

〈055〉A(他)するB(＝BをA(他)する)→a(他)するb(4例)
　1: 大阪地検特捜部が捜査中の東洋信用金庫(本店・大阪市)を舞台にした巨額の架空預金事件で、料亭経営、O容疑者(61)らによる同信金定期預金証書の偽造は、一九八七(昭和六十二)年から始まり、発覚までの約四年間に●偽造した証書●は判明分十三通を含め数十通にのぼることが、関係当局の調べなどで二十二日分かった。→ 3: O容疑者の犯行動機は当初、昨年の株価下落で悪化した資金繰りを打開するため、とみられていたが、特捜部は株式投資の当初の資金づくり自体が●偽造証書●によるものだったとの見方を強めている。

〈056〉XをA(他)するB(＝BがXをA(他)する)→xをa(他)するb(4例)
　13: また、テレビ番組を●制作する会社●を委託事業者(ソフト会社)、その番組を電波に乗せて送信する施設を持つ会社を受託事業者(ハード会社)というように二種類に分けて、CSテレビ実現への道を開いた。→ 15: この方針に基づき、日本通信衛星と宇宙通信は各三つずつのCSテレビ局を運用できるようになり、郵政省はこれらの局の電波を使用して番組を流す●制作会社●を募集、来春にはCSテレビを開局する方針だ。

〈057〉XをA(他)するB(＝BにXをA(他)する)→xをa(他)するb(1例)
　13: 症例報告書には、アーキンZ錠60を●投与した患者●の血液検査、血圧、所見など多岐の内容が詳細に記載され、患者一人分で数十ページの小冊子になる。→ 20: 大塚製薬には、(1)●投与患者●の症例報告(2)月別出荷数(3)納入医療機関数――を三カ月ごとに報告するよう求めた。

〈058〉XをA(他)するB(＝B(とき)にXをA(他)する)→xをa(他)するb(とき)(1例)
　1: 外務省は十一日、朝鮮民主主義人民共和国(北朝鮮)国連加盟を前に国家として●承認する時期●、条件などについての検討に入るとともに、韓国との本格的な意見交換に入った。→ 2: 朝鮮半島情勢や国際世論、韓国の反応などに留意しながら●承認時期●を慎重に探っていくが、今後、核査察問題など「国際法の順守」をどう判断するかがポイントになりそうだ。

〈059〉XをA(他)するB(＝BでXをA(他)する)→xをa(他)するb(5例)
　1: 岩崎電気は二十四日、東京理科大学と共同で、ゴルフ場や農地の排水に含まれているフェニトロチオンなどの農薬を●分解する装置●の開発に成功した、と発表した。→ 4: 18ホールのゴルフ場に必要な●分解装置●は五―六台で、現行の活性炭による農薬分解装置(装置全体で約十億円)よりも安くできるとしている。

〈060〉 XをA(他)するB → xをa(他)するb(29例)
　　1: ブッシュ米大統領とベーカー米国務長官は二十二日、来月のモスクワでの米ソ首脳会談を予定通り●開催したい意向●を示唆した。→ 3: バルト諸国へのソ連の武力弾圧にもかかわらず、ブッシュ政権の米ソ首脳会談の予定通りの●開催意向●を示唆したと受け止められている。

〈061〉 XをYにA(他)するB → xをyにa(他)するb(3例)
　　13: 例えば日本メーカーが中国向けに硫安を●輸出する価格●は八七年下期で一トン九千二十五円なのに対し、国内価格は二万四千五十円と約二・七倍だ。→ 20: これに対し全農は、「●輸出価格●と国内価格は、製品の質や運送コストなど条件が違うので、単純に比較できない」と反論する。

〈062〉 XにA(他)するB → xにa(他)するb(3例)
　　1: 新車の購入や移転登録などの際、運輸省の陸運局に●提出する書類●に義務付けられている「使用者の産業又は職業」欄に、市民グループなどから批判の声が上がっている。→ 3: 東京都など地方自治体でも、市民からの●提出書類●は「職業」欄を原則削除する方向を打ち出しており、総務庁は三十日までに、運輸省に対し職業欄設置の目的や必要性を文書で回答するよう求めた。

〈063〉 XからA(他)するB → xからa(他)するb(1例)
　　2: 管財人の露峰光夫弁護士(大阪弁護士会)は「今月十日現在の届け出債権総額(被害額)が約三十八億六五百万円であるのに対し、●回収できた資産●はその二％の約九千二百万円にすぎない」と説明し、「(被害者への)しかるべき額の配当は困難」との厳しい見通しを明らかにした。→ 5: 管財人が大阪地裁に提出した報告書などによると、●回収資産●の内訳は、東大阪市の直営料理店の土地、建物三千万円▽賃借りしていた事務所などの保証金五千三百五十万円▽電話加入権三百四十万円――など。

〈23〉 AさせるB

〈064〉 XをA(自)させるB → xをa(自)させるb(2例)
　　1: 大蔵省は20日までに、財務官に昇格する千野忠男国際金融局長の後任に、江沢雄一国際金融局次長を●昇格させる人事●を内定した。→ 2: 内海孚財務官の勇退に伴う●昇格人事●で、閣議了解後、24日付で発令の予定。

〔7〕 形容動詞と名詞との結びつき
〈24〉 AなB
〈065〉 AなB(＝AなB／BがAだ) → anb(24例)
　　2: これまでの国会答弁などで「自衛隊機の使用は、現行の自衛隊法の規定上は無理がある」として●慎重な姿勢●をとってきた政府の方針を大きく転換させた。→ 5:

しかし、昨年秋の臨時国会での国連平和協力法案が廃案となる過程で、政府自身が「自衛隊派遣には無理がある」と●慎重姿勢●を示してきたことと、廃案後に自民、公明、民社三党間の「新たな貢献策」に関する合意でも「自衛隊とは別個の組織を目指す」ことが確認されており、今回の方針転換は野党側の反発を招くことは必至だ。

〈066〉A な B (＝A に B (自) する)→a な b (1例)
6: 極東ソ連軍は現実に●質的な向上●が図られつつあり、我が国も通常の武力侵攻に備えて整備してきた。→ 10: しかし、ソ連が米提案を評価する姿勢を示していることから、極東ソ連軍の●質的向上●に変化が出て、ソ連の脅威が減少するのは確実な情勢だ。

〈067〉A な B (＝A に X に B (自) する)→a な b (4例)
2: 外相は「国連カンボジア暫定行政機構 (UNTAC) を通じて人的、●物的な貢献●を行いたい」とカンボジア和平達成後の国連平和維持活動 (PKO) への参加の意向を表明するとともに、カンボジア復興国際会議の東京開催に向け、適当な時期に政府調査団をカンボジアに派遣する方針を伝えた。→ 3: フン・セン首相は「UNTAC への人的、●物的貢献●に日本ほどふさわしい国はない」と述べ、PKO への日本の参加を積極的に受け入れる考えを示した。[3]

〈068〉A な B (＝A に X と B (自) する)→a な b (1例)
1: 秋田地裁の所長 (62) と民事部責任者の判事 (50) が民事訴訟の女性当事者と親しく交際していた問題で、仙台高裁が十二日、両裁判官から事情聴取した結果、「いずれも●私的な交際●であり、訴訟事件との絡みはなかった」と判断、最高裁に報告した。→ 5: しかし、同高裁は「●私的交際●における貸借関係」と受け止めている。

〈069〉A な B (＝A に X を B (他) する)→a な b (3例)
5: その後、金融自由化が進むに従い、●量的な規制●には限界が見えてきた。→ 12: 金融引き締め局面で、●量的規制●を全面的に放棄できるか否かにも疑問は残っている。

〈070〉A な B (＝A に X を Y に B (他) する)→a な b (3例)
7: 富士銀行の調査などでは、I 容疑者への●不正な融資●は約三百億円とされるが、穴埋めした分も含めると約八百億円に増えるとみられる。→ 11: 逮捕前、関係者に「正当に借りた金で、●不正融資●とは関係ない」などと話していたという。

第2類　関係還元型の臨時一語化

　先行単語列が、後続の臨時一語における構文的関係に照らしたとき、それから派生したとみなせる構文的関係を持っており、したがって、その派生的な構文的関係

をもとの基本的な関係に戻すようにして臨時一語化する類である。先行単語列における単語どうしが直接的な構文的関係を構成していることは、関係保存型と同様であるが、その構文的関係が派生的なものであり、それを基本的・本来的な関係に引き戻しながら臨時一語化する点で、関係保存型より少し手間のかかる「変形」である。この類の臨時一語化には、次のようなタイプがある（単語列の形式によって示す）。

〔8〕受動化した結びつき
〔9〕使役化した結びつき
〔10〕名詞句化した結びつき

〔8〕は、受動化された単語列を能動の関係をもつ臨時一語に、〔9〕は、使役化された単語列を基本の関係をもつ臨時一語に、〔10〕は、名詞と動詞との結びつきが名詞句化したものを、もとの動詞句としての関係をもつ臨時一語に[4]、それぞれ、変形するものである。

〔8〕 受動化した結びつき
〈25〉 AがBされる
〈071〉AがB(他)される→aをb(他)する（41例）
　　6: 全体として貸主側の●権利が強化●されたが、法務省は「貸しやすく、借りやすい関係をつくるための見直しが行われた」と評価している。→7: 同改正案について、社会、公明両党は当初は「貸主の●権利強化●につながる」と反対していたが、衆院審議の段階で、政府原案では「原則十年」となっていた借地権の更新期間を「最初の更新に限り二十年」と修正したため、両党も賛成に回った。

〈071'〉A（サ変）がB(他)される→a（サ変）をb(他)する（19例）
　　1: 政府は比米友好協力安保条約の●批准がフィリピン上院で否決●されたことについて「基本的には米比間の問題」としながらも、アジア・太平洋地域での在比米軍の重要性を踏まえ「この地域の安定化にマイナスであり、残念だ」（外務省筋）と深刻に受けとめている。→3: 比上院の●批准否決●で米軍がスビック基地からの撤退を決定すれば、代替基地が問題になってくるのは必至。

〈072〉AがB(他)される→aについてb(他)する（1例）
　　27: ●脳死が臨調という公の場で論議●されている時期に、脳死判定と移植が密室で行われたことが問題だ。→30: せっかく、●脳死論議●が進んでいるのにブレーキをかけるようなものだ。

〈073〉AがXにB(他)される→aをxにb(他)する（9例）

7: 臓器移植では、角膜やじん臓について●健保が適用●されているものの、それ以外の移植には健保制度上の患者救済がない。→ 8: 同省によると、同手術への●健保適用●に当たって、まず可能性が大きいのが、健保制度の中の「高度先進医療」としての承認。

〈26〉 A を B される
〈074〉A を B(他)される→a を b(他)する (1 例)
1:「朝鮮民主主義人民共和国(北朝鮮)のスパイ容疑をかけられ、報道によって、●人権を著しく侵害●された」として、横浜市内の無職、Y さん(35)が、毎日新聞社、朝日、読売など新聞五社に対し、慰謝料など計六千万円と謝罪広告などを求める訴訟を三日、横浜地裁に起こした。→ 5: この日の記者会見で Y さんは「マスコミ各社が、一方的な報道による●人権侵害●を二度と起こさぬよう、今回の訴訟をきっかけとしてほしい」と語った。

〈074'〉A(サ変)を B(他)される→a(サ変)を b(他)する (2 例)
2: 通訳の女子大生エロナさん(20)が思い出したように「そのヒゲ面では二、三年前なら●入国を拒否●されていたわよ」と笑うので、思わずアゴをさすった。→ 3: 実際に空港で●入国拒否●され、追い返された外国人が何人もいたそうだ。

〈075〉A(サ変)を B(他)される→a(サ変)を x に b(他)する (2 例)
1: 警察庁から「著しく射幸心をあおるように違法な改造をしている」と●改修を指示●されたパチスロ機を製作・販売する遊技機メーカーグループの役員二人が警察官僚出身の K 衆院議員(自民)に計五百万円の献金をしていたことが、六日付公表の九〇年政治資金収支報告書でわかった。→ 4: 瑞穂製作所は昨年十月、新型の「コンチネンタル」を製作、警察庁は今年四月、出玉率が高いとして●改修指示●の通達を出した。

〈27〉 A に B される
〈076〉X が A に B(他)される→x を a に b(他)する (6 例)
1: 地元医師会が設立し、地域の総合病院として注目された東京都の練馬区医師会立光が丘総合病院が百億円近い負債で事実上倒産、一日、●日大に経営が移管●された。→ 13: また病院の●日大移管●に反対する市民グループらが病院内で集会。

〈077〉X が A に B(他)される→x を a で b(他)する (1 例)
23:「国民会議」議員は党籍がなく、法案賛否も●党議に拘束●されないことになっているはず。→ 26: PKO 法案のように議員一人ひとりの信念が問われる法案は、せめて参院では自民党も各野党も●党議拘束●せず、個々の議員に判断をゆだねてみてはどうか。

〈078〉X が A(副詞的)に B(他)される→x を a(副詞的)に b(他)する (7 例)

10: また、プログラムを制御する電子部品のCPU（中央処理装置）などを搭載するゲーム機本体もゲームソフトと同じく、●違法に複製●されて大量に出回っている、という。→ 13: 一方、国内でも約五年前にゲームソフトの●違法複製●が問題化したが、警察の摘発で現在ではほとんどなくなった。

〈28〉 AでBされる
〈079〉XがAでB(他)される→xをaでb(他)する(6例)
　　6: また、九月十日には、●平壌で発展途上国の国際組織「77カ国グループ」のアジア閣僚会議が開催●される。→ 11: 今後も急激な開放、改革策をとらない限り、その方針を貫くと思われるが、一方で「77カ国グループ」のアジア閣僚会議の●平壌開催●を積極的に招致したように開発途上国を対象にした国連関連機関での外交活動を強化していく、と韓国側は分析している。

〈29〉 AされるB
〈080〉A(他)されるB → a(他)するb(1例)
　　9: 例えばイランは、ホメイニ師の登場で米国と疎遠になって以来、●引用される論文●の数は着実に減った。→ 13: しかし、西側よりはソ連・東欧寄りで、●引用論文●や共同研究論文にもそれは表れていた。

〈081〉XがA(他)されるB(＝XをBにA(他)する)→xをa(他)するb(1例)
　　3: 言い換えれば、●展示される空間●や描かれる題材の違いによって、その都度新鮮で流動的な魅力を彼女の作品は持ち続けている。→ 5: 彼女が素材に固執するのは、作品と●展示空間●との関係を重視しているからだ。

〈082〉XにA(他)されるB(＝XにBをA(他)する)→xにa(他)するb(1例)
　　26: 国連文書の中の「(国連の)コマンド」とは、加盟国からPKFに●派遣された要員や部隊●の配置等に関する権限。→ 32: 西広整輝・防衛庁顧問(元事務次官)　最大の論点は、●派遣部隊●が国連の指揮に従うか否かというところにある。

〈083〉XがA(他)されるB(＝XをA(他)するB)→xをa(他)するb(9例)
　　1: 二十八日午後六時半ごろ、茨城県那珂郡東海村にある動力炉・核燃料開発事業団の東海事業所プルトニウム燃料第三開発室で、作業員二人がプルトニウムに●汚染される事故●があった。→ 8: 同事業所では、これまでも十三件の同様の●汚染事故●が起きている。

〈084〉XにA(他)されるB(＝YをXにA(他)するB)→xにa(他)するb(1例)
　　15: 避難民救援のため、中東に●派遣される予定●の航空自衛隊輸送機C130が配置されている愛知県小牧市の小牧基地では、当直の隊員たちがテレビでイラクの声明のニュースを知った。→ 17: また●派遣予定●の隊員の一人は「毎朝、目が覚めるたびに、早く戦争が終わって欲しいと願っていた。～

〔9〕 使役化した結びつき

〈30〉 AをBさせる

〈085〉 AをB(自)させる→aがb(自)する(3例)
　　1: ブルガリア議会は二十八日、同国に●王政を復活●させるかどうかを問う国民投票を七月六日に実施する決議を賛成多数で採択した。→ 2: 民主化された旧ソ連圏の東欧諸国で●王政復活●の是非を国民投票にかけるのは同国が初めて。

〈086〉 AをXにB(自)させる→aがxにb(自)する(2例)
　　7: だからこそイラン・イラク戦争でイラク軍がノールーズ油田を破壊、ペルシャ湾に●原油を流出●させた時、湾岸諸国は立場を超えてイラクを非難した。→ 8: 今回のクウェート領のミナアルアハマディからの●原油流出●はこの「聖域」に再び踏み込んだ形だ。

〈087〉 AをB(他)させる→aがb(他)する(1例)
　　28: この過保護状況を改め証券市場での●競争を促進●させることが、再発防止の第二点となる。→ 31: 答申を待つまでもなく、証券会社間でも引受手数料の引き下げといった形で、●競争促進●の余地は残されている。

〈088〉 AをXからYにB(他)させる→xがaをyにb(他)する(5例)
　　4: 国会の求めとは、委員会が必要な●資料を官公庁から提出●させる権限＝国政調査権＝を意味するが、一般的には委員会が一致して要求すれば、官公庁が自発的に提出する例を指している。→ 5: 政府を追及する野党の質問者が●資料提出●を求めても、役所側が応じない場合が多い。

〈31〉 AにBさせる

〈089〉 XをAにB(自)させる→xがaにb(自)する(2例)
　　5: ロンドン・サミットは、保護削減の形態など各論に入らず、自由貿易体制の維持・強化と、そのために新ラウンドを●年内に決着●させる必要性をうたうにとどまる見通しだ。→ 9: このため、●年内決着●が現実となるかは、疑問視する見方が強い。

〔10〕 名詞句化した結びつき

〈32〉 AのB

〈090〉 AのB(自)→aがb(自)する(46例)
　　14: 日銀は七月一日、十一月十四日の二次にわたる公定歩合の引き下げで、●景気の失速●に歯止めをかける政策をとった。→ 17: 日銀は当分市場金利の調節で●景気失速●を防ぐ手法を取ってくるとみられるが、これで今回の短観結果に表れた企業マインドの回復が図れるかどうかは疑問だ。

〈091〉 AのB(自)→aがxをb(自)する(1例)
　　13: 完全独立、ASEAN加盟が一九八四年で、独立後、日本の●首相の訪問●は初

めてだ。→ 19: 戒厳令国への●首相訪問●は前代未聞だが、タイを訪問した金丸元副総理が「こんなクーデターなら、日本の政界再編成に応用したい」とジョークを飛ばしたように、アナン政権が格段に軍事色を強めたわけではない。

〈092〉AのB(自)→aがxにb(自)する(11例)
3: 日本プロ野球機構が今年六月、協約で●女性の参加●を排除する条項を削除した。→ 4: これを受け、同球団が六日明らかにしたもので、新人テストへの●女性参加●を認めたのはプロ野球で同球団が初めて。

〈093〉AのB(自)→aがxからb(自)する(1例)
11: 宴たけなわになると、司会者の音頭で、アフラナゼさんの健康と一緒に●民族の独立●を祈って乾杯した。→ 23: 同国は、まもなく赤軍に制圧されソ連に編入されたが、その国旗は七十年たった今も●民族独立●のシンボルになっている。

〈094〉AのB(自)→aがxとb(自)する(6例)
3: 最近、環境問題は、特定地域だけの課題ではないという考え方が支配的になりつつあり、●長官の「地域住民以外は口を挟むべきではない」と言わんばかりの発言●には批判が高まりそうだ。→ 7: こうした土地の共有などによる開発反対運動は、各地にあり、これを否定した●長官発言●は、ナショナル・トラスト運動の否定にもなりかねない。

〈095〉AのB(自)→aにb(自)する(1例)
160: ●海外の出動●をなさざるということは、昭和二十九年の参院本会議決議もあり、その有権的解釈は参院によって行われるものと考え、前国会でそう言った。→ 162: 国際機関の要請を受け、人道的な見地から避難民を輸送することも、「●海外出動●」に当たるのか、当たらないのか参院で有権的な解釈をいただくべきものだ。

〈096〉AのB(自)→a(とき)にb(自)する(2例)
5: コミュニケは、新ラウンドの●年内の終結●、夏までの交渉の実質的進展をうたい、スケジュールで縛り、各国の政治決断を促す手法をとった。→ 8: ●年内終結●を今回のコミュニケに明記しても「でき得れば」とのカッコつきであり、新ラウンドの厳しい状況は改善されていない。

〈097〉AのB(自)→xとaにb(自)する(1例)
1: 本格的な内戦の様相を見せているユーゴスラビアでは、二十二日、戦火を交えてきた連邦軍とクロアチア共和国軍との間で、新たに●停戦の合意●が成立したと伝えられる。→ 6: 紙の上では、いくつもの●停戦合意●が成立したが、その都度破られた。

〈098〉AのB(自)→aでb(自)する(3例)
1: 和歌山県那賀郡岩出町で十一月九、十の両日開かれる「第四回全国子守唄フェス

タ '91」に長崎県島原市が●雲仙・普賢岳の被災●を乗り越えて参加することが、七日までに正式決定した。→ 6: 今年も島原市は参加することにしていたが、五月以降の●雲仙被災●の拡大で参加は一転、暗礁に。

〈099〉AのB(自)→aでxとb(自)する(1例)
22: 同社は各職場の研修や新入社員研修で、このマニュアルを使って●電話の応対●を訓練、上達の早い人では二、三日、遅い人でも一、二週間で効果が現れたという。→ 37: ●電話応対●の指導などを請け負っている「テレマーケティング社」の女性担当者は、こう嘆く。

〈100〉AのB(他)→aがxをb(他)する(5例)
11: その理由の一つは、株式の分割や投資単位の引き下げを行うと、●企業の負担●が増えるためだ。→ 15: 対象は個人株主増大につながる二株以上の分割や、千株から百株への単位引き下げなどで、分割などによって単位株数が増えても分割以前の単位株数とみなして●企業負担●の増大を防ぐ。

〈101〉AのB(他)→aがxをyにb(他)する(4例)
22: 公正取引委員会型の場合、委員長は●首相の任命●。→ 23: 大蔵省の外局委員会の場合は、運輸省の航空事故調査委員会型なら蔵相、中央労働委員会型なら●首相任命●となる。

〈102〉AのB(他)→aをb(他)する(102例)
4: この計画を達成するには三百七十一万キロワット分の●原発の建設●が必要だが、今後十年間で新設が確定しているのは建設中の大飯3、4号機(いずれも出力百十八万キロワット)だけ。→ 5: こうした●原発建設●への風当たりが強い中での今回の事故は、関電の立地戦略にダメージとなりそうだ。

〈102'〉A(サ変)のB(他)→a(サ変)をb(他)する(14例)
4: これに対し、西岡氏は、経済同友会の山口敏明副代表幹事が「政治家には理念のかけらも感じられない」と発言したことについて「言われたままでは、国民の政治不信を拡大すると思ったので、総務会長として●発言の撤回●か、公開討論することを求めた」と説明した。→ 7: 党三役側は加藤政調会長が「西岡氏から(●発言撤回●などを申し入れる)話を聞いた時、『どうぞ、しっかりやって下さい』と西岡氏に言った」などと擁護。

〈103〉AのB(他)→aをxにb(他)する(34例)
1: 今年十一月末、駒込―赤羽岩淵駅間(六・八キロ)が部分開業する営団地下鉄南北線の王子車両基地(東京都北区)で、十七日、地下車両基地への●車両の搬入●が始まった。→ 4: 地上からの●車両搬入●は、都営地下鉄では七八年七月から、新宿線大島車両検修場(江東区)では随時行われているが、営団では六四年十月、東西線高田馬場―九段下駅間の開業に備えて千代田区役所そばの堀の水をせき止め、搬入し

て以来二十七年ぶり。

〈103′〉AのB(サ変)(他)→a(サ変)をxにb(他)する(4例)

9: 財政赤字に悩む米国一国では、とても負担しきれないところから外国への●協力の打診●が始まった。→ 21: 超電導線材の開発研究には日本から古河電気工業と住友電気工業の参加が決まっており、冷却に必要なヘリウム圧縮機は実績世界一の前川製作所への●協力打診●が来ている。

〈104〉AのB(他)→aをxからb(他)する(7例)

7: 結局、不正の究明より、共和に対する●債権の回収●を優先したと、詐欺事件の被害企業は、丸紅に不信の目を向ける。→ 8: 丸紅のある幹部は「発覚したときに共和側を告訴するなどの方法もあっただろうが、架空取引が明るみに出たら、共和がすぐにも倒産して●債権回収●はできなかった」と釈明する。

〈105〉AのB(他)→xをaにb(他)する(3例)

7: これについて、M理事会長は関係者に「(●霊園の融資●については)T元副社長が私に融資を依頼してきた。〜→ 9: また、●霊園融資●の経過を記録したイトマンの内部文書でも「(霊園融資はK)社長の積み残し案件であり、やる方針に決まっている。〜

〈106〉AのB(他)→xをa(とき)にb(他)する(8例)

1: イラク機のイラン領内着陸は三十一日までに百機前後にも達し、イラン・イラク両国が●事前の了解●の下に行った可能性が強まった。→ 5: このうち半数近くはイラク空軍の主力である最新鋭のミグやミラージュ戦闘機といわれ、これだけ大量の移動はなんらかの●事前了解●がなければ不可能。

〈107〉AのB(他)→aでxをb(他)する(2例)

6: 同試験を代行する全国旅行業協会(中央区日本橋浜町)が今年初めて●代筆の受験●を認めたため挑戦。→ 10: 来年はぜひ海外旅行も扱える一般旅行業務取扱主任者試験(まだ●代筆受験●を認めていない)を受けさせてもらって早く一人前の主任者になりたい。

〈108〉AのB(他)→xをaにb(他)する(3例)

12: この日の仙台高裁判決は、公人としての参拝を私人のものとは明確に一線を画すべきだとの見解に立ち、「公式参拝は政教分離原則の相当範囲を超える」と、国と宗教の関係を極めて厳格にとらえ、●違憲の判断●を引き出した。→ 17: 判決は玉ぐし料支出についても松山地裁の愛媛玉ぐし料訴訟判決(八九年)に続く●違憲判断●を出した。

〈109〉AのB(他)→a(とき)、xをb(他)する(3例)

3: このうち、四年制大卒者の採用を今春実績に比べて「増やす」とした割合は●昨年の調査●より二割近く落ち込み、逆に「減らす」企業は倍増。→ 14: これを四年

制大卒全体で見ると、採用を今春実績より「増やす」としたのが三三％(●昨年調査●では五〇％)、「今春並み」が二七％(同二九％)だったのに対して、「減らす」は三四・五％(同一七％)にのぼり、減速・抑制の姿勢が浮き彫りになった。

〈110〉 AのB(他) → a(とき)、xとb(他)する (3例)
19:「川崎公害病友の会」の大場泉太郎事務局長(37)は「●今回の裁決●が良い事例となって、遺族へ救済の道を開いてくれるのでは」と期待。→ 27: 〜その意味から、●今回裁決●は、国の公害行政がそこまで患者サイドに立って、死因認定に踏み込む初のケースだろう」と話している。

〈33〉 AでのB

〈111〉 AでのB(自) → aでb(自)する (2例)
2: 自衛隊ではすでに地対空ミサイルのホーク(陸自)やナイキ(空自)部隊の米国での射撃演習を行っているが、地上戦闘部隊を使った本格的な●海外での演習●は初めて。→ 10: 陸自幹部は●海外演習●の理由について「費用もかかるし国土防衛という立場からも、本来なら国内で演習する方が望ましいが、演習場の広さに限界があり、今後さらに広い演習場を造ることも難しい」と説明。

〈112〉 AでのB(他) → aでxをb(他)する (4例)
1: 灯・軽油が冬場の需要期を控えているにもかかわらず●国内での精製●を増やせず、石油元売り各社が頭を痛めている。→ 2: 冷夏のため電力向けのC重油の需要が落ち込んでダブついているため、連産品である灯・軽油の●国内精製●を増やすわけにいかないからだ。

〈34〉 AからのB

〈113〉 AからのB(自) → aからb(自)する (1例)
1: 政府・自民党筋は五日、宮沢内閣組閣後、同日中に行われる見通しの初閣議で、閣僚の●派閥からの離脱●を申し合わせることを明らかにした。→ 2: 副総理兼外相で入閣が内定している渡辺美智雄元政調会長の●派閥離脱●についても、宮沢総裁と渡辺氏の間で調整がついた。

〈114〉 AからのB(自) → aがxにb(自)する (1例)
3: ●企業からの献金●を倍増させたのが大きな要因で、前年に続きゼロだった資金集めパーティー収入の穴を埋めて余りある結果となった。→ 4: ●企業献金●は収入の八五％を占めたが、企業名はほとんど分からない。

〈115〉 AからのB(自) → aからxにb(自)する (1例)
18: ●外国からの投資●をふやす環境作りも積極的に推進していくべきだ。→ 25: 価格の自由化や企業の民営化政策、さらに●外国投資●の奨励などは基本的に各共和国政府の責任になるかもしれない。

〈116〉 A からの B(他)→a から x を b(他)する(2例)
2: 崩落溶岩塊や熱風もさらに高温化していることが、●上空からの観測●で確認された。→ 4: 同日午前の●上空観測●によると、北東の千本木地区方向へ直進した熱風の到達範囲は二十七日と変わらないものの、熱風にあおられている垂木台地の樹木や地表の焼け方がこれまでの黄土色からこげ茶色に進んでいた。

〈117〉 A からの B(他)→a(とき)から x を b(他)する(1例)
2: 京都市内のタクシー会社のうち、「エムケイ」と系列二社を除く各社は、平均約二三％の大幅な運賃値上げを申請、●来月からの実施●を目指している。→ 3: 同一地域同一料金の原則から、●来月実施●は困難になるとみられる。

〈35〉 A との B

〈118〉 A との B(自)→a と x について b(自)する(1例)
3: 今後、●地元との交渉●が難航しているゴルフ場を保養施設へ計画変更を求めるなど、指導を強化する。→ 13: ●地元交渉●が難航しているゴルフ場開発業者に対し自然を残した保養施設にするよう変更を求めたり、「学者村」など住民の生活向上につながるものを取り入れていくよう指導する。

〈119〉 A との B(他)→x を a と b(他)する(2例)
1: 靖国神社への公式参拝や公金による玉ぐし料支出は●違憲との判断●を下した「岩手靖国訴訟」控訴審判決(十日、仙台高裁)について、井上二郎原告団長(50)＝牧師、盛岡市＝ら原告団は十九日、弁護団、支援団体との三者協議の結果、全員一致で上告しないことを決めた。→ 2: 原告側主張がほぼ全面的に認められ、●違憲判断●を導き出したことに加え、最高裁の判断に百％は信頼を置けない——が理由。

〈36〉 A への B

〈120〉 A への B(自)→a に b(自)する(7例)
10: 今年三月、レバノン政府が PLO を含む九組織に武器の引き渡しを求め、今月一日から従来は「無法地帯」とされた●南部への進駐●に踏み切ったことで、シリア軍の力はさらに強まった。→ 25: 一方、正常化に伴う政府軍の●南部進駐●で、レバノンを足場とする PLO の武装闘争は大きな曲がり角に直面した。

〈121〉 A への B(他)→a に x を b(他)する(1例)
37: 冠コンサートが、●文化への支援●と言いながら、出来上がったものを買っているあり方にも問題があろう。→ 39: トヨタ自動車広報部で●文化支援●を担当する土井正己さんは「持ち込まれる企画はたいてい、支援によってこれだけ宣伝になりますという発想。〜

〈37〉 A による B

〈122〉AによるB(自)→aでxとb(自)する(1例)
　　4: ●武力による侵略と衝突●を防いで緊張緩和と平和を保障し、多角的な交流・協力を実現して民族共同の利益と繁栄を図る。→ 21: 一三条　南と北は偶発的な●武力衝突●とその拡大を防止するため、双方の軍事当局者間に直通電話を設置・運営する。

〈123〉AによるB(他)→aがxをb(他)する(1例)
　　16: 延期が決まった翌十一日、知事は定例会見で「シンポジウムの開催には(強制収用放棄の)●政府による保証●が大事な要素」と指摘した。→ 23: 例えば、熱田派は「●政府保証●」の形式内容を限定せず、また大臣陳謝への批判や評価を控えた。

〈124〉AによるB(他)→aがxについてb(他)する(1例)
　　4: 南北両代表団のスポークスマンは同日午前、緊急の合同会見を行い「合意文書の詰めの作業のため●代表による協議●を再開する」と発表、ただちに協議に入った。→ 6: 南北双方が二日目の会談で急きょ●代表協議●を再開したことは、北朝鮮側に譲歩の姿勢が出てきたためとの見方がソウルでは多い。

〈125〉AによるB(他)→aでxをb(他)する(4例)
　　5: なぜ今、●条例による規制●なのか──。→ 9: ～府議会で●条例規制●を求める九十二団体の請願も採択されている」と説明。

〈38〉Aに関するB

〈126〉Aに関するB(他)→aについてxとb(他)する(1例)
　　7: 福祉、環境、教育、地域おこし、地場産業の振興、コミュニティーづくりなどあなたの●郷土に関する有意義な提言●をお寄せください。→ 162: 私の●郷土提言●は、身近な環境を見つめようという活動から始まりました。

〈127〉AをめぐるB(他)→aについてb(他)する(1例)
　　5: ●脳死をめぐる論議●も、つきつめれば脳死者からの臓器移植という治療法の問題ですね。→ 11: いまの●脳死論議●も医療の歴史の一通過点だと。

〈39〉Aに対するB

〈128〉Aに対するB(他)→aをb(他)する(2例)
　　8: サウジアラビアの米中東軍司令部の発表によると、クウェートの●油田、製油施設などに対するイラク軍の組織的な破壊●が進行中と伝えられる。→ 10: イラク側は多国籍軍の空爆による被害と反論しているが、フセイン大統領は早くから、クウェートの●油田破壊●を軍事作戦のひとつとして採用することを宣言していた。

〈128'〉A(サ変)に対するB(他)→a(サ変)をb(他)する(1例)
　　2: この中で「日本政府は武力衝突を深く憂慮し、ユーゴ連邦並びにすべての当事者

に対し武力の行使を控えるとともに、対話を再開し平和的手段により事態の打開を図るよう要請する」と呼び掛けるとともに、「ユーゴスラビアの●統一と一体性に対する支持●を確認する」との立場を改めて表明した。→4: これに対し大使は、ユーゴの●統一支持●を確認したことに謝意を表明した。

第3類　関係再構型の臨時一語化

　単語列において他の単語が介在するために間接的な構文的関係にしかない単語どうしを、直接的な構文的関係をもつ臨時一語に形成する類である。単語列中の単語が間接的な構文的関係にある点で、関係保存型や関係還元型と異なっており、また、それらを直接的な構文的関係に再構成して臨時一語化するので、前二者よりも手間のかかる変形である。この類の臨時一語化には、次のようなタイプがある（単語列の形式によって示す）。

　　〔11〕同一の動詞にかかる名詞と名詞との結びつき
　　〔12〕名詞と動詞句内の修飾名詞との結びつき
　　〔13〕補文の述語動詞と動詞句内の修飾名詞との結びつき
　　〔14〕補文の述語動詞と主節の述語動詞との結びつき
　　〔15〕名詞句内の修飾名詞と動詞との結びつき
　　〔16〕名詞句内の修飾名詞と名詞との結びつき
　　〔17〕動詞句内の修飾名詞と名詞との結びつき

　〔11〕は、同じ動詞に格成分（補語）や副詞的成分としてかかる二つの名詞を、〔12〕〔13〕は、名詞および補文の述語動詞と、後続する動詞句を構成する修飾名詞（かざり）とを、〔14〕は、補文の述語動詞と主節の述語動詞とを、〔15〕～〔17〕は、先行する名詞句ないし動詞句を構成する修飾名詞（かざり）と、後続する動詞ないし名詞とを、それぞれ、結びつけて臨時一語にするものである。なお、〔12〕〔13〕には、動詞句が機能動詞表現となっているものが多い。

　このほか、〔16〕に類するものとして、下の(7)のように、先行する名詞句内の修飾動詞と後続する名詞との結びつきや、〔17〕に類するものとして、(8)のように、先行する動詞句内の修飾動詞と後続する名詞との結びつきがあり、また、(9)のように、名詞句内の修飾名詞と動詞句内の修飾動詞とを結びつけたものもあったが、いずれも、1例のみなので、中分類として立てることはしなかった。

（7）　6: 大気汚染対策や熱帯雨林の保護など環境保全事業に優先的にODAの資金配分を行う計画で、政府は●供与する資金の総額●を、八九年度から九一年

度までの三年間で計三千億円と発表した。→ 7: しかし、途上国の環境 ODA へ要望が強く、九〇年度末時点の●供与総額●は約二千八百億円にのぼった。

(8) 19: この間、一兆四千億円余りの土地売却収入や事業団所有の営団地下鉄株を政府に●売却して得た約九千三百億円などの収入●があったのに、債務額は増えている。→ 29: その結果、大きな●売却収入●を期待した土地の処分が大幅に遅れたのは事実。

(9) 2: ●一審の大阪地裁は六十二年六月、大阪市の下水道設置、管理の落ち度を認め総額三億五百万円の支払いを命じる判決●を言い渡しており、この日の和解で原告側が国、府への訴訟も取り下げ、提訴から八年ぶりに解決した。→ 4: 和解には大阪市が管理責任を認めたり、改善目標を盛り込んだ条項は一切なく、解決金も原告が訴訟で負担した相当額としたため、●一審判決●の賠償額の三分の一になっている。

〔11〕 同一の動詞にかかる名詞と名詞との結びつき
〈40〉 AがBを（Xする）
〈129〉 AがBをXする→aがbだ（1例）
3: 最高裁が定数訴訟判決で、●格差が3倍●を超えたものは憲法違反状態と指摘。→ 4: 従って、●格差3倍●の選挙区を抱え、是正しないまま選挙が行われれば、この選挙は違憲・無効という理屈になる。

〈130〉 AがB（他サ変）をXする→aをb（他）する（1例）
5: 実際の●被害は想定●を大きく上回ることが考えられる。→ 14: 都は二十三区は七八年、多摩地区は八五年にそれぞれ同様の●被害想定●をしたがこの時、避難の要素を加味しておらず、今回はこの点を含めて精査した。

〈131〉 AがB（自サ変）をXする→aがyにb（自）する（2例）
21: しかも、●首相は三年前の国会答弁で、「H氏が友人から頼まれて、名前を貸しただけ」と言い切るなど、野党の追及によって七回も答弁●を修正したり、訂正した経緯がある。→ 23: 野党側が●首相答弁●に簡単に納得しないのも、こうした背景があってのことだろう。

〈132〉 AがBをXする→aのb（4例）
2: 席上、●連合は前回のように確認団体をつくって「連合候補」を擁立することはせず、社会、公明、民社、社民連の選挙協力による無所属統一候補を連合が推薦していく方針●を説明した。→ 3: 民社党は●連合方針●を基本的に了承したが、公明党は、社会党の党改革の行方を慎重に見極めたいなどの理由を挙げ、難色を示した。

⟨41⟩ **AがBに(Xする)**

⟨133⟩ A(他サ変)がBにXする→a(他)されるb(1例)
2: 米国沿岸警備隊の航空機搭載マイクロ波映像レーダー観測(SLARシステム)によって初めて確認されたもので、油膜による●汚染はクウェート沖から約五百キロ離れたバーレーン、カタールの海域●に達している。→ 4: 米国沿岸警備隊の観測結果によると、●汚染海域●は北緯二六度から二九・五度まで、東経四八・五度から五一度までの南北約五百キロ、東西二百五十キロの広範囲に広がった。

⟨134⟩ AがBにXする→aのb(1例)
15: (●宇宙が初期●に急膨張したとする)インフレーションモデルの実証に結びつき、宇宙の起源の解明に貢献するだろう。→ 47: トップクオークやヒッグス粒子などの新しい素粒子を探し、物質の成り立ちと●宇宙初期●の姿の解明を目指す。

⟨42⟩ **AをBに(Xする)**

⟨135⟩ AをBにXする→aがbだ(1例)
2: しかし、●任期を二年から三年●に延長する問題では「今回の総裁選の前に結論を出すことは避け、じっくり議論すべきだ」との慎重論が多かった。→ 14:「●任期三年●は海部続投に道を開くので総裁選前の導入は断固阻止しよう」との意見で一致、三派メンバーはこの線で発言したため、慎重、反対論が続出する結果につながったらしい。

⟨136⟩ AをB(他サ変)にXする→aをyからb(他)する(1例)
18: これに対して日本は、コメを除けば、ほとんど手放しで●食糧を輸入●に頼っている。→ 45: 米国だけに穀物の大半を頼っている、いまの●食糧輸入●の体制こそが不安定なのだ。

⟨43⟩ **AをBで(Xする)**

⟨137⟩ AをB(他サ変)でXする→aについてyとb(他)する(1例)
3: 席上、埼銀の子会社などを経由した大手仕手集団「光進」のK代表(恐喝事件などで起訴)への三百億円の●融資は、実質的に同前頭取の判断●で実行したことを明らかにした。→ 6: ただ、同前頭取は「旧埼銀の●融資判断●に間違いがあったとは思っていない」と強調した。

⟨44⟩ **AにBが(Xする)**

⟨138⟩ AにBがXする→aのためのb(3例)
15: 新薬の●開発には膨大な費用●と長い研究期間がいる。→ 21: 巨額の●開発費用●の持つ重圧に負けて、そのコスト回収に、なりふり構わず社員を駆り立てる面はないか。

⟨139⟩ A(副詞的)にB(他サ変)がXする→aにyをzにb(他)する(3例)

3: 例年なら概算要求のあと、年末に●正式に要求●が出てから「今の財政事情では無理。〜→ 4: 〜国費で給料を払う議員秘書は今の二人でご辛抱を」と断ってきたのだが、今年は、●正式要求●を待たずに、担当主計官が財政制度審議会の席上などでバッサリ。

⟨45⟩ **A に B を（X する）**

⟨140⟩ A に B（自サ変）を X する → a に b（自）する（8 例）
1: 政府筋は五日、湾岸戦争のぼっ発と戦後処理のため延期されたブッシュ米大統領の●訪日を年内●に実現する方向で米政府と調整していることを明らかにした。→ 8: 米政府はこのほど、秋までにブッシュ大統領のソ連、中東訪問を終えることを前提に●年内訪日●の意向を伝えてきたという。

⟨141⟩ A（副詞的）に B（自サ変）を X する → a に y と b（自）する（7 例）
1: ゴルバチョフ・ソ連大統領は十五日午後（日本時間同日夜）、ユーゴ内戦の停戦と平和解決を目指し、ミロセビッチ・セルビア大統領、ツジマン・クロアチア大統領と●個別に会談●を行った。→ 2: ソ連タス通信によれば、ミロセビッチ、ツジマン両大統領は十五日昼すぎ、相次いでモスクワ入りし、ゴルバチョフ大統領とそれぞれ●個別会談●に入った。

⟨46⟩ **A で B が（X する）**

⟨142⟩ A で B が X する → a の b（3 例）
1: ●湾岸で戦争の危機●が高まる中で、帰国しても生活のメドが立たないアジアからの出稼ぎ労働者は依然、多数が中東に居残っている。→ 6: 重度なるクーデター騒ぎによる外国資本の国外逃避、ルソン島大地震、●湾岸危機●などの悪条件が重なり、官民ともレイオフが相次いでいる。

⟨47⟩ **A で B を（X する）**

⟨143⟩ A で B を X する → a の b（1 例）
17: ほとんどは、●自社で施設●を所有、運営するシステムだが、コスミック産業のように、自社施設を持たない商法も増え、客とのトラブルが絶えないという。→ 18: このため、同省は同社摘発後の昨年十一月に業者団体や都道府県知事などに対し、契約時の書面に、最終会員数▽●自社施設●の有無▽権利譲渡の可否、条件▽クラブなどの閉鎖、解散の場合の会員の権利保護――などを明記するように通達した。

⟨144⟩ A で B（自サ変）を X する → a で y と b（自）する（1 例）
11: 特に、損失補てんの有無については野村証券は二十日に「ない」、翌二十一日「あった」と前言をひるがえし、さらに、この●総会で再び「ない」と発言●を二転、三転させてきた。→ 17: ●総会発言●は、原稿の書き方がこなれていなかった。

〈145〉A（副詞的）でB（他サ変）をXする→aでyをb（他）する（1例）
　　2: また両政府は仏政府と●共同で、「リビアはすべてのテロ活動を中止すべきである」との宣言●も出した。→ 3: 米英両政府の●共同宣言●は、英スコットランドで八八年十二月、リビア情報機関員らによって起こされたパンナム103便爆破事件の捜査報告書が、既にリビア政府に届けられたと言明。

〔12〕　名詞と動詞句内の修飾名詞との結びつき
〈48〉AがBを（Xする）
〈146〉AがB（自サ変）をXする→aがb（自）する（5例）
　　1: ●与党・労働党が大勝●を収めた初の複数政党選挙は「グーチョキ選挙」とも呼ばれた。→ 6: もちろん、ジャンケンだけでは●与党大勝●の説明はつかない。

〈147〉AがB（他サ変）をXする→aをb（他）する（1例）
　　26: ●政治が自ら痛みを伴う改革●を断行してこそ、国民に協力を呼びかけることが可能になる。→ 29: ●政治改革●が、そうした政治基盤づくりにつながることが期待されている。

〈49〉AがBに（Xする）
〈148〉AがBにXする→aがbだ（2例）
　　2: しかし、光州市では焼身自殺を図り重体だった女子学生が死亡、機動隊員に集団暴行されたという●市民が重体●に陥り、逆に緊迫の度を増している。→ 14: 一方、学生死亡・●市民重体●の報に緊迫度が高まっている光州市では、十九日死亡した全南大生、朴勝熙さん（20）の「民主国民葬」が二十三日、行われる予定だ。

〈149〉AがBにXする→aのb（2例）
　　11: ●統一がまだ現実の問題●になっていない現在、統一チーム作りの交渉は、南北双方にとって、どちらが統一に熱心かを国民にアピールする政治ゲームである。→ 16: 有利な立場から北朝鮮に攻勢をかけ、同時に●統一問題●に不熱心との国民の批判をかわす狙いもあろう。

〈150〉AがB（自サ変）にXする→aがb（自）する（3例）
　　3: しかし、この処分だけで、悪の巣窟（そうくつ）のような証券業界の●体質が改善●に向かうとは思えない。→ 27: 証券界の緊急課題は、お座なりの対応ではなく、●体質改善●を誇示するような手を、次から次へと打ち出し、信頼の早期回復に努めることだ。

〈151〉AがB（他サ変）にXする→aがyをb（他）する（1例）
　　1: ●国会は、二十日にも衆院予算委員会での審議●に入り、証券・金融疑惑、政治改革、国連平和維持活動（PKO）協力をめぐる本格論戦がスタートする。→ 3: ●国会審議●の行方は、秋の政局に大きな影響を与えることも予想される。

〈152〉Aが B（他サ変）にXする→aをb（他）する（1例）
　　2: 国内治安問題を理由にワンチュク・ブータン国王が欠席表明したため、十一月に予定されていた●会議が開催前日に延期●となっていたが、同国王が出席に踏み切り、年一回首脳が集まるというSAARCの体面がかろうじて保たれた。→ 3: ワンチュク国王は開会演説で●会議延期●について謝罪の言葉を述べたが、「不法移民のテロと戦っている」と説明。

〈153〉A（他サ変）がBにXする→yをa（他）するb（1例）
　　3: この変化は湾岸戦争の進行状況、日本国内世論の推移とともに、米国の動向を反映したものだったが、●調査は日本が方針を変えていかざるを得ない状況をかなり鮮明に描く結果●となった。→ 17: ●調査結果●からはその危ぐが現実のものになりつつあることを示している。

〈50〉**AでBが（Xする）**

〈154〉AでB（自サ変）がXする→aにb（自）する（1例）
　　1: ユーゴスラビア内戦終結を目指し、セルビア、クロアチア両共和国首脳は二十三日ジュネーブの国連欧州本部で会談、二十四日からの●停戦で合意●が成立した。→ 2: これまでの欧州共同体（EC）主導による十三回の●停戦合意●はことごとく失敗に終わっているが、今回は初の国連主導による停戦であり、国連平和維持軍派遣という実行力の伴うものだけに、五カ月に及ぶ内戦は終結に向けて最大の転換点を迎えた。

〈155〉AでB（他サ変）がXする→aでyをb（他）する（1例）
　　4: 河川敷コースの一番の良さは、土日でも●電話などで予約●ができること。→ 9: 都心から近い河川敷コースとその申し込み方法は別表の通りだが、さすがにどこも人気が高く、●電話予約●の場合、土日は受け付け開始から十五分程度で満ぱいになるところがほとんど。

〈156〉A（他サ変）でBがXする→yをa（他）するb（3例）
　　3: 首都圏の民間教育グループ「学校外教育研究会」の●調査でこんな結果●が出た。→ 18: 同会では●調査結果●を東京都中学校長会に提出、改善を求める。

〈157〉A（自サ変）でBがXする→aによるb（1例）
　　10: ソ連宇宙総局は「●落下で被害●は出ない」というが、確信あっての発言ではない。→ 18: 巨大衛星の●落下被害●は技術的に予防可能である。

〈51〉**AでBを（Xする）**

〈158〉AでB（他サ変）をXする→aでyをzにb（他）する（1例）
　　15: 高原鉄道は出発遅れの場合、●無線で連絡●を取り合っているが、今回はJR臨時列車のため、連絡がうまく取れず、衝突した可能性が強い。→ 17: 〜スピードを

出さずに走り、待避線ですれ違う予定だったが、遅れを●無線連絡●できず衝突したようだ」と話している。

〈159〉AでB(他サ変)をXする→aでyとb(他)する(1例)
1: 福岡県飯塚市で一九七六年六月、一家四人が殺された事件で、殺人と住居侵入罪に問われ●一審で死刑の判決●を受けたA被告(49)に対する控訴審判決が九日、福岡高裁であった。→ 2:A被告は「内妻との共犯」を主張していたが、雑賀飛龍裁判長は「被告の単独犯行」とする●一審判決●を支持、被告の控訴を棄却した。

〈52〉 **AからBが(Xする)**

〈160〉A(他サ変)からBがXする→yをa(他)するb(1例)
43:「日本政府はNOと言うが、●調査からは『少しは妥協してもいい』という結果●が出ている」。→ 46: ●調査結果●は一般に公開されることはない。

〈161〉A(自サ変)からBがXする→a(自)してbがxする(1例)
2: 東西ドイツの●統一から1年●がたった。→ 6: ドイツのサラリーマン、OL3人に集まってもらい、「●統一1年●」の暮らし向きアレコレを"市民談議"してもらった。

〈53〉 **AについてBが(Xする)**

〈162〉AについてB(他サ変)がXだ→aについてb(他)する(1例)
4: 湾岸戦争を契機に、自衛隊機の海外派遣、ペルシャ湾への掃海艇派遣などの動きが出ているだけに、議論の出発点となる●憲法について、司法の判断●がほしかった。→ 10: ●憲法判断●を示さなかったものの、自衛隊に特別高い公共性を認めなかったことなどが、法律の玄人には積極的に見えたのだろう。

〈163〉AについてB(他サ変)がXされる→aをb(他)する(1例)
24: 先端技術兵器の●移転、並びに、特に懸念が持たれる国及び地域に対しての売却については、特別の制限●が加えられるべきである。→ 25: 同様の●移転制限●が適用され得る機微な物品及び先端兵器生産能力を定義するための特別の努力が行われるべきである。

〈54〉 **AについてBを(Xする)**

〈164〉AについてB(他サ変)をXする→aをb(他)する(3例)
2: 大蔵省首脳は八日、自らの公定歩合発言(一日)の●真意について異例の説明●を行った。→ 8: ともあれ、異例の●真意説明●は、大蔵首脳が日銀に公定歩合引き下げを迫ったかのような印象を払拭(ふっしょく)するためだったようだ。

〈55〉 **AについてBに(Xする)**

第 5 章　文章顕現型の臨時一語化の基本類型　345

〈165〉A について B(他サ変)に X する→a を b(他)する (2 例)
　3:K 氏系企業三社からイトマンに納入された絵画の大半にも通常取引では使われることのない鑑定評価書が付けられ価格つり上げに利用されたとみられ、捜査当局は「金板経」自体の●真贋(がん)についても独自の鑑定●に乗り出した。→ 7: イトマンには関西新聞など K 氏影響下の三社から「金板経」を含む計二百十九点(五百五十七億円)が納入されているが、大阪地検特捜部は全点の●真贋鑑定●を専門家に依頼することを決定。

〈56〉　A に対して B が (X する)
〈166〉A に対して B(他サ変)が X される→a を b(他)する (1 例)
　29: 日本に限らずどこの国でも、多かれ少なかれ●農業に対して保護●が行われてきたのは、農業が持つ経済外的価値を自明のこととして考えてきたからだろう。→ 31: ただ、●農業保護●が政治的に利用されすぎたりして、問題が生じたということはある。

〈57〉　A をめぐって B が (X する)
〈167〉A をめぐって B(自サ変)が X する→a について b(自)する (1 例)
　3: 独ポの●国境「オーデル・ナイセ線」をめぐり、両国間で過去たびたび論争●がおきたが、そんな確執を超え、今度は同線上で手を携え、その名も「ヨーロッパ大学」を建てようという構想。→ 9: さらにナチスドイツの侵攻、●国境論争●など暗い過去を超え、「ヨーロッパ大学」の設立など善隣友好事業にも話が及んだ。

〔13〕　補文の述語動詞と動詞句内の修飾名詞との結びつき
〈58〉　A するよう B が (X する)
〈168〉A させるよう B(他サ変)が X する→a を y に b(他)する (1 例)
　22: 兵庫県警の調べでは、I 前校長と K 教諭には二月ごろから特定の受験生を●合格させるよう電話などで依頼●が相次いだ。→ 24: ●合格依頼●のほか、県教委職員を通じ合格発表以前に合否を知らせる依頼も受けたという。

〈59〉　A するよう B を (X する)
〈169〉A するよう B(他サ変)を X する→a を y に b(他)する (1 例)
　2: 改正道交法では、駐車違反の罰則金が改正前の一・四一一・七倍に引き上げられたほか、運転者が違法駐車車両から離れ、放置を繰り返した場合に車の所有者は公安委員会から●改善するよう「指示●」を受ける。→ 4: まとめによると、各都道府県の公安委員会が出した●改善指示●は、この半年間で計千三百十五件、千三百四十五台。

〈60〉 **A してほしいと B を（X する）**

〈170〉 A してほしいと B（他サ変）を X する → a を y に b（他）する（1 例）
　　　8: 六月一日夕方、同センターは島原市から「災害予測図を●作成して、三日夜までに届けてほしい」と緊急の依頼●を受けた。→ 17: 市側がいち早く●作成依頼●していれば、予測図が間に合う可能性はあった。

〔14〕　補文の述語動詞と主節の述語動詞との結びつき

〈61〉 **A することを B する**

〈171〉 A することを B（他）する → a（サ変）を b（他）する（4 例）
　　　5:M 死刑囚は上告中の八四年、当時十歳の義理のめいとの面会を求めたが、十四歳未満の者が収監者と●面会することを禁止●した監獄法施行規則一二〇条を理由に、不許可になった。→ 20: 十四歳未満の年少者との●面会禁止●は、当初から盛り込まれた。

〈62〉 **A すると B する**

〈172〉 A すると B（他）する → a（サ変）を x に b（他）する（2 例）
　　　8: 小林会長は今年六月、「資金不足のため今回のアメリカズカップへの挑戦を●断念する」と正式に表明●した。→ 10: この●断念表明●の 2 カ月前、高木以下 BBC のクルーは米国サンディエゴにいた。

〈173〉 A すると B（他）される → a（サ変）を x に b（他）する（1 例）
　　　5:Y さんは八月三十日、建て替えに応じないことを理由に、同公団から半年後には賃貸契約を●解約すると通知●された。→ 8: ●解約通知●は無効との判決を求めている。

〈63〉 **A しようと B する**

〈174〉 A しようと B（他）する → a（サ変）を b（他）する（1 例）
　　　5:C 被告はカナダ人二人と共謀し、一九八一年七月、フィリピンを訪問した全斗煥大統領（当時）をマニラ郊外のゴルフ場で●暗殺しようと計画●した。→ 9: しかし、二人は途中から●暗殺計画●の情報をリークし始め、北側からの"催促"が厳しくなると八二年二月、カナダ警察に自首した。

〈64〉 **A するよう B する**

〈175〉 A するよう X に B（他）する → a（サ変）を x に b（他）する（8 例）
　　　1: 日本電信電話（NTT）の有料情報サービス「ダイヤル Q2」の番組審査を実施している全日本テレホンサービス協会は十八日までに、露骨な性的番組を流していた番組三十九件に対し、回線契約を●解約するよう NTT に勧告●した。→ 2: アダルト番組が社会問題化しているのを受けて、同協会が先月末に審査の基準となる独自の

「倫理規定」を策定して以来、初めての●解約勧告●。

〔15〕 名詞句内の修飾名詞と動詞との結びつき
〈65〉 Aの(Xを)Bする
〈176〉 AのXをB(他)する→aをb(他)する(2例)
　　3: 40年に及ぶアパルトヘイト体制の中で、南ア政府高官が公式の場で制度自体の誤りを認め、非白人国民への差別に●謝罪の意を表明●したのは初めて。→ 4: こうした●謝罪表明●は、今月１日のデクラーク大統領演説に盛り込まれるかどうか注目されていたが、結局、触れられなかったことに一部で不満の声が上がっていたことに応えたもの。

〈177〉 AへのXをB(他)する→aをb(他)する(1例)
　　2: 宮沢氏は同日午後、●出馬への決意を表明●するとともに、政権ビジョンをまとめた小冊子を発表する。→ 3: 渡辺元蔵相、三塚前政調会長は、まだ明確な●出馬表明●をしていないが、すでに出馬に向け地方行脚などを続けており、宮沢氏の決意表明と政権ビジョンの発表は渡辺、三塚両氏の動向にも影響を与えると見られる。

〈66〉 Aする(Xを)Bする
〈178〉 AするXをB(他)する→aをb(他)する(2例)
　　1: 浜田卓二郎自民党衆院議員夫人で、昨年二月の衆院選に埼玉五区から出馬した浜田槇子さん(48)は二十一日午後、ワシントンで記者会見し、今春の都知事選に●出馬する意向を表明●した。→ 2: ●出馬表明●の中で浜田さんは、政策として皇居を京都に戻す遷都、羽田空港の拡充による成田国際空港機能の再移転などの都市再開発案を提言した。

〔16〕 名詞句内の修飾名詞と名詞との結びつき
〈67〉 Aの(Xの)B
〈179〉 AのXのB(他サ変)→aをb(他)する(1例)
　　7: 国際決済銀行(BIS)の自己資本比率規制達成が九三年三月に迫るなど、財務内容の見直しが急務になるなかで、各行は、九〇年度下期から●資産の伸びの圧縮●に本格的に取り組んだ。→ 8: 銀行によって●資産圧縮●の程度に差が出ているのも特徴で、第一勧銀、東京の一八％台から三和の三％台とバラつきが出ている。

〈180〉 AのXのB→aのb(1例)
　　2: この中で、景気の拡大局面と後退局面の分かれ目を実質国内総生産(GDP)成長率三・〇％程度(前期比年率)と想定し、四半期ベースで●三期の成長率の平均●が分岐点を下回ったら後退局面と判定するとの試案を示した。→ 8: 一方、「●三期平均●」は、最近の後退期間としては最短だった九カ月(七七年二―十月)を採用。

〈181〉AのXへのB（他サ変）→ y を a に b（他）する（1例）
　　9: 避難民輸送などの人道的な措置だとしても、●海外の紛争地域への派遣●を一片の政令で行うのは、法の精神の逸脱であり、政府の判断でいくらでも拡大解釈が可能になる。→ 10: 自衛隊法は領土、領海、領空の防衛を自衛隊の主任務とし、「●海外派遣●」は遠洋航海だとか、南極観測の協力など具体的に例示したものに限っている。

〔17〕 動詞句内の修飾名詞と名詞との結びつき
〈68〉 Aが（Xする）B

〈182〉AがXするB → a のb（1例）
　　2: 単なる味オンチではなく、●味覚がまひしてしまう障害●。→ 24: ●味覚障害●は、初期段階なら食事を改めるか、薬の服用をやめるなどで治るが、発症から一年以上放置すると治りにくくなる。

〈183〉AがXするB（= AがBをXする）→ a のb（1例）
　　11: すでに明らかなように、この空間（もしくは世界）を隅々まで規制する重力、あるいは、その●重力が強いる秩序●や構造の影とも言うべき形態なのだ。→ 12: とすれば、その円錐を倒立させたり、傾いたまま静止させるといったスリリングな造形は、いわば●重力秩序●に飼い慣らされた知覚の組み替えを迫ったものに相違ない。

〈184〉AがXにYするB（他サ変）→ a が x に z を b（他）する（2例）
　　2: それによると、東欧諸国に対して●世銀が年度中に行った融資●は前年度の十八億ドルから二十九億ドルに急増した。→ 3: 経済改革を進める東欧諸国の資金需要は今後も拡大するとみられ、ソ連の正式加盟も予想されていることから、●世銀融資●に占めるソ連・東欧向けの比重はさらに大きくなりそうだ。

〈185〉A（自サ変）がXされるB → a（自）する b（1例）
　　5: ●破損が確認された細管●は、事故を起こしたA蒸気発生器の低温側（一次冷却水の出口側）。→ 9: これが●破損細管●と分かった。

〈69〉 Aを（Xする）B

〈186〉AをXするB → a を x（他）する b（5例）[5]
　　24: 農薬を普通に使った●野菜も作る農家●には煩雑な約束に思える。→ 27: この農協の●野菜農家●の平均年収は約一千万円。

〈187〉AをXするB → a のための b（4例）
　　7: これはイスラエル説得に対する自信の表れであると同時に、たとえ同国が拒否しても米は●和平を討議する何らかの会議●を開く方針であることを示したものといえる。→ 10: 米がイスラエルの合意を待たずに●和平会議●を開く姿勢を示唆した

のは、こうしたイスラエルの弱みを見定め、現実的な対応を促す作戦の一環とみられる。

〈188〉A（他サ変）をXするB→a（他）する（ための）b（3例）
　5: だが、●救出をめざす運動●は全国の弁護士を中心に徐々に広がりを見せ、作家、芸能人、音楽家からの賛同者も加わって、十九日夕には東京・九段の千代田公会堂で全国集会が予定されている。→ 9: 多くの人々がこの事件に関心を寄せ、●救出運動●に向けて盛り上がりを見せる背景には、近年、世界各地で弁護士に対する攻撃事例が頻発。

〈189〉A（自サ変）をXするB→a（自）するというb（1例）
　1: 国営イラク放送は二十六日午前一時三十五分（日本時間七時三十五分）、イラク軍に対しクウェートから●撤退を命じるフセイン大統領の声明●を発表した。→ 5: 多国籍軍の主体となる米国は「●撤退声明●は信用できない」として改めて戦争継続を表明した。

〈190〉AをXするB（他サ変）→aをyにb（他）する（1例）
　1: 第二次世界大戦中、日本軍の軍属として、戦場で左足を切断する傷を負ったが、韓国籍であることなどを理由に戦後何の補償も受けていない埼玉県東松山市柏崎、無職、Tさん（72）が二日、厚生省に対し障害年金など総額約一億一千二百六十万円の●支給を求める申請●を東松山市を通して行った。→ 5: この問題での●支給申請●は今年一月の川崎市幸区矢上の旧日本軍軍属、Sさん（69）に次いで二人目。

〈191〉AをXするB（他サ変）→aでyをb（他）する（1例）
　16: このうち、実用化され、かなり普及しているのは雪室・●氷室を使っての抑制栽培や農産物の貯蔵●。→ 23: ～翌年の生産計画を立てる農家も増えてきた」と●氷室貯蔵●が農家の意識革命に役立っていることを強調する。

〈192〉AをXするB（他サ変）→aにおいてb（他）する（1例）
　4: しかし独や仏など欧州諸国は●金融も含めた幅広い支援●を訴えており、今後これらの国との調整がポイントになるとみられる。→ 7: ～ただソ連の現状は（この問題との関連で）●金融支援●ができるかどうかという以前の問題」との認識を明らかにした。

〈193〉A（他サ変）をXするとのB→a（他）するb（1例）
　1: 北大西洋条約機構（NATO）消息筋は八日、NATOが保有する短距離核（SNF）に関し、米国とソ連のSNF削減交渉開始を待たず、九五年前後をめどに一方的な●削減を行うとの方針●を明らかにした。→ 4: 同問題ではチェイニー米国防長官が七日、米テレビで●削減方針●を明らかにしていた。

〈194〉AをXにするB→aのためのb（1例）
　2: 女性問題イコール男性問題、という視点で●男性を対象にした初の講座●に参加

したのは、二十二歳から六十五歳までの四十四人。→ 15: 〜他の自治体でもぜひ●男性講座●を開いてほしい」と話していた。

〈195〉A を X とする B (他サ変) → a を b (他) する (1例)
2: 人手不足下で、福利厚生について企業の人事管理の状況と従業員の意識をさぐろうと今年三月、●企業、従業員を対象とした調査●を実施。→ 3: ●企業調査●の対象は従業員三十人以上の企業千社。

〈70〉 A に (X する) B

〈196〉A に X する B → a の／である b (1例)
1: ●不妊に悩む女性●と、急激に進む生殖技術の問題を取り上げた「不妊——いま何が行われているのか」(レナーテ・D・クライン編、晶文社) が一月末に翻訳出版され、反響を呼んでいる。→ 16: 同会は将来的には、医療に関する基礎知識やアドバイスを与えるグループも作り、●不妊女性●の悩みに応えたい、とスタッフを募っている。

〈197〉X を A に Y する B → a を z (他) する b (1例)
15: 露天商側の完敗に見えたのだが、今度は販売商品を●書物に変更した露店●が昨年から増えはじめ、今年になって急増。→ 30: ●書物露店●の「元締め」は 5 人。

〈198〉A に X される B → a の／にいる b (1例)
3: 「●湾岸に派遣された男女 (兵士●) の誇りから生まれ出た国民の愛国心を強く感じた。〜 → 12: 〜●湾岸兵士●の後輩たちは戦場に出掛ける危険を冒すことはないだろう」

〈199〉X を A に Y する B → a の／という b (1例)
1: 中堅商社「イトマン」(大阪市) の I 前常務 (46) が社長をしていたゴルフ場開発会社への百四十六億円の融資をめぐり近畿放送 (京都市) が本社ビルなどを●担保に提供していた問題●で、同放送の U 副社長 (52) がこの担保提供について社長在任中に、取締役会の承認を経ずに独断で行ったものだったことが二十日、関係者の証言でわかった。→ 6: この●担保問題●は、昨年六月、同放送の株主総会前の会計監査で表面化。

〈200〉A に X する B → a のための b (1例)
16: 地上戦に突入する前日、米議会に提出した九一年補正予算案 (九〇年十月—九一年三月の湾岸戦費) によれば「実際の●戦闘に要する経費●は一日当たり一億五千万ドルから十六億五千万ドル」という。→ 17: 直接の●戦闘経費●を除いてもざっと四百億ドルが必要だが、日本の九十億ドルをはじめ各国が多国籍軍に一—三月分の追加貢献として、四百三十八億ドルを約束した。

〈201〉A (副詞的) に X する B → a な b (2例)

8: ●私的に使える時間●を聞くと「1日3時間以上」が50人でトップ。→ 12: 休憩や●私的時間●をとるのに妨げになるものを挙げてもらったところ、トップは「家事や仕事に時間がかかる」で22人。

〈202〉A（副詞的）にXをYするB → aなb（1例）
4: 新政権の承認問題については「申し上げる段階ではない」と、事態の推移を●慎重に見守る姿勢●を示した。→ 14: ソ連政変に伴う新政権の承認問題がクローズアップされてきたが、新政権を認めない立場を明らかにした米国や早々と対ソ技術援助停止を決めた英国に比べ日本政府の●慎重姿勢●が目立っている。

〈71〉 Aで（Xする）B

〈203〉AでXするB（他サ変）→ aがyでb（他）する（1例）
7: 政府は昨年十一月の国連平和協力法案の廃案を受け、自民、公明、民社の●三党でとりまとめた六項目にわたる合意●をもとに自衛隊とは別個のPKO組織のあり方を検討してきた。→ 9: ●三党合意●は自然災害に対して「PKO組織は、国際緊急援助隊の災害救助活動に従事できる」との表現になっているが、PKO組織との関係があいまいだった。

〈204〉AでXをYするB（他サ変）→ aでzをb（他）する（1例）
1: 遺伝子を組み換えた耐病性のトマトを●野外で育てる実験●が、茨城県つくば市の農水省農業環境技術研究所で行われる。→ 2: こうした●野外実験●は日本では初めてのケースだ。

〈205〉AでXするB → aのb（1例）
1: 十三日、ミネソタ州ヘーゼルティン・ゴルフクラブで開幕した第九十一回全米オープン・ゴルフで、観戦を楽しんでいたギャラリー六人が、突然の●落雷で死傷する痛ましい事故●が起きた。→ 11: 昨年のチャンピオン、ヘール・アーウィン選手（米国）は「四万人が避難出来るようなところはコースにはない」と、ゴルフ場での●落雷事故●の怖さに表情を曇らせていた。

〈206〉AでXをYするB → aのb（1例）
14: 連合などとは別に●地域で春闘を進める労組●も多い。→ 19: ●地域労組●は中小零細企業の従業員やパート、外国人らが大半。

〈207〉AでXされるB（他サ変）→ aでyをb（他）する（1例）
3: 四日の●大会で基本承認された決議●を各条項ごとに詳細に検討し、問題点を詰めた。→ 5: 四日の●大会決議●はあくまで基本承認であり、新連邦の基本理念、枠組みが最終的に確定したわけではない。

〈72〉 Aから（Xする）B

〈208〉 AからXするB → aのb（1例）
1:「中台住民は、同じ（民族）感情の下で、統一への道を進んでいる」──●中国から初めて台湾入りした記者●、新華社の范麗青さん（36）と中国新聞社の郭偉鋒さん（34）は、台湾取材の感想を、こう振り返った。→ 44: 現在も台湾を取材中の●中国記者●は、まだ大きな宿題を背負ったままといえよう。

〈209〉 AからXにYするB（自サ変）→ aがxにb（自）する（1例）
10: このうち●企業（業種団体、労働団体を含む）から政党や政治団体に直接渡った献金●は四百四十七億円（四八・五％）とほぼ半分を占めている。→ 21: 政府が提案している規正法改正案では、派閥等への●企業献金●は大幅に制限されることになっている。

〈73〉 Aと（Xする）B

〈210〉 AとXするB → aであるb（1例）
8: 選挙当時の三・一八倍の格差について枇杷田裁判長は「数値のみをとらえれば●違憲とも判断すべき状態●にあるといえなくもない」と判示。→ 24: 著しく不平等で「●違憲状態●」だが、まだ是正の合理的期間内なので、結論は「合憲」という判断が出たこともあった。

〈211〉 A（自サ変）とXするB → a（自）するb（1例）
7: さらにW教授は、死体検案書の死亡日時の欄に脳死時刻を記入し、警察側が求めた心臓停止時刻の併記を拒否したことについて「病院内では、主治医が●死亡と確認した時刻●を記入するのが普通。～→ 9: 検案書の●死亡時刻●は、脳死とか心臓が停止した時刻とかをことわって書いているわけではない。

〈212〉 A（他サ変）とXされるB → yをa（他）するb（1例）
1:「放浪記」で知られる林芙美子の足跡をたどる東京都新宿区教委主催の特別展「林芙美子―新宿に生きた女―」が二十六日から区立新宿歴史博物館で開かれるが、図録に旧制度の身分や出生上の●差別と受け取られる表現●があることが二十五日、分かった。→ 12: しかし同夜になって、証書については「区は●差別表現●を容認するわけではない」という趣旨の注釈をつけて展示、図録に収録することにした。

第4類　関係創造型の臨時一語化

　構文的には直接にも間接にも関係を構成していない単語どうしを結びつけて、新たな構文的関係をつくりあげ、それを臨時一語化する類である。
　ただ、これらの単語は、構文的な関係はもたないといっても、文脈上、なんらかの意味的なつながりをもっていることがふつうで、その意味では、「関係創造型」というより、「関係顕在型」とか「関係浮上型」とかと言った方がよいかもしれない。次の例(10)で、先行文の「年内に開放する」のが、（繰り返しを避けるなどの

理由で省略されているが)「二港」であることは、文脈上、明らかであって、それが、臨時一語では顕在化するというだけである。とすれば、この例などは、「関係保存型」とほとんど変わりがない。

(10) 1: 北方領土への外国船入港を固く禁じてきたソ連が色丹島の穴澗(あなま)、国後島の古釜布(ふるかまっぷ)の●二港に税関を設置し、年内に開放●する方針であることが十三日までに明らかになった。→ 2: ●二港開放●の方針は既に北方領土を管轄するサハリン州のフョードロフ知事らが表明していたが、具体的な時期が明らかになったのは初めてで、実現すればカニなど四島周辺の水産物がこれまでより二日早く日本に届くことになる。

　しかし、次の例(11)では、先行文で「●業者の出店が間に合わず、三越の社員がコロッケを揚げて販売●する」とあるように、「販売する」の直接の動作主体は「(三越の)社員」であって「(出店する)業者」ではないにもかかわらず、この記事では、そうした事態は「異例」であり、本来は「業者が販売する」ものであるという背景的な知識が形成されることによって、後続文における「業者販売」という臨時一語がつくられ、読者もそれを無理なく理解するのだと考えられる。つまり、この例において、書き手は、「業者販売」という臨時一語を形成するにあたって、先行文にある「業者」と「販売(する)」とを新たな関係で結びつけるという操作を行っているわけである。

(11) いち早く対抗策をとったのがしにせの三越。関西で神戸コロッケが人気を集めているのをみて、日本橋店で一昨年暮れから「下町コロッケ」のコーナーを特設した。神戸コロッケには"江戸前のコロッケ"で対抗、というわけだが、●業者の出店が間に合わず、三越の社員がコロッケを揚げて販売●する異例の直営方式で"参戦"という状況。現在は、●業者販売●に切り替えたが、神戸コロッケと同様、冷凍ではなく板橋の加工場で前日仕込んだものをチルドで運び、揚げたてを販売し、マツタケ入りなど季節商品も取りそろえて、追撃態勢を整えている。

　このように、形式的には構文的関係を構成していない単語列を結びつけて臨時一語をつくるといっても、そこで行われる「変形」にはさまざまなものがあると予想されるから、今は仮に「関係創造型」と呼んで一括するとしても、さらに、下位区分が必要である。そのうちのあるものは、上の例(10)のように、関係保存型など他の類にまとめられるだろうし、あるものは、独自の分類として残るであろう。現

在のところでは、なお、そうした整理に至っておらず、今後の課題とせざるをえない。いずれにしても、(真の)関係創造型の存在は、文章顕現型の臨時一語化に、文章の構成・展開にかかわるダイナミックな側面のあることを、もっとも端的に象徴していると考えられる。

4. 文章顕現型の臨時一語化の多様性

以上、文章顕現型の臨時一語化を、書き手による(先行の)単語列から(後続の)臨時一語への「変形」操作とみなして、4つの基本類型に整理し、関係創造型を除く3類については、それぞれの類に所属するタイプを一覧した。前述したように、ここでいう「変形」とは、生成文法でいわれる(いわれた)ような「変形」とは違って、書き手による現実の言語活動(「臨時の複合語」の形成活動)である。したがって、ここで提示した4つの類型は、現実に行われた変形操作のタイプであり、生成文法的な「変形規則」ではない。

たとえば、奥津1975は、複合名詞を「連体修飾構造の凝縮」ととらえ、その形成を、連体修飾構造からの変形規則として、以下のように整理している(以下は、石井による要約的な整理であり、また、各類の例示では、連体修飾文と被修飾名詞とからなる基底構造の部分を省略している)。

[1] NN 型複合名詞変形
  ①同一名詞連体修飾の構造から(例:春に吹く風→春風、朝飲む酒→朝酒)
  ②相対名詞による連体修飾の構造から(例:朝飯を食う前→朝飯前)
  ③同格連体名詞による連体修飾の構造から(例:雨が降る模様→雨模様)
[2] AdvN 型複合名詞変形
  ④副詞を連体修飾文に含む連体修飾構造から(例:キラキラと光る星→キラキラ星、ジグザグと進むデモ→ジグザグデモ)
[3] VN 型複合名詞変形
  ⑤形容詞文による連体修飾構造から(例:白いウサギ→白ウサギ、おてんばな娘→おてんば娘)
  ⑥動詞文による連体修飾構造から(例:枯れた草→枯れ草、干したブドウ→干しブドウ、(何かを)食べた残り→食べ残り)
  ⑦助動詞や接辞がついた述部をもつ連体修飾構造から(例:切られた与三郎→切られ与三郎、(何かを)思わせる振り→思わせ振り)
[4] XV 型複合名詞変形
  ⑧形式名詞を被修飾名詞とする連体修飾構造から(例:泳ぐこと→泳ぎ、味

を付けること→味付け、意地が悪いこと／さま／ひと→意地悪、早く起きること／さま／ひと→早起き、親を泣かせること／さま→親泣かせ）

　これらは、連体修飾構造から複合名詞を形成するための変形規則であり、したがって、同じ（類の）複合名詞は同じ規則によって生成される。「春風」という複合名詞は、

　　［［春に　風が　吹く］_S［風］_N］_{NP}　⇒
　　春に　吹く　風　⇒
　　春風

という道筋、すなわち、変形操作を経てつくられるが、これは規則であり、「春風」はこれ以外の方法ではつくられないとされる。
　一方、本章で整理した４つの類型は、文章顕現型の臨時一語化として現実に行われた変形操作を分類したものであって、同類の、すなわち、同じ構文的関係としての語構造をもつ臨時一語が、複数の道筋（変形操作）を経てつくられることはごくふつうにみられることである。たとえば、"ａをｂ(他)する"という構文的関係をもつ臨時一語は、関係創造型を除く３類型の場合、今回の資料の範囲では、少なくとも以下の18種（〈小分類〉）の単語列をもとにつくられている。

〈007〉ＡをＢ(他)する（177例）（危機を打開する→危機打開）
〈071〉ＡがＢ(他)される（41例）（権利が強化された→権利強化）
〈074〉ＡをＢ(他)される（1例）（人権を侵害された→人権侵害）
〈087〉ＡをＢ(他)させる（1例）（競争を促進させる→競争促進）
〈102〉ＡのＢ(他)（102例）（原発の建設→原発建設）
〈128〉Ａに対するＢ(他)（2例）（油田に対する破壊→油田破壊）
〔11〕〈130〉ＡがＢ(他サ変)をＸする（1例）（被害は想定を上回る→被害想定）
〔12〕〈147〉ＡがＢ(他サ変)をＸする（1例）（政治が改革を断行する→政治改革）
〈152〉ＡがＢ(他サ変)にＸする（1例）（会議が延期となる→会議延期）
〈163〉ＡについてＢ(他サ変)がＸされる（1例）
　　　　（移転について制限が加えられる→移転制限）
〈164〉ＡについてＢ(他サ変)をＸする（3例）
　　　　（真意について説明を行う→真意説明）
〈165〉ＡについてＢ(他サ変)にＸする（2例）
　　　　（真贋（がん）について鑑定に乗り出す→真贋鑑定）

〈166〉 A に対して B (他サ変) が X される (1 例)
　　　　(農業に対して保護が行われる→農業保護)
〈176〉 A の X を B (他) する (2 例) (謝罪の意を表明する→謝罪表明)
〈177〉 A への X を B (他) する (1 例) (出馬への決意を表明する→出馬表明)
〈178〉 A する X を B (他) する (2 例) (出馬する意向を表明する→出馬表明)
〈179〉 A の X の B (他サ変) (1 例) (資産の伸びの圧縮→資産圧縮)
〈195〉 A を X とする B (他サ変) (1 例) (企業を対象とした調査→企業調査)

　また、生成文法的な「変形規則」の場合には、連体修飾構造は複合名詞の (語構造の) 基底にある意味表示でもあるから、連体修飾構造における 2 単語間の関係は、複合名詞における (対応する) 2 要素間の関係に等しい。両者の構文的な関係は、変形の前後において変わらない。
　一方、文章顕現型の臨時一語化は、いわゆる表層の形式間の変形操作であるから、上の例にみるように、臨時一語の 2 要素 a・b に対応する単語 A・B は、先行単語列においていろいろな関係に立っている。つまり、先行単語列における A と B との関係は、臨時一語において保持される場合もあるが、変容してしまう場合もふつうにあるのである。たとえば、関係保存型の〈007〉は、単語列の "A を B (他) する" という構文的な関係が、そのまま、臨時一語に保持される変形であるが、その他の例はすべて、単語列における A と B との構文的関係が、臨時一語では "a を b (他) する" という関係に変えられてしまう変形である。
　もちろん、先行単語列の A と B との構文的な関係は、少なくとも、関係創造型を除く 3 類型の場合、無秩序にあるわけではなく、基本的には、奥津が想定する連体修飾文中の 2 単語の関係に還元できるものである。たとえば、上の例の場合、関係還元型の〈071〉～〈087〉は、受身や使役の形をもとの形に戻せばよいわけだし、〈102〉〈128〉は、「の」名詞句を構成する A と B が "A を B (他) する" の関係にあることは明らかである。さらに、関係再構型の〈147〉～〈166〉は、B が村木新次郎 1980 のいう機能動詞結合 (機能動詞表現) を構成する名詞であり、もともと動詞として A と直接に結びついて動詞句を構成し得るものであるから、これも "A を B (他) する" に還元することができる。同じく〈176〉～〈178〉は、A が直接かかっている名詞が同格名詞であるから、それらを抜きに A を直接 B と結びつけて "A を B (他) する" とすることが可能である。〈179〉〈195〉も、これに類する例と考えてよい。したがって、これらの例は、現実の言語活動としては多様であるが、それは表層レベルの現象であって、基底レベルでは、生成的な「変形規則」にまとめられると考えることも十分可能である (奥津の生成的な考え方が語彙的な複合名詞の形成においても有効であることは、序論第 2 節を参照)。

とはいえ、本書では、あくまでも、文章顕現型の臨時一語化の、現実の言語活動としての側面に注目する。それは、前述したように、文章顕現型の臨時一語化が、命名的な複合語形成とは違って、文章の構成・展開をも考慮しなければならない語形成活動だからであり、また、その結果として、生成文法的な「変形規則」の範囲を超えて行われる様子がうかがえるからである。

たとえば、表1は、関係創造型を除く3類型の先行単語列におけるAとBとの関係（〈中分類〉の番号）を、奥津が、連体修飾構造中の（複合名詞の要素となる）2語の関係として作成した「複合名詞のマトリクス（行列）」にあてはめたものである。表中、■のセルは、奥津の語例（複合名詞）と上記3類の単語列の用例とがともに存在するもの、■のセルは、奥津の語例は存在するが3類の単語列の用例はなかったもの（表には、奥津の語例をそのまま残した）、■のセルは、逆に、奥津の語例はないが3類の単語列の用例はあったものである。

これをみると、■のセルも少なからずあるが、■のセル、つまり、奥津のあげた（語彙的な）複合名詞の語例が存在しないにもかかわらず、上記3類型の単語列の用例が存在するセルも目だつ。もちろん、A・Bいずれかが"V -Aux"であるセルに■が多いのは、複合名詞の場合、基底となる連体修飾構造として受動化・使役化した結びつきをあえて想定する必要がないからである。また、同じく、Bが「N（同格）」であるセルに■が多いのも、奥津が「雨模様」という語例をあげていることでもわかるように、この種の同格連体名詞には二字漢語が多いからだと考えられる。しかし、こうしたことを考慮したとしても、なお、文章顕現型の臨時一語化は、その先行単語列の関係として、奥津の「複合名詞のマトリクス」における空白のセル、すなわち、accidental gap のいくつかを埋める可能性があるように思われる（上記3類型には、表1の枠組みに収まらない〈中分類〉も数多く存在する）。

文章顕現型の臨時一語化が生成文法的な「変形規則」の範囲を超えて行われるのではないかという予想は、また、臨時一語における要素間の関係に、従来の研究では「不適格」とされているものが見つかることでも強められる。たとえば、影山1993では、「名詞句におけるS構造複合語」において、「（新大陸の）コロンブス：発見」のような主語と他動詞との結びつきは許されない（「ベトナム：侵略」のような場合は、「ベトナムが侵略する」ではなく「ベトナムを侵略する」という解釈になる）とされる（: 232–233）が、文章顕現型の臨時一語化では、本章で扱った（関係創造型を除く）データの範囲でも、〈005〉にあげた「野党追及」の用例のほかに、以下の6例がみつかった[6]。先に例(11)としてあげた「業者販売」も同様であろう。

(12) 1: ●政府は十五日夜、国会内で安全保障会議と臨時閣議を開き、多国籍軍に対する九十億ドル追加財政支援の新しい財源措置を決定●した。→ 4: ●政府決定●に先立って行われた海部首相(自民党総裁)と野党各党首との会談を受け、公明、民社両党は政府の新財源措置を評価し、追加支援に賛成する方針を決めた。

(13) 1: 川崎市で教師に体罰を受けた子供の親が、●学校が作成●した事故報告書の訂正を求めて一部を拒否され不服を申し立てていた問題で、市教育委員会は二十九日、市個人情報保護審査会の答申に基づき、不服申立書など親の言い分を載せた文書三点も報告書に添付し、公文書とすることを決めた。→ 2: ●学校作成●の事故報告書だけでは事実関係の把握に不備がある、と判断したもの。

(14) 26: ●社会が橋本知事を支持●する際に結んだ政策合意について、同知事は「政策協定を結んだ事実はない」と断言するに及んで、「裏切られた」と憤る党員も。→ 37: 知事選では、このほとんどが●社会支持●の橋本氏に。

(15) 5: 女子学生の就職率が男子を抜き、防衛大に初めて●女子が受験●など、進出が目立った。→ 12: ★防大の●女子受験●で記念受験したい大学がもうひとつできたな。

(16) 6: ●日本は「政治対話」の常設機関を提案●し、「日本への不安や懸念に耳を傾けたい」(中山外相)と説明した。→ 18: ●日本提案●に警戒心をあらわにした。

(17) 2: 新多角的貿易交渉(ウルグアイ・ラウンド)のサービス分野で、●米国が八月以降、二国間で建設、金融、運輸などのサービス業の自由化交渉の開始を提案●していることがわかった。→ 4: ●米国提案●が実現するとサービス市場の開放で日本は、金融、運輸などについて二国間交渉を迫られることになる。

影山1993では、また、「首相の政策」「合格の知らせ」「上司への歳暮」のような「『XのY』構文においてYが単純な名詞の場合」は、Yが漢語か否かに係わりなく、「首相：政策」「合格：知らせ」「上司：歳暮」のような複合語化は成立しないとされるが(:234)、これも、文章顕現型の臨時一語化では、関係保存型の「〔5〕名詞と名詞との結びつき」として、〈037〉の「市外業者」をはじめとして、数多くの例が見つかる。

さらに、「の」名詞句における複合化には、「から、で」など、手段、場所、起点などを表す種々の意味格は参加できないとして、「(宇宙人との交信→)宇宙人：交信」「(南米からの帰国→)南米：帰国」「(レストランでの食事→)レストラン：食事」

表1　先行単語列におけるAとBとの関係のマトリクス（奥津1975にもとづく）

A \ B	N(時)	N(所)	N(主語)	N(目的語)	N(手段)	N(出発)	N(目標)	N(共同)	N(相対)	N(同格)	Adv(程度)	Adv(様態)	A	V	V-Aux
N(時)	○		秋風	45			朝風呂				×	×		9	31
N(所)	○	○	46,71	47,51,71						71	×	×		4	28
N(主語)	41	68	○	40,48			41,49			68	×	×	12	1	25
N(目的語)	麦秋	69	69	○	43	風邪	42		朝メシ前	69	×	×		2	26,30
N(手段)			50	51	○						×	×		4	27
N(出発)			52,72	ヤニ油		○					×	×		5	
N(目標)			70	70			○			70	×	×		3	27
N(共同)	×	×	×	×	×	×	×	○		×	×	×	×	×	×
N(相対)	×	×	×	×	×	×	×	×	○	×	×	×	×	×	×
N(同格)								×	×	○	×	×	×	×	×
Adv(様態)			44	45,47,70	22					70	○	×	×	11	27
Adv(程度)			24								×	○	○	11	
A													コク細		
V	22	22	22	22	22	ノゾキ穴	22	飲ミ友達	食ベ残リ	22		×	×	10	×
V-Aux		29	29							23,29	×	×	×		○

などが成り立たないとされるが(: 235)、これについても、文章顕現型の臨時一語化では、関係還元型の「〔10〕名詞句化した結びつき」として、〈118〉の「地元との交渉→地元交渉」、〈113〉の「派閥からの離脱→派閥離脱」、〈111〉の「海外での演習→海外演習」などの例が見られる。

　上にあげた諸例の中には、影山の基準によればS構造複合語ではなく語彙的な複合語とされるものも多いように思われるが、いずれにしても、文章顕現型の臨時一語化においては、通常の複合語形成に見られない結びつきがつくられていることは確かであろう。もっとも、こうした例は、文章顕現型の臨時一語化に限らず、臨時一語一般にみられるものと考えられるが、先行単語列からの変形操作とみなすことのできる文章顕現型の臨時一語化は、このような結びつきがなぜ成立するのかを考えるための手がかりを、少なからず提供してくれるものと考えられる。

注
1　松本泰丈 1976 は、変形文法でいう「変形」ないし「変形操作」と、言語・文法に属する事実としての「リアルな変形関係」との違いについて論じている。松本は、現実に言語に存在するのは「変形関係」であり、「変形操作」は「研究法、研究てつづきのレベルの問題」であるとしているが、本章では、文章顕現型の臨時一語化を「リアルな変形操作」と認めることにしたい。
2　四字漢語における構文的な関係をまとめたものとしては、野村雅昭 1975 が代表的である。ただし、本章の臨時一語に認めた構文的関係は、野村の分類と一致しないところもある。
3　この例は、正しくは、「人的、物的な貢献」が「人的、物的貢献」へと臨時一語化するものである。
4　〔10〕については、先行名詞句における単語間の関係が臨時一語においても保持されていると考えれば関係保存型となるが、本章では、このタイプの臨時一語の構文的関係を動詞句相当のものとみなすために、関係還元型となる。
5　このタイプは、関係保存型とも考えられる。しかし、単語列におけるAとBとが間接的な構文的関係にあることを重視して、関係再構型に入れておく。
6　この種の「主語＋他動詞」型の漢語名詞については、小林英樹 2004 が「外項―VN」と名づけて、その「複合語らしくない特徴」「句らしくない特徴」を論じている。また、同書の巻末には、「外項―VN」の実例が 36 例あげられている。小林は、

　　　「外項―VN」に関しては、わからないことが数多くある。「外項―VN」をどのように位置づけるかは、今後の課題としておきたい。(中略)様々な特徴をもつ「外項―VN」は、新聞特有の表現かもしれないが、語彙部門と統語部門の接点を

考える上では、非常に興味深い形式である。　　　　　　（小林 2004: 248–249）

と述べる。

資料1 「既成の複合動詞」造語成分の連接表

(凡例)

1. 第1部第1章において得た、現代語の辞書類から採集した2,494語の複合動詞を構成する造語成分802種を、結合位置の分布から「前項動詞」「両項動詞」「後項動詞」に分け、それぞれ、①状態動詞、②主体動作(自)動詞、③主体動作(他)動詞、④主体動作客体変化動詞、⑤主体変化動詞、⑥再帰動詞の順に、五十音順で示した。
2. 各造語成分(動詞)の終止形を見出しとし、続いて、その造語成分が前項あるいは後項として構成する複合動詞の数(結合数)を [ ] に入れて示し、最後に、その造語成分が実際に構成する複合動詞を(造語成分は「〜」として)示した。両項動詞の場合は、まず、前項としての結合数と複合動詞を示し、改行して、後項としての結合数と複合動詞を示した。
3. 各複合動詞に付された出典記号は、以下のとおり。
   G:『学研国語大辞典(初版)』、
   S:『新明解国語辞典(第三版)』
   I:『岩波国語辞典(第二版)』
   K:『国立国語研究所資料集7 動詞・形容詞問題語用例集』

前項動詞

①状態動詞

有る	[6]	～合う(G)、～余る(GS)、～合わせる(GSIK)、～得る(GS)、～付く(GI)、～触れる(GSIK)
居る	[14]	～合う(G)、～合わす(G)、～合わせる(GSIK)、～こぼれる(GSIK)、～静まる(G)、～すくむ(G)、～坐る(GSIK)、～付く(GSIK)、～直る(GSIK)、～流れる(GS)、～馴染む(G)、～並ぶ(GSIK)、～眠る(GS)、～残る(GSI)

②主体動作（自）動詞

呆れる	[2]	～返る(GSIK)、～果てる(GS)
遊ぶ	[2]	～暮らす(G)、～戯れる(S)
歩む	[2]	～合う(S)、～寄る(GSIK)
生きる	[6]	～返る(GSIK)、～永らえる(GS)、～抜く(GS)、～残る(GS)、～延びる(GSIK)、～別れる(GS)
息せく	[1]	～切る(GS)
浮かれる	[2]	～出す(IK)、～出る(GSIK)
笑む	[2]	～こぼれる(G)、～割れる(GSIK)
恐れる	[1]	～入る(GSIK)
踊る	[6]	～上がる(GSIK)、～掛かる(GSI)、～狂う(GS)、～込む(GSIK)、～出す(S)、～出る(GS)
驚く	[1]	～入る(GS)
怯える	[1]	～上がる(G)
駆ける	[11]	～上がる(G)、～下りる(G)、～込む(GSIK)、～出す(GSIK)、～付ける(GSIK)、～抜ける(GS)、～上る(G)、～走る(G)、～回る(GSIK)、～巡る(GS)、～寄る(GS)
がなる	[1]	～立てる(G)
気負う	[2]	～込む(GS)、～立つ(GSIK)
軋む	[1]	～合う(GS)
競う	[1]	～立つ(G)
困る	[3]	～切る(GS)、～抜く(GS)、～果てる(GS)
忍ぶ(自)	[5]	～会う(G)、～入る(G)、～込む(GSIK)、～泣く(G)、～寄る(GSIK)
しょげる	[2]	～返る(GSIK)、～込む(GSIK)
滑る	[4]	～入る(GS)、～込む(GS)、～出す(G)、～出る(G)
住む	[9]	～荒らす(GSI)、～替える(GSIK)、～替わる(GIK)、～込む(GS)、～付く(GSIK)、～成す(GSIK)、～慣らす(S)、～慣れる(GSIK)、～侘びる(G)
擦れる	[2]	～合う(GSIK)、～違う(GSIK)

資料1 「既成の複合動詞」造語成分の連接表　365

咳く	[3]	～上げる(GSIK)、～入る(GSIK)、～込む(GSIK)
急く	[3]	～込む(GSIK)、～立つ(G)、～立てる(GSIK)
猛る	[2]	～狂う(G)、～立つ(GS)
哮る	[1]	～立つ(GSIK)
辿る	[1]	～付く(GS)
勤める	[1]	～上げる(G)
照る	[7]	～合う(S)、～返す(GSIK)、～輝く(GSIK)、～込む(GSK)、～付ける(GSIK)、～映える(GSIK)、～渡る(G)
怒鳴る	[2]	～込む(GS)、～付ける(GS)
鳴く	[3]	～交わす(G)、～立てる(G)、～尽くす(G)
名乗る	[1]	～出る(GS)
鳴る	[3]	～はためく(G)、～響く(GSK)、～渡る(GSIK)
ねばる	[2]	～付く(G)、～抜く(G)
練る(自)	[1]	～歩く(GSIK)
のたうつ	[1]	～回る(GSK)
這う	[9]	～上がる(GS)、～込む(G)、～ずる(GSI)、～出す(GSIK)、～出る(GSIK)、～上る(G)、～まつわる(GSIK)、～回る(G)、～寄る(G)
這い-ずる	[1]	～回る(G)
恥じる	[1]	～入る(GSIK)
馳せる	[8]	～集まる(S)、～参じる(GSIK)、～違う(G)、～付ける(GS)、～回る(GS)、～向かう(GS)、～巡る(G)、～戻る(GS)
逸る	[1]	～立つ(GS)
ひしめく	[1]	～合う(G)
吹く(自)	[12]	～上がる(G)、～荒れる(GS)、～通う(G)、～切れる(GSIK)、～こぼれる(GSIK)、～込む(GSIK)、～荒ぶ(GSI)、～募る(G)、～出る(G)、～飛ぶ(G)、～抜ける(G)、～渡る(G)
ふてる	[1]	～腐る(GSIK)
降る	[9]	～掛かる(GSIK)、～暮らす(GSIK)、～込む(GSIK)、～込める(GSIK)、～敷く(GSIK)、～注ぐ(GSIK)、～募る(G)、～積る(IK)、～止む(GS)
震う	[2]	～戦く(G)、～付く(G)
震える	[1]	～上がる(GSIK)
舞う	[7]	～上がる(GS)、～収める(S)、～下りる(G)、～狂う(GK)、～込む(GSIK)、～立つ(G)、～戻る(GSIK)
むせる	[1]	～返る(GSIK)
咽ぶ	[2]	～上げる(G)、～泣く(GS)
燃える	[4]	～上がる(GS)、～立つ(GSIK)、～付く(GSIK)、～残る(S)
萌える	[2]	～立つ(G)、～出る(GSIK)
喜ぶ	[1]	～勇む(G)

| 力む | [1] | ～返る (G) |
| 笑う(自) | [2] | ～崩れる (G)、～転げる (G) |

③主体動作(他)動詞

暴く	[2]	～出す (G)、～立てる (G)
編む	[2]	～上げる (S)、～出す (GSIK)
洗う	[6]	～上げる (GSIK)、～晒す (G)、～出す (S)、～立てる (GSIK)、～直す (S)、～流す (G)
射る	[10]	～当てる (GS)、～落とす (G)、～返す (G)、～掛ける (GSIK)、～込む (G)、～殺す (G)、～すくめる (GSK)、～通す (G)、～止める (GSIK)、～抜く (G)
鋳る	[2]	～込む (GSIK)、～潰す (GSI)
言う	[73]	～合う (GSIK)、～当てる (GS)、～誤る (GSIK)、～争う (GS)、～表す (GS)、～合わせる (GSIK)、～入れる (G)、～置く (GS)、～送る (GS)、～遅れる (GS)、～落とす (GSIK)、～替える (GS)、～返す (GS)、～掛ける (GS)、～兼ねる (GS)、～交わす (GSIK)、～聞かす (G)、～聞かせる (GS)、～切る (GSIK)、～暮らす (GSIK)、～消す (GIK)、～拵える (G)、～こなす (S)、～込める (GS)、～渋る (GS)、～白ける (G)、～過ぎる (GS)、～過ごす (G)、～捨てる (GSIK)、～損う (GSIK)、～足す (G)、～出す (GS)、～立てる (GSIK)、～違える (GS)、～散らす (GS)、～継ぐ (GS)、～尽くす (GSIK)、～繕う (GS)、～付ける (GSIK)、～伝える (GS)、～募る (GSIK)、～詰める (G)、～通す (G)、～直す (GSIK)、～成す (GS)、～習わす (GSK)、～抜ける (GS)、～逃れる (GSIK)、～残す (GS)、～罵る (G)、～はぐれる (G)、～放す (G)、～放つ (GSIK)、～囃す (GS)、～張る (GSIK)、～開く (G)、～広める (G)、～含める (GSIK)、～伏せる (S)、～ほぐす (G)、～ほどく (G)、～負かす (GS)、～紛らす (GS)、～紛らわす (G)、～まくる (GS)、～もつれる (G)、～漏らす (GS)、～破る (GS)、～遣る (G)、～淀む (GSIK)、～寄る (GSIK)、～分ける (G)、～渡す (GSIK)
いびる	[1]	～出す (GSIK)
忌む	[1]	～嫌う (GS)
炒る	[1]	～付ける (GSIK)
窺う	[1]	～知る (G)
歌う	[1]	～上げる (GS)
奪う	[2]	～合う (G)、～取る (G)
追う	[20]	～上げる (GS)、～落とす (GS)、～返す (GSIK)、～掛ける (GSIK)、～越す (GSIK)、～込む (GSIK)、～縋る (GSIK)、～出す (GSIK)、～立てる (GSIK)、～散らす (GSIK)、～使う (GSI)、～付く (GSIK)、～詰める (GSIK)、～抜く (GSIK)、～退ける (G)、～払う (GSIK)、～まくる

		(GSIK)、〜回す(GSIK)、〜求める(S)、〜遣る(GS)
覆う	[3]	〜隠す(S)、〜被さる(S)、〜被せる(S)
押す	[48]	〜合う(GS)、〜空ける(G)、〜上げる(GS)、〜当てる(G)、〜頂く(GS)、〜入る(GSIK)、〜移る(GS)、〜及ぼす(S)、〜返す(GSIK)、〜隠す(GSIK)、〜掛ける(GSIK)、〜被さる(GS)、〜被せる(GSIK)、〜切る(GSIK)、〜くるむ(G)、〜込む(GSIK)、〜込める(GSIK)、〜殺す(G)、〜進める(GS)、〜薦める(G)、〜迫る(GS)、〜倒す(GS)、〜出す(GS)、〜立てる(GS)、〜黙る(GSIK)、〜付ける(GSIK)、〜包む(G)、〜潰す(G)、〜詰まる(GSIK)、〜詰める(GSIK)、〜通す(GSIK)、〜とどめる(G)、〜取り‑巻く(G)、〜流す(GS)、〜並べる(G)、〜退ける(GSIK)、〜計る(GSIK)、〜放す(G)、〜広める(GS)、〜伏せる(G)、〜巻く(G)、〜まくる(S)、〜回す(G)、〜向ける(G)、〜戻す(G)、〜遣る(GSIK)、〜寄せる(GSIK)、〜分ける(GSIK)
教える	[1]	〜込む(GS)
襲う	[1]	〜掛かる(S)
おどす	[1]	〜付ける(GSIK)
思う	[37]	〜上がる(GSIK)、〜当たる(GSIK)、〜余る(GSIK)、〜合わせる(GSIK)、〜至る(GS)、〜入る(G)、〜入れる(G)、〜浮かぶ(G)、〜浮かべる(GS)、〜描く(GS)、〜起こす(GSIK)、〜及ぶ(G)、〜返す(GSIK)、〜固める(G)、〜切る(GSIK)、〜込む(GSIK)、〜定める(G)、〜知る(GSIK)、〜過ごす(GS)、〜出す(GSIK)、〜断つ(G)、〜立つ(GSIK)、〜違える(G)、〜付く(GSIK)、〜詰める(GSIK)、〜通す(G)、〜とどまる(GSIK)、〜止まる(GIK)、〜直す(GS)、〜悩む(G)、〜残す(GSIK)、〜惑う(G)、〜回す(S)、〜巡らす(GS)、〜設ける(GSIK)、〜遣る(GSIK)、〜煩う(GSIK)
織る	[4]	〜込む(GSIK)、〜出す(S)、〜成す(GSIK)、〜混ぜる(G)
飼う	[1]	〜慣らす(G)
買う	[20]	〜煽る(G)、〜上げる(GS)、〜あさる(GSIK)、〜急ぐ(G)、〜入れる(GSIK)、〜受ける(GSI)、〜置く(S)、〜返す(G)、〜被る(GSIK)、〜切る(GSIK)、〜込む(GSIK)、〜占める(GSIK)、〜出す(S)、〜叩く(GSI)、〜溜める(S)、〜付ける(GS)、〜取る(GSI)、〜馴染む(G)、〜戻す(GSIK)、〜求める(G)
書く	[43]	〜上げる(GSIK)、〜改める(GS)、〜表す(GS)、〜入れる(GSIK)、〜写す(G)、〜送る(GIK)、〜起こす(GS)、〜収める(G)、〜落とす(GSIK)、〜下ろす(GS)、〜替える(GS)、〜下す(GSIK)、〜加える(G)、〜込む(GSK)、〜示す(G)、〜記す(GSIK)、〜捨てる(GSIK)、〜添える(GIK)、〜損う(G)、〜損じる(G)、〜足す(G)、〜出す(GSIK)、〜立てる(GSIK)、〜溜める(GI)、〜散らす(GSIK)、〜付ける(GSIK)、〜綴る(G)、〜潰

		す(G)、〜連ねる(G)、〜とどめる(GSK)、〜飛ばす(G)、〜止める(GSI)、〜取る(GSIK)、〜直す(GS)、〜流す(GSIK)、〜殴る(GSIK)、〜並べる(G)、〜慣れる(S)、〜抜く(GSIK)、〜残す(GSIK)、〜漏らす(GS)、〜分ける(GSIK)、〜忘れる(S)
昇く	[3]	〜上げる(G)、〜入れる(G)、〜下ろす(G)
嗅ぐ	[5]	〜当てる(GSIK)、〜出す(G)、〜付ける(GSIK)、〜取る(G)、〜分ける(G)
掠める	[1]	〜取る(GS)
数える	[2]	〜上げる(GSIK)、〜立てる(GSIK)
語る	[4]	〜合う(G)、〜明かす(GSIK)、〜継ぐ(GS)、〜伝える(G)
構う	[1]	〜付ける(GS)
かもす	[1]	〜出す(GS)
刈る	[5]	〜上げる(GS)、〜入れる(GSIK)、〜込む(GSIK)、〜取る(GSIK)、〜干す(G)
駆る	[4]	〜集める(GSIK)、〜出す(GSI)、〜立てる(GSIK)、〜催す(IK)
狩る	[2]	〜込む(S)、〜出す(S)
考える	[4]	〜込む(GS)、〜出す(S)、〜付く(GSIK)、〜直す(G)
感じる	[2]	〜入る(GSIK)、〜取る(S)
築く	[1]	〜上げる(S)
鍛える	[2]	〜上げる(G)、〜込む(G)
悔いる	[1]	〜改める(GSIK)
食う	[26]	〜合う(GSIK)、〜余す(G)、〜荒らす(GSIK)、〜入る(GSIK)、〜噛る(G)、〜兼ねる(GS)、〜切る(GSIK)、〜込む(GSIK)、〜殺す(G)、〜下がる(GSIK)、〜裂く(G)、〜縛る(GSIK)、〜過ぎる(G)、〜倒す(GSIK)、〜違う(GSIK)、〜ちぎる(GS)、〜散らす(GSIK)、〜付く(GSIK)、〜尽くす(G)、〜つなぐ(GSIK)、〜潰す(GSIK)、〜詰める(GSIK)、〜止める(GSIK)、〜延ばす(GSIK)、〜はぐれる(GS)、〜破る(G)
汲む	[8]	〜上げる(GSIK)、〜入れる(GS)、〜交わす(GSIK)、〜込む(GSIK)、〜出す(GSIK)、〜取る(GSIK)、〜干す(GSIK)、〜分ける(GS)
喰らう	[1]	〜付く(GSIK)
蹴る	[14]	〜上がる(S)、〜上げる(GIK)、〜落とす(GSIK)、〜返す(GSIK)、〜込む(GSI)、〜倒す(GSI)、〜出す(GSIK)、〜立てる(GSIK)、〜違える(GSIK)、〜散らかす(GS)、〜散らす(G)、〜つまずく(GSI)、〜飛ばす(GSIK)、〜破る(GSIK)
乞う	[2]	〜受ける(S)、〜願う(SIK)
恋う	[2]	〜焦れる(GSIK)、〜慕う(GS)
扱く	[4]	〜落とす(G)、〜下ろす(GSIK)、〜使う(GSIK)、〜混ぜる(GSIK)

漕ぐ	[5]	～出す(G)、～付ける(GSIK)、～抜く(G)、～寄せる(G)、～別れる(G)
こそげる	[1]	～落とす(G)
小突く	[1]	～回す(GIK)
こねる	[3]	～上げる(G)、～返す(GSIK)、～回す(GS)
探る	[1]	～当てる(GS)
誘う	[6]	～合う(G)、～合わせる(G)、～入れる(S)、～掛ける(K)、～込む(G)、～出す(GIK)
叱る	[2]	～付ける(GSIK)、～飛ばす(G)
しゃぶる	[1]	～付く(GSIK)
招じる	[1]	～入れる(GSIK)
吸う	[7]	～上げる(GS)、～込む(GSI)、～出す(GS)、～付く(GSI)、～付ける(GSIK)、～取る(GSIK)、～寄せる(GSIK)
好く	[2]	～合う(G)、～好む(GSIK)
漉く	[2]	～返す(GSIK)、～込む(S)
鋤く	[2]	～起こす(GSIK)、～返す(GSIK)
掬う	[3]	～上げる(GS)、～込む(G)、～出す(S)
救う	[2]	～上げる(S)、～出す(S)
すげる	[1]	～替える(GSIK)
啜る	[2]	～上げる(GSIK)、～泣く(GSIK)
すべる	[1]	～括る(GSK)
する	[29]	～上がる(GS)、～上げる(GS)、～入れる(GSI)、～終える(G)、～替える(G)、～返す(S)、～掛かる(GS)、～掛ける(GSIK)、～兼ねる(G)、～切る(GSIK)、～組む(GSIK)、～こなす(GSIK)、～込む(GSIK)、～済ます(GSIK)、～損う(GSIK)、～損じる(GS)、～出す(GSIK)、～立てる(GSIK)、～違える(G)、～尽くす(G)、～付ける(GSIK)、～遂げる(GSIK)、～止める(GSIK)、～直す(GS)、～慣れる(G)、～残す(G)、～払う(GSIK)、～向ける(GSIK)、～分ける(GS)
刷る	[1]	～込む(GSIK)
擦る	[14]	～替える(GSIK)、～切る(GSIK)、～切れる(GSIK)、～込む(GSIK)、～出す(S)、～付ける(GSIK)、～潰す(GSIK)、～抜ける(GSIK)、～減らす(GS)、～減る(GS)、～剥く(GSIK)、～剥ける(SI)、～寄せる(G)、～寄る(GSIK)
せがむ	[1]	～立てる(K)
堰く	[3]	～上げる(GSIK)、～返す(K)、～止める(GSIK)
攻める	[12]	～合う(G)、～入る(GS)、～落とす(GSIK)、～掛かる(GK)、～掛ける(GSIK)、～込む(G)、～立てる(GSIK)、～抜く(G)、～上る(GSIK)、～滅ぼす(G)、～寄せる(GSIK)、～寄る(GSI)
責める	[5]	～合う(GSK)、～落とす(GSK)、～苛む(GSIK)、～立てる(GSIK)、～

		付ける (GSIK)
せる	[4]	～上がる (G)、～上げる (GSK)、～出す (GSK)、～立てる (G)
競る	[3]	～合う (GSIK)、～上げる (GSIK)、～落とす (GSIK)
煎じる	[2]	～出す (S)、～詰める (GSIK)
剃る	[1]	～込む (G)
存ずる	[2]	～上げる (S)、～寄る (S)
耐える	[1]	～忍ぶ (GSIK)
たぐる	[2]	～込む (GS)、～寄せる (G)
尋ねる	[2]	～当てる (G)、～合わせる (GSIK)
頼む	[2]	～入る (IK)、～込む (GSIK)
食べる	[4]	～掛ける (G)、～過ぎる (G)、～付ける (G)、～汚す (G)
欺す	[1]	～込む (GSIK)
談じる	[1]	～込む (GI)
契る	[1]	～置く (G)
突く	[42]	～上げる (GS)、～当たる (GSIK)、～当てる (GSK)、～合わす (GI)、～合わせる (GSIK)、～入る (G)、～入れる (G)、～落とす (GS)、～返す (GSK)、～掛かる (G)、～掛ける (GSIK)、～切る (GSK)、～崩す (GS)、～砕く (G)、～込む (G)、～殺す (G)、～転ばす (S)、～裂く (GSK)、～刺さる (GS)、～刺す (GSIK)、～進む (GS)、～倒す (GS)、～出す (GSIK)、～立つ (GSIK)、～立てる (GSK)、～付ける (GSIK)、～詰める (GSIK)、～出る (GS)、～通す (GS)、～通る (GSIK)、～飛ばす (GSIK)、～止める (GSIK)、～抜く (GIK)、～抜ける (GSIK)、～退ける (GSIK)、～放す (GSIK)、～撥ねる (GSIK)、～張る (GSIK)、～伏す (GSIK)、～混ぜる (G)、～戻す (GSIK)、～破る (GSIK)
つぐ	[1]	～込む (GSIK)
作る	[7]	～上げる (GSIK)、～替える (GSIK)、～出す (GSIK)、～立てる (GSIK)、～付ける (G)、～直す (G)、～成す (SIK)
積む	[7]	～上げる (GSIK)、～替える (GS)、～重なる (GSIK)、～重ねる (GSIK)、～込む (GSIK)、～出す (GSIK)、～立てる (GSIK)
吊るす	[1]	～上げる (GS)
照らす	[2]	～合わす (G)、～合わせる (GSIK)
問う	[5]	～合わせる (GSIK)、～返す (GSIK)、～掛ける (GSIK)、～正す (GSIK)、～詰める (GSIK)
説く	[8]	～明かす (GSIK)、～起こす (S)、～及ぶ (S)、～聞かせる (GSK)、～薦める (G)、～付ける (GSIK)、～伏せる (GSIK)、～分ける (GS)
研ぐ	[2]	～上げる (G)、～澄ます (GS)
綴じる	[2]	～込む (GSIK)、～付ける (G)
なう	[3]	～合わさる (G)、～交じる (G)、～混ぜる (GS)

資料1 「既成の複合動詞」造語成分の連接表　371

薙ぐ	[3]	〜倒す(GSIK)、〜払う(GSIK)、〜伏せる(GSIK)
嘆く	[3]	〜明かす(GSIK)、〜暮らす(SIK)、〜佗びる(G)
宥める	[1]	〜すかす(G)
なぶる	[1]	〜殺す(S)
舐める	[2]	〜尽くす(S)、〜回す(G)
睨む	[3]	〜合う(GSIK)、〜合わせる(GSIK)、〜付ける(GSIK)
縫う	[8]	〜上げる(SI)、〜合わせる(GS)、〜返す(GS)、〜込む(GS)、〜出す(S)、〜付ける(G)、〜取る(G)、〜直す(GS)
拭う	[1]	〜取る(G)
盗む	[1]	〜見る(G)
塗る	[9]	〜上げる(G)、〜替える(S)、〜隠す(S)、〜込める(GS)、〜立てる(GSI)、〜付ける(GSIK)、〜潰す(GSI)、〜直す(S)、〜残す(S)
捩じる	[9]	〜合う(GIK)、〜空ける(G)、〜上げる(GIK)、〜切る(GSIK)、〜込む(GSIK)、〜伏せる(GSIK)、〜曲げる(G)、〜向く(G)、〜向ける(GSIK)
練る(他)	[5]	〜上げる(GS)、〜合わせる(GSIK)、〜固める(GS)、〜込む(S)、〜直す(GSIK)
覗く	[1]	〜込む(G)
飲む	[10]	〜明かす(GSIK)、〜歩く(G)、〜掛ける(S)、〜下す(GSIK)、〜込む(GSIK)、〜倒す(GSK)、〜潰す(GSIK)、〜潰れる(GSIK)、〜干す(GSIK)、〜回す(GSIK)
掃く	[3]	〜清める(G)、〜出す(GSIK)、〜散らす(G)
吐く	[3]	〜捨てる(G)、〜出す(GSIK)、〜散らす(G)
接ぐ	[1]	〜合わせる(GSIK)
弾く	[1]	〜出す(GSIK)
話す	[3]	〜合う(GSK)、〜掛ける(GSIK)、〜込む(GSIK)
引き-ずる	[4]	〜落とす(G)、〜込む(GSIK)、〜出す(GS)、〜回す(GS)
秘す	[1]	〜隠す(GS)
引っ-張る	[2]	〜出す(G)、〜回す(G)
捻る	[2]	〜出す(GSIK)、〜回す(GSIK)
封じる	[2]	〜込む(IK)、〜込める(GSIK)
拭く	[2]	〜込む(GSIK)、〜取る(G)
吹く(他)	[21]	〜上げる(G)、〜入れる(S)、〜落とす(G)、〜下ろす(GSIK)、〜替える(G)、〜返す(GSK)、〜掛ける(GSI)、〜消す(G)、〜冷ます(G)、〜晒す(GS)、〜倒す(GS)、〜出す(GSIK)、〜散らす(G)、〜付ける(GSIK)、〜通す(G)、〜飛ばす(GSIK)、〜払う(GS)、〜巻く(G)、〜まくる(GSIK)、〜寄せる(G)、〜分ける(GSIK)
葺く	[1]	〜替える(G)
ぶつ	[9]	〜上げる(G)、〜掛ける(GS)、〜切る(G)、〜込む(GSIK)、〜殺す(GS)、

		〜壊す(GSIK)、〜裂く(GS)、〜通す(GS)、〜抜く(GS)
振う	[1]	〜落とす(GK)
奮う	[2]	〜起こす(GSIK)、〜立つ(GSIK)
篩う	[1]	〜落とす(GS)
触れる(他)	[5]	〜歩く(G)、〜込む(GSIK)、〜散らかす(G)、〜散らす(G)、〜回る(GSIK)
弁じる	[1]	〜立てる(G)
葬る	[1]	〜去る(G)
放る	[4]	〜上げる(G)、〜込む(GS)、〜出す(GSIK)、〜投げる(GS)
ほじくる	[2]	〜返す(G)、〜出す(G)
ほめる	[4]	〜称える(GSK)、〜立てる(GSK)、〜ちぎる(GSI)、〜囃す(K)
待つ	[15]	〜明かす(GSK)、〜合わす(G)、〜合わせる(GSIK)、〜受ける(GSIK)、〜兼ねる(GSI)、〜構える(GSIK)、〜草臥れる(GSK)、〜暮らす(GS)、〜焦れる(GSIK)、〜付ける(GSIK)、〜望む(G)、〜伏せる(G)、〜設ける(GSIK)、〜渡る(G)、〜侘びる(GSIK)
祭る	[2]	〜上げる(GSIK)、〜込む(G)
磨く	[1]	〜上げる(G)
見-付ける	[1]	〜出す(G)
召す	[8]	〜上がる(GSIK)、〜上げる(GSIK)、〜替える(G)、〜抱える(GSIK)、〜使う(GS)、〜連れる(GS)、〜取る(GSIK)、〜寄せる(GSIK)
申す	[17]	〜上げる(GSIK)、〜合わせる(GSIK)、〜入れる(GSIK)、〜受ける(GSIK)、〜送る(GSIK)、〜兼ねる(GS)、〜聞かせる(S)、〜越す(GSIK)、〜込む(GSIK)、〜添える(S)、〜立てる(GSIK)、〜継ぐ(G)、〜付ける(GSIK)、〜伝える(G)、〜出る(GSIK)、〜開く(GS)、〜渡す(GSIK)
揉む	[4]	〜合う(GSIK)、〜消す(GSIK)、〜立てる(G)、〜ほぐす(G)
盛る	[7]	〜上がる(GSIK)、〜上げる(GSIK)、〜返す(GSIK)、〜込む(GS)、〜殺す(GSIK)、〜付ける(S)、〜潰す(GSIK)
結う	[2]	〜上げる(GIK)、〜付ける(G)
ゆする	[2]	〜上げる(G)、〜掛ける(G)
ゆわえる	[1]	〜付ける(GIK)
呼ぶ	[15]	〜上げる(G)、〜入れる(GIK)、〜起こす(GS)、〜返す(G)、〜掛ける(GSIK)、〜交わす(GSIK)、〜込む(GSIK)、〜醒ます(G)、〜出す(GSIK)、〜立てる(GS)、〜付ける(GSIK)、〜止める(G)、〜慣れる(S)、〜戻す(GSIK)、〜寄せる(GSIK)
読む	[15]	〜上げる(GSIK)、〜合わせる(GSK)、〜替える(GSIK)、〜返す(G)、〜切る(GS)、〜下す(GSIK)、〜こなす(GSIK)、〜込む(SI)、〜捨てる(G)、〜通す(GI)、〜解く(S)、〜取る(GSIK)、〜流す(GSIK)、〜耽る(GSIK)、〜破る(GIK)
縒る	[1]	〜合わせる(G)

資料1 「既成の複合動詞」造語成分の連接表 373

詫びる　　　［1］〜入れる（GSK）
笑う（他）　［1］〜飛ばす（G）

④主体動作客体変化動詞
浴せる　　　［1］〜掛ける（GS）
痛める　　　［1］〜付ける（GSIK）
植える　　　［2］〜込む（G）、〜付ける（GS）
生む　　　　［4］〜落とす（GSI）、〜出す（GS）、〜付ける（GSIK）、〜成す（S）
埋める　　　［4］〜合わす（GI）、〜合わせる（GSIK）、〜立てる（GSIK）、〜尽くす（G）
えぐる　　　［1］〜取る（G）
からめる　　［1］〜取る（GS）
着せる　　　［1］〜掛ける（G）
育てる　　　［1］〜上げる（GSIK）
染める　　　［9］〜上がる（S）、〜上げる（GSIK）、〜替える（G）、〜返す（GSIK）、〜出す（GSIK）、〜付ける（GS）、〜直す（GSIK）、〜抜く（GSIK）、〜分ける（GSIK）
焚く　　　　［4］〜上がる（S）、〜上げる（S）、〜込む（S）、〜付ける（S）
助ける　　　［1］〜合う（G）
建てる　　　［1］〜直す（GS）
漬ける　　　［1］〜込む（GSIK）
溶く　　　　［1］〜ほぐす（S）
閉じる　　　［2］〜込める（GSIK）、〜篭る（GSIK）
撮る　　　　［1］〜直す（G）
煮る　　　　［14］〜上がる（G）、〜返す（S）、〜こぼれる（GS）、〜込む（GSIK）、〜締める（GSK）、〜出す（GS）、〜立つ（GSIK）、〜立てる（GSIK）、〜付ける（GSIK）、〜詰まる（GSIK）、〜詰める（GSIK）、〜溶かす（S）、〜溶ける（S）、〜含める（S）
寝かす　　　［1］〜付ける（G）
ふさぐ　　　［1］〜込む（GSIK）
掘る　　　　［6］〜起こす（G）、〜返す（G）、〜下げる（GSIK）、〜出す（GSIK）、〜付ける（G）、〜抜く（G）
丸める　　　［1］〜込む（GSIK）
見せる　　　［2］〜掛ける（GSIK）、〜付ける（GSIK）
蒸す　　　　［1］〜返す（GSIK）
もぐ　　　　［2］〜取る（GS）、〜放す（G）
凭せる　　　［1］〜掛ける（GSK）
焼く　　　　［6］〜上げる（S）、〜切る（GSIK）、〜付く（GSIK）、〜付ける（GSIK）、〜直す（GS）、〜払う（GSIK）
茹でる　　　［1］〜こぼす（GS）

分つ　　　　[2]　〜合う(S)、〜持つ(S)

⑤主体変化動詞

明ける　　　[4]　〜暮れる(GSIK)、〜残る(GSIK)、〜離れる(GSI)、〜渡る(GSIK)
溢れる　　　[1]　〜出る(G)
痛む　　　　[1]　〜入る(GSIK)
色めく　　　[1]　〜立つ(GS)
浮く　　　　[4]　〜上がる(GSIK)、〜出す(GSIK)、〜立つ(GSIK)、〜出る(GSIK)
動く　　　　[1]　〜回る(G)
生まれる　　[4]　〜合わせる(G)、〜落ちる(GSIK)、〜変わる(GSIK)、〜付く(G)
売れる　　　[2]　〜出す(S)、〜残る(GS)
生う　　　　[3]　〜茂る(GSK)、〜育つ(GSK)、〜立つ(GS)
老いる　　　[2]　〜朽ちる(S)、〜込む(GSIK)
落ち-着く　　[1]　〜払う(GSI)
折れる　　　[2]　〜合う(GSIK)、〜曲がる(G)
屈む　　　　[1]　〜込む(G)
関わる　　　[1]　〜合う(G)
絡む　　　　[3]　〜合う(G)、〜付く(GSIK)、〜付ける(GS)
決まる　　　[1]　〜切る(G)
凍る　　　　[1]　〜付く(GSI)
凍える　　　[2]　〜死ぬ(GS)、〜付く(G)
凝る　　　　[1]　〜固まる(GSIK)
冴える　　　[2]　〜返る(GSIK)、〜渡る(GSI)
笹くれる　　[1]　〜立つ(G)
差す　　　　[3]　〜当たる(GIK)、〜入る(S)、〜渡る(G)
錆びる　　　[1]　〜付く(GS)
しなだれる　[1]　〜掛かる(G)
凍みる　　　[1]　〜付く(G)
洒落る　　　[1]　〜込む(GS)
知れる　　　[1]　〜渡る(GS)
澄む　　　　[2]　〜切る(GSIK)、〜渡る(GSIK)
溜まる　　　[1]　〜兼ねる(GSI)
垂れる　　　[2]　〜込める(GSIK)、〜下がる(GS)
縮む　　　　[1]　〜上がる(GSIK)
疲れる　　　[1]　〜果てる(G)
尽きる　　　[1]　〜果てる(GS)
出来る　　　[3]　〜合う(GSIK)、〜上がる(GS)、〜損う(GS)
泊る　　　　[1]　〜込む(GS)

成る	[9]	～上がる(GSIK)、～替わる(GSIK)、～込む(S)、～下がる(GSIK)、～済ます(GSIK)、～立つ(GSIK)、～果てる(GSK)、～勝る(G)、～行く(GS)
似る	[4]	～合う(GSIK)、～通う(GSIK)、～付く(GSIK)、～寄る(G)
煮える	[5]	～上がる(S)、～返る(GSIK)、～こぼれる(G)、～たぎる(GSIK)、～立つ(GSIK)
逃げる	[10]	～失せる(GSIK)、～隠れる(G)、～切る(GS)、～込む(GS)、～去る(S)、～出す(GS)、～散る(G)、～延びる(GSIK)、～惑う(GSIK)、～回る(GS)
にじむ	[1]	～出る(GS)
寝る	[15]	～入る(GSIK)、～返る(GSIK)、～込む(GSIK)、～転がる(GS)、～転ぶ(GSIK)、～静まる(GSIK)、～過ぎる(GSK)、～過ごす(GSIK)、～違える(GSIK)、～付く(GSIK)、～とぼける(GSIK)、～取る(GSIK)、～ぼける(GSIK)、～乱れる(GS)、～忘れる(GIK)
はいる	[1]	～込む(GS)
生える	[2]	～上がる(G)、～変わる(G)
剥げる	[1]	～上がる(GS)
腫れる	[1]	～上がる(GS)
晴れる	[2]	～上がる(GS)、～渡る(GSIK)
干る	[3]	～上がる(GSIK)、～反る(GSIK)、～割れる(GSIK)
冷える	[1]	～込む(GSIK)
引く(自)	[10]	～入る(IK)、～移る(GK)、～返す(GSIK)、～越す(G)、～込む(GSIK)、～篭る(GSIK)、～下がる(GSIK)、～添う(G)、～退く(GIK)、～払う(GSIK)
ひねる	[1]	～こびる(GI)
開く(自)	[1]	～直る(GSIK)
更ける	[1]	～行く(G)
経る	[2]	～上がる(GSI)、～巡る(GSIK)
見える	[2]	～透く(GSIK)、～渡る(G)
満ちる	[1]	～足りる(GS)
群れる	[1]	～立つ(G)
潜る	[1]	～込む(G)
もたれる	[1]	～掛かる(GS)
漏れる	[1]	～聞く(GSIK)
焼ける	[7]	～落ちる(GS)、～焦す(S)、～焦げる(S)、～死ぬ(G)、～出される(GS)、～付く(GS)、～残る(S)
痩せる	[3]	～衰える(G)、～枯れる(G)、～細る(GS)
病む	[1]	～付く(G)
酔う	[2]	～潰れる(GSIK)、～払う(GSIK)
弱る	[2]	～切る(G)、～果てる(G)

| 分る | [1] | ～切る (G) |
| 湧く | [5] | ～上がる (GSIK)、～起こる (GSIK)、～返る (GSIK)、～立つ (GSIK)、～出る (G) |

⑥再帰動詞

預ける	[1]	～入れる (S)
いだく	[1]	～締める (G)
貸す	[5]	～切る (GSIK)、～越す (G)、～下げる (GS)、～出す (GSIK)、～付ける (GS)
噛む	[10]	～合う (GSIK)、～合わせる (GSIK)、～切る (GS)、～砕く (GSIK)、～こなす (GS)、～殺す (GSIK)、～締める (GSIK)、～付く (GSIK)、～潰す (GS)、～分ける (GSI)
借りる	[7]	～上げる (GS)、～入れる (GSIK)、～受ける (GSIK)、～替える (SI)、～切る (GSIK)、～倒す (GSIK)、～出す (GIK)
着る	[14]	～替える (GSI)、～飾る (GSIK)、～崩す (G)、～崩れる (G)、～下す (G)、～こなす (GSIK)、～込む (GSIK)、～捨てる (G)、～散らす (G)、～付ける (IK)、～通す (GS)、～流す (GS)、～成す (G)、～ふくれる (GS)
咥える	[1]	～込む (GS)
ささげる	[1]	～持つ (S)
指す	[20]	～上げる (GSIK)、～当てる (G)、～入れる (GSIK)、～替える (GSIK)、～掛ける (GSIK)、～かざす (GSIK)、～勝つ (S)、～交わす (S)、～切る (GS)、～込む (GSIK)、～殺す (GSIK)、～示す (GS)、～出す (GSIK)、～立てる (GSIK)、～違える (GSIK)、～付ける (GSIK)、～貫く (GS)、～通す (GSIK)、～延べる (GSIK)、～挟む (GSIK)
しょう	[1]	～込む (GSIK)
せおう	[1]	～込む (GSK)
握る	[2]	～締める (GSIK)、～潰す (GSIK)
履く	[2]	～捨てる (G)、～違える (GSIK)
拾う	[1]	～上げる (G)
踏む	[25]	～荒らす (GS)、～入れる (S)、～固める (GS)、～切る (GSIK)、～越える (GS)、～込む (GSIK)、～締める (GSIK)、～反る (GS)、～倒す (GSIK)、～出す (GSIK)、～立てる (G)、～散らす (G)、～付ける (GSIK)、～潰す (G)、～とどまる (GSIK)、～均す (GSIK)、～鳴らす (GSIK)、～抜く (GSIK)、～脱ぐ (G)、～外す (GSIK)、～はだける (G)、～張る (GSIK)、～迷う (GS)、～破る (GIK)、～分ける (GSIK)
粧す	[1]	～込む (GSIK)
貰う	[1]	～受ける (G)
雇う	[1]	～入れる (G)
譲る	[3]	～合う (G)、～受ける (GSK)、～渡す (GSK)

両項動詞

②主体動作（自）動詞
歩く　　[2]　～続ける(S)、～回る(S)
　　　　[8]　あさり～(G)、出～(GSIK)、飛び～(GSIK)、流れ～(GSIK)、練り～(GSIK)、飲み～(G)、触れ～(G)、渡り～(GSIK)
勇む　　[1]　～立つ(GS)
　　　　[1]　喜び～(G)
輝く　　[1]　～渡る(G)
　　　　[1]　照り～(GSIK)
こびる　[1]　～へつらう(GS)
　　　　[1]　ひね～(GI)
騒ぐ　　[2]　～立つ(GS)、～立てる(GS)
　　　　[1]　立ち～(GSK)
泣く　　[19] ～明かす(GSIK)、～入る(GSK)、～落とす(GK)、～交わす(G)、～崩れる(GSIK)、～暮らす(GSIK)、～暮れる(G)、～込む(GSIK)、～叫ぶ(GS)、～沈む(GSIK)、～縋る(GS)、～出す(GSK)、～立てる(GS)、～付く(GSIK)、～尽くす(G)、～濡れる(GSIK)、～腫らす(GSIK)、～伏す(GSK)、～喚く(GS)
　　　　[3]　忍び～(G)、啜り～(GSIK)、咽び～(GS)
走る　　[5]　～込む(S)、～抜く(GSK)、～抜ける(GSI)、～回る(GS)、～寄る(G)
　　　　[1]　駆け～(G)
働く　　[1]　～掛ける(GSIK)
　　　　[1]　立ち～(GSIK)

③主体動作（他）動詞
仰ぐ　　[1]　～見る(S)
　　　　[1]　振り～(G)
煽る　　[2]　～立てる(GS)、～付ける(G)
　　　　[1]　買い～(G)
あさる　[1]　～歩く(G)
　　　　[1]　買い～(GSIK)
打つ　　[65] ～合う(G)、～空ける(GSIK)、～上げる(GSIK)、～当てる(G)、～合わす(G)、～合わせる(GSIK)、～入る(S)、～落とす(GSIK)、～折る(G)、～下ろす(G)、～返す(GS)、～掛ける(G)、～重なる(GS)、～勝つ(GSIK)、～興じる(G)、～切る(GSIK)、～崩す(S)、～砕く(GSIK)、～寛ぐ(GS)、～消す(GSIK)、～込む(GSIK)、～込める(G)、～殺す(GSIK)、～壊す(GS)、～萎れる(S)、～沈む(GSIK)、～据える(GSIK)、

　　　　　　～過ぎる(S)、～捨てる(GS)、～揃う(G)、～絶える(G)、～倒す(GS)、
　　　　　　～倒れる(G)、～出す(GSIK)、～立てる(GS)、～違う(G)、～違える(S)、
　　　　　　～付ける(GSIK)、～続く(GSIK)、～集う(S)、～連れる(GSIK)、～解
　　　　　　ける(GSIK)、～止める(GSIK)、～取る(GSIK)、～直す(G)、～眺め
　　　　　　る(G)、～靡く(G)、～抜く(GSIK)、～果たす(GSIK)、～払う(GSIK)、
　　　　　　～開ける(G)、～伏す(G)、～振る(G)、～滅ぼす(G)、～任す(G)、
　　　　　　～負かす(GSK)、～まくる(S)、～負ける(S)、～守る(G)、～見る(GSIK)、
　　　　　　～破る(GSIK)、～遣る(G)、～寄せる(GSIK)、～忘れる(G)、～割る(G)
　　　　　[4] 流し～(S)、投げ～(GS)、ねらい～(S)、迎え～(GSIK)
描く　　　[1] ～出す(S)
　　　　　[1] 思い～(GS)
拝む　　　[1] ～倒す(GSIK)
　　　　　[1] 伏し～(GSIK)
置く　　　[2] ～替える(GSIK)、～忘れる(GSI)
　　　　　[8] 言い～(GS)、買い～(S)、聞き～(GSIK)、据え～(GS)、捨て～(GSIK)、
　　　　　　契り～(G)、止め～(GSIK)、取り～(GSIK)
送る　　　[6] ～返す(G)、～込む(GSIK)、～倒す(S)、～出す(GS)、～付ける(G)、
　　　　　　～届ける(GS)
　　　　　[4] 言い～(GSIK)、書き～(GIK)、見～(GSIK)、申し～(GSIK)
行う　　　[1] ～澄ます(GSIK)
　　　　　[1] 取り～(GSIK)
抑える　　[2] ～込む(S)、～付ける(GSIK)
　　　　　[1] 取り～(GSIK)
掻く　　　[33] ～上げる(GS)、～集める(GSIK)、～合わせる(GIK)、～起こす(GK)、
　　　　　　～消える(GSIK)、～切る(GS)、～くぐる(GSIK)、～口説く(GSIK)、
　　　　　　～曇る(GSIK)、～繰る(GSIK)、～暮れる(GSIK)、～消す(GS)、～込
　　　　　　む(GSI)、～捜す(G)、～捌く(G)、～さらう(G)、～出す(GSIK)、～
　　　　　　立てる(GSIK)、～散らす(G)、～繕う(G)、～つまむ(GSIK)、～飛ば
　　　　　　す(GS)、～撫でる(G)、～鳴らす(GSIK)、～退ける(GSIK)、～上る(G)、
　　　　　　～払う(GS)、～混ぜる(GSIK)、～回す(GSIK)、～乱す(GSIK)、～む
　　　　　　しる(GSIK)、～寄せる(GS)、～分ける(GSIK)
　　　　　[1] 引き～(GSIK)
飾る　　　[2] ～立てる(GSIK)、～付ける(GSIK)
　　　　　[1] 着～(GSIK)
噛る　　　[2] ～散らす(G)、～付く(GSIK)
　　　　　[2] 聞き～(GSIK)、食い～(G)
聞く　　　[35] ～飽きる(G)、～誤る(GS)、～合わせる(GSIK)、～入る(GSIK)、～
　　　　　　入れる(GSIK)、～置く(GSIK)、～落とす(GSIK)、～覚える(GS)、～

資料1 「既成の複合動詞」造語成分の連接表　379

及ぶ(GSIK)、〜返す(GSIK)、〜囓る(GSIK)、〜込む(GSIK)、〜知る(G)、〜過ごす(GSIK)、〜捨てる(GS)、〜澄ます(GSIK)、〜損う(GSI)、〜出す(GSIK)、〜正す(GSIK)、〜違う(G)、〜違える(G)、〜継ぐ(GSIK)、〜付ける(GSIK)、〜伝える(GS)、〜咎める(GSIK)、〜届ける(GSIK)、〜取る(GSIK)、〜直す(GS)、〜流す(GSIK)、〜慣れる(G)、〜外す(GSIK)、〜惚れる(GSIK)、〜漏らす(GSIK)、〜分ける(GSIK)、〜忘れる(GS)

　　　　　 [2] 伝え〜(GSIK)、漏れ〜(GSIK)
刻む　　　 [3] 〜込む(G)、〜付く(S)、〜付ける(GSIK)
　　　　　 [1] 切り〜(GS)
口説く　　 [2] 〜落とす(GS)、〜立てる(GK)
　　　　　 [1] 掻き〜(GSIK)
繰る　　　 [16] 〜上げる(GSIK)、〜合わせる(GSIK)、〜入れる(GSIK)、〜替える(GSIK)、〜返す(GSIK)、〜越す(GSIK)、〜込む(GSIK)、〜下がる(S)、〜下げる(GSIK)、〜出す(GSIK)、〜延べる(GSIK)、〜開く(G)、〜広げる(GSIK)、〜回す(GSIK)、〜戻す(S)、〜寄せる(GSI)
　　　　　 [1] 掻き〜(GSIK)
こする　　 [1] 〜付ける(GS)
　　　　　 [1] 当て〜(GSIK)
捜す　　　 [1] 〜当てる(GSIK)
　　　　　 [1] 掻き〜(G)
敷く(他)　 [2] 〜写す(G)、〜詰める(GS)
　　　　　 [2] 折り〜(GS)、組み〜(GSIK)
縛る　　　 [2] 〜上げる(GSIK)、〜付ける(GSIK)
　　　　　 [2] 食い〜(GSIK)、取り〜(G)
絞る　　　 [3] 〜上げる(GSIK)、〜出す(GS)、〜取る(G)
　　　　　 [2] 引き〜(GSIK)、振り〜(GSIK)
叩く　　　 [9] 〜合う(G)、〜上げる(GSIK)、〜売る(GI)、〜起こす(GSIK)、〜落とす(G)、〜込む(GSI)、〜出す(G)、〜付ける(GSIK)、〜伏せる(G)
　　　　　 [2] 売り〜(GS)、買い〜(GSI)
たたむ　　 [2] 〜掛ける(GSIK)、〜込む(GSK)
　　　　　 [1] 折り〜(GSIK)
断つ　　　 [2] 〜切る(GSIK)、〜割る(GS)
　　　　　 [1] 思い〜(G)
使う　　　 [7] 〜こなす(GSIK)、〜込む(GSIK)、〜捨てる(S)、〜慣らす(G)、〜慣れる(G)、〜果たす(GSIK)、〜分ける(GSK)
　　　　　 [3] 追い〜(GSI)、扱き〜(GSIK)、召し〜(GS)
継ぐ(1)　 [2] 〜合わせる(GSIK)、〜足す(GSIK)

	[6]	言い～(GS)、語り～(GS)、聞き～(GS)、取り～(GSIK)、乗り～(GS)、申し～(G)
綴る	[2]	～合わす(GI)、～合わせる(GSIK)
	[1]	書き～(G)
つまむ	[1]	～出す(GSIK)
	[1]	掻き～(GSIK)
貫く	[1]	～通す(G)
	[1]	指し～(GS)
眺める	[2]	～入る(GS)、～遣る(G)
	[1]	打ち～(G)
殴る	[3]	～込む(K)、～付ける(GSIK)、～飛ばす(GSIK)
	[1]	書き～(GSIK)
投げる	[11]	～入れる(GS)、～打つ(GS)、～掛ける(GSIK)、～勝つ(S)、～込む(GS)、～捨てる(GSIK)、～倒す(S)、～出す(GSIK)、～付ける(GSIK)、～飛ばす(GS)、～遣る(G)
	[1]	放り～(GS)
撫でる	[5]	～上げる(GSK)、～下ろす(GSK)、～さする(G)、～付ける(GSIK)、～回す(G)
	[1]	掻き～(G)
願う	[3]	～上げる(S)、～下げる(GSK)、～出る(GSIK)
	[1]	乞い～(SIK)
ねらう	[1]	～打つ(S)
	[1]	付け～(GSIK)
望む	[1]	～見る(G)
	[1]	待ち～(G)
計る	[2]	～込む(GSIK)、～知る(G)
	[1]	押し～(GSIK)
運ぶ	[1]	～出す(G)
	[2]	取り～(S)、持ち～(GSIK)
はたく	[1]	～込む(G)
	[1]	引き～(GSK)
撥ねる	[6]	～上げる(G)、～返す(GSIK)、～掛ける(S)、～付ける(GSIK)、～飛ばす(G)、～退ける(GSIK)
	[1]	突き～(GSIK)
囃す	[1]	～立てる(GS)
	[2]	言い～(GS)、ほめ～(K)
払う	[8]	～上げる(S)、～落とす(G)、～清める(GSIK)、～込む(GSIK)、～下げる(GSK)、～出す(GS)、～退ける(GSIK)、～戻す(GSIK)

資料1 「既成の複合動詞」造語成分の連接表　381

[15] 空け〜(GSIK)、打ち〜(GSIK)、売り〜(GSIK)、追い〜(GSIK)、落ち-着き〜(GSI)、掻き〜(GS)、切り〜(GSIK)、し〜(GSIK)、出〜(GSIK)、取り〜(GSIK)、薙ぎ〜(GSIK)、引き〜(GSIK)、吹き〜(GS)、焼き〜(GSIK)、酔い〜(GSIK)

引く(他) [71] 〜合う(GSIK)、〜上げる(GSIK)、〜当てる(GSIK)、〜合わす(G)、〜合わせる(GSIK)、〜入れる(GSI)、〜受ける(GSIK)、〜写す(SK)、〜起こす(GSIK)、〜下ろす(G)、〜替える(GSIK)、〜掛かる(GSIK)、〜掻き-回す(GSK)、〜掻く(GSIK)、〜掛ける(G)、〜担ぐ(GSIK)、〜被る(GSIK)、〜括る(GSIK)、〜比べる(G)、〜こなす(G)、〜込める(GSIK)、〜殺す(IK)、〜裂く(GSIK)、〜下げる(GSIK)、〜さらう(G)、〜去る(GSIK)、〜絞る(GSIK)、〜締まる(GSIK)、〜締める(GSI)、〜据える(GS)、〜ずる(GSIK)、〜倒す(G)、〜抱く(G)、〜出す(GSIK)、〜立つ(GSIK)、〜立てる(GSIK)、〜ちぎる(G)、〜散らかす(G)、〜つかむ(GSIK)、〜付く(GSIK)、〜継ぐ(GSIK)、〜繕う(G)、〜付ける(GSIK)、〜続く(GSK)、〜詰める(G)、〜吊る(GSIK)、〜吊れる(GSI)、〜連れる(GSIK)、〜止める(GSIK)、〜捕える(GSIK)、〜取る(GSIK)、〜直す(G)、〜抜く(GSIK)、〜退ける(GSIK)、〜延ばす(GS)、〜剥がす(GS)、〜剥ぐ(G)、〜外す(G)、〜はたく(GSK)、〜放す(GSIK)、〜放つ(G)、〜張る(GSIK)、〜曲がる(GSIK)、〜曲げる(GSIK)、〜まとめる(G)、〜回す(GSIK)、〜戻す(GS)、〜破る(G)、〜寄せる(GS)、〜分ける(GSK)、〜渡す(GSIK)

[2] 立て〜(G)、割り〜(GSIK)

巻く [11] 〜上がる(GS)、〜上げる(GSIK)、〜起こす(GS)、〜起こる(GS)、〜落とす(S)、〜替える(G)、〜返す(GS)、〜込む(GSIK)、〜付く(GS)、〜付ける(G)、〜取る(G)

[3] 押し〜(G)、取り〜(GSIK)、吹き〜(G)

撒く [3] 〜散らす(GS)、〜付ける(S)、〜直す(S)

[1] 振り〜(GSIK)

見る [79] 〜合う(GSIK)、〜飽きる(GS)、〜上げる(GSIK)、〜当たる(GSIK)、〜誤る(GSK)、〜表す(GSIK)、〜合わす(G)、〜合わせる(GSIK)、〜入る(GSIK)、〜受ける(GSIK)、〜失う(GSIK)、〜送る(GSIK)、〜落とす(GSIK)、〜覚える(GS)、〜下ろす(GSIK)、〜変える(GS)、〜返す(GSIK)、〜返る(GSIK)、〜限る(GSIK)、〜掛ける(GSIK)、〜兼ねる(GSI)、〜交わす(GSIK)、〜切る(GSIK)、〜極める(GSIK)、〜下す(GSIK)、〜くびる(GSIK)、〜比べる(GS)、〜越す(GSIK)、〜込む(GSIK)、〜下げる(GSIK)、〜定める(GSIK)、〜知る(GSIK)、〜据える(GSIK)、〜透かす(GSIK)、〜過ごす(GSIK)、〜捨てる(GSIK)、〜澄ます(GSIK)、〜損う(GSIK)、〜逸れる(GSIK)、〜損じる(G)、〜

出す(GIK)、～立てる(GSIK)、～違える(GSIK)、～尽くす(G)、～繕う(GSIK)、～付ける(GSIK)、～詰める(GSIK)、～積る(GSIK)、～通す(GSIK)、～咎める(GSK)、～届ける(GSIK)、～取る(GSIK)、～直す(GSIK)、～流す(G)、～成す(GSIK)、～習う(GSIK)、～慣れる(GSIK)、～抜く(GSIK)、～のがす(GSIK)、～残す(GS)、～計らう(GSIK)、～はぐれる(G)、～外す(G)、～放す(GSIK)、～晴らす(GSK)、～張る(GSIK)、～開く(GS)、～惚れる(GSIK)、～間違える(G)、～守る(GSIK)、～回す(GSIK)、～回る(GSIK)、～向く(GSIK)、～巡る(G)、～破る(GSIK)、～遣る(GSIK)、～分ける(GSIK)、～忘れる(GSK)、～渡す(GSIK)

　　　　　[5] 仰ぎ～(S)、打ち～(GSIK)、返り～(GSIK)、盗み～(G)、望み～(G)
迎える　　[3] ～入れる(GS)、～打つ(GSIK)、～取る(S)
　　　　　[1] 出～(GSIK)
むしる　　[1] ～取る(GS)
　　　　　[1] 掻き～(GSIK)
結ぶ　　　[3] ～合わせる(G)、～付く(GSIK)、～付ける(GSIK)
　　　　　[2] 切り～(GSIK)、取り～(GSIK)
遣る　　　[9] ～合う(GSIK)、～返す(GSIK)、～こなす(GSIK)、～込める(GSIK)、～過ぎる(S)、～過ごす(GSIK)、～損う(GS)、～遂げる(GSIK)、～直す(GS)
　　　　　[8] 言い～(G)、打ち～(G)、追い～(GS)、押し～(GSIK)、思い～(GSIK)、眺め～(G)、投げ～(G)、見～(GSIK)

④主体動作客体変化動詞
明かす　　[1] ～暮らす(GS)
　　　　　[7] 語り～(GSIK)、解き～(GSIK)、説き～(GSIK)、泣き～(GSIK)、嘆き～(GSIK)、飲み～(GSIK)、待ち～(GSK)
空ける　　[4] ～放す(GSI)、～払う(GSIK)、～広げる(G)、～渡す(GSIK)
　　　　　[3] 打ち～(GSIK)、押し～(G)、捩じ～(G)
当てる　　[5] ～こする(GSIK)、～込む(GSIK)、～付ける(GSI)、～嵌まる(GSIK)、～嵌める(GSIK)
　　　　　[13] 射～(GS)、言い～(GS)、打ち～(G)、押し～(G)、嗅ぎ～(GSIK)、搜し～(GSIK)、探り～(GS)、指し～(G)、尋ね～(G)、突き～(GSK)、引き～(GSIK)、振り～(GSIK)、割り～(GSIK)
合わせる　[1] ～持つ(S)
　　　　　[43] 有り～(GSIK)、居～(GSIK)、言い～(GSIK)、入り～(G)、入れ～(SIK)、打ち～(GSIK)、生まれ～(G)、埋め～(GSIK)、思い～(GSIK)、掻き～(GIK)、掛け～(GSIK)、噛み～(GSIK)、来～(GSI)、聞き～

資料1 「既成の複合動詞」造語成分の連接表　383

(GSIK)、組み〜(GSIK)、繰り〜(GSIK)、誘い〜(G)、示し〜(GSIK)、抱き〜(GK)、尋ね〜(GSIK)、突き〜(GSIK)、継ぎ〜(GSIK)、付け〜(S)、綴り〜(GSIK)、詰め〜(GS)、照らし〜(GSIK)、問い〜(GSIK)、通り〜(GS)、取り〜(GSIK)、睨み〜(GSIK)、縫い〜(GS)、抜き〜(GSIK)、練り〜(GSIK)、乗り〜(GSIK)、接ぎ〜(GSIK)、引き〜(GSIK)、待ち〜(GSIK)、見〜(GSIK)、結び〜(G)、申し〜(GSIK)、持ち〜(GSK)、読み〜(GSK)、縒り〜(G)

入れる	[5]	〜上げる(GSIK)、〜合わせる(SIK)、〜替える(GS)、〜替わる(GSIK)、〜違う(GSIK)
	[31]	預け〜(S)、言い〜(G)、受け〜(GSIK)、落とし〜(GSIK)、思い〜(G)、買い〜(GSIK)、書き〜(GSIK)、昇き〜(G)、刈り〜(GSIK)、借り〜(GSIK)、聞き〜(GSIK)、汲み〜(GS)、組み〜(GSIK)、繰り〜(GSIK)、指し〜(GSIK)、誘い〜(S)、し〜(GSI)、招じ〜(GSIK)、突き〜(G)、取り〜(GSIK)、投げ〜(GS)、乗り〜(GSIK)、挟み〜(G)、引き〜(GSI)、吹き〜(S)、踏み〜(S)、迎え〜(GS)、申し〜(GSIK)、雇い〜(G)、呼び〜(GIK)、詫び〜(GSK)
写す	[2]	〜出す(G)、〜取る(G)
	[3]	書き〜(G)、敷き〜(G)、引き〜(SK)
売る	[15]	〜上げる(GS)、〜急ぐ(GSIK)、〜惜しむ(GS)、〜切る(GS)、〜切れる(GSIK)、〜込む(GSIK)、〜捌く(GSIK)、〜出す(GS)、〜叩く(GS)、〜付ける(GSIK)、〜つなぐ(S)、〜飛ばす(GSIK)、〜払う(GSIK)、〜広める(G)、〜渡す(GS)
	[1]	叩き〜(GI)
落とす	[1]	〜入れる(GSIK)
	[29]	射〜(G)、言い〜(GSIK)、打ち〜(GSIK)、生み〜(GSI)、追い〜(GS)、書き〜(GSIK)、聞き〜(GSIK)、切り〜(GSIK)、口説き〜(GS)、蹴〜(GSIK)、扱き〜(G)、こそげ〜(G)、攻め〜(GSIK)、責め〜(GSK)、競り〜(GSIK)、叩き〜(G)、突き〜(GS)、付け〜(S)、吊り〜(G)、取り〜(GSIK)、泣き〜(GK)、払い〜(G)、引き-ずり〜(G)、吹き〜(G)、振り〜(G)、振い〜(GK)、篩い〜(GS)、巻き〜(S)、見〜(GSIK)
折る	[8]	〜合う(GSIK)、〜返す(GSIK)、〜重なる(GSIK)、〜重ねる(GSIK)、〜込む(GSIK)、〜敷く(GS)、〜たたむ(GSIK)、〜曲げる(GS)
	[1]	打ち〜(G)
隠す	[1]	〜持つ(G)
	[5]	覆い〜(S)、押し〜(GSIK)、包み〜(GSI)、塗り〜(S)、秘し〜(GS)
掛ける	[9]	〜合う(GSIK)、〜合わす(G)、〜合わせる(GSIK)、〜替える(G)、〜違う(GSIK)、〜離れる(GSIK)、〜隔たる(GSIK)、〜隔てる(GSIK)、〜渡す(GS)

[38] 浴せ〜(GS)、射〜(GSIK)、言い〜(GS)、打ち〜(G)、追い〜(GSIK)、押し〜(GSIK)、着せ〜(G)、切り〜(GSIK)、指し〜(GSIK)、誘い〜(K)、し〜(GSIK)、死に〜(GIK)、攻め〜(GSIK)、たたみ〜(GSIK)、立て〜(GSIK)、食べ〜(G)、突き〜(GSIK)、詰め〜(GSIK)、出〜(GSIK)、問い〜(GSIK)、投げ〜(GSIK)、飲み〜(S)、乗り〜(IK)、働き〜(GSIK)、話し〜(GSIK)、撥ね〜(S)、引き〜(G)、吹き〜(GSI)、ぶち〜(GS)、振り〜(GSIK)、見〜(GSIK)、見せ〜(GSIK)、凭せ〜(GSK)、持ち〜(GSIK)、行き〜(G)、ゆすり〜(G)、寄せ〜(GSIK)、呼び〜(GSIK)

決める [4] 〜込む(GSIK)、〜倒す(S)、〜出す(S)、〜付ける(GSIK)
[1] 取り〜(GSIK)

切る [38] 〜合う(GSIK)、〜上げる(GSIK)、〜入る(GS)、〜起こす(G)、〜落とす(GSIK)、〜下ろす(GS)、〜替える(GSIK)、〜返す(GSIK)、〜掛かる(GSIK)、〜掛ける(GSIK)、〜替わる(GSIK)、〜刻む(GS)、〜崩す(GSIK)、〜組む(GSI)、〜込む(GSIK)、〜殺す(GS)、〜苛む(GSIK)、〜裂く(GSIK)、〜下げる(GSIK)、〜捨てる(GSIK)、〜そぐ(G)、〜揃える(G)、〜倒す(GS)、〜出す(GSIK)、〜立つ(GSIK)、〜付ける(GSIK)、〜詰める(GSIK)、〜取る(GSIK)、〜抜く(GS)、〜抜ける(GSIK)、〜放す(GSIK)、〜払う(GSIK)、〜開く(GSIK)、〜広げる(G)、〜伏せる(GSIK)、〜まくる(GSI)、〜回す(GSIK)、〜結ぶ(GSIK)

[43] 言い〜(GSIK)、息せき〜(GS)、打ち〜(GSIK)、売り〜(GS)、押し〜(GSIK)、思い〜(GSIK)、買い〜(GSIK)、掛かり〜(G)、掻き〜(GS)、貸し〜(GSIK)、噛み〜(GS)、借り〜(GSIK)、決まり〜(G)、食い〜(GSIK)、困り〜(GS)、指し〜(GS)、し〜(GSIK)、締め〜(GSIK)、澄み〜(GSIK)、擦り〜(GSIK)、出し〜(K)、断ち〜(GSIK)、立て〜(GSIK)、突き〜(GSK)、詰め〜(GSIK)、出〜(GIK)、逃げ〜(GS)、抜け〜(G)、捩じ〜(GSIK)、乗り〜(GSIK)、挟み〜(GSIK)、張り〜(GSIK)、ぶち〜(G)、踏み〜(GSIK)、振り〜(GSIK)、見〜(GSIK)、持ち〜(GSIK)、焼き〜(GSIK)、読み〜(GS)、寄り〜(GS)、弱り〜(G)、分り〜(G)、割り〜(GSIK)

極める [1] 〜尽くす(GS)
[1] 見〜(GSIK)

括る [1] 〜付ける(G)
[3] 締め〜(GSIK)、すべ〜(GSK)、引き〜(GSIK)

くびる [1] 〜殺す(GS)
[1] 見〜(GSIK)

組む(他) [8] 〜上げる(GS)、〜合わす(GI)、〜合わせる(GSIK)、〜入れる(GSIK)、〜替える(GSIK)、〜込む(GSIK)、〜立てる(GSIK)、〜違える(GS)

	[2]	切り～(GSI)、し～(GSIK)、
消す	[3]	～去る(S)、～飛ぶ(GSIK)、～止める(GSIK)
	[6]	言い～(GIK)、打ち～(GSIK)、掻き～(GS)、取り～(GSIK)、吹き～(G)、揉み～(GSIK)
下げる	[1]	～渡す(GSIK)
	[10]	貸し～(GS)、切り～(GSIK)、繰り～(GSIK)、吊り～(GS)、取り～(GSIK)、願い～(GSK)、払い～(GSK)、引き～(GSIK)、掘り～(GSIK)、見～(GSIK)
締める	[6]	～上げる(S)、～切る(GSIK)、～括る(GSIK)、～殺す(GSIK)、～出す(GSIK)、～付ける(GSIK)
	[7]	いだき～(G)、噛み～(GSIK)、抱き～(GSIK)、煮～(GSK)、握り～(GSIK)、引き～(GSI)、踏み～(GSIK)
据える	[2]	～置く(GS)、～付ける(SIK)
	[3]	打ち～(GSIK)、引き～(GS)、見～(GSIK)
そぐ	[1]	～取る(G)
	[1]	切り～(G)
出す	[6]	～合う(G)、～遅れる(GK)、～惜しむ(GSK)、～切る(K)、～渋る(GS)、～抜く(GSIK)
	[94]	暴き～(G)、編み～(GSIK)、洗い～(S)、言い～(GS)、いびり～(GSIK)、浮かれ～(IK)、浮き～(GSIK)、受け～(GSIK)、打ち～(GSIK)、写し～(G)、生み～(GS)、売り～(GS)、売れ～(S)、描き～(S)、追い～(GSIK)、送り～(GS)、押し～(GS)、踊り～(S)、思い～(GSIK)、織り～(S)、買い～(S)、書き～(GSIK)、掻き～(GSIK)、嗅ぎ～(GSIK)、駆け～(GSIK)、貸し～(GSIK)、担ぎ～(GS)、かもし～(GS)、駆り～(GSI)、借り～(GIK)、狩り～(S)、考え～(S)、聞き～(GSIK)、決め～(S)、切り～(GSIK)、汲み～(GSIK)、繰り～(GSIK)、蹴～(GSIK)、漕ぎ～(G)、指し～(GSIK)、誘い～(GIK)、し～(GSIK)、絞り～(GS)、締め～(GSIK)、吸い～(GS)、掬い～(S)、救い～(S)、滑り～(G)、擦り～(S)、せり～(GSK)、煎じ～(S)、染め～(GSIK)、叩き～(G)、つかみ～(K)、突き～(GSIK)、作り～(GSIK)、付け～(GSIK)、つまみ～(GSIK)、積み～(GSIK)、吊り～(GSIK)、連れ～(GSIK)、飛び～(GSIK)、取り～(GSIK)、泣き～(GSK)、投げ～(GSIK)、煮～(GS)、逃げ～(GS)、縫い～(S)、抜き～(GSIK)、抜け～(GS)、乗り～(GSIK)、這い～(GSIK)、掃き～(GSIK)、吐き～(GSIK)、運び～(G)、弾き～(GSIK)、払い～(GS)、張り～(GSIK)、引き～(GSIK)、引き-ずり～(GS)、引っ-張り～(G)、ひねり～(GSIK)、吹き～(GSIK)、踏み～(GSIK)、振り～(GSIK)、放り～(GSIK)、ほじくり～(G)、掘り～(GSIK)、見～(GIK)、見-付け～(G)、剥き～(GS)、持ち～(GSI)、呼び～(GSIK)、割り～(GSIK)

立てる　[11]　～替える(GSIK)、～掛ける(GSIK)、～切る(GSIK)、～込む(GSIK)、～込める(GI)、～篭る(GSIK)、～付ける(G)、～通す(GSIK)、～直す(GSIK)、～引く(G)、～回す(G)

　　　　[44]　煽り～(GS)、暴き～(G)、洗い～(GSIK)、言い～(GSIK)、打ち～(GS)、埋め～(GSIK)、追い～(GSIK)、押し～(GS)、書き～(GSIK)、掻き～(GSIK)、飾り～(GSIK)、数え～(GSIK)、がなり～(G)、駆り～(GSIK)、口説き～(GK)、組み～(GSIK)、蹴～(GSIK)、指し～(GSIK)、騒ぎ～(GS)、し～(GSIK)、せがみ～(K)、急き～(GSIK)、攻め～(GSIK)、責め～(GSIK)、せり～(G)、突き～(GSK)、作り～(GSIK)、積み～(GSIK)、取り～(GSIK)、泣き～(GS)、鳴き～(G)、並べ～(GSIK)、煮～(GSIK)、塗り～(GSI)、囃し～(GS)、引き～(GSIK)、踏み～(G)、振り～(GSIK)、弁じ～(G)、ほめ～(GSK)、見～(GSIK)、申し～(GSIK)、揉み～(G)、呼び～(GS)

溜める　[1]　～込む(GSIK)
　　　　[2]　買い～(S)、書き～(GI)

付ける　[12]　～上がる(GSIK)、～合わせる(S)、～入る(GSIK)、～落とす(S)、～替える(G)、～加える(GSIK)、～加わる(GSIK)、～込む(GSIK)、～足す(GSI)、～出す(GSIK)、～ねらう(GSIK)、～回す(GSIK)

　　　　[85]　煽り～(G)、当て～(GSI)、言い～(GSIK)、痛め～(GSIK)、炒り～(GSIK)、植え～(GS)、受け～(GSIK)、打ち～(GSIK)、生み～(GSIK)、売り～(GSIK)、送り～(G)、抑え～(GSIK)、押し～(GSIK)、落ち～(GSIK)、おどし～(GSIK)、買い～(GS)、書き～(GSIK)、嗅ぎ～(GSIK)、駆け～(GSIK)、飾り～(GSIK)、貸し～(GS)、構い～(GS)、絡み～(GS)、着～(IK)、聞き～(GSIK)、刻み～(GSIK)、決め～(GSIK)、切り～(GSIK)、括り～(G)、漕ぎ～(GSIK)、こすり～(GS)、指し～(GSIK)、し～(GSIK)、叱り～(GSIK)、縛り～(GSIK)、締め～(GSIK)、吸い～(GSIK)、据え～(SIK)、擦り～(GSIK)、責め～(GSIK)、備え～(GSIK)、染め～(GS)、焚き～(GSIK)、叩き～(GSIK)、立て～(G)、食べ～(G)、突き～(GSIK)、作り～(G)、照り～(GSIK)、説き～(GSIK)、綴じ～(G)、怒鳴り～(GS)、取り～(GSIK)、殴り～(GSIK)、投げ～(GSIK)、撫で～(GSIK)、煮～(GSIK)、睨み～(GSIK)、縫い～(G)、塗り～(GSIK)、寝かし～(G)、乗り～(GSIK)、馳せ～(GS)、撥ね～(GSIK)、張り～(GSIK)、引き～(GSIK)、吹き～(GSIK)、踏み～(GSIK)、振り～(G)、掘り～(G)、巻き～(G)、撒き～(S)、待ち～(GSIK)、見～(GSIK)、見せ～(GSIK)、結び～(GSIK)、申し～(GSIK)、盛り～(S)、焼き～(GSIK)、結い～(G)、行き～(G)、ゆわえ～(GIK)、寄せ～(GSIK)、呼び～(GSIK)、割り～(GSK)

伝える　[2]　～受ける(S)、～聞く(GSIK)

	[5]	言い〜(GS)、受け〜(G)、語り〜(G)、聞き〜(GS)、申し〜(G)
包む	[1]	〜隠す(GSI)
	[1]	押し〜(G)
詰める	[7]	〜合わせる(GS)、〜替える(G)、〜掛ける(GSIK)、〜切る(GSIK)、〜込む(GSIK)、〜寄せる(GS)、〜寄(GIK)
	[17]	言い〜(G)、追い〜(GSIK)、押し〜(GSIK)、思い〜(GSIK)、切り〜(GSIK)、食い〜(GSIK)、敷き〜(GS)、煎じ〜(GSIK)、突き〜(GSIK)、問い〜(GSIK)、取り〜(G)、煮〜(GSIK)、上り〜(GSIK)、張り〜(GSIK)、引き〜(G)、見〜(GSIK)、行き〜(G)
解く	[5]	〜明かす(GSIK)、〜放す(GSIK)、〜放つ(GIK)、〜ほぐす(GS)、〜分ける(G)
	[1]	読み〜(S)
届ける	[1]	〜出る(GSIK)
	[3]	送り〜(GS)、聞き〜(GSIK)、見〜(GSIK)
止める	[1]	〜置く(GSIK)
	[13]	射〜(GSIK)、受け〜(GSIK)、打ち〜(GSIK)、書き〜(GSI)、食い〜(GSIK)、消し〜(GSIK)、し〜(GSIK)、堰き〜(GSIK)、抱き〜(GSIK)、突き〜(GSIK)、取り〜(GSIK)、引き〜(GSIK)、呼び〜(G)
取る	[84]	〜合う(GSIK)、〜上げる(GSIK)、〜扱う(GSIK)、〜集める(GSIK)、〜誤る(G)、〜合わせる(GSIK)、〜入る(GSIK)、〜入れる(GSIK)、〜置く(GSIK)、〜行う(GSIK)、〜抑える(GSIK)、〜収める(G)、〜落とす(GSIK)、〜替える(GSIK)、〜返す(GSIK)、〜掛かる(GSIK)、〜囲む(GSIK)、〜片付ける(GSIK)、〜交わす(GSIK)、〜決める(GSIK)、〜崩す(GSIK)、〜組む(GSIK)、〜消す(GSIK)、〜越す(GSIK)、〜こなす(G)、〜こぼす(S)、〜込む(GSIK)、〜込める(GIK)、〜殺す(GSIK)、〜壊す(GSIK)、〜下げる(GSIK)、〜捌く(GSIK)、〜去る(GSIK)、〜し‐切る(GSIK)、〜静める(GSIK)、〜縛る(G)、〜締まる(GSIK)、〜調べる(GSIK)、〜綯る(GSIK)、〜捨てる(GSIK)、〜澄ます(GSIK)、〜損う(G)、〜揃える(GSIK)、〜出す(GSIK)、〜立てる(GSIK)、〜違える(GSIK)、〜散らかす(G)、〜散らす(GSIK)、〜付く(GSIK)、〜継ぐ(GSIK)、〜繕う(GSIK)、〜付ける(GSIK)、〜続く(G)、〜潰す(G)、〜詰める(G)、〜止まる(G)、〜止める(GSIK)、〜直す(GSIK)、〜成す(GSIK)、〜逃がす(GSIK)、〜退ける(GSIK)、〜残す(GSK)、〜除く(GS)、〜のぼせる(GSIK)、〜計らう(GSIK)、〜運ぶ(S)、〜外す(GSIK)、〜放す(GSIK)、〜払う(GSIK)、〜広げる(GSIK)、〜賄う(GS)、〜巻く(GSIK)、〜紛れる(GSIK)、〜混ぜる(GSIK)、〜まとめる(GSIK)、〜回す(GSIK)、〜乱す(GSIK)、〜結ぶ(GSIK)、〜持つ(GSIK)、〜戻す(GSIK)、〜やめる(GSIK)、〜寄せる(GSIK)、〜分け

	る(GSIK)、〜忘れる(G)
	[36] 受け〜(GSIK)、打ち〜(GSIK)、写し〜(G)、奪い〜(G)、えぐり〜(G)、買い〜(GSI)、書き〜(GSIK)、嗅ぎ〜(G)、掠め〜(GS)、勝ち〜(GS)、からめ〜(GS)、刈り〜(GSIK)、感じ〜(S)、聞き〜(GSIK)、切り〜(GSIK)、汲み〜(GSIK)、絞り〜(G)、吸い〜(GSIK)、そぎ〜(G)、抱き〜(GSIK)、つかみ〜(G)、縫い〜(G)、抜き〜(GSK)、拭い〜(G)、寝〜(GSIK)、乗り〜(G)、剥ぎ〜(G)、引き〜(GSIK)、拭き〜(G)、巻き〜(G)、見〜(GSIK)、迎え〜(S)、むしり〜(GS)、召し〜(GSIK)、もぎ〜(GS)、読み〜(GSIK)
流す	[2] 〜打つ(S)、〜込む(G)
	[8] 洗い〜(G)、受け〜(GSIK)、押し〜(GS)、書き〜(GSIK)、着〜(GS)、聞き〜(GSIK)、見〜(G)、読み〜(GSIK)
成す	[1] 〜遂げる(GSIK)
	[8] 言い〜(GS)、生み〜(S)、織り〜(GSIK)、着〜(G)、住み〜(GSIK)、作り〜(SIK)、取り〜(GSIK)、見〜(GSIK)
並べる	[1] 〜立てる(GSIK)
	[2] 押し〜(G)、書き〜(G)
抜く(他)	[5] 〜合わせる(GSIK)、〜出す(GSIK)、〜連ねる(IK)、〜取る(GSK)、〜放す(G)
	[18] 射〜(G)、生き〜(GSIK)、打ち〜(GSIK)、書き〜(GSIK)、切り〜(GS)、困り〜(GS)、知り〜(GSIK)、攻め〜(G)、染め〜(GSIK)、出し〜(GSIK)、突き〜(GIK)、ねばり〜(G)、走り〜(GSK)、引き〜(GSIK)、ぶち〜(GS)、踏み〜(GSIK)、掘り〜(G)、見〜(GSIK)
剥ぐ	[1] 〜取る(G)
	[1] 引き〜(G)
挟む	[3] 〜入れる(G)、〜切る(GSIK)、〜込む(G)
	[1] 指し〜(GSIK)
嵌める	[1] 〜込む(GSIK)
	[2] 当て〜(GSIK)、散り〜(GI)
張る(他)	[12] 〜合う(GSIK)、〜上げる(GSIK)、〜替える(GS)、〜込む(GSIK)、〜殺す(G)、〜倒す(GSIK)、〜出す(GSIK)、〜付ける(GSIK)、〜飛ばす(GSIK)、〜曲げる(G)、〜回す(GSIK)、〜巡らす(GSIK)
	[5] 言い〜(GSIK)、突き〜(GSIK)、引き〜(GSIK)、踏み〜(GSIK)、見〜(GSIK)
振る	[29] 〜仰ぐ(G)、〜上げる(GS)、〜当てる(GSIK)、〜動かす(S)、〜起こす(GIK)、〜落とす(G)、〜下ろす(G)、〜替える(GSIK)、〜返る(GSIK)、〜掛ける(GSIK)、〜かざす(GSIK)、〜被る(GSIK)、〜切る(GSIK)、〜込む(GSIK)、〜絞る(GSIK)、〜捨てる(GSIK)、〜出す(GSIK)、〜

資料1 「既成の複合動詞」造語成分の連接表　389

　　　　　　　立てる (GSIK)、〜付ける (G)、〜飛ばす (G)、〜放す (GSIK)、〜ほどく (GSIK)、〜撒く (GSIK)、〜回す (GSIK)、〜乱す (GSIK)、〜向く (GSIK)、〜向ける (GSIK)、〜もぎる (G)、〜分ける (GSIK)
　　　　［2］打ち〜 (G)、割り〜 (GSIK)
干す　　［3］〜上げる (GS)、〜固める (G)、〜殺す (GSIK)
　　　　［3］刈り〜 (G)、汲み〜 (GSIK)、飲み〜 (GSIK)
まくる　［1］〜上げる (G)
　　　　［6］言い〜 (GS)、打ち〜 (S)、追い〜 (GSIK)、押し〜 (S)、切り〜 (GSI)、吹き〜 (GSIK)
混ぜる　［1］〜返す (GSIK)
　　　　［6］織り〜 (G)、掻き〜 (GSIK)、扱き〜 (GSIK)、突き〜 (G)、取り〜 (GSIK)、ない〜 (GS)
剥く　　［1］〜出す (GS)
　　　　［1］擦り〜 (GSIK)
向ける　［1］〜替える (G)
　　　　［4］押し〜 (G)、し〜 (GSIK)、捩じ〜 (GSIK)、振り〜 (GSIK)
寄せる(他)［2］〜集める (GS)、〜付ける (GSIK)
　　　　［12］掻き〜 (GS)、繰り〜 (GSI)、漕ぎ〜 (G)、吸い〜 (GSIK)、擦り〜 (G)、たぐり〜 (G)、詰め〜 (GS)、取り〜 (GSIK)、引き〜 (GS)、吹き〜 (G)、召し〜 (GSIK)、呼び〜 (GSIK)
割る　　［9］〜当てる (GSIK)、〜切る (GSIK)、〜切れる (GSIK)、〜込む (GSIK)、〜出す (GSIK)、〜付ける (GSK)、〜引く (GSIK)、〜振る (GSIK)、〜戻す (GSIK)
　　　　［2］打ち〜 (G)、断ち〜 (GS)

⑤主体変化動詞
上がる　［1］〜込む (S)
　　　　［46］浮かび〜 (GSIK)、浮き〜 (GSIK)、起き〜 (GS)、踊り〜 (GSIK)、怯え〜 (G)、思い〜 (GSIK)、駆け〜 (G)、切れ〜 (GSIK)、組み〜 (S)、蹴〜 (S)、し〜 (GS)、すくみ〜 (GSIK)、ずり〜 (GSIK)、せり〜 (G)、染め〜 (S)、焚き〜 (S)、立ち〜 (GSIK)、縮み〜 (GSIK)、付け〜 (GSIK)、吊り〜 (GSIK)、出来〜 (GS)、飛び〜 (GSIK)、成り〜 (GSIK)、煮〜 (G)、煮え〜 (S)、抜け〜 (GSIK)、延び〜 (GS)、のぼせ〜 (GSIK)、這い〜 (GS)、生え〜 (G)、剥げ〜 (GS)、跳ね〜 (GSIK)、腫れ〜 (GS)、晴れ〜 (GS)、干〜 (GSIK)、吹き〜 (G)、ふくれ〜 (G)、震え〜 (GSIK)、経〜 (GSI)、舞い〜 (GS)、巻き〜 (GS)、召し〜 (GSIK)、燃え〜 (GS)、持ち〜 (GSIK)、盛り〜 (GSIK)、湧き〜 (GSIK)
飽きる　［1］〜足りる (G)

	[2]	聞き〜(G)、見〜(GS)
当たる	[1]	〜散らす(GSIK)
	[5]	思い〜(GSIK)、差し〜(GIK)、突き〜(GSIK)、見〜(GSIK)、行き〜(GSIK)
荒れる	[2]	〜狂う(GS)、〜果てる(GS)
	[1]	吹き〜(GS)
入る	[7]	〜合わせる(G)、〜替わる(I)、〜組む(GSI)、〜込む(GSIK)、〜浸る(GSIK)、〜交じる(GSIK)、〜乱れる(GSIK)
	[30]	痛み〜(GSIK)、打ち〜(S)、押し〜(GSIK)、恐れ〜(GSIK)、落ち〜(GSIK)、驚き〜(GS)、思い〜(G)、感じ〜(GSIK)、消え〜(GSIK)、聞き〜(GSIK)、切り〜(GS)、食い〜(GSIK)、込み〜(GSIK)、差し〜(S)、忍び〜(G)、滑り〜(GS)、咳き〜(GSIK)、攻め〜(GS)、絶え〜(GSIK)、立ち〜(GSIK)、頼み〜(IK)、突き〜(G)、付け〜(GSIK)、取り〜(GSIK)、眺め〜(GS)、泣き〜(GSK)、寝〜(GSIK)、恥じ〜(GSIK)、引き〜(IK)、見〜(GSIK)
浮かぶ	[2]	〜上がる(GSIK)、〜出る(GS)
	[1]	思い〜(G)
移る	[1]	〜変わる(GSIK)
	[3]	押し〜(GSIK)、乗り〜(GSIK)、引き〜(GK)
起きる	[2]	〜上がる(GS)、〜直る(GS)
	[2]	飛び〜(GS)、跳ね〜(GS)
落ちる	[8]	〜合う(GSIK)、〜入る(GSIK)、〜掛かる(G)、〜窪む(GS)、〜込む(GS)、〜付く(GSIK)、〜付ける(GSIK)、〜延びる(GSIK)
	[5]	生まれ〜(GSIK)、こぼれ〜(GS)、ずり〜(GSIK)、抜け〜(S)、焼け〜(GS)
覚える	[1]	〜込む(GS)
	[2]	聞き〜(GS)、見〜(GS)
下りる	[1]	〜立つ(GSIK)
	[3]	駆け〜(G)、飛び〜(GSIK)、舞い〜(G)
帰る	[1]	〜付く(G)
	[1]	持ち〜(G)
返る	[2]	〜咲く(G)、〜見る(GSIK)
	[16]	呆れ〜(GSIK)、生き〜(GSIK)、冴え〜(GSIK)、静まり〜(GSIK)、しょげ〜(GSIK)、反り〜(GSIK)、立ち〜(GSIK)、煮え〜(GSIK)、寝〜(GSIK)、跳ね〜(GSIK)、振り〜(GSIK)、見〜(GSIK)、むせ〜(GSIK)、力み〜(G)、湧き〜(GSIK)、割れ〜(GSK)
掛かる	[2]	〜合う(GSIK)、〜切る(G)
	[24]	襲い〜(S)、落ち〜(G)、踊り〜(GSI)、来〜(GS)、切り〜(GSIK)、暮れ〜(G)、し〜(GS)、しなだれ〜(G)、死に〜(G)、攻め〜(GK)、立

資料1 「既成の複合動詞」造語成分の連接表　391

		ち〜(GSK)、つかみ〜(GSIK)、突き〜(G)、出〜(G)、通り〜(GSIK)、飛び〜(GSIK)、取り〜(GSIK)、乗り〜(GSIK)、跳ね〜(S)、引き〜(GSIK)、降り〜(GSIK)、もたれ〜(GS)、行き〜(G)、寄り〜(GSIK)
重なる	[1]	〜合う(G)
	[3]	打ち〜(GS)、折り〜(GSIK)、積み〜(GSIK)
勝つ	[9]	〜得る(GS)、〜越す(GSIK)、〜過ぎる(G)、〜進む(S)、〜取る(GS)、〜抜く(GSIK)、〜残る(S)、〜放す(G)、〜誇る(GSIK)
	[3]	打ち〜(GSIK)、指し〜(S)、投げ〜(S)
通う	[1]	〜慣れる(G)
	[3]	似〜(GSIK)、吹き〜(G)、行き〜(G)
替わる	[1]	〜合う(GS)
	[7]	入り〜(I)、入れ〜(GSIK)、切り〜(GSIK)、住み〜(GIK)、立ち〜(IK)、成り〜(GSIK)、抜け〜(GSK)
変わる	[1]	〜果てる(GSI)
	[5]	移り〜(GSIK)、生まれ〜(GSIK)、死に〜(SIK)、生え〜(G)、向き〜(S)
消える	[5]	〜入る(GSIK)、〜失せる(GSIK)、〜去る(G)、〜残る(GSIK)、〜果てる(GIK)
	[1]	掻き〜(GSIK)
切れる	[2]	〜上がる(GSIK)、〜込む(GSI)
	[4]	売り〜(GSIK)、擦り〜(GSIK)、吹き〜(GSIK)、割り〜(GSIK)
くぐる	[2]	〜込む(G)、〜抜ける(GS)
	[1]	掻き〜(GSIK)
腐る	[1]	〜合う(G)
	[1]	ふて〜(GSIK)
朽ちる	[1]	〜果てる(GSIK)
	[1]	老い〜(S)
組む(自)	[5]	〜合う(GSIK)、〜上がる(S)、〜敷く(GSIK)、〜付く(GSIK)、〜伏せる(GSIK)
	[3]	入り〜(GSI)、取り〜(GSIK)、乗り〜(GSIK)
来る	[2]	〜合わせる(GSI)、〜掛かる(GS)
	[1]	寄り〜(G)
暮れる	[4]	〜掛かる(G)、〜残る(GSIK)、〜果てる(GS)、〜行く(G)
	[4]	明け〜(GSIK)、掻き〜(GSIK)、泣き〜(G)、行き〜(GSIK)
焦げる	[1]	〜付く(GSIK)
	[1]	焼け〜(S)
こぼれる	[1]	〜落ちる(GS)
	[7]	居〜(GSIK)、笑み〜(G)、咲き〜(GSIK)、煮〜(GS)、煮え〜(G)、匂い〜(G)、吹き〜(GSIK)

込む	[3]	～合う (GSIK)、～上げる (GSIK)、～入る (GSIK)
	[150]	上がり～ (S)、当て～ (GSIK)、射～ (G)、鋳～ (GSIK)、入り～ (GSIK)、植え～ (G)、打ち～ (GSIK)、売り～ (GSIK)、追い～ (GSIK)、老い～ (GSIK)、送り～ (GSIK)、抑え～ (S)、押し～ (GSIK)、教え～ (GS)、落ち～ (GS)、踊り～ (GSIK)、覚え～ (GS)、思い～ (GSIK)、織り～ (GSIK)、折り～ (GSIK)、買い～ (GSIK)、抱え～ (GSIK)、屈み～ (G)、書き～ (GSK)、掻き～ (GSI)、駆け～ (GSIK)、担ぎ～ (G)、刈り～ (GSIK)、狩り～ (S)、考え～ (GS)、着～ (GSIK)、気負い～ (GS)、聞き～ (GSIK)、刻み～ (G)、鍛え～ (G)、決め～ (GSIK)、切り～ (GSIK)、切れ～ (GSI)、食い～ (GSIK)、くぐり～ (G)、汲み～ (GSIK)、組み～ (GSIK)、繰り～ (GSIK)、咥え～ (GS)、蹴～ (GSI)、転がり～ (GSIK)、転げ～ (GSIK)、指し～ (GSIK)、誘い～ (G)、し～ (GSIK)、忍び～ (GSIK)、洒落～ (GS)、しょい～ (GSIK)、しょげ～ (GSIK)、吸い～ (GSI)、漉き～ (S)、掬い～ (G)、滑り～ (GSIK)、住み～ (GS)、刷り～ (GSIK)、擦り～ (GSIK)、坐り～ (GSIK)、せおい～ (GSK)、咳き～ (GSIK)、急き～ (GSIK)、攻め～ (G)、剃り～ (G)、焚き～ (S)、抱き～ (GSIK)、たぐり～ (GS)、叩き～ (GSI)、たたみ～ (GSK)、立ち～ (G)、立て～ (GSIK)、頼み～ (GSIK)、欺し～ (GSIK)、黙り～ (GS)、溜め～ (GSIK)、談じ～ (GI)、使い～ (GSIK)、突き～ (G)、つぎ～ (GSIK)、漬け～ (GSIK)、付け～ (GSIK)、積み～ (GSIK)、詰め～ (GSIK)、吊り～ (GSIK)、連れ～ (GSIK)、照り～ (GSK)、溶け～ (GS)、綴じ～ (GSIK)、怒鳴り～ (GS)、飛び～ (GSIK)、泊り～ (GS)、取り～ (GSIK)、流し～ (G)、流れ～ (G)、泣き～ (GSIK)、殴り～ (K)、投げ～ (GS)、成り～ (S)、煮～ (GSIK)、逃げ～ (GS)、縫い～ (GS)、寝～ (GSIK)、捩じ～ (GSIK)、眠り～ (GIK)、練り～ (S)、覗き～ (G)、飲み～ (GSIK)、乗り～ (GSK)、這い～ (G)、はいり～ (GS)、計り～ (GSIK)、挟み～ (G)、走り～ (S)、はたき～ (G)、話し～ (GSIK)、嵌め～ (GSIK)、払い～ (GSIK)、張り～ (GSIK)、冷え～ (GSIK)、引き～ (GSIK)、引き-ずり～ (GSIK)、封じ～ (IK)、拭き～ (GSIK)、吹き～ (GSIK)、ふさぎ～ (GSIK)、ぶち～ (GSIK)、踏み～ (GSIK)、降り～ (GSIK)、振り～ (GSIK)、触れ～ (GSIK)、放り～ (GS)、惚れ～ (GIK)、舞い～ (GSIK)、巻き～ (GSIK)、紛れ～ (GSIK)、祭り～ (G)、丸め～ (GSIK)、見～ (GSIK)、粧し～ (GSIK)、申し～ (GSIK)、潜り～ (G)、持ち～ (GSIK)、もつれ～ (GS)、盛り～ (GS)、呼び～ (GSIK)、読み～ (SI)、割り～ (GSIK)
転がる	[1]	～込む (GSIK)
	[1]	寝～ (GS)
転げる	[1]	～込む (GSIK)
	[1]	笑い～ (G)
咲く	[6]	～こぼれる (GSIK)、～揃う (GSIK)、～匂う (GSIK)、～残る (GSIK)、

資料１　「既成の複合動詞」造語成分の連接表　393

	～誇る(GSIK)、～乱れる(GSIK)
	[1] 返り～(G)
茂る	[1] ～合う(GSIK)
	[1] 生い～(GSK)
静まる	[1] ～返る(GSIK)
	[2] 居～(G)、寝～(GSIK)
死ぬ	[9] ～急ぐ(S)、～遅れる(GSIK)、～掛かる(G)、～掛ける(GIK)、～変わる(SIK)、～損う(GSIK)、～絶える(GSIK)、～果てる(GS)、～別れる(GSIK)
	[2] 凍え～(GS)、焼け～(G)
示す	[1] ～合わせる(GSIK)
	[2] 書き～(G)、指し～(GS)
知る	[2] ～合う(GSIK)、～抜く(GSIK)
	[5] 窺い～(G)、思い～(GSIK)、聞き～(G)、計り～(G)、見～(GSIK)
縋る	[1] ～付く(GS)
	[4] 追い～(GSIK)、取り～(GSIK)、泣き～(GS)、寄り～(GSIK)
透く	[2] ～通す(G)、～通る(GSIK)
	[1] 見え～(GSIK)
過ぎる	[2] ～去る(GSIK)、～行く(GS)
	[11] 言い～(GS)、打ち～(S)、勝ち～(G)、食い～(G)、食べ～(G)、付き～(S)、出～(GSIK)、通り～(G)、寝～(GSK)、遣り～(S)、行き～(GSIK)
すくむ	[1] ～上がる(GSIK)
	[2] 居～(G)、立ち～(GSIK)
進む	[1] ～出る(S)
	[2] 勝ち～(S)、突き～(GS)
ずる	[2] ～上がる(GSIK)、～落ちる(GSIK)
	[2] 這い～(GSI)、引き～(GSIK)
坐る	[1] ～込む(GSIK)
	[1] 居～(GSIK)
添う	[1] ～遂げる(GSIK)
	[5] 立ち～(GI)、付き～(GSIK)、連れ～(GSIK)、引き～(G)、寄り～(GSIK)
反る	[1] ～返る(GSIK)
	[2] 干～(GSIK)、踏み～(GS)
絶える	[2] ～入る(GSIK)、～果てる(GSIK)
	[2] 打ち～(G)、死に～(GSIK)
立つ	[37] ～合う(GSIK)、～上がる(GSIK)、～至る(GSIK)、～入る(GSIK)、～遅れる(GSIK)、～返る(GSIK)、～掛かる(GSK)、～枯れる(GS)、～

替わる(IK)、~込む(G)、~込める(GSIK)、~去る(GSIK)、~騒ぐ(GSK)、~すくむ(GSIK)、~添う(GI)、~違う(G)、~尽くす(GSIK)、~続ける(S)、~連なる(G)、~通す(S)、~止まる(GSIK)、~直る(GSIK)、~並ぶ(GSIK)、~退く(GSIK)、~上る(GSIK)、~働く(GSIK)、~塞がる(GSIK)、~勝る(GSK)、~交じる(GSK)、~迷う(GSIK)、~回る(GSIK)、~向かう(GSIK)、~戻る(GSK)、~行く(GSIK)、~淀む(G)、~寄る(GSIK)、~別れる(G)

[29] 勇み~(GS)、色めき~(GS)、浮き~(GSIK)、生い~(GS)、思い~(GSIK)、下り~(GSIK)、気負い~(GSIK)、競い~(G)、切り~(GSIK)、笹くれ~(G)、騒ぎ~(G)、急き~(G)、猛り~(GS)、哮り~(GSIK)、突き~(GSIK)、連れ~(GSIK)、飛び~(GSIK)、成り~(GSIK)、煮~(GSIK)、煮え~(GSIK)、逸り~(GS)、引き~(GSIK)、奮い~(GSIK)、舞い~(G)、群れ~(G)、燃え~(GSIK)、萌え~(G)、行き~(GK)、湧き~(GSIK)

黙る [1] ~込む(GS)
[1] 押し~(GSIK)
散る [3] ~敷く(GSIK)、~残る(GSIK)、~嵌める(GI)
[2] 飛び~(GSIK)、逃げ~(G)
付く [5] ~合う(GSIK)、~従う(GSIK)、~過ぎる(S)、~添う(GSIK)、~まとう(GSIK)
[47] 有り~(GI)、居~(GSIK)、生まれ~(G)、追い~(GSIK)、落ち~(GSIK)、思い~(GSIK)、帰り~(G)、噛り~(GSIK)、被り~(GSK)、噛み~(GSIK)、絡み~(GSIK)、考え~(GSIK)、刻み~(S)、食い~(GSIK)、組み~(GSIK)、喰らい~(GSIK)、凍り~(GSI)、焦げ~(GSIK)、凍え~(G)、錆び~(GS)、凍み~(G)、しゃぶり~(GSIK)、吸い~(GSI)、縋り~(GS)、住み~(GSIK)、抱き~(GSI)、辿り~(GS)、飛び~(GSIK)、取り~(GSIK)、泣き~(GSIK)、似~(GSIK)、寝~(GSIK)、ねばり~(G)、張り~(GSIK)、引き~(GSIK)、震い~(GSIK)、巻き~(GS)、まつわり~(G)、まとい~(GS)、結び~(GSIK)、燃え~(GSIK)、焼き~(GSIK)、焼け~(GS)、病み~(G)、行き~(GSIK)、寄り~(GSIK)、煩い~(GSIK)
吊る [8] ~合う(GSIK)、~上がる(GSIK)、~上げる(GSIK)、~落とす(G)、~込む(GSIK)、~下がる(GS)、~下げる(GS)、~出す(GSIK)
[1] 引き~(GSIK)
出る [17] ~会う(GSIK)、~歩く(GSIK)、~遅れる(S)、~掛かる(G)、~掛ける(GSIK)、~切る(GIK)、~過ぎる(GSIK)、~揃う(GSIK)、~尽くす(S)、~直す(GSIK)、~抜ける(G)、~外れる(GSIK)、~払う(GSIK)、~張る(GSIK)、~回る(GSIK)、~迎える(GSIK)、~向く(GSIK)

資料1 「既成の複合動詞」造語成分の連接表　395

	[20]	溢れ〜(G)、浮かび〜(GS)、浮かれ〜(GSIK)、浮き〜(GSIK)、踊り〜(GS)、進み〜(S)、滑り〜(G)、突き〜(GS)、届け〜(GSIK)、飛び〜(GSIK)、名乗り〜(GS)、にじみ〜(GS)、抜き〜(GSIK)、抜け〜(GS)、願い〜(GSIK)、這い〜(GSIK)、吹き〜(G)、申し〜(GSIK)、萌え〜(GSIK)、湧き〜(G)
通る	[5]	〜合わせる(GS)、〜掛かる(GSIK)、〜越す(GS)、〜過ぎる(G)、〜抜ける(GS)
	[3]	透き〜(GSIK)、突き〜(GSIK)、濡れ〜(G)
解ける	[1]	〜合う(GSIK)
	[1]	打ち〜(GSIK)
溶ける	[2]	〜合う(GS)、〜込む(GS)
	[1]	煮〜(S)
飛ぶ	[23]	〜上がる(GSIK)、〜歩く(GSIK)、〜起きる(GS)、〜下りる(GSIK)、〜掛かる(GSIK)、〜越える(GS)、〜越す(GS)、〜込む(GSIK)、〜下がる(G)、〜出す(GSIK)、〜立つ(GSIK)、〜違う(GSIK)、〜散る(GSIK)、〜付く(GSIK)、〜出る(GSIK)、〜抜ける(GS)、〜退く(GSIK)、〜乗る(GSIK)、〜離れる(GSIK)、〜跳ねる(S)、〜回る(GSIK)、〜巡る(G)、〜渡る(IK)
	[2]	消し〜(GSIK)、吹き〜(G)
流れる	[3]	〜歩く(GSIK)、〜込む(G)、〜渡る(G)
	[1]	居〜(GS)
慣れる	[1]	〜合う(GSIK)
	[8]	書き〜(S)、通い〜(G)、聞き〜(G)、し〜(G)、住み〜(GSIK)、使い〜(G)、見〜(GSIK)、呼び〜(S)
匂う	[1]	〜こぼれる(G)
	[1]	咲き〜(GSIK)
抜く(自)	[2]	〜去る(S)、〜出る(GSIK)
	[3]	追い〜(GSIK)、勝ち〜(GSIK)、漕ぎ〜(G)
抜ける	[6]	〜上がる(GSIK)、〜落ちる(S)、〜替わる(GSK)、〜切る(G)、〜出す(GS)、〜出る(GS)
	[11]	言い〜(GS)、駆け〜(GS)、切り〜(GSIK)、くぐり〜(GS)、擦り〜(GSIK)、突き〜(GSIK)、出〜(G)、通り〜(GS)、飛び〜(GS)、走り〜(GSI)、吹き〜(G)
濡れる	[1]	〜通る(G)
	[1]	泣き〜(GSIK)
眠る	[1]	〜込む(GIK)
	[1]	居〜(GS)
延びる	[2]	〜上がる(GS)、〜悩む(GSIK)

	[3]	生き~(GSIK)、落ち~(GSIK)、逃げ~(GSIK)
のぼせる	[1]	~上がる(GSIK)
	[1]	取り~(GSIK)
上る	[1]	~詰める(GSIK)
	[5]	掻き~(G)、駆け~(G)、攻め~(GSIK)、立ち~(GSIK)、這い~(G)
乗る	[26]	~合う(G)、~上げる(GSIK)、~合わす(G)、~合わせる(GSIK)、~入れる(GSIK)、~移る(GSIK)、~遅れる(GSIK)、~替える(GSIK)、~掛かる(GSIK)、~掛ける(IK)、~切る(GSIK)、~組む(GSIK)、~越える(GSIK)、~越す(GSIK)、~込む(GSK)、~過ごす(G)、~進める(IK)、~捨てる(GSIK)、~出す(GSIK)、~継ぐ(GS)、~付ける(GSIK)、~通す(IK)、~取る(G)、~外す(GIK)、~放す(G)、~回す(GSIK)
	[1]	飛び~(GSIK)
跳ねる	[5]	~上がる(GSIK)、~起きる(GS)、~返る(GSIK)、~掛かる(S)、~回る(GS)
	[1]	飛び~(S)
張る(自)	[4]	~切る(GSIK)、~裂ける(GSIK)、~付く(GSIK)、~詰める(GSIK)
	[1]	出~(GSIK)
響く	[1]	~渡る(GS)
	[1]	鳴り~(GSK)
ふくれる	[1]	~上がる(G)
	[1]	着~(GS)
伏す	[2]	~拝む(GSIK)、~沈む(GSIK)
	[3]	打ち~(G)、突き~(GSIK)、泣き~(GSK)
触れる(自)	[1]	~合う(GS)
	[1]	有り~(GSIK)
惚れる	[1]	~込む(GIK)
	[2]	聞き~(GSIK)、見~(GSIK)
曲がる	[1]	~くねる(GSIK)
	[2]	折れ~(G)、引き~(GSIK)
紛れる	[1]	~込む(GSIK)
	[1]	取り~(GSIK)
負ける	[1]	~越す(GSIK)
	[1]	打ち~(S)
まつわる	[1]	~付く(G)
	[1]	這い~(GSIK)
まとう	[1]	~付く(GS)
	[1]	付き~(GSIK)

資料1 「既成の複合動詞」造語成分の連接表　397

回る	[1]	〜くねる (S)
	[16]	歩き〜 (S)、動き〜 (G)、駆け〜 (GSIK)、立ち〜 (GSIK)、出〜 (GSIK)、飛び〜 (GSIK)、逃げ〜 (GS)、のたうち〜 (GSK)、這い〜 (G)、這い-ずり〜 (G)、走り〜 (GS)、馳せ〜 (GS)、跳ね〜 (GS)、触れ〜 (GSIK)、見〜 (GSIK)、持ち〜 (GS)
向かう	[1]	〜合う (GSIK)
	[2]	立ち〜 (GSIK)、馳せ〜 (GS)
向く	[3]	〜合う (GSIK)、〜変わる (S)、〜直る (GSIK)
	[4]	出〜 (GSIK)、捩じ〜 (G)、振り〜 (GSIK)、見〜 (GSIK)
巡る	[1]	〜会う (GSK)
	[5]	駆け〜 (GS)、飛び〜 (G)、馳せ〜 (G)、経〜 (GSIK)、見〜 (G)
もつれる	[1]	〜込む (GS)
	[1]	言い〜 (G)
行く	[18]	〜会う (GSIK)、〜当たる (GSIK)、〜掛かる (G)、〜掛ける (G)、〜通う (G)、〜暮らす (GSIK)、〜暮れる (GSIK)、〜過ぎる (GSIK)、〜立つ (GK)、〜違う (GS)、〜付く (GSIK)、〜付ける (G)、〜詰まる (GSIK)、〜詰める (G)、〜届く (GSIK)、〜止まる (S)、〜悩む (GSIK)、〜渡る (GSIK)
	[5]	暮れ〜 (G)、過ぎ〜 (GS)、立ち〜 (GSIK)、成り〜 (GS)、更け〜 (G)
寄せる(自)	[1]	〜掛ける (GSIK)
	[3]	打ち〜 (GSIK)、押し〜 (GSIK)、攻め〜 (GSIK)
寄る	[9]	〜合う (GSK)、〜集まる (GSK)、〜掛かる (GSIK)、〜来る (G)、〜切る (GS)、〜縋る (GSIK)、〜添う (GSIK)、〜倒す (S)、〜付く (GSIK)
	[13]	歩み〜 (GSIK)、言い〜 (GSIK)、駆け〜 (GS)、忍び〜 (GSIK)、擦り〜 (GSIK)、攻め〜 (GSI)、存じ〜 (S)、立ち〜 (GSIK)、詰め〜 (GIK)、似〜 (G)、這い〜 (G)、走り〜 (G)、持ち〜 (GSIK)
煩う	[1]	〜付く (GSIK)
	[1]	思い〜 (GSIK)
渡る	[2]	〜合う (GSIK)、〜歩く (GSIK)
	[16]	明け〜 (GSIK)、輝き〜 (G)、冴え〜 (GSI)、差し〜 (G)、知れ〜 (GS)、澄み〜 (GSIK)、照り〜 (G)、飛び〜 (IK)、流れ〜 (G)、鳴り〜 (GSIK)、晴れ〜 (GSIK)、響き〜 (GS)、吹き〜 (G)、待ち〜 (G)、見え〜 (G)、行き〜 (GSIK)
割れる	[1]	〜返る (GSK)
	[2]	笑み〜 (GSIK)、干〜 (GSIK)

⑥再帰動詞

受ける	[12]	〜合う (GSIK)、〜入れる (GSIK)、〜負う (GSIK)、〜出す (GSIK)、〜

継ぐ(GSIK)、〜付ける(GSIK)、〜伝える(G)、〜止める(GSIK)、〜取る(GSIK)、〜流す(GSIK)、〜持つ(GSIK)、〜戻す(S)

［10］買い〜(GSI)、借り〜(GSIK)、乞い〜(S)、伝え〜(S)、引き〜(GSIK)、待ち〜(GSIK)、見〜(GSIK)、申し〜(GSIK)、貰い〜(G)、譲り〜(GSK)

抱える ［1］〜込む(GSIK)

［2］抱き〜(GSK)、召し〜(GSIK)

担ぐ ［3］〜上げる(G)、〜込む(G)、〜出す(GS)

［1］引き〜(GSIK)

兼ねる ［1］〜備える(S)

［7］言い〜(GS)、食い〜(GS)、し〜(G)、溜まり〜(GSI)、待ち〜(GSI)、見〜(GSI)、申し〜(GS)

被る ［1］〜付く(GSK)

［3］買い〜(GSIK)、引き〜(GSIK)、振り〜(GSIK)

捨てる ［2］〜置く(GSIK)、〜去る(GS)

［16］言い〜(GSIK)、打ち〜(GS)、書き〜(GSIK)、着〜(G)、聞き〜(GS)、切り〜(GSIK)、使い〜(S)、取り〜(GSIK)、投げ〜(GSIK)、脱ぎ〜(GSIK)、乗り〜(GSIK)、吐き〜(G)、履き〜(G)、振り〜(GSIK)、見〜(GSIK)、読み〜(G)

備える ［1］〜付ける(GSIK)

［1］兼ね〜(S)

抱く ［11］〜合う(GSK)、〜上げる(GS)、〜合わせる(GK)、〜起こす(K)、〜抱える(GSK)、〜込む(GSIK)、〜締める(GSIK)、〜すくめる(GSIK)、〜付く(GSI)、〜止める(GSIK)、〜取る(GSIK)

［1］引き〜(G)

つかむ ［4］〜合う(GSIK)、〜掛かる(GSIK)、〜出す(K)、〜取る(G)

［1］引き〜(GSIK)

連れる ［5］〜合う(GSIK)、〜込む(GSIK)、〜添う(GSIK)、〜出す(GSIK)、〜立つ(GSIK)

［3］打ち〜(GSIK)、引き〜(GSIK)、召し〜(GS)

脱ぐ ［1］〜捨てる(GSIK)

［1］踏み〜(G)

持つ ［20］〜合う(G)、〜上がる(GSIK)、〜上げる(GSIK)、〜扱う(GSK)、〜合わす(G)、〜合わせる(GSK)、〜替える(G)、〜帰る(G)、〜掛ける(GSIK)、〜来たす(G)、〜切る(GSIK)、〜崩す(GSIK)、〜越す(GSIK)、〜込む(GSIK)、〜去る(G)、〜出す(GSI)、〜直す(GSIK)、〜運ぶ(GSIK)、〜回る(GS)、〜寄る(GSIK)

［6］合わせ〜(S)、受け〜(GSIK)、隠し〜(G)、ささげ〜(S)、取り〜(GSIK)、分ち〜(S)

資料1 「既成の複合動詞」造語成分の連接表　399

後項動詞

②主体動作（自）動詞

争う	[1]	言い〜（GS）
急ぐ	[3]	売り〜（GSIK）、買い〜（G）、死に〜（S）
戦く	[1]	震い〜（G）
興じる	[1]	打ち〜（G）
寛ぐ	[1]	打ち〜（GS）
焦れる	[2]	恋い〜（GSIK）、待ち〜（GSIK）
叫ぶ	[1]	泣き〜（GS）
従う	[1]	付き〜（GSIK）
注ぐ	[1]	降り〜（GSIK）
たぎる	[1]	煮え〜（GSIK）
戯れる	[1]	遊び〜（S）
続く	[3]	打ち〜（GSIK）、取り〜（G）、引き〜（GSK）
つまずく	[1]	蹴〜（GSI）
とぼける	[1]	寝〜（GSIK）
悩む	[3]	思い〜（G）、延び〜（GSIK）、行き〜（GSIK）
はためく	[1]	鳴り〜（G）
耽る	[1]	読み〜（GSIK）
へつらう	[1]	こび〜（GS）
惑う	[2]	思い〜（G）、逃げ〜（GSIK）
佗びる	[3]	住み〜（G）、嘆き〜（G）、待ち〜（GSIK）
喚く	[1]	泣き〜（GS）

③主体動作（他）動詞

扱う	[2]	取り〜（GSIK）、持ち〜（GSK）
誤る	[4]	言い〜（GSIK）、聞き〜（GS）、取り〜（G）、見〜（GSK）
惜しむ	[2]	売り〜（GS）、出し〜（GSK）
限る	[1]	見〜（GSIK）
嫌う	[1]	忌み〜（GS）
比べる	[2]	引き〜（G）、見〜（GS）
拵える	[1]	言い〜（G）
好む	[1]	好き〜（GSIK）
苛む	[2]	切り〜（GSIK）、責め〜（GSIK）
さする	[1]	撫で〜（G）
さらう	[2]	掻き〜（G）、引き〜（G）
晒す	[2]	洗い〜（G）、吹き〜（GS）

し-切る	[1]	取り〜(GSIK)
慕う	[1]	恋い〜(GS)
忍ぶ(他)	[1]	耐え〜(GSIK)
渋る	[2]	言い〜(GS)、出し〜(GS)
調べる	[1]	取り〜(GSIK)
記す	[1]	書き〜(GSIK)
すかす	[1]	宥め〜(G)
薦める	[2]	押し〜(G)、説き〜(G)
損う	[9]	言い〜(GSIK)、書き〜(G)、聞き〜(GSI)、し〜(GSIK)、死に〜(GSIK)、出来〜(GS)、取り〜(G)、見〜(GSIK)、遣り〜(GS)
損じる	[3]	書き〜(G)、し〜(GS)、見〜(G)
称える	[1]	ほめ〜(GSK)
正す	[2]	聞き〜(GSIK)、問い〜(GSIK)
繕う	[5]	言い〜(GS)、掻き〜(G)、取り〜(GSIK)、引き〜(G)、見〜(GSIK)
続ける	[2]	歩き〜(S)、立ち〜(S)
咎める	[2]	聞き〜(GSIK)、見〜(GSK)
遂げる	[4]	し〜(GSIK)、添い〜(GSIK)、成し〜(GSIK)、遣り〜(GSIK)
捕える	[1]	引き〜(GSIK)
習う	[1]	見〜(GSIK)
均す	[1]	踏み〜(GSIK)
鳴らす	[2]	掻き〜(GSIK)、踏み〜(GSIK)
習わす	[1]	言い〜(GSK)
除く	[1]	取り〜(GS)
罵る	[1]	言い〜(G)
計らう	[2]	取り〜(GSIK)、見〜(GSIK)
誇る	[2]	勝ち〜(GSIK)、咲き〜(GSIK)
任す	[1]	打ち〜(G)
賄う	[1]	取り〜(GS)
間違える	[1]	見〜(G)
守る	[2]	打ち〜(G)、見〜(GSIK)
設ける	[2]	思い〜(GSIK)、待ち〜(GSIK)
求める	[2]	追い〜(S)、買い〜(G)
催す	[1]	駆り〜(IK)

④主体動作客体変化動詞

上げる	[84]	編み〜(S)、洗い〜(GSIK)、入れ〜(GSIK)、歌い〜(GS)、打ち〜(GSIK)、売り〜(GS)、追い〜(GS)、押し〜(GS)、買い〜(GS)、書き〜(GSIK)、掻き〜(GS)、昇き〜(G)、数え〜(GSIK)、担ぎ〜(G)、刈

資料1 「既成の複合動詞」造語成分の連接表　401

　　　　　　り〜(GS)、借り〜(GS)、築き〜(S)、鍛え〜(G)、切り〜(GSIK)、汲
　　　　　　み〜(GSIK)、組み〜(GS)、繰り〜(GSIK)、蹴〜(GIK)、こね〜(G)、
　　　　　　込み〜(GSIK)、指し〜(GSIK)、し〜(GS)、縛り〜(GSIK)、絞り〜
　　　　　　(GSIK)、締め〜(S)、吸い〜(GS)、掬い〜(GS)、救い〜(S)、啜り〜
　　　　　　(GSIK)、堰き〜(GSIK)、咳き〜(GSIK)、せり〜(GSK)、競り〜
　　　　　　(GSIK)、育て〜(GSIK)、染め〜(GSIK)、存じ〜(S)、焚き〜(S)、抱
　　　　　　き〜(GS)、叩き〜(GSIK)、突き〜(GS)、作り〜(GSIK)、勤め〜(G)、
　　　　　　積み〜(GSIK)、吊り〜(GSIK)、吊るし〜(GS)、研ぎ〜(G)、取り〜
　　　　　　(GSIK)、撫で〜(GSK)、縫い〜(SI)、塗り〜(G)、願い〜(S)、捩じ〜
　　　　　　(GIK)、練り〜(GS)、乗り〜(GSIK)、撥ね〜(G)、払い〜(S)、張り
　　　　　　〜(GSIK)、引き〜(GSIK)、拾い〜(G)、吹き〜(G)、ぶち〜(G)、振
　　　　　　り〜(GS)、放り〜(G)、干し〜(GS)、巻き〜(GSIK)、まくり〜(G)、
　　　　　　祭り〜(GSIK)、見〜(GSIK)、磨き〜(G)、咽び〜(G)、召し〜(GSIK)、
　　　　　　申し〜(GSIK)、持ち〜(GSIK)、盛り〜(GSIK)、焼き〜(S)、結い〜
　　　　　　(GIK)、ゆすり〜(G)、呼び〜(G)、読み〜(GSIK)
集める　　［4］掻き〜(GSIK)、駆り〜(GSIK)、取り〜(GSIK)、寄せ〜(GS)
余す　　　［1］食い〜(G)
荒らす　　［3］食い〜(GSIK)、住み〜(GSI)、踏み〜(GS)
改める　　［2］書き〜(GS)、悔い〜(GSIK)
表す　　　［3］言い〜(GS)、書き〜(GS)、見〜(GSIK)
合わす　　［13］居〜(G)、打ち〜(G)、埋め〜(GI)、掛け〜(G)、組み〜(GI)、突き〜
　　　　　　(GI)、綴り〜(GI)、照らし〜(G)、乗り〜(G)、引き〜(G)、待ち〜(G)、
　　　　　　見〜(G)、持ち〜(G)
浮かべる　［1］思い〜(GS)
動かす　　［1］振り〜(S)
終える　　［1］し〜(G)
起こす　　［14］思い〜(GSIK)、書き〜(GS)、掻き〜(GK)、切り〜(G)、鋤き〜(GSIK)、
　　　　　　抱き〜(K)、叩き〜(GSIK)、説き〜(S)、引き〜(GSIK)、振り〜(GIK)、
　　　　　　奮い〜(GSIK)、掘り〜(G)、巻き〜(GS)、呼び〜(GS)
収める　　［3］書き〜(G)、取り〜(G)、舞い〜(S)
及ぼす　　［1］押し〜(S)
下ろす　　［10］打ち〜(G)、書き〜(GS)、舁き〜(G)、切り〜(GS)、扱き〜(GSIK)、
　　　　　　撫で〜(GSK)、引き〜(G)、吹き〜(GSIK)、振り〜(G)、見〜(GSIK)
替える　　［34］言い〜(GS)、入れ〜(GS)、置き〜(GSIK)、書き〜(GS)、掛け〜(G)、
　　　　　　借り〜(SI)、着〜(GSI)、切り〜(GSIK)、組み〜(GSIK)、繰り〜
　　　　　　(GSIK)、指し〜(GSIK)、し〜(G)、すげ〜(GSIK)、住み〜(GSIK)、
　　　　　　擦り〜(GSIK)、染め〜(G)、立て〜(GSIK)、作り〜(GSIK)、付け〜
　　　　　　(G)、積み〜(GS)、詰め〜(G)、取り〜(GSIK)、塗り〜(S)、乗り〜

		(GSIK)、張り〜(GS)、引き〜(GSIK)、吹き〜(G)、葺き〜(G)、振り〜(GSIK)、巻き〜(G)、向け〜(G)、召し〜(G)、持ち〜(G)、読み〜(GSIK)
変える	[1]	見〜(GS)
返す	[38]	射〜(G)、言い〜(GS)、打ち〜(GS)、追い〜(GSIK)、送り〜(G)、押し〜(GSIK)、思い〜(GSIK)、折り〜(GSIK)、買い〜(G)、聞き〜(GSIK)、切り〜(GSIK)、繰り〜(GSIK)、蹴〜(GSIK)、こね〜(GSIK)、し〜(S)、漉き〜(GSIK)、鋤き〜(GSIK)、堰き〜(K)、染め〜(GSIK)、突き〜(GSK)、照り〜(GSIK)、問い〜(GSIK)、取り〜(GSIK)、煮〜(S)、縫い〜(GS)、撥ね〜(GSIK)、引き〜(GSIK)、吹き〜(GSK)、ほじくり〜(G)、掘り〜(G)、巻き〜(GS)、混ぜ〜(GSIK)、見〜(GSIK)、蒸し〜(GSIK)、盛り〜(GSIK)、遣り〜(GSIK)、呼び〜(G)、読み〜(G)
重ねる	[2]	折り〜(GSIK)、積み〜(GSIK)
片付ける	[1]	取り〜(GSIK)
固める	[4]	思い〜(G)、練り〜(GS)、踏み〜(GS)、干し〜(G)
被せる	[2]	覆い〜(S)、押し〜(GSIK)
交わす	[8]	言い〜(GSIK)、汲み〜(GSIK)、指し〜(S)、取り〜(GSIK)、泣き〜(G)、鳴き〜(G)、見〜(GSIK)、呼び〜(GSIK)
聞かす	[1]	言い〜(G)
聞かせる	[3]	言い〜(GS)、説き〜(GSK)、申し〜(S)
来たす	[1]	持ち〜(G)
清める	[2]	掃き〜(G)、払い〜(GSIK)
崩す	[6]	打ち〜(S)、着〜(G)、切り〜(GSIK)、突き〜(GS)、取り〜(GSIK)、持ち〜(GSIK)
砕く	[3]	打ち〜(GSIK)、噛み〜(GSIK)、突き〜(G)
下す	[5]	書き〜(GSIK)、着〜(G)、飲み〜(GSIK)、見〜(GSIK)、読み〜(GSIK)
暮らす	[8]	明かし〜(GS)、遊び〜(G)、言い〜(GSIK)、泣き〜(GSIK)、嘆き〜(SIK)、降り〜(GSIK)、待ち〜(GS)、行き〜(GSIK)
くるむ	[1]	押し〜(G)
加える	[2]	書き〜(G)、付け〜(GSIK)
焦す	[1]	焼け〜(S)
こなす	[9]	言い〜(S)、噛み〜(GS)、着〜(GSIK)、し〜(GSIK)、使い〜(GSIK)、取り〜(G)、引き〜(G)、遣り〜(GSIK)、読み〜(GSIK)
こぼす	[2]	取り〜(S)、茹で〜(GS)
込める	[13]	言い〜(GS)、打ち〜(G)、押し〜(GSIK)、立ち〜(GSIK)、立て〜(GI)、垂れ〜(GSIK)、閉じ〜(GSIK)、取り〜(GIK)、塗り〜(GS)、引き〜(GSIK)、封じ〜(GSIK)、降り〜(GSIK)、遣り〜(GSIK)
殺す	[17]	射〜(G)、打ち〜(GSIK)、押し〜(G)、噛み〜(GSIK)、切り〜(GS)、

食い〜(G)、くびり〜(GS)、指し〜(GSIK)、締め〜(GSIK)、突き〜(G)、取り〜(GSIK)、なぶり〜(S)、張り〜(G)、引き〜(IK)、ぶち〜(GS)、干し〜(GSIK)、盛り〜(GSIK)

転ばす	[1]	突き〜(S)
壊す	[3]	打ち〜(GS)、取り〜(GSIK)、ぶち〜(GSIK)
裂く	[5]	切り〜(GSIK)、食い〜(G)、突き〜(GSK)、引き〜(GSIK)、ぶち〜(GS)
刺す	[1]	突き〜(GSIK)
定める	[2]	思い〜(G)、見〜(GSIK)
捌く	[3]	売り〜(GSIK)、掻き〜(G)、取り〜(GSIK)
醒ます	[1]	呼び〜(G)
冷ます	[1]	吹き〜(G)
静める	[1]	取り〜(GSIK)
透かす	[1]	見〜(GSIK)
すくめる	[2]	射〜(GSK)、抱き〜(GSIK)
過ごす	[7]	言い〜(G)、思い〜(GS)、聞き〜(GSIK)、寝〜(GSIK)、乗り〜(G)、見〜(GSIK)、遣り〜(GSIK)
進める	[2]	押し〜(GS)、乗り〜(IK)
済ます	[2]	し〜(GSIK)、成り〜(GSIK)
澄ます	[5]	行い〜(GSIK)、聞き〜(GSIK)、研ぎ〜(GS)、取り〜(GSIK)、見〜(GSIK)
添える	[2]	書き〜(GIK)、申し〜(S)
揃える	[2]	切り〜(G)、取り〜(GSIK)
倒す	[18]	打ち〜(GS)、拝み〜(GSIK)、送り〜(S)、押し〜(GS)、借り〜(GSIK)、決め〜(S)、切り〜(GS)、食い〜(GSIK)、蹴〜(GSI)、突き〜(GS)、薙ぎ〜(GSIK)、投げ〜(S)、飲み〜(GSK)、張り〜(GSIK)、引き〜(G)、吹き〜(GS)、踏み〜(GSIK)、寄り〜(S)
足す	[4]	言い〜(G)、書き〜(G)、継ぎ〜(GSIK)、付け〜(GSI)
違える	[12]	言い〜(GS)、打ち〜(S)、思い〜(G)、聞き〜(G)、組み〜(GS)、蹴〜(GSIK)、指し〜(GSIK)、し〜(G)、取り〜(GSIK)、寝〜(GSIK)、履き〜(GSIK)、見〜(GSIK)
ちぎる	[3]	食い〜(GS)、引き〜(G)、ほめ〜(GSI)
散らかす	[4]	蹴〜(GS)、取り〜(G)、引き〜(G)、触れ〜(G)
散らす	[16]	当たり〜(GSIK)、言い〜(GS)、追い〜(GSIK)、書き〜(GSIK)、掻き〜(G)、噛り〜(G)、着〜(G)、食い〜(GSIK)、蹴〜(G)、取り〜(GSIK)、掃き〜(G)、吐き〜(G)、吹き〜(G)、踏み〜(G)、触れ〜(G)、撒き〜(GS)
尽くす	[11]	言い〜(GSIK)、埋め〜(G)、極め〜(GS)、食い〜(G)、し〜(G)、立ち〜(GSIK)、出〜(S)、泣き〜(G)、鳴き〜(G)、舐め〜(S)、見〜(G)

つなぐ	[2]	売り〜(S)、食い〜(GSIK)
潰す	[12]	鋳〜(GSI)、押し〜(G)、書き〜(G)、噛み〜(GS)、食い〜(GSIK)、擦り〜(GSIK)、取り〜(G)、握り〜(GSIK)、塗り〜(GSI)、飲み〜(GSIK)、踏み〜(G)、盛り〜(GSIK)
連ねる	[2]	書き〜(G)、抜き〜(IK)
通す	[16]	射〜(G)、言い〜(G)、押し〜(GSIK)、思い〜(G)、着〜(GS)、指し〜(GSIK)、透き〜(G)、立ち〜(S)、立て〜(GSIK)、突き〜(GS)、貫き〜(G)、乗り〜(IK)、吹き〜(G)、ぶち〜(GS)、見〜(GSIK)、読み〜(GI)
溶かす	[1]	煮〜(S)
とどめる	[2]	押し〜(G)、書き〜(GSK)
飛ばす	[13]	売り〜(GSIK)、書き〜(G)、掻き〜(GS)、蹴〜(GSIK)、叱り〜(G)、突き〜(GSIK)、殴り〜(GSIK)、投げ〜(GS)、撥ね〜(G)、張り〜(GSIK)、吹き〜(GSIK)、振り〜(G)、笑い〜(G)
直す	[24]	洗い〜(S)、言い〜(GSIK)、打ち〜(G)、思い〜(GS)、書き〜(GS)、考え〜(G)、聞き〜(GS)、し〜(GS)、染め〜(GSIK)、建て〜(GS)、立て〜(GSIK)、作り〜(G)、出〜(GSIK)、撮り〜(G)、取り〜(GSIK)、縫い〜(GS)、塗り〜(S)、練り〜(GSIK)、引き〜(G)、撒き〜(S)、見〜(GSIK)、持ち〜(GSIK)、焼き〜(GS)、遣り〜(GS)
慣らす	[3]	飼い〜(G)、住み〜(S)、使い〜(G)
逃がす	[1]	取り〜(GSIK)
のがす	[1]	見〜(GSIK)
退ける	[8]	追い〜(G)、押し〜(GSIK)、掻き〜(GS)、突き〜(GSIK)、取り〜(GSIK)、撥ね〜(GSIK)、払い〜(GSIK)、引き〜(GSIK)
残す	[7]	言い〜(GS)、思い〜(GSIK)、書き〜(GSIK)、し〜(G)、取り〜(GSK)、塗り〜(S)、見〜(GS)
延ばす	[2]	食い〜(GSIK)、引き〜(GS)
延べる	[2]	繰り〜(GSIK)、指し〜(GSIK)
剥がす	[1]	引き〜(GS)
外す	[6]	聞き〜(GSIK)、取り〜(GSIK)、乗り〜(GIK)、引き〜(G)、踏み〜(GSIK)、見〜(G)
果たす	[2]	打ち〜(GSIK)、使い〜(GSIK)
放す	[14]	空け〜(GSI)、言い〜(G)、押し〜(G)、勝ち〜(G)、切り〜(GSIK)、突き〜(GSIK)、解き〜(GSIK)、取り〜(GSIK)、抜き〜(G)、乗り〜(G)、引き〜(GSIK)、振り〜(GSIK)、見〜(GSIK)、もぎ〜(G)
放つ	[3]	言い〜(GSIK)、解き〜(GIK)、引き〜(G)
腫らす	[1]	泣き〜(GSIK)
晴らす	[1]	見〜(GSK)

資料1 「既成の複合動詞」造語成分の連接表　405

開く(他)	[5]	言い〜(G)、切り〜(GSIK)、繰り〜(G)、見〜(GS)、申し〜(GS)
広げる	[4]	空け〜(G)、切り〜(G)、繰り〜(G)、取り〜(GSIK)
広める	[3]	言い〜(G)、売り〜(G)、押し〜(GS)
含める	[2]	言い〜(GSIK)、煮〜(S)
伏せる(他)	[8]	言い〜(S)、押し〜(G)、切り〜(GSIK)、組み〜(GSIK)、叩き〜(G)、説き〜(GSIK)、薙ぎ〜(GSIK)、捩じ〜(GSIK)
隔てる	[1]	掛け〜(GSIK)
減らす	[1]	擦り〜(GS)
ほぐす	[4]	言い〜(G)、解き〜(GS)、溶き〜(S)、揉み〜(G)
ほどく	[2]	言い〜(G)、振り〜(GSIK)
滅ぼす	[2]	打ち〜(G)、攻め〜(G)
負かす	[2]	言い〜(GS)、打ち〜(GSK)
紛らす	[1]	言い〜(GS)
紛らわす	[1]	言い〜(G)
曲げる	[4]	折り〜(GS)、捩じ〜(G)、張り〜(G)、引き〜(GSIK)
まとめる	[2]	取り〜(GSIK)、引き〜(G)
回す	[23]	追い〜(GSIK)、押し〜(G)、思い〜(S)、掻き〜(GSIK)、切り〜(GSIK)、繰り〜(GSIK)、小突き〜(GIK)、こね〜(GS)、立て〜(G)、付け〜(GSIK)、取り〜(GSIK)、撫で〜(G)、舐め〜(G)、飲み〜(GSIK)、乗り〜(GSIK)、張り〜(GSIK)、引き〜(GSIK)、引き-ずり〜(GS)、引き〜(GSK)、引っ-張り〜(G)、ひねり〜(GSIK)、振り〜(GSIK)、見〜(GSIK)
乱す	[3]	掻き〜(GSIK)、取り〜(GSIK)、振り〜(GSIK)
巡らす	[2]	思い〜(GS)、張り〜(GIK)
もぎる	[1]	振り〜(G)
戻す	[10]	受け〜(S)、押し〜(G)、買い〜(GSIK)、繰り〜(S)、突き〜(GSIK)、取り〜(GSIK)、払い〜(GSIK)、引き〜(GS)、呼び〜(GSIK)、割り〜(GSIK)
漏らす	[3]	言い〜(GS)、書き〜(GS)、聞き〜(GSIK)
破る	[9]	言い〜(GS)、打ち〜(GSIK)、食い〜(G)、蹴〜(GSIK)、突き〜(GSIK)、引き〜(G)、踏み〜(GIK)、見〜(GSIK)、読み〜(GIK)
やめる	[1]	取り〜(GSIK)
汚す	[1]	食べ〜(G)
分ける	[19]	言い〜(G)、押し〜(GSIK)、書き〜(GSIK)、掻き〜(GSIK)、嗅ぎ〜(G)、噛み〜(GSI)、聞き〜(GSIK)、汲み〜(GS)、し〜(GS)、染め〜(GSIK)、使い〜(GSK)、解き〜(G)、説き〜(GS)、取り〜(GSIK)、引き〜(GSK)、吹き〜(GSIK)、踏み〜(GSIK)、振り〜(GSIK)、見〜(GSIK)

| 渡す | [9] | 空け〜(GSIK)、言い〜(GSIK)、売り〜(GS)、掛け〜(GS)、下げ〜(GSIK)、引き〜(GSIK)、見〜(GSIK)、申し〜(GSIK)、譲り〜(GSK) |

⑤主体変化動詞

会う	[4]	忍び〜(G)、出〜(GSIK)、巡り〜(GSK)、行き〜(GSIK)
合う	[67]	歩み〜(S)、有り〜(G)、居〜(G)、言い〜(GSIK)、受け〜(GSIK)、打ち〜(G)、奪い〜(G)、押し〜(GS)、落ち〜(GSIK)、折り〜(GSIK)、折れ〜(GSIK)、掛かり〜(GSIK)、関わり〜(G)、掛け〜(GSIK)、重なり〜(G)、語り〜(G)、噛み〜(GSIK)、絡み〜(G)、替わり〜(GS)、軋み〜(GS)、切り〜(GSIK)、食い〜(GSIK)、腐り〜(G)、組み〜(GSIK)、込み〜(GSIK)、誘い〜(G)、茂り〜(GSIK)、知り〜(GSIK)、好き〜(G)、擦れ〜(GSIK)、攻め〜(G)、責め〜(GSK)、競り〜(GSIK)、抱き〜(GSK)、出し〜(G)、助け〜(G)、叩き〜(G)、立ち〜(GSIK)、つかみ〜(GSIK)、付き〜(GSIK)、吊り〜(GSIK)、連れ〜(GSIK)、出来〜(GSIK)、照り〜(S)、解け〜(GSIK)、溶け〜(GS)、取り〜(GSIK)、慣れ〜(GSIK)、似〜(GSIK)、睨み〜(GSIK)、捩じ〜(GIK)、乗り〜(G)、話し〜(GSK)、張り〜(GSIK)、引き〜(GSIK)、ひしめき〜(G)、触れ〜(GS)、見〜(GSIK)、向かい〜(GSIK)、向き〜(GSIK)、持ち〜(G)、揉み〜(GSIK)、遣り〜(GSIK)、譲り〜(G)、寄り〜(GSK)、分ち〜(S)、渡り〜(GSIK)
集まる	[2]	馳せ〜(S)、寄り〜(GSK)
余る	[2]	有り〜(GS)、思い〜(GSIK)
合わさる	[1]	ない〜(G)
至る	[2]	思い〜(GS)、立ち〜(G)
失せる	[2]	消え〜(GSIK)、逃げ〜(GSIK)
遅れる	[6]	言い〜(GS)、死に〜(GSIK)、出し〜(GK)、立ち〜(GSIK)、出〜(S)、乗り〜(GSIK)
起こる	[2]	巻き〜(GS)、湧き〜(GSIK)
衰える	[1]	痩せ〜(G)
及ぶ	[3]	思い〜(G)、聞き〜(GSIK)、説き〜(S)
隠れる	[1]	逃げ〜(G)
固まる	[1]	凝り〜(GSIK)
被さる	[2]	覆い〜(S)、押し〜(GS)
枯れる	[2]	立ち〜(GS)、痩せ〜(G)
崩れる	[3]	着〜(G)、泣き〜(GSIK)、笑い〜(G)
草臥れる	[1]	待ち〜(GSK)
くねる	[2]	曲がり〜(GSIK)、回り〜(S)
窪む	[1]	落ち〜(GS)

資料1 「既成の複合動詞」造語成分の連接表　407

曇る	[1]	掻き〜(GSIK)
狂う	[4]	荒れ〜(GS)、踊り〜(GS)、猛り〜(G)、舞い〜(GK)
加わる	[1]	付け〜(GSIK)
越える	[3]	飛び〜(GS)、乗り〜(GSIK)、踏み〜(GS)
越す	[13]	追い〜(GSIK)、貸し〜(G)、勝ち〜(GSIK)、繰り〜(GSIK)、通り〜(GS)、飛び〜(GS)、取り〜(GSIK)、乗り〜(GSIK)、引き〜(G)、負け〜(GSIK)、見〜(GSIK)、申し〜(GSIK)、持ち〜(GSIK)
篭る	[3]	立て〜(GSIK)、閉じ〜(GSIK)、引き〜(GSIK)
転ぶ	[1]	寝〜(GSIK)
下がる	[7]	食い〜(GSIK)、繰り〜(S)、垂れ〜(GS)、吊り〜(GS)、飛び〜(G)、成り〜(GSIK)、引き〜(GSIK)
裂ける	[1]	張り〜(GSIK)
刺さる	[1]	突き〜(GS)
去る	[11]	消え〜(G)、消し〜(S)、過ぎ〜(GSIK)、捨て〜(GS)、立ち〜(GSIK)、取り〜(GSIK)、逃げ〜(S)、抜き〜(S)、引き〜(GSIK)、葬り〜(G)、持ち〜(G)
参じる	[1]	馳せ〜(GSIK)
萎れる	[1]	打ち〜(S)
敷く(自)	[2]	散り〜(GSIK)、降り〜(GSIK)
沈む	[3]	打ち〜(GSIK)、泣き〜(GSIK)、伏し〜(GSIK)
締まる	[2]	取り〜(GSIK)、引き〜(GSIK)
占める	[1]	買い〜(GSIK)
白ける	[1]	言い〜(G)
荒ぶ	[1]	吹き〜(GSI)
迫る	[1]	押し〜(GS)
育つ	[1]	生い〜(GSK)
逸れる	[1]	見〜(GSIK)
揃う	[3]	打ち〜(G)、咲き〜(GSIK)、出〜(GSIK)
倒れる	[1]	打ち〜(G)
出される	[1]	焼け〜(GS)
足りる	[2]	飽き〜(G)、満ち〜(GS)
違う	[10]	入れ〜(GSIK)、打ち〜(G)、掛け〜(GSIK)、聞き〜(G)、食い〜(GSIK)、擦れ〜(GSIK)、立ち〜(G)、飛び〜(GSIK)、馳せ〜(G)、行き〜(GS)
集う	[1]	打ち〜(S)
募る	[3]	言い〜(GSIK)、吹き〜(G)、降り〜(G)
潰れる	[2]	飲み〜(GSIK)、酔い〜(GSIK)
詰まる	[3]	押し〜(GSIK)、煮〜(GSIK)、行き〜(GSIK)

積る	[2]	降り〜(IK)、見〜(GSIK)
連なる	[1]	立ち〜(G)
吊れる	[1]	引き〜(GSI)
届く	[1]	行き〜(GSIK)
とどまる	[2]	思い〜(GSIK)、踏み〜(GSIK)
止まる	[4]	思い〜(GIK)、立ち〜(GSIK)、取り〜(G)、行き〜(S)
直る	[5]	居〜(GSIK)、起き〜(GS)、立ち〜(GSIK)、開き〜(GSIK)、向き〜(GSIK)
永らえる	[1]	生き〜(GS)
馴染む	[2]	居〜(G)、買い〜(G)
靡く	[1]	打ち〜(G)
並ぶ	[2]	居〜(GSIK)、立ち〜(GSIK)
逃れる	[1]	言い〜(GSIK)
退く	[3]	立ち〜(GSIK)、飛び〜(GSIK)、引き〜(GIK)
残る	[11]	明け〜(GSIK)、居〜(GSI)、生き〜(GS)、売れ〜(GS)、勝ち〜(S)、消え〜(GSIK)、暮れ〜(GSIK)、咲き〜(GSIK)、散り〜(GSIK)、燃え〜(S)、焼け〜(S)
映える	[1]	照り〜(GSIK)
はぐれる	[3]	言い〜(G)、食い〜(GS)、見〜(G)
外れる	[1]	出〜(GSIK)
果てる	[13]	呆れ〜(GS)、荒れ〜(GS)、変わり〜(GSI)、消え〜(GIK)、朽ち〜(GSIK)、暮れ〜(GS)、困り〜(GS)、死に〜(GS)、絶え〜(GSIK)、疲れ〜(G)、尽き〜(GS)、成り〜(GSK)、弱り〜(G)
離れる	[3]	明け〜(GSI)、掛け〜(GSIK)、飛び〜(GSIK)
嵌まる	[1]	当て〜(GSIK)
浸る	[1]	入り〜(GSIK)
開ける	[1]	打ち〜(G)
塞がる	[1]	立ち〜(GSIK)
伏せる(自)	[1]	待ち〜(G)
隔たる	[1]	掛け〜(GSIK)
減る	[1]	擦り〜(GS)
ぼける	[1]	寝〜(GSIK)
細る	[1]	痩せ〜(GS)
勝る	[2]	立ち〜(GSK)、成り〜(G)
交じる	[3]	入り〜(GSIK)、立ち〜(GSK)、ない〜(G)
迷う	[2]	立ち〜(GSIK)、踏み〜(GS)
乱れる	[3]	入り〜(GSIK)、咲き〜(GSIK)、寝〜(GS)
剥ける	[1]	擦り〜(SI)

戻る	[3]	立ち〜(GSK)、馳せ〜(GS)、舞い〜(GSIK)
止む	[1]	降り〜(GS)
淀む	[2]	言い〜(GSIK)、立ち〜(G)
別れる	[4]	生き〜(GS)、漕ぎ〜(G)、死に〜(GSIK)、立ち〜(G)
忘れる	[7]	打ち〜(G)、置き〜(GSI)、書き〜(S)、聞き〜(GS)、取り〜(G)、寝〜(GIK)、見〜(GSK)

⑥再帰動詞

頂く	[1]	押し〜(GS)
失う	[1]	見〜(GSIK)
得る	[2]	有り〜(GS)、勝ち〜(GS)
負う	[1]	受け〜(GSIK)
囲む	[1]	取り〜(GSIK)
かざす	[2]	指し〜(GSIK)、振り〜(GSIK)
構える	[1]	待ち〜(GSIK)
継ぐ(2)	[2]	受け〜(GSIK)、引き〜(GSIK)
取り-巻く	[1]	押し〜(G)
はだける	[1]	踏み〜(G)

資料2 「新造の複合動詞」一覧

(凡例)

1. 第1部第6章において2種7類の語構造型に分類した「新造」の複合動詞519語を、所属する語構造型ごとに、その用例文とともに示した。
2. 語構造型は、(1) 他動的過程結果構造、(2) 自動的過程結果構造、(3) 再帰的過程結果構造、(4) 様態限定構造、(5) 状態限定構造、(6) 継起的並列構造、(7) 非継起的並列構造の順に配した。
3. 各語構造型では、新造の複合動詞を、その五十音順に並べた。
4. 用例文は、新造の複合動詞の意味がとりだせる最小限の範囲とし、1文内であっても前後を省いたものがある。
5. 用例文では、新造の複合動詞の直前に"◆"を付して、見出しやすくした。
6. 用例文の後に、出典情報(作家名・作品名・発表年)をカッコに入れて付した。

(1) 他動的過程結果構造

あけ開く 「…夏のことで戸障子のしまりもせず、殊に一軒家、◆あけ開いたなり門というてもない、…」
(泉鏡花「高野聖」1900)

言い懲らしめる 「…瀬谷は…思いきり片野を◆言い懲らしめてやりたいほど腹が立った。」
(中山義秀「厚物咲」1938)

祈り歌い明かす 「今夜は殆んど一晩中◆祈り歌い明かすので、…」
(長与善郎「青銅の基督」1922・43訂)

植え継ぐ 「…何処の松は何時何本伐って何本◆植えついだと云う事まで、…」
(徳富健次郎「思出の記(上)」1900〜01)

植え連ねる 「…その落ち残った根元は尖った杭を逆立ちに幹へ◆植え連ねたと見え、なにか恐しい神の武器のようであった。」
(川端康成「雪国」1937)

植え交じえる 「窓の下から黄楊とドウダンとを◆植交えた生垣が立っていて、…」
(永井荷風「つゆのあとさき」1931)

穿ち貫く 「…此の大絶壁を◆穿ち貫く事も、…」 (菊池寛「恩讐の彼方に」1919)

穿ち抜く 「…自動車は、…山を◆うがち抜いたトンネルを潜った。」(大仏次郎「帰郷」1948)

移し写す 「彼はこの心にとらえている色彩をキャンバスの上に◆移し写そうと努力する。」
(出隆「哲学以前」1929)

奪い上げる 「彼は惨酷に臓物を◆奪い上げると、直ぐ鍋の中へ投げ込んで了うのが常であった。」
(横光利一「春は馬車に乗って」1927)

生み揃える 「浜の小松の　一の枝／そのまた上の　二の枝に／柴かきよせて　巣をくんで／十二卵を　◆生み揃え／…」
(壷井栄「十五夜の月」1942)

笑み皺める 「…三吉が、一面に◆笑み皺めた顔を振り向けて、…」
(里見弴「多情仏心(前)」1923)

選び抜く 「…いずれも世界各地の屈強の剛女性の◆選び抜いたと思われる女丈夫が、教会目がけておし寄せる。」
(山口昌男「キートンの娘道成寺」1974)

押し縮める 「一度ずつ、まったく新たなる恐怖が私の魂を◆おし縮めた。」
(江戸川乱歩「火星の運河」1926)

押しふさぐ 「明子は◆押し塞がれたように子供たちの前でも広介にはものが言えなくなっていたが、…」
(佐多稲子「くれない」1936)

思い広める 「(彼は)地球、それから、星、宇宙、そう◆思い広めて行って、さらにその一原子ほどもない自身へ思い返す。」
(志賀直哉「暗夜行路(前)」1921)

飼い太らせる 「己はしだいに世と離れ、人と遠ざかり、憤悶と慙恚とによってますます己の内なる臆病な自尊心を◆飼いふとらせる結果になった。」(中島敦「山月記」1942)

掻き並べる 「そこでは窪井が、鏡の前に立って、半白の薄い髪を、左から禿の上に◆掻き並べることに気を奪われていた。」
(里見弴「多情仏心(前)」1923)

掻き広げる 「胸のあたりを◆掻展げて、少許気息を抜いて、…」(島崎藤村「破戒」1906)

稼ぎ溜める 「…彼の叔父が骨身惜しまず◆かせぎためておいた数百ポンドの資金は、…」
(河上肇「貧乏物語」1916)
語り広める 「…孔子も老子も道を◆かたりひろめし中には、今日の禄を第一に述べられしなり。」
(河上肇「貧乏物語」1916)
噛み取る 「百姓は、あっちからも、こっちからも自分のものを◆噛みとられて行った。」
(小林多喜二「蟹工船」1929)
刻み抜く 「四角な提燈は古代模様風に切り抜かれ、花模様に切り抜かれているばかりでなく、たとえば・ヨシヒコ・とか・アヤ子・とか製作者の名が片仮名で◆刻み抜かれているのである。」
(川端康成「バッタと鈴虫」1924)
組み渡す 「…蟻の塔のように材木を◆組みわたした暗い坑道口から、…」
(林芙美子「放浪記」1930)
繰り当てる 「…一目見たばかりで、辞書でも◆繰り当てたように、自分の想像の裏書きされたのを…」
(有島武郎「或る女(前)」1919)
くるみ取る 「…赤んぼである。それを婦長が、湯あがりタオルで両手に◆くるみ取る。」
(井伏鱒二「本日休診」1949～50)
こすり消す 「安吉は、…斎藤という金属工を思いうかべて、しかし不道徳な比較に思えて急いで◆こすり消すようにした…」
(中野重治「むらぎも」1954)
こすり取る 「おれは指先につばをつけ、玉についたシャボンの曇りを◆こすり取った。」
(仁木悦子「かあちゃんは犯人じゃない」1977)
こそぎ取る 「木村の事などは遠の昔に頭の中から◆こそぎ取るように消えてしまって、…」
(有島武郎「或る女(前)」1919)
こそげ取る 「それまで、とにかく肩先から腰をくるみ、足の先まで重苦しくのしかかっていた潮の圧力が急に◆こそげとったように消えてなくなり、体がいっぺんに軽くなったような感じがしたのである。」
(椎名誠「わしらは怪しい探険隊」1982)
小突き合わせる 「…(老人は)二つの頭を湯のなかでゆすぶって、◆小突き合わせた。」
(三島由紀夫「潮騒」1954)
裂き殺す 「耳男の造ったバケモノの像は、耳男が無数の蛇を◆裂き殺して逆吊りにして、生き血をあびながら呪いをこめて刻んだバケモノだから、…」
(坂口安吾「夜長姫と耳男」1947)
裂き捨てる 「彼はキスシーンのコレクションを、十枚も重ねたまま、小さな手に力を入れて、勇敢に◆裂き棄てる。」
(石川達三「人間の壁(上)」1957～59)
裂き取る 「猿又はいてるんだとよ。竹田がいきなりそれを力一杯に◆さき取ってしまったんだども、…」
(小林多喜二「蟹工船」1929)
裂き離す 「はるか向うでは太陽が海面を覆っている乳色の霧を◆裂きはなしており、その下では水がきらめきそめていた。」
(モンゴメリ(村岡花子訳)「アンの友達」1957)
裂き開く 「白く割れた種子を◆裂き開いて突出した豆の双葉の芽を、…」
(佐藤春夫「田園の憂鬱」1918)
囁き聞かす 「…君江の耳元へ口を寄せて、「待合だよ。」と◆囁き聞かせ、…」

(永井荷風「つゆのあとさき」1931)

差し照らす「そうした二十の灯が叢に◆射し照されて子供達は悉く一心に虫の声を頼りに土手にしゃがんでいるのである。」　　　　　　　　（川端康成「バッタと鈴虫」1924）

誘い寄せる「向こうから◆誘い寄せる美しい女の情熱があらわれる。」
　　　　　　　　　　　　　　　　　　　　　　　（倉田百三「出家とその弟子」1916）

諭し聞かせる「私はここではお前たちの側ばかり言うのだよ。唯円には唯円でよく◆諭しきかせます。」　　　　　　　　　　　　　　（倉田百三「出家とその弟子」1916）

しごき上げる「…油の切れた埃だらけの赤い髪の毛を◆扱きあげるようにして…」
　　　　　　　　　　　　　　　　　　　　　　　　　　　　（長塚節「土」1910）

絞り落とす「ロープはギリギリとしまると、水のしたたりを◆しぼり落して、一直線に張った。」　　　　　　　　　　　　　　　　　　（小林多喜二「蟹工船」1929）

吸い集める「…何だかその青い色が、人の感情を◆吸い集めでもするように、…」
　　　　　　　　　　　　　　　　　　　　　　　　　　（鈴木三重吉「桑の実」1913）

吸い殺す「…(蛭は)馬でも牛でも◆吸い殺すのでございますもの。」
　　　　　　　　　　　　　　　　　　　　　　　　　　　　（泉鏡花「高野聖」1900）

ずらし上げる「そして吐息をしてスキー帽を左手で◆ずらし上げると、額際から湯気が立っている。」　　　　　　　　　　　　　　　　（三島由紀夫「白鳥」1951）

抱き暖める「…袖口と袖口とを鳥の羽がいのように搔合せ、半ば顔を埋め、我と我身を◆抱き温め乍ら、…待って居た。」　　　　　　　　（島崎藤村「破戒」1906）

抱き伏せる「男は私を◆抱き伏せると、…肺の息をフウフウ私の顔に吐きかけてくる。」
　　　　　　　　　　　　　　　　　　　　　　　　　　　　（林芙美子「放浪記」1930）

助け上げる「…沈んだ船の乗員が◆助け上げられる希望もなく浪に漂っているのを！」
　　　　　　　　　　　　　　　　　　　　　　　　　　　（大仏次郎「帰郷」1948）

助け下ろす「その愛矢を悠二はヤッコラショという感じで◆助け降ろして、優しく微笑んだ。」　　　　　　　　　　　（小林弘利「タイム・トラベル・プリンセス」1985）

助け乗せる「…西山は、気取った容子ッぷりで女を◆助け乗せ、続いて自分も身軽く車上の人となった。」　　　　　　　　　　　　　　（里見弴「多情仏心(前)」1923）

叩き捨てる「彼は…百合の花を◆叩き捨てようとして捨て得ず、…」
　　　　　　　　　　　　　　　　　　　　（長与善郎「青銅の基督」1922・43訂）

叩き均す「大人たちが求めているプロの音は、ホントは、普段からドラムの手入れをして、◆叩き慣らしていないと出ない音なのだ。」　　　（藤沢映子「負け犬」1988）

たたみ合わせる「…寒そうに両袖を胸の上で◆畳み合わせ、…」
　　　　　　　　　　　　　　　　　　　　　　　　　　（志賀直哉「暗夜行路(前)」1921）

立てかけ合わす「十分に枯れて乾いていないためにすぐには火の燃えつかない枝を◆たてかけ合わすようにして、ぼくらは高校時代を語り続けた。」
　　　　　　　　　　　　　　　　　　　　　　　（黒井千次「現在進行形の夢」1980）

ちぎり取る「その声が強い風にすぐ◆ちぎり取られて、…」（小林多喜二「蟹工船」1929）

ついばみ落とす「しかし或寂しい朝、運命は一羽の八咫烏になり、さっとその枝へおろし

て来たと思うと、小さい実を一つ◆啄み落した。」　　　　（芥川龍之介「桃太郎」1924）

突きあける　「爪先で電話室の硝子戸を◆突きあけ、…」
　　　　　　　　　　　　　　　　　　　　　　　　　（永井荷風「つゆのあとさき」1931）
突き下ろす　「あんまは急に強くしだした。ちょうど水車の杵が米をつくように肩の上でぐりぐりと乱暴にひじで肉を◆つきおろした。」　（志賀直哉「暗夜行路（前）」1921）
突き分ける　「…野生の藤蔓が人間の母指よりももっと太い蔓になって、生垣を◆突分け、…」
　　　　　　　　　　　　　　　　　　　　　　　　　（佐藤春夫「田園の憂鬱」1918）
作り溜める　「そして、いつの間にか◆作りためた草履は十足ずつ一束になって、納屋の天井に幾つもぶら下がっていました。」　　　（壷井栄「十五夜の月」1942）
伝え広げる　「…神の道を日本に◆伝え拡げるにしてからが…」
　　　　　　　　　　　　　　　　　　　　　　　　　（有島武郎「或る女（前）」1919）
呟き聞かせる　「…ことさら自分に◆呟き聞かせているに違いない彼の女の気持が、…」
　　　　　　　　　　　　　　　　　　　　　　　　　（里見弴「多情仏心（前）」1923）
つまみ捨てる　「女の子は、…凋れた草の葉を◆摘み捨てた。」
　　　　　　　　　　　　　　　　　　　　　　　　　（里見弴「多情仏心（前）」1923）
摘み集める　「…遊女が、ひとり、何かしらつまらぬ草花を、だまって◆摘み集めていた。」
　　　　　　　　　　　　　　　　　　　　　　　　　（太宰治「富嶽百景」1939）
積み移す　「或車宿の前まで来ると、客は仙吉を待たせて中へ入って行った。間もなく秤は支度のできた宿車に◆積み移された。」　　（志賀直哉「小僧の神様」1920）
摘み添える　「見つけた。（歌う）二本◆摘み添え。…比べてみましょう。」
　　　　　　　　　　　　　　　　　　　　　　　　　（倉田百三「出家とその弟子」1916）
紡ぎ出す　「言葉を換えれば、彼が◆紡ぎ出すバラ色の言葉と、彼の人間性、生き方のあいだにギャップがありすぎたのだ。」
　　　　　　　　　　　　　（大岩皐月「この話し方がどんな相手も見方に変える！」1989）
つるし殺す　「さて、相談の結果はプレッシントンを◆つるし殺すことに一致しました。」
　　　　　　　　　　　　　　　　　　　　　　　　　（ドイル（延原謙訳）「入院患者」1953）
連れ下ろす　「すると署長がなにをしとるか、早く◆つれ降ろせと怒鳴るんです。若い警官がびっくりしてまた見上げると、少年はまだ腰かけてるんですね。」
　　　　　　　　　　　　　　　　　　　　　　　　　（水見稜「市庁舎の幽霊」1986）
解き捨てる　「昨夜脱ぎ捨てた着物や、◆解きすてた帯紐に…」
　　　　　　　　　　　　　　　　　　　　　　　　　（永井荷風「つゆのあとさき」1931）
解き外す　「おくみは…上蒲団の襟当の汚れているのを◆解きはずしていたが、…」
　　　　　　　　　　　　　　　　　　　　　　　　　（鈴木三重吉「桑の実」1913）
閉じ合わせる　「…濃い睫毛を◆閉じ合わせたのだと、…」　（川端康成「雪国」1937）
どやし倒す　「…でたらめな検査をしていたら、それこそ厩当番は◆どやしたおされて、足腰がたたなくなった…」　　　　　　　　　　（野間宏「真空地帯（上）」1952）
ない合わす　「藤色と黒を◆ないあわした帯じめを…」　　　（野間宏「真空地帯（上）」1952）
流し倒す　「…水は、…流れた。そうして、か細く長長しい或る草の葉を、生えたままで◆

流し倒して、…」　　　　　　　　　　　　　　（佐藤春夫「田園の憂鬱」1918）
投げ被せる「細い杉苗の頂に◆投げ被せてあった先生の帽子が…」
　　　　　　　　　　　　　　　　　　　　　　　（夏目漱石「こころ」1914）
投げ絡む「屠手の頭は油断を見澄まして、素早く細引を◆投げ搦む。撐と音して牛の身体が…」
　　　　　　　　　　　　　　　　　　　　　　　（島崎藤村「破戒」1906）
投げ皺める「…すぐ傍にどしりと◆投げ皺められて、七宝配りの箔が盛り上がっている帯を…」
　　　　　　　　　　　　　　　　　　　　　　（岡本かの子「河明り」1939）
舐め減らす「勘次は梅干を少しずつ◆嘗め減らした。」　　（長塚節「土」1910）
並べ上げる「その当時は夜になると彼女は髪をブラシでとかし、そのあいだ二人で欲しいけれど手に入れることのできないいろんなものを◆並べあげた。」
　　　　　　　　　　　　　　　　　　（カーヴァー（村上春樹訳）「羽根」1986）
にじり消す「秋穂は力なくタバコを◆にじり消した。」（曽野綾子「二十一歳の父」1966）
縫い並べる「…糸で赤い小さい島を上下へ二寸ばかりの幅の中へ◆縫い並べた、女のものに似合わしいいい柄の飾りものである。」　　　　（鈴木三重吉「桑の実」1913）
脱ぎ散らかす「部屋の中には、若い女の着物が◆ぬぎ散らかしてあった。」
　　　　　　　　　　　　　　　　　　　　　　（林芙美子「放浪記」1930）
塗り重ねる「目を閉じると様々な色あいの絵の具を出鱈目に◆塗りかさねたような暗闇が僕の上に降りかかってきた。」　　（村上春樹「ねじまき鳥と火曜日の女たち」1986）
捩り取る「…良人を漸く探しあてると、遮二無二金を良人の懐から◆ねじりとって来て片野に突っ返してやった。」　　　　　　　（中山義秀「厚物咲」1938）
練り拵える「…小鳥は肉を磨り潰して、枇杷の花の形に◆練り拵えてあった。」
　　　　　　　　　　　　　　　　　　　　　　（岡本かの子「河明り」1939）
飲み隠す「そこに寂しい虚白なものが、娘の美しさを一時◆飲み隠した。」
　　　　　　　　　　　　　　　　　　　　　　（岡本かの子「河明り」1939）
掃き下ろす「やがて彼等は板の間の藁屑を土間へ◆掃きおろして…」（長塚節「土」1910）
吐き飛ばす「胃の底が喉にむけてひっくりかえるような嘔吐感にまかせて、口を力なく開き、唾液をぺっぺっ◆吐きとばしているだけだ。」（片岡義男「彼のお気にいり」1980）
運び下ろす「バケモノは山上の長者の邸の門前から◆運び降ろされて、山の下の池のフチの三ツ又のにわか造りのホコラの中に鎮座した。」（坂口安吾「夜長姫と耳男」1947）
弾き切る「駒子は三の糸を指で◆はじき切って付け替えてから、調子を合わせた。」
　　　　　　　　　　　　　　　　　　　　　　（川端康成「雪国」1937）
話し聞かせる「と御隠居さんは国なまりのある言葉で、それを東京に居る親戚の客を訪ねて来た時なぞに◆話し聞かせることもあつた。」　　　（島崎藤村「涙」1920）
話し加える「まことに単純な事で私は別に◆話し加える事もありませんがな。」
　　　　　　　　　　　　　　　　　　　　（倉田百三「出家とその弟子」1916）
張り重ねる「コラージュはさまざまな色紙や新聞紙や布地を任意にちぎって◆貼りかさねるという手法である。」　　　　　　　　　（開高健「裸の王様」1960）
引っ張り起こす「行介は…いきなり駿を◆引張り起した。」（山本有三「波」1928）

引っ張り寄せる「…座布団を、寝たまま腕を延ばして◆引張り寄せ、…」
(山本有三「波」1928)
吹き裂く「路傍の新樹は風にもまれ、軟なその若葉は◆吹き裂れて路の面に散乱している。」
(永井荷風「つゆのあとさき」1931)
吹き散らかす「雲がさがって、丘の頂の木を包み、突然吹く風に、低く遠く◆吹き散らかされた。」
(大岡昇平「野火」1948〜51)
吹き曲げる「…出鼻の塩風に◆吹き曲げられた一二本の老松の下に…」
(志賀直哉「暗夜行路(前)」1921)
踏み下げる「クラッチ・レバーを握ったり離したりを数回くりかえしてから、ギアを一速に◆踏みさげた。」
(片岡義男「彼のお気にいり」1980)
踏み和らげる「…子供たちの薄いもも色の裸で◆踏み柔げられるのを欲するように…」
(佐多稲子「くれない」1936)
降り埋める「…また谷々が白く◆降り埋められる頃になると、…」
(島崎藤村「破戒」1906)
振り捌く「…葉の繁みを、女の額の切り前髪のように◆振り捌いて、…」
(岡本かの子「河明り」1939)
振り外す「…パトラシエはうれしそうに一と吠えして曳具を◆振り外してしまうし、」
(ウィーダ(村岡花子訳)「フランダースの犬」1954)
篩い均す「細かい細かい黒土を見事に◆ふるいならしたところに、…」
(宮本百合子「伸子(上)」1926)
放り落とす「硬直していた体が空中に◆放り落されて柔軟になり、…」
(川端康成「雪国」1937)
ほっぽり投げる「あたし、自分の使命なんて◆放っぽり投げてしまいたい。けど、それができない。」
(小林弘利「タイム・トラベル・プリンセス」1985)
掘り下ろす「「どこでもいいから、要するに、砂を掘ればいいんだね?」…「なるべく、崖からまっすぐ、◆掘り降ろすようにしてくださいね。」」
(阿部公房「砂の女」1962)
掘り窪める「その下には丈の高い石の頂を◆掘り窪めた手水鉢がある。」
(森鷗外「阿部一族」1913)
掘り貫く「二百余間に余る絶壁を◆剖貫いて道を通じようと云う、…」
(菊池寛「恩讐の彼方に」1919)
掘り取る「…表面より等間隔の深さで地層を◆掘りとり、…」
(藤森栄一「旧石器の狩人」1965)
巻き締める「ググググウと、まるで厚い革でも◆巻き締めるような声をあげたと思うと、…」
(里見弴「多情仏心(前)」1923)
混ぜ加える「…、植木屋は其処らの藪から青竹を切って来て、これに杉の葉などを◆交ぜ加えて無細工の木戸を造くって了った。」
(国木田独歩「竹の木戸」1908)
まぶし付ける「疲労の脂汗に光っている顔や手に砂埃を◆まぶしつけながら、…」
(阿部知二「冬の宿」1936)

見詰め伏せる「しかし、気おくれをジッと押えて、見つめているうちに次第に平静にかえる満足を感じたとき、オレは親方の教訓の重大な意味が分かったような気がするのだった。のしかかるように◆見つめ伏せてはダメだ。その人やその物とともに、ひと色の水のようにすきとおらなければならないのだ。」　　　　　　　（坂口安吾「夜長姫と耳男」1947）

剥き取る「滑らかに、形のいい上半身が現れたのが、するりと、バナナの皮を◆剥き取ったような感じで、書家の目にも新鮮であった。」　　　　　　（大仏次郎「帰郷」1948）

剥き開く「女達は無理に◆むき開いた眼で天を仰ぎ乍ら唱えた。」
　　　　　　　　　　　　　　　　　　　　（長与善郎「青銅の基督」1922・43訂）

貪り集める「…偸盗の如くその金銭と事功と享楽とを◆貪り集めんとするは、…」
　　　　　　　　　　　　　　　　　　　　　（阿部次郎「人格主義」1919〜1922）

むしり捨てる「…体中珠数なりになったのを手当次第に掻い除け◆むしり棄て、抜き取りなどして、…」　　　　　　　　　　　　　　　　（泉鏡花「高野聖」1900）

申し授ける「…仏法の内いかようの大事にても御尋ね候え、宗門のうちにての事をば残さず◆申しさずけんとて、…」　　　　　　　　　（河上肇「貧乏物語」1916）

揉み下ろす「…両手で腹の下の乳房を◆揉み下すようにして、下へ置いたバケツへ乳をお搾りになる。」　　　　　　　　　　　　　　　（鈴木三重吉「桑の実」1913）

盛り重ねる「手鏡を棺にいれるのは、夫の親兄弟にもなるべく目に触れないようにしたかった。手鏡の上には白い菊の花を◆盛り重ねた。」（川端康成「水月」1953）

焼き割る「火縄銃もすでに大半は銃口を◆焼き割り、火縄も弾丸もつきかけていた。」
　　　　　　　　　　　　　　　　　　　　　　　　　　（田宮虎彦「落城」1949）

破り取る「…白い西洋封筒の一端を美しい指の爪で丹念に細く◆破り取って、…」
　　　　　　　　　　　　　　　　　　　　　　　　　（有島武郎「或る女（前）」1919）

ゆすぶり起こす「…婆さんは、こんどはグレーテルのところへ行って、寝ているのを◆ゆすぶりおこして、…」　　（グリム（楠山正雄訳）「ヘンデルとグレーテル」1949）

より揃える「で、彼は先刻から◆選り揃えておいた七八冊の挿絵入りの漢書…」
　　　　　　　　　　　　　　　　　　　　（長与善郎「青銅の基督」1922・43訂）

笑い捨てる「…ただそのままに◆笑い捨てられない気持にされた。」
　　　　　　　　　　　　　　　　　　　　　　　（里見弴「多情仏心（前）」1923）

(2)　自動的過程結果構造

集まり来る「一刻毎に◆集り来る人の群、…」　　　　　（田山花袋「蒲団」1907）

跡づけ行く「…哲学が〜純粋経験のあらゆる分化発展を◆跡づけゆく者なるよりみれば、…」　　　　　　　　　　　　　　　　　　　　（出隆「哲学以前」1929）

溢れにじみ出す「社会が複雑になるにつれ、狂気の者のふえることはいたしかたない。しかしそれがさらに進むと、狂気は精神内だけにとどまっていなくなる。おさまりきらなくなり、◆あふれにじみ出し、からだの変化となってあらわれる。」
　　　　　　　　　　　　　　　　　　　　　　　　　　（星新一「狂的体質」1968）

資料2 「新造の複合動詞」一覧 419

甘え寄る 「…娘が、若い叔母から離れて◆甘え寄ると、母は箸をおいてすぐ抱き上げ、…
(野上弥生子「真知子(前)」1928～30)
歩み過ぎる 「女はスタスタ交番の前をも平気で◆歩み過ので、…」
(永井荷風「つゆのあとさき」1931)
歩き過ぎる 「…外套に身を包んで空を見ながら◆歩き過ぎたその人も…」
(堀辰雄「菜穂子」1941)
歩き進む 「ちょっとまってなとゲートルまき直し、堤防の上を◆歩き進むと、右手に三軒
の焼け残り、…」 (野坂昭如「火垂るの墓」1967)
歩き抜ける 「…勝手知ったという感じの道をどんどん◆歩きぬけて行って、本郷の電車道
へ出た…」 (中野重治「むらぎも」1954)
いざり離れる 「食卓の前から一二尺◆膝行はなれて、…」(里見弴「多情仏心(前)」1923)
浮かび現れる 「あの鳩の様な小さな胸に◆浮かみ現れた根も葉もない妄想によって、…」
(夢野久作「少女地獄」1936)
浮かび来たる 「…渓流の響の潺湲たるも尾の上の楼の巍巍たるも悉く心眼心耳に◆浮び来
り、…」 (谷崎潤一郎「春琴抄」1933)
移り過ぎる 「時は遅く◆移り過ぎた。」 (島崎藤村「破戒」1906)
押し溢れる 「他の組の生徒も教師も一緒になって、波濤のように是方へ◆押溢れて来た。」
(島崎藤村「破戒」1906)
落ちそそぐ 「…水は、…道ばたの渠のなかへ、水時計の水のようにぽたりぽたりと◆落ち
濺いで居た。」 (佐藤春夫「田園の憂鬱」1918)
落ち溜まる 「時々爪先に絡まるのは葉の雫の◆落溜った糸のような流で、…」
(泉鏡花「高野聖」1900)
落ち散らばる 「このとほり、ほんの束の間であつた我れ我れの友情を悼んで、私は身をか
がめて、地びたに重く◆落ちちらばつた花のかけらの一つを拾った。」
(佐藤春夫「薔薇を恋する話」1919)
泳ぎ帰る 「彼は残った全財産の風呂敷包を頭に結びつけ、東京湾を突っ切ってK町へ◆泳
ぎかえったということだ。」 (三島由紀夫「青の時代」1950)
泳ぎ抜ける 「多くの目高達は、藻の茎の間を◆泳ぎぬけることを好んだらしく、彼等は茎
の林のなかに群をつくって、互いに流れに押し流されまいと努力した。」
(井伏鱒二「山椒魚」1929)
泳ぎ戻る 「そこで、小さい人魚姫は、いそいでずっと遠くまで◆泳ぎもどると、水の中か
ら突き出ている岩のかげに隠れて、…」(アンデルセン(山室静訳)「小さな人魚姫」1976)
折れ欠ける 「全軍の刀槍矛戟の類も半ばは◆折れ欠けて了った。」 (中島敦「李陵」1943)
折れ重なる 「他人の荷物につまずいて、転んだ拍子に、人が◆折れかさなって倒れかかっ
て来たのである。」 (井伏鱒二「本日休診」1949～50)
折れたわむ 「…彼の拳はまつ子の頬や肩や胸に当って行った。そのたびに彼女の体は◆折
れたわむようにゆらめいた。」 (阿部知二「冬の宿」1936)
駆け集まる 「「おいおい、みんな来い。」と茂吉ちゃんは大声で呼びました。忠ちゃんに安

ちゃん、源ちゃんに亀雄さん、みんな息を切らして◆かけ集ってきました。」
（千葉省三「拾った神様」1920）

駆け帰る 「…騎馬たちはまた猿啼山の麓まで◆駈け帰っていった。」
（田宮虎彦「落城」1949）

駆け来る 「…恐ろしい猛犬が二疋も三疋も鬨の声を揚げて◆跑け来るに会うては、…」
（徳富健次郎「思出の記（上）」1900〜01）

駆け去る 「…ふいとそのあたりを◆翔け去ったこの世ならぬ美しい色をした鳥の翼のようなものが…」
（堀辰雄「浄瑠璃寺の春」1943）

被さり掛かる 「…門口に◆かぶさりかかった一幹の松の枝ぶりからでも、…」
（佐藤春夫「田園の憂鬱」1918）

枯れ萎れる 「涙は反って◆枯れ萎れた丑松の胸を潤した。」 （島崎藤村「破戒」1906）

枯れ尽きる 「彼は才能が◆枯れ尽きてしまった作曲家のような顔つきで餌箱の中の緑の葉をじっと眺めている。」
（村上春樹「カンガルー日和」1983）

消え落ちる 「ストーブには真昼の火が◆消え落ちて白い灰となってちらばっていた。」
（モンゴメリ（村岡花子訳）「アンの友達」1957）

腐り落ちる 「ふと仔象がこちらを振向き、…。それから◆腐り落ちた鼻先を突出すようにして、ぎくしゃく体をゆすりながら、こちらに向ってやって来た。」
（安部公房「公然の秘密」1975）

くずおれ倒れる 「…一等兵は奇妙な声をあげて、右にどーっと◆くずおれ倒れた。」
（野間宏「真空地帯（上）」1952）

崩れ伏す 「黒く◆崩れ伏した草の上、…」 （大岡昇平「野火」1948〜51）

こぼれ出る 「藤右衛門はしばらくのあいだ、祝福したいような気持で妻の面を見まもっていたが、ふと夜具のそとに手がすこし◆こぼれ出ているのをみつけ、それをいれてやろうとしてそっと握った。」
（山本周五郎「小説日本婦道記」1943）

転がり下りる 「それを見ていると、いきなり、ぼくのうしろで、ばらばらっと、小石が山を◆ころがりおりるような音がして、ぼくのせなかにこつんとあたった。」
（佐藤さとる「だれも知らない小さな国」1973）

転び倒れる 「私はそれ等の布地を、◆転び倒れているものを労り起すように、…取り上げてみた。」 （岡本かの子「河明り」1939）

咲き溢れる 「爛漫と◆咲き溢れている花の華麗。」（岡本かの子「河明り」1939）

咲き戻る 「すると娘は、俄かに、ふだん私が見慣れて来た爛漫とした花に◆咲き戻って、朗かに笑った。」 （岡本かの子「河明り」1939）

裂け広がる 「ふだん長い睫毛をかむって煙っている彼女の眼は、切れ目一ぱいに◆裂け拡がり、…」
（岡本かの子「河明り」1939）

錆び朽ちる 「橋の南詰の西側に◆錆び朽ちた、「迷子のしるべの石」がある。」
（岡本かの子「河明り」1939）

さ迷い辿る 「知識欲もまた…枯れはてた思索の野を、はてしもなく◆さ迷いたどらねばならないであろう。」
（出隆「哲学以前」1929）

さ迷い出る「二町ばかり◆さまよい出て、路傍に倒れている者がいた。」
　　　　　　　　　　　　　　　　　　　　　　　　（大岡昇平「野火」1948～51）
さ迷い寄る「…偶々営舎付近に◆さまよい寄った牛を射ったことがある。」
　　　　　　　　　　　　　　　　　　　　　　　　（大岡昇平「野火」1948～51）
滴りこぼれる「…網棚のバスケットから、黒ずんだ赤い血のようなものが、ボトボト◆したたりこぼれていた。」　　　　　　　　　　　　　　　　（林芙美子「放浪記」1930）
疾走し去る「でそのまま後につづいて◆疾走し去った威勢のよい乗物とは反対の方向へ、…」　　　　　　　　　　　　　　　　　　　　　　　（野上弥生子「真知子（前）」1928～30）
忍び上がる「…ハリーは太陽が更紗のカーテンの模様に沿って◆しのびあがって行く様を眺めていた。」　　　　　　　　　（フィッツジェラルド（村上春樹訳）「残り火」1981）
染み広がる「お島の心には、旅の哀愁が少しずつ◆沁みひろがって来た。」
　　　　　　　　　　　　　　　　　　　　　　　　　（徳田秋声「あらくれ」1915）
滑り抜ける「しかし汽車はその時分には、もう安々と隧道を◆辷りぬけて、…」
　　　　　　　　　　　　　　　　　　　　　　　　　（芥川龍之介「蜜柑」1919）
滑りはいる「源氏はすかさず、共々、几帳の内へ◆すべりはいって、「これからは、私だけが、あなたを可愛がる人なんですよ。―仲よくしようね」少納言は困りきっていた。」
　　　　　　　　　　　　　　　　　　　　　　　　（田辺聖子「新源氏物語」1984）
擦れ落ちる「小諸は東西の風をうけるから、南北に向って「ウネ」を造ると、日あたりも好し、又風の為に穂の◆擦れ落ちる憂いがない、…
　　　　　　　　　　　　　　　　　　　　　　（島崎藤村「千曲川のスケッチ」1901）
吸われ寄る「私はどぎまぎしながら、何か不得要領なことを言つて、それから本を両手で捧げて口の高さまでもってくると、そつと、妻には内緒で、はかなく枯れたその花びらに一つ接吻した。それは私の唇に◆吸はれ寄つた。」（佐藤春夫「薔薇を恋する話」1919）
迫り来る「われわれは…われわれに◆迫り来る絵画の実在的な力を感じる。」
　　　　　　　　　　　　　　　　　　　　　　　　　（出隆「哲学以前」1929）
添い加わる「夜はいつの間にか明け離れていた。眼窓の外は元のままに灰色はしているが、活々とした光が◆添い加わって、…」　　（有島武郎「或る女（前）」1919）
注ぎ集まる「人々の視線は皆な丑松の方へ◆注ぎ集った。」　（島崎藤村「破戒」1906）
注ぎ落ちる「…飛魚の群が虹のような色彩に閃いて、繰り返し海へ◆注ぎ落ちる。」
　　　　　　　　　　　　　　　　　　　　　　　　　（岡本かの子「河明り」1939）
漂い行く「弛めるままに◆漂い行く精神をひきしめて、…」
　　　　　　　　　　　　　　　　　　　　　　　（阿部次郎「人格主義」1919～1922）
辿り来る「…私と云う一つの心が、貴方方と云う心を尋ねて、はるかに暗い長い海上を、…此処迄◆辿り来た。」　　　　　　　　（長与善郎「青銅の基督」1922・43訂）
辿り来たる「…また時には今まで◆たどり来った方向を顧みる場合もある。」
　　　　　　　　　　　　　　　　　　　　　　　　　（出隆「哲学以前」1929）
近づき迫る「…息子の入営期が◆近づき迫った時に…」　　（中山義秀「厚物咲」1938）
近づき行く「…真理をめがけて◆近づきゆく知的進歩につれて、…」

(出隆「哲学以前」1929)

ちぎれ落ちる「あるいは、春の雨に濡れそぼれて、今にも◆ちぎれ落ちそうな蜘蛛の巣を支える、あのか細い最後の一本の命綱─あともう一滴の命。」(森瑤子「愛の予感」1985)

散り隠れる「岡の向うの方には数十羽の雀が飛び集ったかと思うと、やがてまたパッと◆散り隠れた。」(島崎藤村「千曲川のスケッチ」1901)

散りそそぐ「岸にはえている背の高い草は、その茎の先にすでに穂をつけて、わたしの肩や帽子に綿毛の種子が◆散りそそいだのであります。」(井伏鱒二「屋根の上のスワン」1929)

散り溜まる「雪も、このあたりには殊に深く◆散りたまるように思われた。」(阿部知二「冬の宿」1936)

疲れ枯れる「ポウセ童子が、「私はもう◆疲れかれて死にそうです。蠍さん。もっと元気を出して早く帰って行って下さい。」と言いながら、とうとうバッタリ倒れてしまいました。」(宮沢賢治「双子の星」1918)

伝い流れる「するとハツは、あれ！と身もだえしたが、そのままハツをくねらせると、だんだんハツになると見えて、ハツは腿のへんまで◆伝い流れて、ハツの瞳の色も灼けつくように情熱を帯びてくるのだった。」(寺山修司「家出のすすめ」1972)

伝わり落ちる「白塗りのマストを雨滴が光って◆つたわり落ちた。」(三島由紀夫「潮騒」1954)

集い来る「まひるの草木と石土を　照らさんことを怠りし　赤きひかりは◆集い来て　なすすべらに漂えよ。」(宮沢賢治「ひのきとひなげし」1933)

積み溢れる「秋の果物が店に出盛ると、幾子は色の好き嫌いで買ったりする。例えば赤いりんごの色は好きで、みかんの色は嫌いである。みかんも食べるし、果物屋に◆積みあふれない季節に、少しのところを見ると、この好悪は出ないらしい。」(川端康成「並木」1958)

積もり重なる「そういう細胞がたくさん集まり、だんだん◆積り重なっていく。」(笠信太郎「ものの見方について」1950)

遠ざかり行く「何事をか声高に話しながらゆく村の者のだみ声、それも何時しか、◆遠かり行く。」(国木田独歩「武蔵野」1898)

通り去る「酔っぱらいはそんな事を言いながら、提灯をもった若い男に連れられて◆通り去った。」(佐藤春夫「田園の憂鬱」1918)

飛び集まる「岡の向うの方には数十羽の雀が◆飛び集ったかと思うと、やがてまたパッと散り隠れた。」(島崎藤村「千曲川のスケッチ」1901)

流れ褪せる「ひたすら食物の臭いにひかれてあてもなく迷い込んだ清太、防空壕の中で水につかり色の◆流れあせた母の形見の長じゅばん帯半襟腰ひもを、ゴザ一枚ひろげただけの古着商に売りなんとか半月食いつなぎ、…」(野坂昭如「火垂るの墓」1967)

流れ下りる「天の河は二人が走って来たうしろから前へ◆流れおりて、駒子の顔は天の河のなかで照らされるように見えた。」(川端康成「雪国」1937)

流れ来る「私の原籍地は、鹿児島県、東桜島、古里温泉場となっています。全く遠く◆流

れ来つるものかなと思わざるを得ません。」　　　　　（林芙美子「放浪記」1930）
流れ伝わる「…子の胸に◆流れ伝わる親の其血潮…」　　　（島崎藤村「破戒」1906）
泣きふくれる「風にふかれて、涙のあとは、かわいてしまっていましたが、目は◆泣きふ
　くれて見えました。」　　　　　　　　　　　　　　（浜田廣介「泣いた赤おに」1978）
なだれ掛かる「時々篝火が崩れる音がする。崩れる度に狼狽た様に焔が大将に◆なだれか
　かる。」　　　　　　　　　　　　　　　　　　　　　　（夏目漱石「夢十夜」1908）
逃げ戻る「その隙に、お前は、内裏様を頂戴して、この家へ◆逃げ戻るのだ。」
　　　　　　　　　　　　　　　　　　　　　　　　（柴田錬三郎「眠狂四郎無頼控」1960）
にじみ広がる「…女房が米を研いでいた。…静かにこぼしている白水は、古綿雲のように
　モクモクと、あたりの黒さに◆にじみ拡がって行った。」（里見弴「多情仏心（前）」1923）
にじり下りる「舟は算盤に乗せられて、大ぜいの掛声と共に、しぶしぶ水際にむかって◆
　躙り降りる。」　　　　　　　　　　　　　　　　　　　（三島由紀夫「潮騒」1954）
にじりしりぞく「若者は力の限り泳いだ。巨大なものはすこしずつ◆躙り退いて道をひら
　いた。」　　　　　　　　　　　　　　　　　　　　　　（三島由紀夫「潮騒」1954）
脱げ落ちる「…帽子の◆脱げ落ちそうなのも構わず眼をつむった顔は、…」
　　　　　　　　　　　　　　　　　　　　　　　　　　　　（井上靖「闘牛」1949）
抜け去る「しかし世界と我々の自然的素質のうちには、神に反する者が深刻に根を卸して
　いて、容易に◆抜け去ろうとはしない。」　　　　　（阿部次郎「人格主義」1919〜1922）
ねじれ上がる「彼の体がぶつかってきて、おれの左手が強烈に◆ねじれあがった。」
　　　　　　　　　　　　　　　　　　　　　　　　（椎名誠「わしらは怪しい探険隊」1982）
眠り過ごす「さて、ルミは、なん時間ねむったでしょう。ゆめもなく、ぐっすりと、◆ね
　むりすごして目がさめました。」　　　　　　　　　（浜田廣介「泣いた赤おに」1978）
逃れ帰る「…たとえ都へ◆逃れ帰っても、…」　　　　　　　（中島敦「李陵」1943）
逃れ出す「…やがて手持ちの杖を握りしめると、衛門衛士の交替にまぎれこみながら、ス
　ルリと禁門を◆逃れ出す。」　　　　　　　　　　　　　（檀一雄「光る道」1956）
這い転ぶ「じっと寝かしておこうとしても、◆這いころんで布団から出てしまうことも
　あった。」　　　　　　　　　　　（斎藤茂太「私の死論は『夫が先に死ぬ』」1983）
這いずり上がる「私にはそんな立派な復讐は出来ませんが、参って、参って、参っても◆
　はいずり上り、夏子さんの愛と霊に報いたい。」　　　（武者小路実篤「愛と死」1940）
生え詰まる「短い毛の◆生えつまった下り気味の眉が、…」　（川端康成「雪国」1937）
弾け返る「…急に◆弾け返ったような笑い声をあげ、…」（里見弴「多情仏心（前）」1923）
弾け散る「天頂近く、白鳥やペガサスやアンドロメダが、おれの涙の中で◆はじけ散って
　いた。」　　　　　　　　　　　　　　　　　　（筒井康隆「ベムたちの消えた夜」1980）
走り越す「急行電車は、瞬く間に、…四谷を過ぎ、信濃町を◆走り越した。」
　　　　　　　　　　　　　　　　　　　　　　　　　　　（獅子文六「自由学校」1950）
跳ね越える「「おらこったなもの外せだだど」と云いながら片っ方のはじをぬいて下にお
　ろしましたのでみんなはそれを◆はね越えて中へ入りました。」
　　　　　　　　　　　　　　　　　　　　　　　　　　（宮沢賢治「風の又三郎」1933）

はらばい去る「彼等は木谷のところへはらばいながら近づいて行った。…◆はらばい去った田川の…」
(野間宏「真空地帯(上)」1952)

潜みわだかまる「…鶴さんの心の奥には、まだおかねの亡霊が◆潜み蟠っているようであった。」
(徳田秋声「あらくれ」1915)

ひょろけ出る「もう一度手を振って、それから信之は、ひょろひょろとおもてへ◆ひょろけ出た。」
(里見弴「多情仏心(前)」1923)

広がり散る「その火の粉は天の河のなかに◆ひろがり散って、…」
(川端康成「雪国」1937)

吹きにじむ「妻の人差指には、…血が◆吹滲んで居る。」 (佐藤春夫「田園の憂鬱」1918)

降り下ろす「…人をおびやかす白いものが、今にも地を払って◆降りおろして来るかと思われた。」
(有島武郎「或る女(前)」1919)

降り散らばる「…渡鳥の群が◆降りちらばるように、まぶしい入日の空を乱れ飛ぶのを見上げても…」
(佐藤春夫「田園の憂鬱」1918)

触れ暖まる「…黙ってお澄の真心に◆触れ温まっている、…」
(里見弴「多情仏心(前)」1923)

経来たる「…悲痛なる体験を◆経来って、そこには明らかにファシズム的色彩が漸次濃厚に達しつつあるではないか。」 (石原純「社会事情と科学的精神」1937)

舞い出る「青い夕闇の谷間から、◆舞い出した二匹の蝙蝠のように、五百助と加治木は、聖堂橋の石段を昇った。」 (獅子文六「自由学校」1950)

巻き上る「黒い煙の◆巻きのぼるなかに炎の舌が見えかくれした。」
(川端康成「雪国」1937)

まくれ返る「磯波のように◆まくれ返った頂上を並べた低い丘が、海岸方面に連り…」
(大岡昇平「野火」1948～51)

跨ぎ越える「…のちにそれはただ旅客が線路を◆またぎ越えるための頗る実利的な階段に過ぎないのを発見して、…」 (太宰治「人間失格」1948)

跨ぎ越す「…已むことを得ず私は」(長虫を)◆跨ぎ越した、… (泉鏡花「高野聖」1900)

まつわり下がる「ブドウの蔓がかたむいた窓の上に、葬式の花輪のように◆まつわりさがっています。」 (アンデルセン(矢崎源九郎訳)「絵のない絵本」1952)

群がり起こる「いろいろ楽しい想像が◆むらがり起こる。本当に早く帰りたい。万事はそれからだ。」
(武者小路実篤「愛と死」1940)

もがき寄る「葉子は二人に背ろを向け益々壁の方に◆藻掻きよりながら、涙の暇から狂人のように叫んだ。」 (有島武郎「或る女(前)」1919)

戻り来る「その時の虐殺ぶりは、彼等がそこへの途中脳貧血を起して頭を抱え乍ら◆戻り来る何人かに行き逢ったほど又一層ひどいものであった。」
(長与善郎「青銅の基督」1922・43訂)

戻り着く「女というのはまるで鮭みたいだ。なんのかといったって、みんな必ず同じ場所に◆戻りつくのだ。」 (村上春樹「ファミリー・アフェア」1986)

漏れ出る「ひとつかみ、つかんできたのに、どろは、手から◆もれでてしまっていまし

資料2 「新造の複合動詞」一覧　425

　　　　た。」　　　　　　　　　　　　　　　　　　　（浜田廣介「泣いた赤おに」1978）
焼け崩れる「しかし、京子は二つの鏡に写った多くの世界が、無残に◆焼け崩れていくように感じた。」　　　　　　　　　　　　　　　　　　　（川端康成「水月」1953）
焼け損なわれる「肉の厚い柿の葉は霜のために◆焼け損われたり、縮れたりはしないが、朝日があたって来て霜のゆるむ頃には、重さに堪えないで脆く落ちる。」
　　　　　　　　　　　　　　　　　　　　　　　　（島崎藤村「千曲川のスケッチ」1901）
焼け流れる「その小さいガラスは鏡の上で◆焼け流れて、手鏡のガラスにひっついて、京子のほかに誰一人、ふたつのものだったとわかりようもなかった。」
　　　　　　　　　　　　　　　　　　　　　　　　　　　　（川端康成「水月」1953）
焼けやつれる「…兄夫婦が…夏の暑い日と、野原の荒い風に◆焼けやつれた黒い顔をして、…」　　　　　　　　　　　　　　　　　　　　　　（徳田秋声「あらくれ」1915）
病みぼける「…この年寄って◆病み耄けているわしを、…」
　　　　　　　　　　　　　　　　　　　　　　　　（倉田百三「出家とその弟子」1916）
揺れ上がる「痩せ細った女の身体全体から、蒸気の様に◆揺れ上がって来る、内にこもった泣声の中に男はこの女の香気と体温を感じた。」　　（高見順「秋の挿話」1926）
よじり登る「すると今度は幸いな波が、…一息に彼を運んで、浮標に一気に◆よじり登らせた。」　　　　　　　　　　　　　　　　　　　　　（三島由紀夫「潮騒」1954）
寄り固まる「…堤防道の蔭に、一ところ◆寄りかたまった掘立小屋の群がみえた。」
　　　　　　　　　　　　　　　　　　　　　　　　　　　（阿部知二「冬の宿」1936）
よろぼい出る「すると月明かりに◆よろぼい出たのは、何処か見覚えのある老尼だった。」
　　　　　　　　　　　　　　　　　　　　　　　　（芥川龍之介「六の宮の姫君」1922）
別れ去る「会が散じて◆別れ去る時、…」　　　　　　　　　　（中島敦「李陵」1943）
湧き溢れる「子供のように涙が◆湧きあふれて来て、…」　　（林芙美子「放浪記」1930）
湧きこぼれる「…ゴボゴボと◆湧きこぼれるような愛情が、顔じゅう一杯に広がって来た、…」　　　　　　　　　　　　　　　　　　　　　（里見弴「多情仏心（前）」1923）
沸き立ち溢れる「しかし、その努力と、◆湧き立ち溢れる混乱とは分離して並行しオレは処置に窮して立ちすくんだ。」　　　　　　　　　　（坂口安吾「夜長姫と耳男」1947）
湧き流れる「オレの顔は益々熱く燃え、汗は滝の如くに◆湧き流れるのはいつもの例であった。」　　　　　　　　　　　　　　　　　　　（坂口安吾「夜長姫と耳男」1947）
渡り付く「磯崎兄妹と徳田君とは、必死に舟をもとにかえし、水をくみ出して、命からがら島に◆渡りついた。」　　　　　　　　　　　　　　（梅棹忠夫「高崎山」1961）
渡り行く「おりおり時雨しめやかに林を過ぎて落葉の上を◆わたりゆく音静かなり。」
　　　　　　　　　　　　　　　　　　　　　　　　　　　（国木田独歩「武蔵野」1898）

(3)　再帰的過程結果構造

穿ち進む「が、市九郎の心には…ただ一念に◆穿ち進む外は、何物もなかった。」
　　　　　　　　　　　　　　　　　　　　　　　　（菊池寛「恩讐の彼方に」1919）

受け支える「…アアチ形の曲線は、生垣の頭の真直ぐな直線で下から◆受け支えられて居た。」
(佐藤春夫「田園の憂鬱」1918)

襲い迫る「根津に近づけば近づくほど、…と其心地が次第に深く◆襲い迫って来たので。」
(島崎藤村「破戒」1906)

抱え持つ「陸奥は重いその首を◆かかえもって、番所につみ重ねた後、…」
(田宮虎彦「落城」1949)

嗅ぎ覚える「…階子段を下る時始めて◆嗅ぎ覚えたウイスキーと葉巻とのまじり合ったような甘たるい一種の香が、…」
(有島武郎「或る女(前)」1919)

掻き分け進む「黒々と毛が生えた胸板、大きな腹、腰、腿、が、皆を◆かきわけ進むときに、他のものの体は影のようにしかみえなかった。」
(阿部知二「冬の宿」1936)

噛み寄せる「オレゴン松がすくすくと白波の激しく◆噛みよせる岸辺まで密生した…」
(有島武郎「或る女(前)」1919)

考え至る「これもまた…貧乏退治の一策としておのずから人の◆考え至るところである。」
(河上肇「貧乏物語」1916)

繰り抜ける「葉子は…既に幾人もの男に恋をし向けられて、その囲みを手際よく◆繰りぬけながら、…」
(有島武郎「或る女(前)」1919)

漕ぎ上がる「そして、幅広い不格好な渡し船が流れを斜めに悠々と◆こぎ上っているのが見られた。」
(志賀直哉「暗夜行路(前)」1921)

さすり下ろす「…胸を◆さすり下してわざと落ち付いた調子で、…」
(有島武郎「或る女(前)」1919)

攻め進む「…土肥津三藩の兵を先導して赤石に◆攻めすすんで来るという三春勢…」
(田宮虎彦「落城」1949)

食べ進む「◆食べすすむにつれて、いずれも、たしかにうまい。」
(池波正太郎「食卓の情景」1984)

突き延ばす「その手を前へ◆突き延す刹那、…」(佐藤春夫「田園の憂鬱」1918)

覗き上げる「…井戸の底にいるような位置の私には、草葱の生えた井の口を遥かに◆覗き上げている趣であった。」
(岡本かの子「河明り」1939)

引きずり行く「彼は本能的にその「まこと」をねらってわれわれを◆曳摺りゆく者らしい。」
(出隆「哲学以前」1929)

守りやつれる「あの仏弟子が墨染の衣に◆守り窶れる多くの戒も、是の一戒に比べては、いっそ何でもない。」
(島崎藤村「破戒」1906)

迎え寄る「あがりきった女の子が…ハアハア息をきらしていた。男の子は、◆迎えよって、手をとると、…」
(里見弴「多情仏心(前)」1923)

読み辿る「…そのローマ字の文章は、こんなように◆読みたどることが出来た。」
(井伏鱒二「本日休診」1949～50)

(4) 様態限定構造

喘ぎ求める「プラトンにとっては彼の◆喘ぎ求める理想の真理はイデアの郷にある。」
　　　　　　　　　　　　　　　　　　　　　　　　　　　　（出隆「哲学以前」1929）
あせり求める「わたしが姿を変えてまで◆焦り求めた快楽は、すでに述べたごとく、わたしの品位を損なうものであった。」
　　　　　　　　　　　（スティーヴンソン（田中西二郎訳）「ジーキル博士とハイド氏」1989）
遊び騒ぐ「…はま江が元気だったころ取巻いて◆遊びさわいだ若い男女の仲間というものがほとんどいなかった…」　　　　　　　　　　　　　　　　　（阿部知二「冬の宿」1936）
溢れ輝く「夏の日は北国の空にも◆あふれ輝いて、…」　　（有島武郎「或る女（前）」1919）
誤り虐げる「どこへ廻っても、◆誤り虐げられて来たような自分が、いじらしくて情なかった。」
　　　　　　　　　　　　　　　　　　　　　　　　　　（徳田秋声「あらくれ」1915）
争い読む「…新聞が来ると、引き裂く様に◆争い読んで、…」
　　　　　　　　　　　　　　　　　　　　　　　（徳富健次郎「思出の記（上）」1900～01）
合わせ与える「誰れがわれわれ自らのうちに悪魔と神とを◆合せ与え、…」
　　　　　　　　　　　　　　　　　　　　　　　　　　　　（出隆「哲学以前」1929）
泡立ち騒ぐ「いつまでも受動的な感覚状態で、蒼白く◆泡立ちさわぐ海面をみつめていた。」
　　　　　　　　　　　　　　　　　　　　　　　　　　（阿部知二「冬の宿」1936）
言いけなす「…「あいつはどうも道楽者で」と頭から一口に◆言い貶されて了うようなことになると、…」　　　　　　　　　　　　　　　　　　　（里見弴「多情仏心（前）」1923）
言いすがる「「その逆は、成り立たない？彼女との婚約を破棄することはありえない？」泣きたくなりながら、曜子が◆言いすがる。」　　（森瑤子「翡翠の耳飾り」(1984～85)
言い説く「…信之は、吃り吃りこんな風に自分を◆言い説こうとした。／これはなんと◆言い説くべきだろう。」　　　　　　　　　　　　　（里見弴「多情仏心（前）」1923）
言い吃る「「それはしかし……」安吉は◆いい吃った。」　　（中野重治「むらぎも」1954）
言い慰める「人々は丑松を取りまいて、旅の疲労を◆言慰めたり、帰省の様子を尋ねたりした。」　　　　　　　　　　　　　　　　　　　　　　（島崎藤村「破戒」1906）
急ぎ走る「孔雀はぼくらの前方を◆急ぎ走って、バドがドアを開けるとひょいとポーチにとびのった。」　　　　　　　　　　　　　　　（カーヴァー（村上春樹訳）「羽根」1986）
いたわり起こす「私はそれ等の布地を、転び倒れているものを◆労り起すように、…取り上げてみた。」　　　　　　　　　　　　　　　　　　（岡本かの子「河明り」1939）
いたわり包む「ソニヤに対する正当の態度は、…彼女の傷つける心を◆いたわりつつんでやることである、…」　　　　　　　　　　　　　　（阿部次郎「人格主義」1919～1922）
偽り売る「…女は確かに其の感情を◆偽り売ったのだ。」　　（田山花袋「蒲団」1907）
植えしりぞく「彼等は雨を藁の蓑に避けて左手に持った苗を少しずつ取って後退りに深い泥から股引の足を引き抜き引き抜き◆植え退く。」　　　　　　（長塚節「土」1910）
動き現われる「そんな幻像が…灰色の霧の中に◆動き現われた、…」
　　　　　　　　　　　　　　　　　　　　　　　　　　（有島武郎「或る女（前）」1919）

渦巻き流れる 「言わば悠々閑々と澄み渡った水の隣りに、…たぎり返って◆渦巻き流れる水がある。」 (有島武郎「或る女(前)」1919)
歌い騒ぐ 「◆唄い騒ぐ声に凡てが心を奪われて居ると…」 (長塚節「土」1910)
写し描く 「…歴史的知識は過去の事件をそのままに◆写し描くなどと言うけれど、…」 (出隆「哲学以前」1929)
呻き倒れる 「漸く岡の蔭の熊笹の中に◆うめき倒れて居るところを尋ね当てて、…」 (島崎藤村「破戒」1906)
呻き泣く 「流人となるエソの子供ら…◆うめき泣きて御身に願をかけ奉る―」 (長与善郎「青銅の基督」1922・43訂)
呻き悩む 「…想像も及ばぬパッションにのたうち回って◆呻き悩むあの大海原―」 (有島武郎「或る女(前)」1919)
うろつき歩く 「そして彼は、咳き込みながら、街々を◆うろつき歩いた。」 (小林秀雄「私の人生観」1934～1951)
えぐり刻む 「その情景は、漁夫達の胸を、眼のあたり見ていられない凄さで、◆えぐり刻んだ。」 (小林多喜二「蟹工船」1929)
覆い包む 「その、ふだんは幾百重にも◆蔽い包まれているところの肉性の一点が、急に歓喜したのだ。」 (阿部知二「冬の宿」1936)
押し抑える 「…彼等(犬)の前足でそれを◆押し圧えると、其処に半死半生で横たわって居る蝗を甘そうに食ってしまった。」 (佐藤春夫「田園の憂鬱」1918)
押しひしめく 「またたちまち、灰色の雲が空にぎっしりと◆押しひしめき、…」 (阿部　知二「冬の宿」1936)
押しゆすぶる 「…海が洞窟を鳴動させ、◆押しゆすぶって、…」 (三島由紀夫「潮騒」1954)
落ち着き澄ます 「…と尋常四年の教師が◆沈着き澄まして言った。」 (島崎藤村「破戒」1906)
踊り喜ぶ 「…狂人のように◆踊りよろこぼう。」 (林芙美子「放浪記」1930)
思いあせる 「昨日は…早く蓮華寺へ、と◆思いあせるばかりで、暗い一日を過した…」 (島崎藤村「破戒」1906)
思い痛む 「ああ、何の煩いも◆思い傷むことも無くて、斯ういう田園の景色を賞することが出来たなら、…」 (島崎藤村「破戒」1906)
思い選ぶ 「子供から蒐集癖のあった彼は若者に不似合な小さい古物を持っていたが、その小さなコレクションから彼はアテーネの顔の着いたギリシャの古銭と、玉藻の前の象嵌になっている女持の煙管とを◆想い選び、その何方かにしようと思った。」 (志賀直哉「彼と六つ上の女」1910)
輝き溢れる 「…友達の顔には真実が◆輝き溢れて居た。」 (島崎藤村「破戒」1906)
輝き流れる 「胸の内を愛が◆輝き流れています。」 (倉田百三「出家とその弟子」1916)
掻きあさる 「こんなものの中にも餌があるのか、鳥が下り立って、嘴で◆掻き漁る。」 (岡本かの子「河明り」1939)

嗅ぎ捜す 「…嘉門の動物的な鋭敏な本能を煽って、あばき立てなくてもいい人生の秘事を、醜くも◆嗅ぎ探させながら、…」　　　　　　　　（阿部知二「冬の宿」1936）
語り描く 「…芸術家こそ自己の主観的空想を◆語り描くではないか…」
　　　　　　　　　　　　　　　　　　　　　　　　　　　　　（出隆「哲学以前」1929）
考え悶える 「私は◆考えもだえました。」　　　　　（倉田百三「出家とその弟子」1916）
考え求める 「絶対的真理として◆考え求められていた「真実在」は、…」
　　　　　　　　　　　　　　　　　　　　　　　　　　　　　（出隆「哲学以前」1929）
狂い怒る 「…（内田は葉子を）打ちもすえかねぬまでに◆狂い怒った。」
　　　　　　　　　　　　　　　　　　　　　　　　　　（有島武郎「或る女（前）」1919）
狂いうなる 「ほとんど足の真下で滝の音がした。◆狂い唸る冬木立の、細いすきまから、「おど！」とひくく言って飛び込んだ。」　　　　（太宰治「魚服記　晩年より」1933）
恋い求める 「私は長い間、この母親の姿だけを◆恋い求めていたようです。」
　　　　　　　　　　　　　　　　　　　　　　　　　　　　（林芙美子「放浪記」1930）
裂き刻む 「あの蝕んだ焼けた苔は、…火鉢の猫板の上に、粉々に◆裂き刻まれて赤くちらばって居た。」　　　　　　　　　　　　　　　　（佐藤春夫「田園の憂鬱」1918）
慕い求める 「Philosophiaとは知恵を◆慕い求める愛の努力である。／…知恵を◆慕い求むる者、…」　　　　　　　　　　　　　　　　　　　（出隆「哲学以前」1929）
忍び受ける 「何が残っている、何が？　ただ苦痛を◆忍び受ける心と、…」
　　　　　　　　　　　　　　　　　　　　　　　　（倉田百三「出家とその弟子」1916）
迫り問う 「…舎監は、葉子を監禁同様にして置いて、暇さえあればその帯の持主たるべき人の名を◆迫り問うた。」　　　　　　　　　　（有島武郎「或る女（前）」1919）
責め歩く 「源氏は心もそらに夢中で、宮中でも二條の邸ででも昼は物思いにくれ、夜になると、王命婦を◆責めあるいて手引きを迫っていた。」（田辺聖子「新源氏物語」1984）
責め縋る 「…いきなり島村の手を掴んで、「…」と、ひたむきな高調子で◆責め縋って来た。」　　　　　　　　　　　　　　　　　　　　　　（川端康成「雪国」1937）
助け押す 「…両創を蒙る者にも尚兵車を◆助け推さしめ、…」　　（中島敦「李陵」1943）
助け運ぶ 「…（傷が）三創にして初めて輦に乗せて◆扶け運ぶことに決めた。」
　　　　　　　　　　　　　　　　　　　　　　　　　　　　　（中島敦「李陵」1943）
尋ね捜す 「…こっちから◆尋ね探して行く、…」　　（里見弴「多情仏心（前）」1923）
問い慰める 「僕が寝て居た其間、…老婆は隙々に粥など持って来ては、親切に◆問い慰めて呉れた。」　　　　　　　　　　　　　（徳富健次郎「思出の記（上）」1900〜01）
飛び踊る 「…左の腕から血がぼたぼたと滴っていた。その滴りが…虹色にきらきらと巴を描いて◆飛び跳った。」　　　　　　　　　　　（有島武郎「或る女（前）」1919）
流し見る 「ちょうど紀伊国屋書店の前を過ぎる時、エスカレーターの脇に鈴なりになっている待ち人たちを◆流し見たとたん、胸騒ぎがした。」
　　　　　　　　　　　　　　　　　　　（原田宗典「どうしても思い出せない約束」1990）
流れ動く 「我々の良心と理想との外に、この「世界」というものが不可抗の因果律をもって◆流れ動きながら、…」　　　　　　　　　（阿部次郎「人格主義」1919〜1922）

泣き悔む「…葉子は突然失踪して、三日ばかりは食う物も食わずに、浅ましくも男の為めに眼のくらんだ自分の不覚を◆泣き悔んだ。」　　　　（有島武郎「或る女（前）」1919）

啼き回る「…雨の夜中を唯一人、温かな親の乳房を慕って悲し気に◆啼廻る声が、先刻一度門前へ来て、又何処へか彷徨って行ったようだったが、…」
　　　　　　　　　　　　　　　　　　　　　　　　　　（二葉亭四迷「平凡」1907）

泣き咽ぶ「伴子は…母親を拝んでいるかと見えるような姿勢で首を垂れ、これは何も知らずに◆泣きむせんで行った。」　　　　（大仏次郎「帰郷」1948）

嘆き惑う「藤壺の宮もまた、◆嘆きまどうて日を過ごしていられた。」
　　　　　　　　　　　　　　　　　　　　　　　　　　（田辺聖子「新源氏物語」1984）

投げ配る「津上は朝からここに腰掛けて、番組とリングと…観衆とに、それぞれ適当に視線を◆投げ配っていた。」　　　　　　　（井上靖「闘牛」1949）

宥めさする「…低声でおふゆを◆宥めさすっている房吉と、…」
　　　　　　　　　　　　　　　　　　　　　　　　　　（徳田秋声「あらくれ」1915）

撫で計る「音作は箕の中へ籾を抄入れて、其を大きな円形の一斗枡へうつす。地主は「とぼ」（丸棒）を取って枡の上を平に◆撫で量った。　（島崎藤村「破戒」1906）

波打ち騒ぐ「格別の風もないのに海面は色濃く◆波打ち騒いだ。」
　　　　　　　　　　　　　　　　　　　　　　　　　（有島武郎「或る女（前）」1919）

舐め味わう「人糞肥料を、化学的に分析せず、ただちに舌端に◆嘗め味わって…」
　　　　　　　　　　　　　　　　　　　　　　　　　　　（出隆「哲学以前」1929）

願い求める「…それは、…限りない生命を◆願い求める情けである。」
　　　　　　　　　　　　　　　　　　　　　　　　　　　（出隆「哲学以前」1929）

狙い求める「…哲学も宗教も…真実在を対象として◆ねらい求めているように思われる。」
　　　　　　　　　　　　　　　　　　　　　　　　　　　（出隆「哲学以前」1929）

望み求める「…愛の天国ではその◆望み求むるところのものがことごとく与えられる。」
　　　　　　　　　　　　　　　　　　　　　　　　　　　（出隆「哲学以前」1929）

登り歩く「…思案しながら段々畑を◆登り歩いている間にいつか丘の高みに達していた。」
　　　　　　　　　　　　　　　　　　　　　　　　　　（中山義秀「厚物咲」1938）

挟み刻む「…時間と空間を◆剪み刻んで行くとしか思えない。」
　　　　　　　　　　　　　　　　　　　　　　　　　　（岡本かの子「河明り」1939）

走り読む「捜し出した二三通の男の手紙を◆走り読みに読んだ。」（田山花袋「蒲団」1907）

潜み出る「…わざと引き締めて見せた唇の辺から思わずも笑いの影が◆潜み出た。」
　　　　　　　　　　　　　　　　　　　　　　　　　（有島武郎「或る女（前）」1919）

引っ越し歩く「家を◆引越歩いても面白くない、…」　　（田山花袋「蒲団」1907）

踏み蹴る「二人は、…レール沿いの敷石を◆踏みけってわたった。」
　　　　　　　　　　　　　　　　　　　　　　　　　　（中野重治「むらぎも」1954）

踏み試す「…廊下のような板敷きへかかるとふねの傾きを◆踏み試すような蛙股の癖が出て、…」　　　　　　　　　　　　　　　（岡本かの子「河明り」1939）

震え動く「頭から肩、肩から胴まで、泣きじゃくりする度に◆震え動いて、…」

(島崎藤村「破戒」1906)
舞い飛ぶ 「眼は、寂寞を極めた冬の空に◆舞い飛ぶ火の粉を追っていた。」
(里見弴「多情仏心(前)」1923)
舞い回る 「…俺は…鴎のようなものだ。…最後の帆柱の頭が浪の上に残っている時までは、その上を◆舞い廻っている。」
(阿部知二「冬の宿」1936)
見迷う 「「なァんだ、あんたか……」対手が、ちょっと、◆見迷ったのも道理で、…」
(獅子文六「自由学校」1950)
貪り食べる 「…野菜気の少ない物ばかりを◆貪り食べたので、…」
(有島武郎「或る女(前)」1919)
巡り踊る 「今までそわそわと小魔のように葉子の心を◆廻り躍っていた華やかな喜び…」
(有島武郎「或る女(前)」1919)
燃え照る 「締切ったその二階の小室には、かっかと◆燃え照っている強い瓦斯の下に、…」
(徳田秋声「あらくれ」1915)
もがき争う 「威嚇の辞と誘惑の手から脱れて、絶望と憤怒に男をいら立たせながら、旧の道へ駈出すまでに、お島は可也◆悶掻き争った。」
(徳田秋声「あらくれ」1915)
もだえ泣く 「折からの満月を幸いに、夜中に起きてノミをふるい、痛さに堪えかねて◆悶え泣いたこともあったし、手をすべらせてモモにノミを突きたててしまったこともあったが、…」
(坂口安吾「夜長姫と耳男」1947)
求め捜す 「そうして家中到る処でマッチを擦った。ランプのありかを◆求め捜す為めであった。」
(佐藤春夫「田園の憂鬱」1918)
揉み絞る 「…、もう何うこの袋を◆揉み絞つても、肉の付いた一と言も出てこなければ…」
(田村俊子「女作者」1913)
揺れ漂う 「床と云わず、四方の壁と云わず、あらゆる反物の布地の上に、染めと織りと繡いと箔と絵羽との模様が、◆揺れ漂い、波のように飛沫を散らして…」
(岡本かの子「河明り」1939)
揺れ通る 「火明りが青白い顔の上を◆揺れ通った。」
(川端康成「雪国」1937)
揺れ上る 「…蠣の色に、また馬糞紙の色に◆揺れ騰る煙の下から、ほろほろほろほろと舌を吐く石炭の火を見詰めていると、…」
(里見弴「多情仏心(前)」1923)
装い示す 「「これは堪らん。」とご隠居さんは串談半分に座敷の内へ逃げ込んで見せた。あだかも夫のために苦労した女同士は、特別の味方であることを◆装ひ示すかのやうに。」
(島崎藤村「涙」1920)
呼び騒ぐ 「若い女の声で、「姉さん、お調子」などと◆呼び騒ぐのを聞捨てて、丑松敬之進の二人は三浦屋の側を横ぎった。」
(島崎藤村「破戒」1906)
よろめき歩む 「酔った人達のふらふらと◆よろめき歩む間を…」
(永井荷風「つゆのあとさき」1931)
よろめき走る 「…父を見うしなって、泣きながら夢中に人々の腰と腰との間を◆よろめき走って父をさがした心細さ、…」
(阿部知二「冬の宿」1936)
分ち考える 「…その発展関係には竪に連続発展的に進む場合と横に多面的に進む場合との

二形式が◆分ち考えられる。」 (出隆「哲学以前」1929)

分けよじる　「囲みを破って山肌に◆分けよじた正人の眼に、…西国勢のみにくい姿がみえた。それが正人のみたこの世界の最後の姿であった。」 (田宮虎彦「落城」1949)

渡り改める　「この水流に架かる十筋の橋々を縫うように◆渡り検めて、私は…探してみた。」 (岡本かの子「河明り」1939)

喚き騒ぐ　「…波が湧いて、闇の中をのたうちまろびながら、見渡す限り◆喚き騒いでいる。」 (有島武郎「或る女（前）」1919)

笑い輝く　「父親の幸福に◆笑い輝いて、信之は、小さな体を…肩にかついだ。」 (里見弴「多情仏心（前）」1923)

笑いとぼける　「此野郎失敬なと思ったけれど、吾々も余り威張れる身でもなし、◆笑いとぼけて常吉をやり過ごした。」 (伊藤左千夫「野菊の墓」1906)

笑い行き交う　「ゆかたの上に丹前を着た寒そうな酔っぱらいの観光客が　たくさんいて、大声で◆笑いゆきかう。」 (吉本ばなな「満月・・キッチン2」1988)

(5) 状態限定構造

浮かび流れる　「…空から大きい牡丹雪がほうっとこちらへ◆浮び流れて来る。」 (川端康成「雪国」1937)

浮き進む　「…船は…水の上を、無窮に◆浮き進んで行く。」 (岡本かの子「河明り」1939)

生まれ持つ　「また、◆生れもった気質と体質のせいだろう。」 (獅子文六「自由学校」1950)

おぶり歩く　「…真暗いのに負って裏の方へつれて出て、…そこらを◆負り歩いてすかしながら、…」 (鈴木三重吉「桑の実」1913)

兼ね仕える　「あなたは女郎と仏様とに◆兼ね事える気なのですか。」 (倉田百三「出家とその弟子」1916)

抱き渡す　「悠一は、びっこの方の足を痛めた風で、両手を二人の介抱人の肩に◆抱き渡して立った。」 (井伏鱒二「遥拝隊長」1955)

たたずみ眺める　「…丑松はそこに◆佇立み眺めて居る蓮太郎を誘うようにした。」 (島崎藤村「破戒」1906)

立ち読む　「二時の授業がすんで、本屋で雑誌を◆立ち読み、みっともないのね。十分ぐらいで十分だわ。」 (石坂洋二郎「海を見に行く」1927)

連れ舞う　「◆つれ舞う蝶は、…」 (里見弴「多情仏心（前）」1923)

伴われ行く　「例えば、それは、ダンテを導いて、天国の入口に、恋人ベアトリーチェの前に、◆伴われゆく詩人ウィルジリオのごときものであろうか。」 (出隆「哲学以前」1929)

並び存する　「…真理というものは一つだというところから、勢い二つ三つのドクトリンが自由に◆並び存して平気だというわけにはいかない。」 (笠信太郎「ものの見方について」1950)

慣れ用いる　「そこで人々は、…思想をも、永く親しく◆慣れ用いられた結果として…」 (出隆「哲学以前」1929)

握り回す 「嘉門は…腕をふりあげて私に迫ってきたが、…そのまま拳を◆握りまわしながら、私の鼻先にべったりと胡坐をかいた。」
(阿部知二「冬の宿」1936)
待ち眺める 「丑松は…船橋を渡って来る生徒の一群を◆待ち眺めたりした。」
(島崎藤村「破戒」1906)

(6) 継起的並列構造

集まり散る 「…大型ポスタアが、そこに◆集り散る群衆の眼を惹いていた。」
(井上靖「闘牛」1949)
溢れ流れる 「眼が涙に曇って、そこに◆溢れ流れている噴井の水もみえなかった。」
(徳田秋声「あらくれ」1915)
受け味わう 「個人もまた、…その恵まれた一生に、この歓喜を◆受け味うことが出来るでもあろう。」
(阿部次郎「人格主義」1919〜1922)
うずくまりうごめく 「己れの踏む以外の大地が虐慄を起こしたのと感じたのは無数の蜘蛛が地に◆うづくまりうごめいていたのだった。」
(三島由紀夫「座禅物語」1938)
移し考える 「体力の衰弱からも来るのだが、六十年前に亡くなった母親を自分の娘に◆移し考えて、可哀想で仕方なくなる自分の気持も面白く感じた。」
(志賀直哉「白い糸」1956)
生み生かす 「…後者は自然を◆産み生かす永遠創造である。」　(出隆「哲学以前」1929)
起き坐る 「…一度眠りについた隠居は、…目がさめて来ると、広々した蚊帳のなかに◆起き坐って、…」
(徳田秋声「あらくれ」1915)
押さえくわえ込む 「急な傾斜の坂道、ねずみがかけのぼり、つづいて脚の短い犬が後を追い、ねずみの走るにつれて雫がしたったのは、それまで水に漬けられていたのか、たちまち犬が◆おさえくわえこんで、肉屋のお使いのかえりのような小ざかしげな表情で、コックの身なりした少年のもとへもどる、…」
(野坂昭如「死児を育てる」1969)
落ち朽ちる 「…次第に路は細く、◆落ち朽ちた木葉を踏分けて僅かに一条の足跡があるばかり。」
(島崎藤村「破戒」1906)
書き届ける 「ジェーンの手紙がせっせと◆書き届けられて、それは彼女等の思い設けていなかった程であった。」
(ジェイムズ(大西昭男訳)「ヨーロッパ」1982)
傾き倒れる 「片野の秘蔵の菊がどうした訳か鉢とともに◆傾き倒れているのである。」
(中山義秀「厚物咲」1938)
刻み叩く 「…俎の上には、挽肉かと思うように◆刻み叩いてねっとりとした古漬けが、その窪みを埋めて小高く、蛞蝓の形に静止している。」(森茉莉「ボッチチェリの扉」1961)
崩れ腐る 「然し彼は女の感情に対する共感以上に、…己れの乾き皺立った皮膚に対する、己れの◆崩れ腐った肺に対する哀憐を強く凝視した。」　(高見順「秋の挿話」1926)
汲み注ぐ 「そして、いきなり洗いものに手を出して、水を◆汲みそそいだり、絞ったりした。」
(徳田秋声「あらくれ」1915)
くもり傷つく 「そうして最後に、君の心が◆曇り傷ついたために真の鈴虫までがバッタに

見え、バッタのみが世に充ち満ちているように思われる日が来るならば、…」
(川端康成「バッタと鈴虫」1924)

割き与える「…本紙の編者が、…この…随筆のために、長く貴重なる紙面を◆さき与えられしことを深く感謝する。」
(河上肇「貧乏物語」1916)

裂き食う「そうすれば、しまいに己は自分の過去を忘れ果て、一匹の虎として狂い廻り、今日のように途で君と出会っても故人と認めることなく、君を◆裂き喰うてなんの悔いも感じないだろう。」
(中島敦「山月記」1942)

滴り湧く「…苔の蒸した岩から水が◆滴り湧いているのを小さい井戸に溜めてあるところへ出た。」
(大仏次郎「帰郷」1948)

知り悩む「宗教的にいうところの罪や悩みを◆識り悩み、…」 (出隆「哲学以前」1929)

尋ね試みる「…日頃鬱積れて解けない胸中の疑問を人々に◆尋ね試みたことがある。」
(島崎藤村「破戒」1906)

つかみ散らす「いきなり机に倒れかかると、その上のものを酔った手つきで◆つかみ散らして、ごくごく水を飲んだ。」
(川端康成「雪国」1937)

貫きとめる「◆貫きとめたこの数珠には…」 (倉田百三「出家とその弟子」1916)

宥め帰す「お島はそうも言って、父親を◆宥め帰そうと努めたが、…」
(徳田秋声「あらくれ」1915)

乾し砕く「…と、番頭は島村に言って、虫の蛹を◆干し砕いた餌が水に浮かんでいるのを、しばらく眺めていた。」
(川端康成「雪国」1937)

結び垂れ下げる「そこに…五色の紙切れと、造花の白百合とが無数に◆結び垂れ下げられてあった。」
(長与善郎「青銅の基督」1922 成・43 訂)

燃え燻る「中老の社長はその男にも好意を持つと同時に、自分も自分の奥に◆燃え燻ってしまった青春の夢を…」
(岡本かの子「河明り」1939)

盛り固める「烈日が土偶のように◆盛固めた砂の上に直射していた。」
(山本有三「波」1928)

行き着き泊る「それ等の宿々の情景はみな偶然に◆行きつき泊って、感得したものばかりである。」
(岡本かの子「河明り」1939)

ゆだね祈る「…われわれは神の「有難さ」に感謝し一切をゆだねて…祈る。それは…純なる帰依の情をもって◆ゆだね祈るのである。」
(出隆「哲学以前」1929)

呼びいましめる「急に其時、心の底の方で声がして、丑松を◆呼び警めるように聞えた。」
(島崎藤村「破戒」1906)

(7) 非継起的並列構造

愛し慈しむ「…ただ神が神自らを悪魔が悪魔自らを◆愛し慈しむ情的活動である。」
(出隆「哲学以前」1929)

愛し育てる「…永年のあいだ生徒たちを◆愛し育てて来た、その経歴が…」
(石川達三「人間の壁(上)」1957～59)

崇め奉る「この少年は数学はもちろん、その他の学力も全校生徒中、第二流以下であるが、画の天才に至っては全くならぶ者がないので、わずかに塁を摩そうかともいわれる者は自分一人、その他はことごとく志村の天才を◆崇め奉っているばかりであった。」
（国木田独歩「画の悲しみ」1902）

崇め祭る「…したがってギリシヤ人一般の◆崇め祀る神々を一批評攻撃し、…」
（出隆「哲学以前」1929）

嘲り呟く「河の水は暗緑の色に濁って、◆嘲りつぶやいて、溺れて死ねと言わぬばかりの勢を示し乍ら、…」
（島崎藤村「破戒」1906）

暖め潤す「それには始終そのすさんだ心を◆温め潤す愛がはたになければなりません。」
（倉田百三「出家とその弟子」1916）

暴れもがく「…裸足で飛出して来たお島に遮えられながら、おゆうは◆暴れもがいて叫んだ。」
（徳田秋声「あらくれ」1915）

あやし楽しませる「…子供達を◆あやし楽しませる熱意さえ薄らぐのを覚えた。」
（有島武郎「或る女（前）」1919）

憐れみいたわる「葉子がこの老人を◆憐れみいたわる様は傍目もいじらしかった。」
（有島武郎「或る女（前）」1919）

憐れみ笑う「葉子は陥穽にかかった無智な獣を◆憫み笑うような微笑を唇に浮べながら、…」
（有島武郎「或る女（前）」1919）

案じ求める「…（木村も）心の切なさを表わす適当の言葉を◆案じ求めているらしかったが、…」
（有島武郎「或る女（前）」1919）

痛み惜しむ「日頃新平民と言えば、直に顔を顰めるような手合にすら、蓮太郎ばかりは◆痛み惜しまれたので、殊に其悲惨な最後が深い同情の念を起させた。」
（島崎藤村「破戒」1906）

痛み疲れる「…庭の隅の侠竹桃の花が咲いたのを、めらめら火が燃えているようにしか感じられなかったほど、私の頭もほとほと◆痛み疲れていた。」（太宰治「黄金風景」1939）

いたわり慰める「…それで最後に泣きだしでもしたら、自分の方からあやまって、◆いたわり慰めてやりたかったのだ。」　　　　　（里見弴「多情仏心（前）」1923）

厭い避ける「…俗悪な趣味を◆嫌（いと）い避けるようでは、…校長は勤まらない。」
（島崎藤村「破戒」1906）

いましめ責める「宵に母親に◆いましめ責められた房吉は、…」
（徳田秋声「あらくれ」1915）

飢え乾く「「◆餓え渇く如く神の義を慕う」ことが…」
（阿部次郎「人格主義」1919〜1922）

飢え凍える「◆飢え凍えようとする妻子のことよりも、己の乏しい詩業のほうを気にかけているような男だから、こんな獣に身を堕すのだ。」　　　（中島敦「山月記」1942）

動き歌う「エヌ氏の朝食はパンだ。◆動き歌っている袋を破ってパンを出し、皿の上にのせる。」　　　　　　　　　　　　　　　（星新一「テレビシート加工」1968）

疑い怪しむ「…お島は、それを不思議なことのように◆疑い異まずにはいられなかった。」

うねり曲がる　「それらの樹の自由自在に◆うねり曲った太い枝は、…」
　　　　　　　　　　　　　　　　　　　　　　　　（徳田秋声「あらくれ」1915）
熟みただれる　「…母親の仕打が、心に◆熟み爛れてゆくばかりである。」
　　　　　　　　　　　　　　　　　　　　　　　　（佐藤春夫「田園の憂鬱」1918）
呻きもがく　「…狂暴な、防ぎようのない力が嵐のように男の五体をさいなむらしく、倉地
　　　　　はその力の下に◆呻きもがきながら、葉子に実地に掴みかかった。」
　　　　　　　　　　　　　　　　　　　　　　　　（徳田秋声「あらくれ」1915）
恨み憤る　「而も彼は、型の如くに女を◆恨み憤って、型の如くに泥酔し、…」
　　　　　　　　　　　　　　　　　　　　　　　　（有島武郎「或る女（前）」1919）
うるみ霞む　「一◆うるみ霞んだ夕空を見あげて、…」　（里見弴「多情仏心（前）」1923）
覆い欺く　「…彼はなお民衆の眼を◆蔽い欺こうと努めるであろう、…」
　　　　　　　　　　　　　　　　　　　　　　　　（出隆「哲学以前」1929）
教えいたわる　「葉子は物慣れぬ弟を◆教えいたわるように、…」
　　　　　　　　　　　　　　　　　　　　　　　　（有島武郎「或る女（前）」1919）
教え育てる　「教師として子供を◆教え育てること以外に、…」
　　　　　　　　　　　　　　　　　　　　　　（石川達三「人間の壁（上）」1957～59）
恐れ嫌う　「いまパリには有名なジャンヌの像がいくつかある。が、そのパリは、彼女の在
　　　　世中は、彼女を◆恐れ嫌っていた町だ。」（永井路子「歴史をさわがせた女たち」1978）
恐れつつしむ　「…被告は法廷にのぞんでごうも◆おそれつつしむ気持なく、…」
　　　　　　　　　　　　　　　　　　　　　　　　（野間宏「真空地帯（上）」1952）
おどみうるむ　「…赤く◆淀み曇んだ目を見据えていた。」　（徳田秋声「あらくれ」1915）
驚き悲しむ　「◆驚き悲しむ人々を前に置いて、丑松は…」　（島崎藤村「破戒」1906）
驚き恥じる　「彼はその事に◆驚き羞じ乍らも…」　（長与善郎「青銅の基督」1922・43訂）
驚き喜ぶ　「…どんなに丑松も胸を踊らせて、…と◆驚き喜んだろう。」
　　　　　　　　　　　　　　　　　　　　　　　　（島崎藤村「破戒」1906）
戦き震える　「…人間は己れの生み出した主なき怪物の前に◆戦き慄えている。」
　　　　　　　　　　　　　　　　　　　　　　　　（渡辺慧「原子党宣言」1948）
溺れ浸る　「…自分自身の子供たちを得て以来、…◆溺れひたっているような女がある時で
　　　　も、彼等の上を全く忘れ果てると云うためしはなかった。」
　　　　　　　　　　　　　　　　　　　　　　　　（里見弴「多情仏心（前）」1923）
輝ききらめく　「あわれみの御母天つ御みくらに◆輝ききらめける皇妃にて在す」
　　　　　　　　　　　　　　　　　　　　　　（長与善郎「青銅の基督」1922・43訂）
重なり高ぶる　「…憤懣の情が◆重なり亢ぶる…」　（里見弴「多情仏心（前）」1923）
重なりたかる　「…自由新聞が来ると、「…」と浅井を呼び立てて窓の下に真黒に◆嵩なり
　　　　たかって、浅井が例の美音で朗読するのを聴いて居る。」
　　　　　　　　　　　　　　　　　　　　　　（徳富健次郎「思出の記（上）」1900～01）
かすれ戦く　「事務長の言葉はみじめにも◆かすれ戦いていた。」

資料2 「新造の複合動詞」一覧　437

　　　　　　　　　　　　　　　　　　　　　　　　　　　　（有島武郎「或る女（前）」1919）
考え悩む「核兵器の拡散と、国際間に高まる力の均衡を心配のあまり、◆考え悩み、限度をこえたのでしょう。ついに症状に出てしまったのです」」　（星新一「狂的体質」1968）
来たり迫る「私は之を日本国民の二千年来此生を味うて得た所のものが、…無形のままで人心に◆来り逼るのだとか言って、…」　　　　　　　　　　（二葉亭四迷「平凡」1907）
気取りすます「わたしは、あれほど乙に◆気どり澄ました、うぬぼれの強い、独りよがりの男を、いまだかつて見たことがない。」　（ツルゲーネフ（神西清訳「はつ恋」1952）
朽ち衰える「…◆朽ち衰えた精舎の気は、…」　　　　　　　　（島崎藤村「破戒」1906）
朽ち枯れる「老木の◆朽枯れる傍で、若木は茂り栄えて行く。」　（森鴎外「阿部一族」1913）
朽ち腐る「…◆朽ち腐った藁屋根に…」　　　　　　　　　　（佐藤春夫「田園の憂鬱」1918）
朽ち古びる「柿の木の幹のように家も◆朽ち古びていた。」　　（川端康成「雪国」1937）
苦しみ悩む「またわたしは、ゴルゴダの丘の十字架の下で◆苦しみ悩む母親のことを思わずにはいられませんでした。」　（アンデルセン（矢崎源九郎訳）「絵のない絵本」1952）
黒ずみ萎れる「葉は、ベショベショに、◆黒ずみ凋れていた。」
　　　　　　　　　　　　　　　　　　　　　　　　　　　　　（里見弴「多情仏心（前）」1923）
こけまろぶ「…子供はたらいの中に沈んで、取り上げて見ればはや茹海老の如く、二目と見られぬむざんの死骸、お蘭は◆こけまろびて、わが身に代えても今一度もとの可愛い面影を見たしと狂ったように泣き叫ぶも道理、…」　　　　　　　（太宰治「猿塚」1944）
冴え輝く「ヒメはうなずきもしなかったが、やがて満足のために笑顔は◆冴えかがやいた。」　　　　　　　　　　　　　　　　　　　　　　　（坂口安吾「夜長姫と耳男」1947）
冴え静まる「国境の山々は…星空の裾に重みを垂れていた。すべて◆冴え静まった調和であった。」　　　　　　　　　　　　　　　　　　　　　　　（川端康成「雪国」1937）
叱り責める「御隠居さんがやすじを使ふにも矢張その調子で、いかにやすじの為ることが遅くても、そのために彼女の無器用を◆叱り責めるやうなことは無かつた。」
　　　　　　　　　　　　　　　　　　　　　　　　　　　　　　　（島崎藤村「涙」1920）
茂り栄える「老木の朽枯れる傍で、若木は◆茂り栄えて行く。」（森鴎外「阿部一族」1913）
慕い望む「葉子は失われた楽園を◆慕い望むイヴのように、…思いやった。」
　　　　　　　　　　　　　　　　　　　　　　　　　　　　（有島武郎「或る女（前）」1919）
親しみ慣れる「おすがさんと今は他人行儀に呼びながら、話のあいだに昔の「すうや」にかわる。それが７年のあいだ◆親しみ馴れた頃の気持にお互いを引き戻し、私たちの接触をなおも自然にするが、…」　　　　　　　　　　　　　　（野上弥生子「こころ」1935）
示し与える「…われわれに全く新たな彼の被造物を◆示し与えてくれる芸術家はえらいものである。」　　　　　　　　　　　　　　　　　　　　　　（出隆「哲学以前」1929）
透かし宥める「宵の口に、お島に◆すかし宥められて、一度眠りについた隠居は、…」
　　　　　　　　　　　　　　　　　　　　　　　　　　　　　（徳田秋声「あらくれ」1915）
責めいじめる「こんな絶望的な不安に◆攻め苛められながらも、…」
　　　　　　　　　　　　　　　　　　　　　　　　　　　　（有島武郎「或る女（前）」1919）
猛り気負う「見るとリングではついに二匹の牛の力の均衡は破れて、◆猛り気負うた一匹

の勝牛は、…」 (井上靖「闘牛」1949)

たしなめ諭す「「…」と◆たしなめ諭すように言うと、…」(有島武郎「或る女(前)」1919)

漂い浮かぶ「…はるか虚空を◆漂い浮かぶ天使の姿の、あの神々しさにも似ている。」
(シェイクスピア(中野好夫訳)「ロミオとジュリエット」1961)

漂い流れる「一般的なものは入水して二、三日後に浮き上って◆漂い流れている遺体で、…」
(吉村昭「島の春」1977)

疲れ傷つく「…漢軍は、十一月に入って、◆疲れ傷ついて将を失った四百足らずの敗兵となって辺塞に辿りついた。」 (中島敦「李陵」1943)

培い育てる「戦後十二年、苦心して◆つちかいそだててきた民主主義の基盤を、…」
(石川達三「人間の壁(上)」1957〜59)

永らえ生きる「昔から、芸術の一等品というものは、つねに世の人に希望を興へ、◆永らえいきて行く力を貸してくれるものに、きまっていた。」 (太宰治「一燈」1940)

嘆き悲しむ「だからアルバートが死ぬと彼女は身も世もあらず◆歎きかなしみ、「もう、政治なんか、見るのもいや」とばかり、内にとじこもってしまった。」
(永井路子「歴史をさわがせた女たち」1978)

なじり責める「…恋人の変心を◆詰り責める嫉妬深い男のように…」
(有島武郎「或る女(前)」1919)

悩み苦しむ「ここに今まで◆悩み苦しんだ一切の宗教的要求は…静まるであろう。」
(出隆「哲学以前」1929)

悩み煩う「私は家庭に在っては、いつも冗談を言っている。それこそ「心には◆悩みわずらう」事の多いゆえに、「おもてには快楽」をよそわざるを得ない、とでも言おうか。」
(太宰治「桜桃」1948)

鳴りきしめく「自動車が…進行すると云うより上と下に躍り、車体全体で◆鳴りきしめいていた。」 (野上弥生子「真知子(前)」1928〜30)

憎み厭う「お澄の後悔は、軈て己れを◆憎み厭う念いとなって、…」
(里見弴「多情仏心(前)」1923)

憎み恨む「…今迄◆憎み怨んでいた東京の人達さえ懐しく思われた。」
(徳田秋声「あらくれ」1915)

憎み恐れる「…古藤さえが、葉子が足を踏み出すのを◆憎み恐れる様子を明かに見せているのだ。」 (有島武郎「或る女(前)」1919)

のたくり絡まる「…赤蛇青蛇まだら蛇が◆のたくりからまる穴ぼこがあって…」
(椎名誠「わしらは怪しい探険隊」1982)

罵り喚く「すぐ三人の幼い者どもは、…口々に◆罵り喚いたり、歓呼の叫びをあげたりした。」 (里見弴「多情仏心(前)」1923)

育み暖める「…そんな思いを胸に◆育み温めていたりして、…」
(徳田秋声「あらくれ」1915)

恥じ悲しむ「…僕は悪いことをした、と◆恥じ悲しんでいました。」
(阿部知二「冬の宿」1936)

資料2 「新造の複合動詞」一覧 439

腫れふくらむ「指の頭も赤く◆腫れ脹らんで、寒さの為に感覚を失った位。」
(島崎藤村「破戒」1906)
ひねくれ曲がる「彼は…◆ひねくれ曲ったことは此れまではいったことはなかった。」
(長塚節「土」1910)
震え戦く「青年は◆震え戦く足を組み違え、…」 (里見弴「多情仏心(前)」1923)
誇り喜ぶ「岡は自分に親しい人を親しい人に近づける機会が到来したのを◆誇り喜ぶ様子
を見せて、…」 (有島武郎「或る女(前)」1919)
ぼやけ薄れる「無念無想に、やがて焦点も◆ぼやけ薄れるばかりに眺め入る、…」
(里見弴「多情仏心(前)」1923)
祭り崇める「…真心に、人生の一番高い位置を与えている信之だった。むしろ、最聖処に
◆祭りあがめていた、…」 (里見弴「多情仏心(前)」1923)
守り育てる「しかし、陽子ちゃんは逆に、自分のそういう気持ちをとても大切に◆守り育
ててきたようなところがあった。」 (吉本ばなな「TUGUMI」1988)
蒸し煙る「夕暮近い日の光は窓からさし入って、◆蒸し煙る風呂場の内を朦朧として見せ
た。」 (島崎藤村「破戒」1906)
もがき逆らう「だが、手荒にすぎては、相手は◆もがき逆らい、反発するだけである。従
順な小鳥も、やり方によっては、手負いの猪に豹変する。」
(渡辺淳一「化身(上巻)」1986)
痩せ青ざめる「…奥さんは丁度体がお悪くて医者にかかっていられて、◆痩せ青ざめて寝
ていられた。」 (鈴木三重吉「桑の実」1913)
痩せ干からびる「…息子は掌にのるばかり◆痩せ乾からびて死んだ母の姿の思い出に泣け
てきたのである。」 (中山義秀「厚物咲」1938)
揺れどよめく「…◆ゆれどよめく人の波、…」(井上靖「闘牛」1949)
喜び戦く「樹々は一斉に新緑に包まれ、溢れる日光を受けて◆歓びおののいた。」
(宮本百合子「伸子(上)」1926)
喜び戯れる「…皆の◆歓び戯れる光景を眺め乍ら立って居た。」 (島崎藤村「破戒」1906)
弱り疲れる「パトラシエは…、外へぬけ出し、◆弱り疲れた足でせい一杯早く、寒い暗い
夜の雪の上を走り去った。」 (ウィーダ(村岡花子訳)「フランダースの犬」1954)
笑い喚く「彼はそれらのことを想い出して、泣き乍ら◆笑い喚き度いような気がした。」
(長与善郎「青銅の基督」1922・43訂)

資料3 「和語他動詞成分を核とする学術用語複合名詞の語構造」一覧

(凡例)

1. 第2部第2章において、『学術用語集』23分野の複合名詞1245語から得た和語他動詞成分105種について、それらが核となって構成する複合名詞の語構造タイプを整理し、掲げた。
2. 見出しとした和語他動詞成分は、連用形で示した。
3. 見出しに続けて、その和語他動詞成分の意味（奥田1960による）を、以下の略号をもって示した。

   モ：モヨウガエ、フ：フレアイ、トツ：トリツケ、トハ：トリハズシ、ウ：ウツシカエ、ク：クミアワセ、ツ：ツクリダシ、ヤ：ヤリモライ、シ：所有（モノモチ）、＊：コト（ヒト）に対するはたらきかけ

4. 続いて、その意味の下で和語他動詞成分が構成する複合名詞の主要成分を、以下の意味役割の中から示した。

   O: 対象、OE: 結果対象、OV: 対象動作、I: 手段、A: 主体、G: 目標・着点、S: 源泉・起点、P: 通過点、L: 場所、E: 結果、M: 様態、D: 方向、T: 時、PU: 目的

5. 続いて、複合名詞の語構造タイプを、和語他動詞成分と補足成分の結びつきとして示した。和語他動詞成分は、上記3の意味の略号で示し、補足成分は、上記4の意味役割に（「自然物」等の）意味特徴を（カッコに入れて）付して示し、それぞれの区切りを"／"で示した。なお、動詞・形容詞由来の補足成分の意味特徴は、それぞれ、「用の類」「相の類」とした。
6. 最後に、"◆"に続けて、実際の語例を示した。語例の末尾には、その複合名詞が所属する専門分野を、以下の□で囲んだ部分を略号として、[ ]に入れ

て示した。

遺伝学、海洋学、化学、機械工学、気象学、計測工学、原子力工学、建築学、航空工学、歯学、地震学、植物学、数学、船舶工学、地理学、電気工学、天文学、動物学、図書館学、土木工学、物理学、分光学、論理学

資料3 「和語他動詞成分を核とする学術用語複合名詞の語構造」一覧

上げ	ウ	A	O(資材)／ウ／A(機械)	◆安全弁弁〜装置［船］、綱〜装置［船機］、排気弁弁〜装置［船］、弁〜装置［船機］
			O(自然物)／ウ／A(機械)	◆灰〜機［船機］、灰〜装置［船機］
			O(自然物)／ウ／I(機械)／A(機械)	◆砂〜ポンプ／船［船］
		I	O(道具)／ウ	◆錠〜［機］
		O	ウ／O(建物)	◆〜戸［建］
			ウ／O(資材)	◆〜板［建船］
	トツ	G	O(物品)／トツ／G(空間)	◆物〜場［土］
			トツ／G(空間)	◆〜地［船］
			トツ／O(自然物)／G(建物)	◆〜土／門［建］
扱い	＊	A	OV(用の類)／＊／A(人間)	◆市外〜者［電］、市内〜者［電］、番号案内〜者［電］、分配〜者［電］、夜間〜者［電］
			＊／A(人間)	◆〜者［電］
	フ	A	O(言語)／フ／A(人間)	◆記録〜者［電］
			O(建物)／フ／A(人間)	◆A台〜者［電］、B台〜者［電］
			O(建物)／フ／A(人間)	◆市外台〜者［電］
		L	O(物品)／フ／L(建物)	◆荷〜室［図］、手小荷物〜室［電］
当て	トツ	G	トツ／G(機械)	◆〜盤［土船機建］
			トツ／O(資材)／G(資材)	◆〜板／継手［土］
			トツ／O(自然物)／G(資材)	◆〜金／継手［船機］
		O	G(空間)／トツ／O(機械)	◆斜面〜盤［船］
			G(空間)／トツ／O(資材)	◆片面〜金［船機］、裏〜金［船］、裏〜山形材［船］、裏〜輪［船］
			G(部分)／トツ／O(機械)	◆のど〜マイクロホン［電］
			G(部分)／トツ／O(道具)	◆胸〜ぎり［船機］
			トツ／O(道具)	◆〜ハンマ［船機］
編み	ツ	OE	ツ／OE(衣料)	◆〜糸［化］
		A	OE(衣料)／ツ／A(機械)	◆くつ下〜機［機］、パール〜機［機］、レース〜機［機］
			OE(空間)／ツ／A(機械)	◆たて〜機［機］、横〜機［機］
			OE(資材)／ツ／A(機械)	◆紋紙〜機［機］
			OE(道具)／ツ／A(機械)	◆リード〜機［機］
			M(相の類)／ツ／A(機械)	◆丸〜機［機］

	モ	A	O（資材）／モ／A（機械）	◆ゴム～機［機］
			モ／A（機械）	◆～機［機］
		I	モ／I（道具）	◆～針［機］
洗い	モ	A	I（動き）／モ／A（機械）	◆遠心～機［機］
			O（自然物）／モ／A（機械）	◆砂～機［土］
			O（植物）／モ／A（機械）	◆芋～機［機］
			O（容器）／モ／A（機械）	◆コップ～機［建］、サラ～機［建］、ビン～機［機］
		I	O（部分）／モ／I（道具）	◆手～器［船機土建］
			O（容器）／モ／I（道具）	◆さら～器［建］
		L	I（自然物）／モ／L（機械）	◆酸～タンク［船］
			O（部分）／モ／L（空間）	◆足～場［建］
			O（部分）／モ／L（建物）	◆手～室［船］
			モ／L（空間）	◆～場［船］
			モ／L（容器）	◆～オケ［船］
		O	モ／O（自然物）	◆～砂利［土建］
合わせ	ク	OE	ク／O（建物）	◆～ばり［機建］
			ク／O（資材）	◆～ガラス［化］、～鋼板［船］
		I	O（部分）／ク／I（資材）	◆心～軸受［機］
			ク／I（資材）	◆～ビン［化］
入れ	トッ	G	O（資材）／トッ	◆くず～［建］
			O（自然物）／トッ	◆水～［船］
			O（道具）／トッ	◆掃除具～［建］
			O（物品）／トッ	◆雑誌～［建］、貸出記録～［図］
			O（物品）／トッ／G（衣料）	◆付図～ポケット［図］
		I	O（自然物）／トッ	◆風～［船］
受け	*	I	O（力）／*	◆スラスト～［船］
			O（力）／*／I（建物）	◆スラスト～台［船］
	フ	I	O（機械）／フ	◆ボイラ～［機］、機関～［機］、発動機～［機］
			O（空間）／フ／I（資材）	◆木甲板端～板［船］
			O（建物）／フ	◆たな～［図］、つりあいばり～［機］、ブーム～［船］、機関室床～［船］、装甲～［船］
			O（建物）／フ／I（資材）	◆船首尾甲板～材［船］
			O（建物）／フ／I（自然物）	◆とい～石［建］
			O（建物）／フ／I（道具）	◆とい～金物［建］、はり～金物［建］

資料3 「和語他動詞成分を核とする学術用語複合名詞の語構造」一覧 445

			O(資材)／フ	◆つり木〜[建]、ばね〜[機]、クランクピン〜[船]、リベット〜[建]、火格子棒〜[機]、管〜[船]、床板〜[船]、油〜[機船]
			O(資材)／フ／I(形状)	◆ケーブル〜口[船]、ロープ〜口[機]
			O(資材)／フ／I(建物)	◆引綱〜アーチ[船]
			O(資材)／フ／I(資材)	◆ビーム〜材[船]、引綱〜ビーム[船]
			O(資材)／フ／I(道具)	◆ケーブル〜金物[電]
			O(自然物)／フ	◆しずく〜[船機]、どろ〜[機]、灰〜[船機]、空気〜[土機]
			O(道具)／フ	◆てこ〜[機]、ハッチボード〜[船]、火格子〜[船機]、刃〜[計]、帯金〜[船]
			O(部分)／フ	◆歯〜[機]
			O(部分)／フ／I(資材)	◆フタ〜縦材[船]
			O(物品)／フ	◆郵便〜[建]
			O(物品)／フ／I(建物)	◆図書〜台[図]
			O(容器)／フ	◆さら〜[化]、コップ〜[船]
			フ／I(形状)	◆〜口[船機土]
			フ／I(建物)	◆〜台[船機]
			フ／I(資材)	◆〜金[船機]
			フ／I(自然物)	◆〜石[電計]
			フ／I(道具)	◆〜器[化]、〜金物[電建]
受入れ	ヤ	A	ヤ／A(組織)	◆〜係[図]、〜部[図]
請負	ヤ	A	ヤ／A(人間)	◆〜者[建]、〜人[船土]
打ち	ツ	OE	I(資材)／ツ／OE(物品)	◆型〜物[機]
			L(空間)／ツ／OE(資材)	◆場所〜コンクリートグイ[建]
			L(施設)／ツ／OE(資材)	◆現場〜コンクリート[土建]、現場〜コンクリートぐい[土]
		I	OE(形状)／ツ	◆目〜[機建]
	トツ	G	O(資材)／トツ／G(建物)	◆くい〜基礎[土]、クギ〜木板ゲタ[土]
		O	トツ／O(自然物)	◆〜粉[化]
	フ	A	I(自然物)／O(資材)／フ／A(機械)	◆圧縮空気／くい〜機[機]、蒸気／くい〜機

					［機］
			I（道具）／O（資材）／フ／A（機械）	◆ドロップハンマ／くい〜機［機］、モンキー／くい〜機［機］	
			I（道具）／フ／A（機械）	◆おさ〜装置［機］	
			I（用の類）／O（資材）／フ／A（機械）	◆射水／くい〜機［土］	
			O（資材）／フ／A（機械）	◆くい〜クレーン［機］、くい〜機［土機建］、くぎ〜機［機］、クイ〜ハンマー［土］	
			O（植物）／フ／A（機械）	◆わら〜機［機］、葉〜機［機］	
		I	O（資材）／フ／I（建物）	◆くい〜やぐら［建］、クイ〜トレッスル［土］	
			O（食品）／フ／I（機械）	◆穀〜ローラ［機］	
			O（地類）／フ／I（機械）	◆田〜車［機］	
			フ／I（資材）	◆〜金［機］、〜型［形］［機物］	
		O	I（資材）／フ／O（建物）	◆くぎ〜ばり［建］	
			M（相の類）／フ／O（資材）	◆平〜コード［電］	
埋め込み	トツ	O	トツ／O（空間）	◆〜端［土］	
			トツ／O（資材）	◆〜アンテナ［電］、〜コンセント［電］、〜灯［航］	
			トツ／O（地類）	◆〜水路［機］	
			トツ／O（道具）	◆〜ばかり［計］、〜温度計［電］、〜台ばかり［計］	
売り	ヤ	L	ヤ／L（空間）	◆〜場［建］	
		O	ヤ／O（施設）	◆〜家［建］	
置き	トツ	G	O（資材）／トツ／G（空間）	◆鋼材〜場［船］、木材〜場［船］	
			トツ／G（空間）	◆〜場［船］	
送り	ウ	A	D（相の類）／ウ／A（機械）	◆逆〜装置［機］	
			I（部分）／ウ／A（機械）	◆手〜フライス盤［機］	
			M（動き）／ウ／A（機械）	◆自動〜かんな盤［建］	
			O（資材）／ウ／A（機械）	◆記録紙〜機構［計］、紙〜機構［計］	
			O（自然物）／ウ	◆石炭〜［船機］	
			ウ／A（機械）	◆〜装置［機図］	
		I	D（空間）／ウ／I（建物）	◆横〜台［機］	
			D（空間）／ウ／I（資材）	◆横〜ねじ［機］	
			D（空間）／ウ／I（道具）	◆横〜ジャッキ［機］	
			O（道具）／ウ／I（建物）	◆工具〜台［機］	

資料3 「和語他動詞成分を核とする学術用語複合名詞の語構造」一覧　447

			ウ／I（形状）	◆〜穴［計機図］
			ウ／I（資材）	◆〜ねじ［機］、〜管［機］、〜軸［機］、〜棒［機］
			ウ／I（道具）	◆〜ジャッキ［機建］
		O	ウ／O（資材）	◆おもり［計］
	ヤ	A	O（物品）／ヤ／A（人間）	◆荷〜人［船］
送り出し	ウ	A	ウ／A（機械）	◆〜装置［機］
		I	ウ／I（資材）	◆コック［船］、〜管［船機航］、〜弁［船機］
押さえ	フ	I	O（資材）／フ	◆カード〜［図］、パッキン〜［船機航］、管〜［機］、軸受〜［船］、船尾管パッキン〜［船］、炭素パッキン〜［船］、中子〜［機］、弁〜［船機］、弁ばね〜［機］
			O（自然物）／フ	◆雨〜［建］
			O（部分）／フ	◆心〜［機］
			フ／I（資材）	◆〜ねじ［機］、〜ガラス［図］、〜ボルト［機］、〜モルタル［建］、〜金［船］、〜索［船］、〜板［船図］、〜輪［船機］
			フ／I（道具）	◆〜金物［電］
押し	フ	A	D（空間）／フ／A（機械）	◆下〜プレス［化］
			フ／A（機械）	◆〜船［船］
			フ／O（植物）／A（機械）	◆〜麦／機［機］
		I	フ／I（空間）	◆〜縁［建］
			フ／I（資材）	◆〜パテ［建］、〜車［機］、〜棒［船機航］
		O	I（部分）／フ／O（機械）	◆手〜ポンプ［船機建］
			I（部分）／フ／O（資材）	◆手〜車［船機］
			フ／O（資材）	◆〜ボタン［機船建］、〜板［建］
			フ／O（植物）	◆〜葉［植］
押込み	トツ	A	O（資材）／トツ／A（機械）	◆ボルト〜機［船］
		O	トツ／O（資材）	◆〜ボルト［船］
押し出し	ウ	A	I（力）／ウ／A（機械）	◆水圧〜機［化］
			O（自然物）／ウ／A（機械）	◆コークス〜機［機］
			ウ／A（機械）	◆〜機［船機化］
	ツ	OE	ツ／OE（資材）	◆〜形材［土航］、〜材［船土］
			ツ／OE（自然物）	◆〜アルミニウム［船］

落とし	ウ	I	ウ/I(道具)	◆〜火格子 [機]	
		P	O(自然物)/ウ/P(形状)	◆石炭〜口 [船]	
			ウ/P(形状)	◆〜口 [船]	
	トハ	I	O(自然物)/トハ/I(資材)	◆サビ〜棒 [船]	
織り	ツ	A	OE(衣料)/ツ/A(機械)	◆刺しゅう〜装置 [機]	
			OE(資材)/ツ/A(機械)	◆むしろ〜機 [機]、花むしろ〜機 [機]、畳表〜機 [機]	
			OE(資材)/ツ/A(機械)	◆ひも〜機 [機]	
折り	ツ	OE	ツ/OE(物品)	◆〜本 [図]	
	モ	O	モ/O(道具)	◆〜尺 [土建機]	
折りたたみ	モ	A	O(部分)/モ/A(組織)	◆翼〜機構 [航]	
			モ/A(機械)	◆〜機 [機建]	
		O	モ/O(家具)	◆〜いす [機建]、〜家具 [建]、〜洗面台 [船]	
			モ/O(機械)	◆〜カメラ [機]	
			モ/O(建物)	◆〜戸 [建]	
			モ/O(資材)	◆〜ろ紙 [化]	
			モ/O(部分)	◆〜垂直尾翼 [航]、〜翼 [機航]	
			モ/O(物品)	◆〜地図 [図]	
換え	モ	A	O(衣料)/モ/A(機械)	◆よこ糸〜装置 [機]	
		O	モ/O(資材)	◆〜歯車 [機]	
書き	ツ	OE	I(部分)/ツ/OE(物品)	◆手〜点字本 [図]、手〜目録 [図]	
		G	I(部分)/ツ/G(資材)	◆手〜カード [図]	
	トツ	O	G(空間)/トツ	◆あと〜 [図]、まえ〜 [図]、奥〜 [図]、小口〜 [図]	
掻き	フ	A	I(動き)/O(自然物)/フ/A(機械)	◆回転/雪〜車 [機]	
			O(自然物)/フ/A(機械)	◆雪〜車 [機]、土〜機 [土]	
		I	O(資材)/フ	◆管〜 [船機]	
			O(資材)/フ/I(資材)	◆油〜リング [船機航]	
			O(自然物)/フ	◆火〜 [船]、灰〜 [船]、水〜 [動機]	
			O(自然物)/フ/I(資材)	◆火〜棒 [船機]	
隠し	モ	I	O(形状)/モ/I(建物)	◆目〜戸 [船]	
			O(建物)/モ	◆けた〜 [建]、はし〜 [建]	
			O(資材)/モ	◆くぎ〜 [建]	
			O(部分)/モ	◆鼻〜 [建]	
		O	モ/O(形状)	◆〜印 [図]	

資料3 「和語他動詞成分を核とする学術用語複合名詞の語構造」一覧　449

			モ／O（数量）	◆〜丁番［建］
掛け	ト	G	O（衣料）／ト	◆服〜［船］、帽子〜［建］
			O（資材）／ト	◆たる木〜［建］、ホース〜［船機］、根太〜［建］
			O（植物）／ト／G（資材）	◆ウルシ〜レンガ［土］
			O（部分）／ト	◆ひじ〜［機］、腰〜［機建］、手〜［船］、足〜［船建］
			O（部分）／ト／G（衣類）	◆腰〜パラシュート［航］
			O（部分）／ト／G（家具）	◆ひじ〜いす［建］
			O（部分）／ト／G（形状）	◆足〜穴［航］
			O（部分）／ト／G（建物）	◆ひじ〜窓［建］
			O（物品）／ト	◆新聞〜［図］
			O（容器）／ト	◆なべ〜［建］
		I	M（数量）／ト／I（道具）	◆ヤール〜器［化］
			ト／I（資材）	◆〜鎖［機］
		O	G（空間）／ト／O（薬品）	◆下〜ほうろうぐすり［化］、上〜ほうろうぐすり［化］
			G（建物）／ト	◆壁〜［建］
			G（建物）／ト／O（機械）	◆柱〜ボール盤［機］、壁〜電話機［建］、壁〜配電盤［電］、壁〜放熱器［土］
			G（建物）／ト／O（資材）	◆柱〜軸受［機］
			M（形状）／ト／O（衣料）	◆直角〜ベルト［機］
			ト／O（資材）	◆〜金［建船機］
			ト／O（道具）	◆〜コンパス［土機］
			ト／O（物品）	◆〜地図［図］、〜物［図］
重ね	ク	OE	I（資材）／ク／O（資材）	◆多列リベット〜継手［機］
			ク／O（建物）	◆〜ばり［建］
			ク／O（資材）	◆〜継手［船土機建］、〜板［航］、〜板ばね［機］
飾り	ト	G	ト／G（建物）	◆〜だな［建］
	モ	I	O（空間）／モ／I（形状）	◆章末〜カット［図］、上部〜カット［図］
			O（建物）／モ／I（資材）	◆ナックル〜材［船］
		O	I（形状）／モ／O（部分）	◆絵〜小口［図］
貸出し	ヤ	A	G（空間）／ヤ／A（組織）	◆館外〜係［図］、館外〜部［図］
		O	ヤ／O（物品）	◆〜図書［図］
切り	ツ	OE	ツ／OE（形状）	◆〜みぞ［船機］

		A	OE（形状）／ツ／A（機械）	◆みぞ～のこ盤［機］、みぞ～フライス［機］、みぞ～フライス盤［機］
			OE（資材）／ツ／A（機械）	◆ねじ～旋盤［機］、ねじ～装置［機］、ねじ～盤［船機］、管ねじ～盤［船機］
			OE（部分）／ツ／A（機械）	◆インボリュート歯～フライス［機］、荒歯～カッタ［機］、歯～盤［船機］
			M（動き）／OE（資材）／ツ／A（機械）	◆自動／ねじ～盤［機］
			M（動き）／OE（部分）／ツ／A（機械）	◆自動／歯～盤［機］
		I	OE（形状）／ツ／I（道具）	◆みぞ～のこ［機］
			OE（資材）／ツ／I（道具）	◆ねじ～バイト［機］
			OE（部分）／ツ／I（道具）	◆インボリュート歯～バイト［機］
	モ	A	M（相の類）／モ／A（機械）	◆薄～機［機］
			O（形状）／モ／A（機械）	◆木口～盤［機建］
			O（資材）／モ／A（機械）	◆管～盤［機］、棒～盤［機建］
			O（自然物）／モ／A（機械）	◆石～のこ［建］、石～のこぎり［建］、石～機［機］
			O（植物）／モ／A（機械）	◆じゃが芋～機［機］、わら～機［機］
			O（部分）／モ／A（機械）	◆肉～機［建］
		E	モ／E（自然物）	◆～傷［化］、～粉［機］
		I	D（空間）／モ／I（道具）	◆横～長のこ［建］
			O（資材）／モ	◆ガラス～［建］、リベット～［土建］、管～［機］、油～［船機］
			O（資材）／モ／I（道具）	◆金～ハサミ［船］
			O（自然物）／モ	◆水～［船土機建］、風～［動］
			O（自然物）／モ／I（建物）	◆水～ステム［船］
			O（自然物）／モ／I（資材）	◆水～板［船機］
			O（自然物）／モ／I（部分）	◆水～部［船］
			O（自然物）／モ／I（薬品）	◆あわ～剤［化］
		L	O（部分）／モ／L（建物）	◆肉～台［船］
		O	M（相の類）／モ／O（資材）	◆速～スイッチ［電］
			モ／O（資材）	◆～丸太［建］
			モ／O（自然物）	◆～石［土建］
切換え	トツ	G	トツ／G（資材）	◆～母線［電］

資料3 「和語他動詞成分を核とする学術用語複合名詞の語構造」一覧　451

	モ	A	T(時間)／O(資材)／モ／A(機械)	◆負荷時／タップ〜装置[電]、負荷時／タップ〜変圧器[電]
			モ／A(機械)	◆〜盤[電]
		I	OV(用の類)／モ／I(道具)	◆送受〜器[電]
			O(資材)／モ／I(道具)	◆タップ〜器[電]、同軸線〜器[電]、導波管〜器[電]
			O(数量)／モ／I(機械)	◆距離〜器[電]
			モ／I(資材)	◆〜コック[船]、〜スイッチ[船計機電]、〜セレクタ[電]、〜管[電]、〜弁[船航]
			モ／O(地類)	◆〜畑[地]
組み	ク	OE	I(資材)／ク	◆かまち〜[建]
			M(相の類)／ク／OE(物品)	◆べた〜物[図]
			ク／OE(物品)	◆〜見本[図]
			ク／OE(建物)	◆〜もや[建]
			ク／OE(資材)	◆〜ひも[船]、〜ワク[船]、〜版[図]
		A	ク／OE(資材)／A(機械)	◆〜ひも／機[機]
組み合わせ	ク	OE	ク／OE(家具)	◆〜家具[建]
			ク／OE(機械)	◆ボイラ[船機化]、〜加熱器[船]、〜機関[船]、〜衝動タービン[船]
			ク／OE(形状)	◆〜文字[図]
			ク／OE(建物)	◆〜ゲタ[土]、〜柱[土]
			ク／OE(資材)	◆〜圧縮材[土]、〜管寄せ[船]、〜部材[土]
			ク／OE(道具)	◆〜ゲージ[機]
組み立て	ツ	OE	ツ／OE(家具)	◆〜家具[建]
			ツ／OE(機械)	◆〜クランク[船機]、〜ピストン[機]、〜プロペラ[船]、〜船[船]
			ツ／OE(建物)	◆〜ばり[機建]、〜コンクリートべい[建]、〜フロア[船]、〜建築物[建]、〜足場[建]、〜柱[建]
			ツ／OE(資材)	◆〜クランク軸[船機]、〜ビーム[船]、〜フレーム[船]、〜

				X線管［物］、〜圧縮材［建］、〜車輪［機］
			ツ／OE（道具）	◆〜ゲージ［機］
		A	L（建物）／ツ／A（人間）	◆船台〜工［船］
			ツ／A（人間）	◆〜工［船機］
くり	フ	I	フ／I（道具）	◆〜小刀［建］
消し	トハ	S	O（形状）／トハ／S（空間）	◆つや〜面［化］
			O（形状）／トハ／S（資材）	◆つや〜グローブ［建］
			O（形状）／トハ／S（物品）	◆色〜レンズ［計化機天］、色〜対物レンズ［機］
	モ	A	M（動き）／モ／O（形状）／A（機械）	◆自動〜印／機［機］
		I	O（形状）／モ／I（資材）	◆字〜板［土］
			O（形状）／モ／I（薬品）	◆つや〜ぐすり［化］、つや〜剤［化］
			O（自然物）／モ	◆火花〜［電］
			O（自然物）／モ／I（薬品）	◆あわ〜剤［化］
			モ／I（資材）	◆〜ゴム［土］
削り	ツ	A	OE（形状）／ツ／A（機械）	◆形〜盤［船物機建］、歯車形〜盤［機］
	モ	A	D（空間）／M（相の類）／モ／A（機械）	◆立て・平〜盤［機］
			D（空間）／モ／A（機械）	◆立て〜盤［船機］
			I（資材）／M（相の類）／モ／A（機械）	◆山形材・平〜盤［船］
			M（相の類）／モ／A（機械）	◆平〜フライス［機］、平〜フライス盤［船］、平〜盤［船物機建］
			M（動き）／M（相の類）／モ／A（機械）	◆回転／平〜盤［機］
			O（空間）／モ／A（機械）	◆へり〜盤［船機］、縁〜盤［土］
			O（建物）／M（相の類）／モ／A（機械）	◆木甲板／平〜盤［船］
		E	M（相の類）／モ／E（自然物）	◆平〜きず［化］
			モ／E（資材）	◆〜くず［物機］
		I	M（相の類）／モ／I（道具）	◆荒〜バイト［機］
			O（食品）／モ／I（機械）	◆チーズ〜器［建］
		L	モ／L（建物）	◆〜台［建］
込め	ツ	I	ツ／I（資材）	◆〜棒［土］
		O	G（空間）／ツ	◆裏〜［土建］
			G（空間）／ツ／O（資材）	◆裏〜材［土］
			ツ／O（資材）	◆〜金［船］
			ツ／O（物品）	◆〜物［図］

資料3 「和語他動詞成分を核とする学術用語複合名詞の語構造」一覧

下げ	ヲ	O	G(部分)／ヲ／O(機械)	◆手～電灯［船］、手～灯［船］
支え	フ	I	O(機械)／フ	◆ボイラ～［船機］
			O(建物)／フ	◆天窓～［船］
			O(資材)／フ	◆ばね～［機］、ピボット～［機］、管～［機］、天幕縦木～［船］、転テツ棒～［土］
			フ／I(資材)	◆～線［機建］
さらし	ヲ	O	G(建物)／ヲ／O(物品)	◆たな～本［図］
	モ	I	モ／I(自然物)	◆～粉［土化］
		O	M(相の類)／モ／O(資材)	◆末～紙［図］
仕上げ	ツ	OE	A(機械)／ツ／OE(資材)	◆カレンダー～紙［図］、機械～紙［図］
			I(道具)／ツ／OE(資材)	◆ハンマ～リベット［船］
			ツ／OE(空間)	◆～縁［土］
			ツ／OE(資材)	◆～ボルト［機土］
		A	OE(衣料)／ツ／A(機械)	◆織物～機［機］
			OE(空間)／ツ／A(機械)	◆路面～機［土］
			OE(資材)／ツ／A(機械)	◆なわ～機［機］
			OE(植物)／ツ／A(機械)	◆茶～機［機］
			OE(用の類)／ツ／A(機械)	◆コンクリート舗装～機［土］
			I(機械)／ツ／A(機械)	◆プレス～機［建］
			ツ／A(人間)	◆～工［船機］
		I	OE(空間)／ツ／I(道具)	◆上～バイト［機］
			ツ／A(機械)	◆～ロール［機］
			ツ／I(道具)	◆～かんな［機］、～バイト［機］
		L	ツ／L(建物)	◆～工場［船機］、～台［機］
敷き	ヲ	G	O(建物)／ヲ	◆リノリウム～［建］、畳～［建］
			O(資材)／ヲ	◆コルク～［建］、ゴムタイル～［建］、板～［建］
			O(自然物)／ヲ	◆石～［建］
			O(物品)／ヲ	◆荷～［船］
			O(物品)／ヲ／G(建物)	◆荷～マット［船］
			O(物品)／ヲ／G(資材)	◆荷～板［船］
		O	G(空間)／ヲ	◆上～［建］
			ヲ／O(衣料)	◆～フトン［船］
			ヲ／O(建物)	◆～げた［建］、～土台［土］
			ヲ／O(資材)	◆～パテ［建］、～板［船土］、～平がわら［建］、～網［海］

			ﾄﾂ／O（自然物）	◆〜砂［建］、〜石［植土］
			ﾄﾂ／O（植物）	◆〜ソダ［土］
絞り	ツ	OE	ツ／OE（資材）	◆〜油［化］
		I	OE（食品）／ツ／I（道具）	◆ジュース〜器［建］
	モ	A	O（植物）／モ／A（機械）	◆果実〜機［機］
			モ／A（機械）	◆〜プレス［航］、〜機［機］
		I	O（建物）／モ／I（資材）	◆カーテン〜ヒモ［船］
			モ／I（資材）	◆〜ノズル［機］、〜プラグ［航］、〜管［機］、〜綱［船］、〜板［機］、〜弁［機船航原］
締め	モ	A	I（自然物）／O（資材）／モ／A（機械）	◆空気／リベット〜機［機］
			I（道具）／O（資材）／モ／A（機械）	◆てこ／リベット〜機［機］
			I（用の類）／モ／A（機械）	◆手回し〜機［図］
			O（衣料）／モ／A（機械）	◆帯〜機［機］
			O（建物）／モ／A（機械）	◆戸〜機械［機］、戸〜装置［機］
			O（資材）／モ／A（機械）	◆玉〜機［機］
			O（道具）／モ／A（機械）	◆かせ〜機［機］
			O（部分）／モ／A（機械）	◆ふた〜機［機］
			モ／A（機械）	◆〜機［図］
		I	O（衣料）／モ	◆ベルト〜［機］
			O（資材）／モ	◆くぎ〜［建］
			O（植物）／モ／I（物品）	◆根〜物［建］
			O（部分）／モ	◆胴〜［機］
			O（部分）／モ／I（衣料）	◆胴〜帯［機］
			モ／I（資材）	◆〜ひも［図］
		O	I（資材）／モ／O（道具）	◆リベット〜当テ金［船］
			I（部分）／モ／O（資材）	◆手〜リベット［土］
			M（相の類）／モ／O（資材）	◆仮〜ボルト［船機土建］
吸込み	ﾄﾂ	A	O（自然物）／ﾄﾂ／A（機械）	◆ビルジ〜装置［船］
			ﾄﾂ／A（機械）	◆〜ロール［機］、〜扇風機［機］、〜送風機［機］
		I	O（自然物）／ﾄﾂ	◆ビルジ〜［船］
			O（自然物）／ﾄﾂ／I（資材）	◆ビルジ〜管［船］、空気〜管［船］、空気〜弁［船］
			ﾄﾂ／I（資材）	◆〜ホース［機］、〜マニホルド［船機］、〜管［船機土］、〜弁［船機］

資料3 「和語他動詞成分を核とする学術用語複合名詞の語構造」一覧 455

		P	O（自然物）／トツ／P（形状）	◆空気〜口［船］
			トツ／P（形状）	◆〜口［船機］
捨て	ウ	A	O（自然物）／ウ／A（機械）	◆灰〜装置［船］
		I	O（資材）／ウ／I（資材）	◆ゴミ〜筒［船］
			O（自然物）／ウ／I（資材）	◆灰〜筒［つつ］［船］、灰〜筒［とう］［機］
		O	ウ／O（自然物）	◆〜石［土建］
		P	ウ／P（形状）	◆〜口［船］
	トツ	G	O（自然物）／トツ／G（空間）	◆ズリ〜場［土］、土〜場［土］
刷り	ツ	OE	PU（物品）／ツ	◆見本〜［図］
			PU（用の類）／ツ	◆校正〜［図］
			I（資材）／ツ／OE（資材）	◆銅版〜標題紙［図］
			I（用の類）／ツ／OE（物品）	◆謄写〜政府印刷物［図］
添え	トツ	O	トツ／O（建物）	◆〜柱［土建］
			トツ／O（資材）	◆〜ロープ［船］、〜板［機］、〜木［建］
染め	モ	A	O（道具）／モ／A（機械）	◆かせ〜機［機］
		E	モ／E（形状）	◆〜むら［化］
		L	モ／L（容器）	◆〜おけ［機］
		O	モ／O（部分）	◆〜小口［図］
焚き	ツ	I	OE（自然物）／ツ／I（道具）	◆火〜ショベル［船］、火〜具［船］、火〜道具［機］
		L	OE（自然物）／ツ／L（建物）	◆火〜室［船］
	モ	O	I（資材）／モ／O（機械）	◆油〜ボイラ［船］
			I（自然物）／モ／O（機械）	◆石炭〜ボイラ［船］
		P	モ／P（形状）	◆〜口［建機］
出し	ウ	P	O（自然物）／ウ	◆煙〜［建］
			O（自然物）／ウ／P（形状）	◆すす〜口［船機］、湯〜口［機］
	ツ	OE	ツ／OE（建物）	◆〜ばり［建］
		A	OE（形状）／ツ／A（機械）	◆つや〜プレス［化］、つや〜盤［物機］、荒地〜機［建］、模様〜旋盤［機］
			OE（数量）／ツ／A（機械）	◆あさり〜機［機建］、幅〜機［機］
			OE（部分）／ツ／A（機械）	◆つば〜プレス［船機］、つば〜機［船機］
			G（衣料）／OE（形状）／ツ／A（機械）	◆糸／つや〜機［機］
			I（衣料）／OE（形状）／ツ／A（機械）	◆帯／つや〜盤［機］

			I（資材）／OE（数量）／ツ／A（機械）	◆ピン／幅〜機［機］
			I（力）／OE（部分）／ツ／A（機械）	◆水圧／つば〜プレス［機］
			T（時間）／OE（部分）／ツ／A（機械）	◆熱間ツバ〜機［船］、冷間ツバ〜機［船］
		G	OE（形状）／ツ／G（衣料）	◆つや〜モロッコ［図］、つや〜皮［図］
			OE（形状）／ツ／G（資材）	◆つや〜紙［化］
			OE（形状）／ツ／G（部分）	◆つや〜小口［図］、つや〜背［図］
		I	OE（形状）／ツ／A（機械）	◆つや〜ロール［機］
			OE（形状）／ツ／I（資材）	◆ロ〜線［計電機］
			OE（形状）／ツ／I（薬品）	◆つや〜剤［化］
			OE（部分）／ツ／I（道具）	◆心〜定規［船］
立て	ツ	A	OE（資材）／ツ／A（機械）	◆ねじ〜盤［機物］
		I	OE（自然物）／ツ／I（薬品）	◆あわ〜剤［化］
	トツ	G	O（衣料）／トツ	◆かさ〜［建］
			O（物品）／トツ	◆本〜［図］
			O（容器）／トツ	◆試験管〜［化］
	モ	O	モ／O（機械）	◆〜ボイラ［機船］
建て	ツ	OE	ツ／OE（物品）	◆〜物［電建］
溜め	トツ	G	O（資材）／トツ	◆スカム〜［機］、燃料〜［航］、油〜［船機航］
			O（自然物）／トツ	◆ちり〜［機］、どろ〜［土機］、ガス〜［船機電化］、汚水〜［土機建］、温水〜［船機電］、灰〜［船機電化建］、空気〜［船機電化］、始動空気〜［船機］、蒸気〜［機］、水銀〜［化］、倉内水〜［船］、掃気〜［船］、操縦用空気〜［船］、沈殿物〜［船］、排気〜［船］、排水〜［土機］、補助空気〜［機］
			O（自然物）／トツ／G（地類）	◆雪〜広場［建］
			O（力）／トツ	◆水力〜［船機］
			トツ／G（地類）	◆〜池［土］
突き	フ	A	O（部分）／フ／A（機械）	◆ほぞ〜盤［機建］
		I	M（相の類）／フ／I（資材）	◆平〜棒［機］
			O（資材）／フ／I（資材）	◆弁〜棒［機］

資料3 「和語他動詞成分を核とする学術用語複合名詞の語構造」一覧　457

			O(自然物)／フ／I(資材)	◆火〜棒 [船機]
			フ／I(資材)	◆〜棒 [船土機建]
			フ／I(道具)	◆〜のみ [建]
		L	O(資材)／フ／L(建物)	◆玉〜室 [建]、玉〜台 [建]
継ぎ	ク	I	O(資材)／ク／I(道具)	◆船首材〜金物 [船]
			ク／I(資材)	◆〜板 [機]、〜輪 [土機]
			ク／I(容器)	◆〜箱 [機]
		L	ク／L(建物)	◆〜台 [機]
		O	L(空間)／ク／O(建物)	◆中〜表 [建]
	トツ	O	トツ／O(植物)	◆〜穂 [植]、〜木 [植]
突合せ	ク	OE	M(形状)／ク／O(資材)	◆H形〜継手 [機]、X形〜継手 [機]
			ク／O(資材)	◆〜継手 [船土機建]
造り	ツ	A	OE(物品)／ツ／A(機械)	◆荷〜機 [機]
		I	OE(衣料)／ツ／I(道具)	◆真綿〜器 [機]
		L	OE(物品)／ツ／L(建物)	◆荷〜室 [図]
付け	ツ	A	OE(形状)／ツ／A(機械)	◆すじ〜機 [機]、ミゾ〜機 [船]、段〜機械 [船]
		G	OE(形状)／ツ／G(資材)	◆ツヤ〜板 [船]
		I	OE(形状)／ツ／I(建物)	◆絵〜がま [化]
	トツ	A	G(衣料)／O(資材)／トツ／A(機械)	◆たて糸／のり〜機 [機]
			G(空間)／O(資材)／トツ／A(機械)	◆裏／のり〜機 [機]
			O(資材)／トツ／A(機械)	◆のり〜機 [機]
		E	O(資材)／トツ／E(形状)	◆のり〜むら [化]
		I	O(資材)／トツ／I(道具)	◆のり〜器 [建]
			O(資材)／トツ／I(薬品)	◆はんだ〜剤 [電]
		O	D(相の類)／トツ／O(資材)	◆逆〜山形材 [船]
			G(空間)／トツ	◆奥〜 [図]、前〜 [図]
			G(空間)／トツ／O(資材)	◆前〜紙 [図]
			G(建物)／トツ	◆軒〜 [建]
つなぎ	ク	I	O(資材)／ク／I(資材)	◆マクラ木〜材 [土]
			ク／I(建物)	◆〜ばり [土建]
			ク／I(容器)	◆〜箱 [機]
積み	トツ	E	O(自然物)／トツ	◆間知石〜 [建]
		G	トツ／G(機械)	◆〜車 [土]
		L	トツ／O(物品)／L(地類)	◆〜荷／港 [船機]
		O	G(建物)／トツ／O(自然物)	◆床〜コークス [機]
			G(建物)／トツ／O(物品)	◆甲板〜貨物 [船]、甲板〜木材

				貨物［船］
			M（相の類）／トツ／O（物品）	◆ばら〜貨物［船機］
			トツ／O（物品）	◆〜荷［船機］
詰め	トツ	A	G（容器）／トツ／A（機械）	◆ビン〜機［機］
			I（自然物）／G（容器）／トツ／A（機械）	◆真空／びん〜機［機］
		G	O（衣料）／トツ／G（資材）	◆石綿〜コック［船］
		O	G（容器）／トツ	◆びん〜［化］
			トツ／O（建物）	◆〜内張［船］
			トツ／O（資材）	◆〜材［船］
			トツ／O（物品）	◆〜物［船機建］
つり	フ	I	M（相の類）／フ	◆自在〜［建］
			O（機械）／フ	◆ボイラ〜［機］
			O（資材）／フ	◆ばね〜［機］、ブレーキ片〜［機］、リンク〜［機］、管〜［機］
			O（資材）／フ／I（部分）	◆ばね〜手［機］
			フ／I（建物）	◆〜柱［航］
			フ／I（資材）	◆〜ボルト［建］、〜綱［船機］、〜鎖［船］、〜車［建］、〜木［建］
			フ／I（道具）	◆〜金物［建］
		O	I（資材）／フ／O（地類）	◆ケーブル〜橋［土］、ブレーストチェーン〜橋［土］
			フ／O（機械）	◆〜カジ［船］、〜編機［機］
			フ／O（空間）	◆〜足場［土建］
			フ／O（建物）	◆〜戸［建］
			フ／O（資材）	◆〜づか［土建］
			フ／O（地類）	◆〜橋［土震機］
			フ／O（道具）	◆〜ばかり［物計機］、〜コンパス［船］
			フ／O（容器）	◆〜かど［航］
通し	トツ	A	P（自然物）／トツ／A（機械）	◆湯〜機［機］
		O	トツ／O（建物）	◆〜柱［建］
			トツ／O（資材）	◆〜ボルト［機］
			トツ／O（部分）	◆〜ホゾ［土］
綴じ	ク	OE	ク／O（資材）	◆〜リベット［船］
		A	O（衣料）／ク／A（機械）	◆ベルト〜機［機］
		I	ク／I（衣料）	◆〜皮［機］、〜金［船］
	ツ	OE	M（相の類）／ツ／OE（物品）	◆仮〜本［図］
止め	＊	A	OV（用の類）／＊／A（資材）	◆もどり〜ナット［航］

資料3 「和語他動詞成分を核とする学術用語複合名詞の語構造」一覧 459

		M(動き)/OV(相の類)/*/A(資材)	◆自動/逆〜弁[船]
	I	OV(用の類)/*	◆あおり〜[建]、ころび〜[建]、すべり〜[建]、ねじり振動〜[機]、もどり〜[機電]、クリープ〜[土計]、コボレ〜[船]、マクラ木割レ〜[土]、開き〜[電]、割れ〜[船]、振れ〜[震計電機建]、揚り〜[機]、揺れ〜[機]、踊り〜[機]
		OV(用の類)/*/I(資材)	◆すべり〜タイヤ[機]、すべり〜鎖[機]、よごれ〜ペイント[船機]、クリープ〜グイ[土]、汚〜塗料[海化]、滑〜塗料[化]、逆〜弁[船土機電化航]、給水逆〜弁[船機]、倒レ〜ブラケット[船]、湯立ち〜管[船]、揺レ〜控エ[船]
		OV(用の類)/*/I(道具)	◆滑〜ブレーキ[航]
		OV(用の類)/*/I(薬品)	◆より〜剤[化]、ヨゴレ〜剤[船]、滑〜剤[化]
		OV(用の類)/*/I(容器)	◆揺レ〜タンク[船]
		O(自然物)/*	◆水け〜[機]
		O(自然物)/*/I(資材)	◆さび〜グリース[化]、さび〜ペイント[船土機化建]、さび〜顔料[化]、さび〜塗料[化]、さび〜油[化]、水け〜管[機]
		O(自然物)/*/I(薬品)	◆あわ〜剤[化]
		O(自然物)/*/I(薬品)	◆さび〜剤[船化建]
ツ	A	O(道具)/ツ/A(機械)	◆リード〜機構[機]
	I	O(衣料)/ツ/I(道具)	◆覆い〜金具[航]
		O(資材)/ツ	◆チェーン〜[船]
		O(植物)/ツ	◆麻〜[土]
		O(道具)/ツ	◆針〜[計]
		O(部分)/ツ/I(資材)	◆羽根〜金[船]
		O(物品)/ツ/I(資材)	◆荷〜板[船]
		ツ/I(資材)	◆〜ねじ[船機航]、〜まくら[機]、〜ナット[土船機航]、

				〜ピン［船］、〜ボルト［船］、〜金［図］、〜座金［機］、〜板［船］、〜弁［機船土電］、〜輪［機］
			ﾄﾂ／I（道具）	◆〜金具［土］、〜金物［船］
			ﾄﾂ／I（薬品）	◆〜薬［化］
		O	I（資材）／ﾄﾂ／O（機械）	◆ロープ〜デリック［機］
			ﾄﾂ／O（資材）	◆〜ロープ［船］
	モ	A	M（動き）／モ／A（資材）	◆自動〜弁［船］
		I	PU（相の類）／モ	◆安全〜［機船］
			O（機械）／モ	◆カジ〜［船］、車〜［土］
			O（機械）／モ／I（形状）	◆車〜標識［電］
			O（形状）／モ	◆目〜［化建］
			O（形状）／モ／I（薬品）	◆木材目〜剤［化］、目〜剤［化］
			O（資材）／モ	◆スカム〜［土］、車輪〜［土］、流木〜［土］
			O（自然物）／モ	◆しぶき〜［航］、チリ〜［船］、火の粉〜［船機］、山〜［建］、水〜［船］、雪〜［建］、土〜［土建］、落石〜［土］
			O（自然物）／モ／I（建物）	◆チリ〜隔壁［船］
			O（自然物）／モ／I（資材）	◆蒸気〜弁［電］、水〜セン［船］、雪〜がわら［建］
			O（自然物）／モ／I（植物）	◆雪〜木［建］
			O（自然物）／モ／I（地類）	◆空気〜通路［船］
			O（道具）／モ	◆てこ〜［計］
			O（部分）／モ	◆歯〜［機土］
			モ／I（資材）	◆〜コック［船］、〜ワク［船］
取り	ヤ	L	O（経済）／ヤ／L（地類）	◆賃〜橋［土］
	ﾂ	I	OE（資材）／ﾂ	◆中子〜［機］
	ﾄﾊ	A	I（動き）／O（自然物）／ﾄﾊ／A（機械）	◆遠心／ちり〜機［機］
			O（形状）／ﾄﾊ／A（機械）	◆くせ〜ロール［機建］、くせ〜機［機］、マクレ〜機［船］
			O（資材）／ﾄﾊ／A（機械）	◆紙〜ロール［機］
			O（自然物）／ﾄﾊ／A（機械）	◆ちり〜機［機］
			O（部分）／ﾄﾊ／A（機械）	◆ひれ〜機［機］
			S（資材）／O（形状）／ﾄﾊ／A（機械）	◆線／くせ〜機［機］、薄板／くせ〜ロール

資料3 「和語他動詞成分を核とする学術用語複合名詞の語構造」一覧　461

				［機］、板／くせ～ロール［船機］、板／くせ～機［船］、棒／くせ～機［機］
			S(動物)／O(部分)／トハ／A(機械)	◆繭／毛羽～機［機］
			S(道具)／O(形状)／トハ／A(機械)	◆帯のこ／くせ～機［機建］
		I	O(形状)／トハ／I(資材)	◆たるみ～滑車［機］
			O(形状)／トハ／I(道具)	◆かど～バイト［機］
			O(資材)／トハ	◆油～［化］
			O(自然物)／トハ／I(地類)	◆砂～みぞ［機］
			O(植物)／トハ／I(機械)	◆種～器［建］
		P	O(自然物)／トハ	◆明り～［船］
		S	O(自然物)／トハ／S(空間)	◆土～場［土］
取り付け	トツ	G	O(道具)／トツ／G(資材)	◆ダイヤル～板［電］
		I	O(資材)／トツ／I(物品)	◆鎖～物［機］
			トツ／I(資材)	◆～山形材［船］
			トツ／I(道具)	◆～万力［船］
		O	G(機械)／トツ／O(部分)	◆機関～足［機］
			G(機械)／トツ／O(物品)	◆ボイラ～物［船機］、機関～物［船］
			G(空間)／トツ／O(物品)	◆水線下～物［船］
			G(資材)／トツ／O(資材)	◆引綱～綱［船］
			トツ／O(資材)	◆～ベルト車［機］、～板［電化］
			トツ／O(道具)	◆～ジグ［船］、～金具［航］、～具［機航］
			トツ／O(物品)	◆～部品［電］、～物［船機］
直し	モ	A	O(建物)／モ／A(機械)	◆窓～装置［機］
		I	O(形状)／モ	◆といし車目～［機］
流し	ウ	I	O(自然物)／ウ	◆汚物～［建］
			ウ／I(建物)	◆～台［建］
		L	ウ／L(空間)	◆～場［船］
		O	ウ／O(資材)	◆～網［船梅］
		P	O(自然物)／ウ／P(地類)	◆雪～みぞ［建］
抜き	トハ	A	I(動き)／O(資材)／トハ	◆遠心／油～［機］
			O(資材)／トハ／A(機械)	◆くい～機［土建］、のり～マングル［化］
			O(自然物)／トハ	◆空気～［船機建］

			O(部分)／トハ／A(機械)	◆核〜機 [機]
		E	O(植物)／トハ／E(自然物)	◆節〜きず [化]
		I	O(資材)／トハ	◆くぎ〜 [物機建]、グリース〜 [機]、フェルール〜 [機]、油〜 [機化]
			O(資材)／トハ／I(資材)	◆キー〜棒 [機]、型〜板 [機]、型〜棒 [機]
			O(資材)／トハ／I(道具)	◆クギ〜ハンマ [船]
			O(資材)／トハ／I(薬品)	◆のり〜剤 [化]
			O(自然物)／トハ	◆息〜 [電航]
			O(自然物)／トハ／I(資材)	◆空気〜弁 [機]、息〜管 [機]
		P	O(自然物)／トハ／P(形状)	◆ガス〜穴 [機]、水〜穴 [土]
			O(自然物)／トハ／P(地類)	◆水〜トンネル [土]
		S	O(資材)／トハ／S(資材)	◆板紙〜表紙 [図]
			O(自然物)／トハ	◆水〜 [土]
塗り	トツ	G	G(資材)／O(資材)／トツ	◆ラス／モルタル〜 [建]
			M(空間)／トツ	◆粗面〜 [建]
			O(資材)／トツ	◆しっくい〜 [建]
			O(自然物)／トツ	◆人造石〜 [建]
			O(薬品)／トツ	◆ワニス〜 [建]
			トツ／G(建物)	◆〜家 [建]、〜天井 [建]、〜壁 [建]
			トツ／G(建物)／I(資材)	◆〜壁／材料 [建]
		O	G(空間)／トツ／O(資材)	◆下〜塗料 [航]、上〜セメント [船]
			G(空間)／トツ／O(自然物)	◆上〜土 [建]、中〜土 [建]
ねじり	フ	O	フ／O(建物)	◆〜柱 [建]
			フ／O(資材)	◆〜ばね [機]、〜振り子 [震機]
練り	モ	A	O(自然物)／モ／A(機械)	◆土〜機 [機]
			モ／A(機械)	◆〜ロール [化]、〜ロール機 [化]
		E	モ／E(形状)	◆〜むら [化]
		L	O(資材)／モ／L(資材)	◆コンクリート〜板 [建]
			モ／L(機械)	◆〜舟 [建]
			モ／L(建物)	◆〜台 [土]
		O	A(機械)／モ／O(薬品)	◆機械〜セッケン [化]
			M(相の類)／モ／O(資材)	◆カタ〜モルタル [建]、堅〜コンクリート [土建]、堅〜ペイント [化建]、中〜ペイント

資料3 「和語他動詞成分を核とする学術用語複合名詞の語構造」一覧

				［建］、軟〜コンクリート［建］、軟〜モルタル［土］
			モ／O（衣料）	◆〜糸［化］、〜生地［化］
挟み	トツ	O	G（資材）／トツ／O（資材）	◆軸受〜金［機］
	フ	I	O（資材）／フ	◆リベット〜［船］、紙〜［図］
			O（容器）／フ	◆るつぼ〜［機化］、試験管〜［化］
			フ／I（資材）	◆〜ヌキ［土］、〜金［船機］、〜板［機］、〜方づえ［建］
			フ／I（道具）	◆〜ゲージ［計機］、〜尺［物機］
		O	フ／O（資材）	◆〜木［土］
はめ	トツ	O	トツ／O（部分）	◆〜歯［機］
張り	ツ	OE	ツ／OE（資材）	◆〜枠［建］
	トツ	A	O（資材）／トツ／A（機械）	◆レッテル〜機［機］
		G	M（衣料）／トツ	◆みの〜［建］
			O（衣料）／トツ／G（家具）	◆布〜腰掛［船］
			O（衣料）／トツ／G（資材）	◆しゃ〜型紙［化］
			O（建物）／トツ／G（形状）	◆天幕〜ワク［船］
			O（建物）／トツ／G（資材）	◆天幕〜ロープ［船］
			O（資材）／トツ	◆板〜［建］
			O（資材）／トツ／G（建物）	◆テックス〜天井［建］、板〜天井［建］、平板〜天井［建］
			トツ／O（自然物）／G（地類）	◆〜石／水路［土］
			トツ／O（植物）／G（地類）	◆〜芝／水路［土］
		I	トツ／I（資材）	◆〜車［機］
			トツ／O（資材）／I（道具）	◆〜線／万力［船機］
		O	PU（事業）／M（数量）／トツ	◆対氷／二重〜［船］
			G（空間）／M（数量）／トツ	◆スミ／二重〜［船］
			G（空間）／トツ	◆下〜［図建］、船側内〜［船］、船底内〜［船］、底〜［化建］、天井内〜［船］、内〜［化船原］
			G（空間）／トツ／O（資材）	◆内〜れんが［化］
			G（建物）／トツ	◆甲板床〜［船］
			M（数量）／トツ／O（資材）	◆二重〜板［船］
控え	フ	I	フ／I（建物）	◆〜柱［建機］、〜壁［建土］
			フ／I（資材）	◆〜ボルト［船機］、〜管［船機］、〜綱［建船土機］、〜山形材［船］、〜線［機］、〜板［土］、〜棒［船土機］

引き	ツ	OE	E（相の類）／ツ	◆かた～［機］
		A	OE（資材）／ツ／A（機械）	◆線～機［機］
		I	OE（形状）／ツ／I（道具）	◆曲線～カラス口［土］、曲線～双頭カラス口［土］、太線～カラス口［土］、点線～カラス口［土］
	トツ	A	O（資材）／トツ／A（機械）	◆のり～機［化］、ろう～機［機］
		G	O（資材）／トツ／G（衣料）	◆ゴム～布［化］
			O（薬品）／トツ	◆どうさ～［図］
	フ	A	M（相の類）／フ／A（機械）	◆荒～ロール［機］、荒～圧延機［機］
			フ／A（機械）	◆～船［土船機］
			フ／O（資材）／A（機械）	◆～ナワ／漁船［船］
		I	O（資材）／フ／I（資材）	◆トロール～綱［船］、リンク～棒［船］
			フ／I（資材）	◆～わ［電］
		O	D（相の類）／フ／O（資材）	◆鉛直～ネット［海］、垂直～ネット［海］、水平～ネット［海］
			L（空間）／フ／O（資材）	◆地～網［地］
			フ／O（建物）	◆～戸［土船機建］
			フ／O（資材）	◆～金［震機］、～綱［海］、～網［船］
			フ／O（部分）	◆～ぶた［機］
引込み	ツ	OE	ツ／OE（資材）	◆～線［機電］
			ツ／OE（地類）	◆～水路［土］
	トツ	A	トツ／A（機械）	◆～装置［航］
		I	トツ／I（資材）	◆～管［電］
		O	トツ／O（建物）	◆～戸［建］
			トツ／O（資材）	◆～ケーブル［電］、～管［機］、～主管［機］
			トツ／O（部分）	◆～脚［航］
		P	トツ／P（形状）	◆～口［電］
			トツ／P（建物）	◆～ゲート［土］
引抜き	ツ	OE	T（時間）／ツ／OE（資材）	◆熱間～管［船］、冷間～管［船］、冷間～鋼管［機］
			ツ／OE（資材）	◆～管［船機］、～鋼管［土建］
	トハ	A	O（資材）／トハ／A（機械）	◆犬クギ～機［土］
			O（植物）／トハ／A（機械）	◆根菜～機［機］

資料3 「和語他動詞成分を核とする学術用語複合名詞の語構造」一覧　465

			ﾄﾋ／A（建物）	◆〜台［機］
引っ張り	フ	A	フ／A（機械）	◆〜装置［機］
		I	O（衣料）／フ／I（機械）	◆ベルト〜器［機］
			フ／I（資材）	◆〜棒［機航］
		O	D（空間）／フ／O（資材）	◆斜メ〜鉄筋［土］
			フ／O（資材）	◆〜ばね［機］、〜フランジ［土］、〜リンク［機］、〜筋［建］、〜材［船機土建］、〜鉄筋［土建］
葺き	モ	I	O（建物）／モ	◆屋根〜［建］
			O（建物）／モ／I（資材）	◆屋根〜材［機］
		O	I（資材）／モ	◆かわら〜［建］、こけら〜［建］、こば板〜［建］、せき板〜［建］、とくさ〜［建］、とち〜［建］、のし〜［建］、ひはだ〜［建］、セメントかわら〜［建］、亜鉛めっき鋼板〜［建］、金属板〜［建］、厚形スレート〜［建］、小板〜［建］、石綿スレート〜［建］、天然スレート〜［建］、土居〜［建］、銅板〜［建］、波形石綿板〜［建］、平板〜［建］、洋がわら〜［建］
			I（植物）／モ	◆かや〜［建］、すぎ皮〜［建］、わら〜［建］、草〜［建］
吹出し	ウ	I	ウ／I（資材）	◆〜コック［船機］、〜弁［機化船］
踏み	フ	O	I（部分）／フ／O（資材）	◆足〜スイッチ［電］
			フ／O（形状）	◆〜段［船機］
			フ／O（建物）	◆〜格子［船］、〜台［建図］
			フ／O（資材）	◆〜スイッチ［機］、〜ボタン［電］、〜板［機建］、〜棒［航］
掘り	ツ	OE	ツ／OE（地類）	◆〜井戸［土］
		A	OE（形状）／ツ／A（機械）	◆穴〜機［電］
			OE（地類）／ツ／A（機械）	◆みぞ〜機［土機建電］
	モ	I	M（相の類）／モ／I（道具）	◆深〜すき［機］
彫り	ツ	OE	M（道具）／ツ	◆かご〜［建］
		A	OE（形状）／ツ／A（機械）	◆紋〜機［機］
			OE（資材）／ツ／A（機械）	◆型〜盤［機］

巻き	モ ツ トツ	O A	I　OE(資材)／ツ／I(道具)	◆型〜やすり [機]
			PU(資材)／モ	◆くぎ〜 [建]
			OE　ツ／OE(資材)	◆〜線 [船物電]
			G(資材)／トツ／A(機械)	◆管〜機 [機]
			M(空間)／トツ／A(機械)	◆下〜機 [機]
			O(資材)／トツ／A(機械)	◆ばね〜機 [機]、綱〜ウィンチ [船]
			トツ／O(資材)／A(機械)	◆〜線／機 [機電]
		G	M(数量)／O(衣料)／トツ／G(資材)	◆一重／絹〜線 [電]、二重／絹〜線 [電]、二重／綿〜線 [電]
			M(相の類)／O(資材)／トツ／G(資材)	◆ゆる／紙〜ケーブル [電]
			O(衣料)／トツ	◆糸〜 [電化]
			O(衣料)／トツ／G(資材)	◆ジュート〜鋼管 [電]、絹〜線 [電]、布〜ホース [化]、綿〜線 [電機]
			O(資材)／トツ／G(資材)	◆ガラス〜線 [電]、紙〜線 [電]
			O(資材)／トツ／G(部分)	◆ロープ〜胴 [機]、綱〜胴 [船]、鎖〜胴 [機]
			O(自然物)／トツ／G(資材)	◆アスファルト〜鋼管 [電]
			トツ／G(資材)	◆〜わく [機電]、〜型 [電]
			トツ／G(部分)	◆〜胴 [船機]
		O	G(資材)／トツ／O(資材)	◆固定子〜線 [船]、電機子〜線 [船電]
			I(資材)／トツ／O(資材)	◆型〜コイル [電]
			I(部分)／トツ／O(機械)	◆手〜ウィンチ [建]
			トツ／O(資材)	◆〜綱 [船]
	モ	O	モ／O(道具)	◆〜尺 [震物機土建]
巻き上げ	ウ	A	I(資材)／ウ／A(機械)	◆綱車〜機 [機]
			I(自然物)／ウ／A(機械)	◆電気〜機 [機]
			L(空間)／ウ／A(機械)	◆坑内〜機 [機]
			O(資材)／ウ／A(機械)	◆はえなわ〜機 [船機]
			ウ／A(機械)	◆〜機 [電]、〜機関 [機]
			ウ／A(建物)	◆〜やぐら [機]
		I	ウ／I(資材)	◆〜鎖 [機]
曲げ	モ	A	I(力)／O(資材)／モ／A(機械)	◆水圧／板〜機 [機]
			O(資材)／モ	◆管〜 [船機]

資料3 「和語他動詞成分を核とする学術用語複合名詞の語構造」一覧　467

				O（資材）／モ／A（機械）	◆ばね板〜機［機］、キール〜機械ビーム〜機械［船］、レール〜機［機建］、板〜ロール［船機］
				モ／A（機械）	◆〜プレス［船］、〜ロール［船機］、〜機械［船］
			I	O（空間）／モ／I（道具）	◆縁〜器［船機］、管縁〜器［機］
				O（資材）／モ	◆ばね〜［機電］
			O	モ／O（資材）	◆〜管［建］、〜材［土建］
				モ／O（植物）	◆〜木［建］
回し	モ	A		O（資材）／モ／A（機械）	◆肉焼きくし〜機［建］
			I	O（資材）／モ	◆ねじ〜［物機建］、ねじ型〜［機］、タップ〜［物機］
				O（道具）／モ	◆ダイス〜［船物機］、チャック〜［機］
				モ／I（資材）	◆〜金［機］、〜板［機］
			L	O（機械）／モ	◆車〜［建］
				O（機械）／モ／L（空間）	◆船〜場［土］
			O	I（部分）／モ／O（機械）	◆手〜クレーン［機］
				I（部分）／モ／O（資材）	◆手〜タップ［機］、手〜ブレース［機］
				I（部分）／モ／O（道具）	◆手〜リーマ［機］
みがき	フ	A		O（容器）／フ／A（機械）	◆銀器〜機［建］
		O		フ／O（資材）	◆〜丸太［建］、〜板ガラス［化］
蒸し	モ	A		O（植物）／モ／A（機械）	◆茶〜機［機］
			I	O（衣料）／モ／I（道具）	◆タオル〜器［建］
				モ／I（道具）	◆〜器［建］
				モ／I（容器）	◆〜おけ［機］、〜なべ［建］、〜箱［機化］
持ち	シ	A		O（部分）／シ／A（資材）	◆心〜材［建］
		O		シ／O（施設）	◆〜家［建］
	フ	I		O（建物）／フ／I（建物）	◆むね〜柱［建］
		O		I（部分）／フ／O（機械）	◆手〜サク岩機［土］、手〜回転計［船］
焼き	ツ	OE		I（食品）／ツ／OE（資材）	◆塩〜がわら［建］
				M（相の類）／ツ／OE（資材）	◆並〜レンガ［土］
				ツ／OE（資材）	◆〜といし車［機］、〜れんが［建］
		I		OE（食品）／ツ／I（機械）	◆菓子〜盤［建］

			OE(食品)／ツ／I(建物)	◆パン〜がま［建］
			OE(食品)／ツ／I(道具)	◆パン〜器［建］、ワッフル〜器［建］
		L	OE(食品)／ツ／L(建物)	◆パン〜室［船建］
	モ	A	I(自然物)／O(部分)／モ／A(機械)	◆ガス／毛〜機［機］
			O(部分)／モ／A(機械)	◆毛〜機［機］
		I	O(資材)／モ／I(建物)	◆ごみ〜炉［土機建］
			O(食品)／モ／I(建物)	◆残業〜炉［土］
			O(動物)／モ／I(機械)	◆さかな〜器［建］
			O(部分)／モ／I(資材)	◆肉〜くし［建］
			O(部分)／モ／I(道具)	◆肉〜器［建］
			モ／I(資材)	◆〜わく［機図］
		L	O(資材)／モ／L(建物)	◆ごみ〜室［建］
		O	モ／O(資材)	◆〜せっこう［土化建］、〜玉［船機］、〜板［建］
			モ／O(自然物)	◆〜ミョウバン［化］
			モ／O(食品)	◆〜塩［化］
			モ／O(地類)	◆〜畑［地］
焼き付け	トツ	A	M(動き)／トツ／A(機械)	◆連続〜機［図］
			O(形状)／トツ／A(機械)	◆こま〜機［図］
			トツ／A(機械)	◆〜機［図物機］、〜装置［図］
		I	トツ／I(建物)	◆〜がま［電化］
		O	トツ／O(資材)	◆〜エナメル［化］
			トツ／O(薬品)	◆〜ワニス［機電化］
よけ	モ	I	O(資材)／モ／I(資材)	◆破片〜網［船］
			O(資材)／モ／I(容器)	◆ゴミ〜箱［船］
			O(自然物)／モ	◆しずく〜［機航］、しぶき〜［船電］、ちり〜［機電］、どろ〜［機］、光〜［機］、水〜［機］、雪〜［建］、日〜［建］、波〜［船］、爆風〜［船］、風〜［機］、流氷〜［土］、露〜［天］
			O(自然物)／モ／I(衣料)	◆ちり〜帽子［機］
			O(自然物)／モ／I(建物)	◆シブキ〜スクリーン［船］、チリ〜スクリーン［土］、雨〜屋根［船］、強風〜隔壁［船］、光〜カーテン［船］、日〜甲板［船］、日〜幕［船］、波〜甲板

資料3 「和語他動詞成分を核とする学術用語複合名詞の語構造」一覧 469

				[船]、風〜幕[船]
			O(自然物)／モ／I(資材)	◆雨〜板[土]、波〜板[船]
			O(自然物)／モ／I(地類)	◆波〜堤[機]、波〜堤[てい][土]
			O(動物)／モ	◆ネズミ〜[船]
			O(道具)／モ	◆きり〜[建]
寄せ	ウ	A	M(相の類)／ウ／A(機械)	◆水平〜クレーン[機]
		E	O(資材)／ウ	◆管〜[船機]
		I	O(衣料)／ウ	◆ベルト〜[機]
			O(資材)／ウ／I(資材)	◆管〜板[船機]
			O(自然物)／ウ	◆蒸気〜[船]
		O	ウ／O(機械)	◆〜フライス[機]
			ウ／O(資材)	◆〜盤木[船]、〜木[船建土]
	ﾂ	G	O(機械)／ﾂ	◆車〜[建]
			O(資材)／ﾂ／G(容器)	◆弁〜箱[船]
		O	G(建物)／ﾂ	◆畳〜[建]、柱〜[建]
呼び出し	*	A	*／A(機械)	◆〜装置[電]
			M(相の類)／*／A(機械)	◆個別〜電信機[電]
			M(動き)／*／A(機械)	◆自動〜装置[電]
より	ツ	OE	M(形状)／ツ／OE(資材)	◆S〜ロープ[機]、Z〜ロープ[機]
			M(相の類)／ツ／OE(資材)	◆並〜ワイヤロープ[機]
			ツ／OE(衣料)	◆〜糸[船]、〜皮[機]
			ツ／OE(資材)	◆〜線[機電航]
	モ	E	O(自然物)／モ／E(資材)	◆硬鋼〜線[電]、鋼心アルミ〜線[電]
			O(数量)／モ／E(資材)	◆ミツ〜ロープ[船]
割り	モ	A	O(資材)／モ／A(機械)	◆まき〜機[機]
			O(植物)／モ／A(機械)	◆い〜機[機]
			モ／O(植物)／A(機械)	◆〜麦／機[機]
		O	M(数量)／モ／O(資材)	◆四ツ〜材[土]、半〜ナット[機]
			モ／O(資材)	◆〜ピン[船機物]、〜管[電]、〜材[建]、〜軸受[機]
			モ／O(自然物)	◆〜山[地]

参考文献

荒川清秀 1987「訳語『熱帯』の起源をめぐって―日中両国の漢字の造語力―」『日本語学』6-2

荒川清秀 1986「字音形態素の意味と造語力―同訓異字の漢字を中心に―」『愛知大学文学会文学論叢』82・83

池上禎造 1962「漢語の造語力の現状」『言語生活』129

池上禎造 1984『漢語研究の構想』岩波書店

石井正彦 1983a「現代語複合動詞の語構造分析における一観点」『日本語学』2-8

石井正彦 1983b「現代語複合動詞の語構造分析―《動作》・《変化》の観点から―」『国語学研究』23

石井正彦 1984「複合動詞の成立―V＋Vタイプの複合名詞との比較―」『日本語学』3-11

石井正彦 1986「複合名詞の語構造分析についての一考察」『国語学』144

石井正彦 1987a「日本語学術用語の生産性」『CL通信』8

石井正彦 1987b「複合名詞の構造と機能」『朝倉日本語新講座1　文字・表記と語構成』朝倉書店

石井正彦 1987c「漢語サ変動詞と複合動詞」『日本語学』6-2

石井正彦 1988a「接辞化の一類型―複合動詞後項の補助動詞化―」『方言研究年報　30』和泉書院

石井正彦 1988b「造語モデルの構築とその問題点」中華民国輔仁大学『日本語日本文学』14

石井正彦 1988c「辞書に載る複合動詞・載らない複合動詞」『日本語学』7-5

石井正彦 1992a「造語力をはかるために」『日本語学』11-5

石井正彦 1992b「動詞の結果性と複合動詞」『国語学研究』31

石井正彦 1993「臨時一語と文章の凝縮」『国語学』173

石井正彦 1997a「Syntagmaticな臨時一語化―文章における先行表現の臨時一語化について―」加藤正信（編）『日本語の歴史地理構造』明治書院

石井正彦 1997b「専門用語の語構成―学術用語の組み立てに一般語の造語成分が活躍する―」『日本語学』16-2

石井正彦 1998「臨時一語発生の一要因―『〜の』連続の回避―」計量国語学会第42回大会研究発表

石井正彦 1999「文章における『臨時一語化』と『脱臨時一語化』―脱臨時一語化の形式を中心に―」『日本語研究』19

石井正彦 2001a「『文章における臨時一語化』の諸形式―新聞における四字漢語の場合―」『現代日本語研究』8

石井正彦 2001b「複合動詞の語構造分類」『国語語彙史の研究　二十』和泉書院

石井正彦 2002「『既製』の複合動詞と『即席』の複合動詞―小説にみる現代作家の語形成
　　　―」『国語論究 10　現代日本語の文法研究』明治書院
石井正彦 2005「語構成研究と連語」『国文学　解釈と鑑賞』70-7
石綿敏雄 1975「日本語の生成語彙論的記述と言語処理への応用」国立国語研究所『電子計
　　　算機による国語研究Ⅶ』秀英出版
石綿敏雄 1999『現代言語理論と格』ひつじ書房
井上　優 1991「名詞修飾の文法―VP 修飾構造について―」国立国語研究所研究部会議
　　　発表資料
大野　晋 1958「日本語ノ造語力―『言葉ノ年輪』トイウコト」『カナノヒカリ』437
大野　晋・浜西正人 1981『類語新辞典』角川書店
大橋勝男 1971「地方国語人の造語力　地方における精神生活とコトバとの関係」『阿達義
　　　雄博士退官記念国語国文学・国語教育論叢』
大堀壽夫 2002『認知言語学』東京大学出版会
沖　久雄 1983「複合名詞の意味と構文」『日本語学』2-12
荻野綱男 1989「定義・命名」『講座日本語と日本語教育 6　日本語の語彙・意味』明治書
　　　院
奥田靖雄 1960「を格のかたちをとる名詞と動詞とのくみあわせ」(言語学研究会(編)1983
　　　に収録)
奥田靖雄 1968-72「を格の名詞と動詞とのくみあわせ」『教育国語』12〜28(言語学研究
　　　会(編)1983 に再録)
奥田靖雄 1974「単語をめぐって」『教育国語』36
奥田靖雄 1977「アスペクトの研究をめぐって―金田一的段階―」『宮城教育大学国語国文』
　　　8
奥田靖雄 1978「アスペクトの研究をめぐって(上)(下)」『教育国語』53・54
奥津敬一郎 1974『生成日本文法論　名詞句の構造』大修館書店
奥津敬一郎 1975「複合名詞の生成文法」『国語学』101
影浦　峡 2000『計量情報学　図書館／言語研究への応用』丸善
影山太郎 1982「日英語の語形成」『講座日本語学 12　外国語との対照Ⅲ』明治書院
影山太郎 1993『文法と語形成』ひつじ書房
影山太郎・柴谷方良 1989「モジュール文法の語形成論―『の』名詞句からの複合語形成―」
　　　久野暲・柴谷方良(編)『日本語学の新展開』くろしお出版
影山太郎・由本陽子 1997『日英語比較選書 8　語形成と概念構造』研究社出版
樺島忠夫 1977「漢字の造語力」『言語』6-8
樺島忠夫 1979『日本語のスタイルブック』大修館書店
樺島忠夫 1980「語彙」『国語学大辞典』東京堂出版
亀井　旭 1991「現代英語の名詞化表現―"英語らしさ"に関する一考察―」『いわき明星
　　　大学人文学部研究紀要』4
岸田純之助 1970「ゆたかな造語能力の国」『言語生活』228

教科研東京国語部会・言語教育研究サークル 1964『語彙教育』むぎ書房
金田一春彦 1950「国語動詞の一分類」『言語研究』15
金田一春彦（編）1976『日本語動詞のアスペクト』むぎ書房
金田一春彦 1988『日本語　新版（上）』岩波書店
工藤真由美 1990「現代日本語の受動文」『ことばの科学　4』むぎ書房
工藤真由美 1991「アスペクトとヴォイス」『現代日本語のテンス・アスペクト・ヴォイスについての総合的研究』〈科研費報告書〉
国広哲弥 1973「言語の統合モデル」『国語学』92
国広哲弥 1980「意味の世界と概念の世界」『講座言語 1　言語の構造』大修館書店
国広哲弥 1982『意味論の方法』大修館書店
窪薗晴夫 1987「日本語複合語の意味構造と韻律構造」『アカデミア』文学・語学編（43）
窪薗晴夫 2002『新語はこうして作られる』岩波書店
言語学研究会（編）1983『日本語文法・連語論（資料編）』むぎ書房
国立国語研究所 1981『専門語の諸問題』秀英出版
国立国語研究所 1989a『児童の作文使用語彙』東京書籍
国立国語研究所 1989b『日本方言親族語彙資料集成』秀英出版
小林　隆 1980「"もち（餅）"と"とりもち（鳥黐）"の語史」『文芸研究』94
小林英樹 2004『現代日本語の漢語動名詞の研究』ひつじ書房
小宮千鶴子 1985「文章の種類と言語的性格―新聞各面の文章を比較する―」『文体論研究』32
斎賀秀夫 1957「語構成の特質」『講座現代国語学Ⅱ　ことばの体系』筑摩書房
斎藤倫明 1992『現代日本語の語構成論的研究―語における形と意味―』ひつじ書房
斎藤倫明 2004『語彙論的語構成論』ひつじ書房
斎藤倫明・石井正彦（編）1997『日本語研究資料集 1-13　語構成』ひつじ書房
阪倉篤義 1957「語構成序説」『日本文法講座 1　総論』明治書院
阪倉篤義 1959「固有の日本語の造語力」『言語生活』97
阪倉篤義 1963「現代国語の造語力」『国文学』8-2
阪倉篤義 1966a「接尾語の位置」『国語国文』35-5
阪倉篤義 1966b『語構成の研究』角川書店
阪倉篤義 1968「固有名詞」『国語学』72
坂野登・天野清 1976『言語心理学』新読書社
佐藤武義 2003『日本語の語源』明治書院
真田信治 1994「ある個人における理解語彙量の累進パターン―『分類語彙表』収載語彙を対象として―」『国語論究 4　現代語・方言の研究』明治書院
柴田　武 1983「日本語の造語のルールとその拡張の可能性―動詞連用形の名詞化」『言語及び言語使用の客観的評価と、その教育への応用に関する言語学的・情報学的研究研究成果報告書』
島田昌彦 1979『国語における自動詞と他動詞』明治書院

嶋田裕司 1989「日本語の複合動詞と複合名詞の意味的相違」『横浜市立大学論叢(人文科学系列)』40-3
情報処理振興事業協会技術センター 1996『計算機用日本語基本名詞辞書 IPAL (Basic Nouns)』
須賀一好 1984「現代語における複合動詞の自・他の形式について」『静岡女子大学研究紀要』17
鈴木重幸 1972『日本語文法・形態論』むぎ書房
鈴木修治 1978『漢字 その特質と漢字文明の将来』講談社
鈴木英夫 1978「幕末明治期における新漢語の造出法―『経国美談』を中心として―」『国語と国文学』55-5
鈴木英夫 1980「新漢語の造出と享受―明治前期の新聞を資料として―」『国語と国文学』57-4
鈴木康之 1982「連語の構造に対しての複合語の役わり」『大東文化大学紀要』20〈人文科学〉
関 一雄 1977『国語複合動詞の研究』笠間書院
高崎みどり 1988「文章展開における"指示語句"の機能」『国文学・言語と文芸』103
武中 来 1969「漢字の造語力に就て」『国語国字』54
武部良明 1953「複合動詞における補助動詞的要素について」『金田一博士古稀記念 言語民俗論叢』三省堂
田中章夫 1975「漢字の重みを測る尺度」『計量国語学』75
田中卓史 1985「概念情報処理」国立国語研究所『研究報告集 6』秀英出版
種田政明 1976「荷風の用語と造語(1)」『日本語』16-1
玉村文郎 1975「和語は造語力が弱いか」『新・日本語講座1 現代日本語の単語と文字』汐文社
玉村文郎 1985「語彙の研究と教育(下)」国立国語研究所日本語教育指導参考書 13
玉村文郎(編)1988「命名と造語」『日本語百科大事典』大修館書店
玉村文郎 2005「日本語とドイツ語の複合語の対照」『異文化との出会い―世界の中の日本とドイツ―』テュービンゲン大学
都竹通年雄 1959「方言の造語」『言語生活』97
都竹通年雄 1970「新造語論」『文法』2-9
寺村秀夫 1969「活用語尾・助動詞・補助動詞とアスペクト(一)」『日本語・日本文化』1
寺村秀夫 1984『日本語のシンタクスと意味Ⅱ』くろしお出版
長嶋善郎 1976「複合動詞の構造」『日本語講座4 日本語の語彙と表現』大修館書店
永野 賢・林 四郎・渡辺友左 1960「新聞の文章のわかりやすさに関する研究」『国立国語研究所年報― 10 ―』
中村洋子・関谷暁子 1956「造語上からみた名詞の研究」『東京女子大 日本文学』7
成瀬武史 1989『意味の文脈―通じる世界の言葉と心―』研究社出版
西尾寅弥 1961「動詞連用形の名詞化に関する一考察」『国語学』43

西尾寅弥 1976「造語法と略語法」『日本語講座4　日本語の語彙と表現』大修館書店
西尾寅弥 1988『現代語彙の研究』明治書院
仁田義雄 1974「日本語結合価文法序説」『国語学』98
仁田義雄 1980『語彙論的統語論』明治書院
野村雅昭 1975「四字漢語の構造」国立国語研究所『電子計算機による国語研究Ⅶ』秀英出版
野村雅昭 1977「造語法」『岩波講座日本語9　語彙と意味』岩波書店
野村雅昭 1979「同字異音―字音形態素の造語機能の観点から」『中田祝夫博士功績記念国語学論集』勉誠社
野村雅昭 1981「近代日本語と字音接辞の造語力」『文学』49-10
野村雅昭 1984「語種と造語力」『日本語学』3-9
野村雅昭 1988a「漢字の造語力」『漢字講座1　漢字とは』明治書院
野村雅昭 1988b『漢字の未来』筑摩書房
野村雅昭・石井正彦 1986「学術用語の造語法」科研費特定研究『情報化社会における言語の標準化』成果報告
野村雅昭・石井正彦 1987『複合動詞資料集』〈科研費報告書〉
野村雅昭・石井正彦 1988『学術用語語基連接表』〈科研費報告書〉
野村雅昭・石井正彦 1989a「学術用語の量的構造」『日本語学』8-4
野村雅昭・石井正彦 1989b『学術用語語基表』〈科研費報告書〉
野元菊雄 1976「漢字の造語力」『創造性研究』1-1
橋本進吉 1934『国語法要説』『国語科学講座Ⅵ　国語法』明治書院(『橋本進吉博士著作集2　国語法研究』岩波書店、1948に再録)
服部四郎 1974「意義素論における諸問題」『言語の科学』5
林　大 1964『分類語彙表』(国立国語研究所資料集6)秀英出版
林　四郎 1973「表現行動のモデル」『国語学』92
林　四郎 1982「臨時一語の構造」『国語学』131(『漢字・語彙・文章の研究へ』明治書院、1987に再録)
早津恵美子 1989a「有対他動詞と無対他動詞の違いについて―意味的な特徴を中心に」『言語研究』95
早津恵美子 1989b「有対他動詞と無対他動詞の意味上の分布」『計量国語学』16-18
原田信一 1973「構文と意味―日本語の主語をめぐって―」『言語』2-2
半沢幹一 1987「ことばの記号性と表現性―あるいは比喩の意味と使用―」『表現研究』46
東辻保和他(編) 2003『平安時代複合動詞索引』清文堂出版
日向敏彦 1982「機能別漢字表―造語力の考察から―」『講座日本語学6　現代表記との史的対照』明治書院
日向敏彦 1983「名詞性漢字の概念の層と機能」上智大学文学部紀要分冊『国文学論文集』16
姫野昌子 1976「複合動詞『～あがる』、『～あげる』および下降を表す複合動詞類」『日本

語学校論集』3
姫野昌子 1980「複合動詞『〜きる』と『〜ぬく』,『〜とおす』」『日本語学校論集』7
姫野昌子 1999『複合動詞の構造と意味用法』ひつじ書房
藤原与一 1961『日本人の造語法―地方語・民間語―』明治書院
藤原与一 1986『民間造語法の研究』武蔵野書院
松原　望 1996『わかりやすい統計学』丸善
松本泰丈（編）1978『日本語研究の方法』むぎ書房
松本泰丈 1970「語の構成」『講座正しい日本語第四巻　語彙編』明治書院
松本泰丈 1976「変形をめぐって」『教育国語』46（松本（編）1978 に再録）
松本　曜 1998「日本語の語彙的複合動詞における動詞の組み合わせ」『言語研究』114
水谷静夫 1978「和語と漢語の造語力」文化庁編『「ことば」シリーズ 8　和語漢語』
水谷静夫 1989「高次結合まで考慮した語構成状況」『計量国語学』17-2
南不二男 1974『現代日本語の構造』大修館書店
南不二男 1978「言語表現における『空間的構造』と『時間的構造』」『国語学』115
南不二男 1982「語彙の意味」『講座日本語の語彙 7　現代の語彙』明治書院
南不二男 1987「談話行動論」国立国語研究所『談話行動の諸相―座談資料の分析―』三省堂
宮岡伯人 2002『「語」とはなにか　エスキモー語から日本語をみる』三省堂
三宅知宏 2005「現代日本語における文法化―内容語と機能語の連続性をめぐって―」『日本語の研究』1-3
宮島達夫 1956「動詞から名詞をつくること」『ローマ字世界』487
宮島達夫 1972『動詞の意味・用法の記述的研究』(国立国語研究所報告 43) 秀英出版
宮島達夫 1973「無意味形態素」国立国語研究所『ことばの研究　4』秀英出版
宮島達夫 1980「語構成」『国語学大辞典』東京堂出版
宮島達夫 1983「単語の本質と現象」『教育国語』74（宮島 1994 に再録）
宮島達夫 1985「『ドアをあけたが、あかなかった』―動詞の意味における〈結果性〉―」『計量国語学』14-8
宮島達夫 1994『語彙論研究』むぎ書房
宮本要吉 1943「造語の社会的心理」『コトバ』昭和 18 年 3 月号
村木新次郎 1980「日本語の機能動詞表現をめぐって」国立国語研究所『研究報告集　2』秀英出版
村木新次郎 1981「日本語とドイツ語の『基本語彙』をくらべる」『計量国語学』12-8
村木新次郎 1989「現代日本語における分析的表現」『国文学解釈と鑑賞』1989 年 7 月号
村木新次郎 1991『日本語動詞の諸相』ひつじ書房
モモセチヒロ 1977「漢字に造語力があるか」『カナノヒカリ』660
森岡健二 1959「名まえの構造と機能」『言語生活』92
森岡健二 1968「文字形態素論」『国語と国文学』45-2
森岡健二 1977「命名論」『岩波講座日本語 2　言語生活』岩波書店

森岡健二 1994『日本文法体系論』明治書院
森岡健二・山口仲美 1985『命名の言語学』東海大学出版会
森田良行 1978「日本語の複合動詞について」『講座日本語教育』14（『日本語学と日本語教育』(凡人社、1990) に再録)
森田良行 1982「日本語動詞の"意味"について」『日本語教育』47
森山卓郎 1988『日本語動詞述語文の研究』明治書院
茂呂雄二 1991「語り口の発生　言語の活動理論」『ことばが誕生するとき　言語・情動・関係』新曜社
八木　毅 1959「国語における逆成法」明治大学文芸研究会『文芸研究』6
安井　稔 1989『英文法を洗う』研究社出版
柳田国男 1952「日本における新造語の問題」『文学』20–12
ヤマシタ　タケトシ 1976「漢字の造語力と漢語」『カナノヒカリ』652
湯川恭敏 1999『言語学』ひつじ書房
湯本昭南 1977「あわせ名詞の意味記述をめぐって」『東京外国語大論集』27（松本(編) 1978 に再録)
湯本昭南 1979「あわせ名詞の構造—n+nタイプの和語名詞のばあい—」言語学研究会(編)『言語の研究』むぎ書房
吉沢典男 1963「造語法からみた戦後のスラング」『言語生活』136
米川明彦 1989「新語・流行語」『講座日本語と日本語教育 6　日本語の語彙・意味(上)』明治書院
渡辺　武 1975「"偉大なる野次馬"の造語力—大宅語録が語る昭和世相の一端」『新・日本語講座 9　現代日本語の建設に苦労した人々』汐文社
渡辺義夫・陳軍 1991「動作性からアスペクト性へ—局面動詞の一考察—」『福島大学教育学部論集(人文科学部門)』50
V. アダムス 1973『現代英語の単語形成論』(杉浦茂夫・岡村久子(訳) 1978　こびあん書房)
Ю.Д.アプレシャーン 1966『現代構造言語学の原理と方法』(谷口勇(訳) 1988　文化書房博文社)
R. バルト 1967『モードの体系』(佐藤信夫(訳) 1972　みすず書房)
Bauer, Laurie. 1983 *English Word-formation*. Cambridge: Cambridge University Press.
L. ブルームフィールド 1933『言語』(三宅鴻・日野資純(訳) 1962　大修館書店)
H. エガース 1973『二十世紀のドイツ語』(岩崎英二郎(訳) 1975　白水社)
R. グリシュマン 1986『計算言語学—コンピュータの自然言語理解—』(山梨・田野村(訳) 1989　サイエンス社)
N.P. ヒッカーソン 1980『ヒトとコトバ—言語人類学入門—』(光延明洋(訳) 1982　大修館書店)
G. レイコフ 1987『認知意味論』(池上嘉彦・河上誓作他(訳) 1993　紀伊国屋書店)
Li, Yafei 1993 Structural Head and Aspectuality, *Language* 69–3
A.P. ルリヤ 1979『言語と意識』(天野清(訳) 1982　金子書房)

V. マテジウス 1961『機能言語学』(飯島周訳 1981　桐原書店)
G.A. ミラー 1991『ことばの科学―単語の形成と機能―』(無藤隆他(訳)1997　東京化学同人)
D.S. パラモ 1978『言語の心理学』(村山久美子(訳)1981　誠信書房)
Schank, R.1975 *Conceptual Information Processing* (North-holland/American Elsevier. New York
R.C. シャンク／C.K. リーズベック(編)1981『自然言語理解入門―LISPで書いた5つの知的プログラム―』(石崎俊監(訳)1986　総研出版)
D.D. スタインバーグ 1982『スタインバーグ　心理言語学』(国広哲弥・鈴木敏昭(訳)1988　研究社出版)
S. ウルマン 1962『言語と意味』(池上嘉彦(訳)1969　大修館書店)

あとがき

　本書は、私がこの二十年あまりの間に行った複合語形成に関する研究をまとめたものである。各章の記述には、以下の論文が下敷きになっている。ただし、全体の統一をはかるため、すべての論文に手を加えている。

【序論】
　「語構成研究と連語」『国文学　解釈と鑑賞』70–7、2005

【第1部】
（第1章）
　「現代語複合動詞の語構造分析における一観点」『日本語学』2–8、1983.8
　「現代語複合動詞の語構造分析―〈動作〉・〈変化〉の観点から―」『国語学研究』23、1983.12
（第2章）
　「動詞の結果性と複合動詞」『国語学研究』31、1992.4
（第3章）
　「接辞化の一類型―複合動詞後項の補助動詞化―」『方言研究年報』30、1988.10
（第4章）
　「複合動詞の成立―V＋Vタイプの複合名詞との比較―」『日本語学』3–11、1984.11
（第5章）
　「複合動詞の語構造分類」『国語語彙史の研究』20（和泉書院）、2001.3
（第6章）
　「『既製』の複合動詞と『即席』の複合動詞―小説にみる現代作家の語形成―」『国語論究10　現代日本語の文法研究』明治書院、2002.12

【第2部】
（第1章）
　「造語モデルの構築とその問題点」『日本語日本文学』14（中華民国輔仁大学）、1988.6
　「造語モデルについての覚え書き」『文化言語学―その提言と建設』三省堂、

1992.11

(第2章)

「複合名詞の語構造分析についての一考察―学術用語を例に―」『国語学』144、1986.3

(第3章)

「複合名詞の構造と機能」『朝倉日本語新講座1　文字・表記と語構成』朝倉書店、1987.12

(第4章)

「造語力をはかるために」『日本語学』11-5、1992.5

「専門用語の語構成―学術用語の組み立てに一般語の造語成分が活躍する―」『日本語学』16-2、1997.2

(第5章)

「語構成における生産性」『国文学解釈と鑑賞』58-1、1993.1

【第3部】

(第1章)

「臨時一語と文章の凝縮」『国語学』173、1993.6

(第2章)

「Syntagmaticな臨時一語化―文章における先行表現の臨時一語化について―」加藤正信編『日本語の歴史地理構造』明治書院、1997.7

(第3章)

「文章における『臨時一語化』と『脱臨時一語化』―脱臨時一語化の形式を中心に」『日本語研究』19、1999.4

(第4章)

「臨時一語の研究―新聞の文章に現れるシンタグマティックな臨時一語―」『新聞記事のCD-ROMを用いた文法研究』(科研費成果報告書、研究代表者・荻野綱男)、1997.3

(第5章)

「『文章における臨時一語化』の諸形式―新聞における四字漢語の場合―」『現代日本語研究』8、2001.3

「『文章における臨時一語化』の基本類型」玉村文郎編『日本語学と言語学』明治書院、2002.1

第1部で扱った「複合動詞の形成」は、卒業論文以来のテーマでもあり、最も時間をかけた(かけてしまった)問題である。国立国語研究所に入ったばかりのころ、

上司の野村雅昭氏が、修士論文の一部を雑誌『日本語学』に投稿するよう勧めてくださったのが実質的なスタートとなった。その後、同じ国語研究所の宮島達夫氏が、『動詞の意味・用法の記述的研究』の用例カードから複合動詞を抜き出したリストを提供してくださり、それを、私自身がそれまでに集めたデータとともに、これも野村氏のご好意によって『複合動詞資料集』(科研費成果報告書)にまとめることができた。辞書の見出し語にはない数多くの「新造の複合動詞」を目にしたことは、私の複合動詞研究の方向を決めるものとなった。

第2部でとりあげた「複合名詞(学術用語)の形成」は、野村氏が、氏との共同研究のテーマとして私に与えてくださったもので、本書の「複合名詞形成の4段階モデル」のもとになった「造語モデル」という発想は、野村氏によるものである。野村氏とともに作成した『学術用語語基連接表』『学術用語語基表』(ともに科研費成果報告書)には、6万5千語あまりの学術用語と、それを構成する異なり2万ほどの造語成分とが収められているが、それらは、学術用語に豊かな「命名的複合語形成」の世界が広がっていることを教えてくれた。

第3部の「臨時一語の形成」は、私が国語研究所で語彙調査に従事するなかで、かつて「新聞の語彙調査」をリードされた林四郎氏の、「臨時一語の構造」(『国語学』131)という論文に刺激を受け、興味をもった問題である。その後、ハンス・エガース氏の『二十世紀のドイツ語』(岩崎英二郎訳、白水社)にも、林氏とほとんど同じこと、つまり、臨時的な複合語と文章・文体との関係が指摘されていることを知り、林氏とエガース氏がともにコンピュータを使った語彙調査のリーダーであったことともあわせて、(臨時の)複合語が文章や文体にもかかわるのかという新鮮な驚きをもったことを覚えている。

以上の三つのテーマは、私のなかにあって、最初から、本書で述べたような「複合語形成論」の下に位置づけられるよう、構想されていたわけではない。もちろん、大きくは、現代日本語の語構成研究の一環であるという認識はもっていたが、それぞれを、既成＝解釈的、新造＝命名的、臨時＝構文的という関係でまとめることを思いついたのは、大阪大学に転じて以降の、ここ数年のことである。とはいっても、それは、あとからのこじつけではなく、私が、これらのテーマに対してもっていた問題意識の根源を、私自身に自覚させる作業であったと思う。

そうした、私の問題意識の方向は、これもなかば無自覚的に、計量的な調査を基本とする研究のスタイルにも向いていたように思う。私は、複合語形成は、規則ではなく、傾向が支配する世界だと考えている。つまり、複合語形成を論じる場合に、まず、試みなければならないのは、そこに精密な規則を見ようとすることではなく、全体にわたって存在する傾向を見出すことだと思う。それは、複合動詞にもいえるし、構文的な複合語形成と考えられる臨時一語にさえも言えることだと思

う。そして、そうした傾向を明らかにし、それをもたらす要因を追究して行くためには、多くの資料を調査し、計量的なデータとして示す必要がある。本書が、本文中はもちろん、巻末に余分とも思える資料をあえて掲げたのは、複合動詞・複合名詞（学術用語）・臨時一語の、それぞれの形成に見られるはずの諸傾向を明らかにするためであり、同時に、不十分ではあるが、読者に、それらに対する検証の材料を提供するためである。

　ただし、こうした、計量的な調査を基本とする、現代日本語の複合語形成の記述、という本書の試みは、既成、新造、臨時の複合語形成を別個に扱っている点で、いまだ不完全なものであって、今後、それらをどう関係づけ、総合していくかを考えていかなければならないものである。いまは、すべて、今後の課題としなければならない。

　最後に、野村雅昭氏、宮島達夫氏、林四郎氏をはじめとして、この間に得た数多くの方々の学恩に感謝申し上げる。

　なお、本書にまとめた研究の一部については、以下の文部省科学研究費補助金の交付を受けた。
　　1995年度奨励研究「複合動詞の成立条件解明のための語構成論的研究」
　　1996年度基盤研究（一般）「臨時一語の構成に関与する文章論的諸特徴の記述的研究」
　また、分担者として参加した以下の科研費研究からも補助を受けた。
　　1986年度特定研究「言語データの収集と処理の研究」（代表者：野村雅昭）
　　1997年度重点領域研究「新聞記事のCD-ROMを用いた文法研究」（代表者：荻野綱男）
　さらに、本書の公刊にあたっては、日本学術振興会平成18年度科学研究費補助金（研究成果公開促進費　課題番号185074）の交付を受けることができた。記して感謝申し上げる。

2007年2月

著　者

索引

数字

1次結合語　236
2次結合語　236
2単位語　188, 193, 200, 203–204, 211
3単位語　188, 193, 204
3, 4単位語　200, 207, 211
4単位語　194, 204

A

accidental gap　212, 357
Augenblickskompositum　248

B

Blockbildung　248
blocking　10

C

『CD―毎日新聞91年版』　307, 310
『CD―毎日新聞'95データ集』　296, 298
CN　91, 102
CV　91, 102

H

holisticな見方　4, 172

M

ME構造　178, 195
motivation　232

N

nonce formation　265
nonce word　265

S

S構造複合語　265, 357, 360

V

V + V　91, 103, 179

Z

z評点　260, 266

あ

曖昧さ　199
アクセント　251
アスペクト　34–35, 37, 49–50, 55–56, 81, 86, 92–93, 107, 121, 136–137, 312
《アスペクト・ヴォイス》モデル　107, 118, 123, 150
アスペクト的(な)意味　33–34, 36, 50, 58
アダムス　26
新しい単語　218, 220
圧縮　279

い

移行　81, 87
石綿敏雄　178, 195–196
位相　215
一語意識　151
一語一格の原則　181
一語化　11, 251, 256, 258–259, 268
一語の生産性　235
一語のレベル　236
一語レベルの生産性　241
一字漢語サ変動詞　32
一時語　11, 20
一字(の)漢語　183, 224
位置づけ　160
一人前の単語　168
一文一格の原則　181
一般化　159
一般語　158, 199–200, 221–222, 225, 232
一般の造語成分　24, 222, 225–230, 232
移動　44, 52
イベント　163, 192
意味　178, 195
意味格　196, 358
意味構成　107
意味構造　178, 190, 192–193, 195
意味づけ　232
意味的なカテゴリー　181
意味特徴　118, 178, 181–183, 186, 188, 190–192, 196, 441
意味の広狭　221
意味の重心　51
意味の特殊化　105
意味の広さ　220
意味範囲　229
意味範疇　200–202, 208, 311

意味表示　356
意味分野　159, 173, 229, 230
意味分類カテゴリー　183
意味変化　10
意味変容　82–83
意味変容過程　88
意味役割　178, 180–186, 188, 190–194, 196, 202–212, 441
意味役割の配列　194
意味論的な分析　118, 120
『岩波国語辞典』　30, 363
因果関係のプロトタイプ　153
韻文　255
引用節　276, 291

う

ヴォイス　35, 37, 49, 55–56, 81, 86, 93, 107–108, 121, 136–137
受身　75, 116, 356
受身形　146
うごき　99, 101
ウツシカエ　184, 441
うつしかえ動詞　50
ウルマン　172
運動　55–56, 89–90, 102–103
運動動詞　52
運動のあり方　102
運動の過程面　72, 110, 114
運動の関与者　148
運動の局面　108
運動の形態面　104
運動の結果面　57, 60, 73, 115
運動の内容面　104
運動の様態面　113–115

え

英語　265
エガース
　→ハンス・エガース

お

大野晋　181
大橋勝男　233
大堀壽夫　173
沖久雄　26
奥田靖雄　34, 50, 52, 56, 70, 92, 103–104, 121, 153, 184, 196, 441
奥津敬一郎　9, 177, 197, 354, 356–357, 359
音韻論　200
音訓関係の有無　252
音声言語　263
音便化　31

か

下位概念　208
外項—VN　360
解釈　6–8, 23, 29, 49, 86, 123, 170
解釈(活動)的複合語形成論　8, 20
解釈的複合語形成論　9, 13–14, 23, 123
解釈的複合名詞形成　170
外心構造　186, 193
解説型の文章　300
階層的な関係　192
概念　159–160, 162, 199, 218–221, 225, 232
概念スキーマ　173
概念の弁別　204
外来語　116, 166, 216, 224, 228, 297

「『外来語』言い換え提案」　26
概略的　265
科学技術抄録文　250, 255–256, 262–263, 265
かかりの次数　265
書きことば　1, 21, 25
書き手の変形操作　313
格関係　315
学術用語　24, 158, 171, 177, 199–200, 206, 211, 220, 222–223, 225–227, 229–230, 232, 441
『学術用語語基連接表』　222–233
『学術用語集』　24, 179, 222, 226, 232, 235, 237, 441
格成分　196, 210, 311, 338
格体制　30
影浦峡　243
影山太郎　3, 16, 18, 70, 87, 105, 131, 151–152, 172, 197, 265, 357–358, 360
歌語　26
かざられ　18
かざり　338
硬い・難しい　265
『学研国語大辞典』　30, 363
過程　102
過程結果構造　23, 48–53, 55, 64, 71–75, 78, 79, 82–89, 92–93, 98, 102–104, 107, 108, 113–118, 123, 138, 145, 147–149, 153
過程(の局)面　38–39, 49–50, 55–56, 64, 81, 86, 93, 108–109, 136–138, 145
カテゴリーマッチング　160, 164
カテゴリカルな意味　29–30, 92, 104, 121

カテゴリカルな語彙的意味　34, 37, 49-50, 55-56, 86
可能　312
カバー度数　216
樺島忠夫　148, 216-218, 220, 257, 259, 263, 265-266
カラ格　52
体の類　229
関係還元型　338, 356, 360
関係還元型の臨時一語化　313, 327
関係顕在型　352
関係再構型　356, 360
関係再構型の臨時一語化　313, 338
関係創造型　353-354
関係創造型の臨時一語化　313, 352
関係浮上型　352
関係保存型　328, 338, 353, 356, 358, 360
関係保存型の臨時一語化　313, 315
漢語　166, 170, 215-216, 218, 220, 224, 228, 266, 297, 358
漢語サ変動詞　105, 252
漢語サ変動詞語幹　166
漢語名詞　360
漢語名詞成分　179
漢字　218
漢字のカバー率　216
漢字の結合力　216-217
慣習的な意味　3
間接的な構文的関係　313, 338, 360
完全熟合　128
完全熟合構造　108, 117
感動詞　229
慣用句　15
慣用度　265

き
既成の複合語　1-6, 8-9, 11, 14-15, 17, 19-21
既成の複合語の構造型　13
既成の複合語の「つくり」　6-7, 13
既成の複合語の「つくり方」　7
既成の複合動詞　22-23, 29-31, 49-50, 55, 86, 89, 93, 107, 123, 125-126, 132-135, 138, 146-150, 152, 363
既成の複合名詞　170
基礎語彙　216
基底構造　354
基底レベル　356
起点　180, 202, 441
機能　174
機能動詞結合　356
機能動詞表現　338, 356
基本義　138
基本語　152
基本語彙　148, 173
基本的な構文的関係　312-313
基本的な語構造　87, 107
逆J字型の分布　134
客体　81, 87, 99, 101
客体（の）変化　34-35, 55-56, 60-61, 64-69, 92, 103, 109-111, 137, 148
『教育基本語彙』　225
教科書の語彙調査　266
共起関係　178, 184
共起制約　185, 191, 194
共時態　5, 9, 13, 126
凝縮　177
凝縮化　265

凝縮的な文章　247, 249, 253, 255-258, 263, 281
居体言　90, 252
距離　271, 285, 292, 303
金田一春彦　33-34, 173

く
句　26, 173, 222, 224, 274-275, 280, 284, 290
工藤真由美　57-58, 70
句の包摂　18
句の臨時一語化　274
区別的意味　210
窪薗晴夫　265
クミアワセ　184, 441
くみあわせ原則　59
くみあわせ性　8, 26, 105, 172
くみあわせ制限　148
くみあわせ的な意味　2, 8, 11, 17, 22, 172
くみあわせ的な名づけの単位　1
くりこみ　257-259, 261-263, 265

け
継起的・顕在的な臨時一語化　268
継起的な関係　269
継起的並列構造　108, 112, 138, 145, 147, 149, 411, 433
傾向　25-26
掲載面種別　300, 303-304
形式的動作　52
形式名詞　252
形式名詞句　276
係助詞　312
継続動詞　33-34

形態素　21-22, 78, 174
形態素解析プログラム
　　297
形態素の語彙　22
形態的な有縁性　172
形態論　129
形態論的な形式　65
形容詞　229, 441
形容動詞　229
「形容(動)詞＋動詞」型
　　129
形容動詞と動詞との
　　結びつき　315, 321
形容動詞と名詞との
　　結びつき　315, 326
計量的な調査　23-25, 249,
　　306
適格性　10
結果　84, 102, 180, 202, 441
結果性　55-61, 63-64, 66-
　　70, 148
結果性(の)後退　59-61,
　　70
結果対象　180, 202, 441
結果(の局)面　38-39, 49,
　　50, 55-56, 81, 86, 93, 108-
　　110, 136-138, 145
結合相手　200-203
結合価理論　24, 178
結合位置　228, 233, 363
結合形式の語基　252
結合順序　200-202
結合数　32, 96, 363
結合特性　178, 184, 186,
　　190
結合力　215-218, 220-221
結束性　282-283
原因　99-100
原因と結果　53
原概念　24, 160-166, 168-
　　173, 177, 192-193, 199
原概念構造　161, 167

原概念の形成　160, 163
原義　82, 225
言語学研究会　26
言語活動　22, 123-125,
　　310, 354
言語社会　10, 14, 26, 159,
　　168, 173
言語生活　8, 10-11, 157
言語の生成機構　171
言語の生成モデル　158
言語表現　195
言語量　300
現実の言語活動　356-357
源泉　180, 202, 441
現代語　5, 9, 13, 21, 23, 25-
　　26, 29, 31, 55, 78, 86, 92-
　　93, 107, 119, 151, 363
現代語の語形成　125
現代語の複合動詞研究
　　125
現代作家の複合動詞形成
　　149
現代ドイツの文章語　247
現代日本語　1, 87, 123,
　　215-216
現代日本語の語彙　133
現代日本語の語構成意識
　　224
現代日本語の複合語形成論
　　20-21, 25
現代の作家　126, 151
「現代」の範囲　126
現代の複合語形成　25
限定構造　108, 111
限定成分　184-185, 193-
　　195, 197, 201-202, 207-
　　208, 211-212
原認識　160, 169, 173

こ

語彙　8, 10-11, 14-15, 20,
　　29, 132, 148-149, 158,
　　168, 216, 235-237, 240-
　　241
語彙化　10, 24, 151, 235
語彙獲得　225
語彙接頭辞構造　72-73,
　　78, 108, 113-115
語彙接尾辞構造　73-74,
　　87, 108, 114-116, 120-
　　121
語彙体系　91, 105, 206, 220
語彙調査　216
語彙的／統語的　87
語彙的(な)意味　33-35,
　　84-85, 93, 104, 108, 129-
　　130, 132
語彙的な接頭辞　71-72,
　　113
語彙的な接尾辞　71, 73,
　　114
語彙的な複合語　360
語彙的な複合語形成　17
語彙的(な)複合動詞　29,
　　31, 105
語彙的な複合名詞　356-
　　357
語彙的派生構造　108, 113,
　　120
語彙の重層性　23
語彙の生産性　24, 235
語彙のレベル　236
語彙＝派生的な複合動詞
　　52, 71-73, 87, 129-132,
　　138
語彙表　125
語彙＝複合的な複合動詞
　　71, 75-78, 81-82, 87, 129,
　　131-134, 136-138, 146,
　　153

語彙量　159, 173, 237
語彙レベルの生産性　240–241
語彙（論）的複合動詞　87
工学系　226, 230
工学系の用語　180
高校教科書　250
高校「世界史」　255, 261, 264
後項動詞　32, 36, 76, 92, 94, 97, 148–149, 363, 399
高校「物理」　262, 264
高次結合語　199–200, 204, 211
恒常的な単語　266, 299
合成語　124, 229, 232, 236, 240–241, 252
合成（語の）動詞　128
構成要素間の意味関係　99
構成要素の結合順序　98–99, 102
構成論的・還元論的な見方　172, 174
構造化　160
構造型　12
後続文　353
構築物の要素　22
後置詞的な要素　252
構文　294
構文活動　1, 8, 10, 14–15, 17, 20
構文（活動）的複合語形成論　17, 20
構文的な関係　312–313, 352, 355–356, 360
構文的複合語形成論　18, 24, 247
構文法　173
構文論　18, 281
語幹　273, 276, 297
語感　220–221

語基　23, 128–130, 132, 151, 218, 224, 233, 282, 288
語義　168, 172, 177
語義の確立　169
「語基＋接尾辞」型　129–130
語基的な意味　131
国語辞書　11, 124–125, 133, 135, 150–151
国立国語研究所　26, 69, 173–174, 225, 233
『国立国語研究所資料集 7　動詞・形容詞問題語用例集』　30, 92, 363
語形　168
語形成　14, 104, 123–124, 126, 235, 237
語形成の主体　125
語形成のあり方　237
語形成の様式　128
語形成モデル　24
語形成論　5, 9, 20, 281
語源　225
語構成　222–223, 279
語構成の常識的モデル　21–22
語構成要素　8, 23, 30, 174
語構成論　1, 5, 9–10, 17, 20–21, 129, 281
語構造　4–5, 14, 20–23, 29, 46, 49, 55, 61, 87, 89, 92, 102, 107, 121, 135, 137–138, 167, 173, 188, 190, 310, 312, 355
語構造型の勢力関係　146–147, 150
語構造型の特徴　147
語構造タイプ　102, 441
語構造のあり方　237

語構造（の）型　23, 123, 125–126, 135–136, 138, 146–148, 411
語構造の必然性　148, 153
語構造の普遍性　148, 153
語構造分類　107, 120–121
語構造論　5, 20
語根創造　124
語誌　132
語種　228
語種の変更　270, 283–284, 292
個人的な語形成　26
個人的な単語　10
個人的な複合語　12, 20, 168, 171
個人的な複合名詞　24, 168–169, 177, 235
個人による造語　168–169
語選択　159
古代語　151
コト　81–82, 179, 311, 441
ことがら　178
ことば数　257–259, 261–262
語の長さ　199
語のレベル　253
小林隆　167
小林英樹　26, 360
小宮千鶴子　266
固有名　252
混種語　228, 297
コンピュータ　25, 249, 295, 310

さ

斎賀秀夫　215–216
再帰的過程結果構造　44, 46–47, 93, 108, 110, 118–121, 138, 143, 147, 411, 425

再帰的な関係　110
再帰動詞　35, 41, 46–47, 94, 109–110, 143, 363, 376, 397, 409
斎藤倫明　21, 87, 174
材料　22, 30, 215
材料と要素との違い　23
阪倉篤義　5, 7, 10, 76, 151, 220
阪本一郎　225
雑誌　250
雑誌九十種の語彙調査　225
佐藤武義　26
真田信治　225
サ変動詞　90–91, 116, 252, 273
サ変動詞語幹　230, 314
サマ　179
三字漢語　310
サンプル　240

し

使役　75, 116, 356
使役化　357
使役化した結びつき　328, 331
字音形態素　216
字音語基　21
時間性　23, 89, 103–104
時間的展開の相　102–103
時間的な前後関係　112–113, 145
軸字　217
軸度　217
示差性　174
指示語　269, 272, 285–286
指示語句　280
辞書　92, 129–130, 133–135, 152, 251, 268, 363
辞書的意味　108

自然　229
シソーラス　183
自他対応　56, 67–68
自他対応の有無　66
自他の別　314
自他両用　119
実現　38–39, 49, 52, 56, 60, 64–65, 84, 86
実現性　23, 89, 103–104
自動詞　39, 42, 45–46, 52, 56, 75, 109, 116, 136, 138
自動詞化　45
自動的過程結果構造　39, 42–48, 72–73, 80, 85–86, 93, 108–109, 112–116, 119, 121, 138, 141, 147–148, 411, 418
柴谷方良　265
事物　218–221, 232
嶋田裕司　105
社会化　168–169, 171, 235
社会言語学　158
社会的な語定着　26
社会的な単語　10
社会的な認知　10–11, 26
社会的な複合名詞　24, 169
社会面記事　255, 262–263
借用　10
社説　250, 255, 262
収載辞書数　134, 152
終止形　363
修飾関係　315
修飾語　272, 276, 288, 292, 298
修飾表現　258
従属節　276, 292
自由度　2, 130
自由な複合語　265
熟合構造　108, 117, 120–121
熟合した結びつき　128
熟合度　179

主語　276, 292, 298, 357
種差　164, 201, 207, 229, 241
主述関係　315
主体　81, 87, 180, 202, 441
主題　276–277, 292
主体＝客体関係　43–44, 46, 49, 81, 93
主体自身の変化　109–110
主体＝主体関係　49, 81, 93
主体動作客体変化動詞　35, 37–38, 40–41, 48, 51, 55, 59, 73, 86, 93, 109–110, 112, 115–116, 137–138, 141, 143, 145, 152, 363, 373, 382, 400
主体動作（自）動詞　35, 93, 136–138, 141, 363–364, 377, 399
主体動作（他）動詞　35, 93, 110, 138, 143, 149, 363, 366, 377, 399
主体動作動詞　37–39, 43, 48, 52, 55, 72, 109, 111–114, 136–139, 143, 145, 152
主体の状態　100–111
主体（の）動作　34–35, 52, 55–56, 61, 63–69, 87, 92, 103, 109, 111, 137, 148
主体（の）変化　35, 52, 87, 92, 110–111, 137, 148
主体変化動詞　35, 37–39, 43, 52, 72–73, 86, 93, 109–110, 113–116, 136–138, 141, 143, 145, 152, 363, 374, 389, 406
手段　100, 180, 202, 441
出現度数　24, 204, 206–209, 211
述語　277, 292, 298
受動化　312, 357

索引　489

受動化した結びつき　328
主部　276–277
主節　292
主要成分　184–186, 188, 193–194, 197, 201, 207–208, 211–212, 441
主要部　197
瞬間動詞　33–34
上位概念　183, 208
照応的な関係　308
状況　164, 218–219
状況成分　196, 210
畳語　224, 236
小説・随筆の地の文　250, 255
小説の文章　265
状態　48–49, 93, 99, 101, 113, 145
上代　26
状態限定構造　108, 111, 138, 144, 147, 411, 432
状態動詞　35, 52, 93, 363, 364
焦点化　266, 280
使用頻度　19
情報　257–259, 261–262, 264, 295
情報伝達の効率化　247
情報の内容　265
情報の述べ方　265
情報の密度　264
情報の量　253, 255
情報量　265
省略　217, 270, 284, 291
抄録的な文章　264
助詞・助動詞　251–252
所有（モノモチ）　441
自立　31, 108, 127–129, 132, 251
自立形式　252
自立語　297
自立的な単語　274, 290

新語　148, 217, 219, 221
深層格　195–196
新造の複合語　9–15, 17, 19–21, 151
新造の複合動詞　22–23, 107, 123, 125–126, 129, 132–135, 138, 146–150, 411
新造の複合名詞　22, 24
シンタグマティックな関係　65
新聞社会面の記事　249
新聞の文章　25, 248–249, 263, 295–296, 306
『新明解国語辞典』　30, 363
心理的な主体変化　110, 143

す

数量に関する表現　253
スキーマ　171
スキーマ化　173
鈴木重幸　52
鈴木英夫　217
鈴木康之　18–19, 265
図像的　105
スタインバーグ　174

せ

生活語彙　158
生産性　219, 235–237, 243
生産性の動詞　50
生産的　123, 129–130, 215–216
生産的な型　125
生産動詞　120
生産物　229
生産力　126–128, 150, 251
生成　173

生成文法　310, 354, 356–357
静的・構成論的な見方　22
静的・全体論的な見方　4
関一雄　77, 84, 132, 151
関谷暁子　220
節　275, 284, 290
節構造　275, 284, 290
接辞　31, 71, 128–129, 224, 251–252
接辞化　23, 50, 71, 87, 92, 113, 129, 131
接辞性　87
接辞的意味　72, 114, 131
接辞的（な）要素　130, 166
接続詞　229
「接頭辞＋語基」型　129
接頭辞的要素　50
節の臨時一語化　275
接尾辞の意味　74, 80, 115, 116
接尾辞的要素　50, 129, 130, 151, 152
先行単語列　269, 267, 271–276, 278–279, 307, 310, 313–315, 327, 356–357, 360
前項動詞　32, 36, 92, 94, 97, 363–364
先行文　353
前接修飾語　85
全体的・慣習的な意味　7–8, 11
全体的な意味　12
全体論的な見方　172, 174
専門　232
専門家　262
専門語　263
専門的　265
専門的な文章　264
専門の造語成分　24, 221–222, 227–229

専門分野　225, 230, 232, 237, 441
専門用語　199-200, 221-222, 225, 232, 241
専門用語辞典　180
専門用語予備軍　266

そ

相関係数　238-239
造語　8, 157-159, 169, 171, 177
総合雑誌の語彙調査　216
造語機能　24, 215
造語者　218-219, 221
造語主体　160, 163, 165-169, 173, 178, 215
造語成分　21-24, 29, 32, 35, 49, 55, 69, 86, 89, 92, 166-167, 170, 172-174, 178, 181, 193-194, 199-202, 215, 217, 220-221, 223-224, 233, 235-237, 240-243, 251, 363
造語成分間の結合関係　183, 185
造語成分の位相　24
造語成分の意味分野　230
造語成分のくみあわせ　37, 42, 104, 150
造語成分の結合位置　30
造語成分の結合力　216
造語成分の生産性　235
造語成分の選択と配列　165
造語成分の選択と配列 (の) 規則　178, 193, 196
造語成分の配列の型　178, 186
造語成分の弁別機能　206
造語成分への統合　167
造語の意思　159

造語能力　218-219, 221
造語の型　217, 220
造語の態度　164
造語の目的　164
造語法　11, 13, 125, 129, 132, 162, 166-167, 173, 177, 215, 217
造語モデル　158, 167
造語力　24, 150, 157, 215-216, 218-221, 235, 243
造語論　5, 235
相の類　229, 441
即席合成語　248-249
阻止　10
組織名・役職名　253
その他の類　229

た

対応する自他　34-35
対象　180, 202, 441
対象語　60, 70, 120
対象的意味　210
対象動作　180, 202, 441
大量生産的　265
大量生産的な文章　263, 281
高橋みどり　280
多義　72-73
多義および類義の排除　199
多義的な動詞成分　197
多義的な複合動詞　132
多義の複合動詞　77, 79, 83
武部良明　77, 87, 151
脱臨時一語化　290-296, 298-300, 302-304, 306
(脱) 臨時一語化の生起率　304
他動詞　40, 42, 44, 46-47, 52-53, 75, 116, 136-137, 148, 357

他動詞化　42, 45
「他動詞＋自動詞」タイプ　46
他動詞成分　179-181, 192, 206
「他動詞＋他動詞」型の複合動詞　56, 63
他動性　42, 44-45, 109, 138, 143
他動的過程結果構造　38, 40-48, 51, 56, 59, 61, 63, 66-67, 69, 72-74, 80, 85-86, 93, 108, 110, 112-116, 118-121, 138, 147-148, 411-412
田中章夫　216
種田政明　233
玉村文郎　219-221, 233
単位　225
単位語 (の) レベル　216, 220
単語　1, 3-4, 8, 14, 17, 20-22, 91, 123-124, 128-130, 157, 169, 173-174, 219, 235-237, 241, 251, 297
単語化　174
単語間の構文的 (な) 関係　307, 312, 315
単語性の低い単語　15
単語つくり　219
単語のくみあわせ　1, 296
単語の語彙　22
単語の材料　21
単語のつくり　5, 6
単語の結びつき　15
単語列　25, 252-253, 256, 264, 267-269, 279-286, 288-290, 292-299, 302-304, 306-309, 311-312, 338, 353-354
単語列の形式　304

単純語 2, 6, 8–9, 89, 117, 123, 128, 236, 240–241
単純語的な関係 108
単純動詞 45, 49, 59, 128, 137–138, 166
単純動詞の名詞化 91
単純な名詞 358
単独用法 87
段落の冒頭文 272, 286, 288, 292, 309
段落の末尾文 272, 286–288, 292

ち

地名 253
着点 180, 202, 441
中核的造語成分 179, 199–200
中学「歴史」 255
中学校教科書 250
抽象 159
抽象的な関係 229
抽象レベル 159
直接構成要素分析 181
直接的な構文的関係 338
直接の表示者 173
陳述副詞 229

つ

通過点 180, 202, 441
つくり 8, 14
つくり方 6, 9, 12–14, 17, 20–21, 23, 30–31, 123
ツクリダシ 184, 441
都竹通年雄 233

て

ディクトゥム 178
提題の「は」 309
できあい 1, 8, 14, 17, 123, 157

できあい性 251
できあいの単語 4, 29, 124–125, 251
できたての単語 168
手持ちの造語成分 241–243
寺村秀夫 75
テレビニュース 250, 255, 261–263
テンス 312
転成 91, 217
転成名詞 89–92, 98, 102, 224

と

ドイツ語 248
同一の環境 200, 202
同一の動詞にかかる名詞と名詞との結びつき 338–339
同音衝突 167
同格名詞 356
同格連体名詞 357
動機づけ 4
統語値理論 178
統語論的な形式 65
統語論的複合語 265
統語(論)的複合動詞 87, 151
動作 34–35, 37, 50, 81, 84–85, 87, 92–93, 101, 104, 148
動作関係者 82
動作形態 50, 103
動作動詞 34, 36
動作内容 190, 192
動作の継続 36, 136
動作の様態面 143
動詞 229, 441
動詞形 91–92
動詞句 278, 328, 356

動詞句内の修飾名詞と名詞との結びつき 338, 348
動詞述語 276
動詞成分 166, 178–181, 183–186, 188, 190–194, 196–197, 200, 202–203, 210
動詞成分の意味 184, 186
動詞成分の意味構造 190, 192, 196
同時的な関係 111
「動詞+動詞」型の既成の複合動詞 23
「動詞+動詞」型(の)複合動詞 29, 37, 71, 89, 107, 124, 126–129, 150
「動詞+動詞」型(の)複合名詞 23, 89
動詞と動詞との結びつき 315, 320
動詞と名詞との結びつき 315, 324
動詞の自他対応 33
動詞の自動性・他動性 32
動詞の用語 222
動詞連語 287, 289
倒置 270, 283–284, 292
動的・形成論的な見方 4
時 180, 202, 441
ときの表現 253
特化係数 300
特殊な単語 148
独立した運動 38, 112, 145
トリツケ 184, 441
とりつけ動詞 50
トリハズシ 184, 441
とりはずし動詞 50

な

内心構造　186, 193
長い合成語　236, 240–241, 243
長い単語　241
長い複合語　255
長い複合名詞　158, 199
長嶋善郎　52, 56, 63–64, 75, 78–79, 90, 100, 103–104
中村洋子　220
名づけ　10, 17, 164
名づけの単位　1

に

西尾寅弥　150, 171
二字漢語　25, 116, 217, 224, 233, 240, 307, 310, 312, 357
二字漢語サ変動詞　146
日常言語　52
日常語　158, 221
日常談話　251, 255, 265
仁田義雄　196
日本語話者　133
ニュアンス　129
ニュアンス的な意味　45
任意成分　191, 210
人間活動　229
人間活動の主体　229
認識活動　157
認知意味論　171
認知心理学　173

の

能動　328
野村雅昭　58, 70, 152, 217, 222, 233, 360
「の」名詞句　356, 358

は

俳句　250, 255, 262
幕末明治期の新漢語　217
橋本進吉　174
場所　180, 202, 441
派生　89, 91, 129, 217
派生義　138
派生源　113
派生語　71, 113, 124, 251, 280
派生構造　108, 113
派生語的な関係　108
派生語的な複合動詞　23, 71
派生的な構文的関係　313, 327
派生的な複合動詞　23, 31–32, 71, 87, 107, 129, 131, 151
派生動詞　42, 45, 128–129
はたらきかけ　40–41, 44, 46, 55, 61
浜西正人　181
場面　219, 221
林四郎　26, 248–249, 255, 263, 265, 267, 279–281, 310
林大　181, 225
早津恵美子　52, 153
パラディグマティックな関係　65
バラモ　173
番組案内　250, 262, 264
半自動抽出　306, 310
半自動抽出プログラム　297
半自動的な抽出　295
汎時論的　125
ハンス・エガース　247–249, 255, 263
範疇化　278

範疇的な意味　107, 121, 136–137
反復　279
範列的・潜在的な臨時一語　267
範列的な関係　268–269, 279

ひ

非・過程結果構造　99, 103, 108, 111, 138, 147–149
非共時論的　125
非継起的並列構造　108, 113, 138, 145, 147–149, 411, 434
被修飾語　272, 273, 288, 298
被修飾名詞　354
非自立的(な)要素　127–128, 131
非生産性　219
非生産的　151
非生産的な型　125
必須成分　210
非典型的(周辺的)な単語　15
非典型的な複合動詞　129
ひとまとまり性　7–8, 11, 26, 105, 172
ひとまとまり的な意味　2–4, 11–12, 17, 21–22, 172
ひとまとまりの動き　138
ひとまとまりの運動　38–39, 49–50, 53, 81, 86, 90, 93, 100, 103, 108, 111, 145
陳軍　87
非複合化複合語　265
非文　10–11
被弁別要素　211

姫野昌子 52, 75, 83, 85, 107, 118–121, 131
比喩 164, 171
表意性 174
表現 165, 204, 241
表現活動 157, 219
表現性 200
表現と弁別 210
表現と弁別の原理 24, 164–165, 171, 174, 193, 199, 215, 235
表現力 174
表示 241
表示力 174
表層 307, 356
表層的 304
表層の表現 195
表層レベル 356
品詞 201–202, 208, 221

ふ

フィードバック 171
付加 270, 283–284, 292
付加成分 196, 210
不完全熟合 128
不完全熟合構造 108, 117
不完全な表示者 4, 11, 22, 172–173
復元 25, 252–253, 268, 281–283, 293
複合 89, 162, 217
複合語 1, 3–4, 8–10, 12, 14, 20–22, 26, 30, 71, 89, 91, 108, 124, 251, 267, 281, 311
複合構造 108
複合語構造論 14
複合語化 358
複合語形成 21–23, 25, 126
複合語形成の研究 310

複合語形成論 1, 6, 17, 20–21, 26, 147, 150
複合語構造論 6, 8, 13
複合語的な関係 108
複合語の適格性 11
複合語の語構造 310
複合語のつくり 20
複合語のつくり方 8–9, 13–14
複合語のできあい性 11
複合サ変動詞 75
複合的／派生的 87
複合動詞 21, 42, 89–90, 107, 128, 166, 224, 289
複合動詞形成の《アスペクト・ヴォイス》モデル 23, 50–51, 55, 59, 71, 87, 89, 92, 104
複合動詞形成の基本モデル 29
複合動詞形成論 123
複合動詞語彙 148–149
複合動詞語彙の二重構造 147, 149
『複合動詞資料集』 58, 149
複合動詞の基本的な語構造 50, 72, 89
複合動詞の形成 23, 37
複合動詞（の）後項 75, 82–84, 87
複合動詞の語構造 30, 37, 44, 61, 69, 91, 118, 153
複合動詞の成立 91–92
複合動詞の成立条件 103
複合動詞の歴史的な研究 149
複合法 7, 11, 166–167

複合名詞 21, 51, 70, 89–91, 107, 150, 162–163, 165–168, 170–173, 178–180, 185, 194, 200, 205, 210, 220, 224, 272, 284, 288, 354–355, 357, 441
複合名詞化 215
複合名詞形成の3段階モデル 170
複合名詞形成の4段階モデル 24, 158, 169, 171–172, 174, 177, 199, 215, 235
複合名詞形成論 169
複合名詞のME構造 196
複合名詞の意味の二重性 172
複合名詞の形成 24, 158
複合名詞（の）語構造 24, 167, 172–173, 177–178, 235–356, 441
複合名詞の語構造記述 186
複合名詞の線状的な語構造 177, 193–194
複合名詞の造語法 173
複合名詞の弁別 206
複合名詞のマトリクス 357
副詞 229
複次結合語 236
副詞的成分 311, 338
「副詞＋動詞」型 129
副助詞 312
藤原与一 12, 158, 173, 233
付属語 281, 306
不対応 270
部分概念 162
部分的語彙体系 7
部分的な意味 11–12
ブルームフィールド 197
フレアイ 184, 441

ふれあい動詞 50
ブロック構成 248
文 11–12, 105, 123–124, 173–174, 219, 237, 276, 284, 288, 291–292, 309
文化言語学 158
文形成 22, 25, 123–124
文形成の生産性 237
文構成 253, 281
文語・俗語 30
文章 219, 237, 279
文章顕現型の（脱）臨時一語化 25, 295–298, 300, 302, 304, 306
文章顕現型の脱臨時一語化 25, 281, 283, 285–288, 290, 292
文章顕現型の（脱）臨時一語化の生起率 300
文章顕現型の（脱）臨時一語化の半自動抽出 296
文章顕現型の臨時一語化 24–25, 267, 269, 271–272, 279–281, 283, 287–288, 290, 292, 307–313, 354–358, 360
文章顕現型の臨時一語化の基本類型 307
文章の凝縮 24, 247
文章の凝縮化 295
文章の構成・展開 309, 354, 357
文章のつくり方 265
文章の骨組み 257
文章のレベル 247
文章論 279, 281
分析＝総合的な語構造 138
分析的 65–67, 69
分析＝統一的表現形式 81

分節 159, 170
文節 252, 258
文体 264, 265
文長 306
文の構成 257–258
文の構造 295
文の長さ 255, 257, 259–260, 266
文の中に生ずる臨時一語 267
文の臨時一語化 276–277
文のレベル 253
文法 14, 123, 279
文法化現象 87
文法接尾辞 78, 82–84, 86, 88
文法接尾辞化 119
文法接尾辞構造 75, 78–79, 82–88, 108, 115–117, 120–121
文法的（形態論的）な意味 130
文法的な接辞化 51
文法的な接尾辞 71, 75, 115
文法的な複合語形成 17
文法的派生構造 108, 115, 120
文法＝派生的な複合動詞 52, 71, 75–78, 81–82, 85–87, 129–132, 146, 151–153
文法論 14
文脈 168
分野 219, 221, 227
『分類語彙表』 225, 229–230
分類番号 229

へ

平安時代 132

平安時代の複合動詞 149
『平安時代複合動詞索引』 149
並立関係 101
並列構造 108, 112, 150
並列的な関係 192
変化 34–35, 37, 50, 81, 84–85, 87, 92–93, 104, 148
変化動詞 34, 36
変化内容 50, 103
変化の結果の継続 36, 136
変化をともなう動作 39, 52
変形 12, 177, 307, 310, 312, 328, 338, 353–354, 360
変形規則 177, 354–357
変形操作 315, 354–356, 360
変形の度合い 313
変形文法 360
弁別 165, 204
弁別機能 200–202, 204, 208, 212, 220
弁別性 200
弁別的対立 200–206, 208, 211–212
弁別度数 205–206
弁別(の)パターン 211–212
弁別の必要性 164
弁別要素 200–206, 211–212
弁別率 24, 206–211

ほ

方言 219
方言語彙 158
方言の性向語彙 159
方向 180, 202, 441
方向性 85

包摂 76-77
報道の文章 255-256, 263
補語 151, 292, 338
補助動詞 76
補助動詞的要素 50, 84, 87
補足成分 24, 178-186, 188, 190-194, 202-205, 207, 210, 441
補文関係 116
補文構造 87, 151-152
補文の述語動詞と主節の述語動詞との結びつき 338, 346
補文の述語動詞と動詞句内の修飾名詞との結びつき 338, 345
本来的・典型的な側面 165

ま

松原望 266
松本泰丈 219-220, 360
松本曜 53

み

みかけの結合力 217
みかけの生産性 237-241
右側主要部の構造 70
短い合成語 236
水谷静夫 217-218, 220
見せかけの語 248
見出し語(の)レベル 216-217, 220
三宅知宏 87
宮島達夫 2, 6, 16, 52, 57, 62-63, 69, 117, 127, 151, 213, 265
ミラー 174

む

無意味形態素 127
無意味形態素化 117
ムード 312
無対他動詞 37, 48, 55-56, 59, 61, 63-64, 66, 72, 109, 114, 137-139, 153
無題の名詞文 276
無題文 309
村木新次郎 173, 266, 356
室山敏昭 158, 173

め

名詞 229, 278
名詞形 89
名詞句 309
名詞句化 309, 312
名詞句化した結びつき 328, 331, 360
名詞句内の修飾名詞と動詞との結びつき 347
名詞句内の修飾名詞と名詞との結びつき 338, 347
名詞句内の修飾名詞と動詞との結びつき 338
名詞述語 276
名詞成分 179
「名詞+動詞」型 128
名詞と形容動詞との結びつき 315, 321
名詞と動詞句内の修飾名詞との結びつき 338, 342
名詞と動詞との結びつき 315
名詞と名詞との結びつき 315, 322, 358
名詞の意味素性 196
名詞の比率 257, 259-260, 263

名詞表現 266
名詞連語 288
命名 8
命名概念 24, 162-174, 177, 192-193, 196, 199, 215
命名概念構造 24, 162, 167, 177-178, 192-196
命名概念の形成 162-164
命名概念の複合名詞化 165, 169, 171
命名概念の分割 167
命名活動 9-10, 14-15, 17, 20
命名(活動)的複合語形成論 9, 20
命名的語形成 157-158
命名的(な)複合語形成 24, 162, 357
命名的複合語形成論 14, 23, 123
命名認識 162, 169
メタ言語 52
メタ的な表現 87

も

目的 99-100, 180, 202, 441
目的語 70
目標 180, 202, 441
文字種 297
モデル 7, 13, 29, 30, 125, 147, 150
モノ 81-82, 84, 179, 186, 207, 311
モノ複合名詞 199-200
モノ名詞 196, 202, 206
モヨウガエ 184, 441
もようがえ動詞 50
森岡健二 174, 197, 241
森田良行 52, 197
森山卓郎 87, 152

モンテカルロ・シミュレーション 243

や
訳語 219
柳田国男 233
ヤリモライ 441

ゆ
有縁性 172
融合形 224
融合的 65, 67–69
有対自動詞 32, 35, 38, 73, 86, 115–116
有対他動詞 32, 34–35, 37, 40, 47, 55–56, 64, 73, 109, 115–116, 137–138, 148, 153
有題の動詞述語文 276
有題の名詞文 276
有題文 277, 292
湯川恭敏 26
湯本昭南 2–4, 105, 172, 175
由本陽子 105

よ
用語数 222, 226, 230, 232, 237–240, 243
用語の改善 237
用語の構成 227
幼児語 219
要素 23
要素間の結合関係 202
要素間の構文的(な)関係 307, 312, 314
要素の省略 283, 292
様態 99–100, 180, 202, 441

様態限定構造 108, 111, 114–115, 117, 138, 143–144, 147–149, 411, 427
様態限定要素 74
用の類 229, 441
要約化 257–259, 261–263, 265
要約的な文章 257
四字漢語 25, 307, 310–311, 360

り
リアルな変形関係 360
リアルな変形操作 360
リード 249, 255, 261–263
理解可能性 241
理解語数 225
理学系 226
理想認知モデル 171
略語 241
略熟語 233
流行語 148, 219
両義の複合動詞 78, 80, 82–83
両項動詞 32, 41, 52, 94, 97, 363, 377
臨時一語 21–22, 24, 26, 220, 247–249, 251–253, 255–256, 258–259, 261, 263–265, 267–269, 271–272, 276–277, 279–286, 288–299, 302–304, 306–312, 314, 338, 353–354, 356, 360
臨時一語化 268–269, 274, 279, 288, 292–293, 295–296, 298–300, 302–304, 306–309, 311, 315
臨時一語の機能 247, 249
臨時一語の形成 24, 247

臨時一語の文章論的な機能 265
臨時一語の要素 273–274, 278
臨時性 251
臨時的な派生語 253
臨時的な複合語 15, 252, 280, 311
臨時の複合語 15, 17–22, 24, 26, 151, 247, 354

る
類概念 164, 166, 197, 201, 207, 229, 232, 241
類義的 113, 145
類義要素への変更 283–284, 292
類推 12–13, 164, 171
類推的創造 171

れ
レイコフ 5, 153, 174–175
歴史教科書 255
連結器 29, 104, 121
連語 1–4, 8–12, 14–15, 17–19, 22, 26, 50, 70, 105, 170, 272–274, 279, 284, 288, 290, 292
連語の使用頻度 19–20
連語の臨時一語化 272
連語論 18, 20
連体詞 229
連体修飾関係 315
連体修飾構造 12, 177–178, 354–357
連体修飾構造の凝縮 354
連体修飾節 309
連体修飾節構造 276, 291
連体修飾文 354
連文 278–279, 284, 292

連文の臨時一語化　278
連用形　273, 441
連用形転成名詞　90

わ

和語　10, 116, 180, 215–216, 218–220, 224, 228, 297
和語他動詞　179, 199–200
和語他動詞成分　24, 441
和語単純動詞　32, 75
和語動詞　273
和語動詞連用形　166
和語複合動詞　32, 105
渡辺武　233
渡辺義夫　87

を

ヲ格　52

【著者紹介】

石井 正彦（いしい まさひこ）

〈略歴〉1958年、福島県南会津郡下郷町生まれ。東北大学大学院文学研究科博士後期課程中途退学。国立国語研究所研究員、同室長を経て、現在大阪大学大学院文学研究科教授。

〈主な著書・論文〉『テレビ放送の語彙調査Ⅰ・Ⅱ・Ⅲ』（共著 国立国語研究所（大日本図書）1995・1997・1999）、『語構成（日本語研究資料集第1期第13巻）』（共編著 ひつじ書房 1997）、「語彙と文章」（『朝倉日本語講座4 語彙・意味』朝倉書店 2002）、「コーパスによる語彙の研究」（『日本語学』22-5 明治書院 2003）、「日本語研究における探索的データ解析の有用性」（『日本語の教育から研究へ』くろしお出版 2006）。

ひつじ研究叢書〈言語編〉第49巻

現代日本語の複合語形成論

発行	2007年2月10日	初版1刷
	2010年10月12日	初版2刷
定価	8400円＋税	
著者	©石井正彦	
発行者	松本 功	
本文フォーマット	向井裕一（glyph）	
印刷所	三美印刷株式会社	
製本所	田中製本印刷株式会社	
発行所	株式会社 ひつじ書房	

〒112-0011 東京都文京区千石2-1-2 大和ビル2階
Tel.03-5319-4916 Fax.03-5319-4917
郵便振替 00120-8-142852
toiawase@hituzi.co.jp http://www.hituzi.co.jp

ISBN978-4-89476-324-1

造本には充分注意しておりますが、落丁・乱丁などがございましたら、小社かお買上げ書店にておとりかえいたします。ご意見、ご感想など、小社までお寄せ下されば幸いです。